KB070601

여성심리학

한국여성심리학회 편저

곽금주 · 안상수 · 박영신 · 박나영 · 이승연 · 송경희 · 정윤경 · 용정순 · 최훈석 · 유성경
김은석 · 설경옥 · 윤가현 · 강우선 · 박효정 · 강숙정 · 이우경 · 이수정 · 박수현 · 유 경

공저

PSYCHOLOGY OF WOMEN

학지사

. . . .
머리말

우리 중 대다수는 한국 사회의 양성평등지수가 현저히 향상되었을 것이라고 단정한다. 이와 같은 판단은 아마도 여성 대통령의 탄생과 무관하지 않은 것 같다. 또한 이러한 인식 변화의 근거는 과거에 비하여 적극적으로 사회활동을 하고 있는 여성을 주변에서 곧잘 발견할 수 있다는 사실과도 관련된다.

물론 여성의 지위가 과거에 비하여 꾸준하게 개선되고 있는 것은 사실이다. 하지만 우리나라에는 남녀의 차별이 여전하다는 통계치도 많은데, 한국에서 남성이 100만 원을 벌 때 여성은 약 62만 6,000원을 번다는 노동부의 통계가 있다. 그렇다 보니 10년이 넘도록 우리나라의 남녀 소득 격차는 경제협력개발기구(OECD) 회원국 가운데 단연 1위다. 임금뿐 아니라 사회적 지위에서도 성별에 따른 차이가 심각하다. 고위직 공무원 중 여성의 비율만 봐도 이러한 사실을 한눈에 알 수 있다. 2013년 당시 여학생의 대학 진학률은 74.5%로 남학생의 67.4%보다 오히려 더 높았으며, 공무원 합격자 중 여성이 차지하는 비율도 5급 46.0%, 사법시험 40.2%, 외무고시 59.5%에 달하였다. 하지만 4급 이상 고위직 공무원 중에서 여성이 차지하는 비율은 8.8%에 그쳐 OECD 회원국 중 최하위였다.

대한민국의 여성이 열악한 현실에 놓여 있다는 사실은 여러 가지 위험에 노출될 가능성에서도 그 근거를 찾아볼 수 있다. 2013년도 범죄 분석에 따르면, 여성을 상대로 한 강력범죄가 전체 강력범죄의 85% 이상을 차지하였다. 또한 범죄의 피해자가 된 여성의 수는 2000년보다 3.6배나 증가하였다. 더불어 2015년 초 경찰청이 추산한 4대 강력범죄 중 꾸준히 증가 추세를 보이는 범죄로는 여성이 피해자의 대부분을 차지하는 강간범죄뿐이었다.

이러한 현실에서 여성이 받는 스트레스는 이만저만이 아니다. 개인적으로도 사회적으로도 불안하다고 느끼는 여성은 결과적으로 여러 가지 문제를 야기하고 있는데, 그중 하나가 바로 저출산 현상이다. 한 명을 겨우 넘어서는 가임여성의 출산율은 우리 사회의 다양한 사회문제에 근간한 젊은 여성의 불안감에서 비롯되는 것이다.

사태가 이렇게 심각한데도 여성의 사회적 지위가 남성보다 향상되고 있다는 착각은 여러 곳에서 발견된다. 몇 년 전 '남성연대'라는 단체의 대표가 여성주의의 도래로 남성이 오히려 역차별을 받고 있음을 호소하면서 투신자살을 한 적이 있다. 최근 SNS를 중심으로 여성을 심각하게 비하하는 일이 횡행하고 있다. 현실적으로 전혀 우위를 차지한다고 볼 수 없음에도 여성의 열악한 현실에 대한 보호정책만을 문제로 삼아 반여성주의가 우리 사회에 팽배하고 있는 것이다.

한 권의 책으로 최근의 추세를 돌이키기에는 역부족일 것이다. 하지만 이 같은 근거 없는 비난은 사실상 여성에 대한 무지 혹은 오해에서 출발하였다고 평가할 수 있을 것이다. 이 책은 따라서 여성과 관련하여 검증된 사실을 보다 풍부하게 제시함으로써 오해에 기인한 낭비적 논쟁을 불식시키는 데 일조하기를 기대하면서 제작되었다.

이 책의 저술에는 각 분야의 전문가가 참여하였다. 이들은 여성에 대한 사회적 편견뿐 아니라 여성으로서의 고유한 발달의 경로, 인지적·사회적 특성 및 성격발달의 근거, 가족과 일 안에서의 여성의 역할과 한국 사회 내에서 여성이 당면한 여러 가지 문제를 설명한다. 특히 주목할 점은 이 책에서 소개하는 내용은 대부분 과학적 사실에 근거하거나 객관적인 통계치를 토대로 작성되었다는 점이다. 이는 여성에 대한 새로운 지식을 전달하는 것뿐 아니라 편향적인 시각을 수정하는 데에도 도움이 될 것이다. 미력하나마 이 같은 학술적인 접근이 양성평등을 달성하는 데 일조할 수 있다면, 그것은 모두 이화여자대학교 심리학과 이승연 교수의 헌신적인 노력 덕분이다. 열 명이 넘는 저자진을 통솔하여 저술의 가안이 마련되었을 때부터 최종적으로 완성도 높은 내용으로 구성되기까지 이승연 교수는 편저자로서 최선의 능력을 발휘하였다. 이승연 교수에게 감사드린다.

2015년 8월 한국여성심리학회 회장 및 공동저자 대표
경기대학교 이수정 교수

차례

제9장

여성의 성   윤가현

제10장

임신, 출산과 어머니 되기   강우선

제11장 여성과 신체적 건강　　　　　박효정, 강숙정

제12장 여성과 심리장애　　　　　이우경

제13장
여성과 폭력
이수정, 박수현

제14장　여성과 노년기 　유경

제1장
서 론

곽금주

심리학 분야에서 아직은 상대적으로 큰 비중을 차지하지 않는 여성심리학 분야가 최근 들어 관심을 받고 있다. 따라서 여성심리학에서는 다른 분야와 차별화된 심리학적 기초에 대한 지식이 필요하다. 이번 장에서는 여성심리학의 출현과 역사적 배경에 대해서 우선 설명하고자 한다. 그와 더불어 여성심리학의 출현에 큰 기여를 한 2가지 설과 이 설들이 시간이 지남에 따라 어떻게 반박되어 왔는지를 살펴볼 것이다. 마지막으로는 이 책의 전반적인 이해를 돕기 위해 심리학 연구의 절차를 설명하고 절차 속에서 나타날 수 있는 잠재적 문제들에 대해 논의한 후, 이 문제들을 어떻게 비판적 사고로 바라볼 것인가에 대해 고찰하기로 한다.

1. 여성심리학이란

지난 수십 년간 여성의 사회 진출은 더욱더 활발해져 왔으며, 이에 따라 정치, 경영, 문화·예술 등 다양한 분야에서 뛰어난 업적을 이루며 막대한 영향력을 끼치는 여성이 점점 늘어나고 있다. 예를 들어, 미국 SNS 최대 업체인 페이스북의 수익 모델을 개발하여 연 매출 수직상승을 이뤄 낸 것으로 유명한 최고운영책임자 Sheryl Sandberg가 있다. 2014년에는 세계수학자대회에서 스탠퍼드 대학교의 Maryam Mirzakhani 교수가 여성 최초로 '수학의 노벨상'으로 불리는 필즈상을 수상하기도 하였다. 또한 지난 2012년에는 대한민국에서도 첫 여성 대통령이 탄생했다. 이처럼 영향력 있는 성공한 여성을 떠올리는 것은 이제 어려운 일이 아니며 실제로 여성의 삶은 다방면에서 꾸준히 향상되고 있다.

하지만 21세기의 현대사회에서도 여성들은 여전히 곳곳에서 편향된 시선 또는 부당한 대우를 받고 있다. 한 예로, 지난 2005년에 하버드 대학교 Lawrence Summers 총장이 과학, 기술, 공학, 수학 분야 고위직에 여성의 숫자가 남성보다 적은 것은 사회적 요인 때문이 아니라 남녀 간의 선천적인 차이 때문일 수도 있다는 말을 해서 파문을 일으켰다. Summers 총장은 여성비하 발언 외에도 독단적인 학교 운영으로 사퇴 압력을 받아 오다가 2006년에 결국 총장직에서 사임하였다. 세계 최고의 명문대이며 지성인들이 모인 하버드 대학교의 총장마저도 여성을 남성보다 특정 분야에서 선천적으로 더 낮은 지위에 오르거나 더 낮은 평가를 받을 수밖에 없는 존재로 묘사했던 것이다(Summers,

2005).

앞서 언급한 여성 최초 필즈상 수상자 Mirzakhani 교수 또한 학계에 은근히 또는 명백하게 퍼져 있는 성 고정관념들을 잘 알고 있는 듯하다. 필즈상 수상 후 Mirzakhani 교수는 여성이 수학을 공부하는 것이 자연스러운 문화인 곳이 많지 않았기 때문에 이제야 여성이 처음으로 필즈상을 받는 것이라고 말했다. Mirzakhani 교수는 또한 많은 여학생이 여전히 남성 중심의 문화 속에서 수학에 대한 자신감이 부족하다는 의견을 밝혔다. Mirzakhani 교수가 언급한 바와 같이 수학과 같은 특정 분야에서 여성은 자신의 역량과 열정, 노력 등과 무관한 어려움을 겪을 수 있는 것이다.

이처럼 여성에 대한 성 고정관념이 존재하는 근본적 이유는 여성이 오랫동안 남성의 관점에서 '이해' 되어 왔기 때문이다. 인류의 절반을 이루어 왔음에도, 여성들은 오랜 시간 고유의 특성이 있는 독립 집단으로 간주되지 않았다. 인간의 행동과 심리과정을 연구하는 심리학조차도 불과 몇십 년 전까지는 남성 심리학자들을 중심으로 남성의 관점에서 인간에 대한 반쪽짜리 연구를 해 왔다. 그 결과, 여성에 대해 그릇된 또는 부족한 이해와 함께 수많은 오해와 성 편향적인 고정관념이 사회에 팽배해진 것이다.

여성심리학은 인간에 대한 남성 중심의 반쪽짜리 접근을 극복함으로써 여성의 삶을 바로 이해하고자 한다. 그래서 여성심리학은 전 생애에 걸쳐 나타나는 여성의 독특한 발달 과정 및 특성과 문제를 인식하고 연구한다. 예를 들어, 남성이 겪지 않는 월경, 임신, 출산, 폐경기와 같은 여성만의 독특한 경험과 더불어 성추행, 성폭행, 가정폭력 등 남성보다는 여성이 피해자가 되는 경우가 많은 문제를 여성의 관점에서 바라보고 연구한다. 또한 여성심리학은 전통적으로 남성 위주로 다루어 온 능력, 성취, 일, 그리고 성과 같은 분야에 여성의 입장에서 관심을 가진다. 초기의 심리학이 남성과 여성의 차이점만 집중 조명함으로써 성 편향적 인식을 조장한 면이 있다면, 여성심리학은 이를 바로잡기 위해 남성과 여성의 차이점뿐만 아니라 유사점에도 관심을 기울인다. 여성심리학을 통해 여성의 삶이 바르게 이해될 때 이를 기초 삼아 여성의 삶이 앞으로 더욱더 개선될 뿐만 아니라 인간에 대한 총체적인 이해가 비로소 이루어질 것을 기대한다.

본격적으로 들어가기에 앞서, 여성심리학을 이해하기 위한 주요 개념으로 성, 젠더, 성차별주의를 먼저 정리해 보도록 한다. 이 개념들은 이 책에서 지속해서 사용할 것이기 때문에 정확히 알고 넘어갈 필요가 있다.

우선, 성(sex)은 남성 또는 여성으로 구분 짓는 개인의 생물학적 특성이다. 생물학적으로 성별을 나타내 주는 것으로는 성염색체, 정자와 난자 같은 생식세포를 만들어 내는 생식샘, 그리고 외부 생식기 및 내부 생식기가 있다. 반면에 젠더(gender)는 개인의 생물학적 성별과 연관되어 문화적으로, 그리고 사회적으로 형성된 역할, 관계, 성격, 태도, 행동, 가치관 등을 일컬으며 남성성과 여성성으로 구분된다. 즉, 성은 생물학적 차원에서 유전자와 해부학적 특성들로 정해지는 것이고, 젠더는 사회적, 그리고 문화적 차원에서 개인이 습득한 정체성이라고 할 수 있다. 때문에 성은 고정된 것이고 선천적인 것이지만, 젠더는 유동적이어서 시간과 문화와 같은 외부적 요소들에 기인하여 개념이 변하거나 다양해질 수 있다.

성과 젠더를 구분하여 생각하는 것을 낯설게 느낄 수 있지만, 사실 우리의 삶 곳곳에 젠더의 영향력은 이미 깊숙이 퍼져 있다. 예를 들어, 우리는 자연스럽게 여자아이와는 분홍색, 그리고 남자아이와는 파란색을 연관 짓는다. 그뿐만 아니라 여자아이에게는 인형을, 그리고 남자아이에게는 트럭 장난감을 선물로 주는 것이 자연스럽게 다가온다. 전문직에 종사하는 여성이 늘어났음에도 우리는 보통 남성 의사와 여성 간호사를 떠올리는 것이 익숙하다. 이렇게 우리는 아주 어렸을 때부터 각자 성별에 맞는 젠더, 즉 남성성과 여성성을 전달받고 배워 나간다.

따라서 각 문화 속에는 개인의 성별에 따라 예측되는 남성스러운 또는 여성스러운 성격과 행동이 존재한다. 예를 들어, 골목대장 놀이를 하며 나뭇가지로 칼싸움하는 여자아이는 얌전히 인형을 가지고 방에서 놀라는 식의 말을 들을 확률이 높다. 반면에 똑같은 놀이를 남자아이가 했을 경우에는 늠름하고 리더십이 있는 아이라고 간주될 것이다. 더 나아가 각자의 성별과 일치하게 사람들과 상호작용을 하고 젠더를 표현하는 것이 사

[그림 1-1] 여자아이의 방과 남자아이의 방
그 누구도 규정하지 않았지만, 우리는 너무나도 당연하게 왼쪽 방을 여자아이의 방, 오른쪽 방을 남자아이의 방이라고 생각한다.

회적 규범을 따르는 것으로 간주되기 때문에, 우리는 우리 자신이 혹은 누군가가 본연의 성별과 반대되는 젠더를 표현할 때 불편함을 느끼거나 옳지 않다고 생각하기도 한다. 따라서 수많은 사람이 자신의 성별에 맞는 행동을 하고, 감정을 느끼고, 신념을 지니고 있는지에 대해서 끊임없이 의식하고 점검하기도 한다.

성차별주의(sexism)란 문화적, 그리고 사회적으로 형성된 젠더를 기반으로 사람들을 차별하는 것이다. 성차별주의는 사회적 행동, 미디어, 양육 방식, 고용 등 다양한 형태로 나타날 수 있다. 여자는 뛰어난 엔지니어가 될 수 없다고 믿는 사람은 성차별주의자다. 남자는 훌륭한 어린이집 교사가 될 수 없다고 믿는 사람 또한 성차별주의자다. 우리 사회의 성차별주의가 반영된 실제 사례로 덴마크 블록 완구 전문 업체 레고의 의사, 과학자 등 전문직 캐릭터들이 대부분 남성인 탓에 논란이 된 일이 있다. 그 후 성차별주의 논란을 의식한 레고는 2014년 8월에 새롭게 여성 과학자 캐릭터의 상품을 내놓아 좋은 호응을 얻었다. 이런 사례가 끝이 없을 만큼 성차별주의는 우리 사회 곳곳에 깊숙이 뿌리 박혀 있다.

2. 여성심리학의 출현과 역사

고대 그리스 시대부터 지배적이던 남성 위주의 사회 구조와 그로 인해 자연스레 생겨난 성차별주의로 최근까지도 남성의, 남성에 의한, 남성을 위한 학문과 학계 성과가 주를 이뤄 왔다. 심리학에서도 마찬가지로 여성은 오랜 기간 소외되었고 심리학은 여성에게 적절한 분야로 간주되지 않았다. 즉, 전통적으로 심리학은 남성 심리학자들에 의해 형성되었다.

미국 심리학의 초창기 개척자로 활약한 G. Stanley Hall의 행적을 보면 심리학계에서 여성이 얼마나 배제됐고 어떠한 성차별적 대우를 받아 왔는지 알 수 있다. Hall은 1883년에 최초로 미국에서 심리학 실험실을 설립했으며, 1889년부터 1920년까지는 클라크 대학교의 최초 총장으로 활동했다. 1887년에는 최초의 영어 심리학지인 『미국심리학지(*American Journal of Psychology*)』를 발간하였고, 1892년에는 미국심리학회(American Psychological Association: APA)를 창립하였다. 1917년에는 『미국응용심리학지(*Applied Journal of Psychology*)』도 발간했다. 이처럼 '최초'라는 수식어가 여러 개 따르는 Hall은 심리학뿐만 아니라 고등교육에 오랜 기간 막대한 영향력을 끼쳐 온 인물이다(Aldridge,

Kilgo, Bruton, & Jepkemboi, 2014; White, 1992).

하지만 안타깝게도 Hall은 여성에 대한 시선이 매우 편향적인 인물이었다. Charles Darwin의 다윈주의에 영향을 받은 Hall은 여성을 인간의 '어머니'로서만 바라보았다. 그는 여성은 수동적, 내성적, 그리고 순종적이어야만 하며 선천적으로 아이를 낳고 기르는 모성에 가장 적합한 존재라고 주장했다. 더 나아가 Hall은 남녀공학 교육을 여성이 어머니로서 해야 할 역할을 다 할 수 없게끔 방해하고 가정을 위협한다는 이유로 반대하고 사회, 경제, 정치 분야에서의 여성들의 활동 또한 부정했다. 이뿐만 아니라 Hall은 여성이 너무 많은 정신 및 두뇌 활동을 할 경우 생식기관에 손상을 입을 수 있다는 주장까지 했다. 그러나 이를 뒷받침해 줄 충분한 과학적 증거를 연구를 통해 찾지 못하자, 연구 결과가 만족스럽지 않은 이유는 여성이 교육을 받기 위해 거짓말로 자신의 건강을 보고했기 때문이라고 억측했다. 이처럼 저명한 심리학자이자 미국심리학회의 창립자이자 클라크 대학교의 총장인 Hall의 지위와 명성 때문에 그의 성 편향적이고 비과학적인 신념과 주장은 꽤 오랜 기간 지지를 받으며 학계에 영향을 끼쳤다. 그 결과, 심리학 초기에는 여성에 대한 시각이 대체로 부정적이었으며, 이는 자연스레 1세대 여성심리학자들의 교육과 학계 활동에도 영향을 미쳤다(Diehl, 1986). 예를 들어, 1800년대 후반 클라크 대학교 총장이던 Hall은 Mary Calkins가 단지 여성이라는 이유로 그녀의 대학원 입학을 거부하였다. 당시 하버드 대학교 또한 Calkins가 본교에서 심리학 박사학위 취득에 필요한 모든 조건을 훌륭히 마쳤음에도 그녀에게 학위를 수여하는 것을 거부하였다(Aldrige et al., 2014). 남녀공학 교육을 반대한 Hall의 영향으로 Calkins뿐만 아니라 당시 여러 여성학자가 고등교육과 학문 활동을 이어 나가는 데 어려움을 겪었다. 그러나 막대한 영향력을 끼치던 Hall도 비판을 전혀 받지 않은 것은 아니다. Helen Thompson Woolley는 Hall의 선두로 당시 널리 퍼져 있던 남녀 간의 선천적 성차에 대한 연구를 편견이라고 비판하며 남녀의 심리적 특성에 대한 체계적인 실험연구를 하였다. 그녀는 실험연구를 통해 남녀의 심리적 차이는 선천적인 평균 능력이나 정신 활동의 차이 때문이 아니라, 태어났을 때부터 남녀가 겪는 사회적 영향이 다르기 때문이라고 밝혔다. 그러나 Woolley의 주장은 Hall뿐만 아니라 여러 남성 심리학자로부터 강한 역비판을 받았고, 당시 학계에 잘 받아들여지지 않았다(Aldridge et al., 2014). 이처럼 1800년대 후반부터 1900년대 초반까지 심리학계에서 여성학자들의 연구 성과는 마땅한 인정을 받지 못하며 과소평가를 당하는 일이 다수였다(Furumoto & Scarborough, 1986; Russo & Denmark, 1987).

이처럼 1900년대 초반까지 심리학계에서는 여성심리학자들이 설 자리가 제대로 없었으며 여성에 대한 연구 자체도 활발히 이루어지지 않고 편향적이었다. 그러나 1960년대 후반부터는 제2 여성운동을 시작으로 여성과 성차별주의에 대한 관심이 본격적으로 커지기 시작했다(Biaggio & Hersen, 2000). 이는 자연스레 심리학에도 영향을 미쳤으며, 1970년대에 들어오면서 몇몇 학자는 이전의 심리학 연구에 대한 비판의 목소리를 높였다. 이들은 심리학이 여성과 남성에 대한 고정관념을 비롯하여 여성에 대한 왜곡된 사실들을 생산, 재생산하면서 성 고정관념과 여성 차별을 지지하고 정당화하고 있는 것이 아니냐며 문제를 제기했다. 이를 기점으로 남성중심의 전통적 연구방법과 심리학 이론에서 탈피하려는 노력 및 여성과 성차를 새롭게 바라보는 시선이 확산되면서 여성심리학이 출현하였다. 여성심리학의 출현은 단순히 학문적인 변혁을 넘어서 학계의 제도적 구조에도 변화를 일으켰다. 그 예로, 1969년에 여성심리학회(Association for Women in Psychology)가 세워졌으며, 1973년에는 미국심리학회 내에 제35분과로서 여성심리학 분과가 설립되었다. 1971년에는 Sherman과 Bardwick이 여성심리학 교과서를 최초로 각각 출판했다. 또한 1975년에는 여성심리학에 관한 챕터가 권위적인 학술지 『심리학 연간 개관지(Annual Review of Psychology)』에 최초로 실렸다(O'Connell & Russo, 1991).

여성심리학은 출현 이후부터 현재까지 꾸준히 성장하는 추세다. 그 결과, 미국의 대부분 대학교는 여성심리학 또는 젠더심리학을 정규 과목으로 개설해 놓았다(Marecek, Kimmel, Crawford, & Hare-Mustin, 2003). 또한 여성심리학 초기에는 성차 연구가 주를 이뤘지만, 현재는 여성의 발달 특성부터 능력, 성취동기, 일, 가정폭력, 성폭력 등 다양한 주제의 연구가 활발하게 이뤄지고 있다. 다양해진 주제에 따라 여성심리학 관련 논문도 많이 발표되고 있는데, 2005년 1월부터 2010년 12월까지 미국의 데이터베이스(PsycINFO) 검색 결과 무려 9만 200개의 논문이 여성, 젠더 또는 페미니즘에 관해서 언급했다(Matlin, 2012).

비록 지난 수십 년간 놀라운 성장을 이뤘지만, 여성심리학은 역사가 짧은 학문으로서 아직 명확히 밝혀지지 않은 부분이 있다. 이는 여성심리학이 생물학, 의학, 사회학, 인류학, 역사학, 철학, 종교, 미디어학, 정치학, 경제학, 경영학, 교육학, 언어학 등의 여러 학문 분야와 관련된 학문이기에 더욱 그러하다. 마찬가지로, 1900년대 초반과 비교하면 심리학을 공부하고 연구하는 여성들의 여건이 개선되기는 했지만, 여전히 여성들은 학계 안의 드러나지 않는 성 고정관념과 성차별주의로 어려움을 겪고 있다. 예를 들어, 1970년에는 미국 내 심리학 박사학위 수여자의 약 20%(Keita, Cameron, & Burrwell, 2006)

이던 여성 비율이 2011년에는 약 70%(National Science Foundation, 2011)로 대폭 상승했음에도 불구하고, 미국 심리학과 정교수직의 여성 비율은 25%로 현저히 낮다(Cynkar, 2007). 앞으로 여성심리학이 더욱더 성장함에 따라 학계 안의 심각한 성비 불균형의 메커니즘을 규명하고, 이에 따라 여전히 열악해 보이는 여성심리학자들의 입지가 강화되길 바란다. 그뿐만 아니라 여성심리학의 성장이 여성에 대한 폭넓은 이해를 구축함으로써 전반적인 여성의 삶을 개선하는 데도 이바지할 수 있기를 바란다.

1) 페미니스트 접근

여성심리학의 출현에 크게 기여한 1960년대 제2 여성운동의 중심에는 페미니스트(feminist)들이 있었다. 이들의 이념 체계인 페미니즘(feminism)은 여성과 남성이 사회적, 경제적, 정치적으로 평등해야 함을 강조하면서 여성이 개인적으로 겪는 불평등뿐만 아니라 제도적, 문화적 불평등에도 관심을 기울인다. 따라서 페미니스트들은 모든 여성의 평등과 정의가 보장되는 삶을 위하여 사회적 변화를 촉구한다(Worell, 2000). 페미니즘은 여성이 자신의 타고난 특질로 간주되어 온 수동성과 순종으로부터 탈피하고, 자주성을 가지고 자신의 삶을 이끌어 나갈 책임과 자유가 있다고 주장한다. 전통적으로 남성중심 사회에서는 조명 받지 못하던 여성과 여성의 삶에 막대한 관심과 실질적인 사회운동을 일으킨 페미니즘은 사회뿐만 아니라 정치와 학문에도 많은 영향을 미쳤다. 여성심리학 또한 페미니즘으로부터 큰 영향을 받은 학문 중 하나이므로 페미니즘에 대하여 좀 더 자세히 알아보도록 하자. 페미니즘의 대표 유형 3가지로 자유주의적 페미니즘(liberal feminism), 문화적 페미니즘(cultural feminism), 급진적 페미니즘(radical feminism)이 있다.

2) 자유주의적 페미니즘

자유주의적 페미니스트들은 여성에게 동등한 권리와 기회가 주어지지 않았고, 성 역할 편견과 여성에 대한 여러 부정적인 고정관념이 팽배했기 때문에 여성이 사회에서 억압받고 제한받아 왔다고 생각한다. 따라서 이들은 현재의 민주주의 사회제도 안에서 여성에게 동등한 기회와 권리를 제공하고 지켜 줄 수 있는 사회적 · 법적 개혁을 통해 여성의 자유가 성취될 수 있다고 믿는다. 또한 모두가 성차별 없이 참여하는 진정으로 양성 평등한 사회를 만들기 위해서는 여성이 남성보다 선천적으로 지적 능력이 낮다는 것과 같은 사회에 팽배한 여성에 대한 부정적인 고정관념 및 성 역할 편견이 재교육되어 개선되어야 한다고 강조한다(Freeman, 1990).

3) 문화적 페미니즘

문화적 페미니스트들은 성차별주의가 여성의 선천적 특성들을 가치 있게 여기지 않을 때 발생한다고 믿는다. 이들은 남녀 간의 차이점보다 유사점을 강조하는 자유주의적 페미니스트와는 다르게, 남녀의 신체적 및 심리적 차이점을 인정하고 더 나아가 이를 강조한다(Ghodsee, 2004). 대신, 문화적 페미니스트들은 남녀 간의 차이점에 고유의 가치를 부여한다. 즉, 이들은 남성과 비교되어 평가 절하되던 여성의 감정, 직감, 대인관계, 양육과 돌봄과 같은 특성들을 긍정적으로 바라보고 강점으로 여긴다. 이렇게 문화적 페미니스트들은 여성만의 특성을 가치 있고 중요하다고 생각한다.

4) 급진적 페미니즘

급진적 페미니스트들은 남성과 여성이 근본적으로 동등함에도 불구하고, 남성중심의 사회 구조가 제도화된 성차별주의를 만들어서 결과적으로 여성들이 억압받아 왔다고 주장한다. 그래서 이들은 자유주의적 페미니스트와 마찬가지로 정치적·사회적 변혁이 필수라고 믿는다. 그러나 급진적 페미니스트들은 자유주의적 페미니스트와는 다르게 남성중심의 사회 구조를 뿌리 뽑고 재건설하는 것을 필수로 보면서 현재의 사회 제도와 정치 체계를 뒤엎고 새로운 사회 구조를 성립해야 한다고 주장한다(Biaggio & Hersen, 2000; Hart, 2006).

이 외에도 여러 유형의 페미니즘이 존재하지만, 기본적으로 페미니즘은 평가 절하되던 여성에게 높은 가치를 부여하면서 여성과 남성의 동등함을 주장하는 이념 체계로, 여성의 삶을 개선하고 향상하는 데 필요한 사회적 변화를 요구한다. 하지만 안타깝게도 페미니스트가 남성 역차별을 일으키는 지나치게 과격하고 공격적인 여성이라는 인식이 사회에 퍼져 있다. 심지어 페미니즘을 여성이 남편과 아이들로부터 떠나게 하고 자본주의를 무너뜨리며 동성애자가 되게 하는 사회주의적 반가정 운동이라고 표현하며 비난하는 사람도 있었다(Robertson letter attacks feminists, 1992). 이러한 부정적인 시선들 때문에 페미니즘의 이념과 목표는 지지하지만 페미니스트라고 불리는 것은 꺼리는 모순된 태도가 존재한다(McCabe, 2005; Zucker, 2004). 또한 같은 의미라도 페미니즘보다는 여성 평등 또는 여성운동이라는 용어를 더 선호하는 경향이 있다(Buschman & Lenart, 1996). 하지만 이는 페미니즘에 대한 정의가 분명하지 않은 상태에서 소수의 극단적인 페미니스트들로 인해 생겨난 오해일 뿐이다. 따라서 페미니즘이 남성을 배제하거나 적대하는 것이 아니라, 여성에게 합당한 가치를 부여하며 여성과 남성의 평등함을 주장하는 것이라는 바른 이해를 토대로 페미니즘 자체에 대한 부정적인 고정관념을 극복해야 한다.

5) 여성심리학과 페미니즘의 관계

페미니즘은 여성에 대한 관심을 촉구함으로써 여성심리학의 출현에 크게 이바지했을 뿐만 아니라 현재까지도 여성심리학에 분명히 영향을 끼치고 있다. 실제로도 여성심리학에서 활동하는 연구자 중에는 페미니스트가 많다. 하지만 여성심리학은 여성의 삶에 집중하여 여성만의 발달 과정과 문제들을 여성의 관점에서 연구하는 학문으로서 여성평등을 위한 사회적, 정치적, 개인적 변화를 목표로 삼는 페미니즘과는 구분된다. 결론적으로 여성심리학은 남성과 여성의 유사성 및 차이점, 그리고 여성만의 발달과 문제들을 다방면으로 연구하여 여성의 삶을 올바르게 이해하는 것을 목표로 한다.

3. 여성심리학 역사 속의 위험한 2가지 설: 여성은 과연 열등한 존재인가

앞서 여성심리학의 전반적인 역사를 살펴보았다면, 지금부터는 여성심리학에 막대한 영향을 끼친 2가지 이론에 대하여 알아보자. 이 두 이론은 공통적으로 여성이 남성보다 열등한 존재임을 주장해 왔다. 하지만 시간이 지남에 따라 이 2가지 이론을 반박하는 학자들이 점차 생겨났고, 이들이 새롭게 주장한 이론들은 여성심리학이 출현하는 계기가 되었다.

1) Darwin, 그리고 사회다윈주의

먼저 소개한 미국 심리학의 초창기 개척자인 Hall의 여성에 대한 편향적 시선은 Charles Darwin의 다원주의의 영향을 받은 것이다(Arnett, 2006). 사실 Hall뿐만 아니라 다원주의의 자연선택(natural selection)과 성선택(sexual selection)이라는 개념은 많은 서양 학자에게 영향을 끼치며 여성과 성 역할에 대한 편향적인 견해를 확립해 나갔다.

Darwin의 『종의 기원(Origin of Species)』(1859)은 모든 생물에게서 발견되는 종간의 다양성 및 종 내의 다양성이 어떻게 형성되는지에 대한 궁금증으로부터 시작되었다. 예를 들어, Darwin은 같은 종의 생물끼리 서로 비슷해 보이지만 동시에 각자 다른 점들을 지니고 있음에 주목했다. 또한 모든 생물이 자신과 닮았지만 다르게 생긴 자손을 번식한다는 사실, 즉 개체마다 변이성이 있음을 깨달았다. Darwin이 생태계 속에서 발견한 또 다른 흥미로운 점은 모든 생물이 자신의 존재를 대체하기 위해 필요한 수 이상으로 자손을 많이 번식하면서도 집단 크기는 상대적으로 일정하게 유지된다는 점이었다(Hyde & Else-Quest, 2013). 이 모든 점을 종합하여 Darwin은 시시때때로 변화하는 환경에 적응하다 보니 개체마다 변이성이 나타났으며, 동시에 많은 생물이 적응에 실패하여 끝까지 살아남지 못하는 것이라고 결론을 내렸다. 즉, Darwin은 수많은 생물 중 변화하는 환경에 잘 적응한 몇몇 생물만이 살아남는다는 적자생존(survival of the fittest)의 법칙을 제시했다.

적자생존의 법칙에 따르면, 자손을 무한하게 번식할 수 있음에도 불구하고, 모든 생물이 끝까지 생존하지 못하므로 생물의 집단 크기가 비교적 안정적으로 유지되는 것이다. 또한 생존을 위해 경쟁하는 모든 생물 중 생존과 번식에 최적화된 유리한 특질을 갖춘 일부 생물만이 살아남아 자손을 남기게 되는 자연선택이 일어난다. 따라서 살아남는 데 이로운 적응도가 높은 특질들만이 자손에게 전달된다. 역으로, 적응도가 떨어지는 특질들을 지닌 생물은 생존과 번식을 하지 못하기 때문에, 해당 특질들 또한 시간이 지남에 따라 자연선택에 의하여 도태되어 사라진다(Denmark & Paludi, 2007). 또한 종간에서도 불리한 특질들을 지닌 일부 생물은 자연스레 살아남지 못하여 사라지고, 그로써 번식 또한 불가능해져 일정한 시간이 흐른 후에는 아예 멸종에 처하는 것이다.

Darwin은 성의 진화를 설명하기 위해 자연선택의 원리와 비슷한 개념인 성선택을 도입하였다. 성선택은 생존에 유리하지 않더라도 번식에 유리한 특질일 경우, 해당 특질은 보존되고 진화되며 그 특질을 지닌 개체의 자손이 번식할 가능성이 커지는 현상이라고 설명한다. 역으로, 선호되지 않는 특질을 지닌 개체는 소수의 자손만을 번식하거나 자손 번식에 실패한다. 자연선택이 생존을 위한 경쟁에서 이루어진다면, 성선택은 번식을 위해 암컷(여성)을 얻고자 수컷(남성)끼리 경쟁하는 데서 이루어진다. 예를 들어, 수컷은 암컷과 짝짓기를 할 기회를 얻기 위해서 경쟁하고, 암컷은 자신의 선호도에 따라 짝짓기 할 상대 수컷을 선택한다. 즉, 수컷은 경쟁하고 암컷은 선택하여 짝짓기를 해 자손을 번식해 나가는 것이다. Darwin은 종 내에서 발생하는 이러한 번식 경쟁을 통해 성의 진화, 즉 성별에 따른 특수한 특질의 진화가 일어난다고 주장했다. 예를 들어, 번식을 위해 경쟁해야만 하는 수컷이 암컷보다 대체로 크기가 크고, 힘이 세며 공격적인 성향을 띠게 되는 것이다. 또 다른 예로, 공작 수컷의 화려한 꼬리를 성선택과 관련하여 설명해 보자. 공작 암컷이 가장 화려하고 아름다운 꼬리를 가진 공작 수컷에게 매력을 느끼기 때문에 공작 수컷은 꼬리 깃털을 내세우며 공작 암컷에게 선택받기 위해 경쟁한다. 즉, 공작 수컷의 화려한 꼬리가 공작 암컷이 선호하는 특정한 특질이기 때문에 화려한 꼬리를 가진 공작 수컷이 짝짓기에 성공할 가능성이 크고 더 많은 자손을 남긴다. 이에 따라 세대를 거쳐 공작 암컷이 선호하는 특질, 즉 번식에 유리한 공작 수컷의 화려한 꼬리라는 특질이 더욱 강화된다. 반면에 공작 암컷은 수컷을 선택하는 입장으로서 꼬리가 화려할 필요가 없으므로, 수컷과 암컷 간의 성차가 형성되는 것이다(Hyde & Else-Quest, 2013). 성선택 이론을 토대로 Darwin은 더 나아가 암컷이 수컷을 얻기 위해 경쟁을 하지 않기 때문에 수컷과 같은 지능, 투지, 용기 등을 발달시킬 진화 기회를 얻지 못한다고 주장했다. 그래서 Darwin은 자연선택과 성선택을 기반으로, 수컷(남성)이 암컷(여성)보다 우수하고 다양성을 지닌 존재로 진화해 왔고, 이에 따른 암수(남녀) 간의 성차가 선천적으로 존재한다고 설명했다(Denmark & Paludi, 2007).

궁극적으로 남성의 상대적 우수성과 남녀 간의 선천적 차이점을 지지한 다윈주의는 학계에 상당한 영향력을 미치며 여성에 대한 편향적 견해의 시발점이 되었다. Herbert Spencer라는 영국의 철학자 또한 다윈주의의 영향을 받아 주양육자인 여성이 그 역할에 따라 모성과 양육 능력과 같은 특질을 습득해 왔으며, 세대에 걸쳐 해당 특질들이 생물학적으로 여성에게 고정되었다고 주장했다. 또한 Spencer는 모든 인간이 개인의 성장 또는 번식에 쓸 수 있는 유한한 에너지를 지니고 있다고 믿었고, 여성의 생식기관은 태아를 품기 때문에 남성의 생식기관보다 많은 에너지가 필요하다고 주장했다. 따라서 그는 남성과 비교했을 때, 여성이 개인의 정신적, 신체적 성장에 사용할 수 있는 에너지가 적다고 설명했다. Spencer는 더 나아가 여성이 두뇌 활동에 에너지를 사용할 경우 여성의 생식기관이 필요로 하는 에너지가 줄어들기 때문에 모유 수유가 불가능해질 수 있고 생리불순, 불임, 조기폐경 등의 생식독성으로 이어질 수 있다고 주장했다. 이처럼 Spencer는 여성의 주요 역할을 두뇌 활동이 아닌 출산과 양육으로 한정 지었으며 결과적으로 여성의 지적 능력은 한계가 있다고 했다(Shields, 2007).

이처럼 다윈주의를 시작으로 Spencer와 같은 여러 학자가 여성에 대한 편향적이고 부정적인 의견들을 제시하며, 남성과 여성 간의 선천적인 성차가 있음을 주장했다. 하지만 19세기 말부터 본성과 양육에서 양육, 즉 학습과 환경 같은 후천적 요인이 성차에 미치는 영향에 관심이 조금씩 생겨나기 시작했다. 특히 미국의 1세대 여성심리학자들이 당시의 성별주의에 의문을 제기하면서 새로운 논리적ㆍ실증적 연구를 하며 기존 이론들을 반박하는 움직임이 일어났다(Shields, 2007). 비록 1970년대 이전에는 여성심리학이라는 분야가 따로 존재하지 않았지만, 일찍부터 여성과 성차에 관심을 가지고 연구 활동을 한 Hollingworth, Woolley, Calkins, Jacobi와 같은 학자들이 여성심리학의 출현과 발전에 크게 이바지했다.

2) 사회다윈주의에 대한 반응

[그림 1-2] Leta Hollingworth(1886~1939)
그녀가 컬럼비아 대학교에서 교직 중일 때의 모습이다.

출처: http://www.feministvoices.com/leta-hollingworth/

Leta Hollingworth는 여성심리학 탄생의 중심에 있던 심리학자다. 당시에는 여성에게 취향, 흥미, 능력의 다양성이 거의 존재하지 않는다는 인식이 뿌리 깊게 박혀 있었다. Hollingworth는 이러한 인식을 근본적인 문제로 여기며 이로부터 어떻게 여성을 보호하고 여성에게 다양해질 기회를 줄 수 있을까를 고민했다. 사실, Hollingworth 또한 여성 개인의 삶이 존중되지 않던 사회 분위기와 여성의 가정주부 외의 활동 및 성취를 억누르는 사회적 제약의 피해자였다(Benjamin, 1975; Shields, 1975). 결혼 이후 Hollingworth의 남편의 지위와 업적은 오히려 상향됐지만, 정작 그녀 자신은 모든

지적 활동을 모두 멈춘 채 가사 활동에만 전념해야 했다(Silverman, 1992). Hollingworth는 왜 여성은 가정과 개인 성취 중 하나를 선택해야만 하는가라는 질문과 여성이 정말로 남성보다 상대적으로 열등한가라는 질문을 떨쳐 버릴 수 없었다. 이러한 그녀의 개인적 딜레마는 이후 그녀의 여성의 사회적 역할과 지적 능력에 대한 연구에 반영되었다. 다행히도 그녀의 남편 또한 그녀의 고민에 공감하고 학업 활동을 지지해 주었고, 그 결과, Hollingworth는 컬럼비아 대학교에서 석사와 박사를 마쳤다. 그녀는 박사학위 논문에서 월경주기가 여성의 심리 및 신체 수행의 변화와는 연관이 없음을 실증 연구를 통해 밝혔다. 이로써 여성이 매월 겪는 월경 때문에 직장에서 남성만큼 생산적으로 일을 할 수 없다는 고용 성차별적 주장을 실질적으로 반증하였다(Shields, 1975; Silverman, 1992).

또한 Hollingworth는 남자 신생아 1,000명과 여자 신생아 1,000명의 출생 정보 연구에서 신생아들의 출생 직후 키와 몸무게를 통제하면 여자 신생아에게서 오히려 더 높은 변이성이 나타남을 발견했다. 이 연구를 통해 Hollingworth는 사회다윈주의를 토대로 세워진 변이가설을 효과적으로 반증하였다(Montague & Hollingworth, 1914). 더불어 Hollingworth는 Darwin의 주장들이 실험연구를 통해 증명된 적이 없음에 문제를 제기하며 여성이 생물학적으로 높은 수준의 능력을 갖출 수 없다는 주장을 반박했다. 설령 남성이 여성보다 신체적으로 다양할지라도 이는 남성의 지적 능력이 여성보다 다양 또는 우수하다는 의미가 아니라고 설명했다. 마찬가지로, 가령 여성보다 남성의 지적 능력이 다양 또는 우수하다는 연구 결과가 있더라도, 남성이 여성보다 높은 지능을 타고나는 것이라고 확대 해석되면 안 된다고 강조했다. 대신 Hollingworth는 상대적으로 낮아 보이는 여성의 능력 및 성취와 관련하여 사회과학자와 심리학자들이 생물학적 요인 외에 사회적 제약과 문화적 장애물 등과 같은 다양한 요인이 여성의 능력 및 성취에 어떠한 영향을 미치는지 연구할 것을 촉구했다(Shields, 1975).

Hollingworth는 여성이 수백 년에 걸쳐 아이를 낳고 기르도록 훈련되어 왔고, 이것이 여성의 당연한 삶이자 역할로 간주되어 왔다는 것에 문제를 제기했다. 필요시에는 여성이 자신의 삶을 희생하는 것을 감수해서라도 아이들의 양육을 위해 헌신하는 것까지 요구되었기 때문이다(Shields, 1975). Hollingworth는 여성이 다양한 재능을 갖고 있음에도, 사회가 전통적으로 여성에게 전문 경력과 성취가 아닌 양육과 가사에만 집중하도록 압박해 왔음을 인정해야 한다고 주장했다. 더 나아가 사회가 여성에게 경력 또는 양육을 선택할 권리를 시인해야 여성의 진정한 잠재력이 발휘될 수 있다고 수차례 강조했다

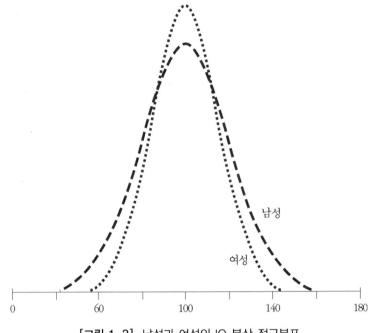

[그림 1-3] 남성과 여성의 IQ 분산 정규분포

이 그래프는 2가지 다른 분산의 정규분포 또는 벨 모양의 커브를 나타내는데, 변이가설(Variability Hypothesis: 신체적으로나 심리적으로 모든 면에서 남성이 여성보다 다양하다는 설)에 따라 남성의 IQ 점수가 여성의 것보다 다양함을 보여 준다. 즉, 평균 이상의 IQ 점수 범위에 여성보다 남성이 더 많이 분포함을 뜻한다.

출처: Eliot (2009).

(Shields, 1975). 이처럼 Hollingworth는 다양한 연구 활동과 저술을 통해 기존에 우세하던 성차별적 주장들을 효과적으로 반박하고 1920년대 제1 여성운동 및 이후의 여성심리학 출현에 밑거름이 되었다.

여성 운동가이자 의사이던 Mary Jacobi 또한 월경이 여성을 쇠약하게 하기 때문에 여성은 신체 활동을 삼가야 한다는 사회적 통념을 반박하였다. 그뿐만 아니라 두뇌 활동이 여성에게 불임의 가능성을 높이지 않는다고 주장했다. 더불어 Jacobi는 연구를 통해 신체 활동과 높은 수준의 교육이 생리통과 오히려 부적 상관관계를 보였음을 밝혔다(Sherif, 1979). Helen Thompson Woolley는 성선택설, 변이가설을 비롯한 사회다원주의를 반증한 또 다른 심리학자다. Woolley는 남녀의 성 심리학 속에 일반화된 논의 중 과학적 증거가 뒷받침하는 주장이 부재함에 주목했다. 이에 그녀는 성심리학과 관련하여 정확한 정보를 제공하기 위해 그녀의 박사학위 논문에서 지적 능력에서의 성차를 연구했다(Halpern et al., 2007). 남녀 실험 참가자의 운동 능력, 감각, 지능, 감정을 분석한 결과, Woolley는 남성과 여성 간의 차이점보다는 유사점을 더 발견했다. 더 나아가 남성과 여성 사이에 미묘한 차이점이 존재할지라도, 이는 유전적 역량의 차이 때문이 아니라 경험과 환경의 차이가 유아기부터 성인기까지의 발달에 영향을 미치기 때문이라고 했다(Milar, 2000). 이처럼 Hollingworth, Jacobi, Woolley 등과 같은 몇몇 심리학자가 사회다윈주의에서 비롯된 편견들을 반박하면서 여성 투표권과 남녀공학과 같은 양성평등을 위해 노력했다(Russo & Denmark, 1986). 비록 그들의 연구 업적과 주장 및 생애는 빛을 발하지 못했지만, 그들을 시작으로 성 편향적 연구를 바로잡기 위한 노력이 퍼져 나갔고 이는 여성심리학의 출현에 크게 이바지하였다.

3) Freud의 정신분석이론

사회다윈주의 외에 성과 성 역할 정체감에 대한 편향적인 주장을 펼치며 막대한 영향을 끼친 것이 정신분석이론이다. 정신분석이론은 19세기 말부터 20세기 전반에 활동한 오스트리아의 신경학자이자 심리학자인 Sigmund Freud가 창시하였다. 현재까지도 정신분석이론은 심리학 및 정신의학뿐만 아니라 교육학, 사회학 등 다양한 분야에 걸쳐 우리의 문화와 사고에 깊숙이 침투해 있다.

Freud에 의하면, 인간은 리비도(libido)와 타나토스(thanatos)라는 2가지 기본 욕구 또는 본능에 지배된다. 리비도는 성적 추동에 따르는 심리적 에너지를 가리키며 타나토스는 죽음의 본능에 따르는 심리적 에너지다. Freud는 성감대라 불리는 자극에 민감한 다양한 신체 부위에 작용하는 리비도, 즉 성적 추동이 집중되는 부위가 달라짐에 따라 인간의 발달단계가 진행된다고 주장했다. 이렇게 진행되는 각 발달단계에서 어떠한 경험을 하느냐에 따라 인간의 성격이 형성된다는 새로운 관점을 내놓기도 했다. Freud는 각 발달단계를 거치며 일어나는 성적 추동이 만족스럽게 채워질 때에만 건강하고 성공적인 발달이 이루어지고, 성적 추동이 불만족스럽게 채워져 좌절될 경우 발달에 악영향을 미치고 신경증으로 이어질 수 있다고 했다. 따라서 Freud에 따르면, 사회규범과 생리적 능력이 허용하는 범위에서 성적 추동을 채우는 사람이 건강한 것이다(Schafer, 1974).

Freud의 정신분석이론은 인간의 발달을 5단계로 구분 지어 설명한다. 제1단계인 구강기(oral stage)에서 영아는 빨고 삼키고 먹는 것과 같이 입, 입술, 혀와 같은 구강을 사용하여 성적 추동을 충족하고 쾌감을 얻는다. 제2단계인 항문기(anal stage)는 리비도가 항문에 집중되는 시기로, 배변 활동을 통하여 만족을 느낀다. 3~6세에 해당하는 남근기

(phallic stage)에는 리비도가 성기에 몰린다. 따라서 남근기 동안 남아는 자신의 성기에 막대한 관심을 가지며 성기를 만지고 자극하는 것을 통해 쾌감을 추구한다. Freud에 따르면, 이 시기에 남아는 오이디푸스 콤플렉스(oedipus complex)를 겪는다. 오이디푸스 콤플렉스란 아들이 어머니에게 무의식적으로 이성적 감정을 느끼고 아버지를 경쟁자로 인식하여 질투하고 증오하는 것을 일컫는다. 하지만 동시에 아들은 아버지가 자신보다 절대적으로 우세한 것을 느끼며 아버지가 자신에게 복수하지 않을까 두려워한다. Freud는 이 두려움이 남아가 여아는 이미 거세를 당해 성기가 없다고 생각하면서 더 극대화되고, 아버지가 남아 자신의 성기까지도 잘라 버릴지 모른다는 거세 불안(castration anxiety)으로 이어진다고 설명했다. 이 두려움과 갈등을 해결하고자 남아는 자신을 아버지와 동일시하고, 아버지와의 경쟁 구도 없이 만나게 될 미래의 누군가를 기대하며 어머니에 대한 이성적 감정을 없애게 된다. 이 과정을 통해 남아가 아버지의 힘과 권력과 같은 남성성을 쌓기 시작하고, 더불어 아버지의 가치관과 도덕, 그리고 사회 규범을 내면화하며 양심이라고 불리는 초자아(superego)를 형성한다는 것이다. 즉, Freud에 따르면, 남성은 어릴 때부터 갈등과 타협을 통해 성숙한 인격을 갖춰 나간다(Fast, 1979).

반면, 여아는 남근기에 남아와는 전혀 다른 경험을 하게 된다. 여아는 이 시기에 자신에게 성기가 없다는 현실을 자각함과 동시에 남근이 더 우월하다고 생각하게 된다. 때문에 여아는 남근을 갖고 있는 남아를 질투하게 되고, 자신을 남근이 없는 불완전한 형상으로 태어나게 한 어머니를 탓하며 원망하게 된다. 이를 계기로 여아는 자신이 애정을 쏟는 대상을 어머니에서 아버지로 바꾼다. 여아의 남근 선망(penis envy)은 직접적으로 채워질 수 없는 욕구이기 때문에 아버지에 대한 사랑과 애착으로 몰입 대상이 바뀌는 것이다. 이와 같이 딸이 아버지에게 애정을 가지고 어머니를 경쟁자로 인식하여 원망하고 반감을 갖는 것을 엘렉트라 콤플렉스(electra complex)라고 일컫는다. 남아의 경우, 오이디푸스 콤플렉스로 겪는 갈등을 해결하기 위해 자신을 아버지와 동일시하고 이로써 남성성과 초자아를 발달시켰다. 하지만 여아의 경우, 엘렉트라 콤플렉스로 겪는 갈등을 풀기 위해서 자신을 자신과 다를 바 없이 '거세당한' 어머니와 동일시하지 않는다. 더불어 여아는 이미 자신을 거세당해 남근이 없는 존재로 여기기 때문에, 거세 불안으로 두려움에 떨던 남아와는 다르게 콤플렉스를 해결하고자 하는 동기마저 강하지 않다. 따라서 Freud에 따르면, 여성은 평생 온전히 해결되지 않은 엘렉트라 콤플렉스를 지니고 열등감과 질투를 느끼는 성향으로 발달할 뿐만 아니라 남성보다 낮은 수준의 초자아를 형성한다. 이러한 이론을 바탕으로 Freud는 여성을 미숙한 초자아를 지닌 존재로

구강기(Oral)
0~2세

항문기(Anal)
2~3세

남근기(Phallic)
3~7세

잠복기(Latency)
7~11세

성기기(Gentital)
11세~성인

[그림 1-4] Freud의 심리성적 발달 5단계

출처: Allen (2003).

특성화한 반면에 남성은 오이디푸스 콤플렉스를 해결한 내면화 또는 자기성찰이 가능한 성숙한 존재로 설명했다(Person & Ovesey, 1983).

궁극적으로 Freud의 정신분석이론은 여성이 생물학적으로 남성보다 덜 성숙하고 사회 규범 및 문화에 잘 동화하지 못하는 존재로 만들어 버렸다. 이뿐만 아니라 여성은 발달단계에서 일어나는 욕구가 남성에 비해 잘 채워지지 않아 결과적으로 남성보다 미흡한 성격 특질을 나타낸다고 했다.

4) 정신분석이론을 향한 비판과 반박

여성을 미성숙한 존재로 여긴 Freud의 정신분석이론은 출현 이후 여러 비판을 받아 왔다. Freud는 인간의 행동을 결정짓는 대부분 에너지가 무의식 속의 본능이기 때문에 보통의 과학적 방법을 사용하여 연구될 수 없다고 했다. 그래서 사회다원주의와 마찬가지로, Freud의 정신분석이론의 많은 개념이 실증적 연구를 통해 확인된 적이 없으며 이것은 치명적인 약점으로 남았다. 또 다른 문제점은 Freud가 정신분석이론을 자신에게 심리치료를 받기 위해 찾아온 내담자들을 대상으로 만들었다는 사실이다. 이 때문에 Freud의 주장을 과연 일반 대중에게 적용할 수 있는지, 그것이 과연 합당한지가 큰 의문이다. 특히 Freud가 제시한 여성의 발달 과정과 정체성 및 성 역할은 심리 상태가 정상이고 순기능을 하는 여성에게 적용하기는 어렵다.

또한 많은 심리학자는 Freud가 인간의 행동을 설명하는 데서 생물학적 요인만을 너무 강조하고 사회, 문화, 학습과 같은 인간의 행동을 형성하는 후천적·환경적 요인을 등한시하였다고 비난한다. Freud의 정신분석이론에 맞서 오스트리아 출신의 정신의학자이자 심리학인 Alfred Adler는 심리 발달에 영향을 끼치는 사회·문화적 요소를 제시하였다. Adler는 여성에게 남성성으로 간주되는 경제적·사회적 행동에 더 높은 가치를 부여하고 열망케 하면서 동시에 여성성을 지속적으로 요구하는 모순된 사회의 모습을 지적하였다. Adler는 이러한 사회적 가치관이나 환경을 인간 행동의 결정 요소로 강조했다. 또한 Adler는 성적 추동이 인간에게 동기를 부여한다는 Freud의 주장을 반박하며, 인간이 생물학적 또는 심리적 약점에서 발생하는 열등의식을 극복하고 우월성 또는 성공을 추구할 때 동기 부여를 받는다고 설명했다. 그리고 남근 선망으로 인한 여성의 열등의식만을 강조하던 Freud와는 다르게, Adler는 인간은 보편적으로 모두 열등의식을 가지고 있으나 생물학적, 그리고 환경적 요소에 의해 형성된 개인차가 존재한다고 설명했다(Flett, 2007).

여성심리학의 출현에 크게 이바지한 페미니스트들은 특히 Freud의 정신분석이론을 강하게 비판하였다. 그들은 정신분석이론이 남성 중심적이고 여성의 고유한 경험들을 전혀 고려하지 않은 점을 지적하였다. Freud는 여성의 오르가슴과 같은 성적인 요소에만 집중한 채 월경, 임신, 그리고 여성에게 모성이 조성되는 과정과 같은 여성의 다른 중요한 논제를 다루지 않았다(Lerman, 1986). 이처럼 Freud는 여성만의 특성에는 전혀 가치를 부여하지 않은 채, 남성주의 관점에서 여성이 남성과 다른 점을 열등함으로 간주하였다. 따라서 Freud의 성 발달단계가 성립되기 위해서는 남성의 성기가 여성의 클리토리스보다 우월하다는 전제 조건이 있어야 하지만, 이러한 남근 중심주의는 Freud가 활동한 19세기 말부터 20세기 초반에 합당한 것으로 간주되었을 뿐 이를 뒷받침하는 과학적 증거는 존재하지 않는다(Schafer, 1974). 반면에 정신의학 연구에서 여성이 남근 선망을 느끼는 것보다 남성이 거세 불안을 겪는 증상이 더 일반적이라는 연구 보고가 있었다(Bosselman, 1960). 따라서 여성이 일반적으로 남근 선망을 느끼고 이에 따라 여성의 발달이 상당한 영향을 받는다는 Freud의 주장 또한 반증되었다. 이처럼 많은 심리학자와 페미니스트가 Freud의 주장을 문제의식을 가지고 연구한 결과, 그의 정신분석이론에서 비롯한 성 편향적 개념과 여성 정체감 및 역할을 반박할 수 있었고, 이는 여성심리학 출현의 또 다른 계기가 되었다.

4. 심리학 연구의 잠재적 문제

Darwin의 사회다윈주의와 Freud의 정신분석이론과 관련된 이전 연구에서 여성과 여성심리 발달에 관한 성 편향적 고정관념을 형성해 왔음을 살펴보았다. 여성에 관한 부정적 고정관념은 여성의 사회 진출과 개인 성취에 큰 걸림돌로 작용하기 때문에, 올바른 실험을 통한 점검이 이루어지지 않은 채 편향적 이론이 확산할 경우 발생하는 문제는 심각하다. 이와 같은 문제를 예방하기 위해서는, 실험을 진행하는 연구자뿐만 아니라 연구 결과 보고를 접하는 일반인 또한 과학적이고 비판적 사고를 해야 한다. 연구자는 인간의 다양한 심리 현상을 중립적 입장에서 객관적으로 연구하기 위해 의도치 않게 기존의 가치관과 의견 및 감정에 근거한 편향적인 연구를 진행하지 않도록 특별히 주의해야 한다. 일반인 또한 모든 연구 방법이 과학적이라고 무조건적으로 신뢰하지 말고, 각 연구 절차에 결함이 있지 않은지 비판적 시각으로 연구 결과를 여과해야 한다. 이를 돕기 위해 크게 5단계로 나뉘는 연구 절차 중 각 단계에서 발생할 수 있는 문제들을 알아보도록 하자.

1) 문제의 제기

모든 과학적 연구의 첫 번째 단계는 어떤 연구를 할지 결정하기 위해 문제를 제기하는 것이다. 이때 연구자는 무작위로 문제를 제기하는 것이 아니라 자신이 흥미로워하고 알고 싶은 문제에 관해 질문하게 된다. 이 과정에서 때로는 문제의 답을 찾고자 하는 강한 의지가 의도치 않게 편향된 문제 제기를 초래할 수 있다. 또한 연구자가 특정 이론에 도취하여 있는 경우 사실 여부를 떠나 자신이 지지하는 이론으로부터 연구 문제를 도출하여 연구의 시작부터 편향될 수 있다(Caplan & Caplan, 2009). 예를 들어, Freud의 성발달 이론을 지지하는 연구자는 여성이 남성보다 미성숙한 존재라는 전제하에 연구 문제를 제기하게 된다. 이로써, 연구자는 "어떤 환경과 상황 속에서 인간은 약해지는가?"보다 "왜 여성은 약한가?"라는 질문을 할 수 있다. 다른 예로, 리더십을 연구할 때 남성의 우월성을 믿는 연구자는 포용과 섬김, 배려와 같은 대개 여성성으로 분류되는 것은 애초에 배제한 채 힘과 권위 같은 남성성이 연상되는 리더십의 특질만을 강조함으로써 편향된 문제를 제기할 수 있다(Denmark, Russo, Frieze, & Sechzer, 1988).

문제 제기 단계에서 발생할 수 있는 또 다른 결함은 연구자가 연구하기를 원하는 문제와 실질적인 연결고리가 없는 기존 연구 및 문헌을 참고하여 가설을 세울 때 발생할 수 있다. 예를 들어, 엄마가 직장에 다니는 것이 아이들에게 심리적으로 부정적인 영향을 끼치는가를 연구하는 연구자들이 낙후한 고아원에서 자란 아이들에게는 심리적 문제가 있다는 점을 내세우기도 했다. 직장 생활을 하는 엄마를 둔 아이와 고아원에서 부모 없이 자란 아이는 명백하게 다른 환경에서 자란 것임에도 불구하고, 이들은 직장인 어머니 밑에서 자란 아이가 부모 없이 자란 아이와 비슷한 심리적 문제를 발달시킬 것이라고 주장한 것이다(Matlin, 2012). 또는 연구자가 연구 대상자로 남성만 포함하고 여성은 제외한 선행 연구를 기반으로 문제를 제기할 경우 성 편향적 연구로 이어질 가능성이 크다.

2) 연구 설계

연구 설계 단계에서는 조작적 정의(operational definition)를 정확하고 구체적으로 세우는 것이 매우 중요하다. 조작적 정의란 연구자가 변수를 어떻게 정확하게 측정할지에 관한 것이다. 예를 들어, 남녀의 정서적 반응 차이를 조사한다고 가정해 보자. 연구자는 정서적 반응을 "당신은 슬픈 영화를 볼 때 우는가?"라는 식의 자기보고형 질문지를 통해 측정하고자 한다. 이와 같은 정서적 반응의 조작적 정의는 얼핏 보면 아무런 문제가 없어 보이지만, 사실 잠재적인 문제가 있다. 남성 참가자의 경우, 남성은 강하고 민감하면 안 된다는 사회적 고정관념 때문에 슬플 때 나오는 자신의 솔직한 반응을 보고하는 데 어려움을 겪을 수 있기 때문이다. 따라서 실질적으로는 남녀가 비슷한 정서적 반응을 보임에도 불구하고, 남녀의 정서적 반응 차이가 극대화된 성 편향적 연구 결과가 나올 수 있다. 반면에 남녀의 정서적 반응 차이를 참가자들에게 슬픈 영화를 보여 주고 이들의 표정 변화를 관찰하는 식으로 측정한다면, 다른 방향의 연구 결과가 나올 수 있다. 이렇게 조작적 정의에 따라 연구의 결과가 달라질 수 있으므로, 연구자는 다양한 조작적 정의를 사용하여 자신이 세운 가설 또는 질문을 실험하는 것이 좋다.

　연구 설계 단계 중 연구 대상자를 모집하는 과정에서 문제가 발생할 수도 있다. 예를 들어, 과거에는 대부분의 연구가 남성만을 연구한 후 그 연구 결과를 보편화시켜 남성과 여성 모두를 설명하려고 한 점이 문제였다. 이에 비해 현재는 여성에 대한 연구가 활발하게 이루어지고 있지만, 새로운 문제점이 제기되었다. 앞으로 해결해야 할 문제는 바로 여성에 관한 많은 연구가 중산층 여성에게 집중되어 빈곤층 여성이 연구 대상자에서 배제되고 있는 점이다(Saris & Johnston-Robledo, 2000).

　또한 연구 설계 단계에서는 실험자와 연구 대상자의 상호작용이 연구 결과에 미칠 수 있는 효과도 고려해야 한다. 즉, 남녀 연구 참가자 모두 남성 실험자가 검사하는가 여성 실험자가 검사하는가에 따라 다르게 반응하여 잠재적 문제가 생길 수 있다. 예를 들어, 남녀의 성적 반응 차이를 알아보는 연구가 인터뷰 방식으로 진행된다고 가정해 보자. 만약 실험자가 남성일 경우, 몇몇 여성 참가자는 자신의 성적 반응에 대하여 솔직하게 답하는 것에 불편함을 느낄 수 있다. 똑같은 실험을 연구 참가자와 동성의 실험자가 진행할 경우에는 연구 결과에서 무의미한 성 차이를 최소화할 수 있다(Williams & Heikes, 1993).

3) 연구 수행

　연구 수행 단계에서는 실험자 기대 효과(experimenter expectancy effect)로 문제가 발생할 수 있다(Caplan & Caplan, 2009). 실험자 기대 효과란 실험자의 편견이 비의도적으로 연구 결과에 영향을 미치는 것을 말한다. 예를 들어 실험자가 여성이 남성보다 더 불안해한다는 편견이 있으면, 실험자는 무의식적으로 남녀 연구 참가자를 다르게 대할 수 있다. 실험자의 남녀 참가자에 대한 각각 다른 기대에 기인하여, 똑같은 환경에서 실험을 진행하더라도 남녀 연구 참가자는 다르게 반응할 수 있다.

　또 다른 문제는 연구 참가자가 자신을 향한 기대 또는 고정관념을 인지했을 때 발생한다. 예를 들어, 우리 사회에는 여성이 남성보다 수학 수행 능력이 낮다는 공공연한 고정관념이 존재한다. 따라서 여성 참가자가 실험의 목적이 남녀의 수학 수행 능력 차이를 살펴보기 위함임을 알 경우, 자신을 향한 부정적 고정관념이 활성화되어 불안함을 느끼게 된다. 그 결과, 여성 참가자는 수학 시험에서 실제로 낮은 성과를 보인다(Cadinu, Maass, Rosabianca, & Kiesner, 2005). 그러나 실험에서 시행하는 수학 시험이 남녀 간의 수학 수행 능력 차이를 형성하지 않는다고 참가자들에게 알려 줬을 경우, 여성 참가자들은 남성 참가자들과 수학 시험에서 비슷한 성과를 보였다(Spencer, Steele & Quinn, 1999).

4) 자료 분석과 해석

실험을 통해 수집된 자료는 통계적 검증을 통해 분석된 후 해석된다. 문제는 자료 분석을 위해 쓰이는 통계적 모델이 일반적으로 유사성보다는 차이점에 집중한다는 점이다. 즉, 집단 간의 평균 차이가 유의미한가를 살펴보는 통계 모델은 자연스레 남녀 간의 차이점을 더 크게 부각할 위험성이 있다. 더불어 많은 연구자가 통계적 유의성(statistical significance)과 실질적 유의성(practical significance)을 잘 구분하지 않는다는 문제가 있다. 통계적 유의성이란 가설 검증 결과가 단순히 우연으로 발생한 일이 아니라는 뜻이다. 실질적 유의성이란 연구의 가설 검증 결과가 실질적으로도 의미가 있다는 뜻이다. 연구자는 통계적 유의성뿐만 아니라 실질적 유의성 또한 고려해야 하는데, 이는 연구의 가설 검증 결과가 통계적으로 유의미할지라도 실질적으로는 큰 의미 부여가 안 될 수도 있기 때문이다. 예를 들어, 남녀 참가자 각각 1,000명의 뇌의 크기를 분석한 결과, 남성 참가자의 평균 뇌의 크기가 여성 참가자보다 통계적으로 유의미하게 컸다고 하자. 하지만 평균 크기를 자세히 살펴보면, 남녀 참가자의 실질적인 평균 뇌의 크기의 차이는 $1.0cm^3$ 미만으로 아주 작을 수 있다. 이러한 경우 연구 결과에 실질적인 또는 사회적인 의미 부여를 하는 것은 문제가 있다. 더욱이 앞서와 같은 연구 결과를 가지고 남성은 뇌가 여성보다 크기 때문에 지능도 여성보다 높다는 섣부른 일반화 및 확대해석을 하는 것은 일반인에게 그릇된 고정관념을 심어 주는 등 치명적인 문제를 일으킬 수 있다.

연구자들은 분석한 자료를 해석할 때 종종 대안적 설명을 제외해 버리는 실수를 범한다. 예를 들어, 의존성을 측정하는 실험 결과, 여성의 의존성이 남성보다 높았다고 하자. 이와 같은 의존성에 대해 측정된 남녀 간의 성차는 실제로 존재하는 것이 아니라, 단순히 남성 참가자가 자신의 남성성을 지키고자 일반적으로 여성성으로 간주되는 의존성을 보고하지 않았기 때문일 수 있다. 따라서 연구 결과를 올바르게 해석하기 위해서는 연구자가 검증하기 위해 제시한 가설 외에도 실험 결과를 설명할 수 있는 대안적 설명을 논할 필요가 있다.

5) 결론 전달

연구 자료 분석 및 해석을 끝낸 후 연구자들은 보통 자신들의 연구를 논문으로 출판하게 되는데, 이러한 전달 과정에도 몇몇 잠재적 문제가 존재한다. 여전히 많은 심리학자가 성차에 몰두하여 남녀 간의 유사성에는 큰 의미를 부여하지 않는다(Caplan & Caplan, 2009). 그래서 종종 연구자가 실험 결과 남녀의 유사성을 발견하더라도 특별하지 않다고 여겨 이를 언급조차 하지 않는 경우가 있다. 반면에 남녀 간의 차이는 여과 없이 보고될 가능성이 크다. 이와 같은 편파적이고 선택적인 보고는 남녀 간의 격차를 극대화하고 유사성은 축소해 버린다. 논문의 제목을 정하는 과정 또한 편향적일 수 있다. 예를 들어, 남녀의 타인 민감성을 측정한 결과 10개의 척도 중 2개의 척도에서만 남녀 간의 점수 차이가 있었음에도 불구하고, 연구자가 '타인 민감성에 나타나는 성차'라는 편향적인 제목을 논문에 붙여서는 안 된다. 남녀 간의 차이성과 유사성 중 어떠한 것도 강조하지 않기 위해서는 '타인 민감성의 남녀 비교 연구'와 같은 제목이 더 적절하다.

지금까지 문제의 제기부터 시작하여 연구 설계, 연구 수행, 자료 분석과 해석, 그리고 결론 전달까지 이어지는 총 5단계의 연구 절차 속에서 발생할 수 있는 잠재적 문제들을 알아보았다. 앞으로 새롭게 배우게 되는 연구 및 이론을 접할 때, 이를 명심하여 비판적 사고를 갖추었으면 한다.

5. 이 책의 전반적 구성

아직 국내에서는 여성심리학과 관련한 책이 많이 출간되지 않았다. 그런 점에서 이 책은 여러 가지 내용을 담고자 했다. 1장 서론에서 여성심리학의 출현과 역사에 관해 집중적으로 살펴보고, 전통적 연구에서 나타나는 남성중심주의의 문제점에 대해서도 훑어보았다. 이어지는 2장에서는 우리 사회에 깊숙이 퍼져 있는 성 고정관념과 편견에 대하여 자세히 알아볼 것이다. 3장과 4장에서는 유아기, 아동기, 그리고 청소년기를 거쳐 여성이 성장하면서 어떠한 특성을 갖추게 되고 문제를 겪는지 발달적 관점에서 추적할 것이다. 5장과 6장에서는 여전히 논란거리인 성차를 여러 영역에서 살펴볼 예정이다. 흔히 논해지는 인지 능력에서의 성차뿐만 아니라 성취 태도, 성격 특성, 정서 경험 및 표현 등 다양한 영역에서의 성차를 다루었다. 이 책의 후반부인 7장부터 14장까지는 성인기에 접어든 여성의 삶을 집중 조명하였다. 사랑과 결혼뿐만 아니라 여성의 고유한 경험 패턴인 임신, 출산, 그리고 어머니가 되는 과정에 대한 심리학적 이론이나 연구를 수록하였다. 또한 초기에는 등한시되던 여성의 일과 리더십도 다루었다. 이 외에도 이 책의 후반부에서는 여성의 신체 및 정신 건강과 노년기의 삶에 대해 알아보았다.

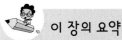

이 장의 요약

고대 그리스 시대부터 지배적이던 남성 중심 사회 구조의 영향으로 여성은 오랫동안 남성의 관점에서만 바라봤다. 그 결과, 현재까지도 여성에 대한 수많은 오해와 성 편향적 고정관념이 널리 퍼져 있다. 여성심리학은 이에 대응하여 여성의 독특한 발달 과정 및 특성과 문제들을 인식하고 연구함으로써 여성의 삶을 바로 이해하고자 하는 학문이다. 이러한 여성심리학의 출현 뒤에는 몇몇 초기 여성심리학자의 역경과 노력이 있었다. 당시에는 Darwin의 사회다윈주의와 Freud의 정신분석이론이 막강한 영향력을 행사했는데, 사회다윈주의는 자연선택과 성선택론을 내세우며 여성은 남성과 다르게 생존과 번식을 위해 경쟁하지 않으므로 힘과 지능 같은 우수한 특질들을 진화시키지 않는다고 주장했다. 또한 정신분석이론은 남성을 어릴 때부터 오이디푸스 콤플렉스를 극복한 성숙한 인격과 자아를 갖춘 존재로 묘사했지만, 여성은 엘렉트라 콤플렉스로 열등감과 질투를 느끼는 미숙한 초자아를 지닌 존재로 설명했다. 이와 같은 두 설로 인해서 남성의 상대적 우수성과 남녀 간의 선천적 차이점을 지지하는 성 편향적 시선이 사회와 학계에 깊숙이 퍼졌고, 이 때문에 여성심리학자들은 학위 수여를 거부당하고 연구 업적의 정당한 평가를 받지 못하는 등 어려움을 감수해야만 했다. 하지만 이들은 굴복하지 않고 당시 지배적이던 성 편향적 주장들을 연구를 통해 반박했다. 이러한 연구 활동과 페미니스트들을 중심으로 시작되었던 제2 여성운동을 계기로 여성심리학은 비로소 출현할 수 있었다. 여성심리학의 출현 계기와 과정을 보면, 올바른 연구 절차와 과학적 증거가 부재한 채 확산하는 주장이 사회에 미치는 영향력이 얼마나 큰지 알 수 있다. 때문에 연구자는 모든 연구 절차에서 반드시 객관적이고 과학적인 방법을 구사해야만 하며, 더불어 연구자뿐만 아니라 일반인도 어떠한 연구 결과이든지 맹신하기보다는 비판적 사고로 점검하는 것이 매우 중요하다.

참|고|문|헌

Aldridge, J., Kilgo, J. L., Bruton, A. K., & Jepkemboi, G. (2014). The first women psychologists: Documenting the influence of G. Stanley Hall. *SOP Transaction on Psychology, 1*(3), 1-10.

Allen, B. P. (2003). *Personality Theories* (4th ed). Boston, MA: Allyn & Bacon.

Arnett, J. J. (2006) G. Stanley Hall's adolescence: Brilliance and nonsense. *History of Psychology, 9*(3), 186-197.

Benjamin, L. (1975). The pioneering work of Leta Hollingworth in the psychology of women. *Nebraska History, 56,* 493-505.

Biaggio, M. & Hersen, M. (2000). *Issues in the psychology of women.* Dordrecht: Kluwer Academic & Plenum Publishers.

Bosselman, B. C. (1960). Castration anxiety and phallus envy: A reformulation. *Psychiatric Quarterly, 34*(2), 252-259.

Buschman, J. K., & Lenart, S. (1996). "I am not a feminist, but…": College women, feminism, and negative experiences. *Political Psychology, 17,* 59-75.

Cadinu, M., Maass, A., Rosabianca, A., & Kiesner, J. (2005). Why do women underperform under stereotype threat? Evidence for the role of negative thinking. *Psychological Science, 16,* 572-578.

Caplan, P. J., & Caplan, J. B. (2009). *Thinking critically about research on sex and gender* (3rd ed). Boston, MA: Pearson.

Cynkar, A. (2007). The changing gender composition of psychology: As time change, the field must stay diverse, say psychologists. *Monitor on Psychology, 38*(6), 46.

Denmark, F., Russo, N. F., Frieze, I. H., & Sechzer, J. A. (1988). Guidelines for avoiding sexism in psychological research: A report of the ad hoc committee on nonsexist research. *American Psychologist, 43*(7), 582-585.

Denmark, F. L., & Paludi, M. A. (2007). *Historical development of psychology of women: Handbook of issues and theories* (2nd ed.). Westport, CT: Greenwood Publishing Group.

Diehl, L. A. (1986). The paradox of G. Stanley Hall: Foe of coeducation and educator of women. *American Psychologist, 41*(8), 868-878.

Eliot, L. (2009). Pink brain, blue brain: How small differences grow into troublesome gaps—and what we can do about it. New York: Houghton Mifflin Harcourt.

Fast, I. (1979). Developments in gender identity: Gender differentiation in girls. *International Journal of Psychoanalysis, 60,* 443-453.

Flett, G. L. (2007). *Personality Theory and Research.* Ontario: Wiley & Sons.

Freeman, M. (1990). Beyond women's issues: Feminism and social work. *Affilia, 5*(2), 72–89.

Furumoto, L. & Scarborough, E. (1986). Placing women in the history of psychology: The first American women psychologists. *American Psychologist, 41*, 35–42.

Ghodsee, K. (2004). Feminism-by-Design: Emerging Capitalisms, Cultural Feminism, and Women's Nongovernmental Organizations in Postsocialist Eastern Europe. *Sign, 29*(3), 727–752.

Halpern, D. F., Benbow, C. P., Geary, D. C., Gur, R. C., Hyde, J. S., & Gernsbacher, M. A. (2007). The science of sex differences in science and mathematics. *Psychological Science in the Public Interest, 8*, 1–51.

Hart, J. (2006). Women and feminism in higher education scholarship: An analysis of three core journals. *Journal of Higher Education, 77*, 40–61.

Hyde, J. S., & Else-Quest, N. (2013). *Half the human experience: The psychology of women* (8th ed.). Wadsworth, OH: Cengage Learning.

Keita, G. P., Cameron, L., & Burrwell, T. (2006). Women in the APA: 2006. APA. Retrieved from http://www.apa.org/pi/women/committee/wapa-2006.pdf

Lerman, H. (1986). From Freud to feminist personality theory: Getting here from there. *Psychology of Women Quarterly, 10*, 1–18.

Marecek, J., Kimmel, E. B., Crawford, M., & Hare-Mustin, R. T. (2003). Psychology of women and gender. In D. K. Freedheim (Ed.), *Hand book of psychology: vol. 4. History of psychology* (pp. 249–286). Hoboken, NJ: Wiley.

Matlin, M. W. (2012). *The psychology of women* (7th ed.). Wadsworth, OH: Cengage Learning.

McCabe, J. (2005). What's in a label? The relationship between feminist self-identification and "feminist" attitudes among U.S. women and men. *Gender and Society, 19*(4), 480–505.

Milar, K. S. (2000). The first generation of women psychologists and the psychology of women. *American Psychologist, 55*(6), 616–619.

Montague, H., & Hollingworth, L. S. (1914). The comparative variability of the sexes at birth. *American Journal of Sociology, 20*, 335–370.

National Science Foundation. (2011). Science and Engineering Doctorates: 2011. NSF. Retrieved from http://www.nsf.gov/statistics/sed/2011/data_table.cfm

O'Connell, A. N. & Russo, N. F. (1991). Women's heritage in psychology: Past and present. *Psychology of Women Quarterly, 15*, 495–504.

Pearson, E. S., & Ovesey, L. (1983). Psychoanalytic theories of gender identity. *Journal of the American Academy of Psychoanalysis, 11*, 203–226.

Robertson letter attacks feminists. (1992. 8. 26.). The New York Times. Retrieved December 16, 2014, from http://www.nytimes.com/1992/08/26/us/robertson-letter-attacks-feminists.html

Russo, N. F., & Denmark, F. L. (1986). Women, psychology, and public policy: Selected Issues. *American Psychologist, 39*(10), 1161–1165.

Russo, N. F., & Denmark, F. L. (1987). Contributions of women to psychology. *Annual Review of Psychology, 38,* 279–298.

Saris, R. N., & Johnston-Robledo, I. (2000). Poor women are still shut out of mainstream psychology. *Psychology of Women Quarterly, 24,* 233–235.

Schafer, R. (1974). Problems in Freud's psychology of women. *Journal of the American Psychoanalytic Association, 22,* 459–485.

Sherif, C. (1979). *Bias in psychology.* In J. A. Sherman & E. T. Beck (Eds.), *The prism of sex: Essays in the sociology of knowledge* (pp. 93–134). Madison, WI: University of Wisconsin Press.

Shields, S. A. (1975). Ms. pilgrim's progress: The contribution of Leta Stetter Hollingworth to the psychology of women. *American Psychologist, 30,* 852–857.

Shields, S. A. (2007). Passionate men, emotional women: Psychology constructs gender difference in the late 19th century. *History of Psychology, 10*(2), 92–110.

Silverman, L. K. (1992). Leta Stetter Hollingworth: Champion of the psychology of women and gifted children. *Journal of Educational Psychology, 84*(1), 20–27.

Spencer, S. J., Steele, C. M., & Quinn, D. M. (1999). Stereotype threat and women's math performance. *Journal of Experimental Social Psychology, 35,* 4–28.

Summers, L. H. (2005). Remarks at NBER Conference on diversifying the science & engineering workforce. Cambridge, Mass.

White, S. H. (1992). G. Stanley Hall: From philosophy to developmental psychology. *Developmental Psychology, 28 (1),* 25–34 .

Williams, C. L., & Heikes E. J. (1993). The importance of researcher's gender in the in-depth interview: Evidence from two case studies of male nurses. *Gender and Society, 7(2),* 280–291.

Worell, J. (2000). Feminism in psychology: Revolution or evolution? *The Annals of the American Academy of Political and Social Science, 571,* 183–196.

Zucker, A. (2004). Disavowing social identities: What it means when women say, "I'm not a feminist, but···". *Psychology of Women Quarterly, 28,* 423–435.

제2장

젠더 고정관념과 편향

안상수

　세상의 많은 사람은 생물학적으로, 그리고 사회적으로 규정하고 있는 남성과 여성으로서의 삶을 살아가고 있다. 그리고 여성과 남성이 가진 특성에 대해 사람마다 나름의 지식과 신념을 가지고 있다. 때로는 이러한 지식과 신념이 부정확하거나 그릇된 믿음으로 자리 잡아 상호 편향된 시각을 낳거나 심지어는 한 성별이 불평등한 지위에 놓이게 하는 빌미를 제공하기도 한다. 이 장에서는 사람들이 남녀에 관해 지니고 있는 지식과 신념으로서의 젠더 고정관념 및 이에 따른 편향이 어떤 기원에서 유래하였으며, 오늘날 어떠한 형태를 띠고, 남녀 각각의 삶에 어떠한 영향을 미치는지를 밝힌 심리학 관련 분야의 연구들을 소개한다.

　복잡한 것은 이해하기 어렵고, 단순한 것은 이해하기 쉽고 빠른 법이다. 우리가 세상을 이해하는 방식도 유사한 공통 특성을 가진 사물이나 사람끼리 범주로 묶어 빠르고 쉽게 이해하려는 경향이 있다. 성, 인종, 직업, 출신지역 등, 그리고 심지어는 뚱뚱하거나 마른 체형 또는 혈액형에 따라서도 범주를 나누고, 그 범주 집단에 속한 사람은 어떠한 특성을 지녔을 것이라는 지식에 바탕을 둔 특정한 신념과 기대를 갖게 마련인데 이것이 바로 고정관념(stereotypes)이다. 이처럼 공통된 특성에 대한 신념과 기대는 그 범주의 사람들을 판단하고 교류하는 데까지도 영향을 미칠 수 있다. 흔히 혈액형에 따라 'A형인 사람은 어떤 성격이고, B형인 사람은 성격이 어떠할 것이다'라 믿고 있는 것이 그 한 예다. 사실 혈액형에 따른 성격 구분은 자신의 경험에 비추어 생각해 보면 아마 사실에 가까운 경우도 있고, 틀린 경우도 있다는 것을 잘 알고 있을 것이다.

　이와 같이 범주를 통해 세상을 이해하는 것은 복잡한 것을 피하고 쉽고 빠르게 이해할 수 있도록 하지만, 범주에 의한 지나친 단순화는 우리가 그릇된 고정관념에 쉽게 빠져들게 하는 이유이며, 동시에 많은 오류를 범하게 한다. 자세히 보아야 이해할 수 있는 많은 정보를 놓치는 것이다. 이 장에서 다루게 될 젠더[1] 고정관념(gender stereotypes, 성 고정관념) 역시 '생물학적 성(sex)'을 기준으로 남자(male)와 여자(female)로 구분하는 범

---

1) 성(sex)은 '생물학적 성', 젠더(gender)는 '사회적 성'이라는 의미로 흔히 쓰인다. 성차에 관심을 두는 학자들 사이에는 두 용어를 특별한 구분 없이 혼용하여 쓰는 이가 있는가 하면 이를 구분하여 써야 한다고 주장하는 이도 있다. 일반적으로 성(sex)은 남녀의 생물학적 차이를 강조하는 용어로 쓰이는 경향이 있고, 젠더(gender)는 성차가 사회문화적 영향에서 비롯된 것임을 강조하기 위해 쓰이는 경향이 있다. 1995년 제4차 북경세계여성회의에서는 남녀의 사회적 평등 실현이라는 의미에서 성(sex) 대신 젠더(gender)를 공식용어로 채택한 바 있다.

주화 과정의 하나라고 볼 수 있다. 젠더 고정관념은 사람들이 성을 기준으로 남자와 여자로 범주를 나누고, 각 성별로 다른 특성을 지녔을 것이라 믿고 있는 신념 또는 기대를 말한다(Kite, Deaux, & Haines, 2008). 어느 사회에서나 남자와 여자가 지니는 특성에 대해서 그 사회구성원들은 대체로 비슷한 생각을 공유한다. 남자와 여자의 전형적 특성에 관한 기대는 성격특성일 수도 있고, 성역할에 대한 기대일 수도 있다. 더 나아가 그 문화나 사회에서 바람직한 것으로 기대하는 남녀의 행동양식 혹은 남녀에게 각기 어울리는 직업, 그리고 신체적 특징 및 외모에 관한 것일 수도 있다.

젠더 고정관념은 편견 및 차별 등과 밀접하게 얽혀 있는 연관된 개념이라 할 수 있다. 성별을 포함한 특정 집단의 구성원들에 대한 편향적 태도는 인지적 · 감정적 · 행동적 요소를 모두 포함한다(김혜숙, 1999). 젠더 고정관념은 태도의 인지적 요소라 할 수 있으며, 편견은 감정적 요소, 차별은 행동적 요소를 의미한다. 이런 의미에서 편견(prejudice)은 특정 범주 집단 사람들에 대한 정서적 반응과 태도를 말하고, 주로 부정적 평가와 감정으로 나타난다(Whitley & Kite, 2010). 그런데 편견은 긍정적인 평가와 감정을 포함하기도 한다. 사람들은 여성이 따뜻하고 이타적인 특성을 지니고 있다고 믿고 있기 때문에 긍정적인 평가와 감정을 보이지만, 이 때문에 여성이 직장이나 사회적 역할을 수행하는 데 제약을 받는 역설적인 현상을 낳기도 한다(Eckes, 1994). 차별(discrimination)은 특정 범주 집단의 사람들에 대해서 편향된 대우와 행동을 나타내는 것을 말한다. 어떤 기업의 CEO가 여성의 리더십에 관한 고정관념과 편견을 갖고 있다면, 임원 승진에서 여성을 배제하거나 핵심적인 업무가 아닌 보조적인 업무에 배치하는 등의 차별을 보일 수 있다.

태도의 3가지 요소 가운데 감정적 요소를 가리켜 편견이라고도 하지만, 학자에 따라 고정관념, 편견 그리고 차별적 행동을 통칭하여 편견 또는 편향(bias)이라고도 한다(Fiske, 2004). 이 장은 3개의 절로 구분된다. 1절에서는 먼저 젠더 고정관념의 기원이 되는 사회문화적 요소들에 초점을 두어 살펴보기로 한다. 이를 위해 역사, 종교, 언어 그리고 미디어 속에서 여성이 어떻게 표상(representation)되고 있고, 여성에 대한 편향들에는 어떠한 것들이 있는지 살펴볼 것이다. 2절에서는 오늘날 현대적 의미의 젠더 고정관념의 내용은 무엇이며, 오늘날의 여성에 대한 편견 및 차별은 어떠한 양상을 보이는지 살펴볼 것이고, 3절에서는 젠더 고정관념이 우리의 생각과 행동에 미치는 영향이 무엇이며, 그 부정적인 영향을 통제하기 위해 어떤 접근들이 이루어지고 있는지를 알아보기로 한다.

1. 젠더 관련 편향들

오랜 역사에 걸쳐서 대부분의 문화권에서 여성은 남성과 동등한 대우를 받지 못하였다. 보부아르가 주장했던 것처럼, 많은 영역에서 여성은 '제2의 성(the second sex)'으로 취급하고 있다. 여성은 역사, 종교, 언어 그리고 미디어 속에서조차도 남성에 비해 열등하거나 비가시적인 존재로 취급받고 있는 사례를 흔히 찾아볼 수 있다. 또한 여성과 남성 모두 각기 나름의 긍정적 특성과 부정적 특성들이 있겠으나, 여성에 대한 긍정적 묘사는 매우 제한된 영역의 몇몇 특성에 치우쳐 있고, 일반적으로는 부정적 특성이 더 자주 부각되는 편향들을 보인다. 다음의 내용을 통해 여성과 남성에 관한 젠더 고정관념이 어떻게 생겨나게 되었는지 그 기원을 생각해 볼 수 있을 것이다.

1) 역사 속의 젠더 편향

역사 속에서 젠더 편향의 문제는 너무나 광범위하고 수많은 이슈를 포함하고 있기 때문에 이를 모두 다루기란 불가능에 가까운 일이다. 따라서 여기에서는 오늘날의 여성과 남성에 관해 통용되는 고정관념과 편향들을 중심으로 그 기원을 살펴볼 수 있는 주요한 몇 가지 이슈만을 다루기로 한다.

(1) 역사 속에서 여성의 비가시성

역사 기록물 속에서 여성인물들을 찾아보기란 쉽지 않다. 이와 같이 역사 속에서 여성은 마치 투명인간인 듯이 취급되고 있음을 볼 수 있다. 여성주의 사학자들은 인류의 절반을 구성하고 있는 여성의 역사에 대해서 거의 아는 것이 없다는 비판을 내놓고 있다(Brubaker & Smith, 2004; Erler & Kowaleski, 2003; Roberts, 2008: Matlin, 2012에서 재인용). 선사인류의 삶에 관심을 둔 고고학자들은 남성의 활동이었던 사냥도구에 주로 초점을 둔다. 정작 여성이 채집과 곡물로 대부분의 식량을 공급하였음에도 이런 활동들에 관해서는 거의 관심을 두지 않는다(Stephenson, 2000). 17세기 유럽 사회의 경우, '곡식 재배하기', '가금류 돌보기', '생산품을 시장에 내다 팔기' 등의 일은 주로 여성이 맡아 했다. 중세 초기, 일부 지역에서는 여성이 전투에 참여하였다는 놀랄 만한 증거들도 발견되었지만, 고고학자들은 이러한 발견을 별로 중요하게 취급하지 않고 있다(Pohl, 2004).

역사책에서도 역시 여성을 찾아보기가 쉽지 않다. Wiesner(2000)는 역사 교과서에서 여성이 누락되는 이유를 다음과 같이 들고 있다. 첫째, 여성은 대개의 경우 가정과 가족을 보살피는 일을 주로 맡아 했기 때문에 역사적인 주목을 거의 받지 못하였다. 둘째, 남성 예술가들은 그림, 조각, 건축물 등의 작품이 많아 보존이 잘 된 반면에 여성 예술가들의 업적은 음악, 무용, 자수나 퀼트 그리고 태피스트리 같은 공예품일 때가 많아 보존이 어려웠으며, 시대적 배경 탓에 익명의 예술작품 활동에 머무는 수밖에 없는 경우가 많았다. 셋째, 여성은 예술가로서의 격려나 지원을 받지 못하였을 뿐만 아니라, 거의 기회가 주어지지 않았다는 것이다.

역사 속의 여성인물을 찾으려는 노력은 이제 막 시작하는 단계에 있다. 이런 흐름은 우리나라도 크게 다르지 않다. 초·중등학교의 역사 교과서에 등장하는 여성인물의 부재에 관해 주목한 최근의 한 연구를 보면, 우리나라 초등학교 교과서에 실린 역사적 실존 인물 중 여성인물의 비율이 8.9%에 불과한 것으로 나타났다(정해숙, 최윤정, 구정화, 2010). 이마저도 2007년 이전 교과과정에 비해 여성인물의 등장이 2배 이상 증가한 결과인 것을 보면, 역사 교과서에서 여성 차별적 편향을 바로잡으려면 여전히 갈 길이 멀다는 사실을 쉽게 짐작할 수 있다.

(2) 철학 속의 젠더 편향

철학은 인간의 인식 영역에서부터 우주의 근본원리를 탐구하는 것에 이르기까지를 아우르는 종합 학문의 성격을 지니고 있다. 고대로부터 근세기에 이르기까지 철학자들이 이룩한 사유의 결과는 수많은 학문영역에 커다란 영향을 미쳤다. 그렇다면 누구나 한 번쯤 들어보았을 '아리스토텔레스', '장 자크 루소' 그리고 '존 스튜어트 밀'과 같은 철학자들이 가졌던 사유 속 남성과 여성은 어떤 모습이었을까?

고대 그리스의 철학자 아리스토텔레스(B.C. 384~322)는 '여성이 완전한 이성적 존재가 될 수 없다'고 믿었다. 여성은 남성에 비해 질투가 많고 거짓말을 할 가능성이 높은 존재라 여겼다고 한다(Stephenson, 2000). 한편, 계몽주의 철학자로 유명한 루소(1712~1778)는 여성이 남성을 기쁘게 해 주거나 남성에게 도움이 될 수 있어야 한다고 주장함으로써 적어도 여성의 성역할에 관해서는 계몽주의자답지 못한 태도를 보여 준다(Matlin, 2012).

존 스튜어트 밀(1806~1873)은 20세기 이전 철학자 중 유일하게 여성주의자들의 주목을 가장 많이 받은 인물일 것이다. 존 스튜어트 밀은 그의 아내인 Harriet Taylor Mill에게 깊은 영향을 받았으며, 그의 철학적 사상 역시 Harriet Taylor의 영향이 적지 않은 것으로 알려져 있다. 특히 존 스튜어트 밀의 저서 중 『여성의 예속(The Subjection of Women)』은 최근에 더욱 큰 주목을 받고 있다. 존 스튜어트 밀은 여성의 참정권을 위해 노력하였을 뿐만 아니라, 재산권이나 직업선택의 자유가 허용되어야 한다고 믿었다. 그는 당시로서는 매우 드문 여성주의적 시각을 가졌으며, 여기에 그치지 않고 영국의회 활동을 통해 여성의 참정권을 위한 실질적 노력을 기울이기도 하였다(김영정, 정원규, 2003). 하지만 존 스튜어트 밀의 사상을 다루는 대다수 철학 교재는 선구적인 그의 여성주의적 사상에 대해서 거의 다루지 않는 편향적 시각을 보이고 있다(Matlin, 2012).

(3) 종교와 신화 속의 젠더 편향

종교와 신화 속에서도 역시 여성에 대한 불평등적인 편향들이 존재한다. 성서 속 아담은 하나님과 닮은 모습으로 창조되었지만, 이브는 아담의 갈비뼈로 만들어졌다. 즉, 하나님의 천지창조에 있어서 여성은 남성의 부차적인 성일 뿐이었던 것이다(Bem, 2008). 게다가 남성을 유혹에 빠트려 원죄를 범하게 한 부정적 이미지로 여성이 묘사된다. 모세의 오경이나 신약성서 모두에서 역시 여성이 남성에 비해 비가시적이기는 마찬가지다(Ruth, 2001). 예컨대, 사도 바울의 고린도전서 14장 34-35절은 "여자는 교회에서 침묵해야 한다. 말하도록 허락되지 않았음이니, 율법에서 이르는 것과 같이 오로지 복종할지어다.", "만일 무엇을 배우려거든 집에서 자기 남편에게 물으라. 여자가 교회에서 말하는 것은 부끄러운 것이니라."라는 구절로서 여성의 말 많음을 경계하고 있고, 남편에게 종속된 여성의 삶을 정당화하는 젠더 편향을 보여 준다.

남녀에 대한 편향적 시각은 다른 종교라고 해서 크게 다르지 않다. 이슬람교에서 쿠란과 선지자 무함마드의 가르침은 남녀가 동등하지만, 그 후계자들은 여성에게 많은 제약을 부과해 왔다. 일부 이슬람권 국가 가운데에는 여성이 정조나 순결을 잃었다는 이유로, 부모가 원하는 사람과 결혼하지 않았다는 이유로, 또는 집안의 명예를 더럽혔다는 이유로 가족으로부터 살해되는 소위 명예살인(honor killings)이 현재에도 자행되고 있다(New York Times, 2015).

동양의 음양사상은 음양의 조화가 우주의 진리라고 보고, 유사성에 따라 만물을 음(陰)인 것과 양(陽)인 것으로 분류한다. 이 거대한 분류체계에서 음(陰)은 '어두운 것', '낮은 것', '천한 것', '차가운 것', '정지한 것', '유순한 것'들로 분류되고, 양(陽)은 '밝은 것', '높은 것', '고귀한 것', '뜨거운 것', '움직이는 것', '강한 것'으로 분류된다. 남성과 하늘, 군주, 땅은 양(陽)으로 간주되고, 여성은 땅, 신하 등과 함께 음(陰)에 비유된다(김혜숙, 2014). 동양에서는 이러한 분류가 자연의 본질적인 도리인 것처럼 받아들여지고 있지만, 최근의 학자들은 이러한 관점에 비판적 주장을 내놓고 있다. 예컨대, 김혜숙(2014)은 『신음양론』이라는 저서를 통해 여자가 본성적으로 유순하고 비천하기 때문이 아니라 음의 범주에 넣어짐으로써 같은 범주에 있는 것끼리 그 연관성이 자명한 것으로 받아들여져서 비천함과 열등함을 면할 수 없게 된 것이라고 주장한다.

동·서양의 신화들에서 여성은 '선과 악'의 양면성을 지닌 대상으로 묘사된다. 인도의 여신 Kali처럼 흡혈 여신으로, 한국의 구미호처럼 여자로 변신해 남자를 홀려 간을 빼먹거나, 그리스 신화의 Scylla처럼 남자의 뼈를 으스러트려 잡아먹는 괴물로 묘사되기도 한다. 또 한편으로 아이를 양육하고, 성모 마리아와 같이 남성을 위해 희생하는 거룩한 대상으로, 더 나아가 풍성한 대자연과 비옥한 대지를 어머니나 여성의 품에 비유하기도 한다(Mackie, 1991). 이처럼 여성이 때로는 부정적으로 때로는 긍정적으로 묘사되지만, 여성에게 부여된 대부분의 이미지는 남성을 표준으로 삼은 것이며, 남성중심주의적인 사회규범을 정당화하는 의미로 만들어졌을 가능성이 크다. 궁극적으로는 남성이 표준적인 '제1의 성'이고, 여성은 보조적인 '제2의 성'임을 나타내는 것이다.

2) 언어와 젠더 편향

여성이 남성에 비해 열등하다고 보거나 여성에 대해 보조적·부정적 인식을 심어 주는 것은 언어 속에서도 마찬가지로 존재한다. 지위와 역할에서 남녀의 불평등적 구조는 언어에 그대로 반영된다. 가부장적 남성중심의 사회·문화적 요인이 반영된 언어에서는 남성을 표준형으로, 여성을 비표준형으로 인식한다. 이러한 경향은 남성중심적인 문화권에서는 공통적으로 발생하는 것 같다.

영어에서는 인칭대명사 'he'가 인간 'human'을 대신하는 총칭적 언어 형태(한 성으로 양성을 포괄하는 언어)로 사용됨으로써 남성형이 언어의 표준이 된다. 'man'은 남성을 가리키지만, 남성과 여성 모두를 포함하는 '사람'을 총칭해서 나타낸다. 우리는 이것을 남성형 총칭어(masculine generic) 또는 남성중심적 총칭어(androcentric generic)라고 한다(Wodak, 2005). 영어에서 'chairman', 'policeman', 'fireman', 'businessman' 등은 공통적으로 '-man'이 남성과 여성을 포괄하는 '사람'을 나타내는 총칭어로 사용된다(권영문, 1996; 윤운영, 1997). 남성형 총칭어의 사용이 간혹 "그는 포유동물이기 때문에 사람은 그의 새끼에게 젖을 먹인다(since he is a mammal, man breastfeeds his young)."와 같은 괴상한 문장을 만들어 낼 때도 있다(Frisell, 2013). 한국어에서도 '건국의 아버지', '업계의 맏형', '소년원'과 같은 표현은 여성을 배제하거나 남성형 총칭어로서 여성까지 포괄하여 사용되고 있다. 또한 남성형 총칭어로서 영어식 외래어 표현인 '체어맨', '세일즈맨', '비즈니스맨' 등을 그 성차별성에 대한 비판의식 없이 그대로 가져다 쓰는 경우가 많았다(안상수, 백영주, 양애경, 강혜란, 윤정주, 2007).

　영어에서 성만 다를 뿐이지 동등한 남성과 여성인데도 여성에게 더 낮은 평가적 의미를 담는 표현도 많다. 노총각(bachelor)과 노처녀(spinster)는 결혼하지 않은 남성과 여성을 가리키지만, 통용되는 의미는 매우 다르다. 'bachelor'에는 미혼이고, 자유롭고, 행복하며, 행운을 가진 남자라는 의미가 부여되지만, 'spinster'는 결혼하지 못하였고, 불행하며, 나이 든 매력적이지 못한 여자라는 부정적 의미로 통용된다. 또한 'master'는 숙련되고 대단히 능력 있는 남자를 의미하지만, 'mistress'는 간음한 여자를 의미한다. 한국어에서도 유사하게 홀아비-과부(과수댁)가 있지만, '홀아비'는 상태를 나타내는 의미가 큰 반면, '과부/과수댁'은 멸시의 뜻을 내포한다. 아예 '미망인'이라 하여 남편을 따라 죽지 못한 여자라는 의미까지 부과한다. 같은 잘못을 하여도 여성은 남성과 달리 예외적으로 더 부정적으로 명명하는 표현들도 있다. 성을 사고파는 상대가 엄연히 있고, 성매매 남성과 여성이라는 성 중립적인 표현이 있음에도 여성만을 특별히 지칭하여 '윤락녀', '매춘녀'라는 이름을 붙이고 부정적 의미를 더욱 강조하기도 한다(안상수, 백영주, 양애경 외, 2007; 이수연, 안상수, 박경희, 강혜란, 윤정주, 2006).

　언어에서 남성이 표준이 되고 여성이 비표준임을 나타내는 방식은, 남성을 명명할 때는 성별 표시를 생략하지만 여성에 대해서는 성별 표시를 붙이는 것이 있다. 영어의 'master-mistress', 'poet-poetess', 'doctor-lady doctor' 그리고 한국어의 '시인-여류시인', '의사-여의사', '교수-여교수' 등을 들 수 있다. 한국어의 경우, 그 반대의 예외적인 표현들이 있지만, 고정관념적으로 여성의 직업분야로 분류되는 직종에 종사하는 남성을 지칭하는 데 쓰이고, 그 사례는 극소수에 불과하다. 즉, '간호사-남자간호사', '미용사-남자미용사', '리듬체조선수-남자리듬체조선수' 등이다.

　언어에서는 남성은 성숙한 어른으로, 여성을 미성숙한 어린애처럼 취급하는 것을 볼 수 있다. 영어에서 남자 성인에게는 'boy'라고 하는 경우가 매우 제한적인 데 비해서 여성의 경우 'girls' 또는 'gals'라고 훨씬 자주 표현한다. 한 연구에서는 여성에 대해 이러한 편향된 표현이 포함된 신문기사를 읽은 집단이 성중립적으로 표현한 신문기사를 읽은 집단보다 여성의 유능성을 낮게 평가한다는 결과를 내놓고 있다(Dayhoff, 1983). 신문, TV, 인터넷 등의 미디어에서 나타나는 성차별적 언어를 모니터링한 우리나라 연구들에 따르면(안상수, 백영주, 양애경 외, 2007; 이수연 외, 2006), 남성의 우위를 당연시하고, 여성이 남성에게 의존적이며 종속적인 대상이라는 것을 나타내는 표현들로서 주로 남성에게 '가장', '집단의 대들보', '기둥' 등의 수식어를 붙여 남성의 핵심적 성역할을 강조하고, 여성에게는 '남성 못지않은', '감히 여자가', '집사람', '미망인' 등의 관용적 수식어를 사용하는 경우가 흔히 있다.

영어에서 남성과 여성을 모두 나타내는 대신에 남성형 총칭 명사나 대명사만을 사용하는 것이 독자에게 미치는 영향을 검토한 많은 연구가 공통적으로 총칭어의 사용이 남성을 더 쉽게 떠올리고, 여성의 존재가 잘 연상되지 않는다는 결론에 이르고 있다. 따라서 언어에서 성차별성은 더 이상 단순히 문법적 문제가 아니라 정치적이며 동시에 실천적 문제다(Matlin, 2012). 이러한 문제의식은 미국심리학회와 미국의 여러 대학에서 젠더 편향적 언어 사용에 주의를 기울이도록 하는 지침을 마련하는 계기가 되었다. 다음은 미국심리학회의 출판 지침(APA, 2015) 중 언어에서 젠더 편향을 줄이기 위한 지침을 요약하여 살펴본 것이다.

① 남성형 총칭어 'he', 'his', 'him'을 사용하지 말라.
　　-구체적 대상으로 바꾸어 말하기
　　-복수형 명사 사용하기
② 남성형 총칭어 'man'을 사용하지 말라.
　　- 'man' → 'person/people', 'individual(s)', 'human(s)', 'human being(s)' 사용
　　- 'mankind' → 'humankind', 'human species' 사용
　　- 'manpower' → 'workforce', 'personnel', 'workers', 'human resources' 사용
③ 사람의 호칭을 지칭할 때 성차별성을 피하라.
　　-남편 성보다는 여성의 이름을 쓰라(예: 'Mrs. John Smith' → 'Jane Smith').
　　-불필요한 성별 표시 안 하기(예: 'lady lawyer', 'male nurse' → 'lawyer', 'nurse')
④ 성역할 고정관념을 피하라.
　　-성 중립적인 표현 사용(예: 'chairman' → 'chairperson', 'moderator')
　　-양육을 여성의 역할로 규정하지 않기(예: 'mothering' → 'parenting', 'nurturing')
　　-직업을 남성의 역할로 규정하지 않기(예: 'forman', 'mailman', 'salesmanship' →

'supervisor/superintendent', 'postal worker/letter carrier', 'selling ability')

출처: APA (2015).

3) 미디어와 젠더 편향

미디어에서의 젠더 편향은 사용되는 언어만이 문제가 되는 것은 아니다. 드라마, 광고, 연예오락, 정치, 사회문화 등 대부분의 영역에서 여성은 남성보다 가시적이지 않거나 젠더 고정관념적 속성을 고착화시키는 경향을 보인다(한희정 역, 2006). 최근의 한 광고 카피를 보면, 미디어가 우리 사회의 젠더 고정관념을 어떤 방식으로 유지 · 확대시키는지를 엿볼 수 있다. "전구를 갈 때는 아빠! 컴퓨터를 고칠 때는 오빠! 타이어를 교체할 때는 누구?" 이 광고 카피에서 우리는 가정에서 전기나 전자제품 그리고 자동차 수리 같은 활동은 남성의 역할이라는 것을 은연중에 강화하고 있음을 알 수 있다.

미디어의 성차별성은 이와 같이 젠더 고정관념을 확대 재생산하는 것에서부터 남성에 비해 여성을 차별적으로 대우하는 것에 이르기까지 다양하다. 미국의 경우를 보면, 주요 TV 매체나 신문, 잡지 등에 실리는 기고 글 중 여성 기고가의 글은 10~28%에 불과하고(Ashkinaze, 2005), 황금시간대에 출연하는 배우의 60~70%가 남성이다(Ziegler, 2008). 또한 전체 스포츠 방영 프로그램에서 여성 선수가 나오는 비율은 고작 6%에 불과할 뿐만 아니라 여성 방송중계자 역시 매우 드물다는 분석들이 있다(Hall, 2008). 미디어에서의 젠더 고정관념의 재생산 기능 역시 문제로 지적될 수 있다. 미디어에서 여성의 이미지는 육아나 돌봄과 같은 가정 내 가사노동자로서의 제한된 역할에 편중되는 반면, 회사나 직장 등의 고용 장면에서 직업인으로서의 역할은 상대적으로 낮은 빈도로 재현되고 있다(Arima, 2003). 미디어에서의 편향된 여성 이미지의 재현은 미국은 물론 유럽, 중동, 아시아, 아프리카 등을 망라하는 범세계적인 문제이지만, 한국에서도 크게 다르지 않은 것으로 나타나고 있다(Kim & Lowry, 2005: Matlin, 2012에서 재인용).

미디어에서 여성은 남성에 비해서 외모 중심적이거나 선정적인 방식으로 묘사될 때가 더 많다. 여성 정치인을 묘사할 때도 남성 정치인과 달리 헤어스타일, 의상 선택, 외모 관련 표현이 더 자주 언급되는 경향이 있고, 스포츠 해설 등에서는 남자 선수들의 경우 '기술', '능력', '체력' 등을 강조하는 묘사(예: '탱크', '절묘한 기술', '영웅')가 많은 데 비해서 여자 선수들에 대해서는 '외모'나 '여성성'을 강조하는 표현(예: '꽃미모', '요정', '우아한', '활짝 핀')들이 관용적으로 사용되는 것으로 나타났다(이수연 외, 2006). 인터넷

게임이나 만화 잡지 등에서 이미지화된 여성은 큰 가슴과 가는 허리와 같이 특정 신체부
위가 과장된 외모가 마치 전형적인 것처럼 묘사되는 것을 흔히 볼 수 있고, 여자 청소년
대상의 잡지들에서는 여성의 경력 추구나 계발과 관련된 기사보다 외모 꾸미기나 남자
친구를 통한 신데렐라 같은 삶을 부추기는 기사를 흔히 접할 수 있다.

우리는 미디어를 통해 세상을 보고 이해한다는 점에서 현대인의 삶에서 미디어를 떼
어 놓고 생각하기란 불가능에 가깝다. 미디어에서의 젠더 편향이 갖는 위험성이 바로
이 점에 있는 것이다. 미디어가 현실을 단순히 재현하는 데 그치지 않고, 미디어를 통해
서 젠더 고정관념을 비롯한 각종 편향이 확대 재생산될 수 있다는 것이다. 젠더 고정관
념이 포함된 광고를 본 남성과 여성은 여성주의적 태도가 낮은 것으로 나타났고, 이와
같은 광고를 본 여성들은 리더의 역할에 더 낮은 관심을 보이는 것으로 나타났다
(Davies, Spencer, & Steele, 2005; MacKay & Covell, 1997). 미디어의 부정적 영향에 관한 또
다른 연구들에 따르면, 여자 선수의 '경기 기술' 관련 기사를 읽은 학생들은 여자 선수
의 매력적 특성을 다룬 기사를 읽은 학생들에 비해서 그 선수의 재능, 적극성 그리고 경
기력 등을 더 높게 평가한다(Knight & Giuliano, 2001). 또한 미디어가 사람들의 인지수행
에도 영향을 미친다는 연구 결과도 있다. 예컨대, Hurtz와 Durkin(2004)의 연구에서는 두
집단의 학생들에게 성중립적인 라디오 광고와 젠더 고정관념적 광고를 각각 청취한 후
젠더 고정관념 특성 목록을 읽게 하였다. 그 결과, 젠더 고정관념적 광고를 청취한 학생
들이 성중립적인 광고를 청취한 학생들보다 젠더 고정관념적 특성 목록의 내용을 더 많
이 회상하였다. 이러한 결과들은 미디어가 단순한 현실의 반영이 아니라, 미디어 속에
투영된 현실이 확대 재생산의 결과로 나타날 수 있다는 것을 잘 보여 준다.

2. 젠더 고정관념, 편견, 그리고 차별

1절에서 역사, 철학, 종교, 신화 그리고 언어 및 미디어를 통해서 여성과 남성이 어떻
게 표현되고 이미지화되는지를 살펴보았다. 이러한 다양한 외부적 환경이 여성과 남성
에 관한 사람들의 생각에 많은 영향을 미쳤을 것이라는 사실을 쉽게 짐작해 볼 수 있었
을 것이다. 그렇다면 젠더 고정관념은 어떤 내용으로 이루어져 있고, 어떠한 방법으로
측정이 이루어지며, 성차별주의(sexism)와 같은 현실 문제가 왜 생겨나고 어떠한 심리과
정을 통해 유지되는지 알아보도록 하겠다. 더 나아가 젠더 고정관념이 사람들의 사회적

관계에 얼마나 큰 영향을 미치는지 등에 대해서도 구체적으로 살펴보기로 하겠다.

1) 젠더 고정관념의 내용

남성과 여성에 관한 젠더 고정관념은 일상생활에서 쉽게 찾아볼 수 있다. '남자는 운전에 능숙한 데 비해 여자는 능숙하지 못하다'라거나 '여자들은 남들에게 길을 잘 묻는 데 남자는 거의 묻지 않는다', '여자는 남자보다 수학을 잘 못한다', '남자는 여자에 비해 리더십이 있다'는 등의 고정관념이 있다. 우선, 남성과 여성에 관한 젠더 고정관념의 내용이 어떤 요소들로 이루어졌으며, 이들 요소 간의 관계는 어떠한지를 살펴보자.

Deaux와 Lewis(1984)는 젠더 고정관념이 크게 성격 특성, 행동, 신체적 특징, 직업과 관련된 내용의 4가지 구성요소로 이루어져 있다고 보고 있다. 이들 요소는 상호 독립적이지만 남성과 여성에 관한 한 가지 요소의 고정관념적 정보가 주어지면, 그것이 다른 요소의 고정관념적 정보의 추론에 영향을 준다고 한다. 예컨대, 어떤 사람의 직업에 관한 정보만 주어지더라도 우리는 그 사람의 행동이 어떠할 것인가에 대해 판단할 수 있게 된다는 것이다. 반대로 그 사람의 행동적 특성을 보고도 직업적 고정관념을 떠올릴 수 있게 된다. 마찬가지로 성별을 나타내는 신체적 특징을 보고도, 그 사람의 성격적 특성, 성역할 행동, 직업 등에 관한 고정관념적 판단이 함께 이루어질 수 있다. Deaux와 Lewis(1984)에 따르면, 사람들은 남녀 차이를 판단할 때 성격적 특성, 행동, 직업에 관한 정보보다 신체적 특징에 더 빨리 주목한다. 신체적 특징은 '눈 크기'나 '턱선' 등의 '얼굴 생김새' 또는 '머리 모양', '걸음걸이', '옷차림' 등이며(Montepare & Zebrowitz-McArthur, 1988), 예컨대 눈이 작고 턱이 모난 사람은 '강인함', '지배성이 높은 사람'으로 평가되는 경향이 있다고 한다(Berry & McArthur, 1986).

〈표 2-1〉은 Cota, Reid와 Dion(1991)의 연구 및 이와 유사한 다른 연구에서 수집된 여성과 남성의 성격 특성에 관한 젠더 고정관념 목록이다. 사람들이 생각하고 있는 여성과 남성의 성격 특성들을 추측해 보고, 제시된 목록과 비교해 보자. 아마 우리가 추측한 단어 분류와 다소의 개인 차이는 있겠지만, 상당수의 특성이 추측한 분류 목록과 일치한다는 것을 알 수 있을 것이다. 이론가들은 대인 간의 관계적 특성을 분류할 때 '친화성(communion)'과 '주도성(agency)'이라는 용어를 구분하여 사용한다. '친화성'은 다른 사람과의 관계를 중시한다는 것을 의미하고, '주도성'은 대인관계에서 자기 자신의 관심을 중시한다는 것을 의미한다. Rudman과 Glick(2008)에 따르면, '온화한', '따뜻

〈표 2-1〉 남성과 여성의 성격 특성에 관한 젠더 고정관념 목록

남성의 성격 특성	여성의 성격 특성
① 자신감 있는(self-confident)	① 변덕스러운(fickle)
② 탐욕스러운(greedy)	② 온화한(gentle)
③ 경쟁적인(competitive)	③ 다정한(kind)
④ 활동적인(active)	④ 따뜻한(warm)
⑤ 유능한(capable)	⑤ 신경이 과민한(nervous)
⑥ 시끄러운(loud)	⑥ 감성적인(emotional)
⑦ 으스대는(show-off)	⑦ 수다스러운(talkative)
⑧ 용감한(courageous)	⑧ 동정적인(compassionate)
⑨ 창의적인(inventive)	⑨ 참을성 있는(patient)
⑩ 강한(powerful)	⑩ 얌전한(modest)

출처: Matlin (2012)에서 재인용.

한' 등은 친화성과 밀접한 관련이 있고, 고정관념적으로 여성성의 특성인 것으로 간주된다. 그리고 '자신감 있는', '경쟁적인' 등은 주도성과 밀접한 관련을 맺으며, 고정관념적으로 남성성의 특성인 것으로 간주된다.

친화적 특성을 여성적인 것으로, 주도적 특성을 남성적인 것으로 지각하는 고정관념에 과거, 현재 그리고 미래에 걸쳐 어떤 변화가 있는지 살펴보는 것은 매우 흥미로운 주제다. 즉, 여성의 권익신장이 향상되면 여성의 친화적 특성은 낮게, 주도적 특성은 높게 볼 것인가 하는 문제다. 결론적으로 Kite 등(2008)은 1990년대 이후 여성의 주도성을 높게 보는 쪽으로의 변화가 있었다는 것을 보여 준다. 미국, 독일, 칠레, 브라질의 대학생을 대상으로 2050년의 성역할이 어떠할 것인가에 대해 질문한 결과, 현재의 여성보다 2050년대의 여성이 주도적인 성역할을 더 많이 수행할 것으로 추정하였다는 것이다. 하지만 유사한 다른 연구에서 남성에 대해서는 현재에 비해 미래에 더 친화적인 성역할 수행을 기대하지 않는 것으로 나타났다(Diekman & Goodfriend, 2006; Wilde & Diekman, 2005). 즉, 여성의 성역할은 여성의 권익신장이나 시대 흐름에 따라 변화가 추론되는 반면, 남성의 성역할은 시대 흐름과 상관없이 여전히 유지될 것이라 보는 데서 남성과 여성에 관한 고정관념의 차이를 느낄 수 있다.

젠더 고정관념은 현실적 경험에 바탕을 둔 것일 수도 있지만, 지나친 단순화로 인한 부정확하고 그릇된 신념일 때가 많다. 젠더 고정관념의 위험성은 현실의 경험을 단지 이해하는 정도에 그치지 않고, 특정한 기준을 제시하거나 규제적 속성을 가진다는 것이다. '남자는 힘이 세고, 자신감이 있고, 독립심이 있다', '여자는 온화하고, 섬세하고, 친절하다'고 하는 것은 성별 집단 구성원의 특성에 관한 기술적(descriptive) 내용을 담고 있지만, 그 집단 구성원의 행동, 능력, 선호에 대한 일반적인 기준을 제시하는 기능을 한다. 더 나아가 젠더 고정관념은 '남자는 강해야 하고, 직장이 있어야 하고, 돈을 벌어야 한다', '여자는 상냥해야 하고, 이해심이 있어야 하고, 아이를 잘 키워야 한다'와 같이 남성과 여성이 각기 해야 할 역할과 행동의 범위를 한정하는 규범적 속성을 갖는다. 그런데 남성이 나약한 모습을 보이거나 여성이 섬세하지 못하다는 것은 남성과 여성에 관한 일반적 고정관념의 기준과 기대에 벗어나는 것이기 때문에 심리적 불편과 함께 다양한 사회적 압력이나 비난을 받을 수 있다(조혜자, 방희정, 2003). 또한 젠더 고정관념의 이러한 사회적 기준과 규범에 어긋나는 것이 때로는 편견과 차별로 이어지는 한 가지 요인이 될 수 있다(Whitley & Kite, 2010). 예컨대, '대부분 여자가 아이를 돌본다' 그러므로 '여자라면 아이를 돌보아야 한다'라는 규범적 속성을 띠고, 결국 아이를 돌볼 기회가 적은 예외적 여성에 대해 부정적인 평가와 차별로 이어질 수 있다.

2) 암묵적 · 자동적 고정관념

지금까지 형용사 목록을 평정하도록 하거나 설문지 또는 자유응답과 같은 자기보고 형식으로 응답자들의 남성과 여성에 관한 고정관념을 알아본 연구들을 살펴보았다. 자기보고 형식으로 고정관념이 평가될 때 응답자들이 보고하는 고정관념은 의식 수준에서 자각할 수 있는 것들이다. 이와 같이 자기보고식 측정방법으로 평가되는 남성과 여성에 관한 고정관념을 명시적 젠더 고정관념(explicit gender stereotypes)이라고 한다. '명시적'이라는 용어는 행위자가 스스로 자각할 수 있고, 의식적으로 통제 가능하다는 것을 의미한다. 예컨대, '당신은 남자가 여자보다 수학적 재능이 더 있다고 생각하는가?'라는 설문 문항에 응답하는 상황을 생각해 보자. 아마 주변의 시선이나 사회적 압력을 고려한다면, 수학에 관한 젠더 고정관념적 신념과는 무관하게 '아니요'라고 응답할 가능성이 있다. 이때의 응답 결과에는 수학에 관한 응답자의 실제 젠더 고정관념과 함께 사회적 바람직성의 영향이나 긍정적 자기제시 동기 등이 복합적으로 영향을 미쳤을 수 있다. 즉, 여성의 수학 능력에 관한 실제 고정관념적 신념과는 무관하게 여성에 관한 고정관념을 공개적으로 표현하는 것이 사회적으로 바람직하지 않다는 주변의 시선이나 압력을 느꼈을 수도 있고, 자신이 편협된 고정관념을 지닌 사람으로 비춰지고 싶지 않은 이유 등으로 의식적으로 자신의 고정관념적 신념을 숨기려 할 수 있다(나은영, 1997;

Banaji & Greenwald, 1994). 이와 같이 명시적 측정방법으로 측정된 젠더 고정관념의 결과
는 사람들이 지니고 있는 현실의 젠더 고정관념의 크기보다 더 적게 추정될 가능성이
있다.

심리학자들 사이에서는 명시적 측정방법이 가지는 이러한 한계를 극복하는 것이 오
랫동안 매우 중요한 과제로 간주되어 왔다. 1990년대 전후로 고정관념 및 편견적 태도
연구에서 사회적 바람직성의 영향을 비교적 적게 받으며, 자신의 실제 생각과 반응을
숨기려 해도 의식적으로 통제가 불가능한 자동적 반응에 초점을 둔 측정방법이 적용된
연구들이 크게 증가하였다. 이와 같이 의식적인 통제가 어려운 자동적 반응을 통하여
측정하는 남성과 여성에 대한 고정관념을 암묵적 젠더 고정관념(implicit gender stereo-
types)이라고 한다. 이러한 흐름에서 나타난 대표적인 측정방법이 점화과제(priming
task)와 암묵적 연합검사(implicit association test: IAT)다(Fazio & Olson, 2003). 이 2가지 측
정방법은 기억상의 여러 개념 간에는 다양한 의미적 연합 정도를 보이는 연결망이 존
재하며, 의미적 연합 강도가 높은 개념들의 경우 어느 한 개념이 활성화되면 다른 개념
들까지도 함께 자동적으로 활성화되어 접근 가능성이 높아진다고 가정한다. 이때 개념
간의 연합 강도와 자동적 활성화 가능성은 정보처리의 속도로 간주되며, 흔히 반응속
도로 이를 측정한다. 예컨대, '간호사'(점화어)를 떠올렸을 때 '식빵'(표적어 1)보다는
'병원'(표적어 2)을 연상하기가 더 쉽고, 이 단어에 대한 정보처리가 빨라지는 것과 마찬
가지의 원리다.

이재호, 조혜자, 방희정(2001)은 점화과제의 측정방법을 통한 한국인의 암묵적 젠더
고정관념의 표상구조를 알아보기 위한 연구를 수행하였다. 이 연구의 점화과제는 실험
참여자가 응시하고 있는 컴퓨터 화면 중앙에 점화어가 순간적으로 제시된 후 사라지고,
이어서 표적어가 제시되었을 때 그 표적어를 가능한 한 빨리 소리 내어 읽는 것이다. 그
리고 종속측정치는 표적어 제시에서부터 그것을 소리 내어 명명하기까지의 '반응시
간'이었다. 이 연구에서 점화단어는 성별범주 단서로 남자와 여자의 이름(예: 성수, 미라
등)이었고, 표적어는 젠더 고정관념적 특성 관련 단어들(예컨대, '군대가는', '꾸미는', '여
유로운', '성실한' 등)이었다. 그 결과를 보면, 이 연구에 참여한 남녀 대학생에게 점화어
제시 후, 이성의 대표적인 고정관념적 특성을 나타내는 전형적 표적어(예: '군대가는',
'꾸미는')가 나타났을 때의 반응시간이 비전형적 특성을 보여 주는 표적어(예: '여유로
운', '성실한')가 나타났을 때의 반응시간보다 더 짧게 나타났다. 하지만 남학생들은 여
학생들과 달리 자신의 성별범주를 점화였을 때 전형적 표적어와 비전형적 표적어 간 반

응시간의 차이가 나타나지 않았다. 즉, 남학생들은 남성의 전형적 고정관념적 특성보다 여성의 전형적 고정관념적 특성에 더 민감할 수 있으며, 의미적 연결망으로 내재화된 여성에 대한 고정관념적 특성이 자동적·암묵적으로 활성화될 가능성이 더 높기 때문에 나타난 결과로 해석된다.

한편, 젠더 고정관념 연구에서 가장 많이 사용되는 암묵적 연합검사(IAT)는 대부분 의미적 관련성이 있는 자극끼리 짝지어 나타날 때 판단하는 데 걸리는 시간이 짧아지고, 관련성이 낮은 자극이 짝지어 나타날 때는 판단하는 데 걸리는 시간이 길어진다는 원리를 이용한다. 예컨대, 경상도 사람들은 경상도 지역 명칭과 긍정단어가 짝지어 나타날 때 반응시간이 더 짧고, 경상도 지역 명칭과 부정단어가 짝지어 나타날 때 반응시간이 더 긴 것과 같은 원리다(안상수, 김혜숙, 안미영, 2004). 암묵적 연합검사(IAT)의 일반적인 절차를 보면, 실험 참여자가 응시하는 화면에 일련의 단어들이 순차적으로 제시된다. 이 때 단어들은 범주 특성 관련 단어들이 사용된다. 예컨대, [그림 2-1]에서 보는 것처럼 Nosek, Banaji와 Greenwald(2002)의 연구에서 실험 참여자는 화면에 수학 관련 단어(예: calculus, numbers)가 나오거나 남성 관련 단어(예: uncle, son)가 나오면 키보드의 왼쪽 A키를 누르고, 예술 관련 단어(예: poetry, dance)가 나오거나 여성 관련 단어(예: aunt, daughter)가 나오면 키보드의 오른쪽 L키를 누른다(고정관념 일치조건). 이어서 반대로 수학 관련 단어와 여성 관련 단어가 나오면 왼쪽 A키를, 예술 관련 단어와 남성 관련 단어가 나오면 오른쪽 L키를 누른다(고정관념 불일치조건). 이와 같은 복합 범주 판단과제에서는 가능한 한 빨리 반응할 것을 지시하기 때문에 실험 참여자는 의식적으로 자신의 반응을 통제하기 어려운 상태에서 키 누르기 판단 반응이 이루어진다. 이 연구를 통해서 우리는 수학을 남성적, 예술을 여성적 특성이라고 보는 강한 고정관념적 신념을 지닌 사람이 고정관념 일치조건의 복합 범주 과제('수학+남성', '예술+여성')에서 고정관념 불일치조건의 복합 범주 과제('수학+여성', '예술+남성')에서보다 더 쉽고 빠른 반응을 보일 것이라 예상해 볼 수 있다(Nosek et al., 2002; Whitley & Kite, 2010). 암묵적 연합검사의 연구절차를 이용하는 연구들은 '불일치 조건에서 걸린 반응시간'에서 '일치조건에서 걸린 반응시간'을 뺀 차이값을 'IAT 효과'라고 하며, 그 차이값을 고정관념 또는 편견의 자동적·암묵적 활성화 정도로 간주한다. 이때 값이 클수록 고정관념적 신념이나 편견 정도가 크다고 해석한다(안상수 외, 2004; 홍영오, 2000). 즉, 명시적 측정방법에서는 의식적·통제적 반응을 주로 측정하기 때문에 강한 젠더 고정관념을 지닌 사람이더라도 사회적 바람직성이나 긍정적 자기제시 동기 등에 따라 실제와 다른 반응을 보일

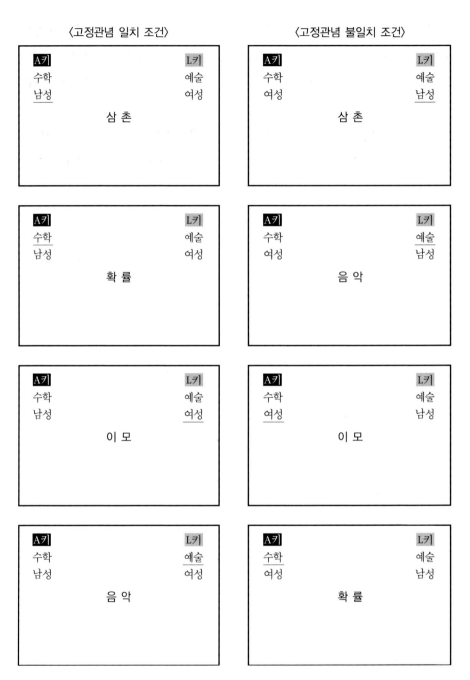

[그림 2-1] IAT 과제의 수행

수 있다. 하지만 점화과제나 암묵적 연합검사를 이용하는 연구에서는 의식적으로 자신
의 반응을 숨기거나 왜곡하기 어려운 자동적 · 비의도적 활성화 반응을 주로 측정하기
때문에 개인이 가진 젠더 고정관념적 신념의 본질에 대한 접근이 훨씬 용이하다. 이들

연구방법을 통하여 사람들은 남성과 여성에 관해 상이한 고정관념을 지니고 있다라는
사실이 어느 정도 확정적으로 받아들여지게 되었다(Cacciari & Padovani, 2007).

3) 오늘날의 성차별주의

편견(prejudice)은 태도의 한 요소로서 특정 집단과 구성원에 대한 감정적 반응이나 평
가를 말하며, 일반적으로 문제가 되는 것은 감정 반응이나 평가가 부정적일 때가 대부
분이다. 한편, 차별(discrimination)은 태도의 행동적 요소로서, 특정 집단이나 그 구성원
이라는 이유로 불평등하거나 불공정한 대우 또는 부정적이거나 해로운 구체적인 행동
을 하는 것이다. 오늘날의 젠더 편향은 고정관념, 편견, 차별이 독립적이라기보다는 서
로 뒤섞인 개념에 가깝다. 여기에서 논의하는 성차별주의(sexism)라는 개념은 성별에 근
거한 편견과 차별을 지칭할 때 흔히 쓰이는 말이다. 편견과 차별에 초점을 둔 성차별주
의의 개념화는 개인 수준에서의 정의에 가깝고, 제도, 문화적 수준에서의 성차별주의는
어느 한 성별이 다른 성별에 비해 우월한 상태를 유지 또는 촉진하는 관행들을 일컫기
도 한다(Jones,1997; Kassin, Fein & Markus, 2011).

현대사회에서는 자유주의적 가치관이 그 어느 시대보다 확산되고, 대부분의 사회에
서는 평등주의적 규범이 사회 질서를 유지하는 근본적 토대를 이루고 있다. 과거와 달
리 여성의 사회적 진출과 활동이 늘어나고, 가정영역에 국한되었던 여성의 역할이 시대
변화에 따라 다양하게 바뀌어 가고 있음은 부인하기 어려울 것이다. 이러한 추세는 여
성의 성역할에 대한 신념과 태도에서도 많은 변화를 일으키고 있다(Spence & Hahn,
1997; Twenge, 1997). 그렇다면 오늘날에는 과연 과거의 성차별주의가 약화되고 성평등
한 가치가 우위를 차지할 정도로 완전한 변화가 이루어졌다는 것을 의미할까? 이 질문
에 대한 대답은 여전히 명확하지 않은 것 같다. 많은 연구자는 사람들이 적어도 과거와
같이 명백하고 노골적인 형태의 성차별을 드러내거나 이러한 편견적 신념과 태도를 공
개적으로 수용·승인하는 경향이 감소하긴 하였지만, 오늘날의 성차별적 태도는 보다
은밀하거나 교묘한 형태로 대체되고 복잡하게 다변화되는 양상을 보인다는 데 동의하
고 있다(예: Benokraitis & Feagin, 1995; Glick & Fiske, 1996; Swim, Aikin, Hall, & Hunter, 1995).

특히 Benokraitis와 Feagin(1995)은 오늘날의 성차별주의를 이해하는 데 도움이 될 수
있는 3가지 유형, 즉 노골적 성차별주의, 은밀한 성차별주의 및 교묘한 성차별주의 개념
을 제시하고 있다. 여기에서 '노골적 성차별주의(overt sexism)'는 명백하고 가시적이며

관찰 가능한 형태로 이루어지는 여성에 대한 불평등하고 차별적인 대우를 말하며, '은밀한 성차별주의(covert sexism)'는 고의성이 있는 성차별로서, 숨겨지거나 비밀스러운 방식으로 여성과 남성을 차별적으로 대우하는 것을 의미한다. 그리고 '교묘한 성차별주의(subtle sexism)'는 여성에 대한 차별적 대우를 나타내지만, 규범적으로는 어긋나지 않고 특별히 눈에 띄지 않기 때문에 꼬집어서 성차별이라고 규정하기도 모호한 형태를 띤다. 교묘한 성차별주의가 비가시적이라는 점에서 은밀한 성차별주의와 유사하지만, 의도적이지 않다는 점에서 이것과 구별된다. 교묘한 성차별주의자는 실제로도 성평등적 가치를 옹호하거나 성평등한 성역할 태도를 취할 수 있지만, 스스로는 자각하지 못하고 의도하지 않게 여성을 차별적으로 대우한다.

성차별적 언어 표현에서 한 가지 예를 들면, 스스로는 성평등한 사람이라고 자부하지만 공개적인 자리에서 자신도 모르게 배우자를 '집사람', '안사람'이라고 표현하는 남성을 떠올려 볼 수 있을 것이다. '집사람', '안사람'이 성차별적 표현이기는 하지만, 많은 남성이 이와 같은 말을 쓰기 때문에 규범적으로 어긋나거나 특별히 가시적인 차별로 보이지는 않는 것이다. 이와 같은 교묘한 성차별주의를 지닌 사람은 비의도적·자동적 인지 과정을 측정하는 점화과제나 암묵적 연합검사 등을 통해서 보다 쉽게 확인할 수 있을 것이다. 또한 오늘날의 보다 미묘한 형태의 성차별주의를 측정하기 위해 개발된 명시적 측정도구들로는 Swim 등(1995)의 현대적 성차별주의 척도, Tougas, Brown, Beaton과 Joly(1995)의 Neosexism 척도 등이 있고, 우리나라에는 김양희와 정경아(2000)의 한국형 남녀평등의식검사 등이 사용되고 있다.

4) 양가적 성차별주의

여성에 대한 편견은 일반적으로 여성에 대한 비호의적 감정을 동반하는 부정적 평가를 말한다. 예컨대, 사람들은 여성이 남성보다 유능하지 못한 것으로 평가하고(Abel & Meltzer, 2007), 특히 직업의 영역에서 여성은 남성에 비해서 낮게 평가되는 경향이 있다(Kassin et al., 2011). 그렇지만 성차별주의는 인종차별주의, 연령차별주의, 동성애차별주의 등과는 달리 여성에 대해서 항상 부정적이거나 그렇게 적대적이지만은 않다는 것을 보여 주는 연구도 많이 있다. 예컨대, Eagly, Mladinic과 Otto(1991) 또는 Haddock과 Zanna(1994) 등의 연구에 따르면 사람들이 여성에 대해서는 다른 집단들에 대해서만큼 적대적이지 않으며, 오히려 남성보다 여성을 더 호의적이거나 긍정적으로 볼 때도 많

2. 젠더 고정관념, 편견, 그리고 차별

다. 많은 사람은 여성을 이해심이 더 많고, 친절하며, 더 이타적이라고 지각하는 경향이 있다(Eagly et al., 1991). 이와 같이 '여성들이 호감을 주는 많은 특성을 지니고 있다'라는 고정관념은 여성에 대한 긍정적ㆍ호의적 태도를 불러일으키는 것과 밀접한 상관이 있으며, Eagly(1994)는 이러한 현상을 'women are wonderful 효과'라고 명명한 바 있다.

여성에 대한 부정적이거나 호의적인 태도의 모순된 연구 결과들을 검토한 Glick과 Fiske(1996)는 그 이유를 설명할 수 있는 '양가적 성차별주의(ambivalent sexism)'라는 개념을 내놓았다. 즉, 여성에 대한 사람들의 태도는 일방적으로 비호의적 편견만으로 이루어진 것이 아니라 호의적 편견까지도 모두 포함하며, 여성에 대해서 한편으로는 경멸과 질투의 적대적 감정이, 다른 한편으로는 애정과 보호의 온정적 감정이 뒤섞인 양가적 형태의 감정을 지닌다는 것이다. 이와 같이 양가적 성차별주의는 적대적 성차별주의와 온정적 성차별주의라는 2가지 구성요소로 이루어진 개념이다. 적대적 성차별주의(hostile sexism: HS)는 '남성에 비해 여성은 유능하지 못하고 열등하므로 그 본분에 맞게 남성의 우월한 지위와 권위를 받아들여야 한다'는 생각에 바탕을 둔 것으로, 주로 이에 도전하거나 남성의 고유 영역을 침범하는 전문직 여성 또는 페미니스트에 대한 거부감 및 반감을 포함하고 있다. 온정적 성차별주의(benevolent sexism: BS)는 '여성은 섬세하고 따뜻하며, 순수성을 지닌 존재이므로 특별히 보호하고 돌보아야 한다'는 생각에 바탕을 둔 것으로, 주로 '가정주부'나 '전통적으로 여성의 일로 분류되는 직종의 여성'에 대한 호의적 감정을 포함한다(Glick & Fiske, 2001).

이와 같이 여성에 대한 남성의 태도는 한편으로는 적대적이면서 다른 한편으로는 온정적 태도를 동시에 가지는 경향을 보인다. 일반적으로 여성은 적대적 성차별주의(HS)를 보이는 남성보다 온정적 성차별주의(BS)를 보이는 남성에 대해서 더 호감을 보인다(Swim, Mallet, Russo-Derosa, & Stangor, 2005). 이는 적대적 성차별주의(HS)가 여성에 대한 반감과 거부감을 드러내는 노골적 성차별주의와 유사하기 때문으로 보인다. 그러나 온정적 성차별주의(BS)가 겉보기에는 여성에게 호의적 태도를 취하는 것이지만, 보다 은밀하고 교묘한 성차별적 태도일 수 있다. 사회구조적으로 남성에 비해 열등한 여성의 지위를 그대로 유지시키고 이를 정당화하려는 입장에서 보면, 적대적 성차별주의(HS)는 남성의 기득권에 도전하는 비전통적 성역할을 보이는 여성 집단(전문직 여성, 레즈비언, 페미니스트)에 대한 처벌적 의미를 지니는 반면에 온정적 성차별주의(BS)는 전통적인 성역할을 고수하는 여성 집단(가정주부, 현모양처 등)에 대한 보상적 태도라 할 수 있다(안상수, 백영주, 김인숙, 김혜숙, 김진실, 2007; Jost & Kay, 2005). 결국 우월한 남성의 지위와 열등한 여성의 지위를 갖는 현 사회체제를 유지·정당화하는 데 있어서 적대적 성차별주의(HS)는 '채찍'의 의미인 반면에 온정적 성차별주의(BS)는 '당근'의 의미인 셈인 것이다. 온정적 성차별주의(BS)가 지니는 위험성은 이것이 표면적으로는 긍정적이거나 우호적인 듯이 위장된 교묘한 형태를 띠고 있어서 성차별로 인식되기 어렵다는 점이다. 그리고 개인적으로 처벌적인 성격을 갖는 적대적 성차별을 피하기 위해 온정적인 성차별에 타협하거나 순응하게 만듦으로써 불평등적인 성별구조를 개선하고자 하는 여성의 동기를 약화시킬 수 있다. 뿐만 아니라 이것이 성차별주의가 분명한데도 사람들로 하여금 이를 관용토록 함으로써 성불평등을 유지·강화하는 데 기여할 수 있다는 문제점을 갖고 있다(안상수, 백영주, 김인순 외, 2007).

Glick과 Fiske(1996)는 이러한 이론에 입각하여, 적대적 성차별주의(HS)와 온정적 성차별주의(BS)를 측정할 수 있는 22개 문항의 양가적 성차별주의 척도(Ambivalent Sexism Inventory: ASI)를 개발하였으며, 세계 19개국 15,000명의 남성과 여성을 대상으로 조사를 실시하여 그 타당성을 입증하였다.

한편, 안상수, 김혜숙, 안미영(2005)은 〈표 2-2〉에서 보는 바와 같이 Glick과 Fiske의 척도를 토대로 24개 문항(HS 12문항, BS 12문항)으로 이루어진 한국형 양가적 성차별주의 척도(KASI)를 개발하였다. 이 연구에서는 적대적 성차별주의(HS)와 온정적 성차별주의(BS) 간의 상관이 .42로 정적인 상관을 나타냈고, 온정적 성차별주의(BS)가 기존의 성차별주의 척도들과는 낮은 상관을 보임으로써 이들과 변별되는 새로운 구성개념임을 보여 주고 있다. 또한 남성과 여성을 비교한 결과, 적대적 성차별주의(HS)에서는 이것이

〈표 2-2〉 한국형 양가적 성차별주의 척도의 문항 예

		전혀 그렇지 않다	별로 그렇지 않은 편이다	그런 편이다	매우 그렇다
적대적 성차별주의 (HS)	(1) 여자들에게 큰 일을 맡기면 남자에게 맡길 때보다 더 불안하다.	1	2	3	4
	(2) 여자들은 자신이 여자임을 내세워 남자들을 이용하려고 한다.	1	2	3	4
	(3) 남자는 우리 사회를 위해 할 일이 많은 만큼 여자들보다 더 많은 권한을 주어야 한다.	1	2	3	4
온정적 성차별주의 (BS)	(1) 신체상의 위험부담이 큰 일은 여자보다 남자가 하는 것이 마땅하다.	1	2	3	4
	(2) 남자가 성공하기 위해서는 여자의 순수한 사랑과 희생이 필요하다.	1	2	3	4
	(3) 여자들은 남자보다 꼼꼼하고 세심하여 가사일과 자녀들을 더 잘 돌본다.	1	2	3	4

출처: 안상수, 김혜숙, 안미영(2005).

여성에 대한 부정적인 평가를 명시적으로 드러내기 때문에 여성 응답자가 남성 응답자에 비해 낮은 점수 분포를 보였다. 그러나 온정적 성차별주의에서는 표면적으로 여성에 대해서 호의적인 것으로 인식되기 때문에 여성 응답자의 점수가 남성 응답자에 비해서 일관되게 높은 것으로 나타났다.

5) 차별

행동 및 행위 차원에서 성별을 근거로 특정한 성을 부당하거나 불평등하게 대우하는 것을 성차별(gender discrimination)이라 한다. 성차별은 개인 수준에서 이루어질 수도 있고, 제도나 문화 수준에서도 나타날 수 있다. 우리나라 제19대 국회의원(임기 2012~2016) 총 300명 중 여성 국회의원의 수는 49명으로 16.3%다. 이는 스웨덴 43.6%, 노르웨이 39.6%, 중국 23.6% 등에 크게 못 미치는 수치를 보여 준다(IPU, 2015). 국가공무원 중 관리직이나 고위직 여성공무원의 수는 꾸준히 증가한다고 하지만, 여전히 매우 낮은 수준인 것으로 나타난다. 2급 이상 고위공무원 중 여성의 비율은 남성 대비 3.7%, 4급 이상 여성공무원은 남성 대비 10.6%에 머물렀다(한국행정연구원, 2014). 2013년 통계를 기준으로, 대졸 여성의 초임은 남성의 75.8%이고, 전체 직장 여성의 월평균 임금은 남성의 64.6%에 불과하다(한국여성정책연구원, 2014). 이러한 통계 결과는 선거를 비롯하여 인사평가, 임금 등에서 여성이 남성에 비해 차별받고 있음을 잘 보여 주고 있다. 이러한 차별의 기저에는 여성에 대한 고정관념이나 다양한 형태의 성차별주의가 개입되었을 가능성이 있다.

이와 같이 실생활이나 현실에서의 차별뿐만 아니라 실험 상황에서도 여성에 대한 차별을 살펴볼 수 있다. 예컨대, Abel과 Meltzer(2007)의 연구에서는 대학생들을 무선적 방식을 통해 두 집단으로 나눈 다음, 취업에 관한 에세이를 읽고 얼마나 잘 쓴 글인지 7점 척도로 평정하도록 하였다. 이때 한 집단에게는 에세이를 쓴 사람이 '마이클 스미스 박사'라고 했고, 다른 한 집단에게는 '메리 스미스 박사'라고 알려 주었다. 연구자들의 관심은 에세이 저자가 남성인지 여성인지에 따라 평정이 다를 것인가 하는 것이었다. 저자의 성별을 추측할 수 있는 이름만 달랐을 뿐인데 그 결과는 매우 극적이었다. 에세이의 저자가 여성이라고 추측한 집단이 남성이라고 추측한 집단보다 에세이에 쓰인 글 수준을 더 낮게 평가하는 성차별을 보였던 것이다.

아이의 출생 소식을 전하는 소감을 분석한 Gonzalez와 Koestner(2005)의 연구에 따르면, 부모들이 득남 소식을 전할 때는 자랑스러움을 나타내는 표현을 더 많이 보였지만, 득녀 소식일 때는 행복감을 나타내는 표현을 더 많이 보이는 경향이 있었다. 출산 소식을 전할 때조차 이미 부모들은 남자아이에게는 높은 지위를 연상하고 있고, 여자아이에게는 관계적인 부분을 더 많이 떠올린다는 것을 알 수 있다. 전 세계적으로 남아선호사상이 크게 퇴보하는 추세에 있는 것은 분명한 사실인 듯하다. 하지만 미국 부모들을 대상으로 '한 아이만 낳는다면 어떤 성별을 원하는가?'라는 질문에 대해 1941년과 2003년의 응답을 비교한 결과를 보면, 흥미롭게도 남자아이를 선호한다는 응답이 똑같은 38%로 거의 변하지 않았음을 나타낸다(Lyons, 2003: Myers, 2010에서 재인용).

우리나라의 경우, 통계청은 출생순위별 출생성비를 매년 공식적으로 발표한다. 출생성비는 '여아 100명당 남아의 수'를 의미하고, 지수값이 100을 넘으면 남아의 수가 여아의 수보다 많다는 것을 의미한다. [그림 2-2]에서 볼 수 있듯이 인구추계를 고려한 정상 성비는 보통 103~107 범위다. 2013년 기준 전체 평균 성비는 105.3으로 첫째아와 둘째아 모두 정상 성비 범위에 있다.

그러나 [그림 2-2]에서 보는 것처럼, 셋째아의 성비는 108로 여전히 정상 범위를 넘고 있다. 셋째아를 낳을 때 남아선호가 존재하고, 자연적인 성비가 아닐 가능성이 높다는 의미다. 그러나 셋째아의 성비 불균형이 10년 전 2003년의 136.9였던 것에 비해서는 크게 개선되고 있다는 사실도 알 수 있다. 사회정책부문에서 그동안 셋째아의 성비 불균형 문제에 대해 지속적으로 주목하고 가시적인 성차별로 이슈화하였던 것이 은폐되었

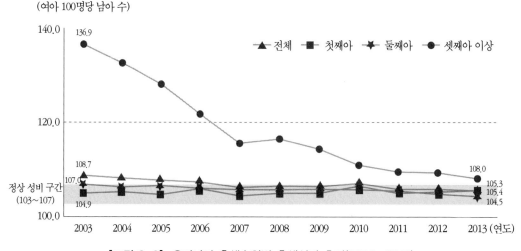

[그림 2-2] 우리나라 출생순위별 출생성비 추이(2003~2013)

출처: 통계청(2014).

던 성차별을 개선하는 데 원동력이 되었음을 알 수 있다. 이처럼 우리 스스로가 보이지 않는 은밀하거나 미묘한 편견과 차별의 현상에 대해서 주의 깊게, 그리고 자세히 살펴보려는 노력을 하는 것이 매우 중요하다는 사실을 알 수 있다.

3. 젠더 고정관념의 영향

지금까지 젠더 고정관념에 대해서 살펴보았고, 이것이 편견이나 차별로 이어질 수 있다는 것을 알아보았다. 그렇지만 젠더 고정관념은 또한 우리의 인지과정과 행동 그리고 개인의 정체성을 형성하는 데도 커다란 영향을 미치게 된다. 여기에서는 젠더 고정관념이 개인에게 미치는 대표적 영향으로서 인지적 오류, 젠더 고정관념과 행동의 관계, 고정관념 위협 그리고 사회심리학 분야에서 고정관념, 편견 및 차별을 약화시키기 위해 지금까지 어떤 방안들이 제안되었는지를 중심으로 살펴보기로 한다.

1) 젠더 고정관념과 인지적 오류

앞서 남자와 여자라는 성별집단 범주에 속한 사람들이 지닌 특성에 관한 신념을 젠더 고정관념이라고 하였다. 사회인지적 관점에서 보면 젠더 고정관념은 남녀에 관한 정보를 단순화하고 안내하는 지식체계 또는 일종의 정신적 지름길(mental shortcut)로서의 기능을 한다(김혜숙, 1999; Whitley & Kite, 2010). 고정관념은 제한된 인지용량을 지닌 사람들에게 처리해야 할 복잡한 정보를 단순한 범주와 기존지식의 틀에 맞추어 자동적으로 정보처리할 수 있게 해 준다. 즉, 범주를 구분하는 주요 특징 또는 두드러진 특징에 빠르게 주의를 기울이게 하고, 새롭거나 애매한 정보를 기존 지식의 틀에 비추어 해석하거나 쉽게 이해할 수 있도록 돕는다. 그러나 이와 같이 정보처리 과정을 단순화시켜 효율적으로 만들어 주는 고정관념의 기능은 이 장의 첫머리에서 보았듯이 많은 오류와 편향된 사고를 만들어 낸다.

고정관념의 대표적 인지적 오류 중의 하나는 자기확인적 편향(self-confirming biases)이다. 고정관념은 그것을 재확인하도록 하는 방향으로 정보처리 과정을 편향시키는 것이다. 흔히 고정관념은 고정관념에 일치하는 정보에 대해서 불일치하는 정보보다 더 빨리, 그리고 더 많은 주의를 기울이게 하고, 더 잘 기억하게 만든다. 나아가 고정관념을 재확인하는 방식으로 대상 집단 구성원의 행동을 해석하게 만들고, 심지어는 특정한 대상 집단 구성원의 행동마저 사람들의 고정관념적 기대에 맞게 변화시키는 자기이행적 예언(self-fulfilling prophecy)을 만들어 내기도 한다. 따라서 이러한 자기확인적 정보처리 편향의 결과 고정관념은 재확인되어 유지·강화되는 것이다(김혜숙, 1999; Whitley & Kite, 2010).

고정관념은 대상 집단 구성원의 행동을 편향된 방식으로 해석하고 평가하게 만드는 경향이 있다. 예컨대, Chang과 Hitchon(2004)는 대학생들에게 남녀 정치후보자의 광고문 중 하나를 각각 보여 주고, 여러 영역에서의 후보자들이 유능한 정도를 평정하게 하였다. 이 광고문에는 특정 영역에서의 후보자가 가진 전문성에 관한 아무런 정보도 포함되어 있지 않았다. 그런데 대학생들은 후보자가 가진 특정 영역에서의 전문성에 관한 아무런 정보도 없었음에도 고정관념적으로 여성적인 이슈로 분류되는 '육아'나 '돌봄' 영역에 대해서는 여성후보가 남성후보보다 더 유능한 것으로 평가하였고, '경제'나 '안보' 등 고정관념적으로 남성적인 이슈로 분류되는 영역에 대해서는 남성후보가 여성후보보다 더 유능한 것으로 평가하는 것으로 나타났다. 즉, 관련 정보가 없는 애매한 상황에서 판단이 이루어질 때조차 젠더 고정관념에 의존해서 판단하는 경향이 있음을 보여 준다. 판단 과정에서의 고정관념의 영향을 검토한 연구들에 따르면, 관련 정보가 없는 애매한 상황뿐만 아니라 인지적 자원의 가용한 정도, 고정관념의 억제 동기, 시간 제약 등에 따라서도 고정관념의 오류적 영향이 촉진 또는 억제되는 다양한 작용 방식이 있을 수 있음을 밝히고 있다(예: Gilbert & Hixon, 1991; Govorun & Payne, 2006; Pendry & Macrae, 1994).

고정관념의 인지적 오류는 판단 과정에서의 영향뿐만 아니라 고정관념과 일치하는 정보를 더 잘 기억하고(Cohen, 1981), 더 정확히 회상하며(Stewart & Vassar, 2000), 나아가 고정관념과 일치하는 방향으로 정보를 왜곡, 재구성하는 오류를 만들어 내기도 한다. Dunning과 Sherman(1997)의 연구를 예로 들면, 실험 참여자들에게 "사무실 여직원들은 음료대 근처에서 대화하기를 좋아한다."와 같은 문장을 읽게 한 다음, 얼마 후 여러 개의 문장 가운데 원래의 문장과 같은 문장이 어느 것인지를 선택하도록 하는 재인기억 과제를 제시하였다. 이 연구의 주 관심사는 원래 문장과 매우 유사하지만 젠더 고정관념과의 관련성 정도가 조작된 문장들 가운데 어떤 문장에서 더 자주, 그리고 더 많이 틀린 선택을 하게 되는가 하는 것이다. 그 결과를 보면, 원래 문장이 높은 여성 관련 고정관념 문장("사무실 여직원들은 음료대 근처에서 수다 떨기를 좋아한다.")이었다고 잘못 선택한 사람은 29%였고, 낮은 여성 관련 고정관념 문장("사무실 여직원들은 음료대 근처에서 스포츠 화제 삼기를 좋아한다.")이었다고 잘못 선택한 사람은 18%에 불과하였다. 아마 실험 참여자들은 원래 문장("사무실 여직원들은 음료대 근처에서 대화하기를 좋아한다.")을 보았을 때 여성과 관련된 고정관념, 즉 '여자들은 수다 떨기를 하고 있음에 틀림없을 거야!'라는 추론을 하였을 것이고, 선택할 여러 문장 가운데 수다 떨기가 명시적으로 언급된 문장을 보게 되자 이것을 더 친숙하게 받아들인 반면에 스포츠 화제 삼기는 덜 친숙하게 받아들였을 것이다. 이처럼 우리는 젠더 관련 정보를 고정관념적 추론을 통해 왜곡하여 기억하거나 재구성하여 회상 또는 재인할 가능성이 높다는 것을 알 수 있다.

우리가 젠더 고정관념을 갖고 있기 때문에 남성과 여성을 다르게 지각하려는 경향이 있고, 이러한 지각은 우리가 가진 젠더 고정관념이 '정확하다'라는 것을 입증해 주는 더 많은 증거를 수집하게 만드는 것이다. 더 많은 지지 증거로 강화된 고정관념은 남성과 여성을 다르게 지각하려는 경향을 더욱더 견고하게 만드는 악순환으로 이어질 것이고, 결과적으로 변화에 대해 저항이 매우 큰 고정관념으로 자리 잡게 되는 것이다(Rudman & Glick, 2008).

2) 젠더 고정관념과 행동

앞서 우리는 개인의 사고과정에서 일어나는 인지적 오류를 중심으로 살펴보았다. 그렇다면 젠더 고정관념이 개인의 행동에 어떠한 영향을 미치고, 고정관념의 대상이 되는 사람들에게는 무슨 일이 벌어질 수 있을까? 지금까지의 연구 결과들에 따르면, 젠더 고정관념의 영향은 고정관념을 지니고 있는 당사자의 행동뿐만 아니라 그 대상 집단 구성원의 행위나 선택행동에 영향을 준다. 여기에서는 행동에 미치는 대표적 영향으로서 자기이행적 예언효과와 고정관념 위협 효과에 대해서 알아보고자 한다.

(1) 자기이행적 예언

자기이행적 예언(self-fulfilling prophecy)은 누군가에 대해 어떤 기대를 가지고 대하면, 실제로도 그 기대를 확정 짓는 방향으로 그 대상인물의 행동이 나타나게 되는 것을 말한다. 고정관념의 '자기이행적 예언' 효과는 고정관념을 가진 사람이나 그 대상인 사람 모두의 행동에 서로 영향을 미칠 수 있다는 것을 보여 준다. 즉, 특정 대상 집단 구성원에 대한 고정관념을 가진 사람이 의도적이든 비의도적이든 고정관념적 기대를 가진 어

떤 행동을 하면, 그러한 행동이 대상 집단의 사람에게 영향을 미치게 되고, 대상 집단 사
람들의 자기개념에 변화를 일으키며, 결과적으로 사람들이 가진 고정관념적 기대와 일
치하는 행동을 대상 집단 구성원이 실제로 보여 주게 된다는 것이다(예: Klein & Snyder,
2003; Ridge & Reber, 2002).

　예를 들어, 어떤 조직에서 구성원들이 '여자는 리더로서의 능력이 남자에 비해 부족
하다'라는 고정관념을 가지고 있다면, 조직 구성원들은 여자 직원들에 대한 리더로서의
기대가 낮기 때문에 중요한 역할을 맡기지 않고 보조적인 업무만 주로 시키게 될 것이
다. 이러한 구성원들의 행동에 영향을 받은 여자 직원들은 직장 일에 대한 보람과 의욕
이 떨어지고 신경이 많이 쓰이는 핵심적인 역할들을 피하게 된다. 이러한 여자 직원의
행동을 통해 조직 구성원들은 리더로서의 능력을 낮게 평가하는 기존의 고정관념이 재
확인되어 더욱 견고해지고, 여자 직원들은 직장에서 보조적인 역할만 수행하는 것을 자
기개념으로 수용하게 되는 결과를 가져오게 된다. 고정관념에 의한 기대를 가지고 어떤
사람을 대하면, 그 사람 역시 그 기대에 부응하는 행동을 보임으로써 고정관념을 재확
인시켜 주는 '자기이행적 예언' 효과는 우리 사회에서 젠더 고정관념이 왜 유지 · 강화
되는가에 대한 이유를 잘 설명해 준다.

(2) 고정관념 위협

　내가 속한 집단에 대한 편견과 고정관념이 두드러지게 주목되는 상황에서 이와 연관
된 시험을 쳐야 한다면 나의 수행 성적은 어떻게 될까? 많은 연구결과는 자신이 속한 집
단에 대한 평가우려가 적은 상황일 때에 비해서 평가우려가 큰 상황일 때 과제 수행이
저조하다는 것을 보여 준다. 이러한 현상을 '고정관념 위협(stereotype threat)' 효과라고
한다. 고정관념 위협은 자신이 속한 집단에 대한 고정관념이 활성화되어 두드러지는 상
황에서 과제 수행이 이루어질 때, 자신의 과제 수행이 자기 집단에 관한 부정적 고정관
념을 확증해 줄지 모른다는 불안 때문에 어려운 과제 수행이 더욱 나빠지는 것을 말한다
(Marx & Stapel, 2006; Steele & Aronson, 1995). 고정관념 위협 효과는 특정 집단에 관한 부정
적 고정관념이 그 피해 당사자라 할 수 있는 대상 집단 구성원의 행동에까지 영향을 미
칠 수 있다는 것을 보여 준다. 고정관념이 대상 집단 구성원의 행동에 영향을 미친다는
점에서 '고정관념 위협' 효과와 '자기이행적 예언' 효과가 유사하다는 것을 알 수 있다.
그러나 '자기이행적 예언' 효과에 의한 대상 집단 구성원의 행동 변화는 평판이 나빠진
데 따른 장기적인 자기개념의 변화 때문이지만 '고정관념 위협' 효과에 의한 행동 변화

는 고정관념이 두드러지는 특정 상황에서의 일시적인 수행 저하라는 점이 다르다.

　Spencer, Steele과 Quinn(1999)은 수학시험에서의 '고정관념 위협' 효과를 알아본 실험을 통해, 수학성적이 우수하고 수학에 자신이 있는 남녀 대학생을 대상으로 수학시험을 보게 하는 실험 상황을 만들었다. 이 연구의 실험1에서는 학생들에게 쉬운 문제라고 알려 준 조건과 어려운 문제라고 알려 준 조건에서 남녀 학생의 시험성적을 비교한 결과, '쉬운 문제 조건'에서는 남녀 차이가 나타나지 않았지만 '어려운 문제 조건'에서는 여학생의 시험성적이 남학생에 비해 낮았다. 이어진 실험2에서는 어려운 문제를 주고 수학시험 점수에서 '성별 간 차이가 있다'라고 설명해 준 조건과 '성별 간 차이가 없다'라고 설명해 준 조건에서 시험을 치르게 하였다. 그 결과, '성별 간 차이가 없다고 한 조건'에서는 남녀 간 점수 차이가 나타나지 않았으나 '성별 간 차이가 있다고 한 조건'에서는 여학생의 시험점수가 남학생에 비해 나빠지는 고정관념 위협 효과가 발견되었다. 이는 동일한 과제이지만 수학에 관한 젠더 고정관념이 활성화되는 상황이 시험 수행에서의 성적 저하와 같은 고정관념 위협 효과를 초래할 수 있다는 것을 잘 보여 준다.

　현재까지 고정관념 위협 상황이 대상 집단 구성원의 과제 수행을 저하시키는 이유로 여러 가지 가설이 제시되고 있다. 그 이유 중 하나가 '생리적 각성' 상태인데, 과제를 잘하고자 하는 지나친 각성 수준이 오히려 과제 수행을 방해한다고 보는 것이다(O'Brien & Crandall, 2003). 또한 고정관념의 위협을 받는 개인의 고정관념에 관한 생각을 억제하려는 노력이 역설적으로 시험에 투여해야 할 인지적 자원을 끌어다 쓰기 때문이라거나(Logel et al., 2009), 고정관념 위협 상황이 개인의 작동기억(working memory)을 방해한 결과(Schmader & Johns, 2003)라는 등의 설명이 있다. 이 외에도 고정관념 위협 자체가 부정적 사고, 걱정, 낙담의 원인으로 작용할 수 있고, 성공적 과제 수행보다는 이들을 회피하려는 데 더 초점을 두기 때문에 수행이 나빠진다는 등의 설명이 있다.

　고정관념 위협의 부작용은 고정관념의 표적이 되는 집단 구성원이 반복적이고 만성적인 수행 실패를 경험할 때 그러한 영역을 회피하거나 자기 자신과의 연관성을 끊어 버리는 결과를 가져올 수 있다는 점이다. 예컨대, 여학생들이 학업활동에서 수학이나 과학 같은 분야와 담을 쌓게 될 수 있다. 자신의 자존감 또는 정체성을 더 이상 수학, 과학 같은 분야의 수행과 연계시키지 않으려는 탈동일시(dis-identification)가 일어난다면 매우 심각한 문제가 아닐 수 없는 것이다(Kassin et al., 2011). 그렇다면 고정관념 위협으로부터 벗어나기 위해서 우리는 어떻게 해야 할 것인가? 고정관념 위협에의 영향을 증가시키는 요인을 밝힌 연구들에 따르면 과제의 난이도가 높고 심리적 압박이 클 때, 고정관념 대상 집단 구성원이 자신의 집단에 동일시하는 정도가 클 때(Schmader, 2002), 그리고 과제를 수행하는 상황이 소속집단에게 매우 중요한 의미를 지닐 때(Koenig & Eagly, 2005; Steele & Aronson, 1995) 등이라고 한다. 이에 따라 고정관념 위협의 영향을 줄이기 위해서 과제 수행 결과와 연합된 스트레스나 불안을 감소시켜 줄 수 있는 여러 가지 방안이 제안되었다.

고정관념 위협을 감소시키기 위한 방안으로, 첫째, 수행이 이루어지는 과제나 시험 상황을 재구조화하는 방안이다. 예를 들면, 고정관념 위협의 영향을 제거하기 위해 과제나 시험의 성격이 진단 목적이 아님을 명시적으로 밝히는 것(Steele & Aronson, 1995) 또는 진단 목적일 경우라도 공정한 시험 절차 및 평가를 강조하는 것과 수행에서의 성별 차이는 무의미함을 강조하는 것(Good, Aronson & Harder, 2008) 등으로 대상 집단 고정관념에 의한 평가우려를 약화시킬 수 있다는 것이다. 둘째, 대상 집단 구성원이 가진 사회적 정체성이 두드러지지 않게 하거나 사회적 범주의 경계를 약화시키는 방안이다. 즉, 대상 집단 구성원으로서가 아니라 개인이 가치나 독특한 개인으로서 스스로를 지각할 수 있도록 고무시키거나(Reydell, McConnell & Beilock, 2009) 개인이 가진 여러 사회적 범주 가운데 고정관념과 연관성이 낮은 범주를 활성화시키는 방안, 예컨대 여성으로서가 아니라 대학생으로서의 범주를 떠올리게 하는 것(Rosenthal, Crisp, & Suen, 2007) 등이 제안되고 있다. 이들 가운데는 단순히 고정관념 대상 집단 정체성이 개입하지 못하도록 성별이나 인종에 관한 인구통계학적 질문 항목을 시험 또는 검사지의 끝에 옮겨 배치하는 것도 고정관념 위협을 줄이는 현실적 대안이 되었다(Danaher & Crandall, 2008). 셋째, 고정관념 위협 상황에서 자기확신감이나 긍정적 자아정체성을 북돋우는 방안이다. 자신을 긍정적으로 생각할 수 있는 특성, 기술, 가치 등의 장점을 스스로 상기할 수 있도록 하는 것(Schimel, Arndt, Banko & Cook, 2004)이 고정관념 위협으로부터 벗어나는 데 도움이 되며, 과제에 대한 도전의식 또는 성취동기를 자극하거나 높은 목표를 설정하도록 하는 것 역시 도움이 된다고 한다(Rosential & Crisp, 2006). 넷째, 고정관념 위협 상황 또는 그러한 영역에서 성공적인 성취를 한 역할 모델을 제시하거나 상기하도록 하는 방안이다. 예컨대, 수학시험에서 높은 성취를 보이고 효과적으로 극복하였던 역할 모델(role model)을 본 여학생이 고정관념 위협의 영향을 적게 받았다(Blanton, Crocker, & Miller, 2000). 다섯째, 고정관념 위협 상황에서 과제의 어려움에 대해 외부 귀인을 하도록 하는 방안이다. 예컨대, 과제나 시험에서 주의분산 또는 불안이 야기되는 이유에 관해 설명을 듣는 것(Ben-Zeev, Fein, & Inzlicht, 2005)이나 '고정관념 위협' 현상이 무엇인지에 관해 학습하는 것(Johns, Schmader, & Martens, 2005)도 시험에서 수행 저하를 막는 데 효과적이었다는 흥미로운 연구 결과가 있다.

3) 젠더 고정관념 및 편견의 약화 방안

오늘날의 고정관념과 편견은 의도적·노골적인 형태에서부터 무의식적·자동적 정보처리 과정이 포함된 비의도적이며 간접적인 형태에 이르기까지 매우 다양한 형태를 띠고 있다는 것을 앞에서 살펴보았다. 젠더 고정관념과 편견을 약화시키거나 변화시키기 위한 노력 역시 이러한 흐름이 반영되고 있다. 부정적인 젠더 고정관념과 편견적 반응을 약화시키기 위한 노력은 개인수준의 접근과 집단수준의 접근으로 나누어 볼 수 있다. 개인수준의 접근들로는 사람들에게 대상 집단 구성원에 관한 고정관념과 불일치하는 정보나 역고정관념 정보를 제공하여 기존의 부정적 고정관념을 대체하거나 변화시키는 방안(Fiske & Neuberg, 1990; Rothbart & John, 1985), 부정적 고정관념이나 편견의 감정을 드러내는 것이 사회적 규범을 위배하는 것이며, 자기 자신의 긍정적 이미지와 자기개념에 어긋나는 것임을 자각하도록 동기화시키는 방안(Macrae, Bodenhausen, & Milne, 1995; Plant & Devine, 1998), 그리고 고정관념과 편견적 반응을 스스로 통제할 수 있도록 자기규제 가능성을 높여 주는 방안(Devine, 1989; Monteith, Ashburn-Nardo, Voils, & Czopp, 2002) 등이 제안되고 있다. 한편, 집단수준에서의 약화 방안들로는 집단 간의 긴밀한 접촉 및 협동의 기회를 증가시켜 주는 것(예: Aronson & Patonoe, 1997; Pettigrew, 1998), 집단 간의 범주화 가능성을 약화시키기 위한 재범주화(re-categorization) 또는 탈범주화(de-categorization) 접근 등이 제안되고 있다(예: Gaertner, Dovidio, Anastasio, Bachman, & Rust, 1993; Wilder, 1986).

(1) 개인수준의 약화 방안

개인수준에서 젠더 고정관념을 약화시키기 위한 가장 단순한 접근은 사람들에게 고정관념과 불일치하는 정보(또는 역고정관념 정보)를 제공하여 기존의 고정관념을 약화시키거나 대체시키는 방법일 것이다(Fiske & Neuberg, 1990). 그러나 이미 보았듯이 사람들은 집단 고정관념과 불일치하는 정보를 접하더라도, 이것을 예외적인 것으로 취급하여 주의 깊은 정보처리를 하지 않을 가능성이 높다. 예컨대, 높은 직업적 성취를 보인 여성의 사례를 접하더라도 사람들은 능력보다는 운이 좋았기 때문이거나 상황이 특수해서 성공한 예외적 사례로 취급하는 경향이 있어서 젠더 고정관념은 쉽게 변하지 않는다 (Crocker, Hannah, & Weber, 1983; Heilman, Block, & Martell, 1995). 고정관념과 불일치하는 상당수의 여성에 관한 정보를 접하더라도 사람들은 기존의 여성들과는 다른 유형의 여성으로 취급해서 새로운 하위범주 집단을 만들기도 한다. 교육수준이 높고 매우 적극적이며 똑똑한 여성이 많이 늘었지만, 사람들은 '알파걸', '골드미스', '커리어우먼' 등과 같은 새로운 여성 범주집단을 만들어 기존의 여성들과는 다른 유형으로 분류해 버리고 여성 전체에 관한 기존의 고정관념은 바뀌지 않는다. 이러한 까다로운 조건들을 극복하고 고정관념을 효과적으로 약화시키기 위해서는 불일치 정보가 예외적으로 처리될 수 없을 만큼 매우 많이, 그리고 장기간에 걸쳐 반복적으로 제시될 수 있어야 한다. 또한 불일치 정보가 하위범주를 만들 수 없을 만큼 고정관념 대상 집단 구성원 전반에 걸쳐 광범위하고도 다양하게 제시되어야 한다(Rothbart & John, 1985: 한규석, 2009에서 재인용).

하위범주 집단으로 묶을 수 없을 만큼 불일치 정보가 많이 그리고 광범위하게 제공되어야 한다는 것은 실생활에 적용하기에는 다소 현실성이 떨어질 수 있다. 보다 현실적인 대안은 사람들에게 자신의 고정관념을 의식적으로 억제하거나 통제할 수 있도록 동기를 부여하는 것이 될 수 있다(Macrae et al., 1995). 그러나 이 방법 역시 양날의 검처럼 장단점이 있다. Wegner(1994)의 연구에서 밝혀진 것처럼 실험 참여자에게 '백곰을 머릿속에 떠올리지 말라'는 억제 지시 조건에서는 효과적이었지만, 그다음의 자유로운 상태에서는 '백곰'에 대한 생각이 머릿속에 더 많이 떠오르는 반동효과(rebound effects)가 나타났다. 즉, 이는 고정관념을 억제하는 상태가 지속적이지 못하고 억제를 해야 하는 상황이 종료된 후에는 고정관념적 생각이 오히려 증가하는 부작용이 있음을 보여 준다. 반동효과의 이유에 대해서는 고정관념 억제 지시가 점화 단서로 작용하기 때문이거나 (Gordijn, Hindriks, Koomen, Dijksterhuis, & van Knippenberg, 2004) 억제하려는 노력 역시 우리의 근육처럼 오래 계속 사용하면 피로해지는 것과 마찬가지로 가용한 인지자원을 고갈시켜 결국에는 그 통제력을 상실(Muraven & Baumeister, 2000)하게 되기 때문이라는 설명 등이 있다.

그렇다면 고정관념 반동효과는 아무도 피할 수 없는 문제인가? 고정관념의 자동적 처리에 관한 Devine(1989)의 연구를 통해서 이 문제에 대한 해답의 실마리를 찾을 수 있다. Devine에 따르면, 편견의 작용 과정은 자동과정과 통제과정으로 분리되어 있다. 자동과정(automatic process)은 대상 집단 구성원에 관해 사회 전반에 두루 통용되고 있는 부정적 고정관념과 감정이 어린 시기부터의 사회화와 반복적 학습경험으로 인해 자동적으로 활성화되는 과정이며, 통제과정(control process)은 개인적 신념과 가치 또는 규범적 상황을 고려하여 부정적 고정관념과 감정을 의식적으로 통제하고자 하는 과정이다. '편견이 낮은 사람'도 '편견이 높은 사람'과 마찬가지로 대상 집단에 관한 부정적 고정관념과 감정이 자동과정에 의해 활성화되지만, '편견이 낮은 사람'은 높은 사람과 달리 이를 의식적으로 통제하려고 한다는 데 중요한 차이점이 있는 것이다. 이러한 가정은 고정관념과 편견의 억제라는 측면에서 많은 시사점을 던져 준다. 즉, 자동과정에서 활성화 가능성을 약화시키고 통제과정에서 의식적이고 신중한 정보처리와 관련된 요인들이 중요한 의미를 갖게 한다. 이와 같은 접근들 가운데에서는 평등주의에 입각한 개인적 가치를 자각하게 하거나 이를 위반하는 것에 대한 죄책감, 양심의 가책 그리고 자기성찰과 같이 자기 스스로를 돌아볼 수 있게 하는 것 등의 자기규제(self regulation) 방안들이 효과적이라고 한다(Devine & Monteith, 1999; Plant & Devine, 1998). Plant와 Devine에 따르면 높은 편견을 가진 사람들에게는 내재적 동기에 의한 자기규제보다는 타인이나 사회적 비난과 처벌을 피하고자 하는 외재적 동기가 더 중요할 수 있다. 즉, 고정관념과 편견의 감정을 표현하는 것이 사회적 분위기를 해치는 것이며, 이를 금기시하는 규범적·사회적 압력을 일깨워 주는 것이 도움이 된다는 연구 결과들을 제시하고 있다(Bodenhausen, Todd, & Richeson, 2009; Wyer, Sherman, & Stroessner, 2000). 또한 이와 같은 통제과정이 제대로 작동하여 고정관념과 편견 반응에 대한 억제적 기능을 하려면 평등주의적인 자기가치 등의 내적 동기도 중요하지만, 사회의 규범적 가치 역시 평등지향적이어야 할 것이기 때문에 다양한 교육체계가 이를 뒷받침할 수 있어야 하며, 사회 전반의 높은 관심도 외재적 동기를 부여하는 매우 중요한 요소가 될 수 있다.

한편, 고정관념이나 편견 반응이 자동적으로 활성화되는 것을 막기 위한 접근으로 Kawakami 등의 연구자들은 고정관념이나 편견적 생각이 머릿속에 떠오를 때마다 'No!'라고 반응할 것을 제안한다. 즉, 고정관념을 거부하는 반복적 훈련이 자동적 고정관념 활성화를 억제하는 데 도움이 될 수 있다는 것이다(Kawakami, Dovidio, Moll, Hermsen & Russin, 2000). 고정관념과 편견 반응 억제가 인지적 자원을 소모하는 것이라는 점에 주목한 연구들에 따르면, 대상 집단 구성원과 상호작용할 때 자동적으로 활성화되는 고정관념과 편견에 휩쓸리지 않도록 지켜야 할 행위 목록을 미리 만들고 이러한 지침에 따르는 것도 효과적일 수 있다(Richeson & Trawalter, 2005). 이것은 대상 집단 구성원과 상호작용 시의 사전 행위 목록이 고정관념을 억제하는 데 필요한 인지적 부담을 덜어 주기 때문인 것으로 해석된다(Whitley & Kite, 2010).

(2) 집단 간 접촉을 통한 약화 방안

부정적 고정관념과 편견 반응을 약화시키기 위한 가장 오래되고 가장 일반적으로 알려진 방법은 대상 집단 및 그 구성원 간의 '접촉 가설(contact hypothesis)'일 것이다. 집단 간의 빈번한 상호작용과 접촉이 서로의 소통을 증진시키고 상호 이해와 서로의 삶의 방식을 제대로 평가할 수 있게 해 줄 것으로 가정할 수 있기 때문이다(Amir, 1976). 그러나 접촉 가설의 이런 낙관론에도 불구하고 많은 연구는 집단 간의 접촉이 항상 서로의 호의적 관계를 보장해 주지는 못한다는 문제점을 제시한다(Eller & Abrams, 2004). 이후의 연구들은 성공적인 접촉의 요인이 무엇인가를 밝히는 데 주로 초점이 맞추어지는 양상을 띤다. 지금까지 언급한 고정관념 및 편견을 감소시킬 수 있는 성공적인 접촉의 몇 가지 조건을 요약하여 살펴보면 다음과 같다.

집단 간의 성공적인 접촉 조건으로 '① 각 집단 구성원 간의 동등한 지위', '② 공동의 목표 달성을 위한 협동', '③ 개인으로서 서로를 알아 갈 수 있는 기회의 제공', '④ 집단 간의 협동적 노력에 대한 제도상의 지지, 특히 조직 내 권한을 가진 리더, 법 제도, 관습의 지지' 등이 필요하다(Allport, 1954; Brown & Hewstone, 2005). 그 밖에도 '① 집단 접촉 상황 이외의 상황에서도 동등한 지위를 가질 것', '② 집단 간 공동 작업 시 과제에 대한 동등한 능력을 지닐 것', '③ 공동 작업에서의 성공적인 과제 완수 경험을 공유할 것', '④ 두 집단 간 상호작용 상황 이외의 상황에서도 두 집단 구성원 간의 개인적 접촉 기회를 늘릴 것', '⑤ 두 집단성원 개개인들 간의 다양한 상황에서 자발적인 접촉 기회를 가질 것, '⑥ 장기적인 접촉 기회를 가질 것' 그리고 '⑦ 두 집단 구성원의 크기가 동등한 수로 구성될 것' 등이 성공적인 집단 간 접촉의 조건으로 함께 제시되고 있다(Stephan, 1985).

(3) 범주화 경계의 약화 방안

집단 간 고정관념과 편견을 약화시키는 또 다른 접근으로는 사회정체감이론과 자기범주화이론에 바탕을 둔 재범주화(re-categorization), 교차범주화(cross categorization) 그리고 탈범주화(de-categorization) 전략을 들 수 있다. 사회정체감이론과 자기범주화이론은 집단 간의 갈등이 제한된 자원을 두고 다투는 경쟁에서 비롯된 것이 아니라 '단지 내집단과 외집단을 구분하는 범주화의 산물일 수 있다'라는 발견에 바탕을 두고 있다(Tajfel & Tuner, 1979). 이들 이론은 내집단과 외집단을 구분하는 경계를 희석하거나 제거하는 것이 고정관념과 편견을 약화시키는 데 도움이 된다고 본다. 재범주화(re-categorization)

의 방법은 서로 다른 사회정체성을 지닌 두 집단 구성원을 하나의 상위범주로 새롭게 묶어서 공통된 사회정체성을 갖도록 만드는 것이다. 여성과 남성이 별개의 집단이 아니라 하나의 공통된 '인간'임을 강조하는 것이 그 예다. 흔히 '남녀 간의 차이를 인정하여야 한다'고 하지만 이 방법에 비추어 보면 성별 집단의 경계를 뚜렷이 유지하겠다는 것으로 읽힐 수 있다(한덕웅 외, 2004). 교차범주화(cross categorization)는 현재의 갈등적인 집단 범주와 관련이 없거나 적은 다른 집단 범주의 사회정체성을 갖도록 하는 방법이다(Hewstone, Islam, & Judd, 1993). 성희롱, 성폭력, 성매매 등에 대한 접근 방식으로 이들에 대해 남성과 여성 간의 문제가 아닌 '권력이 있는 자'와 '없는 자'의 문제를 부각시켜 성별 대결 양상으로 치닫지 않도록 하는 것이다. 마지막으로 탈범주화(de-categorization)는 집단 구성원으로서가 아니라 개인으로서의 정체성을 강조하여 집단 간의 갈등을 약화시키는 방법이다(Wilder, Simon, & Faith, 1996). 이들을 종합적으로 검토한 Gaertner, Mann, Dovidio, Murrell과 Pornare(1990)는 재범주화, 탈범주화 등의 방법이 상대 집단 구성원에 대한 신념이나 감정 차원에서의 편향을 감소시켰으며, 행동적 차원에서의 변화(예: 도움행동)도 이끌어 낼 수 있었다고 밝히고 있다.

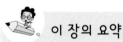

이 장의 요약

이 장을 통해서 우리는 젠더 고정관념이 사회 구성원들이 공유하는 남성과 여성의 특성에 관한 신념들로 이루어졌으며, 성별을 기준으로 한 범주화 과정에서 지나친 단순화와 부정확한 정보처리 과정 때문에 우리 마음속에 오류가 많은 그릇된 신념들로 자리 잡을 가능성이 높다는 사실을 알 수 있었다. 아울러 남성을 표준으로 삼고 여성을 비표준으로 간주하여 비가시화하는 젠더 고정관념은 역사, 종교, 철학, 언어 그리고 미디어를 통해 재현되고, 이를 매개로 확대 재생산되고 있는 다양한 사례를 살펴볼 수 있었다. 또한 젠더 고정관념의 내용 면에서 남성은 주도적 특성이, 여성은 친화적 특성이 더 잘 어울릴 것이라는 기대와 신념은 규범적으로도 작용하여, 이와 같은 고정관념의 틀에 부합하지 못하는 사람에 대해 부정적인 평가와 차별로 이어질 수 있음을 볼 수 있었다.

오늘날의 자유 · 평등주의적 가치관의 확산 기조는 과거와 같은 노골적인 형태의 편견과 차별 표현의 퇴조를 가져왔지만, 보다 은밀하고 교묘한 형태로, 그리고 온정주의적인 성차별주의로 변모하고 있는 추세를 볼 수 있었다. 관련 연구들에서는 은밀하고 교묘한 형태로 변모해 가는 젠더 고정관념의 양상과 자동적 정보처리의 특성에 주목하여, 명시적 측정 방법들뿐만 아니라 이들을 효과적으로 탐지할 수 있는 IAT나 점화과제와 같은 다양한 암묵적 측정 방법들을 고안하고 젠더 고정관념과 편향들의 실체에 보다 접근하고자 하는 노력을 기울여 왔다. 이런 노력의 결과, 젠더 고정관념의 '자기확인적 편향', '자기이행적 예언', '고정관념 위협', '고정관념 반동' 효과 등과 같은 현상들에 관해 보다 풍부한 이해를 갖게 되었으며, 이를 바탕으로 개인수준에서 그리고 집단수준 및 사회수준에서 부정적 고정관념과 편견 반응을 억제 또는 통제할 수 있는 다양한 방안들이 마련될 수 있었다.

우리가 지금까지 살펴본 젠더 고정관념과 그 편향들에 대해서 더 많이 아는 것은 이전까지 볼 수 없었던 숨겨지거나 은폐된 차별을 찾아내고 개선할 수 있는 원동력이 될 것이다. 더불어 평등주의적 자기가치와 책임의식을 더욱 키워 가는 것이 자동 활성화의 속성을 띠는 부정적 고정관념과 편견 반응을 억제할 수 있는 힘을 갖추는 일임을 느꼈기를 바란다.

참 ı 고 ı 문 ı 헌

권영문(1996). 언어에서의 성의 차별과 그 해소. 동서문화, 28, 287-306.

김양희, 정경아(2000). 한국형 남녀평등의식검사(K-GES) 개발. 한국심리학회지: 사회 및 성격, 14(1), 23-44.

김영정, 정원규(2003). 철학 텍스트들의 내용 분석에 의거한 디지털 지식 자원 구축을 위한 기초적 연구: 밀 「공리주의」. 철학사상, 별책 2권 제9호. 서울: 서울대학교철학사상연구소.

김혜숙(1999). 집단범주에 대한 고정관념, 감정과 편견. 한국심리학회지: 사회 및 성격, 23(2), 103-125.

김혜숙(2014). 신음양론: 동아시아 문화논리의 해체와 재건. 서울: 이화여자대학교출판부.

나은영(1997). 역고정관념의 암묵적 활성화와 인상형성: 남녀 고정관념을 중심으로. 한국심리학회지: 사회, 11(2), 129-146.

안상수, 김혜숙, 안미영(2004). 내·외집단 규범정보가 외현 및 암묵적 편견에 미치는 통제적 영향: 성편견과 지역 편견을 중심으로. 한국심리학회지: 사회 및 성격, 18(3), 155-186.

안상수, 김혜숙, 안미영(2005). 한국형 양가적 성차별주의 척도(K-ASI) 개발 및 타당화 연구. 한국심리학회지: 사회 및 성격, 19(2), 39-66.

안상수, 백영주, 김인순, 김혜숙, 김진실(2007). 한국형 다면성별의식검사 개발 및 타당화 연구. 한국여성정책연구원 보고서.

안상수, 백영주, 양애경, 강혜란, 윤정주(2007). 사회적 의사소통 연구: 성차별적 언어 표현 사례 조사 및 대안마련을 위한 연구. 국립국어원·한국여성정책연구원 보고서.

윤운영(1997). 언어에서의 성차별적 표현. 여성연구논집, 8, 105-119.

이수연, 안상수, 박경희, 강혜란, 윤정주(2006). 성평등한 미디어 언어 개발을 위한 모니터링 및 연구. 서울: 여성가족부.

이재호, 조혜자, 방희정(2001). 성별 고정관념의 암묵적 표상구조: 성별단서, 범주전형성 및 성별 선호도의 상호작용. 한국심리학회지: 여성, 6(3), 49–67.

정태연, 류원정(2004). 남녀 아동 및 성인에 대한 한국인의 사회적 표상. 한국심리학회지: 여성, 9(1), 212–139.

정해숙, 최윤정, 구정화(2010). 교과서의 성차별 실태분석 및 개선방안 연구. 여성가족부 보고서.

조혜자, 방희정(2003). 여성의 명시적 암묵적 자아해석에 미치는 성 고정관념의 영향. 한국심리학회지: 여성, 8(3), 101–121.

통계청(2014). 2013년 출생통계: 출산순위별 출생성비 추이. 사회통계국 인구동향과 보도자료. https://kostat.go.kr/portal/korea/kor_nw/2/1/index.board?bmode=read&aSeq=329402(2015. 6. 23. 인출).

한국여성정책연구원(2014). 2014 한국의 성인지 통계. 한국여성정책연구원 연구보고서.

한국행정연구원(2014). 중앙행정기관 성평등 현황 및 정책과제. 한국행정연구원 2014년 수시과제 보고서.

한규석(2009). 사회심리학의 이해(3판). 서울: 학지사.

한덕웅, 성한기, 강혜자, 이경성, 최훈석, 박군석, 김금미, 장은영(2004) 사회심리학. 서울: 학지사.

한희정 역(2006). 젠더에 갇힌 삶: 젠더, 문화 그리고 커뮤니케이션[Gendered lives: Communication, gender, and culture]. T. W. Julia 저. 서울: 커뮤니케이션북스. (원저는 2005년에 출판).

홍영오(2000). 암묵적 편견이 고정관념의 활성화에 미치는 영향. 연세대학교 대학원 박사학위 논문.

Abel, M. H., & Meltzer, A. L. (2007). Student ratings of a male and female professors' lecture on sex discrimination in the workforce. *Sex Roles, 57*, 173–180.

Allport, G. W. (1954). *The nature of prejudice.* New York: Perseus.

APA. (2015). *Guidelines for unbiased language: Gender.* Retrieved June 23, 2015, from APA Style. (http://supp.apa.org/style/pubman-ch03.00.pdf).

Arima, A. N. (2003). Gender stereotypes in Japanese television advertisements. *Sex Roles, 49*, 81–90.

Aronson, E., & Patnoe, S. (1997). *The jigsaw classroom: Building cooperation in the classroom* (2nd ed.). New York: Longman.

Ashkinaze, C. (2005). A matter of opinion: Female pundits are still missing from the media. *Ms. Magazine, Sommer*, 17.

Banaji, M. R., & Greenwald, A. G. (1994). Implicit stereotyping and unconscious prejudice. In M. P. Zanna & J. M. Olson (Eds.), *The psychology of prejudice, The Ontario Symposium* (Vol.

7, pp. 55-76). Hillsdale, NJ: Erlbaum.

Bem, S. L. (2008). Transforming the debate on sexual inequality: From biological difference to institutionalized androcentrism. In J. C. Chrisler, C. Golden, & P. D. Rozee (Eds.), *Lectures on the psychology of women* (4th ed., pp. 2-15). Boston, MA: McGraw-Hill.

Benokraitis, N. V., & Feagin, J. R. (1995). *Modern sexism: Blatant, subtle, and covert discrimination.* Englewood Cliffs, NJ: Prentice Hall.

Ben-Zeev, T., Fein, S., & Inzlicht, M. (2005). Arousal and stereotype threat. *Journal of Experimental Social Psychology, 41*, 174-181.

Berry, D. S., & McArthur, L. Z. (1986). Perceiving character in faces: The impact of age-related craniofacial changes on social perception. *Psychological Bulletin, 100*, 3-18.

Blanton, H., Crocker, J., & Miller, D. T. (2000). The effects of in-group versus out-group social comparison on self-esteem in the context of a negative stereotype. *Journal of Experimental Social Psychology, 36*, 519-530.

Bodenhausen, G. V., Todd, A. R., & Richeson, J. A. (2009). Controlling prejudice and stereotyping: Antecedents, mechanisms, and contexts. In T. D. Nelson (Ed.), *Handbook of prejudice, stereotyping, and discrimination* (pp. 111-135). Philadelphia, PA: Psychology Press.

Brodish, A. B., & Devine, P. G. (2009). The role of performance avoidance goals and worry in mediating the relationship between stereotype threat and performance. *Journal of Experimental Social Psychology, 45*, 180-185.

Brown, R. J., & Hewstone, M. (2005). An integrative theory of integroup contact. *Advances in Experimental Social Psychology, 37*, 255-343.

Brubaker, L., & Smith, J. M. H. (2004). *Gender in the early medieval world: East and west* (pp. 300-900). New York: Cambridge University Press.

Cacciari, C., & Padovani, R. (2007). Further evidence of gender stereotype priming in language: Semantic facilitation and inhibition in Italian role nouns. *Applied Psycholinguistics, 20*, 277-293.

Chang, C., & Hitchon, J. C. B. (2004). When does gender count? Further insights into gender schematic processing of female candidates' political advertisements. *Sex Roles, 51*, 197-208.

Cohen, C. E. (1981). Person categories and social perception: Testing some boundaries of the processing effects of prior knowledge. *Journal of Personality and Social Psychology, 40*, 441-452.

Cota, A. A., Reid, A., & Dion, K. L. (1991). Construct validity of a diagnostic ratio measure of gender stereotypes. *Sex Roles, 25*, 225–235.

Crocker, J., Hannah, D. B., & Weber, R. (1983). Person memory and casual attribution. *Journal of Personality and Social Psychology, 44*, 55–66.

Croizet, J. C., Despres, G., Gauzins, M. E., Huguet, P., Leyens, J.-P., & Meot, A. (2004). Stereotype threat undermines intellectual performance by triggering a disruptive mental load. *Personality and Social Psychology Bulletin, 30*, 721–731.

Danaher, K., & Crandall, C. S. (2008). Stereotype threat in applied settings re-examined. *Journal of Applied Social Psychology, 38*, 1639–1655.

Davies, P. G., Spencer, S. J., & Steele, C. M. (2005). Clearing the air: Identity safety moderates the effects of stereotype threat on women's leadership aspirations. *Journal of Personality and Social Psychology, 88*, 276–287.

Dayhoff, S. A. (1983). Sexist language and person perceptions: Evaluation of candidates from newspaper articles. *Sex Roles, 9*, 543–555.

Deaux, K., & Lewis, L. L. (1984). The structure of gender stereotypes: Interrelationships among components and gender label. *Journal of Personality and Social Psychology, 46*, 991–1004.

Devine, P. G. (1989). Stereotypes and prejudice: Their automatic and controlled components. *Journal of Personality and Social Psychology, 56*, 5–18.

Devine, P. G., & Monteith, M. J. (1999). Automaticity and control in stereotyping. In S. Chaiken & Y. Trope (Eds.), *Dual-process theories in social psychology* (pp. 339–360). New York: Guilford.

Diekman, A. B., & Goodfriend, W. (2006). Rolling with the changes: A role congruity perspective on gender norms. *Psychology of Women Quarterly, 30*, 369–383

Dunning, D., & Sherman, D. A. (1997). Stereotypes and tacit inference. *Journal of Personality and Social Psychology, 73*, 459–471.

Eagly, A. H. (1994). Are people prejudiced against women? Donald Campbell Award invited address, APA convention.

Eagly, A. H., Mladinic, A., & Otto, S. (1991). Are women evaluated more favorably than men? An analysis of attitudes, beliefs, and emotions. *Psychology of Women Quarterly, 15*, 203–216.

Eckes, T. (1994). Features of men, features of women: Assessing stereotypic beliefs about gender stereotypes. *British Journal of Social Psychology, 33*, 107–123.

Eller, A., & Abrams, D. (2004). Come together: Longitudinal comparisons of Pettigrew's reformulated intergroup contact model and the Common Ingroup Identity Model in Anglo-French and Mexican-American contexts. *European Journal of Social Psychology,*

34, 229–256.

Erler, M. C., & Kowaleski, M. (Eds.). (2003). *Gendering the master narrative: Women and power in the Middle Ages.* Ithaca, NY: Cornell University Press.

Fazio, R. H., & Olson, M. A. (2003). Implicit measures in social cognition research: Their meaning and use. *Annual Review of Psychology, 54*, 297–327.

Fiske, S. T. (2004). *Social beings: A core motives approach to social psychology.* New York: Wiley.

Fiske, S. T., & Neuberg, S. L. (1990). A continuum of impression formation, from category-based to individuating processes: Influences of information and motivation on attention and interpretation. *Advances in Experimental Social Psychology, 23*, 1–74.

Frisell, I. (2013). *Man breastfeeds his young: A comparison of attitudes towards the false generics he/han and man/man in the English and Swedish languages.* Student publication for Bachelor's degree, Lund university.

Gaertner, S. L., Dovidio, J. F., Anastasio, P. A., Bachman, B. A., & Rust, M. C. (1993). The common ingroup identity model: Recategorization and the reduction of intergroup bias. In W. Stroebe & M. Hewstone (Eds.), *European review of social psychology* (Vol. 4, pp. 1–26). Chichester: Wiley.

Gaertner, S. L., Mann, J. A., Dovidio, J. F, Murrell, A. J., & Pornare, M. (1990). How does cooperation reduce intergroup bias? *Journal of Personality and Social Psychology, 59*, 692–704.

Gilbert, D. T., & Hixon, J. G. (1991). The trouble of thinking: Activation and application of stereotypic beliefs. *Journal of Personality and Social Psychology, 60*, 509–517.

Glick, P., & Fiske, S. (1996). The ambivalent sexism inventory: Differentiating hostile and benovolent sexism. *Journal of Personality and Social Psychology, 70*, 491–512.

Glick, P., & Fiske, S. T. (2001). An ambivalent alliance: Hostile and benevolent sexism as complementary justifications. *American Psychologist, 56*, 109–118.

Glick, P., Fiske, S. T., Mladinic, A., Saiz, J. L., Abrams, D., & Masser, B. (2000). Beyond prejudice as simple antipathy: Hostile and benevolent sexism across cultures. *Journal of Personality and Social Psychology, 79*, 763–775.

Gonzalez, A. Q., & Koestner, R. (2005). Parental preference for sex of newborn as reflected in positive affect in birth announcements. *Sex Roles, 52*, 407–411.

Good, C., Aronson, J., & Harder, J. (2007). Problems in the pipeline: Women's achievement in high-level math courses. *Journal of Applied Developmental Psychology, 29*, 17–28.

Gordijn, E. H., Hindriks, I., Koomen, W., Dijksterhuis, A., & van Knippenberg, A. (2004). Consequences of stereotype suppression and internal suppression motivation: A self-regulation approach. *Personality and Social Psychology Bulletin, 30*, 212-224.

Govorun, O., & Payne, B. K. (2006). Ego depletion and prejudice: Separating automatic and controlled components. *Social Cognition, 24*, 111-136.

Haddock, G., & Zanna, M. P. (1994). Preferring housewives to feminists. *Psychology of Women Quarterly, 18*, 25-52.

Hall, R. L. (2008). Sweating it out. In J. C. Chrisler, C. Golden, & P. D. Rozee (Eds.), *Lectures on the psychology of women* (4th ed., pp. 42-57). Boston, MA: McGraw-Hill.

Harris, A. C. (1994). Ethnicity as a determinant of sex role identity: A replication study of item selection for the Bem Sex Role Inventory. *Sex Roles, 31*, 241-273.

Heilman, M. E., Block, C. J., & Martell, R. F. (1995). Sex stereotypes: Do they influence perceptions of managers? *Journal of Social Behavior and Personality, 10*(6), 237-252.

Hewstone, M., Islam, M. R., & Judd, C. M. (1993). Testing models of crossed categorisation and intergroup relations. *Journal of Personality and Social Psychology, 64*, 779-793.

Hurtz, W., & Durkin, K. (2004). The effects of gender-stereotyped radio commercials. *Journal of Applied Social Psychology, 34*, 1974-1992.

IPU. (2015). IPU(국제의원연맹) 여성 국회의원 비율 및 각국의 순위. http://www.ipu.org/wmn-e/classif.htm (2015. 6. 23. 인출).

Johns, M., Schmader, T., & Martens, A. (2005). Knowing is half the battle: Teaching stereotype threat as a means of improving women's math performance. *Psychological Science, 16*, 175-179.

Jones, J. M. (1997). *Prejudice and racism* (2nd ed.). New York: McGraw-Hill.

Jost, J. T., & Kay, A. C. (2005). Exposure to benevolent sexism and complementary gender stereotypes: Consequencies for specific and diffuse forms of system justification. *Journal of Personality and Social Psychology, 88*, 498-509.

Kassin, S., Fein, S., & Markus, H. R. (2011). *Social Psychology* (8th ed.). Boston, MA: Wadsworth Publishing.

Kawakami, K., Dovidio, J., Moll, J., Hermsen, S., & Russin, A. (2000). Just say no (to stereotyping): Effects of training in the negation of stereotypic associations on stereotype activation. *Journal of Personality and Social Psychology, 78*, 871-888.

Kim, K., & Lowry, D. T. (2005). Television commercials as a lagging social indicator: Gender role stereotypes in Korean television advertising. *Sex Roles, 53*, 901-910.

Kite, M. E., Deaux, K., & Haines, E. (2008). Gender stereotypes. In F. Denmark & M. Paludi (Eds.), *Psychology of women: Handbook of issues and theories* (2nd ed., pp. 205-236). Westport, CT: Greenwood Press.

Klein, O., & Snyder, M. (2003). Stereotypes and behavioral confirmation: From interpersonal to intergroup perspectives. *Advances in Experimental Social Psychology, 35*, 153-234.

Knight, J. L., & Giuliano, T. A. (2001). He's a Laker; she's a looker: The consequences of gender-stereotypical portrayals of male and female athletes by the print media. *Sex Roles, 45*, 217-229.

Koenig, A. M., & Eagly, A. H. (2005). Stereotype threat in men on a test of social sensitivity. *Sex Roles, 52*, 489-496.

Logel, C., Walton, G. M., Spencer, S. J., Iserman, E. C., von Hippel, W., & Bell, A. (2009). Interacting with sexist men triggers social identity threat among female engineers. *Journal of Personality and Social Psychology, 96*, 1089-1103.

Lyons, L. (2003). *Oh, boy: Americans still prefer sons.* Retrieved September 23, 2003, from Gallup Poll Tuesday Briefing. (http://www.gallup.com).

MacKay, N. J., & Covell, K. (1997). The impact of women in advertisements on attitudes toward women. *Sex Roles, 36*, 573-583.

Mackie, M. (1991). *Gender relations in Canada: Further explorations.* Toronto: Butterworths.

Macrae, C. N., Bodenhausen, G. V., & Milne, A. B. (1995). The dissection of selection in person perception: Inhibitory processes in social stereotyping. *Journal of Personality and Social Psychology, 69*, 397-407.

Marx, D. M., & Stapel, D. A. (2006). Distinguishing stereotype threat from priming effects: On the role of the social self and threat-based concerns. *Journal of Personality and Social Psychology, 91*, 243-254.

Matlin, M. W. (2012). Gender stereotypes and other gender biases. In LindaSchreiber-Ganster (Ed.), *The psychology of women* (7th ed. pp. 35-73). Belmont, CA: Wadsworth.

Miller, C., & Swift, K. (1977). *Words and Women.* London: Victor Gollancz Ltd.

Monteith, M. J., Ashburn-Nardo, L., Voils, C. I., & Czopp, A. M. (2002). Putting the brakes on prejudice: On the development and operation of cues for control. *Journal of Personality and Social Psychology, 83*, 1029-1050.

Montepare, J. M., & Zebrowitz, L. A. (1998). Person perception comes of age: The salience and significance of age in social judgment. In M. P. Zanna (Ed.), *Advances in experimental social psychology* (Vol. 30, pp. 93-163). New York: Academic Press.

Montepare, J. M., & Zebrowitz-McArthur, L. A. (1988). Impressions of people created by age-related qualities of their gaits. *Journal of Personality and Social Psychology, 55,* 547-556.

Muraven, M., & Baumeister, R. F. (2000). Selfregulation and depletion of limited resources: Does self-control resemble a muscle? *Psychological Bulletin, 126,* 247-259.

Myers, D. G. (2010) *Social psychology* (10th ed.). Boston, MA: McGraw-Hill.

New York Times (2015). *A thin line of defense against 'honor killings'.* http://www.nytimes.com/2015/03/03/world/asia/afghanistan-a-thin-line-of-defense-against-honor-killings.html?_r=0 (2015. 6. 20. 인출).

Nosek, B. A., Banaji, M. R., & Greenwald, A. G. (2002). Math = male, me = female, therefore math = me. *Journal of Personality and Social Psychology, 83,* 44-59.

O'Brien, L. T., & Crandall, C. S. (2003). Stereotype threat and arousal: Effects on women's math performance. *Personality and Social Psychology Bulletin, 29,* 782-789.

Pendry, L. F., & Macrae, C. N. (1994). Stereotypes and mental life: The case of the motivated but thwarted tactician. *Journal of Experimental Social Psychology, 30,* 303-325.

Pettigrew, T. F. (1998). Intergroup contact theory. *Annual Review of Psychology, 49,* 65-85.

Plant, E. A., & Devine, P. G. (1998). Internal and external motivation to respond without prejudice. *Journal of Personality and Social Psychology, 75,* 811-832.

Pohl, W. (2004). Gender and ethnicity in the early middle ages. In L. Brubaker & J. M. H. Smith (Eds.), *Gender in the early medieval world: East and west, 300-900* (pp. 23-43). New York: Cambridge University Press.

Reydell, R. J., McConnell, A. R., & Beilock, S. L. (2009). Multiple social identities and stereotype threat: Imbalance, accessibility, and working memory. *Journal of Personality and Social Psychology, 96,* 949-966.

Richeson, J. A., & Trawalter, S. (2005). Why do interracial interactions impair executive function? A resource depletion account. *Journal of Personality and Social Psychology, 88,* 934-947.

Ridge, R. D., & Reber, J. S. (2002). I think she is attracted to me: The effect of men's beliefs on women's behavior in a job interview. *Basic and Applied Social Psychology, 24,* 1-14.

Roberts, C. (2008). *Ladies of liberty: The women who shaped our nation.* New York: HarperCollins.

Rosenthal, H. E. S., & Crisp, R. J. (2006). Reducing stereotype threat by blurring intergroup boundaries. *Personality and Social Psychology Bulletin, 32,* 501-511.

Rosenthal, H. E. S., Crisp, R. J., & Suen, M.-W. (2007). Improving performance expectancies in stereotypic domains: Task relevance and the reduction of stereotype threat. *European*

Journal of Social Psychology 37(3), 586-597.

Rothbart, M., & John, O. P. (1985). Social categorization and behavioral episodes: A cognitive analysis of the effects of intergroup contact. *Journal of Social Issues, 41*, 81-104.

Rudman, L. A., & Glick, P. (2008). *The social psychology of gender: How power and intimacy shape gender relations.* New York: Guilford.

Ruth, S. (2001). *Issues in feminism: An introduction to women's studies* (5th ed.). Mountain View, CA: Mayfield.

Schimel, J., Arndt, J., Banko, K. M., & Cook, A. (2004). Not all self-affirmations were created equal: The cognitive and social benefits of affirming the intrinsic (vs. extrinsic) self. *Social Cognition, 22*, 75-99.

Schmader, T. (2002). Gender identification moderates stereotype threat effects on women's math performance. *Journal of Experimental Social Psychology, 38*, 194-201.

Schmader, T., & Johns, M. (2003). Convergent evidence that stereotype threat reduces working memory capacity. *Journal of Personality and Social Psychology, 85*, 440-452.

Spence, J. T., & Hahn, E. D. (1997). The Attitudes toward Women Scale and attitude change in college students. *Psychology of Women Quarterly, 21*, 17-34.

Spencer, S. J., Steele, C. M., & Quinn, D. M. (1999). Stereotype threat and women's math performance. *Journal of Experimental Social Psychology, 35*, 4-28.

Steele, C. M., & Aronson, J. (1995). Stereotype threat and the intellectual test performance of African Americans. *Journal of Personality and Social Psychology, 69*, 797-811.

Stephan, W. G. (1985). Intergroup relations. In G. Lindzey & E. Aronson (Eds.), *Hanbook of social psychology* (3rd ed., Vol. 2, pp. 599-658). New York: Random House.

Stephenson, J. (2000). *Women's roots: The history of women in Western civilization* (5th ed.). Fullerton, CA: Diemer, Smith Publishing.

Stewart, T. L., & Vassar, P. M. (2000). The effect of occupational status cues on memory for male and female targets. *Psychology of Women Quarterly, 24*, 161-169.

Swim, J. K., Aikin, K. J., Hall, W. S., & Hunter, B. A. (1995). Sexism and racism: Old-fashioned and modern prejudices. *Journal of Personality and Social Psychology, 68*, 199-214.

Swim, J. K., Mallet, R., Russo-Devosa, Y., & Stangor, C. (2005). Judgments of sexism: A comparison of the subtlety of sexism measures and sources of variability in judgments of sexism. *Psychology of Women Quarterly, 29*, 406-411.

Tougas, F., Brown, R., Beaton, A. M., & Joly, S. (1995). Neo-sexsm: Plus change, plus c'est pareil. *Personality and Social Psychology Bulletin, 21*, 842-849.

Twenge, J. M. (1997). Changes in masculine and feminine traits over time: A meta-analysis. *Sex Roles, 35*, 461–488.

Van Rooy, D., Van Overwalle, F., Vanhoomissen, T., Labiouse, C., & French, R. (2003). A recurrent connectionist model of group biases. *Psychological Review, 110*(3), 536–563.

Wegner, D. M. (1994). Ironic processes of mental control. *Psychological Review, 101*, 34–52.

Whitley, B. E., Jr. & Kite, M. E. (2010). *The psychology of prejudice and discrimination* (2nd ed.). Belmont, CA: Thomson–Wadsworth.

Wiesner, M. E. (2000). *Women and gender in early modern Europe* (2nd ed.). New York: Cambridge University Press.

Wilde, A., & Deikman, A. B. (2005). Cross–cultural similarities and differences in dynamic stereotypes: A comparison between Germany and the United States. *Psychology of Women Quarterly, 29*, 188–196.

Wilder, D. A. (Ed.). (1986). *Social categorization: Implications for creation and reduction of intergroup bias.* New York: Academic Press.

Wilder, D. A., Simon, A. F., & Faith, M. (1996). Enhancing the impact of counterstereotypic information: Dispositional attributions for deviance. *Journal of Personality and Social Psychology, 71*, 276–287.

Williams, J., & Best, D. L. (1990). *Measuring sex stereotypes: A thirty–nation study.* Newbury Park, CA: Sage.

Wodak, R. (2005). Discourse. In P. Essed, D. T. Goldberg, & A. Kobayashi (Eds.), *A companion to gender studies* (pp. 519–529). Malden, MA: Blackwell.

Wyer, N. A., Sherman, J. W., & Stroessner, S. J. (2000). The roles of motivation and ability in controlling the consequences of stereotype suppression. *Personality and Social Psychology Bulletin, 26*, 13–25.

Ziegler, L. (2008). On–screen sex ratios add up to one big minus. Retrieved April 2, 2008, from Womensenews. (http://womesenews.org/story/media-stories/080402/).

제3장

영아기와 아동기

박영신, 박나영

이 장에서는 먼저 출생 이전에 태내에서 어떻게 성적 발달이 일어나며 이러한 성적 발달의 이상에는 어떠한 것들이 있는지를 살펴보겠다. 둘째로, 출생 이후에 영아기와 아동기에 걸쳐 성 유형화가 어떻게 일어나는지를 성 정체성, 성 역할 고정관념과 성 유형화된 행동의 세 측면에서 살펴보겠다. 셋째로, 성 유형화에 환경적 요인들이 어떻게 영향을 미치는지를 부모, 또래, 교사, 매체, 시대와 문화의 측면에서 살펴보겠다. 마지막으로, 성 유형화와 성 역할 발달을 기술하고 설명하기 위해 제안되어 온 인지발달이론, 사회학습이론과 성도식이론을 살펴보고 비교해 보겠다.

1. 태내 성적 발달

1) 태내 성적 발달

인간은 23쌍의 염색체를 가지고 있는데, 이 가운데 22쌍의 염색체는 개체의 여러 가지 특성을 결정하며 23번째 쌍이 개체의 성을 결정한다. 남성 성염색체는 XY염색체로 구성되고 여성 성염색체는 XX염색체로 구성된다. 보통 임신이 된다는 것은 여성의 나팔관에서 남성의 정자와 여성의 난자가 결합하여 수정란이 만들어지는 것을 가리킨다. 이때 Y염색체를 보유한 정자가 난자를 수정시키면 새로운 개체는 XY 성염색체를 가진 남성이 되고, X염색체를 보유한 정자가 난자를 수정시키면 새로운 개체는 XX 성염색체를 가진 여성이 된다.

성에 따른 신체적 차이는 출생하기 이전 태아기에 만들어진다. 이 과정을 태내 성적 분화(prenatal sexual differentiation)라고 한다(Hyde & DeLamater, 2013). 수정란은 나팔관에서 자궁으로 이동하면서 끊임없이 분화한다. 수정 후 첫 6주 동안에는 아직 충분한 분화가 이루어지지 않아서 남아와 여아는 염색체를 제외하고는 별다른 차이가 없다. 7주 정도가 되면 성선(gonad), 관(tracts)(뮐러관과 볼프관) 및 아주 초보적인 형태의 외부 성기관이 만들어진다. 성선은 처음에는 미분화 상태이지만 성염색체의 지시로 남아에서는 고환으로 변형되고 여아에서는 난소로 변형된다. 일단 고환과 난소가 만들어지면 이들은 각각 다른 성 호르몬을 분비하고, 이 호르몬이 이후에 일어나는 내부와 외부 성기관의 발달을 관장한다. 고환에서는 테스토스테론(testosteron)이라는 남성 호르몬과 뮐러관 역제 물질이 분비된다. 이 호르몬의 영향으로 뮐러관이 퇴화하고, 볼프관은 부고환, 정관과 사정관으로 분화하며, 초보적인 형태의 외부 성 기관은 음경과 음낭으로 분화한다. 난소에서는 에스트로겐(estrogen)과 프로게스테론(progesterone)이라는 2가지 성 호르몬이 분비된다. 여아에서는 볼프관이 퇴화하고 뮐러관이 나팔관, 자궁과 질로 분화하며, 초보적인 형태의 외부 성기관은 소음순과 대음순으로 분화한다. 이런 과정을 거쳐 임신 4개월경이 되면 태아의 성별을 구별할 수 있게 된다.

이처럼 개체의 생물학적 성은 수정의 순간에 성염색체에 의해 결정되지만, 그 후에 일어나는 외부 및 내부 성기관의 발달에는 성 호르몬이 중요한 역할을 한다. 흥미롭게도, 여성 성 호르몬인 에스트로겐과 프로게스테론은 여성의 성기관의 발달에 기여하지 않고 남성 성 호르몬인 테스토스테론이 남성과 여성 모두의 성기관의 발달에 중요한 역할을 한다. 테스토스테론이 있으면 미분화된 성선이 남성의 성기관으로 분화하지만 테스토스테론이 없으면 미분화된 성선은 여성의 성 기관으로 분화한다.

2) 태내 성적 발달의 이상

대개 태내 성적 발달은 정상적으로 이루어진다. 예를 들어, 생물학적으로 XY염색체를 가지고 있으면 남성의 성기관을 가지고 태어나며 남성으로 양육되고 스스로도 남성이라고 여긴다. 마찬가지로 XX염색체를 가지고 있으면 여성의 성기관을 가지고 태어나며 여성으로 양육되고 스스로도 여성이라고 여긴다. 이런 경우에는 생물학적 성, 사회적 성과 성 정체성이 모두 일치한다. 이와 달리 전체 출생의 약 2%는 성적 발달이 정상적이지 못하다(Blackless et al., 2000). 그 원인은 여러 가지이지만 성염색체나 성 호르몬의 이상인 경우가 많다.

클라인펠터 증후군(Klinefelter's syndrome)은 성염색체 이상의 대표적인 예다. 보통 남성은 XY 성염색체를 가지고 있는 데 반해 클라인펠터 증후군 남성은 X염색체가 하나 더 있어서 XXY 성염색체를 가지고 있다. 따라서 생물학적으로 남성이지만 일반 남성과는 다른 특징을 보인다. 음경이 작고, 고환이 정상적이지 않아서 정자를 만들지 못하고, 테스토스테론 수준도 낮다(Winter & Couch, 1995). 또한 여성스럽고, 체형이 여성처럼 둥글고, 어깨가 좁고, 체모가 적으며, 때로는 가슴이 나오기도 한다. 생물학적으로는 남성이지만 남성의 기능을 완전하게 하지 못한다.

성 호르몬 이상의 대표적인 예는 선천성 부신 과형성증(congenital adrenal hyperplasia:

CAH)과 안드로겐 불감성 증후군(androgen-insensitive syndrome)이다. 선천성 부신 과형성증은 태내에서 과도하게 높은 수준의 테스토스테론에 노출된 여아들에서 발생한다. 난소가 정상적으로 발달하지만, 그 후에 부신의 이상으로 과도하게 높은 수준의 남성 호르몬에 노출되어서 정상적인 발달 과정을 밟지 못하고 남성과 유사한 외부 성기관을 가지고 태어난다. 이들은 대개 여아로 양육되고 여성의 성 정체성을 가진다. 그렇지만 CAH가 아닌 여아들에 비해 자신이 여성이라는 사실에 대한 만족감이 낮을 뿐 아니라, 남성적인 활동과 남성 또래들에 더 관심을 보이고 좋아한다([그림 2-1] 참조).

안드로겐 불감성 증후군은 유전적 문제로 세포 내에 안드로겐 수용체가 없는 남성에게서 발생한다. 남성 호르몬인 테스토스테론이 정상적인 수준으로 생산되지만, 안드로겐 수용체가 없어서 테스토스테론이 세포에 영향을 미칠 수 없기 때문에 태내 발달 과정이 여성화된다. 따라서 생물학적으로 남성이지만, 신체적으로 여성과 동일하고, 여성의 성 정체성을 가지고 성장하게 되며, 성장한 이후에는 여성이 아니라 남성에게 끌리게 된다.

이처럼 성적 발달에는 생물학적 요인이 일차적으로 중요하다. 그렇지만 이 요인이 성적 발달을 전적으로 결정하는 것이 아니라 이 요인의 영향을 기반으로 하여 출생 이후에 일어나는 다양한 사회적·문화적 요인들의 작용으로 완성된다. 후자의 과정이 전자의 과정보다 오랜 기간에 걸쳐 점진적으로 진행된다. 이처럼 생물학적·사회적·문화적 요인의 영향으로 아동이 자신이 속한 문화에서 남성과 여성에게 적합하다고 생각하는 동기, 가치와 행동을 획득해 나가는 과정을 성 유형화(gender typing)라고 부른다(Shaffer & Kipp, 2010). 성 유형화 과정에서 성 정체성, 성 역할 고정관념과 성 유형화된 행동이 발달하게 된다. 따라서 다음에는 아동이 세상에는 남성과 여성 두 범주의 사람들이 존재하며, 자신은 그 가운데 어느 범주에 속하는지, 사회가 남성과 여성에 대해 기대하고 요구하는 바가 무엇이며 서로 어떻게 다른지를 배워 나가고 이에 따라 성 유형화된 행동이 어떻게 발달하는지를 살펴보겠다.

2. 성 유형화의 발달

1) 성 정체성의 발달

(1) 성 정체성이란?

성 정체성(gender identity)은 여러 요소로 구성되지만, 가장 중요한 요소는 자신을 남성이나 여성으로 인식하고, 더 나아가서 자신의 성이 시간이 지나도 변하지 않는다는 성 안정성(gender stability)과 상황에 따라 변하지 않는다는 성 일관성(gender consistency)을 이해하는 것이다(Kohlberg, 1966). 대부분의 아동에서는 성 정체성이 비교적 용이하게 일찍부터 발달하여 그 후에 발달하는 성 고정관념이나 성 유형화된 행동의 기초가 된다. 그러나 어떤 아동에서는 성 정체성이 그리 순탄하게 발달하지 않는다. 예를 들어, 도미니카 공화국의 어떤 지역에서 유전적 문제로 일부 남성이 여성처럼 보이는 외부 성 기관을 가지고 태어났다(Imperato-McGinley, Peterson, Gauties, & Sturla, 1979). 교육 수준이 높지 않았던 부모들은 이 아이들을 여아로 길렀다. 오랫동안 여아로 자랐음에도 불구하고 사춘기가 되어 남성 호르몬의 영향으로 여러 가지 변화가 생겨나자, 이 아이들은 성 정체성이 남성으로 변했으며 여성에게 성적 관심을 나타내 보였다. 이는 성 정체성의 발달이 생물학적 영향과 문화적 영향을 받는 복잡한 과정임을 시사한다.

(2) 성 정체성의 발달

성 정체성의 기초가 되는 남성과 여성의 구별은 영아기에 나타난다. 영아들은 일찍부터 세부적인 신체 특성에 기초하여 남성과 여성을 구별할 수 있다. 6개월 된 영아들은 남성의 목소리가 들리면 남성의 얼굴을 더 오래 바라보았고, 여성의 목소리가 들리면 여성의 얼굴을 더 오래 바라보았다(Walker-Andrews, Bahrick, Raglioni, & Diaz, 1991). 12개월경이 되면 이러한 지각적 구별을 넘어서서 남성과 여성에 대한 개념적 범주를 형성하였다(Leinbach & Fagot, 1993). 영아에게 여성 여러 명의 사진을 보여 주어 습관화시킨 다음 또 다른 여성의 사진을 보여 주자 습관화가 지속되는 반면, 남성의 사진을 보여 주자 탈습관화가 일어났다. 영아들은 여러 명의 여성을 한 범주로 지각할 뿐 아니라 남성을 그와 다른 범주로 지각하였다. 19개월경이 되면 영아들은 '남아(boy)' 또는 '여아(girl)'라는 용어를 자발적으로 사용하였다(Zosuls et al., 2009). 30개월이 되면 남자와 여자의 사진을 보여 주고 '남자' 또는 '여자'를 가리키게 하면 정확하게 반응하였다(Campbell, Shirley, & Caygill, 2002).

자신의 성에 대한 이해도 비슷한 시기에 나타났다. 보통 2.5세에서 3세가 되면 아동들은 자신을 '남자' 또는 '여자'로 정확하게 명명할 수 있을 뿐 아니라(Fenson et al., 1994; Thompson, 1975) 자신을 남아 또는 여아로 정확하게 분류하였다(Campbell et al., 2002). 그러나 아직 자신의 성이 시간이나 상황에 따라 변하지 않는다는 사실을 이해하지는 못했다(Fagot, 1985). 예를 들어, 3세에서 5세 남아는 자라서 엄마가 될 수 있고 여아는 자라서 아빠가 될 수 있다고 생각했고, 옷이나 놀이에 따라 성이 달라질 수 있을 뿐 아니라 자기가 원하면 다른 성이 될 수 있다고 생각하였다. 그렇지만 6세에서 7세경이 되면 자신의 성이 시간이나 상황에 따라 변하지 않는다는 사실을 완전하게 이해하였다(Szkrybalo & Ruble, 1999).

Fagot(1985)은 18개월에서 54개월 아동들을 대상으로 성 정체성, 성 안정성과 성 일관성의 발달 순서를 비교하였다(〈표 3-1〉 참조). 이 가운데에서 성 정체성이 가장 먼저 발달하였고 그다음에 성 안정성, 성 일관성이 차례로 발달하였다. 이런 순서는 시대나(Ruble et al., 2007; Slaby & Frey, 1975; Szkrybalo & Ruble, 1999) 문화에 상관없이 유사하였다(De Lisi & Gallagher, 1991). 한국 아동들을 대상으로 한 연구에서도 마찬가지였으며 7~8세경에 세 요소를 모두 이해하였다(김태련, 이선자, 1986; [그림 3-1] 참조).

Kohlberg(1966)은 이러한 성 정체성, 성 안정성과 성 일관성이 아동으로 하여금 자신의 성에 해당하는 고정관념이나 행동을 학습하도록 동기화하고 조직화한다고 제안하였다. 성 정체성, 성 안정성 및 성 일관성이 높을수록 아동은 성에 관한 정보나 규준에 더 많이 관심을 보이고 더 반응적으로 행동할 것으로 예측하였다. 실제 성 안정성과 성 일관성은 아동들의 성적 발달에 영향을 미쳤다(Ruble et al., 2007). 3~7세 아동들에게 성 정체성, 성 안정성과 성 일관성, 성 고정관념(예: 남자와 여자 중 누가 매니큐어를 칠하는가?), 성의 중요성(예: 남자가 되는 것이 내가 누구인지에 중요한가? 여자라는 사실이 자랑스러운가?), 성 규준의 탄력성(예: 남자나 여자가 다른 성의 활동이나 행동을 해도 좋은가?)을 측정하였다. 연령에 따라 성 고정관념, 성의 중요성 및 성 규준의 탄력성이 모두 증가하였고, 성 안정성, 성 일관성과 관련이 있었다. 성 안정성이 높을수록 성 고정관념과 성을 중요하게 여기는 경향이 강했고, 성 일관성이 높을수록 성 규준에 대한 탄력성이 높았다. 즉, 성 안정성은 어린 아동들이 성에 대한 이해를 구성해 나가는 과정에서 중요하게 작용하였고, 성 일관성은 나이 많은 아동이 성 고정관념을 완화하는 데 중요하게 작용하였다.

〈표 3-1〉 성 정체성, 성 안정성과 성 일관성의 발달   (단위: %)

연령 (개월)	성 정체성				성 안정성		성 일관성	
	자신		타인					
	남아	여아	남아	여아	남아	여아	남아	여아
18~24	13	6	13	13	7	0	0	0
25~30	47	13	27	13	0	7	0	0
31~36	67	53	67	53	0	13	7	0
37~42	100	73	100	73	20	27	27	27
43~48	100	100	100	100	27	40	53	40
49~54	100	100	80	100	80	100	80	100

출처: Fagot (1985).

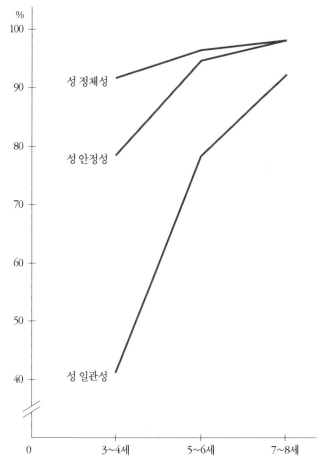

[그림 3-1] 한국 아동들의 성 정체성, 성 안정성 및 성 일관성의 발달

출처: 김태련, 이선자(1986).

2) 성 역할 고정관념의 발달

(1) 성 역할 고정관념이란?

성 역할 고정관념(gender role stereotypes)은 남아와 여아 또는 남성과 여성이 활동, 흥미나 특성에서 어떻게 차이가 나는지에 대한 사람들의 신념을 말한다. 예를 들어, 사람들은 일반적으로 남성은 도구적 특성(instrumental trait)을 지니고 있고 여성은 표현적 특성(expressive trait)을 지니고 있다고 생각한다. 도구적 특성이란 세상에서 활동하고 세상에 영향을 미치는 데 중요한 특성으로 독립적 · 경쟁적 · 공격적 · 외향적 · 지배적 · 성취지향적인 것 등이다. 이는 가족을 부양해 온 남성의 전통적 역할과 일치하는 특성이다. 표현적 특성이란 대인관계에서 중요하게 간주되는 특성으로 감정적인, 친절한, 배려하는, 부드러운, 다른 사람의 감정을 잘 이해하는 것 등이다. 이는 가족을 돌봐야 했던 여성의 전통적 역할과 일치하는 특성이다. 그런데 이런 신념은 사실과 다를 수 있다. 독립적이고 공격적인 여성도 많고, 감정적이고 남을 잘 이해하는 남성도 많다. 그럼에도 불구하고 이처럼 남성과 여성이 서로 다른 특성을 지녔다는 생각은 여러 국가나 문화에서 공유되고 있고(Best, 2001; Williams & Best, 1982), 예상과 달리 시대에 따라서도 크게 변하지 않았다(Lueptow, Garovich-Szabo, & Lueptow, 2001; Vonk & Ashmore, 2003).

이런 성 역할 고정관념은 부모가 자녀를 양육하고 사회화시키는 과정에 지대하게 영향을 미친다. 예를 들어, 남성이 독립적이고 여성은 의존적이라고 믿는 어머니가 아이들과 외출했다고 하자. 어머니는 아들이 자신으로부터 멀리 떨어져 가더라도 그대로 두겠지만, 딸이 멀리 떨어져 가면 가까이 오도록 주의를 환기시키거나 재촉할 것이다. 따라서 아동들은 성장하면서 다양한 명시적 또는 암묵적 과정을 통해 부모와 사회가 남자와 여자에게 기대하고 요구하는 바가 다르다는 사실뿐 아니라 어떤 것을 기대하는지를 학습하게 된다. 다음에는 이러한 성 역할 고정관념이 어떻게 발달하는지를 살펴보겠다.

(2) 성 역할 고정관념의 발달

① 영아기

아동은 자신이 남아인지 여아인지, 즉 성 정체성을 인식하게 되면서 성 역할 고정관념을 형성하는 것으로 알려져 왔다. 그러나 시각적 선호(visual preference)를 사용한 일부 연구는 성 정체성이 형성되기 전의 영아들도 초보적 형태의 성 역할 고정관념을 가지고 있음을 보여 주었다. 18개월 영아들은 자신의 성에 적합한 장난감을 선호하였을 뿐 아니라 남아와 여아에게 적합한 장난감도 구별하였다. 남아들은 인형 그림보다는 트럭 그림을 더 오래 바라보았고, 여아들은 트럭 그림보다는 인형 그림을 더 오래 바라보았다 (Serbin, Poulin-Dubois, Colburne, Sen, & Eichstedt, 2001). 또한 18개월 여아들은 남아의 얼굴에 습관화된 다음에는 인형 그림보다 트럭 그림을 더 오래 바라보았고, 여아의 얼굴에 습관화된 다음에는 트럭 그림보다 인형 그림을 더 오래 바라보았는데, 남아에게서는 이런 반응이 나타나지 않았다. 24개월이 되면 영아들은 남성과 여성에게 적합한 활동도 구별하였다. 영아들은 성과 활동이 일치하지 않을 때에는 놀라는 반응을 나타내 보였다. 예를 들어, 영아들은 남자가 립스틱을 칠하는 사진을 여자가 립스틱을 칠하는 사진보다 더 오래 바라보았다(Hill & Flom, 2007; Poulin-Dubois, Serbin, Eichstedt, Sen, & Beisel, 2002). 이처럼 영아들은 일찍부터 남성이나 여성에게 적합한 장난감이나 활동이 무엇인지를 알고 있었다. 영아들이 주변에서 많이 관찰하는 사람들의 활동이나 행동이 성 역할 고정관념을 학습하는 데 중요한 자극을 제공하는 것 같다. 그렇지만 이러한 이해는 익숙하거나 친숙한 특정 활동에 국한되어서 나타났다. 예를 들어, 영아들은 남성이 립스틱을 칠하는 사진을 여성이 립스틱을 칠하는 사진보다 더 오래 보았지만, 여성이 망치질을 하는 사진을 남성이 망치질을 하는 사진보다 더 오래 보지는 않았다.

② 학령전기

학령전기에 아동들은 남성과 여성의 장난감, 활동이나 역할에 대한 고정관념을 빠르게 획득한다. 2세와 3세 아동들은 여아는 인형을 가지고 놀고, 엄마를 도와주고, 음식을 만들고 집을 치우지만 남아는 차를 가지고 놀고, 아버지를 도와주고, 무엇을 만들기를 좋아한다고 생각했다(Kuhn, Nash, & Brucken, 1978). 이런 고정관념은 시대가 지나도 별로 변하지 않았다(Gelman, Taylor, & Nguyen, 2004). 4세나 5세 아동들은 남아는 트럭을 가지고 놀고, 축구를 하고, 쓰레기를 내어 놓고, 여아는 인형을 가지고 놀고, 쿠키 굽는 것을 도와주고, 어른 남자들은 나무를 쪼개지만 어른 여자들은 아기에게 우유를 먹인다고 생각했다. 그렇지만 아직 남성과 여성의 특성에 대한 고정관념은 잘 이해하지 못했다 (Serbin, Powlishta, & Gulko, 1993).

이러한 성 역할 고정관념은 성 안정성과 관련이 있지만 성 일관성과는 관련이 없었다 (Martin & Little, 1990; Ruble et al., 2007). 남자와 여자 그림을 보고 누가 남자인지 여자인지를 잘 알고 성의 안정성을 잘 이해한 3세에서 5세 유아들이 남아와 여아에게 적합한 옷이나 장난감에 대해 더 잘 알았지만 이는 성 일관성과는 관련이 없었다. 이 연구 결과는 성 역할 고정관념은 성에 대한 초보적 이해만 있으면 발달함을 시사한다. 즉, 아동이 자신이 남자인지 여자인지를 알고 자신의 성이 시간이 가도 변하지 않는다는 사실을 이해하면서, 자신의 성에 대한 부모나 사회의 기대를 적극적으로 내면화하는 것으로 보인다.

또한 학령전기 아동들은 성 역할 고정관념을 어겨서는 안 되는 것으로 지각하였다. 성 역할 고정관념에 어긋나는 행동을 하는 것은 도덕적 규범을 어기는 것만큼 나쁘다고 여겼다(Stoddart & Turiel, 1985). 예를 들어, 남아가 매니큐어를 칠하거나 여아가 남자 옷을 입는 것은 친구를 그네에서 밀어 버리는 것만큼 나쁘다고 보았다. 이처럼 성 역할 고정관념을 절대적으로 여기는 것은 학령전기에 성이 특별하게 중요하기 때문인 것 같다(Shaffer & Kipp, 2010). 즉, 학령전기는 성 안정성, 성 일관성을 포함하여 자신의 성 정체성이 형성되어 가는 시기이므로 아동들은 자신의 성 정체성을 확실하게 하기 위한 방편으로 성 역할 고정관념에 더 집착하게 되는 것 같다.

③ 학령기

학령기가 되면 남성과 여성의 활동이나 역할에 대한 고정관념이 증가할 뿐 아니라 특성에 대한 고정관념이 형성된다. Best 등(1977)은 5세, 8세와 11세 아동들을 대상으로 성인들에서 확인된 남성과 여성의 특성에 대한 고정관념을 조사하였다(〈표 3-2〉 참조). 이러한 특성에 대한 고정관념은 연령에 따라 증가하였고, 11세에는 성인과 유사해졌다. 흥미롭게도, 이러한 경향은 시대에 따라 별로 변하지 않았다. 유치원생과 초등학교 1학년에서 6학년 아동들에게 Best 등(1977)이 사용한 것과 유사한 특성들을 사용하여 성 역

〈표 3-2〉 남성과 여성의 특성에 대한 성 역할 고정관념

남성		여성	
공격적	뽐내는	정서적	수줍은
용감한	천박한	은혜를 아는	불평이 많은
독립적인	엄격한	약한	아양을 떠는
무질서한	소란한	말이 많은	쉽게 흥분하는
야심이 있는	지배적인	변덕스러운	다정한
많이 웃는	자신감이 있는	부드러운	마음이 약한
잔인한	논리적인	경솔한	의존적인
안정된	강한	잔소리가 많은	얌전한

출처: Best et al. (1977).

할 고정관념을 조사한 결과(Serbin et al., 1993), 특성에 대한 고정관념은 유치원 아동에서
는 65% 정도였고 이후 연령에 따라 증가하여 6학년에서는 89%에 이르렀다. 두 연구를
통해 보면, 남성과 여성의 특성에 대한 고정관념은 활동이나 역할에 대한 고정관념보다
늦게 학령기에 많이 발달하며, 6학년 정도가 되면 성인과 비슷해짐을 알 수 있다.

학령기가 되면 성 역할 고정관념이 더 증가하지만 동시에 더 융통성이 있게 된다(Katz
& Ksansnak, 1994; Liben & Bigler, 2002; Serbin et al., 1993). 학령기가 되면 아동들은 성 역할
고정관념에 맞지 않게 행동하는 것이 도덕적 규범이나 사회적 관습을 위반하는 것만큼
나쁘지 않다고 여길 뿐 아니라(Levy, Taylor, & Gelman, 1995; Stoddart & Turiel, 1985) 성 역
할 고정관념에 따라 행동하지 않아도 괜찮다고 생각하는 경향도 연령에 따라 증가하였
다(Blakemore, 2003). 자신의 성에 전형적인 활동이나 역할을 좋아하지 않을 수 있다고
인정할 뿐 아니라 이러한 아이들의 개인적 선호를 존중해 주어야 한다고 생각하는 한편
(Conry-Murray & Turiel, 2012), 성 고정관념을 어기게 되면 사회적으로 비난과 지탄을 받
는다는 사실 또한 이해한다.

④ 청소년기

학령기에 성 고정관념에 대해 더 융통성 있게 생각하게 되지만, 청소년기가 되면 오
히려 성 강화(gender intensification)라는 흥미로운 현상이 나타난다. Hill과 Lynch(1983)는
사춘기의 시작과 더불어 청소년들은 전통적 성 역할에 더 집착하게 되며 남아와 여아
사이에 태도, 심리적 특성 및 행동의 차이가 더 커진다고 보았다. 실제 11세에서 13세까
지 청소년들을 종단적으로 연구했을 때, 성 역할 태도에서 성차가 연령에 따라 증가하
였다(Galambo, Almeida, & Peterson, 1990). 7세부터 19세까지의 청소년들을 종단적으로
연구했을 때도, 전통적 성 역할 태도는 7세에서 13세까지 감소하고 15세까지는 변화 없
이 유지되었지만 그 후에는 증가하는 것으로 나타났다(Crouter, Whiteman, McHale, &
Osgood, 2007). 여아들은 11세보다 14세에 여성적 활동(예: 댄스, 악기연주, 꽃밭 가꾸기, 애
완동물과 놀기 등)에 더 많이 참여하였다(McHale, Shanahan, Updegraff, Crouter, & Booth,
2004). 이처럼 태도의 변화가 나타날 뿐 아니라 청소년들은 학령전기 아동들처럼 성 역
할 고정관념의 위반을 도덕적 규범의 위반만큼 나쁘다고 생각하였다(Stoddart & Turiel,
1985).

이러한 성 강화가 나타나는 데에는 여러 가지 원인이 있다. Hill과 Lynch(1983)는 사춘
기가 되면서 전통적 성 역할을 수행해야 한다는 사회적 압력이 증가하기 때문에 성 강

화가 생겨나는 것으로 보았다. 또한 청소년기가 되면 이성 또래와 데이트를 하기 시작한다. 이성에게 더 좋은 평가를 받고 데이트에 성공하기 위해 여자 청소년들은 더 여성스럽게, 또 남자 청소년들은 더 남성스럽게 되려고 할 수 있다. 그 밖에도, 자녀가 청소년기가 되면 부모는 이성 자녀보다는 동성 자녀와 활동을 더 많이 하게 되는데 이런 경향이 성 강화를 더 촉진할 수 있다(Crouter, Manke, & McHale, 1995). 그러나 청소년기 후반이 되면 청소년들은 자신의 성 정체성에 더 만족하고 성 역할 고정관념에 대해서도 더 유동적으로 생각하게 된다.

3) 성 유형화된 행동의 발달

성장하면서 아동은 자신이 남성 혹은 여성인지 알고, 자신의 문화에 따른 성 역할 고정관념도 학습하지만, 아동들의 행동에서도 일찍부터 성에 따른 차이가 나타난다. 다음에는 이러한 성 유형화된 행동이 어떻게 발달하는지를 살펴보겠다.

(1) 놀이와 활동의 차이

성별에 따른 좋아하는 장난감이나 놀이의 차이는 일찍부터 나타난다. 14개월에서 22개월 남아들은 트럭이나 차를 더 좋아하고 여아들은 인형이나 부드러운 장난감(곰이나 그 밖의 동물 인형)을 더 좋아했다(Smith & Daglish, 1977). 18개월에서 24개월 유아들은 자신의 성별에 적합한 장난감이 없을 때에도 다른 성의 장난감을 가지고 놀지 않았다(Caldera, Huston, & O'Brien, 1989). 이 시기에는 아직 성 정체성이 분명하게 발달하지 않았을 뿐 아니라 남아와 여아의 장난감을 정확하게 분류할 수 없음에도 불구하고 이러한 차이가 나타났다.

이러한 선호는 학령전기에 더 강해졌다(Golombok et al., 2008; Halim, Ruble, Tamis-LeMonda, & Shrout, 2013). 여아들은 소꿉놀이, 인형, 부드러운 장난감을 사용한 놀이를 더 많이 하였고 남아들은 총이나 칼, 탈것, 공과 같은 장난감을 사용한 놀이를 더 많이 하였으며, 이런 경향은 3세보다 5세에서 더 증가하였다. 또한 2.5세나 5세에 자신의 성에 전형적인 놀이를 더 좋아하던 아동은 8세에도 여전히 동일한 경향을 보였다(Golombok et al., 2008). 또래 간의 놀이 상황에서도 성에 따른 행동의 차이가 분명하게 드러난다. 남아들은 여아들에 비해 싸움이나 언쟁을 시작하고, 고자질을 하거나, 친구들의 놀잇감을 부수거나 빼앗고, 울고 화를 내는 등 놀이를 방해하는 모습을 많이 나타내는 반면, 여아들은 남아들에 비해 친구를 이끌거나 도와주고 친구가 놀이에 참여하도록 격려하며, 갈등 상황을 해결하기 위해 돕는 등 놀이가 긍정적으로 발전할 수 있는 역할을 하였다(이승하, 2013).

학령기가 되면 성별에 따른 이러한 차이는 더 여러 영역에서 나타났다(Cherney & London, 2006). 5세에서 13세 아동들의 TV 프로그램 시청이나 스포츠 활동에서 성별에 따른 차이가 나타났다. 남아들은 스포츠 쇼와 같이 남성적인 프로그램을 더 많이 시청하였고 여아들은 드라마와 같이 여성적인 프로그램을 더 많이 시청하였으며, 이런 경향은 연령에 따라 더 증가하였다. 또한 남아들이 여아들보다 스포츠에 더 많은 시간을 보냈고 더 다양한 스포츠 활동을 하였다. 남아들은 축구 같은 실외 스포츠나 공놀이를 많이 하였는데 여아들은 자전거나 롤러블레이드 타기나 수영을 많이 하였다. 성 유형화된 활동에 대한 남아의 선호는 연령에 따라 증가한 데 반해 여아의 선호는 감소하였다. 이러한 성별에 따른 놀이나 활동의 차이는 능력이나 자질에 차이를 가져올 수 있다. 예를 들어, 남아들이 선호하는 조작적 장난감이나 스포츠 활동은 시공간 능력의 발달을 촉진할 수 있고 여아들이 선호하는 인형이나 부드러운 장난감은 언어능력의 발달을 촉진할 수 있다.

청소년기에는 성별에 따라 시간을 사용하는 패턴에 차이가 나타난다(Hilbrecht, Zuzanek, & Mannell, 2008). 여자가 남자보다 집안일을 하고, 자신을 치장하는 데 더 많은 시간을 보냈다. 남자가 여자보다 여유시간이 많았고, 여유시간에 하는 활동에도 성차가 있었다. 남자가 여자보다 TV를 더 많이 시청하고, 운동을 더 많이 하며, 여자는 친구나 가족과 함께 하는 사회적 활동을 더 많이 하였다. 남자와 여자가 일반적인 용도로 컴퓨터를 사용하는 시간에는 차이가 없었지만, 남자들이 게임을 하기 위해 컴퓨터를 더 많이 사용하였다. 이처럼 사회가 많이 변화되었음에도 불구하고 청소년들이 시간을 사용하는 패턴에서 나타나는 성차는 여전히 성 고정관념적 태도와 가치를 반영한다.

(2) 성에 의한 분리

장난감, 놀이나 활동뿐 아니라, 더 중요하게는 아동들은 동성의 또래를 놀이친구로 선호하여 여아는 여아와, 또 남아는 남아와 같이 놀기를 더 좋아한다. 이러한 성에 의한 분리(gender segregation)는 2세와 3세경에 비교적 일찍 나타났으며 남아보다는 여아에게서 더 일찍 시작되었다(La Freniere, Strayer, & Gauthier, 1984; Maccoby, 2002). 한 연구에 따르면, 3~6세 아동의 80%가 동성의 친구들과 노는 것을 더 선호하였다(Martin & Fabes,

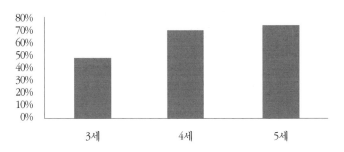

[그림 3-2] 연령에 따른 동성 또래와 노는 비율

출처: Halim et al. (2013).

2001). 그렇지만 연령에 따른 변화가 있어서 3세에서 5세로 가면서 성에 의한 분리가 더 증가하는 경향을 보였고 3세(48%)에서 4세(70%) 사이에 특히 더 증가하였다(Halim et al., 2013; [그림 3-2] 참조). 이후 학령기 동안 지속되는데, 남아들이 여아보다 적극적으로 성에 의한 분리를 유지하려고 한다(심미옥, 2000; Maccoby, 1998). 그렇지만 사춘기가 되면서 이성에 대한 관심이 증가함에 따라 이러한 분리는 완화된다.

성에 의한 분리가 진행되는 동안 아동들은 이성 또래와 어울리거나 이런 규준을 따르지 않는 또래에게 부정적인 태도를 보인다. 예를 들어, 학령기 아동은 이성 또래와의 접촉을 싫어하고 그들에게 부정적인 반응을 보였으며(Underwood, Schockner, & Hurley, 2001), 비교적 어린 4세나 5세 유아들도 이성 또래를 적극적으로 거부하였다(Ramsey, 1995). 또한 아동들은 성에 따른 분리를 엄격하게 지키는 아동을 더 좋아하였고, 성인들도 이들을 사회적으로 더 유능하다고 평가하였다(Sroufe, Bennett, Englund, Urban, & Shulman, 1993).

성에 의한 분리는 여러 가지 원인으로 발생한다. 우선, 여아와 남아의 놀이 스타일이 다르기 때문이다(Maccoby, 1998). 남아들은 활동 수준이 높을 뿐 아니라 거친 놀이를 즐기는 데 반해 여아들은 활동 수준이 낮을 뿐 아니라 조용하고 부드러운 놀이를 즐긴다. 이러한 차이로 남아와 여아가 같이 노는 데에는 어려움이 있기 때문에 자연스럽게 동성의 또래를 더 찾게 된다. 둘째, 성 정체성이 형성되고 성 역할 고정관념이 발달하면서 아동들은 동성 또래를 같은 집단으로 인식하는 경향이 강해져 이성보다 동성 또래에게 더 이끌리기 때문이다. 셋째, 앞에서 보았듯이 이성 또래와의 분리에 대한 또래들의 압력 때문이다.

(3) 성 유형화된 행동의 차이와 성에 의한 차별

앞에서 보았듯이 연령에 따라 성 고정관념이 증가하고, 성 고정관념에 일치하지 않는 행동을 하게 되면 사회적 지탄을 받게 되므로, 성 고정관념은 아동들의 행동에 중요한 지표가 된다. 성에 따른 성 유형화된 행동의 차이에 대한 구체적인 예나 상세한 설명은 5장을 참고하길 바란다. 성 유형화된 행동이 나타나는 정도는 성에 따라 차이가 있다. 여아들이 남아들보다 성 유형화된 행동을 덜 보인다. 예를 들어, 남아들이 여아의 헤어 스타일을 하거나 옷을 입는 경우보다는 여아들이 남아의 헤어스타일이나 옷을 입는 경우가 더 많고, 남아들이 인형과 같은 여아 장난감으로 노는 경우보다 여아들이 트럭과 같은 남아 장난감으로 노는 경우가 더 많으며, 남자 간호사보다는 여자 엔지니어가 더 많다. 이뿐만 아니라 아동들은 여자가 남자의 행동을 하는 것(예: 여자가 축구를 하는 것, 여자가 나중에 군인이 되겠다고 하는 것)을 남자가 여자의 행동을 하는 것(예: 남자가 드레스를 입는 것, 남자가 립스틱을 바르고 목걸이를 하는 것)보다 더 가능하다고 생각할 뿐 아니라(Levy, Taylor, & Gelman, 1995), 성 고정관념에 맞지 않는 행동을 하는 것이 여아보다 남아에게 더 힘들고 어렵다고 생각한다(Mulvey & Killen, 2014).

이는 남아들이 여아들보다 성에 적합한 행동을 해야 한다는 사회적 압력을 더 많이 받을 뿐 아니라 그렇지 못할 때 더 큰 벌을 받기 때문인 것 같다(Blakemore, 2003). 실제로 부모, 교사나 또래들은 여아가 남아와 같은 행동을 할 때보다 남아가 여아와 같은 행동을 할 때 더 부정적인 반응을 보였다(허순희, 정진경, 1987; Martin, 1990). 이러한 반응은 사회에서 남성이 여성보다 우위에 있으며 전통적 남성 역할에서 지배성이 강조되는 것과 관계있다. 성인들은 남아가 여아처럼 행동하면 남아가 지위를 잃는 것으로 여기는 데 반해 여아가 남아처럼 행동하면 더 나은 지위를 얻는 것으로 여겼다(Siegler, DeLoache, Eisenberg, & Saffran, 2014). 이처럼 사회가 많이 변했고 사회 내에서 여성의 지위가 많이 향상되었음에도 불구하고 남성을 여성보다 가치 있게 여기는 경향이나 성에 따른 차별은 여전히 존재한다.

아동들은 이러한 성에 따른 차별을 학령전기부터 잘 알아차렸다. 예를 들어, 5세에서 7세 아동들은 남자에게 항상 더 좋은 성적을 주는 교사를 성에 따라 차별한다고 평가하였고 여자가 성적을 나쁘게 받았을 때 능력이나 노력이 부족해서가 아니라 여자이기 때문이라고 보았다(Brown & Bigler, 2004). 그렇지만 직접적인 성차별의 경험은 청소년기에 크게 증가하였다(Leaper & Brown, 2008). 12세에서 18세 여자 청소년의 90%가 성희롱을 당한 적이 있고, 52%가 과학, 수학이나 컴퓨터 과목과 관련하여, 또 76%가 운동이나 스포츠 참여와 관련하여 부정적인 언급을 받은 적이 있다고 보고하였다. 대부분 여자 청소년이 학교나 기타 장면에서 자신의 성에 의해 차별을 경험하였다. 그렇지만 남녀를 불문하고 학령기 아동들도 이러한 성차별이 옳지 않다는 인식을 하고 있었다(Killen & Stangor, 2001). 대부분의 6세에서 10세 아동은 남아를 발레 수업에 들어오지 못하게 하거나 여아를 야구 수업에 들어오지 못하게 하는 것은 비록 그 활동이 특정 성에 전형적이지 않더라도 옳지 못하다고 보았다. 또한 아동들은 성에 따라 차별하는 것은 도덕적으로 옳지 못하다고 설명하였다(예: '모든 사람이 똑같은 대접을 받아야 한다', '성별 때문에 사람을 차별해서는 안 된다'). 이처럼 일찍부터 아동들은 성에 따른 차별을 알아차리고, 또 성에 따라 사람을 차별하는 것은 도덕적으로 옳지 못하다는 인식을 하고 있지만 실제 성에 따른 차별은 여자 청소년들에게 많이 일어났다.

3. 성 유형화에 영향을 미치는 요인

한 여성이 임신을 하였다고 생각해 보자. 그 여성의 출산 준비물은 파란색으로 이루어졌고, 그 아동이 태어나서 걸음마를 할 무렵에 야구 점퍼를 입고 사진을 찍었다. 그리고 아동은 부모의 지인들로부터 자동차, 공, 블록, 로봇 등을 선물로 받았다. 이 아동의 성별은 무엇인가? 당연히 남자다. 이 아동에게 우리는 은연중에 성 유형화된 행동을 하고, 아동에게도 기대하고 있는 것이다. 이처럼 성에 대한 고정관념은 태어나는 순간부터 여러 환경적 요인에 의해 형성되기 시작한다.

1) 부모

위에서 살펴본 이야기처럼 부모들은 아동이 태어나자마자 성에 따라 역할을 구분하기 시작한다. 그들은 아동이 자신의 성에 대한 인식이나 분명한 선호를 보이기 전부터 아동에게 성에 따른 행동양식을 강화한다. 성별이 분명하지 않은 영아에게도 머리에 리본을 묶고 치마를 입히며 성별을 드러내고자 한다. 갓 태어난 신생아인 경우에도 여아의 부모들은

성별 구분이 모호한 영아에게도 성별을 드러낼 수 있는 상징성 있는 도구를 사용한다.

자신의 아이가 남아보다 가냘프고 여성스럽다고 느끼고, 남아의 부모 역시 자신의 아이
가 여아보다 용맹하고 크고 단단하다고 느낀다(Karraker, Vogel, & Lake, 1995; Reid, 1994).

　장난감을 가지고 놀기 시작하는 유아기가 되면 이런 경향은 더욱 두드러진다. Fagot
(1978)이 20~24개월 아동 24명을 관찰한 결과, 부모들이 남아와 여아의 활동에 대해 다
른 태도를 보이는 점을 발견했다. 부모들은 여아들이 여자 옷을 입고, 인형을 가지고 놀
며, 부모를 따라다니면서 도움을 요청하는 등의 행동을 강화하고, 달리거나 뛰는 행동
은 제지하였다. 반면, 남아들이 인형을 가지고 놀거나 도움을 요청하는 것을 허용하지
않으며 블록이나 트럭과 같은 장난감을 가지고 놀도록 격려하였다. 이러한 경향은 아동
의 놀이 강도에도 영향을 미치는데, 남아의 어머니들이 여아의 어머니들보다 놀이 상황
에서 위험한 행동을 덜 제지한다(Morrongiello & Dawber, 2000). 반면, 부모들은 딸이 더
예의 바르고 친사회적이기를 요구하며, 아들보다 더 통제적으로 양육한다(Leaper, 2000;
Smetana & Daddis, 2002). 학령기가 되면, 부모들은 여아를 더 통제하고, 여아보다 남아에
게 밖에서 노는 것을 더 허용하였다(Blakemore, Berenbaum, & Liben, 2008).

　일반적으로 부모들은 여아보다 남아에게 성 유형화된 놀이를 더 요구하는 경향이 있
고(Basow, 2008) 이런 경향은 남아가 성인이 되어서도 지속된다. 이런 경향은 어머니보
다 아버지에게서 더 강하게 나타나는데, 18개월 된 남아가 여아용 장난감을 가지고 놀
았을 때 어머니보다 아버지의 반응이 더 부정적이었다(Fagot & Hagan, 1991). 이처럼 부
모들이 여아의 남성화보다 남아의 여성화 경향을 더 걱정하는 것은 남아의 여성적인 행
동은 동성애(게이) 경향의 징후로 여기는 반면, 여아의 경우에는 그렇게 여기지 않기 때
문이다(Kite, Deaux, & Haines, 2008).

　그런데 아동들, 특히 남아가 성 유형화된 행동을 보이는 정도에는 부모의 특성이 중
요하였다(Blakemore, 1998). 학령전기 여아와 남아가 아기에게 흥미를 보이는 정도에 차
이가 있는지 알아보기 위해 부모들에게 자신의 아이들이 처음 만나는 아기에게 어떻게
상호작용하는지 3가지 상황(아기가 가족과 함께 집에 방문했을 때, 아기에게 흥미를 보이는
정도, 아기에게 뽀뽀하거나 안는 것)에서 관찰해 달라고 요구했다. 그 결과는 당연히 여아
가 남아보다 아기와 의미 있는 상호작용을 더 많이 하는 것으로 나타났다. 그런데 여기
서 주목할 것은 부모들의 태도였다. 자신의 아들이 '여아와 같은 행동'을 하는 것에 더
관대한 부모들의 남아가 아기에게 더 흥미를 보이고 돌보는 행동을 더 많이 하였다. 이
러한 결과는 부모가 성 유형화된 행동을 덜 강조할수록 남아가 성 유형화된 행동을 덜
하게 됨을 의미한다. 따라서 부모들이 여아보다 남아에게 성 유형화된 놀이를 더 요구

하는 일반적인 경향은 남아들이 여아들보다 더 성 유형화된 행동을 하게끔 할 수 있다.

　아동의 성별에 따른 부모의 태도 차이는 언어적 특성에서도 나타난다. 어머니들은 영아기 때부터 남자 신생아보다 여자 신생아에게 말을 더 많이 하였다(Clearfield & Nelson, 2006). 부모는 여아에게는 더 따뜻하고 지지적인 언어를 사용하여 이야기하며, 정서적인 대화를 많이 하는 한편, 남아에게는 자율성과 관련된 주제에 대해서 더 많이 이야기하고 강조하는 경향을 보인다(Fiese & Skillman, 2000). 대화에서 다루어지는 정서도 성별에 따라 차이가 있었다(Fivush, 1989). 2세 반에서 3세 아동과 어머니의 30분간의 대화를 분석하였는데, 아들과 대화한 어머니의 21%가 분노에 대해서 이야기한 반면, 딸과 대화한 어머니들은 아무도 분노에 대해서는 이야기하지 않았지만 슬픔과 두려움에 대해서 이야기하였다. 이런 결과는 부모들이 남아들에게 슬픔이나 분노 표현을 조절하기를 기대하고 있음을 반영하며(Blakemore et al., 2008), 실제 3~4세 아동들을 대상으로 한 연구에서 여아들이 남아들보다 슬픈 경험에 대해서 더 자연스럽게 표현하는 경향을 보였다(Fivush & Buckner, 2000). 이러한 결과들은 부모가 남아의 경우 성취지향적이고 경쟁적이며 독립적이고 정서를 잘 조절하기를 바라는 반면, 여아는 타인과 조화로운 관계를 맺고 여성스러운 행동을 보이기를 바람을 보여 준다.

　최근 여성의 사회적 활동이 증가하고, 일하는 어머니가 늘어나면서 성 역할의 경계가 모호해지고 있다. 아버지가 주방에서 설거지를 하는 것이 더 이상 어색하지 않게 되면서 성 역할에 대한 편견이 줄어들고 있다. 이러한 변화는 아버지나 어머니 한 명이 양부모의 역할을 모두 해내는 한부모 가정에서 더 분명하게 드러난다. 한부모 가정에서 자란 남아는 양부모 가정에서 자란 아동들보다 성 고정관념이나 성 역할에 대한 전통적인 개념이 덜 분명하였다(Leaper, 2000).

2) 또래

　또래들은 여러 가지 방식으로 성 유형화를 촉진한다(Matlin, 2012). 우선, 학령전기 아동들은 성 역할 고정관념에 대해 매우 경직된 태도를 보여서 이에 적합하지 않은 놀이나 행동을 하는 또래들을 거부하게 된다. 이런 또래들의 거부는 아동들이 성 유형화된 행동을 더 하게끔 한다. 과거 유치원에 다닐 때 분홍색을 여자 색, 파란색을 남자 색이라고 명명했던 것을 떠올려 보자. 남자아이가 그림을 그릴 때 분홍색을 쓰면 여자 색을 쓴다고 놀려 댄 추억이 있을 것이다. Blakemore(2003)는 3~11세 아동들을 대상으로 사회적·도덕적 규범과 성 규범(장난감, 놀이 유형, 직업, 부모의 역할, 헤어스타일과 옷 스타일)의 위반에 대한 연구를 진행하였다. 그 결과, 아동들은 남아가 여아의 옷을 입는 것을 도둑질하는 것만큼 나쁘다고 보았고, 남아가 여아의 옷을 입거나 바비 인형을 가지고 논다거나 간호사가 되겠다고 하는 것을 잘못이라고 이야기했다.

둘째, 앞에서 보았듯이 학령전기에 성에 의한 분리가 일어나면서 아동들은 동성 또래와 보내는 시간이 많아지며, 성 유형화된 행동을 더 많이 보고 배울 뿐 아니라 실행해 보는 기회를 얻게 된다. 같은 성의 또래와 시간을 많이 보낸 4세 아동들이 그렇지 않은 아동들보다 6개월 후에 성 유형화된 행동을 더 많이 보였다(Martin & Fabes, 2001). 남아에게서는 공격성, 거친 놀이, 활동 수준과 성 유형화된 놀이가 증가하였고, 여아에게서는 성 유형화된 놀이는 증가하였지만 공격성이나 활동 수준은 감소하였다.

셋째, 아동들은 자신의 성 정체감이 분명해지면서 동성 또래에 대해 더 긍정적으로 여기고 이성 또래에 대해서 부정적으로 느낄 뿐 아니라 편견을 갖도록 하여 성 유형화를 촉진한다. 학령전기 아동뿐 아니라 학령기 아동들도 동성 또래에 대해서는 긍정적으로 느끼지만 이성 또래에 대해서는 부정적으로 느꼈다(de Guzman, Carlo, Ontai, Koller, & Knight, 2004; Powlishta, 1995).

3) 교사

아동들은 가정에서 보내는 시간 이외의 대부분 시간을 유치원과 학교에서 보내게 되는데, 이때 교사는 아동들과 가장 많은 시간을 함께하면서 아동의 사회적 역할과 인성 발달에 중요한 영향을 미친다. 특히 아동들은 교사와의 접촉을 통해 사회적 태도를 배우게 되므로 교사의 역할이 무엇보다 중요하다. 교사가 성 고정관념을 강하게 가지고 성에 따라 아동들을 차별한다면, 아동들의 성 유형화된 생각이나 행동이 더 강화될 것이다. 실제 교사와 아동의 상호작용은 성에 따라 여러 가지 면에서 차이가 있다.

우선, 교사들은 여아보다 남아에게 상호작용을 더 많이 시도하였다(조경자, 1988). 아동이 시도하는 상호작용의 빈도는 성에 따른 차이가 없었지만 교사는 남아에게 상호작용을 더 많이 시도하였다. 교사는 부정적 지시, 지시, 질문(개방형/폐쇄형 질문), 활동에 대한 관심과 참여, 교수의 반복, 큰 소리로 하는 칭찬, 호의적 대화, 그리고 긍정적 신체 표현을 남아에게 더 많이 하였다. 수업 진행을 위해 일반적으로 더 떠들고 방해가 된다고 간주되는 남아에게 부정적 통제 방식을 많이 사용하였지만, 동시에 칭찬과 반응 기회도 더 많이 제공함으로써 교사가 계획한 행동을 이끌어 냈다.

　교사들은 또한 여아보다 남아에게 긍정적인 피드백을 더 많이 제공하였다. 교사들은 일반적으로 남아들에게 더 주의를 기울이는 경향을 보이는데, 남아가 실수를 저지르면 교사들은 구조적으로 피드백을 주고 다시는 그런 실수를 하지 않도록 주의를 주지만, 여아에게는 타이르는 정도에 그친다(Sadker & Sadker, 1994).

　교사들은 여아보다 남아와 더 성취지향적인 상호작용을 하였다(DeZolt & Hull, 2001). 교사들은 여아가 질문했을 때는 답을 해 주지만, 남아가 질문했을 때는 전략을 사용하여 그들 스스로 답을 찾을 방법을 알려 주었다. 교사들이 여아에게 더 낮은 기대를 하고 있지 않을 때에도 교사는 여아보다 남아와 더 성취를 촉진하는 방식으로 상호작용하는 경향이 있었다(Parsons, Adler, & Kaczala, 1982). 교사들은 남아들에게는 똑똑한 것에 보상을 주지만, 여아들에게는 친절하고 예쁜 것에 보상을 준다.

　이러한 교사의 차별적 상호작용은 아동의 성에 따른 기대의 차이를 영속시키는 데 핵심적인 요소다(Parson et al., 1982). 교사의 차별적 행동이 이후 아동이 성장했을 때의 성차를 가져올 수 있다는 점에서 교사들의 행동에서 개선이 필요하지만, 안타까운 점은 교사들이 이러한 사실을 깨닫지 못하고 있다는 것이다.

4) 매체

　여러분은 폭력적인 내용이 담긴 영상이나 폭력적이지 않은 영상을 보고 난 다음 아동의 공격성을 관찰한 실험연구를 알고 있을 것이다. 폭력적인 영상을 시청한 아동은 분리된 방에 놓여 있는 인형에 공격적인 행동을 하였고, 폭력적이지 않은 영상을 본 아동은 그렇지 않았다. 이는 폭력적인 영상이 아동의 공격성에 미치는 영향에 대해서 설명하지만, 또한 아동들이 TV 프로그램을 포함한 다양한 영상에 제시된 행동을 쉽게 모방할 수 있다는 사실도 보여 준다.

　2013년 보건복지부 아동종합실태조사에 따르면 우리나라 아동의 절반 가까이가 하루에 1~3시간 정도 TV를 시청하는 것으로

어린이들이 즐겨 보는 만화영화 〈로보카 폴리〉에서의 여성 캐릭터인 엠버(구급차)는 다정하고 치료하는 역할을 담당하고 있다.

나타났다. 그만큼 TV나 대중매체가 아동들에게 미치는 영향은 크다고 볼 수 있다. 그렇다면 TV 시청 시간과 성 유형화 간의 상관관계는 어떠한가? Signorielli와 Lears(1992)가 4~5학년 학생 530명을 대상으로 TV 시청 시간과 성 유형화 간의 관계를 연구한 결과, 통계적으로 유의한 상관관계가 나타났다. 아동은 TV 속 광고를 통해 여자아이가 갖고 놀아야 하는 장난감, 남자아이가 갖고 놀아야 하는 장난감을 구별하게 된다. 아동들이 즐겨 보는 만화 프로그램에서도 함께 어울려 다니는 집단에서 여성을 표현하는 캐릭터는 한두 명에 불과한 경우가 많으며, 그 캐릭터는 주요 역할보다 보조적인 역할을 하는 경우가 많다.

책에서도 마찬가지다. Weitzman, Eifler, Hokada와 Ross(1972)는 아동용 책에 대한 연구를 진행하였다. 이들은 1967년부터 1971년까지 5년간 콜더컷 상[1]을 받은 책을 연구한 결과, 학령전기 아동들이 보는 그림책에는 남성과 여성이 고정관념에 치우쳐 그려져 있고, 여성 등장인물은 잘 나타나지 않았다. 이렇게 고정관념에 치우친 특성을 바탕으로 등장인물을 묘사하고, 여성 등장인물이 상대적으로 적은 것은 아동들에게 남성보다 여성이 덜 가치 있다는 교훈을 심어 주는 것이라고 이들은 비판했다.

이뿐만 아니라 그림책에 제시되는 캐릭터나 모델의 성에 따라 아동에게 미치는 영향이 달라졌다. Ochman(1996)은 평균 연령이 8세인 아동 346명에게 그림책을 사용하여 전통적이지 않은 성 역할을 수행하는 동성과 이성 모델을 6주 동안 제시한 다음, 아동의 자존감에 미치는 영향을 살펴보았다. 이야기 속 주인공들은 문제를 해결하고 어려움을 이겨 내야 했다. 주인공이 동성일 경우 아동들의 자존감이 더 증가하는 결과를 보였고, 특히 여아들이 주인공이 동성일 경우 자존감이 더 큰 폭으로 증가하였다. 이처럼 대중매체는 아동들에게 성에 대한 개념과 남성과 여성의 성격적 특성과 사회적 역할 및 사회에서의 가치에 대한 기대를 심어 주기 때문에 연구들은 대중매체가 고정관념을 반영하고 전파시킬 뿐 아니라 사회적 영향이 크다고 보고 있다(Bryant & Zillman, 2002).

5) 문화

성에 따른 역할이나 특성의 차이는 문화에 따라서 다를 수 있다. Mead(1935: 조혜정 역, 1988에서 재인용)의 연구에 따르면, 아라페시(Arapesh) 부족의 경우 남성과 여성 모두 양

1) 미국에서 매년 뛰어난 어린이 그림책의 삽화가에게 수여하는 문학상.

순하고 협조적인 성격을 보인다. 반면, 뉴질랜드의 한 부족인 문두구모르(Mundugumor) 부족은 사냥처럼 힘이 많이 필요한 작업을 남녀를 구분하지 않고 모두 수행하도록 하는 데, 이 부족은 아라페시 부족과 달리 남녀 모두 난폭하고 공격적인 성격을 보인다. 또 챔불리(Tchambuli) 부족은 사냥, 낚시 등의 힘든 일을 남성이 아니라 여성에게 맡긴다. 이 부족에서는 서구 사회의 성 역할과는 반대로 여성이 가장으로서 사냥을 하고, 공격적이고 가부장적인 특징을 갖고 있는 것으로 생각되고, 남성은 화장을 하고, 수동적이고 양순하다. 이런 예들은 산업화된 사회가 공유하는 남성과 여성의 역할과는 상당히 거리가 있는 것으로, 성에 따른 역할이나 특성의 차이는 특정 문화의 조건에 따라 만들어지는 것임을 시사한다.

지금까지 제시한 연구들은 대부분이 북미권의 백인 가족들을 대상으로 진행되었기 때문에 성 역할에 대해 편파적인 결론을 제시할지도 모른다. 한 국가나 문화 안에서도 인종이나 사회계층에 따라 성 유형화에 차이가 있을 수 있다. 실제로 백인 가족들과 달리 아프리카계 미국인 가족 중 일부는 딸에게 독립성을 훈련시키기도 하고(Reid, 1985), 아시아계 미국인 가족은 아들과 딸에게 동일하게 강도 높은 학업 성취를 요구하기도 한다(Woo, 1995). 또한 레즈비언이나 양성애자 가족과 함께 사는 아동들은 동성의 성관계에 대해서 그렇지 않은 아동들보다 관대하게 사고하며, 사회의 다양성을 이해하고, 성 역할에 대한 고정관념을 덜 가지고 있다(Stacey & Biblarz, 2001).

4. 성 유형화 및 성 역할 발달이론

앞에서 살펴보았듯이 사람들의 행동, 역할 및 특성은 성에 따라 많은 차이가 있다. 학자들은 다양한 이론적 관점에서 이러한 성 유형화와 성 역할의 발달을 설명하고 있다. 여기에서는 인지발달이론, 사회학습이론, 성도식화이론까지 3가지 이론에 대해 살펴보고자 한다.

1) 인지발달이론

성 역할의 발달을 설명하기 위한 인지발달이론은 Piaget의 이론에 근거하여 Kohlberg (1966)가 제안하였다. 그는 아동들이 생물학적 욕구나 외적 보상과 처벌에 의해 강요받는 것이 아니라 능동적인 학습자로서 성을 포함한 사회적 환경을 이해하려고 한다고 주장한다. 또한 성 역할 발달은 일반적인 인지발달에 달려 있기 때문에 아동들이 성에 대해 이해한 이후에야 사회적 경험의 영향을 받아 성 역할이 발달할 수 있다고 보았다.

다음은 Kohlberg(1966)가 제시한 4세 아이들의 대화다.

> Johnny: 나는 커서 비행기 만드는 사람이 될 거야!
> Jimmy: 나는 커서 엄마가 될 거야!
> Johnny: 안 돼! 너는 엄마가 될 수 없어. 너는 아빠가 되어야 해.
> Jimmy: 아니야, 나는 엄마가 될 거야.
> Johnny: 아니, 너는 여자가 아니야. 너는 엄마가 될 수 없어.
> Jimmy: 아니, 나는 될 수 있어.

위의 예시에서 볼 수 있듯이, 동일하게 4세이지만 Jimmy는 성이 변할 수 있다고 믿는 데 반해 Johnny는 성이 변하지 않는다고 믿는다. 이러한 성 항상성(gender constancy)이 Kohlberg 인지발달이론의 핵심적인 개념이다. Kohlberg(1966)는 성 항상성에 대한 이해는 다음과 같이 세 단계로 발달한다고 제안하였다.

① 성 정체성(gender identity): 아동이 자신이 남자인지 여자인지 깨닫고 명명하는 단계로 2~3세경에 나타난다. 그들은 2가지의 성이 있으며 자기가 그중 하나에 속한다는 것을 인식하고, 자기가 남자인지 여자인지 알 수 있다.
② 성 안정성(gender stability): 자신의 성 정체성이 시간이 지나도 변하지 않는다는 것을 아는 단계로, 4~5세경에 나타난다. 여아는 자신이 자라서 엄마가 되고 남아는 자신이 자라서 아빠가 된다는 것을 알 수 있다.
③ 성 일관성(gender consistency): 성 정체성이 외모나 행동, 어떤 특성의 변화에 의해서도 영향을 받지 않는다는 것을 인식하는 단계로, 5~7세경에 나타난다. 이 단계의 아동들은 더 이상 외형적 특성에 따라 본질이 변한다고 믿지 않으며, 남성이 여성의 옷을 입는다고 해서 성이 바뀐다고 생각하지 않는다.

아동들이 성 항상성을 완전히 획득하고 나면, 다시 말해 자신이 남성인지 여성인지를 알고 시간이 지나도 상황이 바뀌어도 자신은 영원히 남성 혹은 여성임을 확실하게 이해하고 나면, 적극적으로 동성의 모델을 찾고 그들의 행동에 주의를 기울이고 남성 또는 여성으로서 어떻게 행동해야 하는지를 배우기 시작한다. 이런 과정에서 아동들은 주변의 부모나 또래의 영향을 수동적으로 받아들이는 것이 아니라 자신이 능동적 탐색자가 되어서 자신의 성에 일치하는 정보를 적극적으로 찾아 나간다. 그렇기 때문에 이 이론에서는 성적 발달이 외부로부터 오는 사회적 영향에 의해 일어난다기보다는 아동 자신에 의해 내부적으로 일어난다고 주장한다(Martin, Ruble & Szkrybalo, 2002).

Kohlberg는 어린 아동들이 성 항상성을 획득하지 못한 것은 생식기의 차이에 대한 지식이 없어서가 아니라 성이 바뀌지 않는다는 사실에 대한 인식이 없기 때문이라고 주장했다. 성 항상성을 획득하지 못하는 것은 옷이나 머리의 길이와 같은 구체적인 신체적 특징에 의존하는 경향 때문으로 보았다. 이는 어린 아동들이 외양과 실체를 구별하는 능력이 부족하다는 Piaget의 주장과 연관이 있다. 실제 성 항상성이 획득되는 시기는 외양이 변해도 실체는 그대로 유지된다는 보존에 대한 이해가 나타나는 시기와 비슷하다(Szkrybalo & Ruble, 1999).

Kohlberg는 성 항상성에 대한 이해 수준에 따라 성 유형화된 행동이 나타나는 정도가 다를 것이라고 처음으로 주장하였다. 앞에서도 언급했듯이 성 항상성의 가장 높은 수준인 성 일관성을 이해해야 성 유형화가 일어난다고 보았다. 그렇지만 이에 대한 연구 결과들은 일관성이 없다. 어떤 연구에서는 성 일관성을 이해한 아동들이 그렇지 못한 아동들보다 더 성 유형화된 행동을 할 가능성이 있다고 보고한다(Martin et al., 2002). 반면, 또 다른 연구에서는 성 일관성이 아동들의 성 고정관념이나 성 유형화된 행동의 정도와 상관을 보이지 않았다(Levy, 2000; Martin & Little, 1990; Ruble et al., 2007). 오히려 더 낮은 수준의 성 항상성이라고 볼 수 있는 성 정체성이나 성 안정성이 성 고정관념이나 성 유형화된 행동과 연관을 보였다. 아동들이 자신의 성이 상황에 따라 변하지 않는다는 사실을 모를지라도, 자신이 남성인지 여성인지를 알거나 혹은 자신의 성이 시간이 지나도 변하지 않는다는 사실만 이해하여도 성 고정관념이나 성 유형화된 행동을 학습할 수 있었다(Ruble et al., 2007).

Kohlberg(1966)가 제안한 성 항상성의 발달 순서는 미국과 그 밖의 많은 나라에서 사실임이 입증되었다(김태련, 이선자, 1986; De Lisi & Gallagher, 1991). 이처럼 인지발달이론은 성 항상성에 대한 이해가 어떤 순서로 발달하는지를 잘 기술해 주고 있다. 그렇지만 어떻게 이런 개념들이 발달하는지를 분명히 제시하지 않고 있다. 또한 Kohlberg는 성 항상성을 획득한 아동들은 사회에 충분히 적응하고 환경에 효과적으로 동화될 수 있다고 주장하였다. 하지만 그의 이론은 이러한 적응 기제가 왜 성에 의한 것인지에 대한 설명이 부족하다는 비판을 받고 있다. 더 중대한 문제점은 Kohlberg가 주장한 것처럼 최고 수준의 성 항상성을 나타내는 성 일관성은 성 유형화나 성과 관련된 행동이나 선택과 관계없다는 증거들이 있다는 사실이다. 오히려 낮은 수준의 성 항상성을 나타내는 성 정체성이나 성 안정성이 성 유형화와 관련성을 보이고 성 일관성은 오히려 성 고정관념에 대해 더 유동적인 태도와 관계를 보였다(Ruble et al., 2007).

2) 사회학습이론

사회학습이론가들은 성 역할 발달도 다른 측면의 발달과 마찬가지로 환경에 의한 학습에 의해서 일어난다고 설명하였다. Mischel(1966)이 제안한 사회학습이론은 크게 2가지 범주로 나누어 설명할 수 있다. 하나는 보상과 처벌의 개념으로, 아동들이 자신의 성에 적절한 행동을 했을 때 긍정적 강화를 받고, 자신의 성에 적절하지 않은 행동을 했을 때 처벌을 받으면서 성 유형화된 행동을 학습한다는 것이다. 다른 하나는 모방으로, 아동은 자신의 성과 동일한 사람의 행동을 관찰하고 모방하면서 성 역할을 획득한다는 것이다. Bandura(1977) 또한 전통적인 학습이론의 관점인 강화와 처벌에 대해 부정하지 않으면서 관찰을 통한 모방과 동일시를 강조하였다.

(1) 강화와 처벌

3세의 남아가 있다고 가정해 보자. 이 아이가 뛰어다니며 공차기를 하거나 칼싸움을 할 때, 주변의 어른들은 따뜻한 미소를 보내며 '씩씩하다'라고 이야기한다. 이것은 이 아이에게 남성다운 행동을 강화해 주는 것이다. 반면, 3세 여아가 똑같이 뛰어다니며 공차기를 하거나 칼싸움을 한다면, 주변의 어른들은 인상을 찌푸리며 '여자아이가 얌전하지 못하다'고 이야기한다. 이것은 이 아이에게 여성답지 못함을 처벌해 주는 것이다. 이처럼 여러 문화에서 남아의 공격성은 어느 정도 용인하는 편이다. 남아의 공격적이고 폭력적인 행동에 대해서는 강하고 독립적이라고 생각하며 크게 문제 삼지 않는다. 반면, 여아의 경우 잘못된 행동이라고 꾸짖는다. 사회학습이론에 따르면, 아동들이 때로는 반대의 성을 관찰하기도 하지만 그들의 행동을 하지 않는 것은 강화와 처벌 기제에 의한 것이라고 할 수 있다. 그러므로 여아와 남아는 양성의 행동을 모두 학습하지만 자신과 동일한 성의 성 유형화된 태도나 행동만을 보이게 된다.

(2) 관찰학습

사회학습이론에서 성 유형화된 행동을 습득하는 또 다른 방법은 관찰이다(Mischel, 1966). 앞서 살펴보았듯이, 아동들은 다양한 환경에서 발생하는 행동들을 관찰하고 모방하면서 성 유형화되어 간다. 일반적으로 자신과 유사하지 않은 모델보다 유사한 모델의 행동을 모방하는 것이 더 쉽기 때문에, 아동들은 이성이 하는 행동보다 동성이 하는 행동을 더 쉽게 모방한다(Bussey & Bandura, 1999). 아동들과 가장 많은 시간을 보내는 부모들이 매일 '행동하고' '말하는' 습관들이 아동이 성 역할을 학습하는 매체가 된다. 아버지는 항상 운전을 하고, 어머니는 항상 요리를 하는 집의 아동들은 운전은 남자가 하는 것이고 요리는 여자가 하는 것이라고 학습하게 된다. 반면, 어머니가 활발하게 사회생활을 하는 경우, 아동은 성 역할에 대해 유연하게 사고할 수 있게 된다(Etaugh, 1993). 마찬가지로 아버지가 육아나 집안일에 더 많이 관여하고, 어머니가 세차를 한다거나 집을 수리하는 것과 같은 '남성다움'을 보이는 일을 자주 하는 가정의 경우에도 아동들의 성 유형화가 덜하다(Murray & Steil, 2000).

(3) 인지

최근 Bussey와 Bandura(1999)는 사회학습이론을 수정한 사회인지이론을 제안했는데, 이 이론에서는 관찰학습과 보상과 처벌만으로는 성 유형화를 설명할 수 없다고 본다. 그 대신, 아동이 발달하는 과정에서 다른 내적 변인들(생물학적 상태, 정서적 경험, 모델링 경험, 결과에 대한 예측, 다른 상황에서의 성 유형화 행동의 성공과 실패 경험 등)이 성 유형화를 일으키고 유지하는 데 중요한 역할을 한다고 본다. 이처럼 사회인지이론이 내적 변인들을 포함시킴으로써 사회학습이론보다 아동의 성 유형화가 시점과 환경에 따라 일관적이거나 비일관적인 현상을 더 효과적으로 설명할 수 있게 되었다(Martin et al., 2002). 결론적으로, 아동은 초기에는 타인의 보상에 대한 예측으로 성에 적절한 행동을 하지만, 성장하면서 성과 관련된 내적 기준이 만들어지고 이런 기준에 따름으로써 발생하는 자기만족을 위해 자신의 성에 적절한 행동을 하게 된다고 설명한다.

3) 성도식이론

성도식이론은 아동의 성 유형화의 발달을 정보처리적 관점에서 설명하기 위해 Bem(1983)이 제안했다. 성도식이론은 성 유형화를 설명하는 데서 인지발달이론과 사회학습이론의 특성을 모두 포함하고 있다. 특히 성도식이론에서는 성 유형화가 문화적 특성이나 사회적 기대에 따른 남성과 여성의 특성과 역할을 부호화하고 조직화하는 성 도식에 의해 진행된다고 본다. Martin과 Halverson(1987)은 2~3세경에 기본적인 성 정체성을 확립하게 되고, 이를 바탕으로 성에 대한 여러 정보를 습득하여 성 도식이 형성되며, 이에 따라 아동들이 어떻게 행동할지를 결정한다고 설명한다. 인지발달이론에서는 성 항상성을 완전히 이해하고 나서야 성 유형화가 시작된다고 보는 데 반해, 성도식이론에서는 성 정체성이 형성되고 나면 성 유형화가 시작된다고 본다. [그림 3-3]에 이 과정이 잘 나타나 있다. 자신의 성 정체성을 형성한 여아는 여아와 남아의 특성과 역할에 대한 정보를 모아서 도식 안에 통합하여 저장한다. 자동차를 주면 성 도식이 작용하여 자동차는 남자의 것이어서 자신과 관계없다고 평가하고 가지고 놀지 않지만, 인형을 주면 자신과 관계있다고 평가하고 가지고 놀게 된다.

Martin 등(2002)은 성도식이론의 3가지 주요 특징을 설명한다. 첫째, 성에 대한 인지가 성 발달의 핵심이다. 성 도식은 아동과 환경의 상호작용의 결과를 반영하여 끊임없이 변화하는 역동적인 지식의 표상으로, 아동이 성과 관련된 정보를 처리하는 과정과 행동에 영향을 미친다. 둘째, 인지발달이론과 마찬가지로, 아동이 자신의 성 발달에서 능동적인 역할을 한다. 아동은 자신의 성에 맞게 행동하려는 동기가 강할 뿐 아니라 성에 관한 정보를 적극적으로 처리한다. 자신이 남자인지 여자인지를 알고 나면 아동은 자신의 성에 관한 상세한 정보를 찾으려고 노력할 뿐 아니라 남아와 여아의 차이에 더 주의를 기울인다. 마지막으로, 성 도식은 2가지 주요 매개 경로를 통해서 행동에 영향을 미친다. 하나는 도식이 기억에 영향을 미치는 경로다. 어린 아동들은 자신의 성에 대한 정보에 더 주의를 기울이고 더 잘 기억하여 결과적으로 어떻게 행동해야 하는지에 대한 지

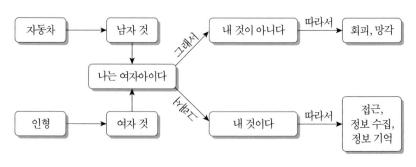

[그림 3-3] 성 도식 모형

출처: Martin & Halverson (1987).

식을 더 많이 쌓는다(Ruble & Stangor, 1986). 두 번째 경로는 아동이 성 규준에 따라 행동하려고 동기화되는 것인데, 이런 노력을 통해 아동은 자신을 정의하고 인지적 일관성을 유지하게 된다. 이 밖에도 도식의 강도, 상황적 요구, 아동의 발달 수준, 도식에 접근할 수 있는 정도에서의 개인차 및 다른 사람의 기대도 아동들이 얼마나 자신의 성에 맞게 행동하는지를 결정한다.

처음부터 전형적이지 않은 도식을 형성하는 일부 아동이 있을 수 있다. 예를 들어, 톰보이(tomboy)적 성향의 여아들은 보통 여아들과 다른 성 도식을 가지고 있을 수 있고, 그들의 행동이나 사고가 보통 여아들보다 유동적일 수 있다. Bem(1983)은 사람들이 자신의 행동을 관리하거나 타인을 이해하고 평가하는 데 사용하는 성 도식의 수준이 다를 것이라고 주장한다. 성 도식이 강한 사람은 성에 따른 사람들의 행동을 수용할 수 있는 범위가 좁다. 예를 들어, 수학은 남자의 영역이라고 생각하는 여학생은 그렇게 생각하지 않는 여학생보다 수학에 대해 어려움을 더 느끼게 된다. Bem은 경험의 정도에 따라 성 도식이 강하거나 유연하게 형성될 수 있다고 본다. 따라서 편협하지 않고 폭넓은 경험이 유연한 성 도식을 형성하는 데 도움을 주어 성 유형화된 태도나 행동을 감소시킬 수 있다고 본다.

 이 장의 요약

인간의 성은 수정의 순간에 정해지며, 이후 성염색체와 성 호르몬의 영향으로 내부와 외부 성기관이 발달하여 임신 4개월 정도이면 태아의 성별을 구별할 수 있게 된다. 이런 생물학적 성을 기반으로 출생 이후 여러 환경적 요인의 영향을 받아 남성 또는 여성으로 성장하게 된다. 자신을 남성 또는 여성으로 인식하는 성 정체성은 2세나 3세경에 나타나고, 자신의 성이 시간에 따라 변하지 않는다는 성 안정성은 3~5세경에, 또 성이 상황에 따라 변하지 않는다는 성 일관성은 6세나 7세경에 형성된다. 이런 성 정체성의 발달과 더불어 남성과 여성의 활동이나 역할에 대한 고정관념은 학령전기부터 나타나기 시작한다. 학령기에 특성에 대한 고정관념을 포함하면서 더 폭넓어지지만, 동시에 성 역할에 대해 더 유동적으로 생각하게 된다. 성 유형화된 행동은 학령전기를 포함하여 모든 발달단계에서 나타나지만 일반적으로 남아들이 여아들보다 성 유형화된 행동을 더 많이 보인다. 이러한 성 유형화의 발달에는 부모, 또래, 교사, 매체, 문화, 시대 등 다양한 요인이 작용하며, 아동이 자신의 성에 대한 인식이나 자각이 없을 때부터 모든 상호작용 맥락에서 성에 따른 행동양식을 요구하고, 성에 따른 태도의 차이를 보인다. 성 유형화를 설명하는 다양한 이론이 제안되어 왔다. Kohlberg의 인지발달이론에서는 성 항상성이 성 정체성, 성 안정성과 성 일관성의 단계로 발달하며, 아동이 성을 이해하는 수준에 따라 성에 대한 행동과 사고의 측면이 다를 것이라고 주장했다. 사회학습이론에서는 성 유형화가 강화와 처벌, 모방과 같은 기제를 통해 학습된다고 주장한다. 성도식이론에서는 아동이 성 유형화에서 능동적인 역할을 하며 성 도식이 성 유형화의 핵심이라고 본다.

참 ㅣ고ㅣ문ㅣ헌

김태련, 이선자(1986). 한국 아동의 성 역할 개념 발달 연구. 심리연구, 24, 5-16.

심미옥(2000). 초등학생의 성별 분리 선호의 차이에 관한 연구. 초등교육연구, 14(1), 145-166.

이승하(2013). 만 5세 유아의 공격적 행동과 또래관계-또래관계의 안정성, 가해/피해 행동의 관계, 성별에 따른 또래거부와 가해 행동과의 관계. 유아교육학논집, 17, 251-269.

정순화, 이경희(1997). 아동의 성 역할 태도와 사회적 능력간의 관계. 대한가정학회지, 35, 47-57.

조경자(1988). 유치원 교사-아동 상호작용에서의 교사의 성차별적 행동. 이화여자대학교 대학원 석사학위 논문.

조혜정 역(1988). 세 部族社會에서의 性과 氣質[Sex and temperament in three primitive societies]. M. Mead 저. 서울: 이화여자대학교 출판부. (원저는 1935년에 출판).

허순희, 정진경(1987). 아동의 성 역할 태도변화: 교사의 교수태도 및 내용이 미치는 영향. 사회심리학 연구, 3(2), 263-279.

Bandura, A. (1977). *Social learning theory*. Englewood Cliffs, NJ: Prentice Hall.

Basow, S. A. (2008). Gender socialization, or how long a way has baby come? In J. C. Chrisler, C. Golden, & P. D. Rozee (Eds.), *Lectures on the psychology of women* (4th ed., pp. 80-95). Boston, MA: McGraw-Hill.

Bem, S. L. (1983). Gender schema theory and its implications for child development: Raising gender-schematic children in a gender-schematic society. *Signs: Journal of Women in Culture and Society, 8,* 598-616.

Best, D. (2001). Cross-cultural gender roles. In J. Worell (Ed.), *Encyclopedia of women and gender*. San Diego, CA: Academic Press.

Best, D. L., Williams, J. E., Cloud, J. M., Davis, S. W., Robertson, L. S. W., Edwards, J. R., Giles, H., & Fowlkes, J. (1977). Development of sex trait stereotypes among young children in the United States, England, and Ireland. *Child Development, 48,* 1375-1384.

Blackless, M., Charuvastra, A., Derryck, A., Fausto-Sterling, A., Lauzanne, K., & Lee, E. (2000).

How sexually dismorphic are we? Review and synthesis. *American Journal of Human Biology, 12,* 151–166.

Blakemore, J. E. O. (1998). The influence of gender and parental attitudes on preschool children's interest in babies: Observations in natural settings. *Sex Roles, 38,* 73–94.

Blakemore, J. E. O., Berenbaum, S. A., & Liben, L. S. (2008). *Gender development.* New York: Psychology Press.

Blakemore, J. E. O. (2003). Children's beliefs about violating gender norms: Boys shouldn't look like girls, and girls shouldn't act like boys. *Sex Roles, 48,* 411–419.

Brown, C. S., & Bigler, R. S. (2004). Children's perceptions of gender discrimination. *Developmental Psychology, 40,* 714–726.

Bryant, J., & Zillman, D. (2002). *Media effects: Advances in theory and research.* Mahwah, NJ: Erlbaum.

Bussy, K., & Bandura, A. (1999). Social-cognitive theory of gender development and differentiation. *Psychological Review, 106,* 676–713.

Caldera, Y. M., Huston, A. C., & O'Brien, M. (1989). Social interactions and play patterns and toddlers with feminine, masculine, and neutral toys. *Child Development, 60,* 70–76.

Campbell, A., Shirley, L., & Caygill, L. (2002). Sex-typed preferences in three domains: Do two-year-olds need cognitive variables? *British Journal of Psychology, 93,* 203–217.

Cherney, I. D., & London, K. (2006). Gender-linked differences in the toys, television shows, computer games, and outdoor activities of 5- to 13-year-old children. *Sex Roles, 54,* 717–726.

Clearfield, M. W., & Nelson, N. M. (2006). Sex differences in mothers' speech and play behavior with 6-, 9-, and 14-month-old infants. *Sex Roles, 54,* 127–137.

Conry-Murray, C., & Turiel, E. (2012). Jimmy's baby doll and Jenny's truck: Young children's reasoning about gender norms. *Child Development, 83,* 146–158.

Crouter, A. C., Whiteman, S. D., McHale, S. M., & Osgood, W. D. (2007). The development of gender attitude traditionality across middle childhood and adolescence. Child Development, 78, 911–926.

Crouter, A. C., Manke, B. A., & McHale, S. M. (1995). The family context of gender intensification in early adolescence. *Child Development, 66,* 317–329.

de Guzman, M. R., Carlo, G., Ontai, L. L., Koller, S. H., & Knight, G. P. (2004). Gender and age differences in Brazilian children's friendship nominations and peer sociometric ratings. *Sex Roles, 51*(3/4), 217–225.

De Lisi, R., & Gallagher, A. M. (1991). Understanding of gender stability and constancy in Argentinean children. *Merrill Palmer Quarterly, 37*, 483–502.

DeZolt, D. M., & Hull, S. H. (2001). Classroom and social climate. In J. Worell (Ed.), *Encyclopedia of women and gender* (pp. 257–264). San Diego, CA: Academic Press.

Etaugh, C. A. (1993). Maternal employment: Effects on children. In J. Frankel (Ed.), *The employed mother and the family context* (pp. 68–88). New York: Springer.

Fagot, B. I. (1978). The Influence of sex of child on parental reactions to toddler children. *Child Development, 49*, 459–465.

Fagot, B. I. (1985). Changes in thinking about early sex-role development. *Developmental Review, 5*, 83–98.

Fagot, B. I., & Hagan, R. (1991). Observations of parent reactions to sex-stereotyped behaviors: Age and sex effects. *Child Development, 62*, 617–628.

Fenson, L., Dale, P. S., Reznick, J. S., Bates, E., Thal, D. J., & Pethick, S. J. (1994). Variability in early communicative development. *Monographs of the Society for Research in Child Development, 59*(5).

Fiese, B. H., & Skillman, G. (2000). Gender differences in family stories: Moderating influence of parent gender role and child gender. *Sex Roles, 43*, 267–283.

Fivush, R. (1989). Exploring sex differences in the emotional content of mother–child conversations about the past. *Sex Roles, 20*, 675–691.

Fivush, R. & Buckner, J. P. (2000). Gender, sadness, and depression: The development of emotional focus through gendered discourse. In A. H. Fischer (Ed.), Gender and emotion: Social psychological perspectives (pp. 232–253). Cambridge, England: Cambridge University Press.

Galambo, N. L., Almeida, D. M., & Peterson, A. C. (1990). Masculinity, femininity, and sex role attitude in early adolescence: Exploring gender intensification. *Child Development, 61*, 1905–1914.

Gelman, S. A., Taylor, M. G., & Nguyen, S. P. (2004). Mother–child conversations about gender. *Monographs of the Society for Research in Child Development, 69*(1).

Golombok, S., Rust, J., Zervoulis, K., Croudace, T., Golding, J., & Hines, M. (2008). Developmental trajectories of sex-typed behavior in boys and girls: A Longitudinal general population study of children aged 2.5–8years. *Child Development, 79*, 1583–1593.

Halim, M. L., Ruble, D. N., Tamis-LeMonda, C. S., & Shrout, P. (2013).Rigidity in gender-typed behaviors in early childhood: A longitudinal study of ethnic minority children. *Child*

Development, 84, 1269-1284.

Hilbrecht, M., Zuzanek, J., & Mannell, R. C. (2008). Time use, time pressure and gendered behavior in early and late adolescence. *Sex Roles, 58,* 342-357.

Hill, J. P., & Lynch, M. E. (1983). The intensification of gender-related role expectations during early adolescence. In J. Brooks-Gunn & A.C. Petersen (Eds.), *Girls at puberty: Biological and psychosocial perspectives.* New York, NY: Springer.

Hill, S. E., & Flom, R. (2007). 18- and 24-month-olds' discrimination of gender-consistent and inconsistent activities. *Infant Behavior and Development, 30,* 168-173.

Hyde, J., & DeLamater, J. (2013). *Understanding human sexuality.* New York: McGraw-Hill.

Imperato-McGinley, J., Peterson, R. E., Gauties, T., & Sturla, E. (1979). Androgyns and the evolution of male gender identity among male pseudohermaphrodites with 5a-reductase deficiency. *New England Journal of Medicine, 300,* 1233-1237.

Karraker, K. H., Vogel, D. A., & Lake, M. A. (1995). Parents' gender-stereotyped perceptions of newborns: The eye of the beholder revisited. *Sex Roles, 33,* 687-701.

Katz, P. A., & Ksansnak, K. R. (1994). Developmental aspects of gender role flexibility and traditionality in middle childhood and adolescence. *Developmental Psychology, 30,* 272-282.

Killen, M., & Stangor, C. (2001). Children's social reasoning about inclusion and exclusion in gender and race peer group contexts. *Child Development, 72,* 174-186.

Kite, M., Deaux, K., & Haines, E. L. (2008). Gender stereotypes. In F. L. Denmark & M. A. Paludi (Eds.), *Psychology of women: A handbook of issues and theories* (2nd ed., pp. 205-236). Westport, CT: Praeger.

Kohlberg, L. (1966). A cognitive-developmental analysis of children's sex-role concepts and attitudes. In E. E. Maccoby (Ed.), *The development of sex differences* (pp. 82-173). Stanford, CA: Stanford University Press.

Kuhn, D., Nash, S. C., & Brucken, L. (1978). Sex role concepts of two- and three-year-olds. *Child Development, 49,* 445-451.

La Freniere, P., Strayer, F. F., & Gauthier, R. (1984). The emergence of same-sex affiliative preferences among preschool peers: A developmental/ethnological perspective. *Child Development, 55,* 1958-1965.

Leaper, C. (2000). *The social construction and socialization of gender during development.* In P. H. Miller & E. K. Scholnick (Eds.), *Toward a feminist developmental psychology* (pp. 127-152). Florence, KY: Taylor & Francis/ Routledge.

Leaper, C., & Brown, C. S. (2008). Perceived experiences with sexism among adolescent girls. *Child Development, 79,* 685-704.

Leinbach, M. D., & Fagot, B. I. (1993). Categorical habituation to male and female faces: Gender schematic processing in infancy. *Infant Behavior and Development, 16,* 317-322.

Levy, G. D. (2000). *A schema runs through it: Lessons from 15 years of gender role development research.* Paper presented at the meeting of the Midwestern Psychological Association, Chicago.

Levy, G. D., Taylor, M. G., & Gelman, S. A. (1995). Traditional and evaluative aspects of flexibility in gender roles, social conventions, moral rules, and physical laws. *Child Development, 66,* 515-531.

Liben, L. S., & Bigler, R. S. (2002). The developmental course of gender differentiation. *Monographs of the Society for Research in Child Development, 67*(2).

Lueptow, L. B., Garovich-Szabo, L., & Lueptow, M. B. (2001). The developmental course of gender differentiation:1974-1977. *Social Forces, 80,* 1-36.

Maccoby, E. E. (1998). *The two sexes: Growing up apart, coming together.* Cambridge, MA: Harvard University Press.

Maccoby, E. E. (2002). Gender and group process: A developmental perspective. *Current Directions in Psychological Science, 11,* 54-58.

Martin, C. L. (1990). Attitudes and expectations about children with nontraditional and traditional gender roles. *Sex Roles, 22,* 151-165.

Martin, C. L., & Fabes, R. A. (2001). The stability and consequences of young children's same-sex peer interactions. *Developmental Psychology, 37,* 431-446.

Martin, C. L., & Halverson, C. F. (1987). The roles of cognition in sex role acquisition. In D. B. Carter (Ed.), *Current conceptions of sex roles and sex typing.* New York: Praeger.

Martin, C. L., Ruble, D. N., & Szkrybalo, J. (2002). Cognitive theories of early gender development. *Psychological Bulletin, 128,* 903-933.

Martin, C. L., & Little, J. K. (1990). The relations of gender understanding to children's sex-typed preferences and gender stereotypes. *Child Development, 61,* 1427-1439.

Matlin, M. W. (2012). The psychology of women. Belmomt, CA: Wadsworth.

McHale, S. M., Shanahan, L., Updegraff, K. A., Crouter, A. C., & Booth, A. (2004). Developmental and individual differences in girls' sex-typed activities in middle childhood and adolescence. *Child Development, 75,* 1575-1593.

Mischel, W. (1966). A social-learning view of sex differences in behavior. In E. Maccoby (Ed.),

The development of sex differences (pp. 56–81). Stanford, CA: Stanford University Press.

Morrongiello, B. A., & Dawber, T. (2000). Mothers' responses to sons and daughters engaging in injury-risk behaviors on a playground: Implications for sex differences in injury rates. *Journal of Experimental Child Psychology, 76,* 89–103.

Mulvey, K. L., & Killen, M. (2014). Challenging gender stereotypes: Resistance and exclusion. *Child Development, xx,* 1–14.

Murray, T., & Steil, J. (2000). *Construction of gender: Comparing children of traditional vs. egalitarian families.* Poster presented at the meeting of the APA, Washington, DC.

Ochman, J. M. (1996). The effects of nongender-role stereotyped, same-sex role models in storybooks on the self-esteem of children in grade three. *Sex Roles, 35,* 711–735.

Parsons, J. E., Adler, T. F., & Kaczala, C. M. (1982). Socialization of achievement attitudes and beliefs: Parental influences. *Child Development, 53,* 310–321.

Poulin-Dubois, D., Serbin, L. A., Eichstedt, J. A., Sen, M. G., & Beisel, C. F. (2002). Men don't put up make-up: Toddlers' knowledge of the gender stereotyping of household activities. *Social Development, 11,* 166–181.

Powlishta, K. K. (1995). Intergroup process in childhood: Social categorization and sex role development. *Developmental Psychology, 31,* 781–788.

Ramsey, P. G. (1995). Changing social dynamics in early childhood classrooms. *Child Development, 66,* 764–773.

Reid, G. M. (1994). Maternal sex-stereotypes of new-borns. *Psychological Reports, 73,* 1443–1450.

Reid, P. T. (1985) Sex-role socialization of Black children: A review of theory, family, and media influences. *Academic Psychology Bulletin, 7,* 211–212.

Ruble, D. N., & Stangor, C. (1986). Stalking the elusive schema: Insights from development and social-psychological analyses of gender schemas. *Social Cognition, 4,* 227–261.

Ruble, D. N., Taylor, L. J., Cyphers, L., Greulich, F. K., Lurye, L. E., & Shrout, P. E. (2007). The role of gender constancy in early gender development. *Child Development, 78,* 1121–1136.

Sadker, M., & Sadker, D. (1994). *Failing at fairness: How America's schools cheat girls.* New York: Macmillan.

Serbin, L. A., Poulin-Dubois, D., Colburne, K. A., Sen, M. G., & Eichstedt, J. A. (2001). Gender stereotyping in infancy: Visual preference for and knowledge of gender-stereotyped toys in the second years. *International Journal of Behavioral Development, 25,* 7–15.

Serbin, L. A., Powlishta, K. K., & Gulko, J. (1993). The development of sex typing in middle childhood. *Monographs of the Society for Research in Child Development, 58*(2).

Shaffer, D. R., & Kipp, K. (2010). *Developmental Psychology*. Belmont, CA: Wadworth.

Siegler, R., DeLoache, J., Eisenberg, N., & Saffran, J. (2014). *How children develop?* New York, NY: Worth Publishers.

Signorielli, N., & Lears, M. (1992). Children, television, and conceptions about chores: Attitudes and behaviors. *Sex Roles, 27,* 157-170.

Slaby, R. G., & Frey, K. S. (1975). Development of gender constancy and selective attention to same-sex models. *Child Development, 52,* 849-856.

Smetana, J. G., & Daddis, C. (2002). Domain-specific antecedents of parental psychological control and monitoring: *The role of parentings beliefs and practices. Child Development, 73,* 563-580.

Smith, P. K., & Daglish, L. (1977). Sex differences in parent and infant behavior in the home. *Child Development, 48,* 1250-1254.

Sroufe, L. A., Bennett, C., Englund, M., Urban, J., & Shulman, S. (1993). The significance of gender boundaries in preadolescence: Contemporary correlates and antecedents of boundary violation and maintenance. *Child Development, 64,* 455-466.

Stacey, J., & Biblarz, T. (2001). (How) does the sexual orientation of parents matter. *American Sociological Review, 66,* 159-183.

Stoddart, T., & Turiel, E. (1985). Children's concepts of cross-gender activities. *Child Development, 56,* 1241-1252.

Szkrybalo, J., & Ruble, D. N. (1999). "God made me a girl": Sex-category constancy judgments and explanations revisited. *Developmental Psychology, 35,* 392-402.

Thompson, S. K. (1975). Gender labels and early sex-role development. *Child Development, 46,* 339-347.

Underwood, M. K., Schockner, A. E., & Hurley, J. C. (2001). Children's responses to same- and other-gender peers: An experimental investigation with 8-, 10-, and 12-yeaqr-olds. *Developmental Psychology, 37,* 362-372.

Vonk, R., & Ashmore, R. D. (2003). Thinking about gender types: Cognitive organization of female and male types. *British Journal of Developmental Psychology, 42,* 257-280.

Walker-Andrews, A. S., Bahrick, L. E., Raglioni, S. S., & Diaz, I. (1991). Infants' bimodal perception of gender. *Ecological Psychology, 3,* 55-75.

Weitzman, L. J., Eifler, D., Hokada, E., & Ross, C. (1972). Sex-role socialization in picture books for preschool children. *American Journal of Sociology, 77,* 1125-1150.

Williams, J. E., & Best, D. L. (1982). *Measuring sex stereotypes: A thirty-nation study.* Newbury

Park, CA:Sage.

Winter, J. S. D., & Couch, R. M. (1995). Sexual Differentiation, In P. Felig, J. D. Baxter, & L. A. Frohman (Eds.), *Endocrinology and Metabolism* (pp. 1053–1106). New York: McGraw–Hill Inc.

Woo, D. (1995). The gap between striving and achieving: The case of Asian American women. In M. L. Andersen & P. H. Collines (Eds.), *Race, class, and gender: An anthology* (2nd ed., pp. 218–227). Belmont, CA: Wadsworth.

Zosuls, K. M., Ruble, D. N., Tamis–LeMonda, C. S., Shrout, P. E., Bornstein, M. H., & Greulich, F. K. (2009). The acquisition of gender labels in infancy: Implications for sex–types play. *Developmental Psychology, 45*(3), 688–701.

제4장

청소년기

이승연, 송경희

청소년기는 뚜렷한 신체적 변화와 인지 발달로 특징지어지는 매우 역동적인 발달단계로, 가족관계에서 또래관계, 연애관계로 대인관계의 범위가 확장되고 다양한 사회적 맥락에서 독립적인 의사결정과 선택을 경험하게 되면서 내가 누구인가라는 본질적 질문에 답하기 위한 의식적 노력이 시작되는 시기다. 또한 사춘기로 인한 성적 성숙은 청소년 본인뿐 아니라 주변 사람들의 태도와 기대, 행동을 변화하게 하고, 이는 이성 관계뿐 아니라 학업성취, 진로 포부와 계획에까지 광범위한 영향을 미치게 된다. 이 장에서는 이러한 변화와 발달의 유기적 관계를 특히 여자 청소년의 측면에서 포괄적으로 살펴보고자 한다. 이 장의 내용은 이후 소개할 다른 장에서 더 깊이 있게 다룰 것이다.

1. 사춘기의 신체 변화

사춘기(puberty)는 생식(reproduction)이 가능해지는 시기로, 아동기에서 성인기로의 전환을 가져오는 일련의 신체적 변화를 동반한다. 사춘기의 신체 변화는 신장이나 체중의 극적 증가, 근육 및 체지방 증가를 포함하는 신체 성장, 성선(gonads, sexual glands, 남성의 고환, 여성의 난소)의 발달을 포함하는 1차 성징과 생식에 반드시 필요하지는 않지만 남녀의 신체적 외양을 만드는 2차 성징의 발달 등 성적 성숙으로 구분해 볼 수 있다. 이러한 신체 변화는 사춘기의 외적 신호들이 나타나기 훨씬 전부터 시작되며, 중추신경계와 내분비계의 발달에 기인한다. 특히, 아동기 중기 이후 시상하부(hypothalamus)-뇌하수체(pituitary glands)-성선(gonads) 축이 활성화되면서 성적 성숙이 일어나게 하는 일련의 호르몬이 방출되기 시작하는 것은 사춘기의 시작에 결정적으로 작용한다(Cesario & Hughes, 2007).

1) 성장 급등

보통 소녀는 소년보다 약 2년 일찍 성장 급등(growth spurt)을 시작하는데, 전형적으로 약 11세에 성장 급등을 시작하여 12세경에 최고조에 이른다(Kail & Cavanaugh, 2015). 한편, 성장 급등 동안 근육 성장이 더 두드러지는 소년과 달리(근육과 체지방의 비율=3:1) 소녀의 경우 체지방이 더 빠르게 증가하며(5:4), 이러한 변화는 청소년기 초기에 소녀가 자신의 체중을 걱정하고 신체에 불만족하게 한다(Steinberg, 2011).

2) 성적 성숙

성적 성숙은 소녀의 경우 성장 급등과 유방의 발달로 시작하며, 소년의 경우 고환과 음낭의 성장으로 시작한다. 사춘기의 주요 생물학적 지표인 초경(menarche)은 보통 13세 경에 시작하는데(Kail & Cavanaugh, 2015), 소녀의 생식기능은 초경 몇 년 후에야 비로소 완전해진다. 성적 성숙의 다양한 측면은 시기적으로 차이를 두고 순차적으로 이루어지며, 성인처럼 보이기 전에 이미 생식이 가능한 소년의 경우와는 반대로, 소녀들은 실제 생식이 가능하지 않음에도 신체적으로 성숙해 보이는 특징을 지닌다(Steinberg, 2011).

한편, 초경 연령은 전 세계적으로 영양 공급과 건강관리 수준이 높아지면서 점차 낮아지고 있다. 우리나라의 경우 2005년 국민건강영양조사에서 초경 평균 연령은 65세 이상에서 16.8세, 50~64세 집단 16.2세, 30~49세 집단 14.7세, 20~29세 집단 13.9세, 13~19세 집단 13.2세, 7~12세 집단에서 11.7세로 낮아진 것으로 나타났으며(보건복지부, 2006: 김명희, 유인영, 2009에서 재인용), 2014년도 제10차 청소년건강행태온라인조사(교육부, 보건복지부, 질병관리본부, 2014)에서도 초경 평균 연령은 고등학생 11.8세, 중학생 11.5세로 낮게 나타났다. 이처럼 초경 연령이 낮아지는 것은 아동의 신체적 성숙과 인지발달, 사회·정서적 성숙의 차이를 크게 하여 다양한 심리·사회적 문제에 기여하게 되는데(Herman-Giddens, 2007), 이른 초경은 흔히 우울, 불안, 신체화 증상, 술이나 약물사용, 흡연, 공격성 등과 연합되어 있는 것으로 보고된다(이숙희, 이승희, 2010; Kaltiala-Heino, Marttunen, Rantanen, & Rimpela, 2003; Stice, Presnell, & Bearman, 2001).

우울은 흔히 사춘기를 기점으로 유의한 성차가 나타나기 시작하는데, 초기 청소년기부터 성인기 후기까지 우울장애의 비율은 여자가 남자보다 두 배 높고 우울한 기분 역시 여자가 더 빈번하게 경험한다(Angold, Costello, & Worthman, 1998; Compas et al., 1997). 이른 초경은 소녀의 우울 위험을 증가시키는 원인 중 하나로, 그 기제는 다음과 같다. ① 조숙한 발달로 심리적으로 준비가 되기도 전에 새로운 기대나 환경에 노출되면서 스트레스를 경험하게 되고, ② 급격한 신체 변화를 또래보다 일찍 경험하게 되면서 또래 집단 내에서 고립되거나 배척될 수 있으며, ③ 체지방의 극적 증가로 날씬한 몸매를 강조하는 사회·문화적 기대에서 멀어지면서 자신의 신체에 불만족하게 될 뿐 아니라, ④ 이상적인 마른 몸매를 유지하기 위해 지나친 다이어트 등 왜곡된 섭식 행동을 하게 되는 것을 들 수 있다(Stice et al., 2001). 이른 초경으로 야기된 우울은 부정적 감정을 줄이거나 위안을 받기 위해 음식을 섭취하게 하고, 그 과정에서 병리적인 섭식 행동을 일으킬 수 있는데, 11~15세 미국 소녀들을 대상으로 한 Stice 등(2001)의 연구에서는 이른 초경이 신경성 거식증이나 폭식증, 폭식장애의 진단 위험을 높이지는 않는 것으로 보고되었다.

한편, 사춘기가 앞당겨지면서 여자의 경우 만 8세 이전에 유방과 음모가 발달하고 남자의 경우 만 9세 이전에 고환이 커지는 성조숙증 역시 증가하고 있다. 성조숙증은 5,000명 중 한 명 정도로 발생하지만, 남아보다는 여아에게서 10배 정도 흔하게 관찰되며(Cesario & Hughes, 2007), 건강보험심사평가원(2011)의 조사에 따르면 성조숙증으로 진료를 받은 국내 아동의 수는 2006년 6,400명에서 2010년 28,000명으로 5년간 4.4배 증가했고 2010년 기준으로 여아가 전체의 92.5%에 해당하는 것으로 나타났다. 사춘기를 일찍 경험하는 것은 앞서 언급했듯이 다양한 심리 · 사회적 어려움을 초래할 뿐 아니라, 조기 성장판 폐쇄로 인한 저신장증, 성인기 비만, 골다공증, 유방암, 난소암의 발생 위험을 증가시키는 등 의학적 측면에서도 주목해야 할 문제다(최문정, 2011).

3) 조숙과 만숙

이른 성숙은 남녀 청소년 모두에게 해로울 수 있으며, 조숙의 부정적 영향은 일찍 성숙한 소녀에게서 가장 강하게 나타난다. 이는 소녀가 소년보다 2년 정도 일찍 사춘기를 시작하게 되므로 일찍 성숙한 소녀가 조숙한 소년에 비해서도 더 일찍 성숙하게 되고 외모에서 다른 또래들과 큰 차이를 보이게 된다는 성숙편차가설(maturational deviance hypothesis; Simmons & Blyth, 1987)로 설명할 수 있다. 조숙한 소녀는 체지방 증가로 또래들보다 체중이 늘어나면서 마른 몸매를 선호하는 사회 · 문화적 기대와의 불일치를 경험하고, 그 결과 신체불만족과 자존감 저하, 우울이나 불안 등 심리적 어려움을 경험하게 된다(조현하, 문소현, 2012; Kaltiala-Heino et al., 2003; Michaud, Suris, & Deppen, 2006;

조숙한 소녀는 만숙한 소녀에 비해 더 많은 심리적 문제를 경험할 수 있다.

Stice et al., 2001). 또한 조숙한 소녀는 성적으로 활발하며, 음주나 흡연을 일찍 시작하고, 비행에 가담할 가능성도 더 높게 나타났다(Flannery, Rowe, & Gulley, 1993; Michaud et al., 2006). 이는 2차 성징의 이른 발달이 소녀로 하여금 더 나이 많은 소년과 어울리도록 하고, 이 소년들이 흔히 일탈행동을 하는 것과 관련이 있다(Stice et al., 2001).

그러나 외현화 문제가 소년과의 교제 기회가 더 많은 '남녀공학' 고등학교에 다니는 소녀들의 경우에만 나타났다는 연구(Caspi, Lynam, Moffitt, & Silva, 1993)도 있어, 맥락의 중요성이 강조되기도 한다. 이는 조숙한 소녀가 심리적으로 훨씬 취약하다는 많은 선행연구와 달리, 8세 이전에 사춘기를 시작한 성조숙증 여아들이 대조군에 비해 성숙에 대한 불안이 높고 체형에 대한 불만족이 높긴 하지만, 신체적 자아존중감이나 정서 상태에서 대조군과 차이가 없음을 발견한 정경미, 신수현, 이승아, 박미정, 김신혜(2012)의 연구에서도 시사되는 바다. 이들은 이러한 결과를 우리나라 아동들이 서구 아동들에 비해 성적인 관심이나 경험이 상당히 낮기 때문에 이른 성적 발달에 덜 민감하게 반응한 것으로 해석하였다.

한편, 늦게 성숙한 소녀는 평균 정도의 성숙을 보이는 소녀들에 비해 성적으로 덜 활발할 뿐이었는데, 이는 만숙한 소년이 평균 집단에 비해 성적으로 덜 활발한 것뿐 아니라 신체적 불만족이 두드러지고 폭식 행동이 더 많았던 것과 차이가 있다(Michaud et al., 2006). 만숙한 소년과는 반대로, 일찍 성숙한 소년들은 비록 우울이나 약물남용, 또래괴롭힘 피해 등을 경험하기도 하지만(Mendle & Ferrero, 2012; Nadeem & Graham, 2005), 근육증가로 힘과 균형감이 좋아지면서 운동능력이 발달하고 이로 인해 동성 또래들 사이에서 인정받게 되면서 자신의 신체에 만족하게 된다(Graber, Lewinsohn, Seeley, & Brooks-Gunn, 1997).

2. 청소년기의 성

1) 성행동

청소년들은 성적 성숙과 함께 성(sexuality)에 대한 관심이 증가하고 자신의 성적 욕구를 의식하게 될 뿐 아니라, 다른 사람과의 관계 속에서 성적 실험을 시도하기도 한다. 청소년들은 단순한 성적 호기심이나 육체적 충족뿐 아니라, 다른 사람으로부터 사랑받고 인정받으려는 욕구, 또래 지위를 높이려는 욕구 등 다양한 동기에 의해 성행동을 하게 된다(Rice & Dolgin, 2008). 한편, 청소년기 초기에 보통 자위(masturbation)를 통해 성경험을 시작하게 되는 소년들의 경우 흔히 자신의 첫 성 파트너를 '별것 아닌 사이'로 기술하는 반면, 다른 사람과의 관계 속에서 처음으로 성을 경험하게 되는 대부분의 소녀는 자신의 첫 상대를 '서로 사랑하는 사이'로 기술하는 경우가 더 많다(Diamond & Savin-Williams, 2006). 소녀에게서 성행동은 사랑, 연애, 친밀감 등과 더 밀접하게 연합되며, 정서적으로 친밀한 관계 속에 새롭게 성행동을 통합시켜 나가는 방향으로 발달하게 된다. 반대로 소년들의 경우에는 자위를 통해 이미 갖게 된 성적 능력 속에 친밀한 관계를 형성하는 능력을 통합시켜 나가는 양상이 더 보편적이다(Diamond & Savin-Williams, 2009).

한편, 청소년들의 성행동은 특정 문화권에서는 거의 규준적인 행동으로 간주될 수 있을 정도로 빈번하게 발생하고 있다. 최근 핀란드, 스코틀랜드, 폴란드, 프랑스, 그리고 미국의 15세 청소년을 비교한 한 연구에 따르면, 성경험률은 소년 18~33.1%, 소녀 11.5~36.9%로 나타났으며(Madkour, Farhat, Halpern, Godeau, & Gabhainn, 2010), 미국 고등학생의 경우 9학년생의 1/3, 12학년생의 2/3가 성교를 경험한 것으로 보고되었다(Center for Disease Control and Prevention, 2008: Steinberg, 2011에서 재인용). 우리나라의 경우 이러한 수치는 훨씬 낮게 나타나고 있는데, 제10차 청소년건강행태온라인조사(교육부, 보건복지부, 질병관리본부, 2014)에서 성관계 경험률은 중학생 3.3%, 고등학생 7.2%였으며, 성관계 시작 연령은 평균 13.1세로 나타났다. 그러나 성경험이 있는 중·고등학생 중 24.1%가 음주 후 성관계를 하였고, 첫 경험 시 단지 25.7%만이 피임기구를 사용하였으며, 성 상대자가 2명 이상인 경우가 54.2%로 높게 나타났고, 낙태율도 13.9%나 되는 것으로 조사되었다(손애리, 2010).

청소년의 성행동을 바라보는 관점은 위험한 일탈행동으로서의 성과 긍정적인 발달과제로서의 성으로 대비된다. 전자는 비(非)관습적인 성향이 있고 관습적 기관들에 대한 사회적 유대가 부족한 경우 성행동이 보다 흔하게 나타나며, 이러한 특징으로 인해 성행동뿐 아니라 다른 문제행동들도 함께 보인다는 문제행동이론(problem behavior theory; Jessor & Jessor, 1977)으로 설명된다. 반면, 성행동은 성인기에 들어서면서 거의 모든 사람이 하게 될 뿐 아니라 평생 계속되는 행동이라는 점에 주목하여, 부정적 측면보다는 청소년기의 성행동을 촉진하는 호르몬 분비와 신체적 성숙, 사회적 요인들의 중요성을 강조하는 생물사회적 모델(biosocial model; Udry, 1988)도 있다(Zimmer-Gembeck & Helfand, 2008).

청소년기의 성경험을 정상적 발달 과정이라기보다는 일탈로 간주하게 되는 근거는 청소년기의 성행동이 흔히 흡연이나 음주, 약물사용, 비행, 공격성 등과 연합되어 있기 때문이다(Armour & Haynie, 2007; Peltzer, 2010; Zimmer-Gembeck & Helfand, 2008). 우리나라 여자 중·고등학생을 대상으로 한 연구에서도 흡연이나 약물사용, 가출경험, 반사회적 성격 양상이 성행동의 주요 예측 요인이었다(손애리, 2010; 유정옥, 김현희, 김정순, 2014; 이종화, 2007). 한편, 내재화 문제에 대해서는 결과가 비일관적인데, 우울 증상이 소녀의 성경험을 예측했던 연구들(유정옥 등, 2014; Spriggs & Halpern, 2008)과 달리, 내재화 문제가 소녀의 성경험을 예측하지 않았을 뿐 아니라(Boislard, Dussault, Brendgen, & Vitaro, 2013), 소녀의 우울이 오히려 술이나 흡연 및 약물사용과 관련된 고위험 성행동의 가능성을 낮추었다는 연구 결과도 있다(Hallfors, Waller, Bauer, Ford, & Halpern, 2005). Boislard 등(2013)의 연구에서 소녀의 이른 성행동(16세 이전)을 예측한 가장 강력한 변인은 가슴과 음모의 발달, 초경 여부 등 성적 성숙의 정도, 높은 사회·가족적 위험(예: 편부모, 부모의 낮은 교육 수준, 직업 불안정성), 성적 학대 경험이었다. 이 외에도 친한 친구의 부재나 부모와의 유대 부족(Peltzer, 2010), 자신의 친구가 성적으로 활발하다는 믿음(Miller et al., 1997) 또는 성경험이 있는 친구의 존재(이종화, 2007), 그리고 낮은 학업성취(Guzmán & Stritto, 2012; Zimmer-Gembeck & Helfand, 2008) 등이 소녀의 이른 성행동을 예측하였다.

한편, 첫 성경험은 여자 청소년의 경우에서만 우울증상을 정적으로 예측하는데(Spriggs & Halpern, 2008), 이는 대인 간 민감성이 높은 소녀들의 경우 성행동 후 또래의 반감이나 비난, 부모와의 갈등 같은 부정적 반응을 더 많이 경험하여 스트레스를 겪기 때문인 것으로 보인다(Hallfors et al., 2005). 그러나 성인진입기(18~22세)에 들어서면 성경험의 시기는 더 이상 우울을 예측하지 않았다(Spriggs & Halpern, 2008). 또한 일찍 성행동을 시작한 소녀들이 그렇지 않은 소녀들에 비해 자기개념이 훨씬 긍정적이었고, 외현화 행동에서 두 집단 간에 통계적 차이가 있긴 했으나 문제행동의 평균 수준이 매우 낮아서 실제로 성행동으로 인해 문제행동이 증가했다고는 결론지을 수 없었다는 연구도 있다(Udell, Sandfort, Reitz, Bos, & Dekovic, 2010). 물론 13세 이전에 성경험을 한 소녀 중 원치 않는 성행동을 강요당하거나 성폭력을 당한 비율이 매우 높은 것으로 나타나며(Crockett, Raffaelli, & Moilanen, 2003), 이로 인한 부정적 결과를 무시할 수는 없지만, 청소년기의 성경험이 반드시 심리적 문제를 초래하고 이후까지 문제가 지속된다는 생각은 옳지 않을 수 있다. 최근에는 단순히 성적으로 활발한지 아닌지가 아니라 위험한 성행동(다수의 성적 파트너, 피임법 미사용 등)을 하는지 여부가 성행동으로 인한 부정적 결과를 더 잘 설명할 수 있다는 입장이 늘어나고 있다(Steinberg, 2011).

2) 십 대의 임신과 피임

십 대의 임신과 출산, 부모 되기, 학교 중도 탈락 등도 심각한 문제다. 성적으로 활발하지만 피임을 하지 않는 십 대 청소년의 경우 1년 안에 임신할 가능성은 90%에 달하며, 십 대 임신의 78%는 계획되지 않은 것이다(McWhirter, McWhirter, McWhirter, & McWhirter, 2012). 성적으로 활발한 십 대 청소년이 피임법을 사용하지 않는 이유로는 흔히 임신에 대한 무지나 자신은 임신하지 않을 것이라는 믿음, 피임약이나 도구에 대한 낮은 접근성, 파트너와 콘돔 사용이나 피임법에 대해 논의할 자신감 결여, 술에 취함, 분위기를 깨고 싶지 않은 마음 등을 들 수 있다(Brown & Guthrie, 2010; Buston, Williamson, & Hart, 2007). 또한 콘돔을 가지고 다니거나 구입하는 것은 성경험을 암시하며 이는 특히 여성에게 바람직하지 않기 때문에, 여성은 파트너에게 콘돔 사용을 요구하지 않게 되고 (Marston & King, 2006), 소녀들은 대부분 피임도구를 사용하지 말자는 파트너의 압력에 굴복하게 된다(Brown & Guthrie, 2010; Suvivuo, Tossavainen, & Kontula, 2009). 그러나 임신을 진심으로 원하기 때문에 피임을 사용하지 않는 경우도 있다. 즉, 아기를 갖는 것이 부모에게서 떨어져 나와 독립된 성인으로서의 지위를 얻고 자신을 사랑해 줄 누군가를 얻게 해 준다고 믿기 때문이다(Kail & Cavanaugh, 2015). 따라서 청소년기의 성교육은 단순히 성행동을 금지하는 것이 아니라, 자신의 성적 동기를 이해하도록 돕고, 성과 관련한 건강한 의사결정을 할 수 있도록 충분한 정보를 제공하며, 안전한 성행동을 할 수 있도록 실제적 대처 방법을 가르치는 것이 되어야 할 것이다.

3. 자아존중감과 신체상

1) 자아존중감

자아개념(self-concept)이 자신에 대한 의식적이고 인지적인 지각과 평가라면, 자아존중감(self-esteem)은 자신의 가치(self-worth)에 대한 주관적 평가라고 할 수 있다(Leary &

MacDonald, 2003). 자아존중감은 자기수용(self-acceptance)과 자기존중(self-respect)의 느낌으로(Ackerman et al., 2011), 9~90세 대상의 한 연구에서 자아존중감은 청소년기에 감소하였다가 점차 증가하지만, 60대 중반 이후에 급격하게 감소하는 것으로 나타났다(Robins, Trzesniewski, Tracy, Gosling, & Potter, 2002). 또한 같은 연구에서 남성은 전 생애에 걸쳐 여성보다 자아존중감이 높은 것으로 나타났다.

이러한 성차는 청소년 대상의 연구에서도 흔히 보고된다. 보통 소년의 자아존중감이 소녀에 비해 높았으며(박병금, 유은선, 2011; Gestsdottir et al., 2015), 소년의 자아존중감이 연령 증가와 함께 지속적으로 증가하는 반면(Block & Robins, 1993; Blyth, Simmons, & Carlton-Ford, 1983), 소녀의 자아존중감은 특히 청소년기 초기에서 성인기 초기까지 감소하는 것으로 나타났다(Block & Robins, 1993). 소년의 자아존중감이 소녀보다 높게 나타나는 이유로는 먼저 자아존중감의 측정에 핵심적인 자기신뢰(self-confidence)가 적극성, 독립성, 활동성 등 남성성과 밀접하게 연합되어 있다는 점을 들 수 있는데, 성 역할 사회화가 청소년기에 더욱 확고해지면서 이러한 특성을 지닌 소년의 자아존중감도 높아지는 것으로 보인다(Kling, Hyde, Showers, & Buswell, 1999). 한편, 또래와의 상호작용에서 갈등을 일으키지 않기 위해 예의 바르게 사회적 활동을 공유하는 소녀와 달리, 소년은 직접적인 방식으로 자신이 원하는 것을 획득하는 경향이 있고(Leaper, 1991), 이 과정에서 소녀들은 자신이 소년에 비해 힘이 없다고 지각하게 되면서 자아존중감 저하를 겪게 된다(Kling et al., 1999). 한편, 교사의 차별대우 역시 자아존중감의 성차에 기여하는 것으로 알려져 있다. 예를 들어, 교사는 학업 실패를 소년의 경우에는 동기 부족으로, 소녀의 경우에는 능력 부족으로 귀인하고(Dweck, Davidson, Nelson, & Enna, 1978), 소년과 더 자주 상호작용할 뿐 아니라 문제해결에 도움이 되는 구체적 피드백도 더 많이 제공하는 경향이 있다(Sadker & Sadker, 1994). 이러한 차별대우는 소녀들이 교실에서 침묵하고 순종하도록 하며(Harter, Waters, & Whitesell, 1997) 이들의 자아존중감을 떨어뜨리게 된다. 마지막으로, 여성의 날씬함을 강조하는 사회·문화적 가치관과 이를 전파하는 미디어의 영향력이 사춘기 소녀들이 자신의 외모에 대해 불만족하게 하고, 자아존중감의 저하를 초래하게 된다(Fredrickson & Roberts, 1997; Morrison, Kalin, & Morrison, 2004; Stice & Shaw, 1994).

그러나 일부 연구에서는 남녀 간의 자아존중감 차이는 유의하지 않거나 매우 경미한 수준인 것으로 보고되고 있다. 예를 들어, 아동기 후기(5학년)에서 청소년기 후기(12학년)에 이르기까지 자아존중감의 성차는 발견되지 않았으며(Polce-Lynch, Myers, Kliewer,

& Kilmartin, 2001), 자아존중감에 관한 메타분석[1]을 실시한 Kling 등(1999)의 연구에서는 청소년기 초기에 자아존중감의 성차가 유의하였으나 효과크기가 작았고, 성인기 초기에 진입하면서 효과크기는 더욱 감소하는 것으로 나타났다. 한편, 자아존중감의 성차가 가정의 사회경제적 지위(SES)와 관련이 있다는 연구도 있다. 즉, 자아존중감의 성차는 가정의 SES가 낮거나 중간 수준일 때 상대적으로 더 크고 SES가 높은 경우에는 매우 작았는데, 이는 아마도 부유하고 교육 수준이 높은 가족은 딸들이 전통적 성 역할을 극복할 수 있도록 장려하는 다양한 자원을 갖추었기 때문일 것이다(Major, Barr, Zubeck, & Babey, 1999: Matlin, 2011에서 재인용).

2) 신체상

청소년기의 급격한 신체 변화는 남녀 청소년 모두에게 신체적 자기개념이 부정적이 되게 하는 경향이 있다(Mendelson, White, & Mendelson, 1996). 예를 들어, 청소년기 초기인 12~13세 아동들은 모두 자신의 신체에 불만족하고 자신의 신체가 변화되기를 기대하였는데, 소년의 73%가 현재보다 더 큰 상체를, 41%가 날씬한 하체를 갖기를 원한 것과 달리, 소녀의 8%만이 체중 증가를 원하는 것으로 나타났다. 이 같은 차이는 청소년들의 체중 관련 행동에 영향을 미쳤다. 즉, 소년은 남성성의 일부인 V-형태 신체형을 희망하여 근육을 키우고자 운동을 했지만, 소녀들은 체중 조절과 기분 향상을 위해 운동을 하였다(Furnham, Badmin, & Sneade, 2002). 이때 소년은 주로 또래 친구와의 비교를 통해 근육 발달이나 큰 체격에 대한 선호를 보이고, 소녀의 경우 대중매체에 등장하는 연예인이나 모델 등의 영향을 받아 자신의 외모에 대해 불만족하게 되는 것으로 나타났다(김시연, 서영석, 2012).

날씬한 몸매를 강조하는 우리 사회의 전반적 분위기와는 반대로 사춘기에 체지방과 체중이 증가하게 되는 소녀들의 경우, 이러한 신체적 변화는 상당한 내적 갈등을 일으키게 된다. 이로 인해 소녀들은 스스로 덜 매력적이라고 인식하게 되고 우울을 경험하는 등 심리·사회적 부적응을 경험하게 된다(Ter Bogt et al., 2006). 반면, 이상적 신체상에 근접하는 방향으로 신체 변화를 경험하게 되는 소년들은 스스로를 매력적이라고 더 많

---

1) 특정 주제에 관한 연구 결과를 통합적으로 조명하기 위해서 다수의 독립적인 연구들을 체계적으로 분석하는 통계 방법이다. 이 방식은 여러 편의 연구 결과를 종합적으로 분석하여 객관적인 결론을 도출할 수 있다.

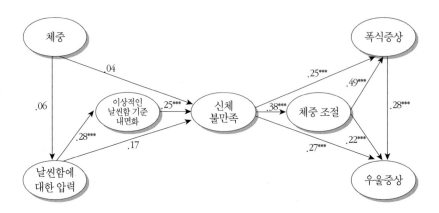

[그림 4-1] 소녀의 신체 불만족에 영향을 미치는 요인과 결과에 관한 구조방정식 분석
*** p<.001

출처: Stice & Bearman (2001).

이 인식하였다(Harter, 1993; Kling et al., 1999). 또한 소년은 자신의 운동능력이나 힘을 높이 평가하고 이에 기초한 신체적 자아개념에서도 소녀에 비해 훨씬 긍정적이었으며, 전반적 자아존중감 역시 더 높았다(Klomsten, Skaalvik, & Espnes, 2004). 중·고등학생 대상의 국내 연구에서도 소녀는 소년에 비해 자신의 외모를 더 부정적으로 지각하였고 타인이 자신을 어떻게 생각하는지를 더 많이 의식하고 좋은 인상을 주기 위해 노력하는 것으로 나타났다. 자신의 외모를 긍정적으로 지각하고 타인을 덜 의식하는 경우 자아가치감이 높았으며, 소녀는 소년에 비해 자아가치감이 낮은 것으로 나타났다(이영미, 민하영, 김경화, 2006).

그러나 13~17세 소녀의 체중은 그 자체로는 신체 불만족을 예측하지 못하였다(Stice & Bearman, 2001). 중요한 것은 날씬함에 대한 사회·문화적 압력을 내면화한 정도였다. 구조방정식 분석 결과, 날씬해야 한다는 사회·문화적 압력을 많이 받을수록 날씬함에 대한 사회·문화적 기대와 가치관을 더 많이 내재화하였고, 이는 신체 불만족을 증가시켰다. 높은 신체 불만족은 다이어트, 폭식증상, 우울증상 모두를 직접적으로 증가시켰다([그림 4-1] 참조). 또한 다이어트는 신체 불만족과 폭식증상 또는 우울증상 간의 관계에서 매개변인으로 작용하였다. 마찬가지로, 우리나라에서도 외모에 대한 사회·문화적 태도를 더 많이 인식하고 내면화한 여자 고등학생일수록 자신의 신체에 더 불만족하는 경향이 있었으며, 신체 불만족이 높은 집단에서만 왜곡된 섭식 태도/행동이 우울 및 자살 사고를 유의하게 예측하는 것으로 나타났다(이승연, 박영숙, 2008). 소녀의 신체 만족도를 높이고 왜곡된 섭식 행동이나 우울을 줄이기 위해서 날씬함과 아름다운 외모만을 지나치게 강조하는 사회의 분위기나 대중매체의 실상을 제대로 인식하고 비판할 수 있게 돕는 것이 중요할 것이다.

4. 성 역할 발달

청소년기는 급격한 신체 변화, 일어나지 않은 미래 상황까지도 체계적으로 사고가 가능한 인지 능력의 발달과 함께, 선택과 의사결정을 요구하는 다양한 사회적 상황에 빈번하게 노출되면서, '나는 누구인가?'라는 정체성 탐색이 보다 활발하게 이루어지는 시기라고 할 수 있다. 이러한 정체성의 핵심적 요소 중 하나는 사회적 성(gender)으로, 유전이나 호르몬에 의해 결정되는 생물학적 성(sex)과 달리 이와 연합된 사회·문화적 기대까지 모두 포함한 개념이다(Rice & Dolgin, 2008). 인간은 태어나면서부터 자신의 성에 적절하게 행동하도록 사회화되는데, 즉 자신이 속한 사회나 문화 속에서 남성 또는 여성에게 적합한 것으로 기대되는 행동양식이나 태도, 가치, 성격 등 성 역할(gender role)을 처방받게 된다. 이러한 성 역할 기대를 얼마나 일관되게 따르는지에 따라 남성성(masculinity) 또는 여성성(feminity)의 높고 낮음이 결정되며, 이는 결국 자신을 남성 또는 여성으로 인식하는 성 정체성(gender identity)에 기여하게 된다.

1) 성 강화 가설

청소년기의 성 정체성 발달과 관련하여 연구자들이 특히 관심을 가져 온 질문은 '2차 성징의 발달로 남성 또는 여성의 전형적 신체 특성을 갖게 되는 청소년기에 남성적 또는 여성적으로 행동하라는 주변의 압력은 더 강해지는가?'다. 이와 관련하여 '성 강화 가설(gender intensification hypothesis)'은 청소년기에 들어서면서 성에 적합한 방식으로 행동하라는 사회적 압력이 강화되는 것을 뜻하며, 결국 남녀 모두 성 고정관념에 일치하는 방식으로 자신의 가치와 규준을 설정하고 행동하는 경향성이 증가하게 된다고 설명한다(Hill & Lynch, 1983). 이러한 양상은 소녀에게서 훨씬 두드러지는데, 소녀들의 성 역할 행동이 아동기 중기에 소년에 비해 덜 고정관념적이기 때문에 청소년기에 들어서면서 그만큼 따라잡을 것이 많아지기 때문이라고 설명된다(Huston & Alvarez, 1990).

예를 들어, 남성적 행동 특성을 많이 보이는 소녀, 즉 톰보이(tomboy)는 초등학교 3,

4학년 때에는 사회적으로 어려움이 있는 아동으로 평가되었지만, 5, 6학년이 되면서 오히려 또래들에게 인기를 얻고 리더로 수용되었다(Hemmer & Kleiber, 1981). 마찬가지로 톰보이는 성 역할 기대와는 불일치하지만, 사회적으로 보상받는 남성적 특성을 많이 나타내기 때문에 부모나 사회에 의해서도 더 많이 수용되는 경향이 있었다(Kimmel, 2004). 반대로 여성적 특성이 많은 소년(sissy)들은 3, 4학년 때는 물론이고 5, 6학년이 되었을 때에도 사회적으로 부적응적인 것으로 평가되었으며(Hemmer & Kleiber, 1981), 비전형적인 성 역할 행동을 보이는 소년은 스스로 자신이 동성애자가 될 가능성이 크다고 지각하며 부적응을 경험하였다(Martin, 1990).

청소년기 소녀에게 여성스럽게 행동하는 것은 매우 중요하기 때문에, 이와 관련된 활동을 즐긴다.

그러나 소녀의 남성적 특징은 사춘기 시작과 함께 급격하게 줄어들며, 톰보이 행동 또한 감소한다(Carr, 2007; Morgan, 1998). 최임숙(2004)의 연구에서도 소녀의 경우 초등학교에서 대학교로 학년이 올라갈수록 '여성성' 집단의 비율이 급격하게 증가하였으며, '남성성' 집단의 비율은 크게 줄어드는 것으로 나타났다. 이는 청소년기에 데이트를 시작하면서 여성스럽게 행동하는 것이 매우 중요해지고(Morgan, 1998), 성 역할 기대에 맞게 행동하는 것이 이성뿐 아니라 동성 또래들에게도 더 수용되고, 부모 역시 딸에게 여성스러움을 강조한다는 것(Jaffee & Hyde, 2000; Smith & Leaper, 2006)과 관련이 있을 것이다.

그러나 모든 연구가 성 강화 가설을 지지하는 것은 아니다. 예를 들어, 7세부터 19세까지의 성 태도(gender attitude) 발달을 연구한 Crouter, Whiteman, McHale과 Osgood (2007)에 따르면, 덜 전통적인 성 태도를 지닌 부모를 둔 소년의 경우 7세에서 12세까지 계속해서 전통적 성 태도가 감소하다가 15세까지 거의 변화를 보이지 않지만, 15세 이후에는 데이트나 구애, 다른 학교활동에 참여하면서 급격한 증가를 보이고 결국 19세 때에는 부모의 전통성 정도와는 상관없이 매우 성 고정관념적인 태도를 갖게 되는 것으로 나타났다. 그러나 소녀의 경우, 아동기 중기부터 청소년기 초기까지 전통적인 성 태도가 감소하고 그다음부터는 거의 변화가 없는 것으로 나타났다. 이러한 저하는 인지발달과 함께 소녀들이 성 역할에 대해 보다 융통성을 갖게 되는 것과 관련이 있는데, Crouter 등(2007)은 여성이라는 낮은 사회적 지위를 지닌 소녀들에게 덜 전통적인 성 태도가 더 이득이 되기 때문일 것으로 해석하였다. 또한 이들 연구에서 남동생이 있고 전통적 성 태도를 지닌 부모를 둔 소년은 성 태도가 점점 전통적이 되는 반면, 오빠가 있지만 부모의 성 태도가 덜 전통적인 소녀는 성 역할 고정관념이 가장 적었다. 이는 덜 전통적인 성 태도를 지닌 부모들이 아들의 존재로 인해 성 고정관념화되지 않은 환경을 만들기 위해 더욱 노력했기 때문으로 해석할 수 있다. 이러한 연구 결과는 성 태도의 발달이 개인적 요소와 맥락적 요소의 조합에 따라 변화할 수 있음을 보여 준다.

2) 양성성

사람들은 남성성, 여성성의 정도에서 상당한 개인차를 보이는데, 남성성과 여성성이 조화롭게 균형을 이룬 상태를 양성성(androgyny)이라고 정의한다(Bem & Lewis, 1975). 양성성은 다양한 상황에 훨씬 유연하게 대처할 수 있도록 하기 때문에 적응에 도움이 되는 것으로 알려져 왔다. 예를 들어, 전통적인 성 역할 기대에 맞추어 남성적이거나 여성적이기만 한 청소년들에 비해서 양성적 특성을 지닌 청소년들이 주관적 안녕감이 더 높고(Santrock, Johnson, & Patterson, 2012: Ma, Zeng, & Ye, 2015에서 재인용), 우울을 더 적게 경험하는 것으로 나타났다(염순교, 이종화, 2014). 또한 국내 중·고등학생 및 대학생 연구에서 남학생 집단에서는 여성성을 갖는 것이 학업 적응에 도움이 되고 여학생 집단에서는 남성성이 사회 적응에 도움이 되는 것으로 나타났다(최임숙, 김충희, 2004). 즉, 남성성과 여성성 어느 하나만을 뚜렷하게 가지고 있는 것보다는 둘을 조화롭게 사용할 수 있는 능력이 적응에 더 도움이 되는 것으로 보인다.

그러나 최근에는 양성적인 것의 이득이 소년보다는 소녀에게 더 크다는 연구들이 발표되고 있다. Lurye, Zosuls와 Ruble(2008)의 고등학생 연구에서 학급 내에서 자기 의견을 명확히 표현하는 것은 소녀의 경우 양성성이 높은 학생들인 반면, 소년의 경우 이와 반대로 남성성이 높은 학생들이었다. 이들 연구에서 양성성이 높은 소년들은 친한 친구들 사이에서만 자신의 의견을 드러낼 뿐이었다. 마찬가지로 양성적인 소녀는 매우 남성적이거나 매우 여성적인 소녀보다 자아존중감이 더 높은 반면, 소년의 경우에는 남성적인 소년이 양성적인 소년보다 자기수용 수준이 훨씬 높았다(Frome & Eccles, 1996; Orr & Ben-Eliahu, 1993). 이처럼 자기주장성이나 독립성 등의 남성적 특징을 보이는 소녀는 수용되고 높이 평가되지만, 소극적이고 순종적이며 자신의 감정을 겉으로 표현하는 여성적인 소년은 비난을 받고 배척을 당하기 때문에 소년으로서는 여성적인 특성을 통해 양성적이 되어야 할 이유가 별로 없게 된다(Skoe, 1995). 따라서 청소년기에 소년은 전형적으로 여성적인 특성들을 줄여 나가게 되지만, 남녀 어느 쪽도 사회적으로 중요시되는 남성적 특성을 줄이지는 않게 된다(McHale, Kim, Dotterer, Crouter, & Booth, 2009). 즉, 소녀는 청소년기에 여성적으로 행동하라는 강한 압력을 받을 수 있지만, 성 역할 기대에 어긋나는 남성적인 특성을 보인다고 해서 처벌받지는 않는다.

5. 교육과 직업

1) 학업성취와 성 고정관념

최근 학업, 운동, 리더십 등 모든 분야에서 남자를 앞지르는 '알파걸'(Kindlon, 2006)의 존재가 크게 부각되고 있긴 하지만, 남자가 여자보다 수학, 과학에서 더 뛰어나다는 성 고정관념은 여전히 존재한다. 그러나 수학이나 과학에서의 성차에 대해서는 일관된 결과가 도출되지 않고 있다. 2012년 OECD 학업성취도 국제비교연구(Program for International Student Assessment: PISA)에서, 우리나라 만 15세 학생들은 OECD 평균 성차와 유사하게, 수학에서는 남학생이, 읽기에서는 여학생이 훨씬 우수한 것으로 나타났다. 그러나 OECD 평균과 달리 우리나라 학생들은 과학 영역에서는 성차가 없었다(교육부, 2014). 한편, 2003~2008년 국가수준 학업성취도 평가 결과, 우리나라 중학교 3학년 여학생은 수학, 과학에서 남학생과 유사하였으며, 국어, 영어에서는 훨씬 높은 성취도를 보이는 것으로 나타났다(한국교육과정평가원, 2009). 외국에서도 고등학생, 대학생 우수 학업 집단과 일반 집단 모두에서 수학 수행 능력의 성차가 유의하지 않았고(Spelke, 2005), 10학년 말에 남녀 청소년이 수학, 과학에서 비슷한 성적을 받았다는 연구(Else-Quest, Mineo, & Higgins, 2013)가 있다.

이처럼 성차에 대한 비일관적인 결과에도 불구하고, 남자가 여자보다 수학 능력이 우수하다는 성 고정관념은 6~7세 어린 아동들에게서도 나타난다(Cvencek, Meltzoff, & Greenwald, 2011). 자기보고식 검사를 사용한 경우 소녀들은 5, 8학년 때 남녀가 수학에서 똑같이 잘한다고 보고했지만, 암묵적 연합검사(implicit association test)를 사용했을 때에는 이미 3학년 때부터 수학은 소년의 것이라는 성 고정관념을 보이기 시작하였다(Passolunghi, Ferreira, & Tomasetto, 2014). 이러한 수학에 대한 암묵적인 고정관념은 청소년기에 더욱 강해지는 것으로 나타났다(Steffens, Jelenec, & Noack, 2010).

수학에서 여학생의 무능함을 강조하는 성 고정관념은 다양한 방식으로 소녀에게 영향을 미치게 된다. 수학에 대한 성 고정관념이 강한 소녀는 자신의 능력을 실제보다 낮게 평가하였으며(Eccles, 2011; Passolunghi et al., 2014), 수학 관련 자아개념이나 학업성취가 낮게 나타나는 특징을 보였다(Steffens et al., 2010). 반대로 성평등주의적 신념과 페미니즘(feminism)에 대한 노출이 많을수록, 부모가 전통적 성 역할에 따를 것을 더 적게 요구할수록 소녀의 수학/과학 동기는 증가하였다(Leaper, Farkas, & Brown, 2012). 2012년 PISA 결과(교육부, 2014)에서 우리나라 여학생의 수학 성취가 남학생에 비해

소년이 소녀에 비하여 과학 능력이 우수하다는 성 고정관념과 주변의 기대는 소녀가 선천적 능력을 발휘할 기회를 차단한다.

낮았던 것은 같은 조사에서 여학생의 수학 학습동기(흥미나 즐거움, 미래 학습과 직업에 유용할 것이라 인식하는 도구적 가치)나 자기효능감이 남학생에 비해 훨씬 낮고 수학불안감이 높았던 것과 관련이 있을 것이다.

한편, 여학생은 학교급에 상관없이 교사로부터 성 고정관념적 발언을 더 많이 들었다(정해숙, 유진은, 김미율, 2009). 남자 교사는 여자 교사보다 여학생의 수학에 대한 선호도나 인지적 능력에 대해 부정적 시각을 가지고 있었고(이대식, 김수미, 2003), 약 65%의 영재 담당 초·중등교사들이 수학/과학 교과목에서 남학생이 더 우수한 것으로 보고하였다. 상위 5% 집단에서도 남학생이 더 우수한 것으로 지각되었을 뿐 아니라, 약 60%의 교사가 이를 선천적 능력 차이로 설명하였다(채유정, 류지영, 2011). 이러한 교사의 인식과 태도는 학생들과의 상호작용에 변화를 가져옴으로써 학생 개개인의 학업성취와 태도, 직업 포부나 선택에 영향을 주게 된다. 예를 들어, 과학 수업 동안 캐나다, 영국 교사들은 남학생의 질문에 대해서는 충분한 정보를 제공하여 스스로 문제를 풀 수 있게 돕는 반면, 여학생에게는 직접적으로 답만을 제공하였으며(Rathgeber, 1995: 최경희, 신동희, 이향연, 2008에서 재인용), 남학생에게 수학/과학 분야에서 직업을 갖도록 더 많이 격려하였다(Wigfield et al., 2006: Matlin, 2011에서 재인용). 소년이 소녀보다 과학 능력이 더 뛰어나다는 부모의 믿음(Tenenbaum & Leaper, 2003) 역시 청소년들의 교육적, 직업적 결정에 유의한 영향력을 발휘하게 된다. Spelke(2005)는 미국 대학에서 수학·과학·공학 분야 교수가

대부분 남자라거나 수학 영재인 남녀 청소년이 서로 다른 유형의 직업을 선택하게 되는 것이 선천적 능력의 차이라기보다는 이러한 사회적 원인에 의한 것임을 설명한 바 있다.

2) 고등교육에서의 성 이슈

여성가족부와 통계청(2014)이 발표한 2013년도 여학생의 국내 대학진학률은 74.5%로 남학생(67.4%)에 비해 높았지만, 여학생의 비율은 전공계열별로 큰 차이가 있었다. 4년제 일반대학의 경우 전통적으로 여성 지배적인 교육(57.6%), 인문(54.9%), 예체능(54%) 계열뿐 아니라 의약 계열(61.9%)에서 과반수를 넘었으나, 공학 계열에서는 16.1%로 매우 낮게 나타났다(교육통계 · 연구센터, 2014). 공학 계열의 여성 비율은 대학원 석사(17.7%), 박사(13.5%) 과정에서도 마찬가지로 매우 낮았고(교육통계 · 연구센터, 2014), 이는 미국 내 최근 박사학위 졸업자 중 여성은 수학 27%, 물리학 15%, 컴퓨터 공학 20%, 공학의 18%만을 구성한다는 보고(Leaper et al., 2012)와 일맥상통한다.

한편, 여교사의 비율은 교육 단계가 높아질수록 낮아지는 경향이 있는데, 우리나라의 경우 유치원(99%)과 대학/대학원(35%) 간에 비율 격차가 64% 포인트로 OECD 평균인 55% 포인트보다 컸다(교육부, 2014). 미국 대학에서도 여성 전임교원의 비율은 42%로 낮았고, 상위 50개 화학과의 여성 교수 비율은 단지 17%에 불과하였다(Matlin, 2011). 이와 유사하게, 국내 학교행정가 중 여성 비율은 중학교 14.4%, 고등학교 6.3%였으며(정해숙 외, 2009), 4년제 일반대학의 여성 총(학)장 비율은 0.07%로 매우 낮게 나타났다(교육통계 · 연구센터, 2014). 이러한 불균형은 관리직은 남성에게 적합하다는 성 고정관념을 양산할 뿐 아니라, 여성 역할 모델의 부재가 여학생들의 직업포부나 기대를 낮추는 데 기여할 수 있다.

3) 직업포부와 선택

직업 선택은 장기간에 걸쳐 이루어지는 발달적 과정으로, 아동기에는 자신의 욕구나 능력, 다른 현실적 고려사항과는 전혀 상관없이 자신이 원하는 직업을 상상하지만, 청소년기에 들어서면서 점차 자신의 흥미나 능력, 직업의 요구와 보상적 측면, 가치, 여러 사회적 현실을 고려하여 보다 실현 가능한 직업 목표를 설정하게 된다(Ginzberg, 1988). 즉, 청소년들은 점차 자신의 이상과 자신에게 가능한 것 사이의 불일치를 지각하게 되고, 자신의 성 역할, 사회적 계급, 지적 능력 등과 맞지 않는다고 생각하는 직업들을 배제하여 자신의 직업적 선택을 제한하게 된다(Gottfredson, 1996). 청소년기는 이러한 직업 결정이 이루어지는 매우 중요한 시기로, 앞서 설명한 성 고정관념이나 교육 장면에서의 차별경험은 특히 여자 청소년의 직업 포부와 선택에 영향을 미치게 된다(Novakovic & Fouad, 2013). 직업적 성 역할 고정관념이나 과학이나 기술 쪽 직업에 대한 정보의 부족, 여성 역할 모델의 부족, 낮은 사회적 지지는 소녀들이 수학, 과학, 공학 쪽 직업을 추구하는 것을 제한하며(Scott & Mallinckrodt, 2005), 실제로 2006년 PISA 자료를 분석한 결과 소년은 공학이나 '현실적' 직업을 더 흔하게 선택하고 소녀는 '예술적' 직업을 더 많이 희망하는 것으로 나타났다(Sikora & Saha, 2009). 이러한 직업 선택의 성 전형성은 소녀의 나이가 많을수록 증가하였는데, 개인적 경험이나 가족, 교사의 제안을 통해 남성지배적 직업 선택과 관련된 장벽을 더 많이 인식하기 때문일 것이다(Novakovic & Fouad, 2013).

대부분의 소년이 남성지배적 직업을, 소녀는 여성지배적 직업을 선택한다고는 해도, 소녀는 소년에 비해 자신의 성에 전형적이지 않은 직업을 더 많이 선택한다(Helwig, 1998). 즉, 많은 소녀가 의사가 되기를 희망하지만, 간호사가 되기를 원하는 소년은 많지 않다. 이는 남성지배적 직업이 수입이나 명성 측면에서 훨씬 우수하다는 것과 관련이 있을 수 있는데, 이에 따르면 소년이 여성지배적 직업을 선택하는 경우는 적을 수밖에 없다(Mendez & Crawford, 2002). 이와 유사하게, 남녀 청소년은 전문직에 종사하려는 비슷한 포부를 지닌 것으로 나타났다(Davis, 2013). 2006년 PISA 조사 결과 대부분의 국가에서 소녀가 소년만큼 또는 소년보다 많이 전문직을 희망하였으며(한국은 반대로 소년이 소녀보다 더 많이 전문직을 추구), 전문직에 대한 추구는 여성 노동인구 비율이 낮은 나라들에서 더 강하게 나타났다(Sikora & Saha, 2009). 이는 전체 학생의 64%가 무상급식 수혜자였던 미국 중학교에서 소녀들이 소년보다 관리직이나 전문직을 더 많이 희망했다는 연구 결과와도 상통하는데(Davis, 2013), 더 못살고 불평등이 심하며 여성에 대한 경제적 기회가 제한된 사회에서 소녀들이 전문직을 더 바람직한 것으로 인식한 결과로 해석된다(Sikora & Saha, 2009). 16세 때의 직업포부가 남녀 모두의 34세 때 사회적 지위를 예측하였지만, 특히 승진이나 출세의 중요성, 직업적 도전의 중요성으로 측정한 야심 정도(ambition value)는 소녀의 경우에서만 34세 때의 사회적 지위를 예측하였다는 연구 결과도 있다(Ashby & Schoon, 2010).

한편, 여성이 남성에 비해 직업포부나 기대 수준이 낮다는 연구들(예: 유홍준, 김기헌, 신인철, 오병돈, 2013; 황매향, 박은혜, 유성경, 2006)과 달리, 최근에는 성차가 유의하지 않거나 여성의 직업포부가 오히려 더 높다는 결과도 보고되고 있다(어윤경, 2011; 이종범, 최동선, 오창환, 2012; Davis, 2013; Sikora & Saha, 2009). 이와 관련하여 사회적 지위가 높고 남성지배적 직업을 더 많이 희망하는 여성이 일반적으로 학교 성적이 좋고, 독립적이며, 자기주장적이고, 자신감이 있으며, 정서적으로 안정되고, 전통적 성 역할에 덜 얽매이는 페미니스트적 태도를 지닌 것으로 보고되고 있다(Matlin, 2011). 마찬가지로, 뛰어난 학업 성적, 높은 성취동기, 자신에 대한 높은 신뢰감, 학업 외 활동에 대한 적극적 참여 등으로 특징지어지는 알파걸 집단이 비슷한 특징을 지닌 소년이나 비(非)알파 집단에 비해 전문직에 대한 선호가 더 높았고, 구체적으로 직업을 확정했으며, 자신이 희망직업에 종사할 수 있을 것이라는 기대 역시 가장 많이 보고하였다(최윤진, 임현정, 2010).

한편, 영재 중학생 연구에서 소녀들은 자신이 더 열심히 공부하고 내적으로 동기화되어 있다고 지각할수록, 더 남성지배적이고 사회적 명성이 높은 직업을 희망하는 것으로 나타났다(Mendez & Crawford, 2002). 그러나 Fiebig(2008)의 연구에서 미국과 독일의 영재 소녀들은 11~12학년 때 4년 전에 비해 더 성 고정관념적이 되었고, 자신이 선택한 분야에서 지도자나 전문가가 되려는 포부도 약화되었을 뿐 아니라, 상급의 훈련이나 교육을 추구하려는 흥미 역시 감소한 것으로 나타났다. 이는 고등학교 상급학년이고 우수한 학업 능력을 보이는 소녀들이 성 역할에 대해 더욱 진보적이 되고(O'Brien & Fassinger, 1993), 학년이 올라갈수록 학업 우수 청소년뿐 아니라 일반 청소년 집단에서도 직업포부가 증가한다는 황매향 등(2006)의 연구와는 상반된 것으로, Fiebig(2008)는 영재 소녀들이 남과 다르다는 것에 대한 피로감으로 또래들과 같아지기를 원했기 때문일 수 있다고 해석하였다. 알파걸 집단이 인문계열만큼 높은 빈도로 이공계열을 희망했음에도 실제 대학 진학 시에는 일반 소녀들과 전혀 차이가 없던 것도 비슷한 맥락이라고 볼 수 있는데(최윤진, 임현정, 2010), 우수 여자 청소년에 대한 적절한 직업 교육과 진로지도가 필요한 이유라고 볼 수 있다.

6. 대인관계

1) 부모-자녀 관계

청소년기의 주요 발달 과업 중 하나는 부모로부터 분리하여 자율성을 획득하고 독립적인 성인으로 성장하는 일이다. 아동기 후기부터 청소년기 초기에 독립성과 자율성에 대한 욕구가 커지고, 또래와의 관계 속에서 많은 영향을 받기 시작하면서 청소년 자녀와 부모 간 갈등은 유의하게 증가하게 된다. 갈등의 내용은 주로 집안일 분담, 사회적 관계와 친구 문제, 불복종, 특권 문제 등인데, 아들은 주로 담배나 술, 행동 문제로 어머니와 갈등을 일으키는 반면, 딸은 친구들과의 모임이나 이성친구와의 만남 등으로 아버지와 더 많은 갈등을 겪는다고 한다(Renk, Liljequist, Simpson, & Phares, 2005). 이처럼 부모 자녀 간 갈등은 청소년과 부모의 성별에 따라 다른 양상으로 나타날 수 있는데, 자녀의 성에 따른 차별적 사회화(differential socialization)로 인해 부모의 양육방식이나 접근에 차이가 발생하기 때문이다(Collins & Russell, 1991).

역할이론(role theory; Hosley & Montemayor, 1997)에 따르면, 전통적으로 어머니는 양육과정에서 주로 따뜻함을 제공하고 아버지는 훈육을 제공하는 등 서로 다른 역할을 담당하고, 그 결과 어머니는 보통 권위 있는(authoritative) 양육방식을, 아버지는 권위주의적인(authoritarian) 양육방식을 보이게 된다. 그러나 이러한 양상 역시 자녀의 성별에 따라 달리 나타날 수 있다(McKinney & Renk, 2008). 대학생 대상의 한 연구에서 아들은 어머니의 양육방식을 보다 허용적으로, 아버지의 양육방식을 권위주의적으로 인식하였지만, 딸의 경우 부모가 모두 권위 있는 양육방식을 보이는 것으로 지각하였다(Conrade & Ho, 2001).

한편, 주로 여가활동을 통해서만 자녀와 시간을 보내고 더 실용적이거나 사회적인 이슈들에 대해서 대화를 나누는 경향이 있는 아버지와 달리(Collins & Russell, 1991), 어머니는 일상에서 돌봄 활동에 더 많이 관여하고 자녀의 사적인 문제에도 더 자주 관여하기 때문에 아들, 딸 모두와 훨씬 친밀한 관계를 형성하게 된다(Smetana, Campione-Barr, & Metzger, 2006). 청소년들은 이러한 과정에서 어머니와 논쟁이나 갈등을 더 많이 경험하게 되지만, 대부분의 청소년은 아버지보다는 어머니를 훨씬 가깝게 느끼고 대화를 더 많이 하는 경향이 있었다(Ackard, Neumark-Sztainer, Story, & Perry, 2006).

청소년기에 부모와의 갈등이 두드러지긴 하지만, 청소년들은 여전히 부모와의 관계 속에서 친밀감을 느끼고 방향성에 대해 조언을 얻고 싶어 한다(Doyle & Markiewicz, 2005). 청소년들의 심리적 문제는 부모로부터 독립성과 자율성을 얻지 못한 것 때문이 아니라, 오히려 부모와 친밀한 관계를 수립하지 못한 경우에 발생하는 경향이 있었다(최인재, 2005). 예를 들어, 부모로부터 돌봄이 부족하다고 느낀 소녀는 부모와의 유대감이 강한 또래들보다 높은 수준의 우울과 신체 불만족, 낮은 자존감을 보였으며, 부모와의 유대가 부족하다고 느낀 소년도 우울이나 자존감 문제를 나타냈다. 한편, 소년, 소녀 모두 아버지로부터의 돌봄은 문제행동과 유의한 관련성이 없었지만, 어머니로부터의 돌봄이 부족하다고 느낄 때 체중 조절에 어려움을 겪었고 자살충동을 더 많이 보고하였다(Ackard et al., 2006). 이는 어머니의 수용성이 청소년의 애착안정성을 증가시키는 예측 요인이었음을 밝힌 Allen, McElhaney, Kuperminc와 Jodl(2004)의 연구 결과와 통하는데, 어머니가 자녀의 성별에 상관없이 자녀와 더 친밀한 관계를 형성하는 것과 관련이 있을 것이다(Smetana et al., 2006).

　한편, 부모의 이혼은 청소년의 성에 따라 다른 영향을 미치는 것으로 나타났다. Størksen, Røysamb, Holmen와 Tambs(2006)의 13~19세 청소년 연구에서 부모의 이혼을 경험한 소년, 소녀 모두 부모의 이혼을 경험하지 않은 청소년들에 비해 높은 수준의 스트레스 증상을 경험하는 것으로 나타났다. 그러나 이혼의 장기적 효과를 추적해 본 결과 부모의 이혼 여부는 소녀의 우울 및 불안 증상만을 예측했을 뿐, 소년의 정서적 적응은 예측하지 못하였다. 이는 청소년기 중기에 부모 간 갈등이 소녀 집단에서만 내재화 문제를 예측한 선행 연구 결과와 일치한다(Crawford, Cohen, Midlarsky, & Brook, 2001). 이혼으로 인한 부정적 효과는 남자 청소년보다는 여자 청소년에게서 흔히 나타나는데, 이는 이 시기에 소녀가 정서적으로 더욱 취약하기 때문일 것이다. 이와 더불어, 편부모 가정에서 아버지의 부재로 인한 부정적 영향력이 소년의 경우 나이가 들면서 점차 줄어들지만, 소녀의 경우 나이가 증가할수록 더욱 커진다는 것도 주목할 만하다(Rice & Dolgin, 2008). 아버지와의 관계 속에서 소녀는 이성과 안전하게 상호작용할 수 있는 방법을 배우고 아버지의 남성적 행동으로부터 이에 대비되는 여성적인 행동을 배우는 것으로 가정되는데(Russell & Saebel, 1997), 아버지의 부재는 결국 소녀의 이성교제에서의 어려움에 기여할 수 있을 것이다.

2) 우정

　청소년기에는 부모와의 관계가 소원해짐과 동시에, 또래와의 상호작용이 빈번해지고 이성 또는 동성과의 연애 관계가 증가하는 등 다양한 사회적 변화가 발생하게 된다(Hay & Ashman, 2003). 청소년들은 깨어 있는 시간의 단지 15%만을 부모를 포함한 어른들과 단독으로 보내게 되며(Steingberg, 2011), 아동기에 부모와 함께 보내던 시간들은 소년의 경우 주로 혼자 있는 시간으로, 소녀는 혼자이거나 친구들과 있는 시간으로 대체된다(Larson & Richards, 1991). 주로 동성의 동년배들로 구성되며, 공통의 가치와 활동을 통해 서로 빈번하게 상호작용하고 우정을 쌓는 소집단(cliques, 무리)은 청소년들에게 주요한 사회적 맥락으로 작용하게 되는데, 소년들은 소녀들에 비해 집단에 속하지 않고 혼자인 경우가 더 많은 반면, 소녀들은 소집단의 일원인 경우가 훨씬 많다(Urberg, Değirmencioğlu, Tolson, & Halliday-Scher, 1995).

소집단에 속하는 것은 남녀 청소년의 적응에 유의한 영향을 미친다. 학교에서 친구들로부터 소외된 경우 우울이나 불안 등 내재화 문제를 더 많이 경험하는 반면, 소집단에 속한 소녀들은 더 높은 학업성취를 보였고, 또래 간에 더 친밀하고 대인관계 능력 또한 더 우수하였다. 반면, 소년들의 경우 소집단 소속으로 인한 이러한 긍정적 결과는 확인되지 않았다(Henrich, Kuperminc, Sack, Blatt, & Leadbeater, 2000). 13~15세 청소년들에게 친구에 대한 헌신과 또래들로부터의 거부는 중요한 이슈가 되며, 특히 소녀에게 더욱 그러하다(Berndt & Perry, 1990). 친밀한 우정 관계는 여자 청소년들의 삶에 매우 중요하고, 서로에 대한 신뢰와 헌신은 이들의 우정에서 핵심적이다. 이들은 서로 매우 사적인 부분까지 공유하며, 기꺼이 자신의 문제에 대해 털어놓는다. 이러한 자기개방(self-disclosure)은 소녀들의 우정을 더욱 굳게 하기도 하지만, 서로 상처 주거나 해를 입히는 방식으로 잘못 사용될 수도 있을 뿐 아니라 자주 배신감을 경험하게 하기도 한다(Benenson & Christakos, 2003).

청소년기의 또래 간 갈등은 성별에 따라 서로 다른 내용을 기반으로 하는 경향이 있다. 4~8학년 청소년을 대상으로 한 Noakes와 Rinaldi(2006)의 연구에서, 소녀는 생일파티에 초대받지 못하는 것이나 소문 발설과 같은 관계적인 문제들을 많이 보고하였고, 이러한 문제를 경험할 때 갈등을 완화시키려는 방식으로 접근하였다. 반면, 소년은 주로 지위(status)/지배(dominance)와 관련된 갈등 내용을 보고하였다. 소녀들이 갈등 상황에서조차 문제를 해결하는 방식으로 협력적이고 온화한 방식을 선택한다는 것, 그리고 갈등 후에 더 많은 부정적 감정을 보고하는 경향은 관계를 유지하고자 애쓰는 소녀들의 의지를 반영한 결과라고 할 수 있다.

물론 소녀들이 우정을 지키기 위해 협력적 전략을 사용하긴 하지만, 소녀 간에 관계적 공격성이 흔히 사용된다는 것은 많은 연구를 통해 밝혀진 바 있다(Crothers, Field, & Kolbert, 2005). 사회적으로 여성이 분노를 표현하는 것은 적절치 못한 것으로 간주해 왔기 때문에 여성은 자신의 분노를 관계적 공격성과 같은 우회적 방법으로 풀어내는 성향이 있으며(Hatch & Forgays, 2000), 또래 관계와 친밀성이 매우 중요한 소녀들에게 또래집

단 내에서 자신의 지위를 유지하기 위해 상대의 대인관계를 흠집 내고 상처 주는 것만
큼 효과적인 방식은 없게 된다(Rose, Swenson, & Waller, 2004). Crothers 등(2005)의 질적
연구에 따르면, 여자 고등학생들은 여자 친구들이 남자 친구들에 비해 루머를 퍼뜨리거
나 동맹을 강화하는 식의 접근을 많이 한다고 보고하였는데 이는 경쟁구도에 있는 친구
의 지위를 해치거나 자신의 지위를 강화하기 위한 목적으로 보인다. 심은신과 이동훈
(2011)은 친밀한 우정 관계가 제3자에 의해 멀어지면서 질투를 느끼게 되면, '상대가 의
도적으로 나를 배제한다'라는 의도적 귀인 성향이 높아지고, 이것이 관계적 공격성으로
발전됨을 보여 주었다.

그러나 소녀가 관계적 공격성과 같은 간접적인 공격 행동을 많이 한다는 가설은 주의
깊게 다루어져야 한다. Card, Stucky, Sawalani와 Little(2008)의 메타연구와 Archer(2004)
의 메타연구 모두에서 소녀가 소년보다 간접적 공격성을 더 많이 사용하는 것으로 나타
나긴 했지만, 그 차이는 매우 근소하여 무시할 만한 수준이었다. Card 등(2008)이 측정방
식에 따라 간접적 공격성의 차이가 발생하는지 추가적으로 확인한 결과, 소녀는 교사나
부모 평정에서 소년에 비해 약간 더 높은 점수를 얻었지만, 또래 보고에서 성차는 발견
되지 않았다.

3) 연애 관계

사춘기에 들어서면서 성적 호기심이 증가하고 이성에 대한 관심이 늘어나는 청소년
들은 동성 또래와의 우정을 통해 발달시킨 친밀성을 연애 관계(romantic relationships, 대
부분은 이성 관계임)에 적용하기 시작한다. 미국 청소년들의 경우, 보통 13, 14세경에 데
이트(dating)를 시작하고, 약 절반의 청소년이 12세 이전에 적어도 한 번 데이트를 해 보
았으며, 18세경에는 거의 모든 청소년이 데이트 경험이 있는 것으로 나타났다(Neemann,
Hubbard, & Masten, 1995). 한편, 미국과 캐나다 내 아시아계 청소년들은 다른 인종/민족
청소년들에 비해 데이트를 더 적게 하는 경향이 있었다(Connolly & McIsaac, 2009). 우리
나라 청소년들의 경우 초등학교 6학년생의 32.1%, 중학교 2학년생의 37.8%, 고등학교
2학년생의 42.4%가 연애 경험이 있었고, 연애 경험이 있는 중·고등학생의 약 9%는 성
관계를 가진 적이 있다고 보고하였다(서울시립청소년성문화센터, 2013). 미국 청소년에 비
해 우리나라 청소년의 연애 경험률이 다소 낮은 이유는 연애는 더 나중 시기로 미룰 수
있으며 학업에 집중해야 한다고 믿는 사회·문화적 규범이 작용한 결과로 생각해 볼 수

있다. 연애에 대한 또래집단의 기대나 사회·문화적 규준은 보통 더 일찍 데이트를 시작하는 것으로 알려진 조숙한 청소년이라 해도 데이트 시기를 늦추게 할 수 있다 (Friedlander, Connolly, Pepler, & Craig, 2007).

연애 관계는 친밀성의 발달에서 성에 따라 다른 역할을 하는데, 보통 소녀의 경우 이성과의 관계는 동성 또래와의 관계를 통해 이미 발달된 친밀성을 표현해 내는 맥락인 반면, 소년들의 경우 연애 관계는 친밀성이 발달하게 되는 맥락을 제공하게 된다. 소년들은 동성 친구와의 관계 속에서 정서적으로 표현적이고 자기개방적이 되도록 장려되지 않기 때문에, 이성과의 연계는 소녀보다는 소년의 친밀성 발달에 훨씬 중요한 역할을 하게 된다(Buhrmester & Furman, 1987). 소녀들이 연애 관계에서 애착과 돌봄을 중시하는 반면, 소년들은 연애 관계를 게임하듯이 가볍게 생각한다거나(Shulman & Scharf, 2000), 청소년기 중기에 소녀들이 연애 상대자로 친밀성이나 정서적 지지를 제공해 줄 수 있는 사람을 선호하는 반면, 소년들은 신체적 매력을 최우선으로 언급한다는 연구 결과(Feiring, 1996)도 같은 맥락에서 이해할 수 있을 것이다. 물론 청소년기 후기로 가면, 소년들도 소녀와 마찬가지로 의사소통이나 헌신, 대인관계적 특성을 연애 상대자의 중요한 자질로 언급하게 된다(Levesque, 1993).

한편, 데이트가 보편적이 되기 이전(보통 15세 이전)에 심각한 연애 관계를 시작하는 것은 정신건강에 부정적 영향을 미치는 것으로 알려져 있다. 연애 관계를 유지하는 것은 그 자체로 더 많은 갈등을 경험하게 하며(Laursen, 1995), 그 결과 기분 변동 또한 증가하게 된다(Larson & Richards, 1994). 이른 데이트와 연합된 부정적 결과는 소녀에게 훨씬 흔한데, 이들은 보통 자신에 대한 만족감이 떨어지고 더 우울하며 병리적 섭식 행동을 더 자주 보일 뿐 아니라 학업성취가 떨어지고 비행이나 약물사용도 더 빈번한 것으로 보고된다(Connolly & McIsaac, 2009). 또한 데이트를 일찍 시작하는 소녀들은 심리·사회적으로 준비되지 않은 상태에서 성행동을 하도록 압력을 받을 수 있다(Marin, Kirby, Hudes, Coyle, & Gómez, 2006). 자신과 나이가 같거나 더 어린 상대를 선호하는 소년에 비해, 소녀들은 자신보다 나이가 많은 상대를 선호하는 경향이 있으며(Collins, 2003), 자신보다 나이

성적 호기심과 이성에 대한 관심이 늘어나는 청소년들은 동성 또래와의 우정을 통해 발달시킨 친밀성을 연애 관계에 적용하기 시작한다.

가 많은 이성을 사귀게 되는 소녀들의 경우 관계 내 힘의 불균형으로 인해 원치 않는 성관계를 경험할 가능성도 크다(Steinberg, 2011).

그러나 이른 데이트가 이러한 문제들의 원인인지는 확실하지 않다. 심리적 취약성이 심각한 소녀가 더 일찍 데이트를 시작한다는 연구 결과도 상당히 많기 때문이다. 예를 들어, 16세에 이성 관계에 지나치게 몰입해 있는 청소년들은 12세였을 때 이미 정신건강문제, 학업성취 저하를 보이고 있었고 외현화 문제 또한 빈번하였다(Zimmer-Gembeck, Siebenbruner, & Collins, 2001). 또한 아버지가 없는 가정에서 자란 소녀에게서 이른 성적 활동과 십 대 임신이 흔하게 관찰되었는데, 아버지의 부재로 발생한 가정 내 갈등, 경제적 어려움, 외현화 문제 등이 이러한 관계를 간접적으로 설명하였다(Ellis et al., 2003).

한편, 청소년기의 데이트 폭력은 담배, 마리화나, 자살 충동, 심각한 우울증상을 초래할 뿐 아니라(Ackard, Eisenberg, & Neumark-Sztainer, 2007) 성인기의 연애 관계에까지 부정적 영향을 미치게 되므로(Halpern, Spriggs, Martin, & Kupper, 2009) 주의를 요한다. 청소년의 데이트 폭력 위험성은 부모님이나 가까운 친구 커플들이 폭력적인 방식으로 상대를 대하거나 문제를 해결하는 것을 볼 때 커지는 것으로 나타났다(Arriaga & Foshee, 2004). 특히 소년의 경우, 폭력이 긍정적 결과를 가져올 수 있다고 기대하는 것이 가족 내 폭력 경험과 데이트 폭력 가해자가 되는 것 간의 관계를 매개하였다(Foshee, Bauman, & Linder, 1999). 그러나 청소년기 데이트 폭력 경험 빈도에서는 남녀 차이는 유의하지 않은 것으로 반복적으로 검증되었다(Miller & White, 2003; Molidor & Tolman, 1998). 즉, 소년도 소녀만큼 데이트 폭력의 피해자일 수 있다는 점을 기억할 필요가 있다. 그러나 폭력의 심각성에 대한 인식과 대처에서는 성차가 있었다. Molidor와 Tolman(1998)의 연구에서 소녀는 데이트 폭력을 신체적, 심리적 손상을 동반하는 심각한 공격으로 인식하고 폭력의 결과로 관계가 악화되거나 종결된다고 보고한 반면, 소년은 폭력의 부정적인 측면을 덜 인식하는 경향이 있었고 폭력을 사용한다고 해도 관계가 변함없거나 오히려 개선되었다고 지각하는 경우도 있었다. 이 결과는 폭력의 의도가 성에 따라 달랐기 때문으로 해석되었는데, 즉 소년이 경험한 데이트 폭력은 여자 파트너가 스스로를 보호하기 위해 방어적으로 사용한 폭력인 경우가 많기 때문에 폭력의 부정적 측면을 상대적으로 덜 인식하는 것일 수 있다.

연애 관계에서 주목해야 할 또 다른 관계는 성 소수자(sexual minority) 청소년의 친밀한 관계다. 성 소수자 성인을 대상으로 한 회고연구 결과, 남녀 모두 8~10세경에 동성에 대한 매력을 느끼기 시작하고, 커밍아웃까지 10여 년이 걸리는 것으로 나타났다 (Savin-Williams & Diamond, 2000). 성적 지향성은 "동성, 이성, 또는 두 성 모두에 대한 일관적이고 지속적인 성적 욕구의 패턴"(p. 395)으로 정의되며(Diamond & Savin-Williams, 2006), 성적 지향성의 발달 과정에서 보통 십 대 초기에 성적 접촉이 선행하는 남성과 달리, 대부분의 여성은 자신을 레즈비언이나 양성애자로 먼저 명명하고 그 후인 청소년기 후반부나 성인기 초기에 동성 간의 성적 접촉을 하게 되는 것으로 나타났다(Savin-Williams, & Diamond, 2000). 흔히 여성들은 동성과의 기존 정서적 유대 관계 속에서 성적인 욕구를 발달시키게 된다(Blumstein & Schwartz, 1990).

한편, 대다수 성 소수자 청소년은 동성 간의 연애 관계를 원하긴 하지만, 가능한 상대가 '알려진' 다른 성 소수자 청소년으로 국한되기 때문에 연애 상대를 찾는 것이 어려울 수 있다. 또한 성 소수자 또래집단을 발견했더라도 그 안에서 매력을 느끼는 상대를 발견하지 못하거나 그 집단 내에서 누군가와 연애 관계를 형성함으로써 다른 성 소수자 또래와의 우정이 흔들리게 하고 싶지 않기 때문에, 이들은 흔히 그다지 만족스럽지 않은 상대와의 연애 관계에 머물게 될 가능성이 크다(Diamond & Savin-Williams, 2006). 이들의 친밀한 관계는 동성과의 극히 성적인 관계부터 극히 정서적인 관계까지 다양한데, 특히 청소년기 초기에 소년보다는 소녀의 경우 성적인 욕구나 활동 없이 오로지 열정적인 우정 관계에 몰입하는 것을 흔히 볼 수 있고, 이러한 우정과 연애 관계 사이의 모호성은 성인 성소수자 여성들에게서도 관찰된다(Diamond & Savin-Williams, 2006).

이 장의 요약

이 장에서는 청소년기의 다양한 발달적 측면을 특히 여자 청소년의 발달적 변화와 적응에 초점을 두고 개관하였다. 먼저, 조숙한 소녀들은 신체 불만족이나 자아존중감 저하, 우울뿐 아니라 음주나 흡연, 비행 등 외현화 문제를 보이며, 또래보다 일찍 성행동을 할 가능성도 컸다. 이른 성행동은 여러 일탈행동과 연합되긴 하지만, 소녀의 이른 성경험이 반드시 심리적 문제를 초래하지는 않으며, 오히려 위험한 성행동 여부가 더 결정적일 수 있다. 소녀가 성관계 시 피임법을 사용하지 않는 이유 중에는 파트너와 콘돔 사용을 논의할 자신감 결여나 콘돔을 가지고 다니거나 구입하는 것이 조신한 여성의 이미지에 치명적이라는 생각이 포함된다. 소녀의 자아존중감은 메타연구에서 소년과 큰 차이가 없지만, 날씬함을 강조하는 사회·문화적 기대를 많이 내재화할수록 신체 불만족과 우울을 더 많이 경험하였다. 한편, 청소년기에 소녀들은 여성스럽게 행동하라는 주변의 압력을 더 많이 받게 되고, 성 역할 기대에 일치하는 방식으로 자신의 행동을 변화시키게 된다. 그러나 이러한 성 강화 가설이 항상 지지되지는 않는다. 양성성으로 인한 이득은 소녀에게 더 크기 때문에 남성적 특성을 크게 줄이지 않으며 남성적 특성으로 인해 처벌받지도 않는다. 그러나 성 고정관념은 여전히 소녀의 학업성취나 전공 선택, 직업 포부 및 선택에도 영향을 미친다. 마지막으로, 소녀들은 친한 친구들과의 관계에서 매우 사적인 부분까지 공유하고 협력적 방식으로 갈등을 해결하긴 하지만, 관계적 공격성 또한 흔히 사용한다. 소녀들은 동성과의 우정을 통해 발달된 친밀성을 연애 관계를 통해 표현하며, 이는 성 소수자인 소녀들이 동성과의 기존 정서적 유대 관계 속에서 성적 욕구를 발달시키는 것에서도 볼 수 있다. 이러한 청소년기 소녀의 다양한 특성은 부모나 형제, 또래집단이나 지역사회 등 사회·문화적 맥락에 따라 달리 나타날 수 있으며, 신중하게 해석될 필요가 있다.

참 | 고 | 문 | 헌

건강보험심사평가원(2011). 보도자료: 조기발견 중요한 성조숙증, 혹시 내 아이도? http://www.mw.go.kr/front_new/al/sal0301vw.jsp?PAR_MENU_ID=04&MENU_ID=0403&CONT_SEQ=251823(2015. 1. 10. 인출).

교육부(2014). 보도자료: 2014년 OECD 교육지표 조사결과. http://www.moe.go.kr/web/100026/ko/board/view.do?bbsId=294&pageSize=10&currentPage=0&encodeYn=Y&boardSeq=56665&mode=view(2015. 1. 10. 인출).

교육부, 보건복지부, 질병관리본부(2014). 제10차(2014) 청소년건강행태온라인조사 통계. http://yhs.cdc.go.kr/(2015. 1. 인출).

교육통계·연구센터(2014). 교육통계자료. http://kess.kedi.re.kr/index(2015. 2. 인출).

김명희, 유인영(2009). 초등학생의 월경지식, 초경정서, 월경태도와 대처행위. 여성건강간호학회지, 15(1), 64-72.

김시연, 서영석(2012). 또래 대상화경험이 남자고등학생의 부정적 섭식행동 및 근육질 추구에 미치는 영향. 한국심리학회지: 상담 및 심리치료, 24(4), 929-949.

박병금, 유은선(2011). 청소년의 권리인식과 자아존중감. 청소년학연구, 18(8), 89-116.

서울시립청소년성문화센터(2013). 2013 서울시청소년성문화연구조사. 서울: 아하! 서울시립청소년성문화센터.

손애리(2010). 서울시 청소년의 흡연, 음주 및 성행동. 한국알코올과학회지, 11(1), 77-87.

심은신, 이동훈(2011). 여중생의 우정관계 질투와 관계적 공격성 간의 관계: 의도귀인과 또래동

조성의 매개효과. 한국심리학회지: 발달, 24(2), 21-42.

어윤경(2011). 학생과 학부모의 직업포부 변화 추이: 부모의 양육태도 및 직업가치 효과를 중심으로. 진로교육연구, 24(4), 21-39.

여성가족부, 통계청(2014). 2014 통계로 보는 여성의 삶. http://kostat.go.kr/wnsearch/search.jsp (2015. 1. 인출).

염순교, 이종화(2014). 고등학생의 성 역할 정체감과 우울. 대한보건연구, 40(1), 89-98.

유정옥, 김현희, 김정순(2014). 중학생의 성경험 영향요인. 아동건강간호연구, 20(3), 159-167.

유홍준, 김기헌, 신인철, 오병돈(2013). 청소년의 직업포부와 희망직업: 대학전공 선택과의 관련성 분석. 직업교육연구, 32(6), 91-110.

이대식, 김수미(2003). 수학학습에서의 성차에 대한 초등학교 학생 및 교사의 인식조사. 초등교육연구, 18(1), 297-315.

이숙희, 이승희(2010). 여중생의 초경과 정서행동특성의 관계. 정서·행동장애 연구, 26(1), 163-180.

이승연, 박영숙(2008). 여자 고등학생들의 외모에 대한 사회문화적 태도 내면화, 신체만족도, 섭식태도, 우울, 자살사고의 관계. 스트레스硏究, 16(4), 325-333.

이영미, 민하영, 김경화(2006). 청소년의 성별 및 신체상, 공적 자기의식에 따른 자아가치감. 한국인간발달학회학술대회지, 137-138.

이종범, 최동선, 오창환(2012). 고등학생의 직업포부 수준 결정요인. 농업교육과 인적자원개발, 44(4), 25-43.

이종화(2007). 여고생의 성경험에 영향을 미치는 예측요인. 한국청소년연구, 18(2), 111-131.

정경미, 신수현, 이승아, 박미정, 김신혜(2012). 성조숙증 여아와 정상발달 여아의 심리사회적 적응 비교. 한국심리학회지: 건강, 17(2), 461-477.

정해숙, 유진은, 김미율(2009). 남녀공학 중등학교에서의 성별 교육실태와 향후 과제. 한국여성개발원 연구보고서, 11, 1-401.

조현하, 문소현(2012). 초경 유무에 따른 초등학생의 월경태도 관련요인. 여성건강간호학회지, 18(4), 302-311.

채유정, 류지영(2011). 수학, 과학 학업성취의 성차에 대한 영재교사의 인식 연구. 한국과학교육학회지, 31(8), 1110-1120.

최경희, 신동희, 이향연(2008). 과학교육에서의 성별 차이 현황과 해결방안. 여성학논집, 25(2), 117-158.

최문정(2011). 한국인의 초경연령에 영향을 주는 요인. 고려대학교 보건대학원 석사학위 논문.

최윤진, 임현정(2010). '알파걸'의 실재 및 진로발달특성에 대한 탐색적 분석. 한국청소년연구, 21(2), 203-230.

최인재(2005). 청소년의 정신건강에 미지는 영향에 대한 부모, 자녀 관계의 문화적 특징-부자유
　　친 성정을 중심으로. 한국심리학회지: 상담 및 심리치료, 17(4), 1059-1076.
최임숙(2004). 중, 고, 대학생의 성 역할 정체감 발달과 변화. 한국심리학회지: 발달, 17(2), 213-
　　232.
최임숙, 김충희(2004). 성 역할 정체감 유형에 따른 학교적응행동의 차이. 教育心理硏究, 18(1),
　　131-143.
한국교육과정평가원(2009). 국가수준 학업성취도 평가 결과 추이(2003~2008년): 중학교 3학년.
　　서울: 한국교육과정평가원.
황매향, 박은혜, 유성경(2006). 학업우수청소년과 일반청소년의 직업포부수준 비교. 상담학 연
　　구, 7(4), 1137-1152.

Ackard, D. M., Eisenberg, M. E., & Neumark-Sztainer, D. (2007). Long-term impact of adolescent dating violence on the behavioral and psychological health of male and female youth. *The Journal of Pediatrics, 151*, 476-481.

Ackard, D. M., Neumark-Sztainer, D., Story, M., & Perry, C. (2006). Parent-child connectedness and behavioral and emotional health among adolescents. *American Journal of Preventive Medicine, 30*, 59-66.

Ackerman, R. A., Witt, E. A., Donnellan, M. B., Trzesniewski, K. H., Robins, R. W., & Kashy, D. A. (2011). What does the Narcissistic Personality Inventory really measure? *Assessment, 18*, 67-87.

Allen, J. P., McElhaney, K. B., Kuperminc, G. P., & Jodl, K. M. (2004). Stability and change in attachment security across adolescence. *Child Development, 75*, 1792-1805.

Angold, A., Costello, E. J., & Worthman, C. M. (1998). Puberty and depression: The roles of age, pubertal status and pubertal timing. *Psychological Medicine, 28*, 51-61.

Archer, J. (2004). Sex differences in aggression in real-world settings: A meta-analytic review. *Review of General Psychology, 8*, 291-322.

Armour, S., & Haynie, D. L. (2007). Adolescent sexual debut and later delinquency. *Journal of Youth and Adolescence, 36*, 141-152.

Arriaga, X. B., & Foshee, V. A. (2004). Adolescent dating violence do adolescents follow in their friends', or their parents', footsteps? *Journal of Interpersonal Violence, 19*, 162-184.

Ashby, J. S., & Schoon, I. (2010). Career success: The role of teenage career aspirations, ambition value and gender in predicting adult social status and earnings. *Journal of Vocational Behavior, 77*, 350-360.

Bem, S. L., & Lewis, S. A. (1975). Sex role adaptability: One consequence of psychological androgyny. *Journal of Personality and Social Psychology, 31*, 634-643.

Benenson, J. F., & Christakos, A. (2003). The greater fragility of females' versus males' closest same-sex friendships. *Child Development, 74*, 1123-1129.

Berndt, T. J., & Perry, T. B. (1990). Distinctive features and effects of early adolescent friendships. In R. Montemayor, G. R. Adams, & T. P. Gullotta (Eds.), *From childhood to adolescence: A transitional period?* (pp. 269-287). Thousand Oaks, CA: Sage Publications.

Block, J., & Robins, R. W. (1993). A longitudinal study of consistency and change in self-esteem from early adolescence to early adulthood. *Child Development, 64*, 909-923.

Blumstein, P., & Schwartz, P. (1990). Intimate relationships and the creation of sexuality. In D. P. McWhirter, S. A. Sanders, & J. M. Reinisch (Eds.), *Homosexuality/heterosexuality: Concepts of sexual orientation* (pp. 307-320). New York: Oxford University Press.

Blyth, D. A., Simmons, R. G., & Carlton-Ford, S. (1983). The adjustment of early adolescents to school transitions. *The Journal of Early Adolescence, 3*, 105-120.

Boislard, M. A. P., Dussault, F., Brendgen, M., & Vitaro, F. (2013). Internalizing and externalizing behaviors as predictors of sexual onset in early adolescence. *The Journal of Early Adolescence, 33*, 920-945.

Brown, S., & Guthrie, K. (2010). Why don't teenagers use contraception? A qualitative interview study. *The European Journal of Contraception and Reproductive Health Care, 15*, 197-204.

Buhrmester, D., & Furman, W. (1987). The development of companionship and intimacy. *Child Development, 58*, 1101-1113.

Buston, K., Williamson, L., & Hart, G. (2007). Young women under 16 years with experience of sexual intercourse: Who becomes pregnant? *Journal of Epidemiology and Community health, 61*, 221-225.

Card, N. A., Stucky, B. D., Sawalani, G. M., & Little, T. D. (2008). Direct and indirect aggression during childhood and adolescence: A meta-analytic review of gender differences, intercorrelations, and relations to maladjustment. *Child Development, 79*, 1185-1229.

Carr, C. L. (2007). Where have all the tomboys gone? Women's accounts of gender in adolescence. *Sex Roles, 56*, 439-448.

Caspi, A., Lynam, D., Moffitt, T. E., & Silva, P. A. (1993). Unraveling girls' delinquency: Biological, dispositional, and contextual contributions to adolescent misbehavior. *Developmental Psychology, 29*, 19-30.

Cesario, S. K., & Hughes, L. A. (2007). Precocious puberty: A comprehensive review of literature.

Journal of Obstetric, Gynecologic, & Neonatal Nursing, 36, 263–274.

Collins, W. A. (2003). More than myth: The developmental significance of romantic relationships during adolescence. *Journal of Research on Adolescence, 13*, 1–24.

Collins, W. A., & Russell, G. (1991). Mother–child and father–child relationships in middle childhood and adolescence: A developmental analysis. *Developmental Review, 11*, 99–136.

Compas, B. E., Oppedisano, G., Connor, J. K., Gerhardt, C. A., Hinden, B. R., Achenbach, T. M., & Hammen, C. (1997). Gender differences in depressive symptoms in adolescence: Comparison of national samples of clinically referred and nonreferred youths. *Journal of Consulting and Clinical Psychology, 65*, 617–626.

Connolly, J. A., & McIsaac, C. (2009). Romantic relationships in adolescence. In R. M. Lerner, & L. Steinberg (Eds.), *Handbook of adolescent psychology* (3rd ed., pp. 104–151). Hoboken, NJ: Wiley.

Conrade, G., & Ho, R. (2001). Differential parenting styles for fathers and mothers. *Australian Journal of Psychology, 53*, 29–35.

Crawford, T. N., Cohen, P., Midlarsky, E., & Brook, J. S. (2001). Internalizing symptoms in adolescents: Gender differences in vulnerability to parental distress and discord. *Journal of Research on Adolescence, 11*, 95–118.

Crockett, L. J., Raffaelli, M., & Moilanen, K. L. (2003). Adolescent sexuality: Behavior and meaning. *Faculty Publications, Department of Psychology, 245*, 372–392.

Crothers, L. M., Field, J. E., & Kolbert, J. B. (2005). Navigating power, control, and being nice: Aggression in adolescent girls' friendships. *Journal of Counseling & Development, 83*, 349–354.

Crouter, A. C., Whiteman, S. D., McHale, S. M., & Osgood, D. W. (2007). Development of gender attitude traditionality across middle childhood and adolescence. *Child Development, 78*, 911–926.

Cvencek, D., Meltzoff, A. N., & Greenwald, A. G. (2011). Math–gender stereotypes in elementary school children. *Child Development, 82*, 766–779.

Davis, A. (2013). Pediatrician or professional athlete? Gender, ethnicity, and occupational aspirations of urban adolescents. *Journal of Education for Students Placed at Risk, 18*, 141–152.

Diamond, L., & Savin-Williams, R. (2006). The intimate relationships of sexual minority youths. In G. R. Adams & M. D. Berzonsky (Eds.), *Blackwell Handbook of adolescence* (2nd ed., pp. 393–412). Malden, MA: Blackwell Publishing.

Doyle, A. B., & Markiewicz, D. (2005). Parenting, marital conflict and adjustment from early-to mid-adolescence: Mediated by adolescent attachment style? *Journal of Youth and Adolescence, 34,* 97-110.

Dweck, C. S., Davidson, W., Nelson, S., & Enna, B. (1978). Sex differences in learned helplessness: II. The contingencies of evaluative feedback in the classroom and III. An experimental analysis. *Developmental Psychology, 14,* 268-276.

Eccles, J. (2011). Gendered educational and occupational choices: Applying the Eccles et al. model of achievement-related choices. *International Journal of Behavioral Development, 35,* 195-201.

Ellis, B. J., Bates, J. E., Dodge, K. A., Fergusson, D. M., John Horwood, L., Pettit, G. S., & Woodward, L. (2003). Does father absence place daughters at special risk for early sexual activity and teenage pregnancy? *Child Development, 74,* 801-821.

Else-Quest, N. M., Mineo, C. C., & Higgins, A. (2013). Math and science attitudes and achievement at the intersection of gender and ethnicity. *Psychology of Women Quarterly, 37,* 293-309.

Feiring, C. (1996). Concepts of romance in 15-year-old adolescents. *Journal of Research on Adolescence, 6,* 181-200.

Fiebig, J. N. (2008). Gifted American and German adolescent women: A longitudinal examination of attachment, separation, gender roles, and career aspirations. *High Ability Studies, 19,* 67-81.

Flannery, D. J., Rowe, D. C., & Gulley, B. L. (1993). Impact of pubertal status, timing, and age on adolescent sexual experience and delinquency. *Journal of Adolescent Research, 8,* 21-40.

Foshee, V. A., Bauman, K. E., & Linder, G. F. (1999). Family violence and the perpetration of adolescent dating violence: Examining social learning and social control processes. *Journal of Marriage and the Family, 61,* 331-342.

Fredrickson, B. L., & Roberts, T. A. (1997). Objectification theory. *Psychology of Women Quarterly, 21,* 173-206.

Friedlander, L. J., Connolly, J. A., Pepler, D. J., & Craig, W. M. (2007). Biological, familial, and peer influences on dating in early adolescence. *Archives of Sexual Behavior, 36,* 821-830.

Frome, P., & Eccles, J. (1996, March). *Gender-role identity and self-esteem.* Poster session presented at the biennial meeting of the Society for Research on Adolescence, Boston.

Furnham, A., Badmin, N., & Sneade, I. (2002). Body image dissatisfaction: Gender differences in eating attitudes, self-esteem, and reasons for exercise. *The Journal of Psychology, 136,*

581-596.

Gestsdottir, S., Arnarsson, A., Magnusson, K., Arngrimsson, S. A., Sveinsson, T., & Johannsson, E. (2015). Gender differences in development of mental well-being from adolescence to young adulthood: An eight-year follow-up study. *Scandinavian Journal of Public Health*, doi: 10.1177/1403494815569864.

Ginzberg, E. (1988). Toward a theory of occupational choice. *The Career Development Quarterly, 36*, 358-363.

Gottfredson, L. S. (1996). Gottfredson's theory of circumscription and compromise. *Career Choice and Development, 3*, 179-232.

Graber, J. A., Lewinsohn, P. M., Seeley, J. R., & Brooks-Gunn, J. (1997). Is psychopathology associated with the timing of pubertal development? *Journal of the American Academy of Child & Adolescent Psychiatry, 36*, 1768-1776.

Guzmán, B. L., & Stritto, M. E. D. (2012). The role of socio-psychological determinants in the sexual behaviors of Latina early adolescents. *Sex Roles, 66*, 776-789.

Hallfors, D. D., Waller, M. W., Bauer, D., Ford, C. A., & Halpern, C. T. (2005). Which comes first in adolescence? Sex and drugs or depression? *American Journal of Preventive Medicine, 29*, 163-170.

Halpern, C. T., Spriggs, A. L., Martin, S. L., & Kupper, L. L. (2009). Patterns of intimate partner violence victimization from adolescence to young adulthood in a nationally representative sample. *Journal of Adolescent Health, 45*, 508-516.

Harter, S. (1993). Causes and consequences of low self-esteem in children and adolescents. In R. F. Baumeister (Eds.), *Self-esteem* (pp. 87-116). New York: Plenum Press.

Harter, S., Waters, P. L., & Whitesell, N. R. (1997). Lack of voice as a manifestation of false self-behavior among adolescents: The school setting as a stage upon which the drama of authenticity is enacted. *Educational Psychologist, 32*, 153-173.

Hatch, H., & Forgays, D. K. (2000). A comparison of older adolescent and adult females' responses to anger-provoking situations. *Adolescence, 36*, 557-570.

Hay, I., & Ashman, A. F. (2003). The development of adolescents' emotional stability and general self-concept: The interplay of parents, peers, and gender. *International Journal of Disability, Development and Education, 50*, 77-91.

Helwig, A. A. (1998). Occupational aspirations of a longitudinal sample from second to sixth grade. *Journal of Career Development, 24*, 247-265.

Hemmer, J. D., & Kleiber, D. A. (1981). Tomboys and sissies: Androgynous children? *Sex Roles,*

7, 1205-1212.

Henrich, C. C., Kuperminc, G. P., Sack, A., Blatt, S. J., & Leadbeater, B. J. (2000). Characteristics and homogeneity of early adolescent friendship groups: A comparison of male and female clique and nonclique members. *Applied Developmental Science, 4*, 15-26.

Herman-Giddens, M. E. (2007). The decline in the age of menarche in the United States: Should we be concerned? *Journal of Adolescent Health, 40*, 201-203.

Hill, J. P., & Lynch, M. E. (1983). The intensification of gender-related role expectations during early adolescence. In J. Brooks-Gunn & A. C. Peterson (Eds.), *Girls at puberty* (pp. 201-228). New York: Plenum Press.

Hosley, C. A., & Montemayor, R. (1997). Fathers and adolescents. In T. H. Ollendick, & R. J. Prinz (Eds.), *The role of the father in child development* (3rd ed., pp. 162-178). Hoboken, NJ: Wiley.

Huston, A. C., & Alvarez, M. M. (1990). The socialization context of gender role development in early adolescence. In R. Montemayor, G. R. Adams & T. P. Gullotta (Eds.), *From childhood to adolescence: A transitional period?* (pp. 156-179). Thousand Oaks, CA: Sage Publications.

Jaffee, S., & Hyde, J. S. (2000). Gender differences in moral orientation: A meta-analysis. *Psychological bulletin, 126*, 703-726.

Jessor, R. & Jessor, S. L. (1977). *Problem behavior and psychosocial development: A longitudinal study of youth.* New York: Academic Press.

Kail, R. V., & Cavanaugh, J. C. (2015). *Human development: A life-span view* (7th ed.). Boston, MA: Cengage Learning.

Kaltiala-Heino, R., Marttunen, M., Rantanen, P., & Rimpela, M. (2003). Early puberty is associated with mental health problems in middle adolescence. *Social Science & Medicine, 57*, 1055-1064.

Kimmel, M. S. (2004). Masculinity as homophobia: Fear, shame, and silence in the construction of gender identity. In P. S. Rothenberg (Eds.), *Race, Class, and Gender in the United States: An Integrated Study* (pp. 81-93). New York: Worth.

Kindlon, D. (2006). *Alpha girls: Understanding the new American girl and how she is changing the world.* New York: Rodale.

Kling, K. C., Hyde, J. S., Showers, C. J., & Buswell, B. N. (1999). Gender differences in self-esteem: a meta-analysis. *Psychological Bulletin, 125*, 470-500.

Klomsten, A. T., Skaalvik, E. M., & Espnes, G. A. (2004). Physical self-concept and sports: Do gender differences still exist? *Sex Roles, 50*, 119-127.

Larson, R., & Richards, M. H. (1991). Daily companionship in late childhood and early adolescence: Changing developmental contexts. *Child Development, 62*, 284-300.

Larson, R. W., & Richards, M. H. (1994). Family emotions: Do young adolescents and their parents experience the same states? *Journal of Research on Adolescence, 4*, 567-583.

Laursen, B. (1995). Conflict and social interaction in adolescent relationships. *Journal of Research on Adolescence, 5*, 55-70.

Leaper, C. (1991). Influence and involvement in children's discourse: Age, gender, and partner effects. *Child Development, 62*, 797-811.

Leaper, C., Farkas, T., & Brown, C. S. (2012). Adolescent girls' experiences and gender-related beliefs in relation to their motivation in math/science and English. *Journal of Youth and Adolescence, 41*, 268-282.

Leary, M. R., & MacDonald, G. (2003). Individual differences in selfesteem: A review and theoretical integration. In M. R. Leary & J. P. Tangney (Eds.), *Handbook of self and identity* (pp. 401-418). New York: Guilford Press.

Levesque, R. J. (1993). The romantic experience of adolescents in satisfying love relationships. *Journal of Youth and Adolescence, 22*, 219-251.

Lurye, L. E., Zosuls, K. M., & Ruble, D. N. (2008). Gender identity and adjustment: Understanding the impact of individual and normative differences in sex typing. *New Directions for Child and Adolescent Development, 120*, 31-46.

Ma, Z., Zeng, W., & Ye, K. (2015). Gender differences in chinese adolescents' subjective well-being: The mediating role of self-efficacy. *Psychological Reports, 116*, 311-321.

Madkour, A. S., Farhat, T., Halpern, C. T., Godeau, E., & Gabhainn, S. N. (2010). Early adolescent sexual initiation as a problem behavior: A comparative study of five nations. *Journal of Adolescent Health, 47*, 389-398.

Marín, B. V., Kirby, D. B., Hudes, E. S., Coyle, K. K., & Gómez, C. A. (2006). Boyfriends, girlfriends and teenagers' risk of sexual involvement. *Perspectives on Sexual and Reproductive Health, 38*, 76-83.

Marston, C., & King, E. (2006). Factors that shape young people's sexual behaviour: A systematic review. *Lancet, 368*, 1581-1586.

Martin, C. L. (1990). Attitudes and expectations about children with nontraditional and traditional gender roles. *Sex Roles, 22*, 151-166.

Matlin, M. W. (2011). *The psychology of women* (7th ed.). Belmont, CA: Wadsworth.

McHale, S. M., Kim, J. Y., Dotterer, A. M., Crouter, A. C., & Booth, A. (2009). The development of gendered interests and personality qualities from middle childhood through adolescence: A biosocial analysis. *Child Development, 80*, 482–495.

McKinney, C., & Renk, K. (2008). Differential parenting between mothers and fathers: Implications for late adolescents. *Journal of Family Issues, 29*, 806–827.

McWhirter, J. J., McWhirter, B. T., McWhirter, E. H., & McWhirter, R. J. (2012). At risk youth: A comprehensive response for counselors, teachers, psychologists, and human service professionals (5th ed.). Belmont, CA: Brooks/Cole.

Mendelson, B. K., White, D. R., & Mendelson, M. J. (1996). Self-esteem and body esteem: Effects of gender, age, and weight. *Journal of Applied Developmental Psychology, 17*, 321–346.

Mendez, L. M. R., & Crawford, K. M. (2002). Gender-role stereotyping and career aspirations: A comparison of gifted early adolescent boys and girls. *Prufrock Journal, 13*, 96–107.

Mendle, J., & Ferrero, J. (2012). Detrimental psychological outcomes associated with pubertal timing in adolescent boys. *Developmental Review, 32*, 49–66.

Michaud, P.-A., Suris, J.-C., & Deppen, A. (2006). Gender-related psychological and behavioural correlates of pubertal timing in a national sample of Swiss adolescents. *Molecular and Cellular Endocrinology, 254*, 172–178.

Miller, B. C., Norton, M. C., Curtis, T., Hill, E. J., Schvaneveldt, P., & Young, M. H. (1997). The timing of sexual intercourse among adolescents family, peer, and other antecedents. *Youth & Society, 29*, 54–83.

Miller, J., & White, N. A. (2003). Gender and adolescent relationship violence: A contextual examination. *Criminology, 41*, 1207–1248.

Molidor, C., & Tolman, R. M. (1998). Gender and contextual factors in adolescent dating violence. *Violence Against Women, 4*, 180–194.

Morgan, B. L. (1998). A three generational study of tomboy behavior. *Sex Roles, 39*, 787–800.

Morrison, T. G., Kalin, R., & Morrison, M. A. (2004). Body-image evaluation and body-image investment among adolescents: A test of sociocultural and social comparison theories. *Adolescence, 39*, 571–572.

Nadeem, E., & Graham, S. (2005). Early puberty, peer victimization, and internalizing symptoms in ethnic minority adolescents. *The Journal of Early Adolescence, 25*, 197–222.

Neemann, J., Hubbard, J., & Masten, A. S. (1995). The changing importance of romantic relationship involvement to competence from late childhood to late adolescence. *Development and Psychopathology, 7*, 727–750.

Noakes, M. A., & Rinaldi, C. M. (2006). Age and gender differences in peer conflict. *Journal of*

Youth and Adolescence, 35, 881-891.

Novakovic, A., & Fouad, N. A. (2013). Background, personal, and environmental influences on the career planning of adolescent girls. *Journal of Career Development, 40*, 223-244.

O'Brien, K. M., & Fassinger, R. E. (1993). A causal model of the career orientation and career choice of adolescent women. *Journal of Counseling Psychology, 40*, 456-469.

Orr, E., & Ben-Eliahu, E. (1993). Gender differences in idiosyncratic sex-typed self-images and self-esteem. *Sex Roles, 29*, 271-296.

Passolunghi, M. C., Ferreira, T. I. R., & Tomasetto, C. (2014). Math-gender streotypes and math-related beliefs in childhood and early adolescence. *Learning & Individual Differences, 34*, 70-76.

Peltzer, K. (2010). Early sexual debut and associated factors among in-school adolescents in eight African countries. *Acta Paediatrica, 99*, 1242-1247.

Polce-Lynch, M., Myers, B. J., Kliewer, W., & Kilmartin, C. (2001). Adolescent self-esteem and gender: Exploring relations to sexual harassment, body image, media influence, and emotional expression. *Journal of Youth and Adolescence, 30*, 225-244.

Renk, K., Liljequist, L., Simpson, J. E., & Phares, V. (2005). Gender and age differences in the topics of parent-adolescent conflict. *The Family Journal, 13*, 139-149.

Rice, F. P., & Dolgin, K. G. (2008). *The adolescent: Development, relationships, and culture* (12th ed.). Boston, MA: Allyn & Bacon.

Robins, R. W., Trzesniewski, K. H., Tracy, J. L., Gosling, S. D., & Potter, J. (2002). Global self-esteem across the life span. *Psychology and Aging, 17*, 423-434.

Rose, A. J., Swenson, L. P., & Waller, E. M. (2004). Overt and relational aggression and perceived popularity: Developmental differences in concurrent and prospective relations. *Developmental Psychology, 40*, 378-387.

Russell, A., & Saebel, J. (1997). Mother-son, mother-daughter, father-son, and father-daughter: Are they distinct relationships? *Developmental Review, 17*, 111-147.

Sadker, M., & Sadker, D. (1994). *Failing at fairness: How America's schools short change girls.* New York: Touchstone.

Savin-Williams, R. C., & Diamond, L. M. (2000). Sexual identity trajectories among sexual-minority youths: Gender comparisons. *Archives of Sexual Behavior, 29*, 607-627.

Scott, A. B., & Mallinckrodt, B. (2005). Parental emotional support, science self-efficacy, and choice of science major in undergraduate women. *The Career Development Quarterly, 53*, 263-273.

Shulman, S., & Scharf, M. (2000). Adolescent romantic behaviors and perceptions: Age-and gender-related differences, and links with family and peer relationships. *Journal of Research on Adolescence, 10,* 99-118.

Sikora, J., & Saha, L. J. (2009). Gender and professional career plans of high school students in comparative perspective. *Educational Research and Evaluation, 15,* 385-403.

Simmons, R. G., & Blyth, D. A. (1987). *Moving into adolescence: The impact of pubertal change and school context.* New York: A. de Gruyter.

Skoe, E. E. (1995). Sex role orientation and its relationship to the development of identity and moral thought. *Scandinavian Journal of Psychology, 36,* 235-245.

Smetana, J. G., Campione-Barr, N., & Metzger, A. (2006). Adolescent development in interpersonal and societal contexts. *Annual Review of Psychology, 57,* 255-284.

Smith, T. E., & Leaper, C. (2006). Self-Perceived Gender Typicality and the Peer Context During Adolescence. *Journal of Research on Adolescence, 16,* 91-104.

Spelke, E. S. (2005). Sex differences in intrinsic aptitude for mathematics and science?: A critical review. *American Psychologist, 60,* 950-958.

Spriggs, A. L., & Halpern, C. T. (2008). Sexual debut timing and depressive symptoms in emerging adulthood. *Journal of Youth and Adolescence, 37,* 1085-1096.

Størksen, I., Røysamb, E., Holmen, T. L., & Tambs, K. (2006). Adolescent adjustment and well-being: Effects of parental divorce and distress. *Scandinavian Journal of Psychology, 47,* 75-84.

Steffens, M. C., Jelenec, P., & Noack, P. (2010). On the leaky math pipeline: Comparing implicit math-gender stereotypes and math withdrawal in female and male children and adolescents. *Journal of Educational Psychology, 102,* 947-963.

Steinberg, L. (2011). *Adolescence* (9th ed.). New York: McGraw Hill.

Stice, E., & Bearman, S. K. (2001). Body-image and eating disturbances prospectively predict increases in depressive symptoms in adolescent girls: A growth curve analysis. *Developmental Psychology, 37,* 597-607.

Stice, E., Presnell, K., & Bearman, S. K. (2001). Relation of early menarche to depression, eating disorders, substance abuse, and comorbid psychopathology among adolescent girls. *Developmental Psychology, 37,* 608-619.

Stice, E., & Shaw, H. E. (1994). Adverse effects of the media portrayed thin-ideal on women and linkages to bulimic symptomatology. *Journal of Social and Clinical Psychology, 13,* 288-308.

Suvivuo, P., Tossavainen, K., & Kontula, O. (2009). Contraceptive use and non-use among teenage girls in a sexually motivated situation. *Sex Education, 9*, 355–369.

Tenenbaum, H. R., & Leaper, C. (2003). Parent–child conversations about science: The socialization of gender inequities? *Developmental Psychology, 39*, 34–47.

Ter Bogt, T. F., van Dorsselaer, S. A., Monshouwer, K., Verdurmen, J. E., Engels, R. C., & Vollebergh, W. A. (2006). Body mass index and body weight perception as risk factors for internalizing and externalizing problem behavior among adolescents. *Journal of Adolescent Health, 39*, 27–34.

Udell, W., Sandfort, T., Reitz, E., Bos, H., & Dekovic, M. (2010). The relationship between early sexual debut and psychosocial outcomes: A longitudinal study of Dutch adolescents. *Archives of Sexual Behavior, 39*, 1133–1145.

Udry, J. R. (1988). Biological predispositions and social control in adolescent sexual behavior. *American Sociological Review, 53*, 709–722.

Urberg, K. A., Değirmencioğlu, S. M., Tolson, J. M., & Halliday-Scher, K. (1995). The structure of adolescent peer networks. *Developmental Psychology, 31*, 540–547.

Zimmer–Gembeck, M. J., & Helfand, M. (2008). Ten years of longitudinal research on US adolescent sexual behavior: Developmental correlates of sexual intercourse, and the importance of age, gender and ethnic background. *Developmental Review, 28*, 153–224.

Zimmer–Gembeck, M. J., Siebenbruner, J., & Collins, W. A. (2001). Diverse aspects of dating: Associations with psychosocial functioning from early to middle adolescence. *Journal of Adolescence, 24*, 313–336.

제5장

인지와 성취동기에서의 성차

정윤경

인지적 능력에서 여성과 남성의 차이를 자주 경험하지만 이에 대한 과학적인 증거들은 우리가 생각하는 것만큼 분명하지는 않다. 실제로 Maccoby와 Jacklin(1974)은 1,500개 이상 연구들의 개관을 통해 인지적 능력에서 남녀의 차는 거의 없다고 결론을 내리기도 하였다. 그럼에도 불구하고 최근의 연구들은 인지적 능력이나 성취와 관련한 태도에서 신뢰할 만한 성차가 있음을 보고하고 있다. 어떤 인지적 영역에서는 영유아기의 어린 시절 남녀차가 뚜렷이 나타나다가 발달과 더불어 사라지며, 다른 인지적 영역에서는 사회적 영향이 남아와 여아에게 다르게 작용하여 그 유능성이 서로 다르게 촉진된다.

한편, 인지적 능력의 발달은 성취에 대한 태도와 밀접히 관련된다. 특정 영역에 대한 개인적 흥미나 자신감, 그리고 성공과 실패에 대한 경험은 개인이 어떤 활동에 열정적으로 참여하고 지속적으로 활동할지를 결정할 것이기 때문이다(Bandura, 1997; Eccles, Wigfield, & Schiefele, 1998). 이러한 참여는 해당 영역의 인지적 성장을 촉진할 것이다. 따라서 인지적 유능성의 성차를 논의하기 위해서는 단순히 인지적 능력의 성차를 논하기보다는 각 영역에 대한 남녀의 태도의 차이를 함께 고려해야 할 것이다. 이 장에서는 인지와 성취동기에서 경험적으로 검증된 성차를 기술하고 이를 이해하고자 하였다.

1. 인지적 능력에서의 성차

1) 지능 및 고등사고

성차와 관련하여 대부분 사람이 궁금해하는 가장 일반적인 질문은 아마도 '남자와 여자 중 누가 더 머리가 좋을까?'일 것이다. 이 질문에 대한 가장 적절한 답은 지능검사로 측정되는 IQ 점수를 통해 얻을 수 있을 것이다. 그런데 성차가 거의 나타나지 않는 인지 영역 중 하나가 바로 지능 지수다(Halpern, 2001; Herlitz & Yonker, 2002; Hines, 2007; Johnson, Jung, Colom, & Haier, 2008). 남성의 IQ 점수는 여성의 점수보다 더 큰 변산성, 즉 더 큰 개인차가 나타나지만 두 집단의 평균은 유사하다(Halpern, 2006a). 이는 지능검사가 개발될 때 성별에 따른 차이를 최소화하도록 만들었기 때문일 수도 있다(Brody, 1992). 지능검사 도구를 제작할 때 연구자들은 여성과 남성의 답변에 유의미한 차이가 있는 것을 제외하거나 균형을 맞추기 위해 문항을 정교하게 개발하였다는 것이다. 따라서 단순히 지능의 총점을 비교하여 두 성별의 인지적 차이를 논하는 것은 불가능할 수 있다.

일반적 지능을 비교할 수 있는 다른 영역 중 하나는 아마도 학업 성취인데, 수많은 연구 결과는 거의 모든 과목에서 여아가 남아보다 우수함을 증명하고 있다. 가령, 미국의 국가교육통계국의 자료에 따르면, 초등학교와 중·고등학교 교과 과정에서 여아들이 남아보다 높은 성적을 보이고 있다(Snyder, Dillow, & Hoffman, 2009). 심지어 전통적으로 남자의 영역으로 간주되어 온 수학이나 과학 과목에서도 여학생들이 더 우수한 성적을 나타냈다(Coley, 2002). 학업성취와 관련된 성차에 대해서 일부 학자는 이러한 결과를 단순히 지능의 차이보다는 여학생들이 남학생보다 더 학교 과정과 교사를 충실히 따르는 비인지적 영역에서의 유능함이나 노력의 결과로 해석한다. 다시 말해, 두 집단 간 지능 차이의 증거로 학업성취 또한 적당하지 않다는 것이다.

고차적 사고를 요구하는 다른 인지적 과제에서도 성차는 유의미하게 나타나지 않는다. 예를 들어, 남성과 여성은 개념을 형성하거나 다양한 복잡한 문제 해결에서 유사한 수준의 유능성을 보인다(Ellis et al., 2008; Kiefer & Shih, 2006; Kimura, 1992; Meinz & Salthouse, 1998). 또한 많은 연구는 창의적 문제해결 과제를 수행할 때에도 두 집단의 수행 수준이 유사함을 밝히고 있다(Baer & Kaufman, 2008; Ellis et al., 2008).

요컨대, 대부분의 경험적 증거는 일반적 지능이나 고등 인지 능력에서는 남성과 여성이 전반적으로 유사하다는 사실을 제안하고 있다. 따라서 성차를 주장하는 다른 인지 영역에서의 결과를 검토할 때도 이러한 유사성을 염두에 두어야 한다.

2) 지각 및 주의

Baker(1987)가 지각 및 주의에서 남녀 차이를 개관한 이래 수많은 연구자가 감각의 예민성과 변별력에서의 성차를 분석하여 보고하고 있다. 먼저, 청각에서는 여성이 남성에 비해 더 예민한 지각력을 가지고 있음이 밝혀졌다. 가령, 여성들은 남성에 비해 고주파 소리를 더 잘 탐지하고 청각 자극에 대한 역치가 낮아 작은 소리도 더 잘 들을 수 있다(Al-Mana, Ceranic, Djahanbakch, & Luxon, 2008). 또한 노년기 청각 연구에서 60세에서 70세 사이에서는 남성이 여성보다 청각 손실이 더욱 심하게 나타났지만(Pratt et al., 2009), 65세에서 90세의 중국 노인을 대상으로 한 연구에서는 청각 손실의 성차가 나타나지 않았다(Wang, Zheng, Kurosawa, & Inaba, 2009). 이와 같은 청각 손실에 대한 성차에 대하여 연구자들은 생물학적 원인보다는 흡연, 강한 소음에 대한 노출, 혈관계 질환과 관련된 환경적 요인에 더 큰 무게를 두고 있다.

여성이 남성에 비해 확실히 우월한 능력을 보이는 감각 영역은 바로 후각이다. 그 차이가 아주 크지는 않지만 후각에서의 남녀 차이는 아동기에서 노인기까지 전 생애에 걸쳐 일관되게 나타난다(Doty et al., 1984). Monnery-Patris, Rouby, Nicklaus와 Issnchou(2009)의 연구에 따르면, 냄새를 탐지하고 구별하는 능력은 4세에서 12세까지 발달하며 계속해서 여아가 남아에 비해 우월하다. 이러한 결과에 대하여 연구자들은 여아가 남아보다 실제로 냄새에 예민하기보다는 이를 언어적으로 보고하고 기술하는 능력이 우수하기 때문이라고 주장하기도 하지만, 후각에서의 성차의 존재를 부정할 수는 없는 것 같다.

인간의 지각에서 가장 중요하게 간주되는 시각에서도 성차에 대한 경험적 증거들이 존재한다. 우선, 40세 이전까지 남성은 여성에 비해 역동적 시지각(dynamic visual perception, 시야에서 작은 움직임을 탐지하고 지각하는 것) 능력이 우수하다. 노화에 기인한 원거리 지각 능력의 저하도 남성에 비해서 여성에게 더 먼저 나타난다. 시지각에서의 성차에 대한 설명 또한 환경적 요인에서 찾을 수 있다(Ward et al., 2008). 즉, 남자들은 축구와 같이 움직이는 대상을 따르는 게임이나 활동을 여성에 비해 더 많이 하기 때문에 움직임을 지각하고 탐지하는 능력이 상대적으로 더 발달한다는 것이다. 색지각에서도 남녀 차이가 보고되고 있는데, 남성이 여성에 비해서 색맹이 더 많으며(McIntyre, 2002), 색 대응 과제에서도 남성과 여성은 적녹색으로 색을 구별하는 데서 남성과 여성 간 분명한 차이를 나타냈다(Pardo, Perez, Suero, 2007).

자극을 선택하여 주의를 집중하고 이를 이동하고 조절하는 주의 조절 과정은 모든 인지 과정의 핵심적 선행 요건이다. 이러한 주의 조절 과정에서 어떠한 성차가 존재하는지 구체적으로 기술하기는 어렵지만, 분명한 것은 과도한 행동과 함께 주의력결핍 과잉행동장애(ADHD)로 진단되는 심리적 장애는 여아보다 남아에게서 유의미하게 높은 비율로 나타난다는 것이다(Biederman et al., 2002). 연구자들은 이러한 주의 조절 과정에서 성차가 아주 어린 시기부터 존재하는지 영아 연구를 통해 밝히고자 하였다. 수십 년간 영아를 대상으로 수많은 연구를 수행한 Spelke(2005)는 영아기 초기에 남아와 여아의 주의 선택에는 유의미한 차이가 없음을 분명히 밝히고 있다. 반면에 Alexander, Wilcox와 Woods(2009)는 5.5개월 영아들을 대상으로 장난감 선호 연구를 한 결과, 남아들은 트럭과 인형을 유사한 수준으로 응시하였으나, 여아의 경우 트럭보다 인형을 더 많이 응시

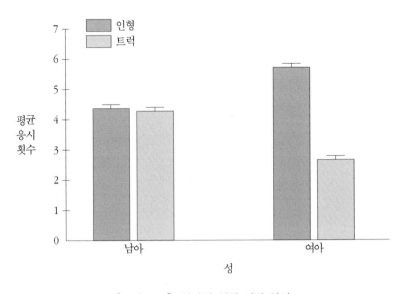

[그림 5-1] 영아의 성별 지각 차이

여자 영아는 트럭보다 인형을 더 오래 응시하는 반면, 남자 영아는 두 대상을 유사하게 응시한다.

출처: Wilcox & Woods (2009).

하는 것을 발견하고([그림 5-1] 참조), 인생 초기부터 남녀는 서로 다른 주의 양식을 가지고 있음을 제안하였다. 이러한 영유아기 주의 양식의 차이에 대해 연구자들은 인생 초기부터 이미 남아와 여아는 다른 자극이 제공되고 다른 방식으로 환경을 경험하기 때문에 주의 과정의 발달에 차이가 나타남을 주장하기도 한다. 한편, 주의 과정에서 핵심적 능력으로 간주되는 것은 과제 요구에 따라 자극의 한 측면에서 다른 측면으로 주의를 집중하고 이동하는 주의 조절 능력이다. 이러한 주의 조절 능력은 실행기능(executive function)이라고도 일컬어지며, 다양한 유형의 과제로 그 능력이 측정된다. 이러한 능력에서 유아기 성차를 연구한 국내의 연구에서는 3~4세에서는 규칙에 따라 차원을 변경하여 카드를 분류해야 하는 이중 차원 카드 분류 과제(Dual Dimension Card Sorting task)에서 남아가 여아보다 높은 수행 능력을 나타냈지만, 5~7세 아동에게서는 성차가 나타나지 않음을 밝혔다(박혜원, 이임주, 2013).

3) 기억

기억에 관한 오랜 연구들은 대부분 유형의 기억 과제에서 여성이 남성에 비해 더 우월함을 제안하고 있다(Allen, 1927). 그러나 기억이라는 것은 하나의 응집된 능력이라기보다는 기억 내용과 과제에 따라 다양한 능력을 요구하는 과정으로, 그 성차를 이해하기 위해서는 전반적인 메타분석 결과보다는 서로 다른 유형의 기억 과제에서 나타난 경험적 증거들을 통해 논의해야 한다.

기억 과제 중 가장 단순한 과제는 일련의 단어 목록을 제시하고 잠시 후 그 단어들을 기억하도록 요구하는 것인데 일반적으로 여성들이 남성들보다 더 정확하게 반응한다 (Herlitz & Rehnman, 2008; Herlitz & Yonker, 2002; Larsson, Lövdén, & Nilsson, 2003; Maitland, Merlitz, Nyberg, Bäckman, & Nilsson, 2004; Thilers, MacDonald, & Herlitz, 2007). 하지만 목록에 있는 항목의 유형이 남녀의 수행 결과에 영향을 미칠 수 있다(Herrmann, Crawford, & Holdsworth, 1992). 가령, Colley, Ball, Kirby, Harney와 Vingelen(2002)에 따르면 기억 목록에 '식료품 가게' 또는 '공구 가게'라는 이름을 붙였을 경우 '식료품 가게' 목록에서는 여자가 남자보다 많은 항목을 회상하였으나 '공구 가게' 목록에서는 남자와 여자가 비슷한 수의 항목을 회상하였다.

자신의 삶 속에서 언제 어디서 어떤 일이 일어났는지 기억하는 일화 기억에서도 여성이 남성보다 높은 수행을 보인다(Colley et al., 2002; Ellis et al., 2008; Fivush & Nelson, 2004). 이것은 어머니들이 아들보다는 딸들에게 어린 시절부터 정서적 주제에 대한 이야기를 더 많이 하기 때문일 수도 있다. 즉, 여아들은 어머니와 개인적 사건에 대한 이야기를 하고 정서적으로 경험한 내용을 나누면서 사건에 대한 기억을 강하고 정교하게 저장할 기회를 더 많이 가질 수 있다는 것이다(Fivush & Nelson, 2004). 실제로 인지심리학 연구 결과에 따르면, 특정 영역에서 실무 경험과 전문지식을 가진 사람이 비전문가보다 더욱 정확하게 기억한다(Matlin & Ruble, 2009). 그러므로 이와 같은 기억에서의 성차는 순수한 기억에서의 차이라기보다는 삶의 사건에 대한 경험이 남성보다는 여성에게 더욱 전문적 영역이고 더 많은 시연과 정교화를 통해 이루어진 결과일 수 있다.

비언어적 자극을 대상으로 한 기억 과제에서도 많은 연구는 여성이 남성에 비해 높은 수행 능력을 나타냄을 보고하고 있다. 가령, 얼굴 인식 과제에서 여성은 남성에 비해 높은 수행 능력을 보인다(Ellis et al., 2008; Herlitz & Yonker, 2002; Lewin & Herlitz, 2002). 여성들은 최근에 본 얼굴을 알아보고 이름을 기억하는 데 더 정확하다(Herlitz & Kabir, 2006). 이러한 성차는 자신과 다른 인종 집단의 얼굴을 기억할 때에도 나타났다. 가령, Rehnman, Lindholm과 Herlitz(2007)는 스웨덴 여성들이 남성들에 비해 방글라데시인의 얼굴을 더욱 정확하게 인식함을 보여 주었다. 이는 사람의 얼굴에 나타난 정서를 인식하고 기억하는 데서 여성의 능력이 더 우월한 것과도 관련성이 있을 것이다(Gur & Gu,

2010). 여성은 또한 사람들의 머리, 의상과 같이 세세한 부분을 회상하는 데서 남성보다 더 정확하게 수행하였다(Schmid & Hall, 2006). 이 밖에도 여성들은 남성들에 비해 이전에 본 물건을 기억하거나 그것을 어디서 보았는지를 기억하는 과제에서 훨씬 높은 수행 능력을 보인다(Voyer et al., 2007). 그러나 추상적 모양을 기억하는 과제에서는 남성과 여성 간에 수행능력의 차이가 없었다(Ferguson, Cruz, & Rueda, 2008; Herlitz & Yonker, 2002).

요컨대, 수많은 연구는 여자가 다양한 종류의 기억 과제에서 남자보다 뛰어나다는 점을 제안한다. 하지만 이러한 차이를 확고한 결론으로 주장하기 위해서는 더 많은 연구와 분석이 필요하다. 기억은 복잡한 인지적 구조 및 과정을 포함한 역동적 체계로, 기억 수행에 영향을 미치는 변인은 아주 다양하다. 개인의 지식이나 흥미, 그리고 동기에 따라 무엇을 얼마나 잘 기억할지를 결정하는 데 중요한 요인이 될 수 있기 때문이다. 그럼에도 불구하고 지금까지의 연구 결과들은 여성이 단어, 삶의 사건들, 얼굴, 물체 기억 과제에서 높은 수행 능력을 보임을 증명하고 있다.

4) 언어적 능력

대부분의 사람은 여성이 남성에 비해 언어 영역에서 그 능력이 우월할 것으로 기대한다. 그러나 실제 경험적 자료들은 몇몇 언어 과제에서만 여성이 남성보다 약간 높은 점수를 얻을 뿐이며 전반적으로는 성별 유사성이 더욱 두드러진다(Caplan & Caplan, 2009). 또한 언어 능력도 다른 인지적 영역과 마찬가지로 여러 하위 능력을 포함한다. 따라서 성차의 크기는 각 영역에 따라 다르게 나타난다. 일반적 언어 능력과 읽기장애 영역에서의 성차 연구를 통해 이를 살펴보기로 하겠다.

(1) 일반적 언어 능력

학령전기 언어 발달에 대한 성별 비교 연구는 미흡한 실정이지만 몇몇 초기 연구자는 2세 이전에 여아가 남아보다 많은 수의 단어를 구사하다가 3세가 되면서 유사해짐을 보고한다(Eisenberg, Martin, & Fabes, 1996; Huttenlocher, Haight, Bryk, Seltzer, & Lyons, 1991; Jacklin & Maccoby, 1983). 또한 대부분의 학령전기 아동을 대상으로 한 언어발달 연구에서는 성차보다 유사성이 더 많이 발견되었다(Hyde & Grabe, 2008; Hyde & Lindberg, 2007; Kidd & Lum, 2008). 초등학교에서도 쓰기, 언어 사용, 그리고 읽기에서 여학생들이 조금 높은 점수를 얻었지만 큰 차이를 나타내지는 않았다(Willingham & Cole, 1997). 청소년과 성인을 대상으로 한 연구에서도 철자, 단어, 단어 조합, 독해, 제2외국어 학습과 같은 언어 기술의 획득에서 성별 유사성을 나타낸다(Madu & Kasanga, 2005; Maitland et al., 2004). 미국 학생들을 대상으로 표준화된 검사를 실시하여 얻은 결과는 언어 능력에 대해 다른 연구자들과 동일한 결론에 도달하였다(Feingold, 1988; Hedges & Nowell, 1995; Willingham & Cole, 1997). 대학생을 대상으로 한 연구에서도 영어, 문학, 그리고 몇몇 외국어 영역에서 성차는 유의미하지 않았다(Stumpf & Stanley, 1998). Hyde와 Linn(1988)이 실시한 전반적 언어 능력에서의 성별 비교에 대한 메타분석에서도 평균 효과는 근소한 차이로 여성이 앞섰지만, 이는 0에 아주 가까운 값이기 때문에 Hyde와 Linn은 전반적 성차가 없다고 결론지었다.

하지만 언어 유창성(verbal fluency: 특정 규칙에 맞게 다양한 단어를 생산해 내는 능력)에서는 여성이 남성보다 높은 수준을 보인다. 가령, 'S'로 시작하는 단어를 가능한 한 많이 찾는 과제에서 여성이 남성보다 높은 수행 능력을 보였다(Halpern, 2000, 2001; Halpern & Tan, 2001; Maitland et al., 2004; Ullman, Miranda, & Travers, 2008). 또한 최근 연구들에서 여성은 쓰기 능력 검사에서 남성보다 높은 점수를 획득하였다(Ellis et al., 2008; Halpern, 2004, 2006a; Halpern et al., 2007).

(2) 읽기장애

일반적으로 남성이 여성보다 언어 문제가 더 많다. 실제로 학교에서 남아들은 여아들에 비해 읽기장애가 더 빈번하게 나타난다(Halpern, 2000). 그러나 Shaywitz, Shaywitz, Fletcher와 Escobar(1990)는 남학생이 여학생보다 읽기에 어려움이 있다기보다는 교사가 활동적이고 주의력이 떨어지는 남학생들이 읽기장애가 있다고 생각하여 이를 진단받도록 의뢰하는 경우가 많기 때문이라고 지적한다. 또한 Shaywitz 등(1990)은 남녀 간의 읽기 능력 차이가 계속되기보다는 초등학교 3학년에서 6학년 사이에 사라지는 것을 증명하였다. 국내의 연구자들도 읽기 발달에서 차이가 없다는 결론을 내리고 있어(서홍욱, 2002), 읽기 발달에서의 남녀 차이에 대한 상반된 결론이 공존하고 있음을 알 수 있다.

그럼에도 불구하고 읽기장애에 대한 객관적 자료들은 여아보다는 남아들에게 더 많이 나타남을 보고하고 있다. 먼저 Shaywitz 등(1990)은 남아가 여아에 비해 1.2배가량 더 많이 읽기장애를 보인다고 보고했다. Rutter 등(2004)은 뉴질랜드 아동을 대상으로 읽기장애에 대한 분석을 시행한 결과 남아가 여아보다 2배 더 읽기장애가 있다는 사실을 발견하여 지역에 따라 읽기장애의 성비가 다르게 나타남을 제안하였다. 무엇보다도, 실제

로 학교 현장에서는 여학생의 4, 5배 정도의 남학생들이 읽기장애가 있는 것으로 보고
되고 있다. 이는 남녀 간의 언어 발달의 순수한 차이에 의한 것이라기보다는, 주의 조절
이나 행동 통제에 더 큰 어려움을 갖는 남학생의 읽기 문제가 더욱 두드러지게 나타나
교사들이 쉽게 발견하고 읽기장애로 진단되는 경우가 많기 때문이기도 하다(Shaywitz et
al., 1990). 반면, 자신의 행동 통제를 하는 데 더 숙련된 여학생들은 정말로 읽기장애가
있더라도 조용히 의자에 앉아서 자신의 문제를 숨길 수 있다는 것이다. 언어 능력에 대
한 연구 결과들은 여아들에 비해 남아들이 읽기에 어려움이 있는 것은 분명하나 측정치
에 따라 성차의 패턴이 다름을 제안하고 있다.

5) 수학적 능력

수학적 능력은 연구자나 교육자들에게, 그리고 대부분의 사람에게 가장 주목을 받는
인지적 능력이다(Halpern et al., 2007). 많은 사람은 수학적 능력에서는 남자가 여자보다
훨씬 우월할 것으로 기대한다. 그러나 대부분의 연구 결과는 여성과 남성 모두 고등학
교 과정에서 동일한 수학 과정을 완수하며(Lacampagne, Campbell, Herzig, Damarin, &
Vogt, 2007; Shapka, Domene, & Keating, 2008; Spelke & Grace, 2007), 수학적 능력에서 성차
가 발견되지 않음을 보고하고 있다(Halpern et al., 2007). 이 절에서는 수학적 개념의 이해
와 수학적 사고를 포함하는 일반적 수학 능력에서의 성차를 살펴본 다음, 학교 과목에
서의 수학 성취의 성차를 기술하고자 한다.

(1) 일반적 수학 능력

수 개념이나 수 세기, 그리고 수리적 추론의 기본적 능력의 발달에 대한 대부분의 연
구에서는 남아와 여아 간 유의미한 차이를 발견하지 못했다. 수 개념의 발달적 기초를
탐색한 수많은 영아 연구 중 어느 것도 성차를 보고한 것은 거의 없다(Antell & Keating,
1983). 수 세기를 시작하는 유아의 수 개념, 그리고 수리적 조작능력(예: 덧셈, 뺄셈)에 대
한 연구에서도 연령에 따른 차이는 나타났으나 성별에 따른 차이는 유의미하지 않았다
(Huttenlocher, Jordan, & Levine, 1994; Mix, 1999a, 1999b). 또한 아동기의 수리적 추론 발달
의 핵심인 확률적·비율적 추론에서도 유아기에서 청소년 초기까지 연령에 따른 차이
는 유의미하였으나 모든 발달적 단계에서 성별에 따른 차이는 없었다(Boyer, Levine, &
Huttenlocher, 2008).

수학적 능력과 관련된 개념이나 사고의 수준을 측정하는 수학 성취 검사를 대상으로 한 대부분 연구에서도 남녀 학생 간 유사한 수행 능력이 나타났다. 예컨대, 학생 총 300만 명의 표준 점수를 조사한 100개의 연구를 분석한 Hyde, Fennema와 Lamon(1990)은 모든 표본 및 모든 검사에서 유의미한 성차를 발견하지 못했다. 미국의 국가교육통계국 (National Center for Education Statistics, 2004)의 조사에서도 표준화된 수학 검사에서는 여자·남자 중학생 간에 어떠한 통계적 차이도 나타나지 않았다. Hyde, Lindberg, Linn, Ellis와 Williams(2008)는 이러한 연구 결과에 대하여 추가적인 증거를 제공하였는데, 이들은 미국의 10개 주에 있는 학생 720만 명의 점수를 분석하였고 2학년에서 11학년(고등학교 2학년)까지 모든 연령에 걸쳐 남녀 간의 유사성을 발견하였다. 이 결과는 고차원적이고 복합적인 수학 문제 검사를 포함하였을 때에도 나타났다. 일반적 수학 능력에 대한 연구 결과들은 수학 능력에서의 남녀 간 유사성을 명백하게 밝힌다. 하지만 34개국에서의 수학 점수에 대한 성차 분석 결과는 조금 달랐다. 이 중 16개 국가에서는 여학생보다 남학생의 평균점수가 높았으며, 다른 16개 국가에서는 남학생보다 여학생의 평균점수가 더 높았다. 나머지 2개국에서는 여학생과 남학생 간 유사한 평균점수를 나타내, 국가 간 성차가 다르게 나타남을 시사하였다.

(2) 수학적 학업 성취

수학 학업 성취에서 남학생과 여학생의 차이는 꾸준히 다루어지고 있는 연구 주제다. 국내에서도 지난 50년 동안 남녀 학생의 수학 학업 성취도에 대한 조사가 이루어지고 있는데, 초기 연구에서는 남학생이 여학생보다 우수한 것으로 나타났다(이연옥, 1989). 그러나 최근의 연구 결과들은 점차 수학 학업 성취도에서 성차가 줄어들고 있음을 보고하고 있다(김경희, 김수진, 박효희, 2010). 이는 남녀 역할에 대한 사회적 인식의 변화 및 여학생에 대한 교육의 확대와 더불어 나타나는 사회적 소산일 것이다. 국가 수준의 수학 과목 학업 성취도 평가에서 우리나라 초등학교 6학년의 경우 여학생의 수학 성취도가 남학생보다 다소 높거나 유사했으며, 중학교 3학년의 경우 성차가 유의미하지 않았다. 하지만 우리나라 고등학교 1학년의 경우 남학생의 수학 성취도가 여학생에 비해 수년간 일관되게 높게 나타나고 있다(이봉주, 2009; 조영미, 이봉주, 나귀수, 2004). 이러한 결과는 수학적 적성을 평가하는 PISA(Programme for International Student Assessment)에서도 유사하게 나타났다(김경희 외, 2010). 특히 평소에 접하지 못한 고난도 문제에서는 남학생이 여학생에 비해 높은 수행 능력을 보였다. 또한 수학 성취도가 우수한 집단에서는 남학생이 여학생보다 높은 점수를 얻는 것으로 나타났다. 이러한 연구 결과는 우리나라 고등학생 집단에서는 문제가 어려워지거나 수학적으로 우수한 학생일수록 여학생보다는 남학생이 더 유리함을 나타낸다(이봉주, 송미영, 2011).

한편, 미국의 학업 능력 적성 검사로 가장 큰 관심을 받는 SAT 점수 결과는 수학 영역에서 남녀 차이가 간단하지 않음을 제안한다. 2009년의 자료에 따르면 여성은 평균 499점, 남성은 534점으로 남성의 우월성을 증명한다("Access and Equity", 2010). 그러나 SAT의 수학 영역은 대학의 수학/과학 영역에서의 여성과 남성의 차이를 타당하게 예언하지 못했다(De Lish & McGillicuddy-De Lish, 2002; Spelke, 2005; Spelke & Grace, 2007; Wainer & Steinberg, 1992; Willingham & Cole, 1997). SAT 수학 영역이 여성의 실제 수학 수행을 과소평가했다는 것이다. 경험적 자료들은 여학생이 중·고등학교 수학뿐 아니라 대학 수학과정에서도 남학생들에 비해 더 높은 학점을 받는다는 것을 보여 준다(Caplan & Caplan, 2009; Crombie et al., 2005; Ellis et al., 2008; Halpern, 2004, 2006b; Kimball, 1989, 1995; Willingham & Cole, 1997). 여학생들은 또한 고등학교 과정 중 대학 수준의 수학 관련 과목(AP-Course)에서도 높은 학점을 얻는다(Brownlow, Jacobi, & Rogers, 2000; Halpern, 2004; Stewart & Ostrove, 1998). 국가적으로 가장 타당하다고 간주되는 표준검사에서도 성차에 대한 자료와 예측이 일치하지 않는 것은 수학 능력의 성차에 대한 논의는 보다 다각적인 고찰이 요구됨을 시사한다(Ceci & Williams, 2007).

6) 시공간적 능력

Cooper와 Mumow(1985)는 시공간적 능력은 언어, 수리 요인과는 관계없는 고유의 능력으로 몇몇 학문 분야나 산업 현장에서 성공적 수행을 타당하게 예측하는 지능의 한 영역으로 정의한다. 시공간 능력은 도형 및 그림과 같은 비언어적 자극을 지각하고 이해하고 조작하는 모든 과정을 포함하며, 지도 읽기, 가구 배치하기, 운전하기와 같이 일상생활에서 중요한 역할을 한다. 특정 모양을 마음속으로 회전시켰을 때 어떤 모양으로 나타날지를 생각해 내는 것이 한 예다. 이러한 시공간적 능력은 공학, 건축, 디자인, 그리고 항공 분야에서 중요하게 간주되는 특성이다. 앞에서 살펴본 인지 영역들과 마찬가지로 시공간 능력도 단일한 능력이 아니다(Caplan & Caplan, 2009; Chipman, 2004). 대체로 연구자들은 다음의 3가지 구성 요소를 제안하는데 이는 공간 지각(spatial perception), 심적 회전, 공간적 시각화(spatial visualization)을 포함한다.

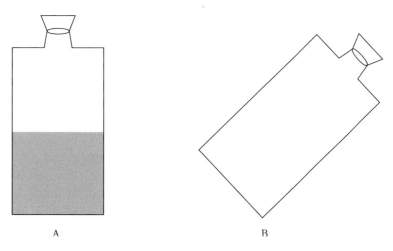

[그림 5-2] 물 높이 검사 과제의 예
피험자는 A 병이 기울어졌을 때 물이 담긴 모습을 B 병에 그려야 한다.

(1) 공간 지각

공간 지각(spatial perception)이란 상하·좌우·전후의 공간관계를 파악하는 능력으로 공간 지각 능력을 평가하는 과제는 대부분 피험자에게 관련 없는 맥락 정보를 무시하고 자극의 수평 혹은 수직 방향을 결정할 것을 요구한다. 공간 지각의 대표적 과제 중 하나는 Piaget와 Inhelder(1956)가 고안한 물 높이 검사(water-level-test)다. 이 검사에서 피험자는 [그림 5-2]의 A와 같은 그림을 제시하고 물병이 기울어졌을 때 물이 어떻게 담겨 있을지를 B에 표시해야 한다. 물 높이 검사를 사용한 연구들에서 성차를 비교한 메타분석을 실시한 결과, 대부분 연구에서 남성이 더 높은 수행 능력을 보인 것으로 나타났다(Nordvik & Amponsah, 1998; Voyer, Nolan, & Voyer, 2000; Voyer, Voyer, & Bryden, 1995), 한편, 몇몇 연구에서는 성차가 나타나지 않았으며(Ellis et al., 2008; Helitz, Airaksinen, & Nordström, 1999), 이와 같은 과제에 대하여 간단한 연습 과정을 거친 후 검사를 실시했을 때 성차가 사라졌다(Vasta, Knott, & Gaze, 1996). 그럼에도 불구하고 4~95세의 피험자 1,704명을 대상으로 한 대규모의 연구에서 Tran과 Formann(2008)은 거의 모든 연령대에서 남성이 여성보다 우월한 수행을 나타냄을 보고하였다.

(2) 심적 회전

심적 회전(mental rotation)이란 이차원 혹은 삼차원의 도형을 빠르고 정확하게 회전시킬 수 있는 능력을 의미한다. 연구자들은 심적 회전이 시공간적 능력의 핵심이며 이를

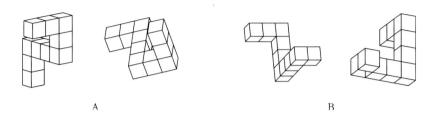

[그림 5-3] 심적 회전 과제의 예

A와 B에 제시된 두 3차원 모형이 같은 대상인지 결정해야 한다.

출처: Collaer & Nelson (2002).

측정하는 검사가 가장 타당한 시공간적 추론 능력의 측정 도구라고 간주하였다. 심적 회전의 가장 대표적 검사가 [그림 5-3]에 제시되어 있다. 이 검사에서 피검사자는 오른쪽에 있는 모양을 회전시켰을 때 어떤 것과 동일한지를 결정해야 한다. 이러한 검사에서는 정확도, 그리고 반응 속도에서 모두 큰 성차를 나타냈다(Ellis et al., 2008; Halpern, 2001, 2004a; Nordvik & Amponsah, 1998). 심적 회전을 측정하는 또 다른 검사는 선분 방향 대응(Line orientation matching) 검사다. 이는 [그림 5-4]에 나타난 것과 같이 제시된 선분의 각도와 동일한 것을 선분 아래에 부채꼴 모양으로 나열된 여러 개의 선분 중 선택하는 것인데, 이 과제에서도 남성과 여성의 차이는 크게 나타난다(Collaer & Nelson, 2002). 위의 두 검사 도구를 이용하여 53개국의 여성 9만 명과 남성 11만 1,000명을 대상으로 한 대규모 연구에서 남성은 여성보다 높은 수행 능력을 보였다. 그런데 이러한 차이는 국가별로 다르게 나타났다(Lippa, Collaer, & Peters, 2010). 흥미롭게도, 이들의 연구에서는 경제적 수준이 높고 성차별이 적은 국가일수록 심적 회전에서의 성차가 크게 나타났다.

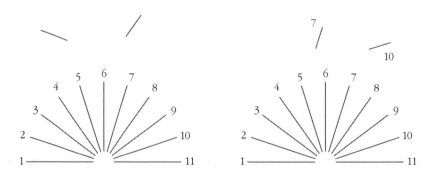

[그림 5-4] 선분 방향 대응 검사의 예

제시된 선분의 각도와 일치하는 것을 부채꼴 모양으로 나열된 선분 중에서 선택해야 한다.

출처: Collaer & Nelson (2002).

게다가 캐나다, 미국, 스페인 사람을 대상으로 한 연구 결과 또한 일관적이지 않은 성차를 보고하였다(Brownlow & Miderski, 2002; Brownlow, Rosamond, & Parker, 2003; Halpern & Tan, 2001; Lizarraga & Ganuza, 2003).

무엇보다, 어린 아동들을 대상으로 심적 회전 능력을 연구한 경우 대부분 유의미한 성차를 보고한다. Quinn과 Liben(2008)은 습관화 기법을 활용하여 4개월 영아의 심적 회전 능력을 조사하였다. 영아들에게 2차원 도형을 제시하여 습관화한 후, 같은 도형을 회전한 자극과 새로운 자극을 제시하고 이 둘을 변별하는 능력을 측정하였으며, 그 결과 남아들이 새로운 자극(회전된 자극과 다른 것)을 여아들에 비해 더 잘 변별할 수 있음을 증명하였다. 또한 Levine, Huttenlocher, Taylor와 Langrock(1999)은 4세 아동에게 두 도형을 마음속으로 회전시켜 같은 그림을 찾는 심적 회전 과제를 실시하여 남아와 여아 사이에 상당히 큰 차이를 발견하였다.

한편, 연구자들은 심적 회전 과제에서의 성차가 과제의 제시 방법에 따라 달라질 수 있음을 제안한다. 가령, Sharps, Price와 Williams(1994)는 군용 항공기 조종사와 같이 전형적인 남성적 영역을 맥락으로 지시문을 제시했을 때 남성이 여성보다 훨씬 잘한다는 사실을 발견하였다. 반면, 인테리어 디자이너와 같은 전형적인 여성적 영역에 맞춰 과제를 제시한 경우 성차가 사라짐을 발견하였다.

게다가 훈련과 연습은 남성, 여성 모두의 심적 회전 능력을 향상시킬 수 있다. 가령, 도형을 회전시켜야 하는 비디오 게임을 실시하여 심적 회전을 연습시켰을 때, 모든 남녀 피험자는 심적 회전 검사 수행 수준이 증가하였다(Feng, Spence, & Pratt, 2007; Halpern et al., 2007; Terlecki & Newcombe, 2005; Terlecki, Newcombe, & Little, 2008; Wright, Thompson, Ganis, Newcombe, & Kossyln, 2008).

(3) 공간적 시각화

공간적 시각화(spatial visualization)는 공간적으로 표상된 정보에 대하여 다단계로 이루어진 분석과 처리를 요구하는 복잡한 과정이다. 공간적 시각화를 측정하는 검사에는 종이 접기, 숨겨진 모양 추론하기, 그림 안 그림 찾기와 같은 것들이 있다. 이러한 과제는 모양을 심적으로 회전시키거나 숨겨진 형태를 추론하는 능력들을 요구한다. 가령, [그림 5-5]에 가장 단순한 공간적 시각화 과제 중 하나가 제시되었다. 그림의 예에서 피검사자들은 왼쪽의 접힌 종이에 그림처럼 구멍을 뚫은 후, 펼쳤을 때 어떤 패턴이 나타날지를 추론해야 한다.

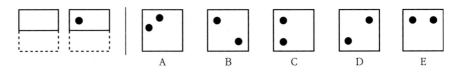

[그림 5-5] 공간적 시각화 과제
왼쪽에 제시된 종이를 접어서 구멍을 냈을 때, 펼친 종이에 어떤 모양이 나타날지 A, B, C, D, E 중
선택해야 한다.

이러한 과제를 사용한 대부분의 연구에서 남성이 여성에 비해 높은 수행 능력을 나타
냈다(Ellis et al., 2008; Miller, Halpern, & Saeta, 2010). 가령, 116개 연구를 메타분석한 결과,
이러한 유형의 과제에서 남성이 약간 더 나은 결과를 나타냈다(Voyer et al., 1995). 또한
지도를 읽는 능력에서(Bosco, Longoni, & Vecchi, 2004; Ellis et al., 2008; Henrie, Aron, Nelson,
& Poole, 1997; Lawton & Kallai, 2002), 길을 찾아가는 능력에서(Halpern & Collaer, 2005) 남성
이 우월함을 보고하였다. 하지만 몇몇 연구들은 성차를 발견하지 못하였다.

2. 성취동기에서의 성차

동기는 개인이 어떤 활동을 선택하고 그것을 얼마나 선호하고 열정적으로 관여하는
지에 큰 영향을 미치며(Weiner, 1992), 따라서 동기는 실제 수행 능력과 깊은 관련이 있
다. 성취동기를 연구하는 연구자들은 이와 관련된 개념으로 성취에 대한 태도, 내재적
동기와 흥미, 과제에 대한 자신감, 그리고 성공이나 실패에 대한 귀인 방식에 관심을 가
졌다(Eccles et al., 1998). 이러한 관점은 개인이 성취에 부여하는 가치와 자신의 능력에 관
련된 믿음, 귀인 방식이 과제를 선택하고 수행하도록 동기화하는 가장 중요한 예언변인
임을 제안한다.

앞 절에서 우리는 남성과 여성이 인지적 능력에서 크게 다르지 않음을 살펴보았다.
이는 인지적 차이가 실제 현장에서 경력과 직업에서 발견된 성차를 설명하기에 충분하
지 않음을 제안하는 것이다.

동기는 개인이 어떤 활동을 선택하고 그것을 얼마나 선호하고 열정적으로 관여하는
지에 큰 영향을 미친다(Weiner, 1992). 무엇보다 성취동기는 실제 수행 능력과 깊은 관련
을 갖는다. 따라서 연구자들은 현장 수행에서 남녀 간의 차이의 원인을 여성의 동기 부

족에서 찾을 수 있음을 주장한다. 여성은 단순히 성취를 두려워하거나 원하지 않는 것이 아닐까 하는 의문을 품게 한다. 가령, Kahn과 Yoder(1989)의 고전적 연구에서 여성이 어떤 지위를 갖는 데 탈락하는 것은 자신의 성취를 억제하는 어떤 '결함'이 있기 때문이라고 주장한 점을 주목하였다. 이 장에서는 과연 이러한 제안이 타당한 주장인가를 성취동기와 관련된 개념들을 중심으로 이해해 보고자 하였다. 특히 이 절에서는 성취동기와 관련된 개념으로 성취에 대한 태도, 내재적 동기와 흥미, 과제에 대한 자신감, 그리고 성공이나 실패에 대한 귀인 방식을 근거로 논의해 보고자 하였다(Eccles et al., 1998; Pintrich & Schunk, 1996).

1) 성취에 대한 태도에서의 성차: 흥미, 내재적 동기, 그리고 가치

(1) 흥미와 내재적 동기

성취와 관련된 태도에서 연구자들은 특히 다양한 영역에서 개인이 갖는 흥미와 가치, 그리고 내재적 동기를 살펴보았다. 학문적 흥미나 내재적 동기에서 학령기의 성차에 대한 연구 결과는 아주 풍부하다(Eisenberg et al., 1996; Martin & Dinella, 2002; Ruble & Martin, 1998). 유아기부터 여아와 남아는 서로 다른 활동을 하며 선호하는 장난감도 서로 다르다. 1980년 이전에 수행된 연구에서는 수학과 과학은 남성적인 것으로 읽기/영어는 여성적인 것으로 간주되면서 교과 과목을 남성적인 것, 여성적인 것으로 분류하기도 하였다. 시간이 지나면서 더 이상 교과목에 성차와 관련된 고정관념이 드러나지는 않았지만, 여아와 남아의 다양한 과목에 대한 흥미와 관심은 여전히 다르게 나타났다. 그런데 이러한 차이는 연령에 따라 다르게 나타났다. 초등학교에 다니는 남아와 여아의 수학에 대한 흥미는 서로 다르지 않았으나(Folling-Albers & Hartinger, 1998), 중학생 남아들은 여아들보다 수학에 더 흥미를 가지는 것으로 나타났으며, 과학이나 다른 기술 과목에서도 이와 유사한 양상이 발견되었다(Gardner, 1998). 대체적으로 청소년기 여아들은 남아들보다 과학에 대한 흥미를 덜 보고하였고, 과학과 기술 지향적 과목을 등록하거나 이러한 영역의 직업을 추구할 가능성이 훨씬 낮았다. 이러한 발달적 경향성은 성별에 따라 적합한 활동에 대한 고정관념이 연령에 따라 증가함을 제안한다(Eisenberg et al., 1996; Martin & Dinella, 2002; Ruble & Martin, 1998).

아동은 자신의 성별에 적합하다고 믿는 활동에 대해 더 긍정적인 가치를 부여하고, 그러한 활동을 선택하고 관여하게 된다. 따라서 흥미의 차이는 인지적 수행에서의 차이를 이해하는 데에도 중요하다. 실제로 몇몇 연구자는 흥미가 수행에 영향을 미치는 과정을 제안하였다(Schiefele, 1999). 즉, 사람들은 자신이 수행하는 과제에 흥미를 갖고 있을 때, 정보를 더 깊게 처리하고 오래 유지하며 더욱 오랜 기간 관여하였다. 수행의 결과는 능력뿐 아니라 개인이 투자하는 노력의 양에 비례하므로, 성취에 대한 흥미와 관심의 성차는 실제 능력의 성차를 설명하는 데 핵심적 역할을 할 것이다.

요약하자면, 아동 및 청소년의 다양한 대상에 대한 흥미에는 성차가 있으며 이러한 차이는 인지적 능력 및 수행의 성차를 이해하는 데 중요하다. 아동과 청소년의 여러 활동에 대한 흥미는 그 활동을 지속적으로 추구할 것인지에 대한 선택과 강력한 관련이 있으며(Eccles et al., 1983; Meece, Wigfield, & Eccles, 1990), 그러한 선택은 실제 능력과 잇따른 수행에 영향을 미칠 수 있다. 활동에 참여하고자 하는 선택은 개인의 수행을 향상시킬 가능성이 크며, 활동에 참여하지 않음을 선택하는 것은 수행을 감소시킬 것이다.

내재적 동기, 즉 돈이나 칭찬과 같은 외적 보상보다는 자신의 만족을 위해 활동하는 경향성에도 성차는 존재할까? 내재적 동기에 대한 문헌은 많지만 성차를 증명한 연구는 그렇게 많지 않다. Gottfried(1990)도 초등학생의 수학에 대한 내재적 동기 연구에서 성차를 발견하지 못하였다. 성취동기를 측정하기 위하여 연구자들은 여러 가지 상황에서의 사람 그림을 피험자들에게 보여 준 후, 이 그림들에 기초하여 이야기를 지어 보라고 요구하였다. 만약 이러한 이야기에서 열심히, 그리고 우수하게 일을 잘하는 것을 강조하는 사람이라면 높은 성취동기 점수를 받았다. 이 연구에서는 남성과 여성의 성취동기 수준이 유사하다는 점을 보여 주었다(Eccles, Wigfield, & Byrnes, 2003; Hyde & Kling, 2001; Krishman & Sweeney, 1998; Mednick & Thomas, 1993). 특히 내재적 동기에서 남성과 여성은 차이가 나타나지 않았다. 더 나아가, 남성 및 여성은 그들의 삶에서의 주요 사건을 묘사할 때 동등한 수준으로 동기를 강조하였다(Travis, Gressley, & Crumpler, 1991).

(2) 가치

연구자들은 또한 아동과 청소년들이 사회적 활동, 언어, 운동 등의 다양한 영역에 부여하는 가치에서 유의미한 성차를 발견하였다(예: Eccles et al., 1989; Eccles, Wigfield, Harold, & Blumenfeld, 1993; Wigfield, Eccles, MacLver, Reuman, & Midgley, 1991; Wigfield et al., 1997). 이러한 연구들에서 여아는 남아에 비하여 읽기 및 영어, 음악에 더 많은 가치를 두었으며, 남아는 운동에 더 큰 가치를 두고 흥미를 보였다. 수학에 대한 가치에서의 성차는 고등학교 때까지 나타나지 않았고(Eccles, Adler, & Meece, 1984), 점차 고등학교에서도 여학생과 남학생의 수학에 대한 가치의 차이는 사라지고 있다(Jacobs et al., 2000). 연구 결과에 따르면, 남학생과 여학생이 성취의 영역에 대하여 유사한 가치를 부여하고 있지만, 여성들의 경우 실제 성취와 성 역할과 관련된 가치는 단순하지 않다. 또한 이러한 성취에 대해 여성이 가지는 다양한 가치는 해당 활동에 관여하는 것에 갈등을 유발할 수 있다. 영재교육을 받는 초등학교 여학생들을 대상으로 한 현장사례연구의 결과는 여성의 삶에 주어진 성 역할과 성취 간 갈등을 예시한다(Bell, 1989). 성취에 대하여 여학생들을 대상으로 인터뷰를 실시한 결과, 다음과 같이 성 역할과 관련된 갈등의 인식이 나타났다. 이들은 자신의 성취에 의해 다른 사람이 갖는 감정을 고려해야 한다는 생각, 자신의 성취에 자부심을 표현하는 것에 대한 염려(잘난 척하는 사람으로 보일 수 있다), 실패에 대한 과도한 걱정, 외모와 아름다움도 생각해야 한다는 걱정, 교사의 관심을 얻기 위해 과도하게 나선다는 인상을 준다는 것에 대한 우려, 그리고 무엇을 성취하기 위해 최선을 다하기 전에 다른 사람의 감정이나 입장을 배려하고 행동해야 한다는 생각으로 성취와 성 역할 사이에서 심리적 갈등을 경험하고 있음을 나타냈다. 이러한 가치에 대한 갈등은 실제로 여학생들에게 자신의 능력을 덜 긍정적으로 평가하게 하거나 자신의 진로로 현장 영역에 진출하는 데 장벽이 될 수 있다. 여자 청소년들은 같은 수준의 남자 청소년들에 비해 자신의 수학 능력을 부정적으로 평가하기도 한다. 이러한 차이는 여학생들이 수학과 자연과학 과정에 대한 참여를 낮추고 수학이나 과학적 공학 영역에 종사할 가능성을 낮추게 하여 결과적으로 성 차별의 결과를 낳을 수 있다(Eccles, 1994).

2) 능력에 대한 태도: 자신감

학령기가 시작되면서 자신의 능력에 대한 생각에 유의미한 성차가 나타난다. 특히 남성과 여성의 영역으로 고정관념이 존재하는 영역에서는 상대적 능력이 통제된 후에도 그 차이가 유의미하게 나타난다. 가령, 남아는 여아에 비해 수학과 스포츠 분야에서 더 높은 자신감을 보이며 여아는 남아들에 비해 읽기, 영어, 사회적 활동에서 더 높은 자신감을 보였다(Eccles, 1994; Eccles et al., 1989; Huston, 1983; Wigfield et al., 1991; Wigfield et al., 1997). 이러한 차이는 초기 연구에서 더 현저하게 나타난다. Wigfield 등(1997)은 수학, 읽기, 스포츠를 포함한 여러 활동에 대한 가치와 자신감에 대하여 초등학교 1, 2, 4학년 학생들을 대상으로 3년간 종단적인 연구를 실시하였으며, 연령이 높아져 자신감에서의 성차는 변화하지 않음을 발견하였다. 반면, 고등학교를 졸업할 때까지 실시된 종단 연구에서는 수학에 대한 자신감의 성차가 줄어듦을 발견하였다. 영어에 대한 자신감도 초등학교, 중학교, 고등학교를 지나면서 그 성차가 줄어들었다. 하지만 고등학교를 졸업할 때에도 영어에 대한 자신감은 여학생에게서 더 높이 나타났다(Stevens, Wang, Olivárez, & Hamman, 2007). 대학생을 대상으로 한 연구에서는 남성이 여성보다 자신의 능력에 대하여 더 큰 자신감을 갖는다는 점이 보고되었다(Eccles et al., 2003; Ellis et al., 2008; Furnham, 2000). 가령, Pallier(2003)는 대학생들에게 상식 검사를 실시하고 자신의 점수를 예측하게 하였는데, 실제로 남자와 여자의 점수는 비슷하였으나 남자는 자신의 점수를 훨씬 높게 예측했다.

이러한 자신감의 성차는 어디서 비롯되는 것일까? 과제의 영역이나 개인의 실제 능력이 자신감의 차이를 가장 많이 설명할 것이지만, 성격적 요인이나 개인의 태도도 이와 관련된다. 가령, Chatard, Guimond와 Selimbegovic(2007)은 프랑스 고등학교 학생들에게 2년 전의 수학 시험 점수를 회상해 보도록 하였는데, 수학 능력의 성차에 대하여 강한 고정관념이 있는 남학생들은 자신의 점수를 과다 추정하였으나 유사한 고정관념을 지닌 여학생들은 자신의 점수를 낮게 회상하였다. 반면, 수학 능력에 성차가 없다고 믿는 여학생과 남학생들은 자신의 실제 점수와 유사하게 회상하였다. 이러한 결과는 성취나 능력에 대한 개인의 태도나 일반적 믿음이 자신의 능력에 대한 평가에도 영향을 미치고, 그 결과 자신감에서의 성차가 발생할 수 있음을 제안한다. 또한 여성이 남성에 비해 겸손함이나 다른 사람을 고려하는 것을 더 중요하게 생각하는 태도도 여학생의 낮은 자신감과 관련될 수 있다(Daumbman, Heatherington, & Ahn, 1992). 실제로 여성들은 다른 학생들이 이미 낮은 점수를 받았다고 들었을 때, 자신의 학점 평균을 더 낮게 추정하였다(Heatherington et al., 1993; Heatherington, Burns, & Gustafson, 1998).

자신감의 성차를 설명하는 또 다른 관점은 자신감을 결정하는 데 타인의 평가가 얼마나 중요하게 작용하느냐 하는 것이다. 이러한 질문에 대하여 Roberts와 Nolen-Hoeksema(1989, 1994)는 타인의 평가가 여성의 자신감에는 크게 영향을 미치지만 남성의 자신감은 다른 사람의 평가에 대하여 높은 저항을 나타냄을 보고하였다. 이들은 학생들에게 어려운 인지 과제를 실시하게 한 후 자신이 그 과제를 얼마나 잘할 수 있는지, 그리고 얼마나 자신 있는지를 평정하게 하였다. 잠시 후, 절반의 피험자들에게는 긍정적 코멘트(예: "매우 잘하시네요." "당신은 이 과제에서 평균 이상의 점수를 받았습니다.")를 제공하고 나머지 절반의 피험자들에게는 부정적 코멘트(예: "잘 못하시네요." "당신은 이 과제에서 평균 이하의 점수를 받았습니다.")를 제공하였다. 몇 분 뒤, 피험자들에게 다시 자

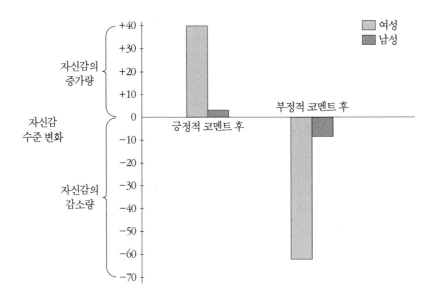

[그림 5-6] 긍정적 · 부정적 피드백을 받은 후 남녀 학생의 자신감 수준 변화
출처: Roberts & Nolen-Hoeksema (1989).

신감 수준을 평정하게 하였다. [그림 5-6]에서와 같이 첫 번째와 두 번째 평정 간의 자신감 변화가 나타나지만, 남성의 자신감 평정은 다른 사람들에 의한 평가의 속성에 의해 유의미하게 변화하지 않는 반면, 여성은 긍정적 코멘트를 받은 후 자신감이 급격하게 증가하였고 부정적 코멘트를 받은 후에는 큰 폭으로 떨어졌다. 이러한 결과는 남성들은 분명히 자신의 판단을 신뢰하는 반면, 여성들은 타인의 피드백이나 평가에 의해 자신감이 조정되는 것을 보여 준다. 그럼에도 불구하고 우리는 남성들의 자신감이 여성들보다 안정적이라고 결론을 내릴 수는 없다. 이는 단지 남성은 자신의 평가에 의문을 제기하지 않고 완고하게 반응한 반면 여성은 새로운 정보에 적절하고 유연하게 반응한 결과일 수도 있다.

　요컨대, 자신감에 관련된 성차 연구들은 일반적으로 남성은 여성보다 자신감을 더 많이 보이며 여성에 비해 자신감이 다른 사람의 평가에 의한 영향을 덜 받는다는 것을 제안한다.

3) 성공과 실패에 대한 태도: 귀인

　성공과 실패에 대한 귀인은 개인이 자신의 성취를 어떻게 이해하고 설명하느냐를 의미한다. 일반적으로, 성공을 자신의 능력이나 노력에, 실패를 노력의 부족에 귀인하는 것은 동기부여에 긍정적으로 작용하는 반면, 성공을 행운과 같은 외적 요인에, 실패를 능력 부족과 같은 스스로 통제할 수 없는 요인에 귀인하는 것은 동기에 부정적 함의를 갖는다(Weiner, 1985). 성공과 실패에 대한 귀인에서 성차의 결과는 혼재되어 있다. 어떤 연구자들(예: Dweck & Goetz, 1978)은 여아들이 남아에 비해 성공을 능력에 귀인하는 경향성이 약하고 실패를 능력 부족으로 귀인하는 경향이 강함을 발견하였다. 가령, 수학 시험에서 낮은 점수를 받았을 때 여성들은 수학에 대한 능력의 부족 때문이라고 설명하는 경향성이 강하였다(Kiefer & Shih, 2006). 다른 연구자들은 이러한 귀인 양상이 과제의 종류에 따라 달라진다는 사실을 발견하였다. 여성에게 친숙하지 않거나 남성이 우월하다고 간주되는 과제에서는 위와 같은 경향이 더 많이 발생하였다(Yee & Eccles, 1988). 가령, 남자들은 수학과 같이 전통적으로 남성이 우월하다고 간주되는 과제에서 여성보다 '능력 귀인'을 하는 비율이 더 높았다(Campbell & Henry, 1999). 이와 유사하게, 여성들도 언어 영역과 같이 여성이 우월하다고 간주되는 과제에 대해서는 '능력 귀인'을 하는 비율이 높게 나타났다(Beyer, 1998/1999; Clark, 1993). 몇몇 초기 연구는 남성이 여성에 비해 자신의 능력에 대해 더 신뢰할 가능성이 크다는 점을 증명하였다(예: Deaux, 1979). Whitley, McHugh와 Frieze(1986)에 의해 실시된 메타분석 연구 결과는 모두 앞서와 같은 귀인 양식에서의 성차는 아주 미미하다는 결론을 내렸다. 더욱이 최근 연구들은 여성과 남성이 자신의 성공 및 실패를 설명하는 이유가 점점 유사해지고 있음을 밝히고 있다 (Mednick & Thomas, 1993; Mezulis, Abbramson, Hyde, & Hankin, 2004; Wigfield, Battle, Keller, & Eccles, 2002).

게다가 여학생들이 자신의 실패에 대하여 자책하고 능력과 같이 고정적이고 통제 불가능한 요인의 부족으로 귀인하는 경향성은 이들이 학습된 무력감에 더 많이 빠지게 될 것이라는 예측을 하도록 하였으나, 실제로 학습된 무력감을 증명하는 행동적 지표는 이러한 예측을 전적으로 지지하지 않는다. 여학생은 남학생에 비해 쉬운 과제를 선택하고, 도전적이고 경쟁적인 상황을 피하며, 실패에 뒤따르는 기대가 낮고, 학점이 떨어졌을 때 전공을 더 쉽게 바꾸고, 어렵고 시간제한이 있는 과제에서 실제 능력보다 낮은 수행을 보인다는 증거들이 존재한다(Dweck & Licht, 1980; Ruble & Martin, 1998). 하지만 실패한 사람을 대상으로 한 대부분의 연구에서 성비는 남아가 여아보다 2배 높았다. 게다가 남아는 여아에 비해 더욱 빈번하게 교사로부터 학습 동기에 문제가 있다고 평가되었으며 고등학교 졸업 전 중퇴할 가능성이 더 크다.

요컨대, 귀인 양식에서 성차에 대한 연구 결과는 남성과 여성이 귀인 양식에서 차이를 보이지만 어느 성별의 귀인 방식이 더 바람직한지에 대한 결론은 시기상조로 보인다. 게다가 앞 절에서 우리는 여성은 남성과 달리 성취에 대한 가치에 대하여 갈등을 느끼며, 자신감, 다른 사람의 평가에 대한 예민성이 남성과 다름을 살펴보았다. 따라서 성공과 실패에 대한 귀인 성향의 영향력을 논하기 위해서는 성취에 관련된 다른 태도를 함께 고려하여야 할 것이다.

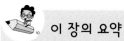

이 장의 요약

이 장에서 우리는 기본적 정보처리 능력에서 고등사고에 이르기까지 인지적 능력과 과제 수행에 열정적으로 관여하도록 이끄는 성취동기에서의 성차에 대하여 살펴보았으며, 다음과 같은 사실을 확인할 수 있었다.

첫째, 남성과 여성의 차이는 존재하더라도 아주 미미하다. 모든 영역에서의 차이는 전반적 집단의 차이로, 개개인을 이해하는 데 아무런 의미가 없을 수도 있다. 가령, 전형적으로 남성이 우월한 영역에서도 어떤 여성은 다른 남성에 비해 더 높은 능력을 보일 수 있다.

둘째, 인지적 능력은 대부분 여러 개의 하위 영역으로 이루어져 있어 성차는 과제 영역에 따라 다르게 나타난다. 크게는 언어 영역과 수학 영역에서 성차의 양상은 다르며, 같은 언어 영역에서도 단어, 읽기 이해에서는 성차가 거의 발견되지 않으나 언어 유창성에서는 성차가 두드러진다.

셋째, 인지적 능력과 성취동기는 인생 초기 경험과 교육, 그리고 사회적 지지에 의해 변화하고 발달한다. 따라서 이들의 성차를 연구할 때는 발달적 관점에서 연령과 사회적 경험에 따라 성장하고 변화한다는 것을 고려해야 한다. 즉, 인지적 능력, 그리고 성취동기와 관련된 많은 영역에서 성차는 발달적 단계에 따라 다름을 이해해야 할 것이다.

마지막으로, 인지적 능력과 성취동기에서의 성차는 사회적, 시대적 배경에 따라 다르게 나타난다. 가령, 남성과 여성의 평등을 강조하는 사회에서는 수학이나 과학 영역에서 여성이 남성 못지않은 능력을 보이면서, 예전보다 그 차이가 줄어드는 경향을 보였다. 이는 성차가 실제 남성과 여성의 타고난 능력보다는 시대에 따라 사회가 부여하는 가치와 태도에 따라 다르게 발달되는 점을 반영하는 것으로 보인다.

참 ı 고 ı 문 ı 헌

김경희, 김수진, 박효희(2010). TIMSS 성취모형에 근거한 대한민국, 싱가포르, 홍콩, 일본의 학업 성취와 교육맥락변인간의 구조적 관계 비교 . 교육과정평가연구, 13(2), 219-238.

박혜원, 이임주(2013). 유아의 실행기능 발달: 연령 및 모의 취업에 따른 분석. 한국심리학회지: 발달, 26(1), 137-155.

조복희, 박혜원(2004). 한국 Bayley 영유아 발달검사(K-BSID-II) 표준화연구, 1: 지역, 성별 및 모의 교육수준에 따른 K-BSID-II 수행분석. 한국심리학회지: 발달, 17(1), 191- 206.

서홍욱(2002). 초등학교저학년 학생의 읽기 발달에 대한 연구. 서울대학교 대학원 석사학위 청구논문.

이봉주(2009). 수학 학업성취도의 변산도에서 성차 추이 분석: 국가 수준 학업성취도 평가 결과를 중심으로. 수학 교육학 연구, 19(2), 273-288.

이봉주, 송미영(2011). 국가수준 학업성취도 평가에서 나타난 초 · 중 · 고등학생의 수학에 대한 태도의 성차분석. 한국학교수학회논문집, 14(1), 65-84.

이연옥(1989). 수학성취에서 남녀차이에 영향을 주는 요인에 대한 연구. 서울대학교 대학원 석사학위 논문.

조영미, 이봉주, 나귀수(2004). 2002국가수준 학업 성취도 결과 분석(1)-수학과의 성취 수준 비율을 중심으로. 대한수학교육학회지, 6(3), 310-312.

"Acess and Equity" (2010, August 27). Chronicle of Higher Education [Almanac Issue, 2010-2011], pp. 36-40.

Alexander G. M., Wilcox, T., & Woods, R. (2009). Sex differences in infants' visual interest in toys. *Archives of Sexual Behavior, 38*, 427-433. doi:10.1007/s10508-008-9430-1

Allen, C. N. (1927). Studies in sex differences. *Psychological Bulletin, 24*, 294-304. doi:10.1037/h0074974.

Al-Mana, D., Ceranic, B., Djahanbakch, O., & Luxon, L. M. (2008). Hormones and he auditory system: A review of physiology and pathology. *Neuroscience, 153*, 881-900. doi:10.1016/neurosicence. 2008. 02. 077

Antell, S. R., & Keating. D. (1983). Perception of numerical invariance in neonates. *Child Development, 54*, 695-701.

Baer, J., & Kaufman, J. C. (2008). Gender differences in creativity. *The Journal of Creative Behavior, 42*, 75-105.

Baker, M. A. (1987). Seonsory functioning. In M. A. Baker (Ed.), *Sex differences in human performance* (pp. 5-36). Chichester, UK: John Wiley & Sons.

Bandura, A. (1997). *Self-efficacy: The exercise of control.* New York: W. H. Freeman.

Bell, L. A. (1989). Something's wrong here and it's not me: Challenging the dilemmas that block girls success. *Journal for the Education of the Gifted, 12,* 118–130.

Beyer, S. (1998/1999). Gender differences in causal attribution by college students of performance on course examinations. *Current Psychology: Developmental, Learning, Personality, Social, 17,* 346–359.

Biederman, J., Mick, E., Faraone, S. V., Braaten, E., Doyle, A., Spencer, T., Wilens, T. E., Frazier, E., & Johnson, M. A. (2002). Influence of gender on attention deficit hyperactivity disorder in children referred to a psychiatric clinic. *American Journal of Psychiatry, 159*(1), 36–42. doi: 10. 1176/appi. ajp. 159. 1. 36.

Bosco, A., Longoni, A. M., & Vecchi, T. (2004). Gender effects in spatial orientation: Cognitive profiles and mental strategies. *Applied Cognitive Psychology, 18,* 519–532.

Boyer, T. W., Levine, S. C., & Huttenlocher, J. (2008). Development of proportional reasoning: Where young children go wrong. *Developmental Psychology, 44*(5), 1478–1490.

Brody, N. (1992). *Intelligence* (2nd ed.). New York: Academic Press.

Brownlow, S., & Miderski, C. A. (2002). How gender and college chemistry experience influence mental rotation ability. *Themes in Education, 3,* 133–140.

Brownlow, S., Jacobi, T., & Rogers, M. (2000). Science anxiety as a function of gender and experience. *Sex Roles, 42, 119*–131.

Brownlow, S., Rosamond, J. A., & Parker, J. A. (2003). Gender-linked linguistic behavior in television interviews. *Sex Roles, 49,* 121–132.

Campbell, C. R., & Henry, J. W. (1999). Gender differences in self-attributions: Relationship of gender to attributional consistency, style, and expectations for performance in a college course. *Sex Roles, 41,* 95–104.

Caplan, P. J., & Caplan, J. B. (2009). *Thinking critically about research on sex and gender* (3rd ed.). Boston, MA: Pearson.

Ceci, S. J., & Williams, W. M. (2007). Are we moving closer and closer apart? Shared evidence leads to conflicting views. In C. J. Ceci & W. M. Williams (Eds.), *Why aren't more women in science? Top researchers debate the evidence* (pp. 213–236). Washington, DC: APA.

Chatard, A., Guimond, S., & Selimbegovic, L. (2007). "How good are you in math?" The effect of gender stereotypes on students' recollection of their school marks. *Journal of Experimental Social Psychology, 43,* 1017–1024.

Chipman, S. F. (2004). Research on the women and mathematics issue: A personal case history. In

A. M. Gallagher & J. C. Kaufman (Eds.), *Gender differences in mathematics: An integrative psychological approach* (pp. 1-24). New York: Cambridge University Press.

Clark, R. A. (1993). Men's and women's self-confidence in persuasive, comforting, and justificatory communicative tasks. *Sex Roles, 28*, 553-567.

Collaer, M. L., & Nelson, J. D. (2002). Large visuospatial sex differences in line judgement: Possible role of attentional factors. *Brain and Cognition, 49*, 1-12. doi:10.1006/brcg.2001.1321

Colley, A., Ball, J., Kirby, M., Harney, R., & Vingelen, I. (2002). Gender-linked differences in everyday memory performance: Effort makes the difference. *Sex Roles, 47* (11-12), 577-582.

Cooper, L. A., & Mumow, R. J. (1985). Spatial aptitude. In R. F. Dillman (Ed.), *Individual differences in cognition* (2nd ed., pp. 67-94). New York: Academic Press.

Crombie, G., Sinclair, N., Silverthorn, N., Byrne, B. M., DuBois, D. L., & Trinneer, A. (2005). Predictors of young adolescents' math grades and course enrollment intentions: Gender similarities and differences. *Sex Roles, 52*, 351-367.

Daumbman, K. A., Heatherington, L., & Ahn, A. (1992). Gender and the self-presentation of academic achievement. *Sex Roles, 27*, 187-204.

De Lisi, R., & McGillicuddy-De Lisi, A. (2002). Sex differences in mathematical abilities and achievement. In A. McGillicuddy-De Lisi & R. De Lisi (Eds.), *Biology, society, and behavior: The development of sex differences in cognition* (pp. 155-181). Westport, CT: Ablex Publishing.

Deaux, K. (1979). Self-evaluation of male and female managers. *Sex Roles, 5*, 571-580.

Doty, R. L., Shaman, P., Applebaum, S. L., Giberson, R., Sikorsky, L., & Rosenberg, L. (1984). Smell identification ability: Changes with age. *Science, 226*, 1441-1443. doi:10.1126/science.6505700

Dweck, C. S., & Goetz, T. E. (1978). Attributions and learned helplessness. In J. H. Harvey, W. Lckes, & R. F. Kidd (Eds.), *New directions in attribution research* (Vol. 2). Hillsdale, NJ: Lawrence Erlbaum Associates.

Dweck, C. S., & Licht, B. G. (1980). Sex differences in achievement orientations. *Sex Differentiation and Schooling*, London, 72-84.

Eccles (Parsons), J. S., Adler, T. F., Futterman. R., Goff, S. B., Kacala, C. M., Meece, J. L., & Midgeley, C. (1983). Expectancies, values, and academic behaviors. In J. T. Spence (Ed.), *Achievement and achievement motives: Psychological and sociological approaches* (pp. 75-146). San Francisco: W. H. Freeman.

Eccles, J. S. (1994). Understanding women's educational and occupational choices. *Psychology of Women Quarterly, 18*, 585-609.

Eccles, J. S., Adler, T. F., & Meece, J. L. (1984). Sex differences in achivement: Atest of alternate theories. *Journal of Personality and Social Psychology, 46*, 26–43.

Eccles, J. S., Wigfield, A., & Byrnes, J. (2003). Cognitive development in adolescence. In I. B. Weiner (Ed.), *Handbook of Psychology* (Vol. 6, pp. 325–350). Hoboken, NJ: Wiley.

Eccles, J. S., Wigfield, A., & Schiefele, U. (1998). Motivation to succeed. In W. Damon and N. Eisenberg (Eds.), *Handbook of child Psychology* (Vol. 3, pp. 1017-1095). New York: Wiley.

Eccles, J. S., Wigfield, A., Flanagan, C., Miller, C., Reuman, D., & Yee, D. (1989). Self-concepts, domain values, and self-esteem: Relations and changes at early adolescence. *Journal of Personality, 57*, 283–310.

Eccles, J. S., Wigfield, A., Harold, R., & Blumenfeld. P. (1993). Age and gender differences in children's self- and task-perceptions during elementary school. *child development, 64,* 830-847.

Eisenberg, N., Martin, C. L., & Fabes, R. A. (1996). Gender development and gender effects. In D. C. Berliner & R. C. Calfee (Eds.), *Handbook of educational psychology (pp. 358-396).* New York: Macmillan.

Ellis, L., Karadi, Kazmer, Hershberger, S., Field, E., Wersinger, S., & Pellis, S. (2008). *Sex differences: Summarizing more than a century of scientific research.* New York: Psychology Press.

Feingold, A. (1988). Cognitive gender differences are disappearing. *American Psychologist, 43,* 95-103.

Feng, J., Spence, I., & Pratt, J. (2007). Playing an action video game reduces gender differences in spatial cognition. *Psychological Science, 18,* 850-855.

Ferguson, C. J., Cruz, A. M., & Rueda, S. M. (2008). Gender, video game playing habits and visual memory tasks. *Sex Roles, 58,* 279-286.

Fivush, R., & Nelson, K. (2004). Culture and language in the emergence of autobiographical memory. *Psychological Science, 15,* 573-577.

Folling-Albers, M., & Hartinger, A. (1998). Interest of girls and boys in elementary school. In. L. Hoffman, A. Krapp, K. Renninger, & J. Baumert (Eds.), *Interest and learning: Proceedings of the seeon-conference on interest and gender* (pp. 175-183). Kiel: IPN.

Furnham, A. (2000). Parents' estimates of their own and their children's multiple intelligences. *British Journal of Developmental Psychology, 18,* 583-594.

Gardner, P. L. (1998). The development of males' and females' interests in science and technology. In L. Hoffmann, A. Krapp, K. A. Renninger, & J. Baumert (Eds.), *Interest and learning* (pp. 41-57). Kiel, Germany: Institude for Science Education.

Goldstein, E. B. (2009). *Sensation and perception* (8th ed.). Belmont, CA: Wadsworth.

Gottfried, A. E. (1990). Academic intrinsic motivation in young elementary school children. *Journal of Educational Psychology, 82*(3), 525-538.

Halpern, D. F. (2000). *Sex differences in cognitive abilities* (3rd ed.). Mahwah, NJ: Erlbaum.

Halpern, D. F. (2001). Sex difference research: Cognitive abilities. In J Worell (Ed.), *The encyclopedia of women and gender* (pp. 963-971). San Diego, CA: Academic Press.

Halpern, D. F. (2004). A cognitive-process taxonomy for sex differences in cognitive abilities. *Current Directions in Psychological Science, 13,* 135-139.

Halpern, D. F. (2006a). Assessing gender gaps in learning and academic achivement. In P. A. Alexander & P. H. Winne (Eds.), *Handbook of educational psychology* (pp. 635-652). Mahwah, NJ: Erlbaum.

Halpern, D. F. (2006b). Girls and academic success: Changing patterns of academic success: Changing patterns of academic achievement. In J. Worell & C. D. Goodheart (Eds.), *Handbook of girls' and women's psychological health: Gender and well-being across the life span* (pp. 272-282). New York: Oxford University Press.

Halpern, D. F., & Collaer, M. L. (2005). Sex differences in visuospatial abilities. In P. Shah & A. Miyake (Eds.), *The Cambridge handbook of visuospatial thinking* (pp. 170-212). New York: Cambridge University Press.

Halpern, D. F., & Tan, U. (2001). Stereotypes and steroids: Using a psychobiosocial model to understand cognitive sex differences. *Brain and Cognition, 45,* 392-414.

Halpern, D. F., Aronson, J., Reimer, N., Shimpkins, S., Star, J. R., & Wentzel, K. (2007). *Encouraging girls in math and science.* Washington, DC: U.S. Department of Education. NCER 2007-2003.

Harlpern, D, F., Benbow, C. P., Greary, D. C., Gur, R. C., Hyde, J. S., & Gernsbacher, M. A. (2007). The science of sex differences in sciences in science and mathematics. *Psychological Science in the Public Interest, 8,* 1-51.

Heatherington, L., Burns, A. B., & Gustafson, T. B. (1998). When another stumbles: Gender and self-presentation to vulnerable others. *Sex Roles, 38,* 889-913.

Heatherington, L., Daubman, K. A., Bates, C., Ahn, A., Brown, H., & Preston, C. (1993). Two investigations of "female modesty" in achivement situations. *Sex Roles, 29,* 739-754.

Hedges, L., & Nowell, A. (1995). Sex differences in mental test scores, variability, and numbers of high scoring individuals. *Science, 269,* 41-45.

Henrie, R. L., Aron, R. H., Nelson, B. D., & Poole, D. A. (1997). Gender-related knowledge variations within geography. *Sex Roles, 36,* 605-623.

Herlitz, A., & Kabir, Z. N. (2006). Sex differences in cognition among illiterate Bangladeshis: *A comparison with literate Bangladeshis and Swdes. Scandinavian Journal of Psychology, 47,* 441-447. doi:10.1111/j.1467-9450.2006.00531.x

Herlitz, A., & Rehnman, J. (2008). Sex differences in episodic memory. *Current Directions in Psychological Science, 17,* 52-54.

Herlitz, A., & Yonker, J. E. (2002). Sex differences in episodic memory: The influence of intelligence. *Journal of Clinical and Experimental Neuropsychology, 24,* 107-114.

Herlitz, A., Airaksinen, E., & Nordström, E. (1999). Sex differences in episodic memory: The impact of verbal and visuispatial abiliy. *Neuropsychology, 13,* 590-597.

Herrmann, D. J., Crawford, M., & Holdsworth, M. (1992). Gender-linked differences in everyday memory performance. *British Journal of Psychology, 83,* 221-231.

Hines, M. (2007). Do sex differences in cognition cause the shortage of women in science? In S. Ceci, & W. M. Williams (Eds.), *Why aren't more women in science? Top researchers debate the evidence* (pp. 101-112). Washington, DC: American Psychological Association.

Huston, A. C. (1983). Sex-typing. *Handbook of Child Psychology, 4,* 387-467.

Huttenlocher, J., Haight, W., Bryk, A., Seltzer, M., & Lyons, T. (1991). Early vocabulary growth: Relation to language input and gender. *Developmental Psychology, 27,* 236-248.

Huttenlocher, J., Jordan, N., & Levine, S. C. (1994). A mental model for early arithmetic. *Journal of Experimental Psychology: General, 123,* 284-296.

Hyde, J. S., & Grabe, S. (2008). Meta-analysis in psychology of women. In F. L. Denmark & M. A. Paludi (Eds.), *Psychology of women: A handbook of issues and theories* (2nd ed., pp. 142-173). Wewtport, CT: Praeger.

Hyde, J. S., & Kling, K. C. (2001). Women, motivation, and achievement. *Psychology of Women Quarterly, 25,* 364-378.

Hyde, J. S., & Lindberg, S. M. (2007). Facts and assumptions about the nature of gender differences and the implications for gender equity. In S.S. Klein (Ed.), *Handbook for achieving gender equity through education* (2nd ed., pp. 19-32). Mahwah, NJ: Erlbaum.

Hyde, J. S., & Linn, M. C. (1988). Gender differences in verbal ability: A meta-analysis. *Psychological Bulletin, 104,* 53-69.

Hyde, J. S., Fennema, E., & Lamon, S. J. (1990). Gender differences in mathematics performance: A meta-analysis. *Psychological Bulletin, 107,* 139-155.

Hyde, J. S., Lindberg, S. M., Linn, M. C., Ellis, A. B., & Williams, C. C. (2008). Gender similarities characterize math performance. *Science, 321,* 494–495.

Jacklin, C. N., & Maccoby, E. E. (1983). Issues of gender differentiation. In M. D. Levine, W. B. Carey, A. C. Crocker, & R. T. Gross (Eds.), *Developmental behavioral pediatrics* (pp. 175–184). Philadelphia: Saunders.

Jacobs, J. E., Lanza, S., Osgood, D. W., Eccles, J. S., & Wigfield, A. (2002). Changes in children's self-competence and values: Gender and domain differences across grades one through twelve. *Child Development.*

Johnson, W., Jung, R. E., Colom, R., & Haier, R. J. (2008). Cognitive abilities independent of IQ correlate with regional rain structure. *Intelligence, 36*(1), 18–28.

Kahn, A. S., & Yoder, J. D. (1989). The psychology of women and conservatism: Rediscovering social change. *Psychology of Women Quarterly, 13*(4), 417–432.

Kidd, E., & Lum, J. A. G. (2008). Sex differences in past tense overregularization. *Developmental Science, 11,* 882–889.

Kiefer, A., & Shih, M. (2006). Gender differences in persistence and attributions in stereotype relevant contexts. *Sex Roles, 54,* 859–868.

Kimball, M. M. (1989). A new perspective on women's math achivement. *Psychological Bulletin, 105,* 198–214.

Kimball, M. M. (1995). Feminist visions of gender similarities and differences. Binghamton, NY: Haworth.

Kimura, D. (1992, September). Sex differences in the brain. *Scientific American, 267,* 118–125.

Krishman, A., & Sweeney, C. J. (1998). Gender differences in fear of success imagery and other achievement-related background variables among medical students. *Sex Roles, 39,* 299–310.

Lacampagne, C. B., Campbell, P. B., Herzig, A. H., Damarin, S., & Vogt, C. M. (2007). Gender equity in mathematics. In S. S. Klein (Ed.), *Handbook for achieving gender equity through education* (2nd ed., pp. 235–253). Mahwah, NJ: Erlbaum.

Larsson, M., Lövdén, M., & Nilsson, L. G. (2003). Sex differences in recollective experience for olfactory and verbal information. *Acta Psychologica, 112,* 89–103. doi:10.1016/S0001-6918(02)00092-6

Lawton, C. A., & Kallai, J. (2002). Gender differences in wayfinding strategies and anxiety about wayfinding: A cross-cultural comparison. *Sex Roles, 47*(9–10), 389–401.

Levine, S. C., Huttenlocher, J., Taylor, A., & Langrock, A. (1999). Early sex differences in spatial skill. *Developmental Psychology, 35*(4), 940–949.

Lewin, C., & Herlitz, A. (2002). Sex differences in face recognition—women's faces make the difference. *Brain and Cognition, 50*, 121-128.

Lippa, R. A., Collaer, M. L., & Peters, M. (2010). Sex differences in mental rotation and line angle judgements are positively associated with gender equity and economic development across 53 nations. *Archives of Sexual Behavior, 38*, 990-997. doi:10.1007/105005-008-9460-8

Lizarraga, M. L. S., & Ganuza, J. G. (2003). Improvement of mental rotation in girls and boys. *Sex Roles, 49* (5-6), 277-286.

Maccoby, E. E., & Jacklin, C. N. (1974). *The psychology of sex differences.* Stanford, CA: Stanford University Press.

Madu, B. N., & Kasanga, L. A. (2005). Sex differences in acquisition of English as a second language. *Gender & Behaviour, 3*, 442-452.

Maitland, S., Merlitz, A., Nyberg, L., Bäckman, L., & Nilsson, L. G. (2004). Selective sex differences in declarative memory. *Memory & Cognition, 32*, 1160-1169.

Martin, C. L., & Dinella, L. (2002). Children's gender cognitions, the social environment, and sex differences in the cognitive domain. In A. McGillicuddy-De Lisi & R. De Lisi (Eds.), *Biology, society, and behavior: The development of sex differences in cognition*, 207-239.

Matlin, C. L., & Ruble, D. N. (2009). Patterns of gender development. *Annual Review of psychology, 61*, 353-381. doi:10.1146/annurev.psych.093008.100511

Mednick, M. T., & Thomas, V. (1993). Women and the psychology of achievement: A view from the eighties. In F. L. Denmark & M. A. Paludi (Eds.), *Psychology of women: A handbook of issues and theories* (pp. 585-626). Westport, CT: Greenwood Press.

Meece, J. L., Wigfield, A., & Eccles, J. S. (1990). Predictors of math anxiety and its consequences for young adolescents' course enrollment intentions and performances in mathematics. *Journal of Educational Psychology, 82*, 60-70.

Meinz, E. J., & Salthouse, T. A. (1998). Is ag kinder to females than to males? *Psychonomic Bulletin and Review, 5*, 56-70.

Mezulis, A. H., Abbramson, L. Y., Hyde, J. S., & Hankin, B. L. (2004). Is there a universal positivity bias in attributions? A meta-analytic review of individual, developmental, and cultural differences in the self-serving attributional bias. *Psychological bulletin, 139*, 711-747.

Miller, D. I., Halpern, D. F., & Saeta, P. N. (2010, July). Can spatial skills training improve ahievement in introductory mechanics? Paper presented at the Annual Meeting for Teaching Physics, Portland, OR.

Mix, K. S. (1999a). Similarity and Numerical Equivalence: Appearances count. *Cognitive*

Development, 14, 269-297,

Mix, K. S. (1999b). Preschoolers' recognition of numerical equivalence: Sequential sets. *Journal of Experimental Child Psychology, 74,* 309-322.

Monnery-Patris, S., Rouby, C., Nicklaus, S., & Issnchou, S. (2009). Development of olfactory ability in children: Sensitivity and identification. *Developmental Psychology, 51,* 268-276. doi:10.1002/dev.20363

National Center for Education Statistics. (2004). Highlights from the Trends in International Mathematics and Science Study (TIMSS) 2003. Washington, DC: U.S. Department of Education.

Nordvik, H., & Amponsah, B. (1998). Gender differences in spatial activity among university students in an egalitarian educational system. *Sex Roles, 38,* 1009-1023.

Pallier, G. (2003). Gender differences in the self-assessment of accuracy on cognitive tasks. *Sex Roles, 48*(5-6), 265-276.

Pardo, P. J., Perez, A. L., & Suero, M. I. (2007). An examples of sex-linked color vision differences. *Color Research & Application, 32*(6), 433-439.

Piaget, J., & Inhelder, B. (1956). *The child's conception of space.* London: Routledge & Kegan Paul.

Pintrich, P. R., & Schunk, D. H. (1996). Motivation in education: Theory, research, and practice. *Chapter, 5,* 153-197.

Pratt, S. R., Kuller, L., Tallbot, E. O., McHugh-Pemu, K., Buhari, A. M., & Xiaohui, X. (2009). Prevalence of hearing loss in black and white elders: Results of the cardiovascular health study. *Journal of Speech, Language, & Hearing Research, 52,* 973-989. doiL10.1044/1092-4388(2009-08-0026)

Quinn, P. C., & Liben, L. S. (2008). A sex difference in mental rotation in young infants. *Psychological Science, 19,* 1067-1070. doi:10.1111/j.1467-9280.2008.02201.x

Rehnman, J., Lindholm, T., & Herlitz, A. (2007). Why women remember women: Gender labeling of androgynous faces produces a female own-sex bias. Manuscript submitted for publication.

Roberts, T. A., & Nolen-Hoeksema, S. (1989). Sex differences in reactions to evaluative feedback. *Sex Roles, 21* (11-12), 725-747.

Roberts, T. A., & Nolen-Hoeksema, S. (1994). Gender comparisons in responsiveness to other's evaluations in achievement settings. *Psychology of Women Quarterly, 18*(2), 221-240.

Ruble, D. N., & Martin, C. L. (1998). Gender development. In W. Damon (Series Ed.), *Handbook of child psychology: Vol. 4. Social, emotional, and personality development* (pp. 933–1016). New York: Wiley.

Rutter, M., Caspi, A., Fergusson, D., Horwood, L. J., Goodman, R., Maughan, B., Moffatt, T. B., Meltzer, H. C., & Carroll, J. (2004). Sex differences in developmental reading disability. *Journal of the American Medical Association, 291*(16), 2007–12.

Sasson, N. J., Pinkham, A. E., Richard, J., Hughett, P., Gur, R. E., & Gur, R. C. (2010). Controlling for response biases clarifies sex and age differences in facial affect recognition. *Journal of Nonverbal Behavior, 34*, 207–221.

Schiefele, U. (1999). Interest and learning from text. *Scientific studies of reading, 3*(3), 257–279.

Schmid M., M., & Hall, J. A. (2006). Women's advantage at remembering other's appearance; A systematic look at the way and when of a gender difference. *Personality and Social Psychology Bulletin, 32*, 353–364.

Shapka, J. D., Domene, J. F., & Keating, D. P. (2008). Gender, mathematics achivement, and educational and occupational aspirations of Canadian youth. In H. M.G. Watt & J. S. Eccles (Eds.), *Gender and occupational outcomes: Longitudinal assessments of individual, social, and cultural influences* (pp. 27–54). Washington, DC: APA.

Sharps, M. J., Price, J. L., & Williams, J. K. (1994). Spatial cognition and gender instructional and stimulus influences on mental image rotation performance. *Psychology of Women Quarterly, 18*(3), 413–425.

Shaywitz, S. E., Shaywitz, B. A., Fletcher, J. M., & Escobar, M. D. (1990). Prevalence of reading disability in boys in girls. *Journal of the American Medical Association, 264*, 998–1002.

Snyder, T. D., Dillow, S. A., & Hoffman, C. M. (2009). Digest of education statistics 2008 (NCES 2009–020). Washington, DC: U.S. Department of Education, Institude of Education Sciences, National Center for Education Statistics.

Spelke, E. S. (2005). Sex differences in intrinsic aptitude for mathematics and science: A critical review. *American Psychologist, 60*, 950–958. doi:10.1037/0003–066X.60.9.950

Spelke, E. S., & Grace, A. D. (2007). Sex, math, and science. In S. J. Ceci & W. M. Williams (Eds.), *Why aren't more women in science: Top researchers debate the evidence* (pp. 57–67). Washington, DC: APA. doi:10.1037/11546–005

Stevens, T., Wang, K., Olivárez. A., Jr., & Hamman, D. (2007), Use of self-perspectives and their sources to predict the mathematics enrollment intentions of girls and boys. *Sex Roles, 56*, 351–363.

Stewart, A. J., & Ostrove, J. M. (1998). Women's personality in middle age: Gender, history, and mid-course corrections. *American Psychologist, 53,* 1185-1194. doi:10.1037//0003-066X.53.11.1185

Stumpf, H., & Stanley, J. C.(1998). Stability and change in gender-related differences on the college board advanced placement and achievement tests. *Current Directions I Psychological Science,* 192-196.

Terlecki, M. S., & Newcombe, N. S. (2005) How important is the digital divide? The relation of computor and videogame usage to gender differences in mental rotation ability. *Sex Roles, 53,* 433-441.

Terlecki, M. S., Newcombe, N. S., & Little, M. (2008). Durable and generalized effect of spatial experience on mental rotation: Gender differences in growth patterns. *Applied Cognitive Psychology, 22,* 996, 1031.

Thilers, P. P., MacDonald, S. W. S., & Herlitz, A. (2007), Sex differences in cognition: The role of handeness. *Physiology & Behavoir, 93,* 105-109.

Tran, U. S., & Formann, A. K. (2008). Piaget's water-level tasks: Performance across the lifespan with emphasis on the elderly. *Personality and Individual Differences, 45,* 232-237. doi:10.1016/j.paid.2008.04.004

Travis, C. B., Gressley, D. L., & Crumpler, C. A. (1991). Feminist contributions to health psychology. *Psychology of Women Quarterly, 15,* 557-566.

Ullman, M. T., Miranda, R. A., & Travers, M. L. (2008). Sex differences in the neurocognition of language. In J. Becker et al. (Eds.), *Sex differences in the brain from genes to behavior* (pp. 291-309). New York: Oxford.

Vasta, R., Knott, J. A., & Gaze, C. E. (1996). Can spatial training erase the gender differences on the water-level task? *Psychology of women Quarterly, 20,* 549-567.

Voyer D., Nolan, C., & Voyer, S. (2000). The relation between experience and spatial performance in men and women. *Sex Roles, 43,* 891-915.

Voyer, D., Postma, A., Brake, B., & Imperato-McGinley, J. (2007). Gender differences in object location memory: A meta-analysis. *Psychonomic Bulletin & Review, 14*(1), 23-38.

Voyer, D., Voyer, S., & Bryden, M. P. (1995). Magnitude of sex differences in spatial abilities: A meta-analysis and consideration of critical variables. *Psychological Bulletin, 117,* 250-270.

Wainer, H., & Steinberg, L. S. (1992). Sex differences in performance on the mathematics section of the Scholastic Aptitude Test: A bidirectional validity study. *Harvard Educational Review, 62,* 323-336.

Wang, D., Zheng, J., Kurosawa, M., & Inaba, Y. (2009). Relationships between age and gender differentials in health among older people in China. *Ageing & Society, 29*, 1141–1154. doi:10.1017/Sol44686Xogoo8629

Ward, P., Farrow, D., Harris, K. R., Williams, A. M., Eccles, D. W., & Ericsson, K. A. (2008). Training perceptual–cognitive skills: Can sport psychology research inform military decision training? *Military Psychology, 20*, s71–s102. doi:10..1080/08995600701804814

Weiner, B. (1985). An attributional theory of achievement motivation and emotion. *Psychological Review, 92*, 548–573.

Weiner, B. (1992). *Human motivation: Metaphors, theories, and research.* Newbury Park, CA: Sage.

Whitley, B. E. Jr., McHugh, M. C., & Frieze, I. H. (1986). Assessing the theoretical models for sex differences in causal attributions of success and failure. In J. S. Hyde & M. C. Linn (Eds.), *The psychology of gender: Advances through meta-analysis* (pp. 102–135). Baltimore: Johns Hopkins University Press.

Wigfield, A., Battle, A., Keller, L. B., & Eccles, J. S. (2002). Sex differences in motivation, self concept, carrer aspiration and career choice: Implications, for cognitive development. In A McGillicuddy-De Lisi & R. De Lish (Eds.), *Biology, society, and behavior: The development of sex differences in cognition* (pp. 93–124). Westport, CT: Albex Publishing.

Wigfield, A., Eccles, J. S., Yoon, K. S., Harold, R. D., Arbreton, A., Freedman-Doan, K., & Blumenfeld, P. C. (1997). Changes in children's competence beliefs and subjective task values across the elementary school years. *Journal of Educational Psychology, 89*, 451–469.

Wigfield, A., Eccles, J., MacLver, D., Reuman, D., & Midgley, C. (1991). Transitions at early adolescence: Changes in children's domain-specific self0perceptions and general self-esteem across the transition to junior high school. *Developmental Psychology, 27*, 552–565.

Wilcox, T., & Woods, R. (2009). Experience primes infants to individuate objects. In A. Woodward & A. Needham (Eds.), *Learning and the infant mind* (pp. 117–143). New York: Oxford University Press.

Willingham, W. W., & Cole, N. S. (1997). *Gender and fair assessment.* Mahwah, NJ: Erlbaum.

Wright, R., Thompson, W. L., Ganis, G., Newcombe, N. S., & Kosslyn, S. M. (2008). Training generalized spatial skills. *Psychonomic Bulletin & Review, 15*, 768–771.

Yee, D. K., & Eccles, J. S. (1988). Parent perceptions and attributions for children's math achievement. *Sex Roles, 19*, 5–6. doi:10.1007/BF00289840

제6장

성격 특성, 정서 및 사회적 행동의 성차

용정순, 최훈석

개인의 행동은 성격이나 기질과 같은 개인 특성은 물론, 그 사람이 처한 사회적 상황의 영향을 받는다. 특히 사회적 상황에서 개인이 취하는 행동은 행위자 자신은 물론 그와 관계를 맺고 있는 타인에게도 영향을 미친다는 점에서 중요하다. 이 장에서는 먼저 개인의 성격 특성과 정서 표현에서의 성차를 알아본다. 그리고 공격성, 도움행동, 협상, 동조와 같은 사회적 행동에서의 남성과 여성의 차이를 개관하고 이러한 차이가 발생하는 원인 및 성차를 조절하는 상황 맥락에 대해서 살펴볼 것이다.

사회적 존재로서 인간은 타인과 다양한 관계를 맺으며 생활한다. 사회적 환경에서 개인은 타인의 시선을 의식하고 사회적 규범에 맞게 자신의 생각과 행동을 조형한다. 때로는 평소보다 주장적이고 공격적으로 행동해야 하는 경우도 있고, 타인에게 공감하고 타인의 의견에 동조하거나 도움을 주어야 하는 경우도 있다. 이처럼 상황에 따라 적절한 행동을 취함으로써 사람들은 효과적으로 자신을 표현할 뿐만 아니라 타인의 생각과 행동에 영향을 미치기도 한다.

만약 여성과 남성이 동일한 사회적 상황에 처해 있다면, 그들은 어떻게 행동할까? 어느 사회나 여성과 남성이 특정 사회적 맥락에서 어떻게 행동해야 하는지에 관한 규범이 있으며, 이러한 규범은 여성과 남성의 차이나 성 역할과 관련된 다양한 고정관념을 반영한다. 이처럼 여성과 남성에게 요구되는 규범적 행동은 다를 수 있기 때문에, 만약 남성과 여성 모두 성 고정관념과 일관된 방향으로 행동을 표출한다면 여성의 행동은 남성의 행동과 상당히 다를 것으로 예상할 수 있다.

사회적 상황에서 발생하는 남녀의 행동 차이를 공부하는 것은 다양한 상황에서 자신과 이성의 행동을 이해하고 설명하는 데 중요한 토대가 된다. 이 장에서는 최근 보고된 메타분석 결과를 토대로 성격 특성, 정서 및 사회 행동에서의 성차를 개관하고, 이러한 차이가 발생하는 이유에 관한 주요 관점들을 소개한다.

1. 남녀의 기질 및 성격의 차이

이 글을 읽고 있는 자신의 성격이 어떤지 생각해 보자. 당신은 자신의 성격에 어떤 특징이 있다고 생각하는가? 그리고 이러한 특징이 자신이 남성 또는 여성이기 때문에 갖게 된 것이라고 생각하는가? 성격(personality)은 타인과 구분되는 개인의 인지, 정서, 행동 경향성의 집합이다. 개인의 성격은 비교적 일관되고 안정적이지만, 성격을 구성하는 특성(trait)들의 조합이나 상황 맥락에 따라서 달리 나타나기도 한다(Mischel, 1984; Mischel & Shoda, 1995). 반면, 기질(temperament)은 개인이 생득적으로 지닌 유전적 및 생물학적 경향성을 말하며, 생애주기나 상황에 걸쳐 안정적이고 일관되게 관찰된다.

이러한 기질이나 성격에 따라서 사람들이 동일한 상황을 해석하고 행동하는 양상은 달라진다. 성실한 사람과 게으른 사람은 과제 제출일이 일주일 남았다는 동일한 상황을 서로 다르게 해석하고 행동할 것이다. 또한 사람들은 기질이나 성격에 따라 자신에게 적합한 상황을 선택하고 조형하기도 한다. 게으른 사람에 비해서 성실한 사람은 회식 자리에서 일찍 일어난다거나 주말에 자기계발을 위해 노력할 가능성이 크다. 이렇듯 어떤 사람의 성격을 잘 알고 있다면 그 사람이 특정 상황에서 어떻게 행동할지 예측할 수 있다고 믿기 때문에, 많은 사람이 자신이나 타인의 성격에 대해 관심을 갖는다. 예를 들어, 기업이나 은행, 병원, 학교, 군대 등과 같은 현장 조직에서는 특정 직무를 수행하기에 적합한 성격을 지닌 사람들을 채용하기 위해서 다양한 성격검사를 활용한다.

만약 남성과 여성이 성격 특성이나 기질에 명백한 차이가 있다면, 이는 남성과 여성이 세상을 이해하고 행동하는 방식, 그리고 그들이 선택하는 사회적 상황이 다를 수 있음을 의미한다. 또한 특정 역할이나 업무 수행에 있어서 남성과 여성 중 누가 더 적합한지 예측하는 데에도 활용할 수 있다. 그렇다면 남성과 여성의 기질이나 성격에 차이가 있는지, 만약 있다면 그러한 차이는 왜 발생하는지 알아보자.

1) 기질

(1) 기질의 정의 및 분류

기질은 개인이 특정 방식으로 생각하고 느끼고 행동하는 성향을 말한다. 기질은 사람들이 '무엇'을 생각하고 느끼며 행동하는지뿐만 아니라 '어떻게' 생각하고 느끼고 행동하는지에도 영향을 미친다(Buss, 1995). 예를 들어, 정열적인 사람과 수줍음이 많은 사람은 사고, 감정 및 행동 방식에서 차이를 보인다. 기질을 측정하고 분류하는 다양한 방식 가운데, 연구자들이 자주 사용하는 방식은 Rothbart(2004)가 제안한 3요인 모형이다. 이 모형은 기질을 ① 정열성/외향성(surgency/extraversion), ② 부정적 정서(negative affect), 그리고 ③ 의식적 통제(effortful control)로 분류한다.

정열성/외향성은 긍정적 기대, 충동성, 높은 활동 수준, 자극 추구 경향을 포함하는
차원으로, 이 차원에서 점수가 높은 아동들은 행복하고, 활동적이고, 말하는 것을 즐기
며 자극을 추구하는 성향이 있다. 정열성/외향성이 높은 경우, 수줍음이나 낮은 자존감
으로 문제를 겪을 가능성은 낮지만 지나치게 행동이 앞서 문제가 발생할 가능성이 있
다. 부정적 정서는 공포, 좌절감, 슬픔, 불편함, 분노 등의 정서를 쉽게 경험하는 성향을
말하며, 공포는 개인의 내면적인 문제들과 관련성이 높은 반면, 분노는 개인 외부의 문
제들을 야기할 가능성이 있다. 의식적 통제는 주의를 집중하고 계획을 세우고 실행하며
행동을 조절하는 정도를 반영한다. 의식적 통제가 높은 아동은 쉽게 산만해지지 않으
며, 성실하고 공격성이 낮다.

(2) 기질에서의 성차

기질은 주로 유전 및 생물학적 특징에 토대를 두고 있기 때문에, 주로 생애 초기 유아
나 아동들을 대상으로 연구가 이루어진다. 예를 들어, Else-Quest, Hyde, Goldsmith와
Van Hulle(2006)은 3개월에서 13세의 남녀 아이들이 경험하는 정서와 행동 경향성에 차
이가 있는지 살펴보았다. 그 결과, 남아가 여아에 비해서 정열적/외향적인 기질이 있었
고($d = .15 \sim .33$)[1], 여아가 남아에 비해 의식적 통제 경향이 높았다($d = -.23 \sim -.41$). 그
러나 남녀 아이들이 부정적 정서를 경험하는 정도에는 차이가 없었다.

또 다른 연구(Cross, Copping, & Campbell, 2011)에서는 11세 이상의 남녀 아이들을 대상
으로 이루어진 연구들을 종합하여 충동성, 보상 민감성, 처벌 민감성, 의식적 통제에서
성차를 분석했다. 분석 결과, 여아는 남아에 비해 처벌에 더 민감하지만($d = -.33$), 보상
에 대한 민감성에는 남녀 차이가 없었다. 이는 여아가 남아에 비해 부정적 단서에 더 민
감한 것으로 해석된다. 또한 남아가 여아에 비해 감각적인 것을 추구하고 모험적으로
행동하려는 충동성을 보였으나($d = .41/.36$), 의식적 통제 정도에는 차이가 없었다.

이 결과들은 남아가 여아보다 정열성/외향성은 다소 높은 반면, 그 외의 기질에서는
성차가 혼재되어 있음을 의미한다. 또한 의식적 통제에서 남녀 차이가 나타나지 않은
결과는 주의력결핍 과잉행동장애(ADHD)를 지닌 남아의 수가 여아에 비해서 훨씬 많다

---

1) 메타분석에서 도출되는 효과 크기의 값은 통상 Cohen(1988)이 제시한 표준화 평균차이 지수로 보고되며, $d =$
.20 이하는 작은 효과 크기, $d = .50$은 중간 효과 크기, $d = .80$ 이상은 큰 효과 크기로 해석한다. 이 장에서 보고
하는 결과 가운데 효과 크기의 부호가 양수인 것은 남성이 여성에 비해 특정 경향성이 강함을 의미하며, 음수
는 여성이 남성에 비해 해당 경향성이 강함을 의미한다.

는 연구 결과(Rucklidge, 2010)와 대조를 이루는데, 이는 기질에서 남녀 차이를 과대하게 추정하는 것은 위험할 수 있음을 시사한다(Else-Quest et al., 2006).

2) 성격

(1) 성격 5요인

얼마나 많은 성격 특성을 사용하면 사람들의 성격을 측정하고 설명하기에 적절하며 행동을 예측하기에 효과적인가? 심리학자들은 이 물음에 답하기 위해 요인분석(factor analysis)이라는 통계 기법을 활용해 왔다. 요인분석은 서로 상관이 있는 요소들을 묶어 자료를 축약하는 방식이다. 요인분석을 이용한 초기 연구에서 Cattell(1943)은 16개의 성격 요인을 제안했으며, 이후 많은 연구를 통해 5요인 모형이 확고하게 자리 잡았다(예: Goldberg, 1990; McCrae & Costa, 1987). 특히, McCrae와 Costa(1987)는 다양한 측정 방법에 걸쳐 안정적으로 나타나는 요인들을 토대로, 사람들의 성격을 개방성(Openness), 성실성(Conscientiousness), 외향성(Extraversion), 친화성(Agreeableness), 신경성(Neuroticism)이라는 5가지 차원으로 구조화했다. 심리학에서는 이 5가지 차원으로 구성된 모형을 통상 성격 5요인 모형 또는 Big5로 부른다(Goldberg, 1981). 각 차원에서 높은 점수를 받은 사람들은 경험에 대한 개방성, 성실성, 외향성, 친화성, 신경성 성향이 있는 반면, 낮은 점수를 받은 사람들은 호기심 결여, 무책임성, 내향성, 불쾌함, 정서적 안정 성향이 있는 것으로 해석한다(Costa, McCrae, & Dye, 1991).

(2) 성격 5요인에서의 성차

남성과 여성의 성격에 차이가 있는지는 오랫동안 지속된 논쟁거리다. 성격 5요인 모형에서 성차를 다룬 연구들은 일부 성격 특성에서 일관된 성차를 보고한다. 예를 들어, 여성이 남성에 비해 높은 수준의 신경성 성격을 보이는데(Costa, Terracciano, & McCrae, 2001; Feingold, 1994; Lynn & Martin, 1997), 신경성은 불안, 우울 등 부정적 정서와 자의식, 충동성, 상처받기 쉬움과 같은 세부 특성들을 포함한다. 또한 친화성 차원에서도 여성이 남성보다 높은 점수를 보인다(Budaev, 1999; Costa et al., 2001; Feingold, 1994). 친화성은 상냥하고 겸손하며 신뢰할 만하고 이타적인 특성을 포함한다. 이렇듯, 여성이 남성에 비해 높은 친화성과 신경성을 보이는 것은 여성이 남성에 비해 대인관계를 중요하게 생각하는 성격 특성을 지니고 있기 때문으로 해석된다.

이와 달리 일관된 성차를 관찰하기 어려운 차원들도 있다. 외향성의 경우, Feingold (1994)의 메타분석 결과에서는 여성이 남성에 비해 외향성이 다소 높은 것으로 확인되었으나, Lynn과 Martin(1997)의 국가 비교연구에서는 남성이 여성에 비해 외향성이 높았다. 성실성이나 개방성은 연구에 따라서 여성 또는 남성이 다소 우세한 경향이 있었으나 그 차이가 매우 적기 때문에 분명한 성차가 있다고 보기는 어렵다(Costa et al., 2001; Feingold, 1994). 이처럼 혼재된 결과가 나타나는 것은 각 차원을 구성하는 세부 특성에 성차가 존재하기 때문이라는 주장도 제기되었다(Costa et al., 2001). 예를 들어, 외향성의 세부 특성인 따뜻함, 사교성은 여성이 우세하지만 적극성, 흥미 추구는 남성이 우세하다. 경험에 대한 개방성에서도, 경험에 대한 미학과 느낌에 대한 개방성은 여성이 남성보다 높지만 상상과 아이디어에 대한 개방성은 남성이 여성에 비해 높다.

그렇다면 여성과 남성의 성격 차이는 왜 발생하는 것일까? 연구자들은 진화론적 관점과 '사회적 역할 이론(social role theory)' 관점을 바탕으로 성격의 남녀 차이를 설명한다. 진화론적 관점에서는 여성과 남성의 성격 차이가 생득적인 기질의 차이에서 발생한다고 주장한다(Baron-Cohen, 2003; Geary, 1998). 즉, 진화 과정에서 남성과 여성이 적응해야 하는 환경이나 해결해야 하는 과제가 서로 달랐기 때문에 각기 다른 성격이 형성되었다고 본다. 예를 들어, 여성은 관계나 양육과 관련된 성격 특성을 보유하는 것이 생존에 도움이 된 반면, 남성은 적극적이고 진취적인 성격 특성을 보유하는 것이 더 적응적이었다. 그러나 진화론적 관점은 성격에서의 남녀 차이가 문화에 따라서 달리 나타나는 이유에 대해서는 충분한 설명을 제공하지 못한다. 예를 들어, 미국에서 실시된 연구(예: Costa et al., 2001; Feingold, 1994)에서 관찰된 신경성 차원의 성차는 일본이나 남아프리카에는 관찰되지 않았다(Costa et al., 2001). 이는 성격에서의 성차가 문화에 따라 달라질 수 있으며, 특히 사회적 학습에 의해서 영향을 받을 수 있음을 시사한다. 여성이 남성보다 신경적이고 마음이 약하다는 결과는 미국 사회의 고정관념(예: Broverman, Vogel, Broveman, Clarkson, & Rosenkrantz, 1972)과 일치하는 것이기 때문이다.

이처럼 문화에 따라 성격의 성차가 달리 나타나는 것은 사회적 역할 이론의 관점으로 설명할 수 있다. 이 관점에 따르면, 문화마다 남성과 여성에게 각각 적합하다고 간주되는 사고 및 행동 규범이 존재하며, 대부분의 성차는 이러한 남성과 여성의 사회적 역할에 관한 사회화 과정에서 발생한다(Eagly, 1987; Ruble & Martin, 1998). 이와 더불어, 남성과 여성이 각자의 규범에 적합한 역할을 실제로 수행하게 됨으로써 각 성별 내에서 성격 특성은 더욱 유사해지는 반면, 성별 간의 성격 차이는 더욱 커진다(Eagly & Wood,

1999; Wood & Eagly, 2002). 또한 사회적 역할 이론에서는 남녀평등 문화가 정착된 사회에서는 그렇지 않은 사회에 비해 성격에서 남녀 차이가 적을 것으로 예측한다.

2. 정서에서의 성차

1) 남녀의 정서경험과 정서표현

사람들은 흔히 여성이 남성보다 '정서적'이라고 생각한다. 그렇다면, '정서적'이라는 것은 여성이 남성에 비해 정서표현을 많이 한다는 것인가, 아니면 정서를 많이 경험한다는 것인가? 개인의 정서를 겉으로 드러내 보이는 것을 정서표현이라고 한다(Kring, Smith, & Neale, 1994). 정서표현에 관한 연구에서는 여성이 남성에 비해 정서표현을 많이 한다는 결과가 지배적이다. 즉, 남성에 비해 여성이 표현하는 정서의 강도가 높고(Grossman & Wood, 1993), 여성이 남성보다 정서를 자주 표현한다(예: Ashmore, 1990; Brody & Hall, 1993; Hall, 1984). 이러한 결과는 자기보고(예: Gross & John, 1995; Kring, Smith, & Neale, 1994), 안면 근전도(EMG)(예: Greenwald, Cook, & Lang, 1989; Lang, Greenwald, Bradley, & Hamm, 1993), 훈련된 평가자나 일반인 평가자를 통한 비언어적 표현의 관찰(예: Barr & Kleck, 1995; Halberstadt, Hayes, & Pike, 1988) 등 다양한 측정치에서 일관되게 보고된다. 또한 슬픔(예: Fujita, Harper, & Wiens, 1980; Rotter & Rotter, 1988; Schwartz, Brown, & Ahern, 1980), 혐오(예: Wagner, Buck, & Winterbotham, 1993), 두려움(예: Rotter & Rotter, 1988; Wagner et al., 1993), 놀람(예: Fujita et al., 1980; Wagner et al., 1993), 행복(예: Barr & Kleck, 1995; Fujita et al., 1980) 등 분노를 제외한 대부분의 정서에서 발견되고 있다.

이러한 남녀의 정서표현의 차이가 실제로 남녀가 경험하는 정서의 차이를 의미하는 것일까? 정서경험, 생리적 반응 및 행동적 표현은 서로 상응하는 면이 있기 때문에, 여성이 남성에 비해 정서표현을 많이 하는 것은 실제로 여성이 남성보다 정서경험을 많이 하는 것으로 해석할 수 있다. 그러나 다른 한편으로 정서경험과 정서표현은 서로 독립적일 가능성이 있다. 정서경험에 비해서 정서표현은 언제, 어떻게 정서를 표현하는 것이 적절한지에 관한 사회·문화적 규범의 영향을 크게 받는다(Buck, Losow, Murphy, & Costanzo, 1992; Ekman, 1992). 즉, 사회화 과정에서 여성들은 남성들에 비해 정서표현이 허용되거나 상대와의 관계를 긴밀하게 하기 위해 특정 정서를 표현하는 것이 장려된다.

반면에, 남성들은 자신의 정서를 감추거나 통제하도록 사회화된다(Cervantes & Callanan, 1998; Fivush, 1989). 그런데 성장 과정에서 사람들은 정서경험과 정서표현이 반드시 서로 일치해야 할 필요는 없음을 알게 되고(예: Saarni, 1979) 정서경험은 정서표현에 비해 사적으로 발생하기 때문에 정서표현과 관련된 사회·문화적 규범이 남녀의 정서경험에까지 강력한 영향을 미치지 않을 수 있다(참조: Brody, 1985). 따라서 남성과 여성이 정서표현에서는 차이를 보이더라도, 정서경험 자체에 차이가 있는지는 분명하지 않다. 이러한 관점과 일관되게, 정서경험에 관한 대부분의 연구에서는 성차와 관련하여 혼재된 결과가 나타났다. 즉, 여성이 남성에 비해 정서경험을 더 많이 한다는 결과(예: Choti, Marston, Holston, & Hart, 1987; Gross & Levenson, 1993; Schwartz et al., 1980)와, 둘 간의 유의미한 차이가 없다는 결과(예: Kring & Gorden, 1998; Wagner et al., 1993; Zuckerman, Klorman, Larrance, & Spiegel, 1981)가 공존한다.

2) 정서표현에서 남녀 차이를 조절하는 변수

앞서 살펴본 것과 같이, 여성이 남성에 비해 정서를 더 많이 표현한다. 그러나 이러한 정서표현의 남녀 차이는 발달 시기나 사회적 상황에 따라 달라진다.

(1) 발달단계

사회발달이론(Brody & Hall, 2008)에 따르면, 연령이 증가함에 따라 정서표현에서의 성차가 크게 나타나는데, 이는 남성과 여성이 성 역할 기대를 인식하고 그와 일관된 방향으로 사회화되기 때문이다. 생물/성숙(biological/maturational) 이론(Buck, 1984)에서도 남녀가 청소년기를 거치면서 호르몬과 생물학적 차이가 발현되기 때문에 연령이 증가함에 따라 정서표현에서 성차가 크게 나타난다고 주장한다(예: De Bellis et al., 2001). 이러한 주장들과 일관되게, Buck(1977)은 4세에서 6세로 연령이 증가함에 따라 정서표현의 성차가 증가함을 발견했는데, 이는 여아들은 변화가 없었지만 남아들의 정서표현이 감소했기 때문에 발생한 결과였다. 또한 정서들을 구분하여 정서표현에 성차가 존재하는지 메타분석한 결과에서도(Chaplin & Aldao, 2013) 연령에 따른 차이가 발견되었다. 이들은 정서를 일반적인 긍정정서, 일반적인 부정정서, 외부초점(externalizing) 정서(예: 분노, 경멸, 혐오) 및 내부초점(internalizing) 정서(예: 슬픔, 불안, 수치심)로 구분하여 성차를 확인하였는데, 내부초점 정서를 제외한 정서들에서 남녀의 차이는 연령이 증가할수록 크게 나타났다. 즉, 영아기 때는 남아와 여아가 표현하는 정서 간에 차이가 없었지만, 유아기, 아동기를 거쳐 청소년기에 이르면 남학생들에 비해 여학생들이 높은 수준의 긍정정서, 부정정서 및 외부초점 정서를 표현하는 경향이 있었다($d = -.27 \sim -.35$). 이는 연령의 증가에 따른 성 역할 사회화에 일부 기인한 것으로 볼 수 있다.

(2) 대인관계 맥락

Buck 등(1992)에 따르면, 사람들은 타인이나 사회적 자극이 존재할 경우 사회화된 정서표현 규칙을 따를 가능성이 크다. 특히 자신의 정서표현에 따라서 다른 사람들이 자신을 수용하거나 거부할 수 있기 때문에, 타인의 존재는 사회적으로 공유된 정서표현 규칙을 따르도록 하는 중요한 요인이다(Barrett & Campos, 1987). 정서표현에서 성차의 크기가 사회적 맥락에 따라 달리 나타난다는 메타분석 결과(Chaplin & Aldao, 2013)는 이러한 관점을 지지하는 증거로 해석된다. 연구에 따르면, 아이가 혼자이거나 부모와 함께인 경우에는 편안하게 정서를 표현할 수 있기 때문에 정서표현에서 성차가 발견되지 않는다. 그러나 다른 성인이나 친구들과 함께 있는 상황에서는 사회적인 표현 규칙에 따라 행동하게 되면서 성차가 나타난다. 구체적으로, 다른 성인과 함께인 상황에서는 여아가 남아에 비해 일반적인 긍정정서와 내부초점 정서를 표현하는 경향이 있고($d = -.12/$ $-.16$), 친구들과 함께인 상황에서는 남아가 여아에 비해 일반적인 부정정서와 외부초점 정서를 표현하는 경향이 있다($d = .19/.29$). 이 결과는 성 고정관념과 일관된 것으로, 상황맥락이 정서표현에서의 성차를 유발하거나 감소시키는 중요한 조절변수임을 보여 준다.

결과들을 종합하면, 남녀의 정서경험에 대한 결과들이 아직 혼재하지만 여성이 남성에 비해 다양한 정서를 자유롭게 표현하는 것을 알 수 있다. 그리고 이러한 성차는 사회화 기간이 길어지거나 성 역할 기대가 높은 상황에서 더욱 뚜렷하게 관찰된다. 이는 정서표현의 성차에 대한 Brody(1999)의 관점과 일맥상통하는 결과다. 그녀는 생물학적 관점과 사회적 관점을 통합하여 정서표현에서의 성차를 설명하는 이론적 관점을 제안했다. 이 관점에 따르면, 사회화의 결과로 남녀는 자신의 성별에 적합한 정서표현 방식을 발전시키며, 정서표현 방식은 성 고정관념과 상당 부분 일치한다. 즉, 여성은 남성에 비해 정서를 표현하도록 사회화되는데(Kring & Gordon, 1998), 특히 남성들에 비해 행복과 내부초점 부적 정서(슬픔, 두려움, 불안, 부끄러움과 죄책감)를 표현하는 것이 허용되고(Brody & Hall, 2008), 공감과 동정심을 자주 표현할 것으로 기대된다(Zahn-Waxler, Cole, &

Barrett, 1991). 이러한 정서표현 규칙은 양육자로서의 여성의 역할과 대체로 일치한다. 또한 행복이나 내부초점 정서를 표현하는 것은 관계를 위협하기보다는 촉진하고 타인과의 친밀감을 증진한다는 점에서(Zahn-Waxler & Robinson, 1995), 남성보다 여성이 관계지향적이고 협조적이라는 성 역할 기대와도 일치한다. 반면, 남성들은 분노, 무시, 혐오 등과 같은 외부초점 정서를 표현하는 것이 허용된다. 분노나 무시와 같은 정서들은 스트레스를 내재화하는 대신 외부적으로 장애물을 극복하고 목표를 성취하는 데 도움을 준다(Brody, 1999, 2000; Brody & Hall, 2008). 성 역할 기대는 사람들의 정서 수용성에도 영향을 미쳐, 흥미롭게도 분노 정서를 제외하면 사람들은 남성보다 여성이 정서를 경험하고 표현하는 것에 대해서 수용적이며, 분노의 경우에는 여성보다는 남성이 경험하거나 표현할 때 더 수용적이다(Durik et al., 2006). 이러한 외부초점적 정서표현은 전통적으로 남성이 자신의 가족을 방어하고 위험에 대처하기 위해서 행동해야 했던 맥락에서 이해할 수 있으며, 주장성, 개인주의, 독립성, 그리고 심지어 공격성 등과 같은 성 역할 고정관념과도 일관된다(Brody, 1999).

3. 사회적 행동의 성차

1) 공격성

흔히 사람들은 여성이 남성에 비해 덜 공격적이라고 생각한다. 공격성에 성차가 실제로 존재하는지와 별도로, 여성이 공격적이지 않다는 일반적인 믿음은 몇 가지 부작용을 초래할 수 있다. 만약 여성들이 자신을 약하고 비공격적이라고 믿는다면, 남성들의 공격성에 대항해 자신을 방어할 수 없다고 생각할 수 있다. 또한 공격성을 인정받은 일부 남성은 그들의 공격적인 성향을 조절하려는 노력을 하지 않을지도 모른다. 따라서 공격성에 관한 성 고정관념은 남성과 여성 모두에게 문제를 일으킬 가능성이 있다. 이 절에서는 공격성에 관한 성차를 다룬 심리학 연구의 주요 결과를 살펴보고자 한다.

(1) 직접적 · 신체적 공격

공격성은 대상에게 심리적 · 신체적 피해를 입히고, 대인관계 및 집단에서 갈등을 심화시키는 것은 물론 공격자 자신의 정신건강에도 부정적 영향을 미친다. 공격성은 타인에게 해를 입히려는 의도를 지니고 행하는 신체적 · 언어적 행동을 의미하며, 전통적으로 여성보다는 남성의 특성으로 간주되었다. 공격성의 중요한 지표 가운데 하나인 범죄율의 경우, 지난 10년간 여성 범죄자의 비율이 다소 증가하기는 했지만(2004년 15.5%에서 2014년 16.3%) 여전히 남성 범죄자의 비율이 76.7%로 높다(대검찰청, 2004-2014). 미국에서도 거의 모든 범죄 영역에서 남성 범죄자가 여성 범죄자보다 많다(Anderson & Bushman, 2002). 이는 남성이 여성보다 공격적이라는 일반의 믿음과 일관된다.

　　Maccoby와 Jacklin(1974)은 공격성에서 발견되는 성차는 범문화적이라고 주장한다. 이들에 따르면, 신체 폭력 및 언어 폭력 모두에서 남성이 여성보다 공격적이다. 또한 나이가 들면서 전체적으로 공격성향이 줄어들기는 하지만, 공격성에서의 성차는 2세부터 대학생에 이르기까지 안정적으로 나타난다. 공격성에 관한 143편의 연구를 메타분석한 Hyde(1984, 1986)의 연구에서도 전반적으로 남성이 여성보다 공격적인 것으로 나타났다(d = .48). 또한 연령과 공격행동의 종류에 따른 차이도 관찰되었다. 즉, 학령기 이전에는 남아가 여아에 비해 높은 공격성을 보이지만(d = .58), 대학생 및 성인에서는 그 차이가 적었다(d = .27). 그리고 남녀 공격성의 차이는 언어적 공격(d = .43)보다 신체적 공격(d = .60)에서 차이가 컸다. 더 최근에 보고된 Archer(2004)의 메타분석에서도 유사한 성차가 발견된다. 즉, 관찰자나 측정 방법에 따라 성차의 크기가 다르긴 하지만 남성이 여성보다 전반적으로 공격성이 높은 것으로 나타났으며(d = .30 ～ .63), 이러한 경향성은 22세 이상의 성인(d = .29)보다 21세 이하 연령대(d = .46 ～ .56)에서, 그리고 지역사회 표집(d = .32)보다는 학생 표집(d = .49 ～ .52)에서 컸다. 이는 비록 연구 방법이나 연령, 공격행동의 종류, 연구에 이용된 표집에 따라서 성차의 크기가 다소 달라지기는 하지만, 전반적으로 남성이 여성보다 공격적이라는 결론을 뒷받침한다. 그러나 위의 결과들은 직접적인 공격이나 신체적 공격을 측정했을 때의 결과로, 간접적인 공격성을 측정했을 때에는 성차의 양상이 다소 달랐다.

(2) 간접적 · 관계적 공격

　　여러 연구에서 보여 주듯이 직접적인 신체 및 언어 공격을 수반하는 행동에서는 전반적으로 남성이 여성보다 높은 공격성을 보인다. 그러나 남녀의 공격성을 다른 각도에서 조명해 보면 흥미로운 결과가 관찰된다. 남성들은 일반적으로 신체 공격이나 직접적인 공격행동을 하는 반면, 여성들은 자신에게 허용되는 간접적이고 관계적인 방법으로 공격성을 표현하는 경향이 있기 때문이다. 여성들의 관계적 공격성을 잘 보여 주는 예는 〈퀸카로 살아남는 법(Mean Girls)〉(2004)이라는 영화다. 이 영화에는 신체적인 공격을 일삼지는 않지만, 악의적인 거짓말이나 집단 따돌림처럼 관계를 통해 교묘하게 타인에게 상처와 고통을 주는 여성들의 모습들이 등장한다. 이러한 관계적 공격성 역시 타인에게 심각한 피해를 입힐 수 있는 공격행동이다(Crick, Ostrov, Appleyard, Jansen, & Casas, 2004; Frieze & Li, 2010). 그럼에도 불구하고, 흔히 공격성은 남성의 특성으로 간주되기 때문에, 공격성을 평가할 때도 여성보다는 남성들이 보이는 공격행동에 초점을 두는 편향이 존재한다(Ostrov, Crick, & Keating, 2005).

관계적 공격성에서의 성차는 아직 결과가 혼재되어 있다. 일부 연구에서는 관계적 공격성에 성차가 없는 것으로 관찰된 반면(예: Archer & Coyne, 2005; Geiger, Zimmer-Gembeck, & Crick, 2004), 다른 연구에서는 남성들에 비해 여성들 사이에서 관계적 공격성이 발생할 가능성이 높음을 시사하는 결과가 보고되었다(참조: Coie & Dodge, 1998; Crick & Grotpeter, 1995). 예를 들어, Ostrov, Woods, Jansen, Casas와 Crick(2004)은 3~5세 어린이들로 이루어진 3인 집단에서 남녀 어린이들의 공격성을 관찰했다. 이 연구에서 아이들은 만화 〈Winnie the Pooh〉에 등장하는 곰돌이에 색을 칠하는 놀이를 했는데, 각 집단에는 2개의 흰색 크레용과 한 개의 오렌지색 크레용이 제공되었다. 놀이가 진행되는 동안 아이들은 곰돌이를 색칠하기에 적합한 오렌지색 크레용을 갖기 위해 여러 가지 전략을 시도했으며, 훈련된 관찰자들이 이를 기록했다. 연구 결과, 신체적 공격(예: 때리기, 밀치기)은 남아가 여아보다 많이 한 반면, 관계적 공격(예: 나쁜 소문 퍼트리기, 무시하기)은 여아가 남아보다 많이 했다([그림 6-1] 참조).

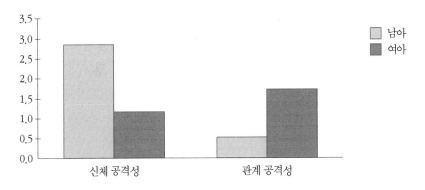

[그림 6-1] 남아와 여아의 신체적 공격과 관계적 공격

출처: Ostrov et al. (2004).

(3) 공격성의 성차를 조절하는 변인

여성이 남성보다 관계적 공격성이 높다는 일부 증거가 있기는 하지만, 전반적으로 남성이 여성보다 공격적이라는 결론은 여전히 타당한 것으로 보인다. 이와 더불어, 공격성의 성차에 영향을 미치는 중요한 상황적 맥락을 이해하는 것도 중요하다.

공격성의 성차를 다룬 선행 연구들을 살펴보면, 자발적으로 행해지는 공격행동에서 상대적으로 성차가 크게 나타난다. 즉, 남성들은 여성들보다 정당한 이유 없이 공격성을 보이는 경향이 높지만, 상대방에게 공격을 당한 이후에는 남녀 모두 공격적인 반응을 보인다(Anderson & Bushman, 2002; Archer, 2004; Brody, 1999). 공격성에 관한 실험실 연구들을 메타분석했을 때에도, 폭력적인 단서가 존재하지만 공격성을 촉발하는 도발이나 계기가 존재하지 않는 일반적인 상황에서는 중간 정도 효과 크기의 성차가 관찰되었다(d = .41). 그러나 폭력적인 단서와 도발이 모두 존재하는 경우에는 남녀의 차이가 없었다(Bettencourt & Kernahan, 1997).

공격성에서 남녀 차이는 공격하는 대상과의 관계에 따라서도 달리 나타난다. 예를 들어, 심리학 실험에서 여자 대학생들은 남자 대학생들보다 낯선 사람에 대해서 공격적으로 대했다. 반면에, 잠시라도 서로 만난 적이 있는 상대방에게는 여성들이 남성들보다 덜 공격적이었다(Carlo, Raffaelli, Laible, & Meyer, 1999). 또한 익명성이 보장되는 상황에서는 성 역할 규범이나 기대와 같은 사회적 압력의 영향을 덜 받기 때문에 공격성의 성차가 유의하지 않다는 결과도 보고되었다(Lightdale & Prentice, 1994). 이들의 연구에서, 절반의 참가자들은 큰 이름표를 달고 실험자 가까이에 앉아 사적인 질문에 응답하는 개인화 조건에 할당되었다. 나머지 절반의 참가자들은 실험자와 멀리 떨어져 앉아 대기하고 이름표나 개인을 식별할 수 있는 질문에 응답하지 않는 탈개인화 조건에 할당되었다. 이후 참가자들은 자신에게 폭탄을 투하한 상대를 공격하는 비디오 게임을 했고, 연구자들은 공격성의 지표로 상대방에게 투하한 폭탄의 수를 측정했다. 연구 결과, 개인화 조건에서는 성 역할과 일치하게 남성이 여성보다 많은 폭탄을 떨어뜨렸다. 반면에, 탈개인화 조건에서는 성별에 따른 차이가 발견되지 않았다. 즉, 공격성에서의 성차는 익명성이 보장된 조건에서는 관찰되지 않았다(그림 6-2 참조). 이 결과는 공격성의 발현에 남녀 차이 그 자체보다는 성 역할 기대나 상황적 맥락이 큰 역할을 한다는 것을 시사한다.

이에 더해, 공격성을 연구하는 방법에 따라서도 남녀 차이가 달리 나타난다. Hyde(1984)의 메타분석에서는 실험실 연구보다 현장 및 상관 연구에서 성차가 크게 나타났다. 이 결과는 현장 연구에서 남녀 참가자들의 반응이 실험실 연구에 비해서 오랜 기간

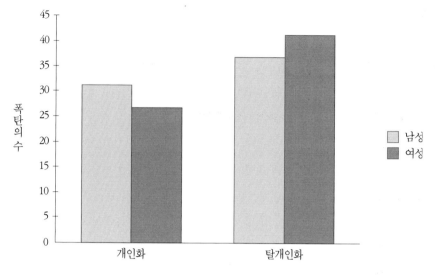

[그림 6-2] 남녀 참가자들이 사용한 폭탄의 수

출처: Lightdale & Prentice (1994).

누적된 성 역할 사회화의 결과를 반영하는 것이기 때문일 수 있다. Hyde는 자연적인 상황에서 여성은 남성보다 전반적으로 덜 공격적이지만, 공격 능력 면에서 여성과 남성은 동등하며 특히 공격성을 자극하는 실험실 상황에서는 여성의 공격성이 상대적으로 잘 드러난다고 주장한다. 이와 더불어, 측정 방법에서도 관찰보다는 자기보고로 공격성을 측정할 때 성차가 크게 나타났는데, 이는 참가자들이 성 역할과 일치하는 방향으로 자기보고를 하는 경향성 때문으로 보인다.

이러한 결과들에 대해, 진화론자들은 여성과 남성은 자신의 유전인자를 세대에 걸쳐 존속시키기 위해 서로 다른 성 선택(sexual selection)과 생식 방략을 채택하며, 그 결과 공격성에 성차가 발생하는 것이라고 주장한다(예: Buss & Schmitt, 1993). 남성들은 자신의 유전자가 생존할 기회를 최대화하기 위해서 가능한 한 많은 여성을 임신시키려 하는 반면, 여성들은 임신과 양육에 많은 시간과 노력이 수반되기 때문에 가장 좋은 짝을 선택하려는 경향이 있다(Kenrick & Trost, 1996). 이 관점에서 보면, 남성은 짝짓기에서 경쟁 상대가 많기 때문에 공격적이고 자기주장적인 행동 방략을 선택한 반면, 여성은 가장 좋은 유전자를 가진 남성을 찾을 때까지 소극적이고 수동적으로 행동하는 방략을 선택한 것으로 이해된다. 이와 더불어, 진화론자들은 여성은 아기를 낳고 돌보아야 했기 때문에 양육적인 태도와 행동이 우세하게 나타나고, 남성들은 사냥과 싸움을 책임졌기 때문에 공격성이 발달한 것이라고 설명한다.

반면, 사회·문화적 관점에서는 사회화 과정에서 성별에 따라 다른 역할과 기대를 부여받고 학습한 결과로 성차가 발생한다고 가정한다. 전통적으로 공격성은 부정적이든 긍정적이든 남성의 특성으로 간주되었다. 무기 생산 및 사냥은 남성의 역할이었으며, 따라서 이러한 역할을 잘 수행하기 위해서 남성들은 더욱 공격적으로 행동하게 되었을 것이다. 남성이 여성보다 진취적이고 자기주장적으로 행동하며 직업적 성공을 거두는 것도 남성이 여성에 비해 사회·문화적으로 공격성을 부여받고 학습한 결과라고 볼 수 있다. 남녀에게 부여된 성 역할은 무엇이 각 성에 적절한 행동인지를 규정하며, 개인으로 하여금 사회 및 타인의 기대에 자신을 맞추도록 영향을 미친다. 예를 들어, 여성이 공격성을 드러낼 경우 여성으로서 적절하지 못한 행동이라는 평가와 제지를 받지만, 남성의 똑같은 행동에 대해서는 보다 허용적이다. 이 점에서 볼 때 공격성에서의 성차는 남녀가 근본적으로 다르기 때문이라기보다는 사회·문화적으로 서로 다르게 취급받게 된 결과로 나타나는 것이다.

공격성의 성차에 관한 연구 결과를 종합해 보면, 연령, 측정 방법, 연구 방법, 익명성, 공격행동의 정당화 가능성 등 다양한 요인들에 따라 정도의 차이는 있지만 전반적으로 남성이 여성보다 공격적이라는 점은 분명해 보인다. 한 가지 주목할 점은 대부분의 연구에서 공격성에 대한 정의가 남성적 특성으로 기술되고 있다는 점이다. 공격성에 관한 현대적 정의에서는 언어적 공격 및 수동적이고 간접적인 공격도 모두 공격성에 포함한다는 점을 고려할 때, 공격성의 여성적 측면에 대한 더 많은 연구가 필요하다.

2) 대인 간 관계

(1) 의사소통

공격성과 마찬가지로, 사람들은 남녀의 의사소통 방식에도 차이가 있다고 생각한다. 이와 일관되게, 일부 연구에 따르면 남성과 여성은 서로 다른 과정을 거쳐 성장하고 상이한 의사소통 양식을 발달시키며, 그 결과 여성은 관계나 친밀성을 나타내는 언어를 자주 말하고 듣는 반면, 남성들은 지위와 독립을 표상하는 언어를 주로 사용한다(Tannen, 1990). 그러나 다른 연구자들은 의사소통이 이루어지는 사회적 상황이 중요한 역할을 한다고 주장한다(Edwards & Hamilton, 2004; Shields, 2002). 이 절에서는 언어 사용량, 언어 표현, 그리고 대화 중단에서 남녀 의사소통 방식에 차이가 있는지 살펴보겠다.

① 언어 사용의 양

"여자 셋이 모이면 접시가 깨진다."라는 표현에는 여성들이 수다스럽다는 고정관념이 담겨 있다. 그러나 실제 연구 결과를 보면 남성과 여성의 언어 사용량이 다르지 않거나 오히려 남성들이 더 많다. 대학생들이 친구와 나누는 대화나 과거 경험에 대한 구술 또는 글쓰기를 분석했을 때 남녀 간에 유의한 차이가 없었고(예: Athenstaedt, Haas, & Schwab, 2004; Mehl, Vazire, Ramirez-Esparza, Slatcher, & Pennebaker, 2007), 토크쇼에서 인터뷰하는 남성과 여성을 분석했을 때도 언어 사용량에 남녀 차이가 발견되지 않았다 (Brownlow, Rosamond, & Parker, 2003). 초등학생과 대학생들이 수업 시간이나 일상에서 나누는 대화를 분석했을 때에는 오히려 남성이 여성보다 말이 많았다(Crawford, 1995; Eckert & McConnell-Ginet, 2003). 이와 유사하게, 언어 사용에 관한 56개 연구를 통합적으로 분석했을 때에도 61%의 연구에서 남성이 여성보다 말을 많이 하는 것으로 나타났다 (James & Drakich, 1993). 그렇다면 왜 사람들은 여성이 더 수다스럽다는 인식을 갖고 있을까? 이는 성 역할 고정관념의 영향으로 해석된다. Spender(1989)에 따르면, 통상 사람들은 여성은 조용하게 있을 것으로 기대하기 때문에 조금만 말을 해도 말이 많다는 인상을 받기 쉽다. 이 주장과 일관되게, Spender의 연구에서 여성이 대화 시간의 1/3을 초과하는 경우 남녀 평가자 모두 그 여성이 말이 많은 사람이라고 인식했다.

② 언어 표현

언어 표현에서도 흥미로운 성차가 보고되었다. 예를 들어, 남성은 여성에 비해 비속어를 다양하게, 자주 사용한다(Newman, Groom, Handelman, & Pennebaker, 2008; Pennebaker, Mehl, & Niederhoffer, 2003). 반면에, 여성은 남성에 비해 주저하는 표현이나 자신 없는 표현을 많이 한다(Mulac, Bradac, & Gibbons, 2001). 즉, 여성이 남성보다 자주 상대방의 의견을 묻거나(예: "오늘 영화 정말 재미있었지?") 명확하지 않은 표현을 쓴다는 것이다(예: "글쎄." "그럴까?").

그러나 언어 표현에서 성차는 사회적 상황에 따라 달리 나타나는 것이라는 주장도 있다. Carli(1990)의 연구에 따르면, 여성들이 동성의 대상과 대화하는 경우에는 주저하는 표현을 거의 사용하지 않는 반면, 이성과 대화할 때는 남성들에 비해 자주 주저하는 언어 표현을 사용한다. 또한 자신 없는 언어 표현에 관한 메타분석에서도, 실험실 연구에서는 여성들이 남성들에 비해 자신 없는 언어 표현을 많이 사용했지만($d = -.28$), 현장 연구에서는 분명한 성차가 발견되지 않았다. 이 결과는 언어 표현에서 남성과 여성의 차이는 우리가 생각하는 것처럼 크지 않으며, 사회적 상황이 중요한 영향을 미친다는 것을 시사한다.

③ 대화 중단: 말 끊기와 말 겹침

말 끊기(interruption)는 대화 중 첫 번째 화자의 말이 끝나지 않은 상태에서 다른 사람이 말을 시작하는 것을 말한다(Zimmerman & West, 1975). 말 끊기에 관한 연구에서는 남성이 여성보다 말 끊기를 더 한다는 결과(예: Bohn & Stutman, 1983; Zimmerman & West, 1975)와 성차가 없다는 결과(예: Aries, 1996; Carli, 1990; James & Clarke, 1993)가 혼재한다. 이러한 결과를 이해하기 위해 실시된 메타분석(Anderson & Leaper, 1998)에 따르면, 남성들이 여성에 비해 대화를 중단시키는 경향성이 있었지만 그 차이는 크지 않았다. 더 중요하게, 말 끊기에서 남녀 차이는 다음과 같은 몇 가지 중요한 변수에 따라서 달리 나타났다.

먼저, 대화 중단을 어떻게 정의하는지에 따라 다른 결과가 나타났다. 대화 중단은 다양한 방식으로 정의될 수 있다(Aries, 1996; Tannen, 1994). 예를 들어, 말 끊기는 첫 번째 대화자가 자신의 말을 중단하려는 의도가 없음에도 불구하고 다른 대화자가 말을 지속할 권한을 빼앗는 행위다. 반면에, 말 겹침(overlapping)은 첫 번째 대화자가 말을 지속하는 중간에 발생하거나 다음 대화자로 전환되는 경우에 발생한다(Tannen, 1994). 이 점에 착안하여, 일부 연구자는 남성과 여성이 대화를 중단시키는 빈도보다는 대화를 중단시키는 이유에 초점을 둘 필요가 있다고 제안한다(Stewart, Cooper, Stewart, & Friedley, 1996). 대화 중단을 연구할 때 말 끊기를 측정한 연구에서는 남성이 여성에 비해 말 끊기를 더 사용하는 것으로 나타났다. 이는 상대적으로 남성이 대화 중 말 끊기를 사용함으로써 대화를 통제하고 대화 상대와의 권력 관계에서 우월성을 표현하는 것으로 이해된다. 반면, 여성은 대화 중간에 동의(예: "그래." "맞아.")나 자신이 대화에 몰입하고 있음을 표현하기 위해 말 겹침을 자주 사용한다(Zimmerman & West, 1975).

집단의 크기 또한 중요한 조절변수로 확인되었다. 즉, 2인 관계에서는 말 끊기에서 성차가 크지 않았지만(d = .13), 3인 이상 집단에서는 남성이 여성보다 말 끊기를 자주 사용하는 경향성이 뚜렷이 나타났다(d = .63). 따라서 남성들의 경우 집단의 크기가 커질수록 대화에서 우월성을 표현하고자 하는 경향성이 강해짐을 알 수 있다(Anderson & Leaper, 1998). 이와 더불어, 자연 집단에서 성차를 관찰했을 때 실험실 연구에서보다 성차가 분명하게 드러났으며, 연구자가 남성일 때보다 여성일 때 남성들의 말 끊기 행동이 자주 나타났다.

(2) 갈등 해결 및 협상

사람들과 관계를 맺는 방식에서 여아는 협동과 친밀성을 중요하게 생각하는 반면, 남아는 다른 아이들과 어울리기보다는 경쟁적이며 사회적 지위를 중요하게 여긴다(Knight, Fabes, & Higgins, 1989). 자원을 분배하는 방식에서도 여아는 다른 아이들과 균등하게 나눠 가지는 협동적 방식을 선호하지만, 남아는 자신이 더 많은 자원을 가져가는 경쟁적인 방식을 선호한다(Knight & Chao, 1989). 이러한 차이는 성인 남녀에서도 동일하게 나타나, 여성은 호혜적이고 친밀한 인간관계를 발전시키는 데 가치를 두는 반면, 남성은 세력과 경쟁에 가치를 둔다(Ahlgren & Johnson, 1979). 이러한 남성과 여성의 특징이 갈등 해결이나 협상에서 어떻게 나타나는지 알아보자.

① 갈등 해결

갈등은 타인과의 관계에서 양립할 수 없는 욕구나 기회, 목표 등에 직면했을 때 발생한다(Rahim, 2010). 갈등은 개인 내부에 존재하는 접근 경향성과 회피 경향성의 충돌로 발생할 수도 있고(Lewin, 1935), 집단 내 또는 집단 간에 발생하는 갈등도 있다. 특히 집단 간 갈등의 경우, 특정 집단에 대한 고정관념으로 갈등이 심화하기도 한다. 이 절에서는 사회적 상황에서 여성과 남성의 행동에 대해 다루므로, 대인관계나 집단 맥락에서 발생하는 갈등에 초점을 둔다.

대인관계나 집단에서 발생하는 갈등이 모두 부정적인 기능만 하는 것은 아니다. 예를 들어, 집단이 목표를 달성하는 과정에서 집단의 과제 수행과 관련하여 발생하는 인지적 갈등은 집단의 수행에 도움이 된다. 또한 의사결정 과정에서 발생하는 갈등은 집단 사고를 방지하고 민주적 의사결정이 이루어지도록 하는 순기능이 있다(Tjosvold, 1991). 따라서 갈등의 존재 그 자체보다는 갈등을 효과적으로 관리하는 것이 중요하다. 실제로 조직 내 갈등 관리가 조직 효과성에 중요한 영향을 미치며(De Dreu, Evers, Beersma, Kluwer, & Nauta, 2001), 작업장에서 발생하는 개인 간 갈등을 효과적으로 관리하는 조직이 우수한 성과를 낸다(Tjosvold, 1998).

갈등 관리에 관한 심리학 연구에서는 다양한 갈등 관리 방식에 초점을 두고, 효과적인 갈등 관리 방식을 탐색해 왔다. 현재 보편적으로 활용되고 있는 갈등 관리 유형은 Rahim과 Bonoma(1979)가 제안한 것으로, 타인에 대한 관심과 자기에 대한 관심의 2차

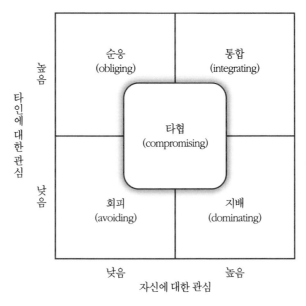

[그림 6-3] 갈등 관리 유형

출처: Rahim & Bonoma (1979).

원에 따라서 5가지 갈등 관리 유형으로 구분된다([그림 6-3] 참조). 이 가운데 타인에 대한 관심과 자신에 대한 관심이 모두 낮은 회피(avoiding)는 가장 비효과적인 갈등 관리 유형인 반면, 타인에 대한 관심과 자신에 대한 관심이 모두 높은 통합(integrating)은 가장 효과적인 갈등 관리 유형으로 간주된다(Blake & Mouton, 1964; Thomas, 1976). 반면에, 순응(obliging)이나 지배(dominating)는 어느 한쪽만 만족하는 경우이고, 중간에 위치하는 타협(compromising)은 양쪽 다 어느 정도 만족은 하지만 높은 수준의 만족에는 이르지 못하는 타협점에 불과하므로 효과성도 중간 수준이다.

이러한 갈등 관리 유형이나 갈등 해결 방식에 성차가 있을까? 일부 연구에 따르면, 남성들은 남성성과 연합된 지배 방식을 채택하는 반면, 여성들은 회피 방식을 주로 채택하는 경향이 있다(Brewer, Mitchell, & Weber, 2002; Portello & Long, 1994). 그러나 다른 많은 연구에서는 갈등 관리에서 남녀의 차이가 없다는 결과가 보고되었다. 예를 들어, 한 연구(Antonioni, 1998)에서는 남성과 여성의 갈등 관리 유형에서 성차가 나타났지만, 성격 특성의 효과를 통계적으로 제거하고 난 후에는 남녀 차이가 유의하지 않았다. 일반인을 대상으로 한 시나리오 연구(Sutschek, 2001)나, 실제 여성 리더와 동료 남성 리더들의 갈등 관리 행동을 비교했을 때도 성별에 따른 차이는 발견되지 않았다(Korabik, Baril, & Watson, 1993; Sorenson, Hawkins, & Sorenson, 1995).

② 협상

협상은 이해관계에 있는 개인들이 서로의 차이를 해결하고 상호동의에 이르는 과정을 말한다(Walters, Stuhlmacher, & Meyer, 1998). 전통적으로 협상은 구매나 계약 등과 밀접한 관련이 있는 것으로 생각되어 왔으나, 최근에는 조직에서 발생하는 불만사항이나 업무와 관련된 절차에 이르기까지 다양한 갈등 장면에 적용되는 광의의 개념으로 사용한다(Stuhlmacher & Walters, 1999). 이러한 협상에서 남성과 여성의 협상 방식(style) 및 협상 결과에 어떤 차이가 있는지 살펴보자.

남녀 행동에 관한 성 고정관념으로 비추어보면, 남성은 협상 시 강경하고 경쟁적인 방식을 채택하는 반면, 여성은 협력적이며 수용적인 방식으로 협상하리라고 기대할 수 있다(Benton, 1975; Matheson, 1991; Pruitt, Carnevale, Forcey, & Van Slyck, 1986). 이와 일관되게, 협상에서 여성이 남성보다 덜 논쟁적이고 쉽게 설득되었고(Eagly & Carli, 1981; Rancer & Baukus, 1987), 그 결과 여성은 남성에 비해 성공적인 협상을 이뤄 내지 못했다(Kray, Thompson, & Galinsky, 2001).

그러나 어떤 방식이 더 효과적인 결과를 이끌어 내는지는 협상 상황에 따라서 달라질 수 있다. 성차를 다룬 다수의 협상 연구들은 한정적인 자원의 배분을 놓고 경쟁을 벌이는 분배적 협상(distributive bargaining)에 초점을 두었다. 분배적 협상에서 특정 협상자의 이득은 상대 협상자의 손실을 가져온다. 반면, 통합적 협상(integrative bargaining)에서 자원은 서로의 노력을 통해 증대시킬 수 있는 것으로, 상호 간의 이익을 도모할 수 있는 해결책을 찾는 것이 가능하다. 이 경우, 다수의 연구가 보여 주는 대로 협력적인 협상 방식이 무조건 협상 당사자에게 불리한 결과를 초래하는 것은 아니다. 오히려 통합적 협상이나 문제해결 과정에서는 자신의 주장을 펼치면서도 상대방과 협력적인 태도를 견지하는 것이 중요하다(Pruitt & Rubin, 1986; Thomas, 1992; Walton & McKersie, 1965). 이뿐만 아니라 협력적인 태도는 협상 과정에서 인내를 유발하고, 협상 결과가 만족스럽고 공정하다고 지각하도록 한다(Littlefield, Love, Peck, & Wertheim, 1993; Pruitt & Rubin, 1986; Thomas, 1992). 이는 메타분석 결과(Stuhlmacher & Walters, 1999)에서도 확인할 수 있다. 21편의 협상 연구에서 보고된 성차를 메타분석한 결과, 협상 결과(outcome)에서 유의하기는 하지만 매우 작은 크기의 성차가 발견되었다($d = .09$). 이는 협상에서 남성이 여성보다 이익을 차지할 가능성이 큰 것은 아님을 의미한다. 더 중요한 것은 협상에서의 성차가 협상 상황에 따라서 달리 나타났다는 것이다. 즉, 분배적 협상($d = .20$)이나, 협상자 간의 지위가 동등하지 않고, 차이가 존재하는 경우($d = .25$)에는 남성이 여성보다 이익을 차지할

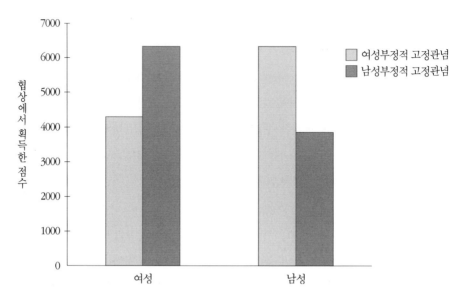

[그림 6-4] 협상자의 성별과 고정관념 점화에 따른 협상 수행

출처: Kray, Galinsky, & Thompson (2002). 실험 2.

가능성이 컸다.

그러나 분배적 협상에서의 성별 차이도 성 고정관념을 변화시켜 주는 경우에는 없어지거나 오히려 역전될 수 있다는 연구가 진행되었다. Kray, Galinsky와 Thompson(2002)은 전형적인 여성의 특성을 성공적인 협상과 연합하여 주고 판매자 또는 구매자가 되어 협상을 하도록 했다(실험 1). 그 결과, 긍정적인 성 고정관념이 점화된 여성 참가자들은 동일한 조건의 남성 참가자들에 비해서 성공적인 협상 결과를 거두었다. 뿐만 아니라, 협상 장면에서 남성에 대한 부정적 고정관념이 형성된 남성 참가자들은 여성에 대한 부정적 고정관념이 형성된 여성들만큼 저조한 협상수행을 보였다(실험 2). 이러한 결과는 분배적 협상에서 여성의 저조한 수행은 성 역할 고정관념에 따른 것이며, 남성도 부정적인 성 역할 고정관념의 영향을 받을 수 있음을 시사한다(그림 6-4] 참조).

(3) 도움행동

동일한 상황에서, 어떤 사람들은 자신의 이익을 위해 이기적으로 행동하는 반면, 다른 사람들은 타인의 이익과 복지를 고려하여 이타적인 행동을 보인다. 도움행동은 이타적 동기가 발현된 행동으로, 대가를 바라지 않고 타인의 복지 및 이익을 위해 의도적으로 타인을 돕는 행위를 말한다. 타인을 돕는 친사회적 행위는 개인의 안녕과 공동체의 발전 및 복지에 매우 중요하다. 그렇다면 도움행동에서 남성과 여성은 어떤 차이를 보이는가? 현재로서는 도움행동에서의 성차에 관해 쉽게 결론을 내리기 어렵다.

남녀의 도움행동에 관한 Eagly와 Crowley(1986)의 메타분석 결과, 남성이 여성보다 도움행동을 많이 하며($d = .34$), 여성이 남성보다 도움을 많이 받는 것으로 나타났다($d = -.46$). 그러나 이러한 성차는 도움 행동이 발생하는 상황 맥락에 따라서 효과 크기가 달랐다. 예를 들어, 타인이 도움행동을 관찰할 수 있는 상황에서는 남성이 여성에 비해 도움행동을 많이 하지만($d = .74$), 관찰자가 없는 상황에서는 남성과 여성의 도움행동 빈도에 차이가 없었다. 이에 더해, 메타분석에 포함된 연구들의 도움행동 과제에 따라 성차의 크기 및 방향에 큰 차이가 있었다. 즉, 낯선 사람을 차에 태워 주거나 자동차 타이어를 갈아 끼워 주는 것처럼 지각된 위험요소가 높은 과제에서는 남성이 여성보다 도움행동을 특히 많이 했다($d = 1.42 \sim 1.48$). 반면, 타인을 달래거나 격려해 주는 행동, 고민하는 아이를 도와주는 것과 같은 과제에서는 여성이 남성보다 도움행동을 많이 하는 것으로 나타났다($d = -.70 \sim -.71$). 이 결과는 해당 과제에 여성적 역할이 강하게 연합되어 있기 때문으로 해석할 수 있다.

그렇다면 다른 사람의 행복을 위해 자신의 목숨을 걸어야 하는 극단적인 상황에서는 어떠한가? Becker와 Eagly(2004)는 다른 사람의 목숨을 구하기 위해 생명의 위협을 감수한 사람들에게 주어지는 카네기 영웅 메달 수령자들의 성별을 조사했다. 그 결과, 여성은 단 9%에 불과했다. 반면에, 타인을 돕기 위해 상당 수준의 고통이나 잠재적인 위험을 견뎌야 하는 신장 기부에서는 기부자 중 57%가 여성이었다. 또한 나치의 유대인 대학살 기간에 위험을 무릅쓰고 유대인을 도운 비유대인 중 61%가 여성이었다. 이 결과는 도움행동에 대해서 지각된 위험이 높더라도 사회적 맥락이나 상황에 따라서 여성도 극단적인 수준의 도움행동을 하며, 도움행위와 연합된 성 역할이 도움행동을 유발하는 데 중요한 요인임을 시사한다.

한 가지 주목할 점은, 기존 연구에서는 주로 낯선 상황에서 낯선 사람에게 도움을 주는 상황을 주로 다루었고, 측정된 도움행동도 일회적이었다는 점이다. 따라서 이러한 상황에서는 남성들의 도움행동이 여성들에 비해 민감하게 측정되었을 가능성이 있다. 여성의 도움행동은 가족이나 친밀관계의 사람들에게 정서적 지지와 지원을 제공하는 방식으로 장기간에 걸쳐 발생하는 경향이 있기 때문이다.

3) 동조

동조란 사회적 압력의 결과로 타인의 태도와 행동을 따르는 행위로, 주로 다수나 집단의 압력에 의해 한 개인이 영향을 받는 상황에서 발생한다. 대부분의 사회에서 여성들은 어릴 때부터 타인과의 관계에서 조화를 추구하고, 다른 사람과 협동하며 그들을 지지하는 방향으로 행동하는 것이 권장된다. 반면에, 남성은 자기주장적이고 경쟁적이며 독립적으로 행동하도록 장려된다(Eysenck, 2002). 이는 여성이 남성에 비해 동조 경향성이 강하다. 여성이 쉽게 자신의 의견을 굽히고 타인에게 설득당하고 동조하는 존재로 인식된다는 점에서 위험성이 크다. 특히, 여성이 이러한 기대를 내면화하는 경우, 여성 스스로의 주체성을 행사하는 데 부정적인 영향을 미친다.

동조를 연구하는 전형적인 방법은 Asch(1956)의 패러다임에 토대를 둔다. Asch는 대학생 참가자들에게 길이가 서로 다른 선분들을 보여 주고, 표적 자극과 길이가 동일한 선분을 선택하도록 하는 과제를 실시했다. 이때 타인들(실험협조자)은 의도적으로 오답을 제시하고, 참가자들에게 공개적으로 자신의 답을 말하도록 함으로써 동조압력을 유발했다. 이 상황에서 피험자가 자신의 판단대로 정답을 말하는지, 아니면 타인의 반응에 동조하여 오답을 말하는지가 동조 여부로 측정되었다. 이를 활용한 다른 연구들에서는 흡연에 반대하는 사람이 흡연하는 친구들과 함께 있거나 다른 사람이 담배에 불을 붙이는 상황에서 함께 담배를 피우는지를 관찰하기도 한다.

이러한 방법론을 적용한 연구들에 대한 메타분석(Eagly, 1987) 결과, 비록 크기는 작지만 여성이 남성보다 타인의 영향을 크게 받는다는 결과가 일관되게 나타났다. 또한 동조에서의 성차는 타인이 존재하는 경우 더 크게 나타났는데, 이는 여성보다는 남성의 행동 변화에 기인한 것이었다. 즉, 남성의 경우 사적 상황보다는 공적 상황에서 동조를 덜 보였다. 이는 타인의 영향을 받지 않고 독립적으로 행동하는 것이 남성에게 요구되는 역할 규범이므로, 공적 상황에서는 덜 동조적인 태도를 보인 것으로 해석된다. 따라서 동조 행동에서의 성차 역시 상황변인의 영향을 배제하기 어렵다.

여성이 남성보다 전반적으로 동조 경향성이 강하다는 결과는 어떻게 이해할 수 있을까? 전통적으로 여성에게 연합된 성 역할 고정관념은 여성에게 타인과의 조화를 중요하게 여기고 타인에게 동조함으로써 집단에서 문제를 일으키지 않는 방향의 행동을 유발할 가능성이 있다. 또한 동조에서의 성차는 여성의 낮은 지위를 반영하는 것으로도 볼 수 있다. 통상 지위가 높은 사람은 지위가 낮은 사람에게 요구와 명령을 내놓고, 지위가 낮은 사람은 그에 따르는 것이 자연스러운 것으로 간주된다. 대부분의 사회에서 여성은 남성에 비해 전반적으로 낮은 위치에 있으며, 여성의 동조 행위는 이러한 사회적 지위의 차이를 반영하는 것일 수 있다. 특히 동조 연구가 주로 남성 연구자들에 의해서 수행되었다는 점에서, 참가자인 여성의 동조 행동이 강하게 유발되었을 가능성도 있다. 성역할을 연구하는 학자들은 연구자가 여성에 대해 지니고 있는 고정관념이 연구의 모든 과정에 영향을 미칠 수 있으며, 그에 따라 동조와 관련된 성 고정관념이 연구 결과에 영향을 미치지 않도록 주의가 필요하다고 주장한다(Eagly, 1987).

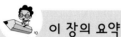

이 장의 요약

이 장에서는 성격과 정서 표현, 그리고 다양한 사회적 행동의 성차를 개관하였다. 지금까지 수행된 성격이나 정서 표현 연구에서는 일부 성 고정관념과 일치하는 결과가 관찰되었다. 그러나 일반의 예상과 달리 남녀 차이가 뚜렷하지 않거나 혼재된 결과도 존재한다. 즉, 여성이 남성에 비해 덜 공격적이고 온화한 언어를 사용하며 동조하는 경향이 관찰되기는 했지만, 공격성이 발현되는 상황에 따라 성차가 달리 나타나며 갈등 해결 방식이나 협상 행동 등에서는 뚜렷한 성차가 나타나지 않았다. 결론적으로, 사회적 행동에서 남녀의 차이는 성 고정관념 및 상황적 맥락에 의해 크게 영향을 받는다는 것을 알 수 있다.

참 ı 고 ı 문 ı 헌

대검찰청(2004–2014). 범죄분석.

Ahlgren, A., & Johnson, D. (1979). Sex differences in cooperative and competitive attitudes from the 2nd through the 12th grades. *Developmental Psychology, 15,* 45–49.

Anderson, C. A., & Bushman, B. J. (2002). Human aggression. *Annual Review of Psychology, 53,* 27-51.

Anderson, K. J., & Leaper, C. (1998). Meta-analysis of gender effects on conversational interruption: Who, what, when, where, and how. *Sex Role, 39,* 225-252.

Antonioni, D. (1998). Relationship between the big five personality factors and conflict management styles. *International Journal of Conflict Management, 9,* 336-354.

Archer, J. (2004). Sex differences in aggression in real world settings: A meta-analytic review. *Review of General Psychology, 8,* 291-322.

Archer, J., & Coyne, S. M. (2005). An integrated review of indirect, relational, and social aggression. *Personality and Social Psychology Review, 9*, 212–230.

Aries, E. (1996). *Men and women in interaction: Reconsidering the difference.* New York: Oxford University Press.

Asch, S. E. (1956). Studies of independence and conformity: A minority of one against a unanimous majority. *Psychological Monographs, 70*, 1–70.

Ashmore, R. D. (1990). Sex, gender, and the individual. In L. A. Pervin (Ed.), *Handbook of personality: Theory and research* (pp. 486–526). New York: Guilford Press.

Athenstaedt, U., Haas, E., & Schwab, S. (2004). Gender role self-concept and gender-typed communication behavior in mixed-sex and same-sex dyads. *Sex Roles, 50*, 37–52.

Baron-Cohen, S. (2003). *The essential difference: Men, women and the extreme male brain.* London: Penguin.

Barr, C. L., & Kleck, R. E. (1995). Self-other perception of the intensity of facial expressions of emotion: Do we know what we show? *Journal of Personality and Social Psychology, 68*, 608–618.

Barrett, K., & Campos, J. (1987). Perspectives on emotional development: II. A functionalist approach to emotion. In J. Osofsky (Ed.), *Handbook of infant development* (2nd ed., pp. 555–578). New York: Wiley.

Becker, S. W., & Eagly, A. H. (2004). The heroism of women and men. *American Psychologist, 59*, 163–178.

Benton, A. A. (1975). Bargaining visibility and the attitudes and negotiation behavior of male and female group representatives. *Journal of Personality, 43*, 661–675.

Bettencourt, B. A., & Kernahan, C. (1997). A meta-analysis of aggression in the presence of violent cues: Effects of gender differences and aversive provocation. *Aggressive Behavior, 23*, 447–456.

Blake, R. R., & Mouton, J. S. (1964). *The managerial grid.* Houston: Gulf.

Bohn, E., & Stutman, R. (1983). Sex role differences in the relational control dimension of dyadic interaction. *Women's Studies in Communication, 6*, 965–1104.

Brewer, N., Mitchell, P., & Weber, N. (2002). Gender role, organizational status, and conflict management styles. *The International Journal of Conflict Management, 13*, 78–94.

Brody, L. R. (1985). Gender differences in emotional development: A review of theories and research. *Journal of Personality, 53*, 102–149.

Brody, L. R. (1999). *Gender, emotion, and the family.* Cambridge, MA: Harvard University Press.

Brody, L. R. (2000). The socialization of gender differences in emotional expression: Display rules, infant temperament, and differentiation. In A. H. Fischer (Ed.), *Gender and emotion: Social psychological perspectives* (pp. 24–47). Cambridge, England: Cambridge University Press.

Brody, L. R., & Hall, J. A. (1993). Gender and emotion. In M. Lewis & J. M. Haviland (Eds.), *Handbook of emotions* (pp. 447–460). New York: Guilford Press.

Brody, L. R., & Hall, J. A. (2008). Gender and emotion in context. In M. Lewis, J. M. Haviland-Jones, & L. F. Barrett (Eds.), *Handbook of emotions* (3rd ed., pp. 395–408). New York: Guilford Press.

Broverman, I. K., Vogel, S. R., Broverman, D. M., Clarkson, F. E., & Rosenkrantz, P. S. (1972). Sex-role stereotypes: A current appraisal. *Journal of Social Issues, 28*, 59–78.

Brownlow, S., Rosamond, J. A., & Parker, J. A. (2003). Gender-linked linguistic behavior in television interviews. *Sex Roles, 49*, 121–132.

Buck, R. (1977). Nonverbal communication of affect in preschool children: Relationships with personality and skin conductance. *Journal of Personality and Social Psychology, 35*, 225–236.

Buck, R. (1984). *The communication of emotion.* New York: Guilford Press.

Buck, R., Losow, J. I., Murphy, M. M., & Costanzo, P. (1992). Social facilitation and inhibition of emotional expression and communication. *Journal of Personality and Social Psychology, 63*, 962–968.

Budaev, S. V. (1999). Sex differences in the big five personality factors: Testing an evolutionary hypothesis. *Personality and Individual Differences, 26*, 801–813.

Buss, A. H. (1995). Personality: Temperament, social behavior, and the self. MA: Allyn & Bacon.

Buss, D., & Schmitt, D. (1993). Sexual strategies theory: An evolutionary perspective on human mating. *Psychological Review, 100*, 204–232.

Carli, L. L. (1990). Gender, language, and influence. *Journal of Personality and Social Psychology, 59*, 941–951.

Carlo, G., Raffaelli, M., Laible, D. J., & Meyer, K. A. (1999). Why are girls less physically aggressive than boys? Personality and parenting mediators of physical aggression. *Sex Roles, 40*, 711–729.

Cattell, R. B. (1943). The description of personality: Basic traits resolved into clusters. *Journal of Abnormal and Social Psychology, 38*, 476–506.

Cervantes, C. A., & Callanan, M. A. (1998). Labels and explanations in mother-child emotion talk: Age and gender differentiation. *Developmental Psychology, 34*, 88–98.

Chaplin, T. M., & Aldao, A. (2013). Gender differences in emotion expression in children: A meta-analytic review. *Psychological Bulletin, 139,* 735-765.

Choti, S. E., Marston, A. R., Holston, S. G., & Hart, J. T. (1987). Gender and personality variables in film-induced sadness and crying. *Journal of Social and Clinical Psychology, 5,* 535-544.

Cohen, J. (1988). *Statistical power analysis for the behavioral sciences* (2nd ed.). Hillsdale, NJ: Lawrence Erlbaum Associates.

Coie, J. D., & Dodge, K. A. (1998). Aggression and antisocial behavior. In W. Damon & N. Eisenberg (Eds.), *Handbook of child psychology: Social, emotional, and personality development* (Vol. 3, pp. 779-862). Toronto: Wiley.

Costa, P. T., McCrae, R. R., & Dye, D. A. (1991). Facet scales for agreeableness and conscientiousness: A revision of the NEO personality inventory. *Personality and Individual Differences, 12,* 887-898.

Costa, P. T., Terracciano, A., & McCrae, R. R. (2001). Gender differences in personality traits across cultures: Robust and surprising findings. *Journal of Personality and Social Psychology, 81,* 322-331.

Crawford, M. (1995). *Talking difference: On gender and language.* London: Sage.

Crick, N. R., & Grotpeter, J. K. (1995). Relational aggression, gender and social-psychological adjustment. *Child Development, 66,* 710-722.

Crick, N. R., Ostrov, J. M., Appleyard, K., Jansen, E., & Casas, J. F. (2004). Relational aggression in early childhood: You can't come to my birthday party unless⋯. In M. Putallaz & K. Bierman (Eds.), *Duke series in child development and public policy: Aggressive antisocial behavior, and violence among girls: A developmental perspective* (Vol. 1, pp. 71-89). New York: Guilford Publications.

Cross, C. P., Copping, L. T., & Campbell, A. (2011). Sex differences in impulsivity: A meta-analysis. *Psychological Bulletin, 137,* 97-101.

De Bellis, M. D., Keshavan, M. S., Beers, S. R., Hall, J., Frustaci, K., Masalehdan, A., Noll, J., & Boring, A. M. (2001). Sex differences in brain maturation during childhood and adolescence. *Cerebral Cortex, 11,* 552-557.

De Dreu, C. K. W., Evers, A., Beersma, B., Kluwer, E. S., & Nauta, A. (2001). A theory-based measure of conflict management strategies in the work place. *Journal of Organizational Behavior, 22,* 645-668.

Durik, A. M., Hyde, J. S., Marks, A. C., Roy, A. L., Anaya, D., & Schultz, G. (2006). Ethnicity and gender stereotypes of emotion. *Sex Roles, 54,* 429-445.

Eagly, A. H. (1987). *Sex differences in social behavior: A social-role interpretation.* Hillsdale, NJ:

Lawrence Erlbaum.

Eagly, A. H., & Carli, L. L. (1981). Sex of researchers and sex-typed communications as determinants of sex differences in influence-ability: A meta-analysis of social influence studies. *Psychological Bulletin, 90,* 1–20.

Eagly, A. H., & Crowley, M. (1986). Gender and helping behavior: A meta-analytic review of the social psychological literature. *Psychological Bulletin, 100,* 283–308.

Eagly, A. H., & Wood, W. (1999). The origins of sex differences in human behavior: Evolved dispositions versus social roles. *American Psychologist, 54,* 408–423.

Eckert, P., & McConnell-Ginet, S. (2003). *Language and gender.* Cambridge: Cambridge University Press.

Edwards, R., & Hamilton, M. A. (2004). You need to understand my gender role: An empirical test of Tannen's model of gender and communication. *Sex Roles, 50,* 491–504.

Ekman, P. (1992). Facial expression and emotion. *American Psychologist, 48,* 384–392.

Else-Quest, N. M., Hyde, J. S., Goldsmith, H. H., & Van Hulle, C. A. (2006). Gender differences in temperament: A meta-analysis. *Psychological Bulletin, 132,* 33–72.

Eysenck, M. (2002). *Simply psychology* (2nd ed.). Psychology Press.

Feingold, A. (1994). Gender differences in personality: A meta-analysis. *Psychological Bulletin, 116,* 429–456.

Fivush, R. (1989). Exploring sex differences in the emotional content of mother-child talk about the past. *Sex Roles, 20,* 675–691.

Frieze, I. H., & Li, M. Y. (2010). Gender, aggression, and prosocial behavior. In Joan C. Chrisler & D. R. McCreary (Eds.), *Handbook of Gender Research in Psychology* (Vol. 2, pp. 311–335). New York: Springer.

Fujita, B. N., Harper, R. G., & Wiens, A. N. (1980). Encoding-decoding of nonverbal emotional messages: Sex differences in spontaneous and enacted expressions. *Journal of Nonverbal Behavior, 4,* 131–145.

Geary, D. C. (1998). *Male, female: The evolution of human sex differences.* Washington, DC: APA.

Geiger, T. C., Zimmer-Gembeck, M., & Crick, N. R. (2004). The science of relational aggression: Can we guide intervention? In M. M. Moretti, C. L. Odgers, & M. Jackson (Eds.), *Girls and aggression: Contributing factors and intervention principals* (pp. 27–40). New York: Kluwer Academic/Plenum Publishers.

Goldberg, L. R. (1981). Language and individual differences: The search for universals in personality lexicons. In L. Wheeler (Ed.), *Review of personality and social psychology* (Vol. 2, pp. 141–165). Beverly Hills, CA: Sage.

Goldberg, L. R. (1990). An alternative "description of personality": The big-five factor structure. *Journal of Personality and Social Psychology, 59,* 1216–1229.

Greenwald, M. K., Cook, E. W., & Lang, P. J. (1989). Affective judgment and psychophysiological response: Dimensional covariation in the evaluation of pictorial stimuli. *Journal of Psychophysiology, 3,* 51–64.

Gross, J. J., & John, O. P. (1995). Facets of emotional expressivity: Three self-report factors and their correlates. *Personality and Individual Differences, 19,* 555–568.

Gross, J. J., & Levenson, R. W. (1993). Emotional suppression: Physiology, self-report, and expressive behavior. *Journal of Personality and Social Psychology, 64,* 970–986.

Grossman, M., & Wood, W. (1993). Sex differences in the intensity of emotional experience: A social role interpretation. *Journal of Personality and Social Psychology, 65,* 1010–1022.

Halberstadt, A. G., Hayes, C. W., & Pike, K. M. (1988). Gender, and gender differences in smiling and communication consistency. *Sex Roles, 19,* 589–603.

Hall, J. A. (1984). *Nonverbal sex differences: Communication accuracy and expressive style.* Baltimore: Johns Hopkins University Press.

Hyde, J. S. (1984). How large are gender differences in aggression? A developmental meta-analysis. *Developmental Psychology, 20,* 722–736.

Hyde, J. S. (1986). Gender differences in aggression. In J. S. Hyde & M. C. Linn (Eds.), *The psychology of gender: Advances through meta-analysis* (pp. 51–66). Baltimore: Johns Hopkins University Press.

James, D., & Drakich, J. (1993). Understanding gender differences in amount of talk: A critical review of research. In D. Tannen (Ed.), *Gender and conversational interaction* (pp. 281–312). New York: Oxford University Press.

James, D., & Clarke, S. (1993). Women? men? and interruptions: A critical review. In D. Tannen (Ed.), *Gender and conversational interaction.* New York: Oxford University Press.

Kenrick, D. T., & Trost, M. R. (1996). The evolutionary psychology of relationships. In S. Duck (Ed.), *Handbook of personal relationships.* Orlando, FL: Academic Press.

Knight, G. P., & Chao, C. (1989). Gender differences in the cooperative, competitive, and individualistic social values of children. *Motivation and Emotion, 13,* 125–141.

Knight, G. P., Fabes, R. A., & Higgins, D. A. (1989). Gender differences in the cooperative, competitive, and individualistic social values of children. *Motivation and Emotion, 13,*

125-141.

Korabik, K., Baril, G., & Watson, C. (1993). Managers' conflict management style and leadership effectiveness: The moderating effects of gender. *Sex Roles, 29*, 405-418.

Kray, L. J., Galinsky, A. D., & Thompson, L. (2002). Reversing the gender gap in negotiations: An exploration of stereotype regeneration. *Organizational Behavior and Human Decision Processes, 87*, 386-409.

Kray, L. J., Thompson, L., & Galinsky, A. D. (2001). Battle of the sexes: Gender stereotype activation in negotiations. *Journal of Personality and Social Psychology, 80*, 942-958.

Kring, A. M., & Gorden, A. H. (1998). Sex differences in emotion: Expression, experience, and physiology. *Journal of Personality and Social Psychology, 74*, 686-703.

Kring, A. M., Smith, D. A., & Neale, J. M. (1994). Individual differences in dispositional expressiveness: The development and validation of the emotional expressivity scale. *Journal of Personality and Social Psychology, 66*, 934-949.

Lang, P. J., Greenwald, M. K., Bradley, M. M., & Hamm, A. O. (1993). Looking at pictures: Affective, facial, visceral, and behavioral reactions. *Psychophysiology, 30*, 261-273.

Lewin, K. (1935). *A dynamic theory of personality.* New York: McGraw-Hill.

Lightdale, J. R., & Prentice, D. A. (1994). Rethinking sex differences in aggression: Aggressive behavior in the absence of social roles. *Personality and Social Psychology Bulletin, 20*, 34-44.

Littlefield, L., Love, A., Peck, C., & Wertheim, E. H. (1993). A model for resolving conflict: Some theoretical, empirical and practical implications. *Australian Psychologist, 28*, 80-85.

Lynn, R., & Martin, T. (1997). Gender differences in extraversion, neuroticism, and psychoticism in 37 countries. *Journal of Social Psychology, 137*, 369-373.

Maccoby, E. E., & Jacklin, C. N. (1974). *The psychology of sex differences.* Stanford, CA: Stanford University Press.

Matheson, K. (1991). Social cues in computer-mediated negotiations: Gender makes a difference. *Computers in Human Behavior, 7*, 137-145.

McCrae, R. R., & Costa, P. T. (1987). Validation of the five-factor model of personality across instruments and observers. *Journal of Personality and Social Psychology, 52*, 81-90.

Mehl, M. R., Vazire, S., Ramirez-Esparza, N., Slatcher, R. B., & Pennebaker, J. W. (2007). Are women really more talkative than men? *Science, 317*, 82.

Mischel, W. (1984). Convergences and challenges in the search for consistency. *American Psychologist, 39*, 351-364.

Mischel, W., & Shoda, Y. (1995). A cognitive-affective system theory of personality: Reconceptualizing situations, dispositions, dynamics, and invariance in personality structure. *Psychological Review, 102,* 246-268.

Mulac, A., Bradac, J. J., & Gibbons, P. (2001). Empirical support for the gender-as-culture hypothesis: an intercultural analysis of male/female language differences. *Human Communication Research, 27,* 121-152.

Newman, M. L., Groom, C. J., Handelman, L. D., & Pennebaker, J. W. (2008). Gender differences in language use: An analysis of 14,000 text samples. *Discourse Processes, 45,* 211-236.

Ostrov, J. M., Woods, K. E., Jansen, E. A., Casas, J. F., & Crick, N. R. (2004). An observational study of delivered and received aggression and social psychological adjustment in preschool: This white crayon doesn't work. *Early Childhood Research Quarterly, 19,* 355-371.

Ostrov, J. M., Crick, N. R., & Keating, C. F. (2005). Gender biased perceptions of Preschoolers' behavior: How much is aggression and prosocial behavior in the eye of the beholder? *Sex Roles, 52,* 393-398.

Pennebaker, J. W., Mehl, M. R., & Niederhoffer, K. (2003). Psychological aspects of natural language use: Our words, our selves. *Annual Review of Psychology, 54,* 547-577.

Portello, J. Y., & Long, B. C. (1994). Gender role orientation, ethical and interpersonal conflicts, and conflict handling styles of female managers. *Sex Roles, 31,* 683-701.

Pruitt, D. G., & Rubin, J. Z. (1986). *Social conflict: Escalation, stalemate, and settlement.* New York: Random House.

Pruitt, D. G., Carnevale, P. J. D., Forcey, B., & Van Slyck, M. V. (1986). Gender effects in negotiation: Constituent surveillance and contentious behavior. *Journal of Experimental Social Psychology, 22,* 264-265.

Rahim, M. A. (2010). *Managing conflict in organizations* (4th ed.). New Brunswick, NJ: Transaction.

Rahim, M. A., & Bonoma, T. V. (1979). Managing organizational conflict: A model for diagnosis and intervention. *Psychological Reports, 44,* 1323-1344.

Rancer, A. S., & Baukus, R. A. (1987). Discriminating males and females on belief structures about arguing. In L. B. Nadler, M. K. Nadler, & W. R. Todd-Mancillas (Eds.), *Advances in gender and communication research* (pp. 155-173). Lanham, MD: University Press of America.

Rothbart, M. K. (2004). Temperament and the pursuit of an integrated developmental psychology. *Merrill-Palmer Quarterly, 50,* 492-505.

Rotter, N. G., & Rotter, G. S. (1988). Sex differences in the encoding and decoding of negative facial emotions. *Journal of Nonverbal Behavior, 12*, 139–148.

Ruble, D. N., & Martin, C. L. (1998). Gender development. In W. Damon (Ed.), *Handbook of child psychology* (5th ed., Vol. 3, pp. 933–1016). New York: Wiley.

Rucklidge, J. J. (2010). Gender differences in attention–deficit/hyperactivity disorder. *Psychiatric Clinics of North America, 33*, 357–373.

Saarni, C. (1979). Children's understanding of display rules for expressive behavior. *Developmental Psychology, 15*, 424–429.

Schwartz, G. E., Brown, S. L., & Ahern, G. L. (1980). Facial muscle patterning and subjective experience during affective imagery. *Psychophysiology, 17*, 75–82.

Shields, S. A. (2002). *Speaking from the heart: Gender and the social meaning of emotion.* Cambridge University Press.

Sorenson, P., Hawkins, K., & Sorenson, R. L. (1995). Gender, psychological type and conflict style preference. *Management Communication Quarterly, 9*, 115–127.

Spender, D. (1989). *The writing or the sex? or why you don't have to read women's writing to know it's no good.* New York: Pergamon Press.

Stewart, L. P., Cooper, P. J., Stewart, A. D., & Friedley, S. A. (1996). *Communication and gender* (3rd ed.). AZ: Gorsuch Scarisbrick.

Stuhlmacher, A. F., & Walters, A. E. (1999). Gender differences in negotiation outcome: A meta-analysis. *Personnel Psychology, 52*, 653–677.

Sutschek, L. B. (2001). Conflict resolution style and experience in management: Moderating the effects of gender. *Journal of Conflict Management, 11*, 110–122.

Tannen, D. (1990). *You just don't understand: Women and men in conversation.* New York: William Morrow.

Tannen, D. (1994). Interpreting interruption in conversation. In D. Tannen (Ed.), *Gender and discourse.* New York: Oxford.

Thomas, K. W. (1976). Conflict and conflict management. In M. D. Dunnette (Ed.), *Handbook of Industrial and Organizational Psychology* (pp. 889–935). Chicago: Rand–McNally.

Thomas, K. W. (1992). Conflict and negotiation processes in organizations. In M. D. Dunnette (Ed.), *Handbook of Industrial and Organizational Psychology* (2nd ed., Vol. 3, pp. 652–717). Palo Alto, CA: Consulting Psychologists Press.

Tjosvold, D. (1991). *The Conflict–positive organization: Stimulate diversity and create unity.* Reading, PA: Addison–Wesley.

Tjosvold, D. (1998). Cooperative and competitive goal approach to conflict: Accomplishments and challenges. *Applied Psychology: An International Review, 47*, 285–342.

Wagner, H. L., Buck, R., & Winterbotham, M. (1993). Communication of specific emotions: Gender differences in sending accuracy and communication measures. *Journal of Nonverbal Behavior, 17*, 29–52.

Walters, A. E., Stuhlmacher, A. F., & Meyer, L. L. (1998). Gender and negotiator competitiveness: A meta-analysis. *Organizational Behavior and Human Decision, 76*, 1–29.

Walton, R. E., & McKersie, R. B. (1965). *A behavioral theory of labor negotiations: An analysis of a social interaction system.* New York: McGraw-Hill.

Wood, W., & Eagly, A. H. (2002). A cross-cultural analysis of the behavior of women and men: Implications for the origin of sex differences. *Psychological Bulletin, 128*, 699–727.

Zahn-Waxler, C., & Robinson, J. (1995). Empathy and guilt: Early origins of feelings of responsibility. In J. P. Tangney, & K. W. Fischer (Eds.), *Self-conscious emotions: The psychology of shame, guilty, embarrassment, and pride* (pp. 143–173). New York: Guilford.

Zahn-Waxler, C., Cole, P. M., & Barrett, K. C. (1991). Guilt and empathy: Sex differences and implications for the development of depression. In J. Garber & K. A. Dodge (Eds.), *The development of emotion regulation and dysregulation* (pp. 243–272). Cambridge, England: Cambridge University Press.

Zimmerman, D. H., & West, C. (1975). Sex roles? interruptions and silences in conversation. In B. Thorne & N. Henley (Eds.), *Language and sex: Difference and dominance.* Rowley, MA: Newbury House.

Zuckerman, M., Klorman, R., Larrance, D. T., & Spiegel, N. H. (1981). Facial, autonomic, and subjective components of emotion: The facial feedback hypothesis versus the externalizer-internalizer distinction. *Journal of Personality and Social Psychology, 41*, 929–944.

제7장

여성과 일

유성경, 김은석

이 장에서는 여성과 일과 관련된 핵심적인 주제들을 다루고 있다. 전통적으로 일은 남성의 영역, 가정은 여성의 영역으로 인식되어 왔으나 여성들의 사회 진출이 급증하면서 여성에게 일, 진로, 일과 가족의 양립은 매우 중요한 시대적·사회적·개인적 과제로 받아들여지게 되었다. 이에 이 장에서는 여성들에게 일이 중요한 의미를 지니게 된 배경, 차별화된 여성진로이론, 여성의 진로발달에서 고려해야 할 중요한 진로장벽들, 그리고 일과 가족의 양립에 대한 이론적·실천적 과제를 고찰하였다.

1. 여성진로이론

1) 일의 개념과 여성의 사회 참여

일은 우리 삶에서 상당한 비중을 차지하며, 성인들은 대체로 깨어 있는 시간 중 가장 많은 시간을 일을 하며 보내게 된다. 무엇을 이루려고 어떤 장소에서 일정한 시간 몸을 움직이거나 머리를 쓰는 활동 또는 그 활동의 대상을 우리는 일(work)이라고 정의하며, 그중에서도 생계를 유지하기 위하여 자신의 적성과 능력에 따라 일정한 기간 계속하여 종사하는 일을 곧 직업(job)이라고 정의한다(국립국어연구원, 1999). 그리고 이와 같이 개인이 삶의 과정 동안 갖게 되는 일련의 직업, 일자리, 지위가 곧 진로(career)이며, 이는 직업을 갖기 전 학생이라는 위치나 은퇴 후의 대안적 일 역할까지 확장되는 개념이다(Super, 1969). 용어의 정의에서 살펴볼 수 있듯이, 일 또는 직업이란 기본적으로 외부적인 보상의 획득에 뿌리를 두고 있다. 그러나 최근 들어 이러한 외재적 동기의 측면 외에 일을 통해 얻게 되는 내재적 동기 역시 강조되고 있다. 즉, 효능감, 목적, 자아 가치와 같은 의미에 대한 욕구를 충족함으로써 전반적인 삶의 의미를 경험하는 데 중요한 원천으로서 기능하는 일(Baumeister, 1991)은 개인의 삶에서 중요한 위치를 차지한다.

일의 역사를 살펴보면, 초기에는 일은 주로 남성의 영역으로 알려졌으며, 상대적으로 여성은 일로부터 소외되고 주변적인 일자리에 머무르는 경향이 있었다. 이후 가사를 더 편리하게 할 수 있게 해 주는 기술의 발달, 출산을 선택할 권리의 증진, 여권운동을 통한 일자리와 교육 기회의 확대 같은 사회적 움직임 속에서 점차 여성의 사회 진출이 용이해졌으며(Farmer, 2006), 그 결과 직업 세계에서 여성이 차지하는 역할과 그 중요성이 커졌다. OECD(2012)에 따르면, 1960년부터 2010년에 이르기까지 세계적으로 일하는 여성의 비율이 점진적으로 증가하는 추세에 있으며, 한국의 경우도 1960년 38.61%에서 1985년 45.27%로 상승했고, 이후 2010년에는 56.70%로 경제활동이 가능한 연령의 성인 여성 절반 이상이 일을 하고 있는 것으로 확인되었다. 그러나 일자리 참여 자체는 꾸준히 증가하고 있음에도 불구하고, 여전히 남성에 비해서 일하는 여성의 비율이 상대적으로 낮으며 임금 불평등 역시 지속되고 있어(OECD, 2013) 여성의 일에 대한 지속적인 관심과 노력이 필요하다.

이와 같이 여성의 일자리 참여에 대한 사회적 흐름이 변화하고 각 사회에서 여성이 갖는 직업 사회에서의 위상이 높아짐에 따라, 심리 · 사회 · 경영 등 다양한 연구 분야에서 여성의 진로에 대해 이해하려는 관심이 높아졌고, 여성진로이론도 함께 발달되기 시작하였다. 또한 여성이 노동 시장에서 마주하게 되는 한계와 장벽에 대해 인식하게 되면서 여성의 직업 세계 진출 및 적응을 돕고자 상담이나 제도적 지원을 위한 노력들이 이루어지고 있다.

2) 여성진로이론

앞서 살펴본 바와 같이 진로란 단편적이고 일회적인 상태이기보다는 한 개인의 일 영역에서의 전반적인 삶의 과정을 의미한다. 따라서 진로이론은 개인의 고유한 특성과 사회적 환경의 영향 속에서 직업적 성숙과 발달을 이루어 가는 과정을 설명하는 데 집중된다. 그러나 평생에 걸쳐 안정적이고 직선적인 발달 양상을 보이는 남성의 진로 양상과 달리, 여성의 경우 주어지는 다양한 역할과 요구에 의해 더 복잡하고 다면적인 특성들을 보인다. 따라서 여성의 독특한 진로를 이해하기 위해서는 일반적인 진로이론이 아닌, 이러한 차이에 대해 설명해 줄 수 있는 진로이론들을 살펴보는 것이 필요하다. 이러한 측면에서 이제부터 소개될 Super의 진로발달이론, Gottfredson의 제한과 타협 이론, Astin의 사회심리적 이론, 사회인지진로이론은 여성의 진로 특성을 이해하는 데 중요한 시사점을 준다.

(1) Super의 전생애 · 생애공간 이론

Super(1957, 1969, 1980, 1990)의 전생애 · 생애공간 이론(life-span life-space theory)은 발달적 맥락에 초점을 맞춰, 인간이 살아가는 과정에서 경험하는 다양한 생애역할이 어떻게 발달되는지를 설명한다. 그의 이론은 크게 생애공간이론과 전생애발달이론으로 나누어 살펴볼 수 있다.

먼저 생애공간이론에 따르면, 우리는 살아가면서 자녀, 학생, 여가인, 시민, 근로자, 배우자, 주부, 부모, 연금 수령자의 9가지 역할을 경험하게 되며, 이러한 역할들은 가정, 사회, 학교, 직장의 4가지 삶의 극장들에서 행해진다. 보통 하나의 역할은 특정한 삶의 영역과 관련되나, 때로는 다른 삶의 장면들에까지 역할이 전이되는 경우도 존재한다. 예를 들어, 근로자로서의 역할은 주로 직장이라는 삶의 공간에서 이루어지지만 주말에 집으로 급한 일을 가져와서 처리해야 하는 상황이 벌어질 수도 있다. 이때 여성은 가정 영역에서 중심이 되는 주부와 배우자로서의 역할과 근로자로서의 역할의 충돌이나 혼란을 경험할 수 있다. 그러나 때로는 가정에서 배우자와 함께 직장에서 있었던 흥미로운 사건들을 함께 나누는 것과 같이 다른 영역에서의 삶을 풍요롭게 해 주는 경우도 존재한다. 이와 같이 다양한 역할이 주어지는 상황에서 경험하게 되는 역할 간의 갈등이나 향상의 효과는 여성의 진로에 중요하게 작용하는 다중역할 문제에 대한 이슈를 제기한다. 다시 말해서, 다중역할은 4가지 극장 중 직장과 가정이라는 두 영역에서의 역할에 초점을 맞춰 이러한 역할들을 넘나들며 수행하는 것을 의미한다.

특히 Super가 전생애발달이론에서 제안한 바와 같이 확립기(25~45세)는 자신이 선택한 직업 분야에서 안정화를 이루는 시기이며, 직업에서 가장 활발한 생산성을 나타내는 시기다. 그러나 동시에 이 시기는 여성에게 결혼, 출산, 자녀 양육이라는 가정에서의 역할이 극대화되는 시기이기도 하여 여성은 다양한 역할에 대한 요구에 직면하게 된다. 이와 같은 다중역할의 문제로 여성은 성장기, 탐색기, 확립기, 유지기, 쇠퇴기로 이루어지는 일련의 직선적인 진로발달단계를 거치는 것이 아니라, 어떤 역할에 어느 정도의 우선권을 부여하고 시간을 투자할 것인지에 대한 각자의 선택을 바탕으로 서로 다른 양상의 진로를 발달시키게 된다. Super는 여성의 다양한 진로 패턴을 안정된 가사형, 전통적 진로형, 안정된 직업형, 이중진로형, 단절된 진로형, 불안정 진로형, 다중진로 시도형으로 분류하였는데, 이후에도 다양한 학자에 의해 Super처럼 가정에서의 역할과 일에서의 역할을 중심으로 여성의 독특한 진로 양식을 개념화하는 시도들이 이어졌다(Betz, 1984; Ginzberg, 1966; Wolfson, 1976; Zytowski, 1969).

국내에서도 다중역할을 중심으로 기혼 여성의 경력 패턴이 어떻게 유형화되는지를 살펴보고자 하는 시도가 최근까지 꾸준히 이루어지고 있다(민현주, 2012; 최수정, 정철영, 2010). 이와 같이 전생애·생애공간 이론은 여성의 진로에서 생애주기와 다중역할이 갖는 중심적 역할에 주목하고, 개인의 선택에 따라 여성이 단일한 집단이 아닌 다양한 특성이 있는 하위집단임을 고려할 수 있도록 제안하였다는 점에서 중요한 함의가 있다.

(2) Gottfredson의 제한과 타협 이론

Gottfredson(1981, 2005)의 제한과 타협 이론(theory of circumscriptions and compromise)은 Super와 마찬가지로 발달적 관점에서 여성의 진로에 접근한다. 특히 제한이론은 연령에 따라 점차 자신에게 적합하지 않은 직업들을 제거해 나가는 발달단계이론으로 구성되어 있으며, 타협이론은 발달된 특성들을 중심으로 적절한 진로를 선택하는 과정을 다룬다. 제한이론에 따르면 직업 선택은 우리가 어떤 사람인지를 표현하는 매우 공적인 방식이며, 따라서 각각의 직업이 갖는 사회적인 측면이 중요하게 고려된다. 우리는 무엇이 우리에게 적합한지에 대해 인식해 감으로써 광범위한 직업 세계로부터 점차 자기개념과 충돌하는 대안들을 제거해 간다. 이러한 과정은 인간의 인지적 발달 과정을 기반으로 하며, 서열 획득 단계, 성 역할 획득 단계, 사회적 가치 획득 단계, 내적 자아 확립 단계의 총 4단계를 거쳐 발달한다([그림 7-1] 참조).

성차는 성 역할 획득 단계에서부터 나타나기 시작하는데, 이 단계에 이르러 여성은 대상항상성과 구체적 사고의 발달을 통해 외적으로 명백하게 보이는 성(gender)에 따라 자신이 속한 여성 집단과 그 밖의 남성 집단을 구분하게 되며, 여성적인 역할이 무엇인지 인식하게 된다. 이와 같이 사회적으로 부과된 성 유형은 여성이 남성과 다른 종류의 경험을 선호하거나 제공받도록 하여 생물학적인 성차를 더욱 공고화하는 데 기여한다. 직업적으로는 간호사, 교사, 비서와 같은 직업들이 여성적 역할에 부합하는 것으로 학습되고, 이러한 직업들에서 공통적으로 나타나는 돌봄의 특성을 띠는 활동들을 주로 경험하게 된다. 그 결과, 여성은 이 단계에서 습득한 성 역할에 따라 남성적인 직업들은 자신의 선택지에서 제거하게 된다. 이와 같은 제한 과정에 대해 살펴봄으로써 우리는 왜 여성이 전통적으로 여성적인 직업에 대해서는 진로포부를 발달시키는 반면에, 비전통적인 직업에 대해서는 제한된 진로포부를 갖게 되는지 이해할 수 있다.

다음으로, 사회적 가치 획득 단계부터 아이들은 사회적 지위에 위계가 존재하며, 지위가 더 높은 직업일수록 경쟁으로 인해 얻기가 더 어렵다는 것을 이해하게 된다. 그 결과, 아이들은 자신이 소속된 성 유형과 지위 수준의 2가지 차원에서 직업을 고려하기 시작하며, 이 단계가 끝날 때쯤 이러한 2가지 기준에 따라 자신에게 적합하지 않은 직업을 제거하게 된다. 그러나 남성의 경우 남성적 성 역할에 맞는 진로 영역 내에 다양한 수준

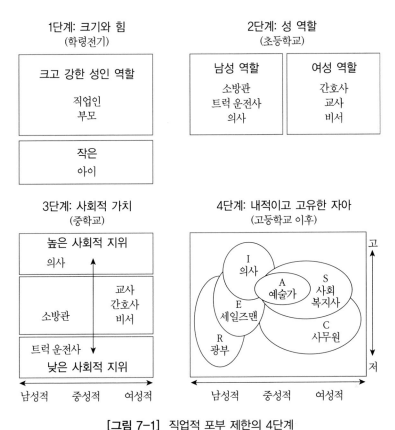

1단계: 크기와 힘
(학령전기)

크고 강한 성인 역할
직업인
부모

작은
아이

2단계: 성 역할
(초등학교)

남성 역할	여성 역할
소방관	간호사
트럭 운전사	교사
의사	비서

3단계: 사회적 가치
(중학교)

4단계: 내적이고 고유한 자아
(고등학교 이후)

[그림 7-1] 직업적 포부 제한의 4단계

출처: Gottfredson (2005), p. 78.

의 직업이 분포해 있는 것과 달리, 여성의 성 역할에 맞는 진로 영역들은 중간 정도의 직업 수준에 한정되어 있다는 점에서 여성은 선택의 폭이 더욱 좁다.

마지막으로, 내적 자아 확립 단계에서는 성 유형과 직업의 지위 수준의 2가지 차원에 따라 만들어진 수용 가능한 진로 대안 영역 내에서 자신의 정체감과 일치하고 흥미를 만족시키는 직업을 선택한다. 이때 자신과 직업이 부합하는지를 살피는 과정은 보다 다차원적으로 변화하는데, 비직업적인 목표와 책임 역시 진로 계획에 영향을 주게 된다. 특히 여성의 경우, 가정에서의 역할과 일에서의 역할을 어떻게 양립할 것인가의 문제가 관심사로 떠오른다. 그리고 이러한 고민은 여성이 다중역할에서 오는 부담을 줄이기 위해 진로포부를 조정하거나 특정한 진로를 포기하는 결과를 가져올 수 있다.

지금까지 제한이론에서 살펴본 바와 같이 여성의 진로 선택에는 여성으로서의 성 역할뿐만 아니라 직업적 지위 수준이나 흥미도 함께 고려될 수 있다. 그러나 만약 이러한 조건을 모두 만족시킬 수 없는 상황이나 일부 조건이 충돌하는 상황에서는 과연 어떠한 차원이 더 중요하게 고려될 것인가. Gottfredson은 타협이론을 통해 더욱 초기에 발달되는 자아개념의 차원이 가장 나중에 포기된다고 제안함으로써, 성 유형이 가장 마지막까지 고려되는 중요한 차원임을 강조하였다. 그러나 국내에서 실시된 연구들에서는 가장 타협하기 어려운 요인이 사회적 지위라는 연구(박관성, 김지현, 2009; 정주리, 이기학, 2007), 흥미라는 연구(김은희, 김봉환, 2010)와 같이 혼재된 결과가 나타나고 있으며, 남녀 간에 차이가 있음을 시사하는 결과(김미연, 방희정, 2005; 이기학, 조미랑, 2003) 역시 나타나 타협이론에 대해서는 더 신중하게 접근하는 것이 요구된다.

(3) Astin의 사회심리학적 이론

비록 Gottfredson의 이론을 활용하면 여학생들의 직업적 선택에서의 전형적인 제한과 타협을 감소시키는 예방적 개입에 도움이 될 수는 있지만, 성인 여성들의 진로발달을 설명하기에는 한계가 있다. 성인 여성들 또한 진로 상담에서의 개입이나 직장에서의 새로운 기회들로부터 도움을 받을 수 있으며, 이들의 진로 선택에 대한 이해 역시 필요하다(Farmer, 2006). 이와 관련하여 Astin(1984)의 사회심리학적 이론에서는 새로운 기회의 구조가 주어진다면 성인 여성의 진로 선택에서도 변화가 가능할 것이라고 제안한다. Astin의 이론은 전생애·생애공간 이론과 제한과 타협 이론이 발달적 맥락에 주목한 것과 다르게, 사회심리학적 측면에 초점을 둔다. 다시 말해서, 사회적 영향력과 같은 맥락적 변인뿐만 아니라 개인적 특성과 같은 심리학적 변인이 함께 고려된다.

그는 여성이 진로를 선택하는 동기를 욕구(needs)의 차원으로 이해하며, 이는 남성과 공유하는 부분이라고 설명한다. 다시 말해서, 여성은 남성과 동일하게 생존, 즐거움, 기여의 욕구에 의해 동기화된다. 그러나 남아는 놀이 속에서 경쟁을 통해 자원을 획득하는 것을 배우는 반면에, 여아는 인형을 가지고 놀거나 소꿉놀이를 하는 것과 같이 타인과 경쟁하기보다 타인을 돌보는 방식의 놀이를 경험하며 이러한 활동을 통해 자신의 욕구를 만족시키는 것을 배우게 된다. 어린 동생을 돌보고 어머니를 돕는 것과 같은 가사 활동의 분담을 통해서도 이러한 성향이 더욱 강화된다. 이와 같이 여성이 성장 과정에서 경험하는 독특한 성 역할 사회화 과정들이 남성과 다른 기술을 갖게 하고, 무엇이 자신에게 주어질지, 그리고 어떤 활동이 자신의 욕구를 만족시켜 줄지에 대해 남성과 다른 기대를 갖게 한다. 그러나 여기서 한 가지 중요하게 고려할 점은 여성의 역할이 변화해 간다면 미래에 성 역할 사회화의 영향력이 달라질 수도 있다는 것이다.

성 역할 사회화 과정은 직업 세계에서 여성이 경험하게 되는 기회의 구조를 제한하도록 하지만, 기회의 구조가 변화하는 것은 궁극적으로 사회화 과정을 통해 전달되는 가치들에 영향을 줄 수 있다. 이혼율의 증가, 국가 경제의 변화는 여성이 더 이상 결혼을 통해 경제적 안정을 보장받을 수 없게 하였으며, 생존의 욕구를 만족시키기 위해서 자신이 직접 일을 하는 경우가 늘어났다. 또한 과거에는 여성이 자녀를 양육하고 가사를 돌봄으로써 즐거움의 욕구를 충족하는 것으로 가정되었다. 그러나 가족 형태가 더 소규모로 변화하고 출산 및 양육의 시점에 대한 통제력이 높아짐에 따라 다양한 형태의 직업적 활동에 참여하는 여성이 증가하였으며, 이로부터 즐거움의 욕구를 만족시킬 수 있게 되었다. 마지막으로, 기여의 욕구와 관련하여 여성은 타인에 대한 돌봄의 역할을 강조하는 전통적 유형의 직업에 주로 종사하였으며, 이러한 직업들은 사회적으로 낮은 가치가 부여되는 경향이 있었다. 그러나 교육과 고용에서 성차별을 금지하는 법률이 제정됨에 따라 비전통적인 직업을 갖는 여성이 증가하고 있으며, 보다 다양한 형태로 사회에 기여하게 되었다. 이와 같은 사회구조적 변화는 어떠한 직업에 접근 가능한지에 대한 기대를 변화시키고, 진로 선택이나 직업 행동을 변화시킬 수 있다. 그러나 아직도 우리 사회 속에서 여성에게 특정하게 주어지는 기회의 구조가 그들의 직업적 성취에 대한 기대를 조절하여 자신의 능력보다 낮은 성취를 이루도록 하는 과정 역시 Astin의 이론을 통해 이해할 수 있다.

(4) 사회인지진로이론

Lent, Brown과 Hackett(1994, 2000)에 의해 소개된 사회인지진로이론(social cognitive career theory: SCCT)은 Astin의 이론에서와 같이 남녀 간에 서로 다르게 경험되는 사회 · 환경적 맥락과 그 결과로써 조정되는 기대를 포괄하는 이론적 틀을 제안하고 있다는 점에서 공통점이 있다. 그러나 사회인지진로이론의 경우, 진로 발달 및 선택의 과정에서 인지적 측면에 더 초점을 두고 있다는 점에서 차이가 있다. 이론의 발달 초기에 여성이 자신의 진로를 어떻게 선택하게 되는가에 대해 설명하는 과정에서 Bandura(1986)의 사회인지이론에서 제안한 자기효능감 신념과 결과 기대라는 개념을 활용하여 여성의 진로 선택 과정에서 자신에 대한 평가와 믿음이라는 인지적 측면이 중요함을 강조하였다 (Betz & Hackett, 1997; Hackett & Betz, 1981).

자기효능감은 주어진 수행을 달성하기 위해 요구되는 일련의 행동들을 조직화하고 실행할 수 있는 그들 자신의 능력에 대한 판단을 의미하며, 특정한 수행 영역이나 특정한 활동과 관계된다(Bandura, 1986). 이와 같은 개인의 능력에 대한 믿음들은 환경적 조건에 따라 변화하며, 성장 과정에서 경험하는 개인적인 수행 성취, 대리적 학습, 사회적 설득, 물리적 및 정서적 상태의 4가지 효능감 정보를 통해서 획득된다(Lent, 2005). 자기효능감이 개인의 능력에 대해 다루는 것과 달리, 결과 기대는 능력과는 상관없이 일련의 특정한 행동이 어떠한 결과를 가져올 것인지와 관련이 있다. 다시 말해서, 결과 기대는 특정한 행동을 수행함으로써 얻게 되는 결과에 대한 믿음을 의미한다.

여성들은 성 역할 사회화 과정에서 성에 따라 편향된 자기효능감 정보를 제공받게 된다. 전통적으로 여성적인 활동에 대해서는 긍정적인 피드백을 경험함으로써 적절한 기술과 우수한 수행 능력과 함께, 이러한 종류의 활동에 대한 자기효능감과 결과 기대를 발달시키게 된다. 반면에, 여성에게 비전통적인 유형의 활동들에서는 충분한 격려와 긍정적 피드백을 경험하기 어려우며, 이는 곧 자기효능감과 결과 기대를 낮춰 수행을 피하도록 할 수 있다. 이렇게 형성된 자기효능감과 결과 기대는 진로 흥미를 구성하는 데 영향을 미친다. 다시 말해서, 여성들은 남성적 활동에 대한 경험이 적거나 남성적 활동을 했을 때 주변으로부터 긍정적 반응을 경험할 기회가 적기 때문에 이러한 활동에 대한 낮은 효능감을 갖거나 원하지 않는 결과가 올 것이라고 기대하게 되며, 그 결과 남성적 활동에 대해서는 흥미를 느끼기 어려워진다. 이러한 과정이 곧 직업과 관련한 흥미의 발달이나 어떤 직업을 선택하고 지속적으로 전념할 것인가를 결정하는 데에도 성차를 가져오는 주요한 원인이 된다. 다시 말해서, 어떠한 진로를 추구하고 어떠한 진로는 피할 것인가를 고려하는 데서 남성적 진로에 대한 낮은 자기효능감과 낮은 결과 기대가 이러한 진로를 피하도록 결정하는 근거로서 작용할 수 있다.

어떤 경우에는 특정한 행동에 대해 자기효능감은 높지만 결과 기대는 낮게 경험될 수도 있다. 특히 여성의 경우, 수학이나 과학과 같은 특정한 수행 영역에서는 자신의 능력에 대해 효능감을 경험할 수 있지만, 이러한 영역들이 주로 활용되는 비전통적 직업 영역들에 만연한 성차별적 문화 등으로 원하는 결과를 얻기 어려울 것 같다는 낮은 결과 기대를 갖게 되어 자신의 진로 선택을 제한하는 결과를 가져올 수도 있다. 이와 같이 사회인지진로이론은 여성의 전통적 진로 추구 및 비전통적 진로 회피 현상을 설명할 수 있는 유용한 도구로 적용될 수 있다.

2. 여성 진로발달의 영향 요인

1) 여성 진로발달에서의 진로장벽

앞서 여러 진로이론에서 제안된 것과 같이, 여성의 진로는 진공 상태에서 결정되는 것이 아니다. 자신이 무엇을 기대할지, 어떻게 준비할지, 어떤 일을 선택할지 등을 생각할 때 개인이 가지고 있는 특성만큼이나 소속된 사회와 문화적 맥락의 영향을 받게 된다. 이러한 영향력은 우리가 원하는 진로를 향해 나아가는 데 도움이 되기도 하지만, 때로는 직업 선택이나 진로 계획에서 자신의 진로목표를 실현하는 것을 방해하거나 가로막기도 하는데 이러한 내적 요인 및 외적 요인을 바로 진로장벽이라고 정의한다(손은령, 2002a). 이 개념은 초기에 Crites(1969)가 직장에서의 적응을 어렵게 하는 것들을 '방해하는 조건들(thwarting condition)'로 명명한 것에서부터 시작하여, Fitzgerald, Fassinger와 Betz(1995)의 '장벽(barriers)' 또는 '지각된 장벽(perceived barriers)', Luzzo(1997)의 '진로와 관련된 장벽(career-related barriers)'을 거쳐, Swanson과 Tokar(1991a)가 진로장벽검사(Career Barriers Inventory: CBI)를 개발하고 이를 사용한 연구들이 축적됨에 따라 점차 '진로장벽(Career Barriers)'이라는 용어로 통일하여 사용하게 되었다.

남성과 여성 모두 진로와 관련하여 여러 가지 장벽을 경험할 수 있지만, 여성이 남성에 비해 더 많은 장벽을 경험하며(Luzzo, 1995) 진로장벽이 남성보다 여성의 진로포부를 더욱 심각하게 방해한다(O'Leary, 1974)는 점에서 여성이 경험하는 고유의 진로장벽이 무엇인지, 그리고 그것이 어떠한 영향을 주는지 이해하는 것은 매우 중요하다. 초기에 이 개념은 주로 여성이 자신의 능력을 충분히 활용하지 못함으로 인해 직업적 성취를 이루지 못하거나 실제 자신의 능력보다 더 적게 성취한다는 생각에서 촉발되어 이러한 차이를 설명해 주기 위한 개념으로 등장하였다(Betz & Fitzgerald, 1987). 실제로 학업 우수 여자 청소년들을 대상으로 한 종단 연구 결과, 청소년기의 급격한 신체적·정신적 변화에도 불구하고 자신을 둘러싼 맥락변인인 진로장벽에 대한 지각은 일정하게 유지되었으며, 이러한 장벽에 대한 인식은 진로포부와 서로 영향을 주고받는 것으로 나타난다(김양희, 유성경, 2009). 이는 진로발달 과정에서 핵심적인 청소년기에 진로장벽을 지각하는 것이 지속적으로 가능한 발달을 제한할 수 있음을 시사한다. 그러나 학업 우수 남자 청소년의 경우에는 진로장벽이 진로포부의 수준에 영향을 미치지 않는 것으로 나타나(유성경, 홍세희, 이아라, 2006), 특히 여학생에게 진로장벽이 독특한 영향력을 갖는 변인임을 확인할 수 있다. 또한 여대생을 대상으로 진로장벽 깨뜨리기 집단상담 프로그램을 실시하여 그 효과를 검증한 김은희와 김봉환의 연구(2009)에서 진로장벽을 잘 다루어 줌으로써 이를 극복하려는 의지와 진로 자기효능감을 의미 있게 향상시킬 수 있었던 것처럼, 적절한 개입을 통해 여학생들이 좌절하거나 포기하지 않고 자신의 진로를 추구해갈 수 있도록 촉진하는 것이 필요하다는 사실은 주목할 만하다. 이처럼 진로장벽을 극복하는 가장 신속한 방법은 진로에 방해가 되는 문제를 찾아내고 그 해결 방법을 모색하는 것으로서, 이러한 문제해결 과정의 첫 단계는 바로 어떠한 진로장벽이 여성들의 앞에 놓여 있는지에 대하여 면밀히 인식하고 정의하는 일이 될 것이다(황매향, 김연진, 이승구, 전방연, 2011). 이러한 맥락에서 이제부터 여성의 삶 속에서 경험하게 되는 주요한 진로장벽을 그동안 선행 연구들에서 어떻게 분류하고 정의해 왔는지 살펴보도록 하자.

2) 진로장벽의 분류 및 측정

진로장벽에 대한 초기의 분류는 내적 장벽과 외적 장벽을 구분한 것으로, 내적 장벽은 심리적인 측면의 장애들을 뜻하며 외적 장벽은 주로 환경에서 발견될 수 있는 장벽들을 의미한다(송원영, 김지영, 2009). 이와 같은 이분법적 분류에 따라 Crites(1969)는 직장에서의 적응을 어렵게 하는 '방해하는 조건들(thwarting condition)'을 자아개념, 성취동기와 같은 내적 갈등과 작업장이나 임금에서의 차별과 같은 외적 좌절로 구분하였다. O'Leary(1974)는 더 높은 지위의 경영인으로 승진하기 위해 필요한 성취지향적 행동들에 관여하는 것을 제한하는 진로장벽으로 실패에 대해 두려움, 낮은 자기존중감, 역할갈등, 성공에 대한 두려움, 직업적 승진에 대해 지각된 결과들, 기대와 관련된 유인가와 같은 내적 장벽과 사회적 성 역할 고정관념, 여성 관리자에 대한 태도, 여성의 능력에 대한 태도, 남성 관리 모델의 우세와 같은 외적 장벽을 제안하였다. 이와 비슷한 방식으로 Farmer(1976)는 여성의 진로 성취를 저해하는 6가지 자기개념 장벽과 4가지 환경적 장벽을 구분하였으며, Harmon(1977) 또한 여성의 진로발달에 영향을 미치는 내적 심리적 장벽과 외적 사회적 장벽을 제시하였다.

그러나 이분법적 분류는 직관적인 이해와 수용 가능성을 높인다(Swanson & Woitke, 1997)는 장점이 있지만, 진로장벽을 지나치게 단순화할 수 있다는 위험성이 있다. 이에 따라 여성의 직업 선택이나 결정을 설명해 줄 수 있는 더욱 복잡한 분류체계의 필요성이 제안되었다. Sobel(1963)은 결혼한 여성의 취업 결정에 영향을 미치는 요인으로 능력 조건(enabling conditions), 촉진조건(facilitating conditions), 긴급조건(precipitating conditions) 의 3가지 조건을 제시하였으며, Nieva와 Gutek(1981)은 개인 특성, 태도 요인, 상황 요인 으로 구분하였다. Swanson과 Tokar(1991b)는 대학생을 대상으로 하여 그들이 처음 직장 을 구할 때 지각하는 진로장벽을 태도 장벽, 사회적/대인적 장벽, 상호작용적 장벽으로 분류하였다. 태도 장벽은 전공을 선택할 때 혹은 학위를 취득할 때 주로 지각되는 어려 움으로, 내적인 자아개념, 흥미, 직업에 대한 태도 등을 포함한다. 사회적/대인적 장벽 은 진로와 가사 활동을 조화시킬 때 지각되는 어려움으로 가족, 미래의 결혼, 가족 계획 등을 포함한다. 마지막으로, 상호작용적 장벽은 처음 직장을 구할 때 주로 경험하게 되 는 어려움으로 성, 연령, 인종과 같은 인구학적 특성과 관련된 어려움이나 직업에 대한 준비, 직업 환경에 대한 준비 등을 의미한다.

이분법적 혹은 삼분법적 분류를 위한 시도와 같이 진로장벽에 대한 우리의 이해를 더 욱 조직화하기 위한 노력들은 이후 인위적인 구분에서 벗어나 실제 현장이나 생활 장면 에서 지각되는 진로장애를 조사하여 유목화하려는 다원적인 분류 체계로 대체되었다. 또한 이러한 체계들에 대한 탐색과 함께 여성의 진로장벽을 측정하려는 도구의 개발이 이루어졌다. Swanson과 Tokar(1991a)가 개발한 진로장벽검사는 18개 하위척도로 시작 되어 Swanson, Daniels와 Tokar(1996)가 요인 구조를 더 명확하게 하기 위해 개정한 진 로장벽검사(Career Barriers Inventory-Revised: CBI-R)로 발전하였다. 이 검사는 총 13개의 하위 구인으로 이루어져 있으며, 여기에는 성차별, 자신감 부족, 다중역할 갈등, 자녀와 진로 요구사항 간의 갈등, 인종 차별, 부적절한 준비, 중요한 타인의 불인정, 의사결정 의 어려움, 진로 불만족, 비전통적 진로선택에 대한 지지 부족, 장애/건강 염려, 노동 시 장의 제약, 관계망 만들기/사회화의 어려움이 포함된다. 그 밖에도 Luzzo, Hutcheson과 Garrison(1996)의 연구에서는 학업 기술 장벽, 재정 장벽, 가족 관련 장벽, 인종차별 장 벽, 연령차별 장벽, 성차별 장벽이 제안되었으며, London(1997)은 진로장벽을 상실, 신 체적 혹은 정신적 장애, 변화, 사람이나 역할에 대한 갈등, 기대나 직업적 요구의 증가, 사회생활이나 직장에서의 차별 등으로 분류하였다. 또한 Betz(2006)는 선행 연구들을 바 탕으로 수학, 자기효능감과 결과 기대, 직업적 고정관념 및 성 고정관념, 제한된 직업적 흥미, 다중역할에 대한 걱정, 교육 체계에서의 장벽, 여성의 고등교육에 대한 환경적 무 관심이 여성의 진로발달에 중요한 진로장벽으로 기능한다고 제안하였다.

국내에서도 여성의 진로장벽을 유목화하고 측정하려는 다양한 시도가 이루어졌다.

김은영(2002)은 다원적인 분류 체계에 따라 대인관계의 어려움, 자기 명확성 부족, 경제적 어려움, 중요한 타인과의 갈등, 직업 정보 부족, 나이 문제, 신체적 열등감, 흥미 부족, 미래 불안의 9가지 하위 요인으로 구분하는 한국 대학생 진로탐색장애검사를 개발하였다. 또한 손은령(2002b)은 여대생의 진로장벽을 측정하는 진로장벽검사의 개발 과정에서 차별, 직장생활에 필요한 개인 특성의 부족, 다중역할로 인한 갈등, 미결정 및 직업 준비 부족, 노동시장과 관습의 제약, 기대보다 낮은 직업 전망, 여성 취업에 대한 고정관념의 7가지 하위 요인 구조를 발견하였다. 이 검사도구는 그동안 국내에서 여성의 진로발달에 대한 연구에 가장 활발하게 사용되었다(최윤정, 안후남, 이지은, 최정순, 박선주, 2013). 다만, 손은령(2002b)의 진로장벽검사는 우리나라의 사회·문화적 배경과 직업 환경에 바탕을 두고 있다는 장점이 있으나 여대생이 지각하는 장벽에 초점을 두고 있어 청소년의 진로장벽을 측정하는 데 한계가 있다. 이 점에 착안하여 황매향, 이은설, 유성경(2005)은 청소년용 여성 진로장벽 척도를 개발하였다. 여기에는 자기이해의 부족, 자신감 부족, 성 역할 갈등 및 성차별, 중요한 타인과의 갈등, 미래에 대한 불확실성, 진로 및 직업 정보의 부족, 경제적 어려움의 7가지 하위 요인이 포함되며, 후속 연구를 통해 이 척도가 초·중·고등학교 여학생 모두에게 동일하게 사용될 수 있는 것으로 확인되었다(홍세희, 황매향, 이은설, 2005).

이와 같이 진로를 준비하는 여학생들이 경험하는 장벽에 대해 이해하려는 노력 외에도, 직업복귀 여성들이 직면한 진로장벽에 관한 연구들도 이루어졌다. 최영숙(2006)은 여성 실업자를 대상으로 한 연구에서 이분법적 분류에 따라 실패에 대한 두려움, 준비/기술 부족, 의사결정의 어려움, 배우자에 대한 고려 등의 내적 요인과 차별, 고용의 제약, 자녀 양육 환경 등의 외적 요인으로 구분하고자 시도하였으며, 그의 연구에서 내적 요인이 외적 요인보다 진로 타협에 더 큰 영향을 미치는 것으로 나타났다.

지금까지 살펴본 바와 같이 여성의 고유한 진로장벽을 정의하고 분류하려는 다양한 노력이 존재하는데, 이러한 연구의 결과들은 상당히 중첩되는 요소들을 포함하고 있다. 공통적으로 언급되는 장벽들은 우리가 여성의 진로를 이해하는 데 매우 주목해 볼 만한 요인으로 생각할 수 있으며, 따라서 각각에 대해 더욱 면밀하게 이해하는 것이 요구된다. 이 장에서는 대표적인 진로장벽 요인으로 자기효능감, 성 고정관념, 교육 현장에서의 차별, 직업 현장에서의 차별, 그리고 다중역할 갈등을 소개할 것이다.

3) 대표적인 진로장벽 요인

(1) 자기효능감

앞서 사회인지진로이론에서 소개되었던 바와 같이, 자기효능감은 여성의 진로 선택을 설명하는 중요한 변인이다. 이 개념을 처음으로 제안한 Bandura(1977, 1997)에 의하면 특정한 과제를 성공적으로 수행할 수 있다는 우리의 신념은 적어도 3가지 형태의 행동적 결과들을 가져올 수 있다. 효능감을 느낀다는 것은 우리가 그 행동을 시작할 것인지, 얼마나 많은 노력을 쏟을 것인지, 그리고 역경이나 불쾌한 경험에도 불구하고 얼마나 오랫동안 유지할 것인지를 결정하는 데 영향을 준다. 다시 말해서, 특정한 과제에 대해 높은 효능감을 느낀다는 것은 접근 가능성을 높여 주고, 더 많은 노력을 지속적으로 쏟아붓도록 할 것이며, 결과적으로 수행의 질을 높여 줄 것이다. 다만, 문제는 여성이 성역할 사회화 과정에서 진로와 관련된 효능감을 발달시킬 충분한 기회를 제공받지 못한다는 것이다. 그 결과, 여대생들은 남성과 유사한 능력을 갖추었음에도 불구하고 자신의 능력에 대해서 유의미하게 낮게 지각하게 된다(Betz & Hackett, 1981).

Betz와 Hackett(1981)의 연구에서 이러한 차이는 특히 수학과 관련한 직업들에서 더욱 크게 나타났는데, 수학적 성취에서 여성의 저조한 수행은 타고난 능력이 부족해서가 아니라 수학에 대한 낮은 효능감이 적절한 수행으로부터 회피하려는 행동적 결과를 가져왔기 때문으로 볼 수 있다. 실제로 김하예, 우한준, 임상호, 전우영(2011)의 실험연구에서 여성의 수학 과제 수행에 대한 부정적 고정관념의 위협을 경험한 여대생들이 통제 조건의 여대생들보다 난이도가 높은 문제를 풀지 않고 포기하는 경향이 강한 것으로 나타났다는 결과는 이러한 장벽 효과를 뒷받침한다. 또한 수학에 대한 낮은 자기효능감은 수학 및 과학과 관련한 진로 선택에도 영향을 미치며 비전통적 진로를 고려할 가능성을 낮춘다는 점(Betz & Hackett, 1983; Hackett, 1985)에서 여성의 진로 선택의 폭을 제한하는 주요한 요인으로 기능할 수 있다. 이러한 진로 선택에 대한 문제는 곧 취업이나 미래의 소득에도 중요하기 때문에 여성들이 수학에 대한 두려움으로 진로를 포기하고 탈락하지 않도록 지지하는 것은 매우 중요하다.

(2) 성 고정관념

Betz(2006)는 성 고정관념이 여성의 진로발달에 2가지 방식으로 영향을 미친다고 소개하였다. 먼저, 성 역할과 관련된 고정관념은 여학생들에게 가사와 자녀 양육의 역할이 우선하고 교육적 성취의 중요성은 덜 중요한 것으로 믿게 하며, 그 결과 여학생의 진로포부가 크게 감소할 수 있다. 중학생을 대상으로 한 양난미(2008)의 연구에서도 성 역할 고정관념이 남학생의 진로포부에 미치는 영향력은 유의미하지 않았으나, 여학생의 경우에는 성 고정관념이 높을수록 진로포부가 낮아지는 것으로 나타났다. 반면에, 비전통적인 성 역할 태도를 가진 여학생들은 높은 수준의 교육이나 진로에 대한 기대를 갖는 것으로 나타났다(Flores & O'Brien, 2002).

다음으로, 여성의 역할에 대한 또 다른 고정관념은 여성에게 어울리는 직업과 남성에게 적합한 직업이 서로 다르다는 것이다. 이러한 신념이 영향을 미치는 방식 중 하나로 여학생들은 전공 선택에서부터 직업 선택에 이르기까지 해당 진로가 전통적인지를 고려하게 된다. 전통적 진로와 비전통적 진로는 대학의 전공 또는 직업에서 차지하고 있는 여성의 비율을 기준으로 구분되며, 여성들이 수적으로 많이 종사하는 여성 중심의 전공 혹은 직업을 전통적 진로라고 표현하고 여성의 진출이 저조한 남성 중심의 영역을 비전통적 진로라고 말한다(한지현, 장재윤, 2005). 곽윤숙(2002)의 연구에서 비전통적 영역의 학과에 재학 중인 여학생들이 전통적 영역의 학과에 재학 중인 여학생들보다 진보적인 성 역할 태도를 가지고 있는 것으로 나타나 이러한 주장을 뒷받침한다. 또 다른 방식으로, 직업적 흥미에서의 성차가 어떤 직업이 자신의 성에 비추어 적절한 것인가를 결정하는 데 영향을 줄 수 있다. 청소년을 대상으로 한 연구에서 남성은 Holland의 6각형 모형에서 현실형, 탐구형, 사업가형과 관련된 직업을 선호하는 반면에, 여성의 경우 예술가형, 사회형, 관습형에 해당하는 직업을 선호하였는데(Gottfredson & Lapan, 1997), 이러한 직업 유형들은 실제로 직업 현장에서 남성과 여성의 직업이 분포하는 양상과 일치하여 흥미에서도 성 고정관념의 영향이 있음을 시사한다.

(3) 교육 현장에서의 차별

교육은 미래 직업의 종류 및 지위를 결정하는 중요한 변인으로서, 교육 과정에서의 경험은 곧 직업 사회에 어떻게 적응할 것인지에 영향을 미친다. 그런데 여성의 경우 상대적으로 호의적이지 않은 교육 환경의 영향으로 성취를 위한 충분한 준비가 이루어지기 어렵다. 여학생들은 남학생에 비해 교사로부터 더 적은 관심을 받으며 성차별적인 교육을 경험하는 '냉담한 교육적 풍토(chilly educational climate)'에 처해 있다(Sandler & Hall, 1996). 실제로 학교 교육 현장에 대한 실태조사 결과 남녀공학 중학생의 23.9%가 교사로부터 성 고정관념적인 발언을 들은 적이 있는 것으로 응답하였으며, 남녀공학 고등학교의 경우 여학생이 남학생에 비해 교사로부터 성 고정관념적인 발언을 유의미하게 더 많이 듣는 것으로 나타났다(정해숙, 유진은, 김미윤, 2009). 특히, 이러한 차별은 남성중 심적 진로 영역에서 더욱 강하게 영향을 주는데, 공대의 차별적인 교육 환경은 여학생 들의 자신감이나 전공에 대한 열망을 낮추는 요인으로 작용한 반면에, 교수들의 지지나 격려를 받을수록 공대 여학생의 취업 관련 자기효능감이 높아지는 것으로 나타났다(김 동익, 이영화, 2013).

그러나 단지 환경이 얼마나 부정적인지만이 여성의 진로발달을 저해하는 것은 아니 다. 촉진하는 것도, 그렇다고 방해하는 것도 아닌, 단지 여성의 교육에 대해 무시하고 외 면하는 환경 역시 장벽으로 기능한다(Betz, 1989). 김동익과 이영화(2013)의 연구에서 여 학생들의 전공열망도와 취업 관련 자기효능감은 남학생과 달리 학년이 증가하면서 그 수준이 낮아지거나 같은 수준을 유지하는데, 이에 대한 설명으로 대부분이 남성 교수로 구성된 공과 대학에서 교수와 남학생 간에 긍정적 혹은 부정적 상호작용이 직접적으로 이루어지는 반면에 여학생과는 제한적인 상호작용이 이루어지는 것이 교수로부터 덜 지지받는 것으로 인식되었을 가능성을 제안한다. 이는 여성이 학교 현장에서 부정적인 성 차별의 대상이 되지 않도록 조력하는 것만큼이나 촉진하는 환경을 함께 조성하는 것 이 필요함을 시사한다.

(4) 직업 현장에서의 차별

비록 과거에 비해 여성의 경제활동 참가율이 높아졌다고는 하나, 여전히 직업적 세계 에는 심각한 성별 분업화가 유지되고 있다(Betz, 2006). 여성은 취업 단계에서부터 여러 가지 장벽을 마주하게 된다. 남성에 비해 적절한 역할 모델을 구하는 데 어려움이 있으 며, 직업 정보의 부족을 느낀다. 또한 여성의 생애주기라는 젠더 특성은 기업 채용 과정 에서의 남성 인력에 대한 선호로 이어진다. 그 결과, 상대적으로 직업적 지위가 낮은 전 통적 진로를 선택하거나 남성에 비해 더 적은 수입을 얻는 등 노동시장에서 주변적으로 위치하게 된다. 또한 남녀 취업률 격차의 중요한 원인 중의 하나는 전공 계열별 학생의 분포인데, 여학생들의 경우 인문사회계열이나 자연계열 순수 기초학문 분야에 주로 집 중되어 있기 때문에 인력에 대한 수요가 많은 이공계열에 비해 상대적으로 낮은 고용 기회를 갖게 된다(안수영, 2010).

취업을 하게 되더라도 여성은 또 다른 진로장벽에 가로막힐 수 있다. 김병숙(1993)은 한국 여성이 노동시장에서 경험하는 진로장벽으로 노동시장의 고용차별부터 임금 차별, 승진 및 승급 차별, 교육 훈련의 참여, 일의 배분, 능력 평가, 결혼 및 출산에 의한 퇴직의 압력 등을 제시하였다. 이러한 연구 결과는 여성 인력에 대한 차별이 취업부터 퇴직까지 직업 현장에서 지속적인 영향을 미침을 시사한다. 안상수, 박성정, 김금미(2010)의 연구에서는 이처럼 직장 내 성평등 실천을 어렵게 하는 장애 요인으로 여성을 대하는 외적 환경 요소와 여성 자신의 내적 태도를 제시한다. 먼저, 외적 환경으로는 여성을 조직에 헌신하기보다 개인을 더 중시하는 존재로 인식하는 편견과 일과 가정을 양립하기 어렵게 하는 조직문화가 있으며, 내적인 태도는 주부양자인 남편이 생긴 여성에게 일을 반드시 해야 할 절대적 필요성이 줄어 회사 생활에 열중하지 않거나 소극적 태도를 보이는 것을 포함한다. 직업 현장에서의 다양한 장벽은 준비 단계에 있는 여학생들에게 기회의 구조가 매우 제한되어 있다는 인식을 전달할 수 있으며, 그 결과 진로포부를 낮추어 성별로 분리된 직업 환경을 유지·강화하는 악순환을 가져올 수 있다. 따라서 이러한 장벽들을 이해하고 보다 구조적인 측면에서의 개입이 함께 이루어지는 것이 여성 진로 문제에 대한 효과적인 개입을 위해 필수적이다.

(5) 다중역할 갈등

앞서 Super(1969)는 다양하게 주어지는 생애 역할들로 인해 단절되는 여성 진로의 양상을 조명하였다. 그동안 가정주부와 어머니로서의 여성의 전통적인 역할의 역사는 여성의 직업 선택과 적응의 모든 측면에서 성취를 방해하는 요인으로 작용해 왔다(Betz, 2006). 최근 들어 다중역할의 증가와 관련된 결혼, 출산, 자녀 양육 등이 여성의 직업 생활 지속성을 낮추는 주요한 변인으로서 관심을 받고 있다(김영옥, 2002; 김유경, 2013; 박수미, 2002; 오은진, 이한나, 2013; 이진경, 옥선화, 2009). 다중역할로 인한 갈등과 여성의 진로 결정 간의 관련성은 연령이 높아질수록 더 커지는데(최정원, 2005), 특히 결혼, 출산, 자녀 양육이 집중되는 30~39세 집단에서 이러한 다중역할로 인한 장벽 지각이 매우 높게 나타나는 것을 볼 수 있다(김미영, 2005).

한편, 다중역할로 인한 장벽은 실제로 일과 가정에서의 삶을 양립하고 있는 여성들뿐만 아니라 이를 앞둔 여학생들에게도 영향을 미친다. Ginzberg(1966)는 여학생들의 경우 그들이 어떠한 남성과 결혼할 것인지를 알게 되기까지는 현실적으로 진로를 계획할 수 없다고 주장하며, 이러한 불명확성이 진로발달에서 성별로 큰 차이를 가져올 것이라고 제안한다. 따라서 여성에게는 가정에서의 역할과 직업에서의 역할을 어떻게 통합하고 균형을 이룰 것인가에 대한 사려 깊은 진로 계획이 필요하며, 이러한 맥락에서

Weitzman(1994)는 여성이 진로에 대한 내적 장애물, 즉 진로에 대한 태도나 신념을 변화시킴으로써 다중역할 갈등을 감소시키고 다중역할 참여를 긍정적인 것으로 전환시킬 수 있도록 다중역할 계획의 과정에 대해 연구하였다. 실제로 그가 개발한 다중역할 계획에 대한 태도 척도(Attitudes Toward Multiple Role Planning: ATMRP)를 사용하여 여성의 진로 결정과의 관련성을 살펴본 연구들에서, 다중역할을 수행하기 위해 어떤 계획과 준비가 필요한지 알고 있고 다중역할을 병행하는 여러 방법을 준비하고 계획할 수 있다고 확신할수록 여대생의 진로 포부와 진로 결정 수준이 증가하는 것으로 나타났다(김은석, 유성경, 2013; 안진아, 2008; 양은주, 한종철, 1999). 이와 같이 다중역할은 실제로 경험하고 있는 성인 여성들뿐만 아니라 여학생들에게도 예기된 장벽으로 기능하기 때문에 전반적인 진로 과정에서 지속적으로 관심 있게 다루어져야 할 주제다.

지금까지 살펴본 여러 가지 진로장벽은 여성이 직업적 생활을 영위하며 자신의 가능성을 충분히 발휘하는 것을 어렵게 하는 요인들로서 많은 관심을 받아 왔다. 이러한 장벽들의 공통점은 이들이 온전히 여성의 직업적 특성에만 국한되어 있지 않다는 것이다. 그보다는 오랜 시간 동안 여성에게 부여되어 온 가정에서의 역할에 대한 기대와 교육, 그리고 사회적 압력이 그 배경에 자리해 있으며, 이것이 직업인으로서의 역할을 온전히 발달시키기 어렵게 만들어 온 것으로 보인다. 다시 말해서, 여성의 고유한 진로장벽을 이해하는 데서의 핵심은 이러한 2가지 역할을 이해하는 것이며, 여성의 진로 발달을 촉진하는 것은 결국 일에서의 역할과 가정에서의 역할을 어떻게 양립할 것인가의 문제와 깊이 맞닿아 있다. 다음 절에서는 일과 가족의 양립 문제를 어떻게 이해할 것인지에 초점을 맞춰 살펴봄으로써 어떻게 여성의 삶 속에 진로를 통합할 것인가에 대해 알아볼 것이다.

3. 일-가족 양립

1) 일-가족 양립의 개념적 이해

일과 가족은 성인의 삶을 구성하는 주된 사회적 역할과 경험이 존재하는 사회적 구조로서(한경혜, 장미나, 2009) 분리될 수 없는 상호의존적인 영역이다. 현대사회에서는 일과 가족 두 영역에서 요구되는 역할 강도가 남녀 모두에게 점차 높아지고 동시에 삶의 질에 대한 개인의 욕구 수준도 높아지면서, 일-가족 양립은 주요한 개인적·사회적·국가적 관심이 되고 있다(Guest, 2002). 그런데 일-가족 양립은 두 영역의 상호성이 부정적이냐, 긍정적이냐에 따라 각기 다른 개념으로 개념화되었는데, 부정적 측면은 일-가족 갈등(conflict)으로 개념화되었고, 긍정적인 측면은 일-가족 향상(enhancement), 촉진(facilitation), 비옥화(enrichment), 긍정전이(positive spillover) 등으로 개념화되었다. 최근에는 일-가족의 부정적·긍정적 상호성을 모두 인정하는 통합적 관점으로 일-가족 균형(balance), 일-가족 양립(reconciliation) 개념이 제안되고 있다(최윤정, 김계현, 2009).

일-가족의 부정적 상호성에 초점을 둔 일-가족 갈등적 관점은 한 영역에서의 역할 수행이 다른 영역에서의 역할 수행을 어렵게 하거나 방해한다고 본다(송진영, 2009; Carlson & Grzywacz, 2008). 이러한 일-가족 갈등은 시간, 긴장, 행동을 기반으로 한 갈등으로 분류되고(Greenhaus & Beutell, 1985), 갈등의 방향에 따라 일 → 가족 갈등(WFC)과 가족 → 일 갈등(FWC)의 2가지 방향의 갈등으로 구분된다(Frone, Russell, & Cooper, 1992). 일과 가족에서 양립되기 어려운 책임과 역할로 발생하는 일-가족 갈등은 우울, 불안, 낮은 결혼 및 삶의 만족도, 낮은 직무 만족도와 무단결근 등 개인 및 조직 차원에서의 다양한 부정적인 결과를 야기하는 것으로 확인되었기 때문에 이 관점에서는 일-가족 갈등을 최소화하기 위해 갈등의 원인과 매개, 결과 변인을 탐색하는 연구들을 진행하여 왔다(강혜련, 최서연, 2001; 조윤진, 유성경, 2012; Aryee, 1992; Carlson & Perrewe, 1999).

그런데 일과 가족이 상호배타적으로 갈등만을 일으키는 것이 아니라 한 영역에서의 참여가 개인의 성장을 도모하고 자원의 또 다른 원천으로 작용하는 것을 통해 다른 영역에서의 수행과 삶의 질에 긍정적인 영향을 줄 수 있다는 입장이 등장하면서(Grzywacz & Marks, 2000), 일-가족 관계에 대한 이해는 보다 다면화되었다. 실제로 국내외 연구를 통해서 일과 가족 모두에 참여하는 기혼 직장 여성이 가족의 역할만을 담당하고 있는 전업주부 여성에 비하여 높은 만족감과 심리적인 안녕감, 더 높은 부모-자녀 관계 만족 등을 보고하여(김난주, 권태희, 2009; Barnett & Hyde, 2001; Thoits, 1986) 일-가족의 긍정적 상호성이 경험적으로 입증되었다. 일-가족 갈등과 향상(촉진, 비옥화, 긍정적 전이)은 동전의 양면과 같은 극단의 개념이 아니라 동시에 공존할 수 있는 독립적인 개념이라는 사실이 확인되면서 두 영역 간의 갈등을 최소화하면서 긍정적인 상보성은 최대화하는 방향으로 일-가족의 균형을 이루어야 한다는 제안이 이루어지고 있다(Barnett & Hyde, 2001; Greenhaus & Powell, 2006; Grzywacz & Marks, 2000; Sumer & Knight, 2001).

일-가족 관계의 부정적·긍정적인 측면을 동시에 인정하는 통합적인 개념으로 일-가족 균형(work-family balance)이 등장하였는데, 균형의 의미에 대한 명시적인 정의나 구체적이고 합의된 설명을 찾아내는 것은 쉽지 않다(Frone, 2003; Voydanoff, 2005: 한경혜, 장미나, 2009에서 재인용). Guest(2002)에 따르면, 명사적 의미의 '균형'은 무게를 재는 저울의 의미로 주관적·객관적으로 양 영역에 균등한 무게가 놓인 상태를 의미하고, 동사적 의미의 '균형'은 이러한 양쪽의 균형을 잡아간다는 의미로 개인의 주도성(human agency)이 함축되어 있다. 이러한 균형이라는 개념에는 어느 한쪽으로 치우침이 없이 균등화된 상태가 이상적인 상태임을 전제하는 문제가 있다(Caproni, 1997). 일과 가족이 양립 가능한 조화와 공존의 사회구조라고 할 때 이 둘이 균등화되는 것이 언제나 최상의 조건이라고 보기는 어려울 수 있다. 예를 들어, 개인의 가치와 목적에 따라 한 영역에 치우친 상태가 그 개인에게는 바람직한 상태일 수도 있다. 이에 '일-가족 균형'과 유사한 개념으로 '일-가족 양립(reconciliation)'이라는 개념을 사용할 수 있다(문영주, 2013). 일과 가족은 때로는 양립 갈등의 상태에 놓일 수도 있고, 때로는 양립 향상(촉진, 비옥화, 긍정전이)의 상태에 놓일 수도 있으나, 양립하고 있는 개인은 이 가운데서 이 두 상태를 끊임없이 조정하고 있다고 볼 수 있다.

지금까지 일-가족 연구는 일-가족 상보성의 부정적·긍정적 측면과 일→가족, 가족→일이라는 양방향성 등 일-가족 양립을 이해하는 데 유용한 정보를 제공해 왔지만, 정작 일-가족 양립을 이뤄 가는 주체인 개인의 입장과 경험은 간과해 왔다는 제한점이 있다(한경혜, 장미나, 2009). 일과 가족이라는 삶의 크고 중요한 두 영역 간에는 불가피한 충돌이 존재하지만, 두 영역 간의 긍정적 전이와 촉진의 경험을 통해서 일과 가족 간의 갈등을 완화하는 방향으로 일-가족 양립이 가능하다. 이를 위해 일과 가족이라는 두 영역 모두를 주도하는 주체가 되는 개인의 역량을 이해하고 강화하기 위한 이론적 모델이 요청된다.

2) 일-가족 양립의 이론적 모델: 다중역할적 관점

전통적으로 일과 가족의 관계에 대한 모델은 크게 5가지로 나눌 수 있다(O'Driscoll, 1996: Guest, 2002에서 재인용)(〈표 7-1〉 참조). 첫째로, 분리모델(segmentation model)은 일과 가족을 정신적으로나 육체적으로 분리된 상호 개별적인 영역으로 바라보고 두 영역 간의 분리를 강조하는 입장이다(Zedeck & Mosier, 1990). 이 관점에서는 남녀가 분리된 두

〈표 7-1〉 일과 가족의 관계에 대한 5가지 전통적인 모델

	핵심 개념
분리모델	일과 가족은 정신적으로나 육체적으로 분리된 상호 개별적인 영역
보상이론	일에서의 경험과 가족에서의 경험이 서로 상반되는 반비례의 관계
갈등모델	두 영역에서의 역할 요구가 과도해져 갈등이 불가피함
도구모델	한 영역의 수행은 다른 영역의 목적을 이루기 위한 수단
전이이론	개인이 한 영역에서 얻은 느낌, 태도, 행동이 다른 영역으로 이동함

영역에 각각 독립적으로 관여하여 남성은 일, 여성은 가정으로 분리된 참여를 하는 것을 이상적으로 보아, 일과 가족 간의 갈등 혹은 향상의 상호관계가 예측되지 않는다. 그러나 분리모델 관점은 여성의 노동 참여가 증가하고 성별 구분이 모호해지면서 점차 약화되고, 이후 일과 가족이 상호적인 영향력을 주고받는다고 보는 대안적 모델들이 등장했다(송다영, 장수정, 김은지, 2010).

둘째로, 보상이론은 일에서의 경험과 가족에서의 경험이 서로 상반되는 반비례의 관계가 있다고 가정하는 것으로 개인이 한 영역에서의 상황 및 조건에 대한 반응으로 다른 영역에 관여하게 되는 현상을 설명한다. 일반적으로 일 또는 가족에서 불만족스러운 경험을 하게 되면 다른 영역에 몰입하거나 참여를 증대하는 방식을 통해 이를 보상받고자 하기 때문에 두 영역에서 서로 다른 수준의 참여를 가져온다고 본다(Champoux, 1980). 또한 갈등모델(conflict model)은 두 영역에서의 역할 요구가 과도해져 갈등이 불가피하다고 보는 입장이며, 도구모델(instrument model)은 한 영역의 수행은 다른 영역의 목적을 이루기 위한 수단적인 의미를 담는 것으로 가정을 위한 집이나 차를 사기 위한 수단으로서 일을 하는 경우에 해당한다.

마지막으로, 일과 가족 간 상호 영향을 설명하는 전이이론은 두 영역 간의 유기적 관계에 초점을 두는 관점으로, 개인이 한 영역에서 얻은 느낌, 태도, 행동이 다른 영역으로 이동하는 것을 의미한다(Edwards & Rothbard, 2000). 직장에서의 긍정적인 정서는 가정에서의 긍정적 정서를 유발할 수 있으며, 한 개인의 가족 내 경험은 그가 자신의 일에서 하는 행동에까지 영향을 주게 된다고 본다. 전이는 일과 가족 간에 두 방향(일-가족 혹은 가족-일)으로 이루어질 수 있으며, 전이되는 내용이 긍정적일 수도 부정적일 수도 있다. 전이이론에서는 일과 가족을 정적으로 분리된 것이 아니라 상호 관련되어 영향을 주고받는 투과적인 영역으로 바라본다는 점에서 분리모델, 보상이론과는 구별된다.

일과 가족 간에 일어나는 긍정 전이는 여러 경험 연구에 의해 확인되었는데, 일을 통

한 물질적 보상이 결혼생활의 질과 안정성, 자녀 돌봄에 대한 만족도와 정적 상관이 있는 것으로 나타났으며(Barnett & Hyde, 2001), 가정에서 지각된 배우자의 사회적 지지가 높을수록 가족에서 일로의 향상 역시 높은 것으로 나타났다(Ho, Chen, Cheung, Liu, & Worthington, 2013). Greenhaus와 Powell(2006)은 한 역할에서 갖게 되는 기술과 조망능력(skills and perspectives), 심리적 및 신체적 자원(psychological and physical resources), 사회적 자본 자원(social-capital resources), 유연성(flexibility), 물질적 자원(material resource)이 많을수록 일-가족 간 긍정적 전이가 높은 것으로 제안하였다.

최근에는 일-가족 전이 과정에 대한 연구가 개인 내 영역 간의 전이 차원에서 더 나아가 개인 간의 전이 차원을 다루는 교차전이(crossover)에 대한 연구로 확장되고 있다. 교차전이란 한 영역에서의 개인의 경험이 다른 영역에서 다른 가족 구성원에게 영향을 미치는 것을 설명하는 개념으로, 한 개인의 경험에 그치지 않고 그가 속한 가족으로 전이 영역을 넓혀서 이해하려 한다는 점에서 사회체계이론의 관점을 반영한다(김여진, 2008). 교차전이의 특성상 유사한 환경 안에서 상호 관계를 주고받는 중요한 타자의 영향력을 살피는 것이 핵심적인 문제이므로, 최근에는 부부 쌍으로 이루어진 짝 자료를 사용한 연구들이 이루어지고 있다. Dunn과 O'Brien(2013)은 직장에서 아내가 경험한 긍정적 정서가 남편의 가족 만족도와 정적인 상관이 있는 것으로 확인하였으며, Van Steenbergen, Kluwer와 Karney(2014)는 남편의 일-가족 향상이 긍정적 결혼 행동을 통해 아내의 결혼 만족도를 높이는 것을 보여 주었다. Demerouti(2012)의 연구에서는 한 배우자의 일 영역에서의 자원이 일-자기 촉진을 통해 다른 배우자의 가정 차원에서의 에너지로 전이되는 것으로 확인되었다. 부부 쌍 자료를 통하여 개인 내 일-가족 영역에서의 전이와 더불어 부부 상호 간의 전이가 어떻게 일어나는지를 확인하는 연구는 일-가족 관계가 성 역할 구분과 밀접한 관련성이 있음을 고려할 때 연구 결과가 다양한 측면의 함의를 지닐 수 있을 것이다.

3) 일-가족 양립의 주체적 조정: 삶의 통합적 관점

앞에서 제시한 5가지 일-가족 양립에 관한 이론적 모델은 일-가족 간의 상호관계를 기술하는 기술적 모델들(descriptive models)로서 일-가족 간의 다양한 관계의 양상을 기술하기는 하지만 '왜 그러한 관계가 나타나는지'에 대한 설명을 제공하지는 못한다(Guest, 2002). 즉, '왜 일-가족이 상호 보상, 전이, 갈등, 도구적 관계를 맺게 되는지'에 대한 설명을 하지 못한다는 것이다. 그 이유는 이 모델들은 다중역할의 현상을 역할이론의 관점에서 설명하고자 하였으며, 그 역할을 수행하고 있는 개인에 대한 이해는 부족했기 때문이다. 이에 비해 새롭게 등장한 일-가족 경계이론(border theory)에 따르면, "일과 가족 체계를 연결하는 주된 주체는 개인이며, 그는 경계를 넘나드는 자(border-crossers)로서 세계를 구성하고, 두 영역 간의 경계를 만들어 가고, 각 영역 및 영역에 속한 타인과 어떤 관계를 맺을지를 결정해 나간다."(Clark, 2000, p. 748) 경계모델에서는 일-가족은 상호 영향을 주고받으며 전이현상이 일어나는 것을 넘어서 상호침투 현상이 나타나 한 영역 안에서 두 영역의 역할 수행이 동시에 존재할 수 있으며, 이러한 침투적 경계선을 넘나들며 경계를 세우는 주체가 바로 개인이라고 본다. 그리고 이러한 경계를 설정하는 데 영향을 미치는 주요한 요인을 개인이 일과 가족에 부여하는 의미, 영역에 속한 개인 간의 상호작용이라고 설명한다. 일-가족 영역의 바람직한 균형 상태는 분리와 통합의 연속상에서 역동적으로 변화하는데, 이 변화는 개인이 어떤 의미를 추구하고, 자신의 역할과 얼마나 동일시하느냐, 두 영역의 경계선이 얼마나 침투 가능하고 융통적인가에 영향을 받는다(Clark, 2000). 경계이론은 일-가족 간에 왜 갈등과 균형이 발생하는지, 어떤 요인들이 이러한 갈등과 균형에 기여하는지를 설명할 수 있으며 이에 따라 일-가족의 역할을 양립하면서 긍정적 상보성을 높여 궁극적으로 삶의 통합성을 증진시킬 수 있는 모델이라고 볼 수 있다.

　　일-가족 경계를 역동적으로 설정해 나가는 주체자로 개인을 바라보는 경계이론의 관점은 개인의 선택과 주관적 지각을 강조했다는 측면에서 사회구성주의적 입장과 일맥상통하는 부분이 있다. Richardson(2012)은 일과 관계를 통합할 수 있는 상담의 중요성을 강조하면서 사회구성주의적 관점에서 일과 가족 문제에 접근할 수 있는 상담 모델을 제안하였다. Richardson에 따르면, 급변하는 현대사회의 변화에 따라 개인의 일과 관계 수행에 대한 기대가 급속히 변화하고 있는데, 상담은 이러한 변화에 개인이 단순히 적응하도록 돕는 것을 넘어서 자신의 삶의 이야기를 주체적으로 구성해 나갈 수 있도록 도와주어야 함을 강조한다. 현대사회의 급속한 변화는 자기(self)와 정체성에 영향을 미치며 이러한 변화의 소용돌이에서 개인은 실존적 딜레마에 직면하게 된다. 이때 통합적인 관점으로 자신의 삶을 바라보며 "일과 관계를 통해 자신의 삶을 구성해 나갈 수 있는 것이 심리적 건강이며 상담은 이러한 과정을 도와야 한다"(Richardson, 2012, p. 13).

4) 일-가족 양립을 위한 제언

앞서 살핀 바와 같이 일-가족 양립은 부정적인 측면과 긍정적인 측면이 모두 있다. 특히 여성들에게 '일-가족을 어떻게 양립해 나갈 것인가?' 하는 문제는 현실적으로 매우 중요한 도전적 과제가 되고 있다. 최근의 일-가족 양립이론에서 제안하는바, 두 영역의 긍정적인 양립을 촉진하기 위해서는 일-가족 양 영역에서 긍정적 전이가 활발하게 일어나고, 배우자와의 관계에서 서로에게 긍정적인 전이를 유발할 수 있는 상호전이가 필요함을 알 수 있다. 그러나 일-가족 양립을 수행해야 하는 개인, 부부, 가족들은 모두 개인적인 특성과 환경에서 다양한 개인차를 보이므로 이러한 긍정적인 전이를 위한 기계적인 규칙을 제언할 수는 없다. 무엇보다 중요한 것은 일과 가정의 양 영역을 넘나드는 각 개인이 자신의 삶의 가치, 목적을 발견하고 이를 일과 가정에서의 역할 수행에 적용할 수 있는 나름대로의 방략을 개발해 나가는 것이다. 이러한 과정은 매우 창조적이고 성찰적인 과정이다. 자신이 마주한 일-가족 양립의 현실을 갈등이 아닌 촉진의 과정으로 가져가기 위해서는 개인이 자기 일과 가족의 목적을 자각하고, 자기와 세상에 대한 이해를 바탕으로 책임 있는 선택을 하고, 그 결과를 성찰적으로 평가하는 삶을 살때 삶의 확장이 이루어질 수 있다. Wrzesniewski와 Dutton(2001)은 'job crafting'이라는 개념을 제안하여 자신의 일을 개인적으로 의미 있는 방식으로 재정의하고, 새롭게 그려보는 것이 일에 생동감을 더하게 된다고 하였다. 임명기(2013)도 이러한 개념을 실제 기업현장에 적용하여 일이 즐거워지는 변화를 이룰 수 있다고 제안한 바 있다. 일과 가정의 역할을 고정되어 있는 것으로 인식하는 것이 아니라 자신의 가치와 목표에 따라 창조되고 주관적인 의미가 창출될 수 있는 삶의 과제로 받아들일 수 있는 주도적인 자세가 무엇보다 요구된다고 하겠다.

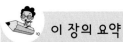 **이 장의 요약**

1. 1절 여성진로이론: 일은 우리의 경제적인 이득뿐만 아니라 내재적인 의미의 욕구를 만족시키는 점에서 중요한 측면이나, 여성의 일은 소외되고 주변적인 위치에 자리해 왔다. 여성의 일자리 참여에 대한 사회적 흐름이 변화하고 여성이 갖는 직업 사회에서의 위상이 높아짐에 따라 여성의 진로를 이해하려는 관심이 높아졌고 여성진로이론이 발달되었다. 먼저, 전생애·생애공간 이론은 우리가 살아가면서 9가지 역할을 4가지 삶의 극장 안에서 행하게 됨을 제안하면서 일과 가정 2가지 영역에서의 역할을 넘나드는 다중역할의 개념을 조명하였고, 이로 인한 여성 진로의 양상을 유형화하였다. 제한과 타협이론에서는 발달적 관점에서 연령에 따라 자신에게 적합하지 않은 직업들을 제거해 나가는 과정을 설명하였으며, 성역할이 중요한 분류의 근거가 됨을 제안하였다. 심리사회적 이론의 관점으로 살펴보았을 때 남성과 여성이 동일한 욕구를 가지고 있지만 성장 과정에서 이를 충족하는 서로 다른 방법을 습득하게 되며 직업 세계에서도 차별화된 기회의 구조를 갖게 되어, 그 결과 여성은 자신의 능력보다 더 낮은 직업적 성취를 갖게 된다고 가정할 수 있다. 이와 유사하게, 사회인지진로이론에서는 사회·환경적 맥락과 그 결과로서 조정되는 기대에 대해 설명하나, 여성의 진로 선택 과정에서 자신에 대한 평가와 믿음이라는 인지적 측면이 중요하다는 데 더 강조점을 둔다. 이 이론에 따르면, 여성은 성장 과정에서 특정한 활동이나 진로 영역에 대한 낮은 효능감을 발달시키게 되며, 이는 그 진로 영역에 대한 흥미나 접근 가능성에 영향을 미친다.

2. 2절 여성 진로발달의 영향 요인: 여성은 진로발달 과정에서 남성에 비해 많은 진로장벽을 경험하며, 이러한 장벽들은 진로를 계획하고 선택하는 데 심각한 영향을 준다. 여성의 고유한 진로장벽을 이해하고자 하는 노력의 일환으로 이분법적 분류와 삼분법적 분류를 거쳐 최근에는 다차원적으로 분류하고 있으며, 학자들마다 다양한 장벽 요인을 개념화하고, 이를 측정하는 척도들이 개발되었다. 대표적인 진로장벽으로서 자기효능감은 여성이 성 역할 사회화 과정을 통해 충분히 발달시키기 어려운 부분으로, 남성과 유사한 능력이 있음에도 불구하고 충분한 수행을 보이지 못하는 면을 설명한다. 특히 수학에 대한 낮은 효능감은 여성의 비전통적 진로 선호와 같이 진로의 폭을 제한하는 역할을 한다. 성 역할과 관련된 고정관념은 직업적 성취를 중요하지 않은 것으로 믿도록 하여 낮은 포부를 갖게 하거나 여성적 직업과 남성적 직업으로 나누어 흥미 자체를 제한한다. 또한 여성은 교육 현장에서 남학생에 비해 더 적은 관심을 받거나 성차별적 교육을 경험하게 되며, 촉진적인 환경을 경험하기 어렵다. 이러한 환경적 제약은 졸업 이후에도 이어져, 취업 과정에서의 고용차별부터 임금 차별, 승진 및 승급 차별, 교육 훈련의 참여, 일의 배분, 능력 평가, 결혼 및 출산에 의한 퇴직의 압력 등 평생의 진로 과정에서 지속적인 어려움을 경험하게 된다. 더불어, 생애주기마다 주어지는 다중역할에 대한 요구가 직업적 생활을 영위하기 어렵게 하며, 이러한 어려움에 대한 예상은 여학생들의 진로포부와 진로 결정에 영향을 준다.

3. 3절 일-가족 양립: 전통적으로 가정에서의 역할을 주요 책임으로 맡아 온 여성들이 직업을 가지게 되면서 일과 가정에서 요구되는 다중역할을 수행해야 하는 과제는 중요한 사회적·개인적 과제가 되었다. 일과 가정에서 요구되는 다중역할의 수행이 서로 갈등을 일으키는 부정적인 측면을 부각한 초기의 입장과는 달리 최근에는 다중역할 수행이 상호 역할 수행을 촉진, 보상하며 한쪽의 경험이 다른 쪽의 경험으로 긍정적 전이가 가능하다는 입장이 등장하였다. 일-가족 양립에서 이 두 영역이 완전히 분리된 독립된 영역으로 보는 분리모델에 의거하면 일-가족 갈등이 불가피하지만 이 두 영역에서의 경험이 서로 보상하거나, 다른 쪽의 목표를 이루는 데 도구적인 역할을 할 수 있다고 보는 보상이론, 도구모델의 시각도 등장하였다. 이에서 더 나아가 한 영역에서의 경험이 다른 영역의 경험으로 긍정적으로 전이될 수 있다고 보는 전이이론, 그리고 일-가족의 영역을 넘나들며 전이 과정을 주체적, 주도적으로 조정해 나가는 개인을 강조하는 경계이론이 제안되고 있다. 이 절에서는 일-가족 양립을 통해 자신에 대한 이해, 자기 삶의 목표 및 가치를 깊이 성찰하고, 자신의 목표와 가치에 부합하는 양립 경험을 창조적으로 주도할 때 개인적인 성장과 사회적인 기여가 가능하다고 제안하였다.

참 ı 고 ı 문 ı 헌

강혜련, 최서연(2001). 기혼여성 직장-가정 갈등의 예측변수와 결과변수에 관한 연구. 한국심리학회지: 여성, 6, 23-42.

곽윤숙(2002). 여대생의 성 역할 태도와 전공선택에 관한 연구. 교육학연구, 40(1), 287-310.

국립국어연구원(1999). 표준국어대사전. 서울: 두산동아.

김난주, 권태희(2009). 기혼여성의 직장 가정 균형과 삶의 질의 상호관계. 여성연구, 76, 43-70.

김동익, 이영화(2013). 여성공학도의 전공 관련 심리적 특성에 미치는 공과대학 교육환경의 영향. 공학교육연구, 16(2), 69-77.

김미연, 방희정(2005). 진로타협과정에서의 성별과 출생순위에 따른 선호도 차이. 한국심리학회지: 여성, 10(2), 173-188.

김미영(2005). 여성실직자들이 지각하는 진로장벽과 진로결정 자기효능감 및 직업포부 수준과의 관계. 한국기술교육대학교 대학원 석사학위 논문.

김병숙(1993). 주부노동력 활용실태와 고용확대방안. 천안: 한국기술교육대학 산업기술인력연구소.

김양희, 유성경(2009). 학업 우수 여자청소년들의 진로장벽과 진로포부의 종단분석. 한국심리학회지: 여성, 14(3), 447-465.

김여진(2008). 직장에서 경험한 강한 감정의 전이(spillover)와 교차전이(crossover): 시카고 지역 맞벌이 부부를 중심으로. 한국사회복지학, 60(3), 253-274.

김영옥(2002). 여성의 동태적 노동공급－취업연속성과 첫 노동시장 퇴출행태를 중심으로. 한국 인구학, 25(2), 5-40.

김유경(2013). 생애단계별 여성의 취업행태와 정책과제. 보건복지포럼, 5, 39-56.

김은석, 유성경(2013). 여대생의 자아정체감과 진로결정수준 간의 관계에서 진로정체감과 다중 역할계획태도의 매개효과. 한국심리학회지: 상담 및 심리치료, 25(4), 897-912.

김은영(2002). 한국 대학생 진로탐색장애검사(KCBI)의 개발 및 타당화 연구. 한국심리학회지: 상담 및 심리치료, 14(1), 219-240.

김은희, 김봉환(2009). 진로장벽 깨뜨리기 집단상담 프로그램이 여대생의 진로장벽 인식과 진로 결정자기효능감에 미치는 효과. 상담학연구, 10(4), 2225-2239.

김은희, 김봉환(2010). 진로역할지향성에 따른 진로장벽 인식과 타협과정 연구. 상담학연구, 11(4), 1451-1468.

김하예, 우한준, 임상호, 전우영(2011). 고정관념 위협이 여성의 수학과제 수행에 미치는 영향. 한국심리학회 연차 학술발표논문집, 260-260.

문영주(2013). 기혼 맞벌이 여성의 일-가족양립에 관한 연구－일-가족양립의 긍정적 전이, 비대칭성, 차별적 기능 검증을 중심으로. 한국가족자원경영학회지, 17(1), 81-102.

민현주(2012). 자녀출산과 양육시기동안의 여성취업 유형화－집단중심추세모형의 적용. 한국사회학, 46(2), 61-87.

박관성, 김지현(2009). 한국남자대학생의 성 역할과 진로타협요인: Gottfredson의 이론을 중심으로. 진로교육연구, 22(2), 43-61.

박수미(2002). 한국여성들의 첫 취업 진입·퇴장에 미치는 생애사건의 역동적 영향. 한국사회학, 36(2), 145-174.

손은령(2002a). 여자대학생이 지각한 진로장벽과 개인심리적 변인의 관계. 한국심리학회지: 상담 및 심리치료, 14(2), 415-427.

손은령(2002b). 여자대학생이 지각한 진로장벽 요인에 관한 연구. 한국심리학회지: 상담 및 심리치료, 14(1), 219-231.

송다영, 장수정, 김은지(2010). 일가족양립갈등에 영향을 미치는 요인 분석: 직장내 지원과 가족지원의 영향력을 중심으로. 사회복지정책, 37(3), 27-52.

송원영, 김지영(2009). 커리어 포트폴리오를 통한 대학생의 진로 설계. 서울: 학지사.

송진영(2009). 중년 취업남성의 다중역할 몰입과 심리적 안녕감 간의 관계－자기효능감의 매개효과를 중심으로. 한국사회복지조사연구, 22, 59-81.

안상수, 박성정, 김금미(2010). 성평등 실천 국민실태조사 및 장애요인 연구 II. 한국여성정책연구원 연구보고서. 서울: 한국여성정책연구원.

안수영(2010). 한국사회의 취업장벽－지방대 여학생을 중심으로. 파주: 한국학술정보.

안진아(2008). 역할모델 및 다중역할계획에 대한 태도와 진로포부의 관계: 여대생을 대상으로. 이화여자대학교 대학원 석사학위 논문.

양난미(2008). 중학생의 성 역할 고정관념과 진로포부의 관계에서 진로효능감의 매개효과 연구. 상담학연구, 9(2), 537-550.

양은주, 한종철(1999). 여대생의 진로결정에 영향을 미치는 심리적 변인 연구: 태도와 자기-효능감을 중심으로. 한국심리학회지: 상담 및 심리치료, 11(1), 79-94.

오은진, 이한나(2013). 기혼여성의 직업 이동에 관한 연구. 아시아여성연구, 52(1), 133-161.

유성경, 홍세희, 이아라(2006). 남녀 학업 우수 청소년이 지각하는 진로장벽과 진로포부의 관계에서 학업 효능감의 매개모형 검증. 한국심리학회지: 상담 및 심리치료, 18(4), 837-851.

이기학, 조미랑(2003). 인문계 고등학생의 진로의사결정 타협과정에서 보이는 남녀 간 선호도 차이. 한국심리학회지: 여성, 8(3), 1-13.

이진경, 옥선화(2009). 첫 자녀 출산 여부와 가족친화제도에 따른 유배우 기혼 여성의 취업 중단에 관한 연구. 조사연구, 10(3), 59-83.

임명기(2013). Job crafting, 일이 즐거워지는 변화. 서울: 삼성경제연구소.

정주리, 이기학(2007). 성별과 성 역할 고정관념에 따른 진로타협 과정에서 선호도 차이. 한국심리학회지: 여성, 12(2), 161-174.

정해숙, 유진은, 김미윤(2009). 남녀공학 중등학교에서의 성별 교육실태와 향후과제. 한국여성정책연구원 연구보고서. 서울: 한국여성정책연구원.

조윤진, 유성경(2012). 기혼 취업 여성의 사회적 지지와 일-가족 갈등 및 향상의 관계에서 문제-중심 대처와 우울정서의 매개효과. 한국심리학회지: 상담 및 심리치료, 24(2), 441-463.

최영숙(2006). 진로장벽에 직면한 직업복귀 여성의 진로타협 유형 분석. 경기대학교 행정대학원 석사학위 논문.

최윤정, 안후남, 이지은, 최정순, 박선주(2013). 여성 진로 발달 및 상담에 관한 국내 연구 동향. 상담학연구, 14(2), 1285-1308.

최수정, 정철영(2010). 기혼여성의 경력패턴 유형 연구. 농업교육과 인적자원개발, 42(2), 193-223.

최윤정, 김계현(2009). 진로상담: 여성 진로 상담 관점에서 본 다중역할(일-가족) 균형의 구성개념 및 측정에 관한 경험적 연구 고찰. 상담학연구, 10(1), 365-384.

최정원(2005). 경력단절여성의 진로장벽에 관한 연구. 한국기술교육대학원 석사학위 논문.

한경혜, 장미나(2009). 기혼남녀 근로자의 일-가족 균형과 관련요인: 남녀 차이를 중심으로. 가족과 문화, 21(1), 85-115.

한지현, 장재윤(2005). 남성 또는 여성중심적 직업을 희망하는 여대생들의 개인특성 및 구직행태에서의 차이. 한국심리학회지: 산업 및 조직, 18(3), 585-609.

홍세희, 황매향, 이은설(2005). 청소년용 여성 진로장벽 척도의 잠재평균분석. 교육심리연구,

19(4), 1159-1177.

황매향, 김연진, 이승구, 전방연(2011). 진로 탐색과 생애설계: 꿈을 찾아가는 포트폴리오(2판). 서울: 학지사.

황매향, 이은설, 유성경(2005). 청소년용 여성 진로장벽 척도의 개발 및 구인타당도 검증. 상담학연구, 6(4), 1087-1105.

Aryee, S. (1992). Antecedents and outcomes of work-family conflict among married professional women: Evidence from Singapore. *Human Relations, 45,* 913-837.

Astin, H. S. (1984). The meaning of work in women's lives: A sociopsychological model of career choice and work behavior. *The Counseling Psychologist, 12*(4), 117-126.

Bandura, A. (1977). Self-efficacy: Toward a unifying theory of behavioral change. *Psychological Review, 84,* 191-215.

Bandura, A. (1986). *Social foundations of thought and action: A social cognitive theory.* NJ: Prentice Hall.

Bandura, A. (1997). *Self-efficacy: The exercise of control.* New York: Freeman.

Barnett, R. C., & Hyde, J. S. (2001). Women, men, work, and family: An expansionist theory. *American Psychologist, 56,* 781-796.

Baumeister, R. F. (1991). *Meanings of life.* New York: The Guilford Press.

Betz, N. (1984). A study of career patterns of women college graduates. *Journal of Vocational Behavior, 24,* 249-263.

Betz, N. (1989). The null environment and women's career development. *The Counseling Psychologist, 17,* 136-144.

Betz, N. (2006). Basic issues and concepts in the career development and counseling of women. In W. B. Walsh & M. J. Heppner (Eds.), *Handbook of career counseling for women* (2nd ed). NJ: Lawrence Erlbaum Associates.

Betz, N., & Fitzgerald, L. F. (1987). *The career psychology of women.* FL: Academic Press.

Betz, N., & Hackett, G. (1981). The relationship of career-related self-efficacy expectations to perceived career options in college women and men. *Journal of Counseling Psychology, 28,* 399-410.

Betz, N., & Hackett, G. (1983). The relationship of mathematics self-efficacy expectations to the selection of science-based college majors. *Journal of Vocational Behavior, 23,* 328-345.

Betz, N., & Hackett, G. (1997). Applications of self-efficacy theory to the career assessment of women. *Journal of Career Assessment, 5,* 383-402.

Caproni, P. J. (1997). Work/Life Balance. *Journal of Applied Behavioral Science, 33*(1), 46-56.

Carlson, D. S., & Grzywacz, J. G. (2008). Reflections and Future Directions on Measurement in Work Family Research. In K. Korabik, D. Lero, & D. Whitehead (Eds.), *Handbook of Work-family Integration: Research, Theories and Best Practices.* London, UK: Elsevier.

Carlson, D. S., & Perrewe, P. L. (1999). The role of social support in the stressor-strain relationship: An examination of work-family conflict. *Journal of Management, 25*, 513-540.

Champoux, J. E. (1980). The world of nonwork: some implications for job re-design efforts. *Personnel Psychology. 33*(1), 61-75.

Clark, S. C. (2000). Work/family border theory: A new theory of work/family balance. *Human Relations, 53*, 747-770.

Crites, J. O. (1969). *Vocational psychology.* New York: McGraw-hill.

Demerouti, E. (2012). The spillover and crossover of resources among partners: The role of work-self and family self facilitation. *Journal of Occupational Health Psychology, 17*(2), 184-195.

Dunn, M. G., & O'Brien, K. M. (2013). Work-family enrichment among dual-earner couples: Can work improve our family life? *Journal of Counseling Psychology, 60*(4), 634-640.

Edwards, J. R., & Rothbard, N. P. (2000). Mechanisms linking work and family: Clarifying the relationship between work and family constructs. *Academy of Management Review, 25*, 178-199.

Farmer, H. S. (1976). What inhibits achievement and career motivation in women? *The Counseling Psychologist, 6*(2), 12-14.

Farmer, H. S. (2006). History of career counseling for women. In W. B. Walsh & M. J. Heppner (Eds.), *Handbook of career counseling for women* (2nd ed). NJ: Lawrence Erlbaum Associates.

Fitzgerald, L. F., Fassinger, R. E., & Betz, N. E. (1995). Theoretical advances in the study of women's career development. In W. B. Walsh & S. H. Osipow (Eds.), *Handbook of vocational psychology: Theory, research and practice.* NJ: Erlbaum Associates.

Flores, L. Y., & O'Brien, K. M. (2002). The career development of Mexican American adolescent women: A test of social cognitive career theory. *Journal of Counseling Psychology, 49*, 14-27.

Frone, M. R. (2003). Work family balance. In J. C. Quick & L. E. Tetrick (Eds.), *Handbook of occupational health psychology* (2nd ed., pp. 3-20). Washington, DC: American Psychological Association.

Frone, M. R., Russell, M., & Cooper, M. L. (1992). Antecedents and outcomes of work-family conflict: Testing the model of the work-family interface. *Journal of Applied Psychology, 77*,

65-78.

Ginzberg, E. (1966). *Life styles of educated women*. New York: Columbia University Press.

Gottfredson, L. S. (1981). Circumscription and compromise: A developmental theory of occupational aspirations. *Journal of Counseling Psychology, 28*(6), 545-579.

Gottfredson, L. S. (2005). Applying Gottfredson's theory of circumscription and compromise in career guidance and counseling. In S. D. Brown & R. W. Lent (Eds.), *Career development and counseling: Putting theory and research to work.* New York: John Wiley & Sons.

Gottfredson, L. S., & Lapan, R. T. (1997). Assessigng gender-based circumscription of occupational aspirations. *Journal of Career Assessment, 5,* 419-441.

Greenhaus, J. H., & Beutell, N. J. (1985). Sources of conflict between work and family roles. *Academy of Management Review, 10,* 76-88.

Greenhaus, J. H., & Powell, G. N. (2006). When work and family are allies: A theory of work-family enrichment. *Academy of Management Review, 31,* 72-92.

Grzywacz. J. G., & Marks. N. F. (2000). Reconceptualizing the work-family interface: An ecological perspective on the correlates of positive and negative spillover between work and family. *Journal of Occupational Health Psychology, 5,* 111-126.

Guest, D. E. (2002). Perspectives on the study of work-life balance. *Social Science Information, 41*(2), 255-279.

Hackett, G. (1985). The role of mathematics self-efficacy in the choice of math-related majors of college women and men: A path analysis. *Journal of Counseling Psychology, 32,* 47-56.

Hackett, G., & Betz, N. E. (1981). A self-efficacy approach to the career development of women. *Journal of Vocational Behavior, 18,* 326-336.

Harmon, L. W. (1977). Career counseling for women. In E. Rawlings & D. Carter (Eds.), *Psychotherapy for women.* IL: Thomas.

Ho, M. Y., Chen, X., Cheung, F. M., Liu, H., & Worthington, E. L. Jr. (2013). A dyadic model of the work-family interface: A study of dual-earner couples in china. *Journal of Occupational Health Psychology, 18*(1), 53-63.

Lent, R. W. (2005). A social cognitive view of career development and counseling. In S. D. Brown & R. W. Lent (Eds.), *Career development and counseling: Putting theory and research to work.* New York: John Wiley & Sons.

Lent, R. W., Brown, S. D., & Hackett, G. (1994). Toward a unifying social cognitive theory of career and academic interest, choice, and performance. *Journal of Vocational Behavior, 45,* 79-122.

Lent, R. W., Brown, S. D., & Hackett, G. (2000). Contextual supports and barriers to career choice: A social cognitive analysis. *Journal of Counseling Psychology, 47*, 36–49.

London, M. (1997). Overcoming career barriers: A model of cognitive and emotional processes for realistic appraisal and constructive coping. *Journal of Counseling Development, 24*(1), 25–38.

Luzzo, D. A. (1995). Gender and ethnic differences in the perception of barriers to career development. Paper presented at the Annual Meeting of the American Counseling Association, Denver, CO.

Luzzo, D. A. (1997). Correlates of Mexican–American college students' perceptions of career-related barriers. Paper presented at the annual meeting of the APA, Chicago, IL.

Luzzo, D. A., & Hutcheson, K. G. (1996). Causal attributions and sex differences associated with perceptions of occupational barriers. *Journal of Counseling and Development, 75*(2), 124–131.

Nieva, V. F., & Gutek, B. A. (1981). *Woman and work: A psychological perspective.* New York: Praeger.

OECD (2012). *OECD stat: Population and labour force.* http://dx.doi.org/10.1787/888932758112.

OECD (2013). Labour and skill dynamics. *Trends shaping education 2013*, 55–67.

O'Driscoll, M. (1996). The interface between job and off-job roles: Enhancement and conflict. In C. L. Cooper & I. T. Robertson (Eds.), *International Review of Industrial and Organizational Psychology* (Vol. 8, pp. 193–232). Chichester: John Wiley.

O'Leary, V. E. (1974). Some attitudinal barriers to occupational aspirations in women. *Psychological Bulletin, 81*, 809–826.

Richardson, M. S. (2012). Counseling for Work and Relationship. *The Counseling Psychologist, 40*(2), 190–242.

Sandler, B. R., & Hall, R. M. (1996). *The chilly classroom climate: A guide to improve the education of women.* DC: National Association for Women in Education.

Sobel, M. G. (1963). Commitment to work. In F. I. Nye & L. W. Hoffman (Eds.), *The employed mother in America.* IL: Rand McNally.

Sumer, H. C., & Knight, P. A. (2001). How do people with different attachment styles balance work and family? A personality perspective on work–family linkage. *Journal of Applied Psychology, 86*(4), 653–663.

Super, D. E. (1957). *The psychology of careers.* New York: Harper & Row.

Super, D. E. (1969). Vocational development theory: Persons, positions, and processes. *The Counseling Psychology, 1*, 2–9.

Super, D. E. (1980). A life-span, life-space approach to career development. *Journal of Vocational*

Behavior, 16, 282-298.

Super, D. E. (1990). A life-span, life-space approach to career development. In D. Brown, L. Brooks, & Associates (Eds.), *Career choice and development: Applying contemporary theories to practice* (2nd ed). SF: Jossey-Bass.

Swanson, J. L., Daniels, K. K., & Tokar, D. M. (1996). Assessing perceptions of career barriers: The Carrer Barriers Invontory. *Journal of Carrer Assessment, 4*, 219-244.

Swanson, J. L., & Tokar, D. M. (1991a). Development and initial validation of the career barriers inventory. *Journal of Vocational Behavior, 39*, 344-361.

Swanson, J. L., & Tokar, D. M. (1991b). College students perceptions of barriers to career development. *Journal of Vocational Behavior, 38*, 92-106.

Swanson, J. L., & Woitke, M. B. (1997). Theory into practice in career assessment for women: Assessment and intervention regarding perceived career barriers. *Journal of Career Assessment, 5*, 431-462.

Thoits, P. A. (1986). Social support as coping assistance. *Journal of Consulting and Clinical Psychology, 54*, 416-423.

Van Steenbergen, E. F., Kluwer, E. S., & Karney, B. R. (2014). Work-family enrichment, work-family conflict, and marital satisfaction: A dyadic analysis. *Journal of Occupational Health Psychology, 19*(2), 182-194.

Voydanoff, P. (2005). Toward a conceptualization of perceived work family fit and balance: A demands and resources approach. *Journal of Marriage and The Family, 67*, 822-836.

Weitzman, L. M. (1994). Multiple-role realism: A theoretical framework for the process of planning to combine career and family roles. *Applied and Preventive Psychology, 3*, 15-25.

Wolfson, K. P. (1976). Career development patterns of college women. *Journal of Counseling Psychology, 23*(2), 119-125.

Wrzesniewski, A., & Dutton, J. E. (2001). Crafting a job: Revisioning employees as active crafters of their work. *Academy of Management Review, 26*(2), 179-201.

Zedeck, S., & Mosier, K. L. (1990). Work in the Family and Employing Organization. *American Psychologist, 45*(2), 240-251.

Zytowski, D. G. (1969). Toward a theory of career development for women. *Personnel and Guidance Journal, 47*, 660-664.

제8장

사랑

설경옥

이번 장에서는 사랑, 그중에서도 남녀 간의 낭만적 사랑의 주제에 대해 다루고자 한다. '사랑'이라는 주제는 정의와 측정의 어려움으로 인해 심리학에서 오랫동안 많은 연구가 이루어지지 않았다. 이 장에서는 우선 사랑의 정의와 이론에 대해 간략히 소개하고, 사랑의 개인차에서는 성별에 따른 사랑의 모습, 사랑의 한 형태라고 할 수 있는 애착형태에 따른 사랑의 모습을 다루고자 한다. 또한 시간이 지남에 따라 사랑이 어떠한 모습으로 변모하는지에 대해 논의하고, 끝으로 문제적인 사랑에 대한 주제를 소개할 것이다.

1. 사랑이란 무엇인가

사랑이란 무엇이고 사랑을 나타내는 방법, 즉 측정 방법은 무엇인가라는 질문은 흔하고 구태의연한 답을 도출할 것 같지만, 심리학에서는 심각하고도 어려운 질문이다. 심리학에서 관계 과학 영역을 개척한 사회심리학자 Berscheid(2010)는 그녀의 근래 논문에서 사랑이라는 중요한 주제가 많이 연구되지 못한 이유 역시 사랑을 정의하고 측정하는 어려움 때문이라고 주장한다. 사랑은 일상에서 여러 가지 다른 목적을 위해 사용되는 다의적인 언어로, 아직 과학적 언어로 사용되기 위한 초기 단계에 있다. 그럼에도 불구하고 사랑은 심리학의 그 어떤 주제보다 인간의 삶에서 중요하며, 사랑의 의미를 더욱 정확하게 설명하고 정의하는 것은 앞으로의 관계 과학의 발달을 위한 초석이 될 것이다.

사랑을 정의하는 데서 대부분의 학자는 사랑의 종류를 분류하는 것에서부터 시작하였다. 이론과 경험적 연구에 기반을 둔 사랑에 관한 거의 유일한 이론은 Berscheid와 Hatfield(1969)의 열정적 사랑과 동반자적 사랑의 분류다. 또한 경험적으로 충분히 검증을 거치지는 않았지만, 지능의 3요인 이론으로 유명한 Sternberg(1986)에 의해 제시된 사랑의 3요인 이론은 심리학자뿐 아니라 일반인에게도 자주 언급되는 이론이다.

1) 열정적 사랑 대 동반자적 사랑

Berscheid와 Hatfield(1969)는 사랑을 열정적 사랑과 동반자적 사랑으로 구분하여 정의하였다. 열정적 사랑(passionate love)은 상대와의 결합(union)을 강렬하게 갈망하는 상태다. 흔히 '사랑에 빠지다.' 혹은 '사랑의 열병을 앓고 있다.'라는 표현은 열정적 사랑을 하고 있음을 말해 준다. 상대방을 향한 강한 이끌림으로 야기된 즉흥적인 정서 상태이며, 이러한 이끌림에 대한 상대방의 긍정적인 반응은 기쁨과 만족감을 느끼게 하지만, 거부의 부정적인 반응은 절망감을 이끈다. 또한 열정적 사랑은 결혼의 근거가 되고(Dion & Dion, 1991), 열정적 사랑의 소멸은 결혼을 끝내는 이유가 되기도 한다(Simpson, Campbell, & Berscheid, 1986).

열정적 사랑은 인지적으로는 상대에 대한 반복적인 사고의 조절이 어려운 침투적 사고(intrusive thinking)와 공상(fantasies)을 경험하는 특징이 있다. 이러한 침투적 사고와 공상은 주변의 것들에서 주의를 돌려 상대방에게만 집중하도록 이끈다. 정서적으로는 놀라움과 상대의 마음과 상태에 대한 불확실성으로 야기된 감정 기복이 특징적이다. 놀라움과 불확실성은 대개 새로 시작된 관계에서 많이 나타난다. 관계 초기에는 상대방에 대해 잘 알지 못하기 때문에 상대의 특징과 행동에 관한 자신의 기대는 대개 잘못된 경우가 많다. 이러한 잘못된 기대는 개인의 안녕감에 영향을 미치고, 특정한 정서적 경험을 야기시킨다. 만약 불확실성으로 인한 잘못된 기대가 개인의 안녕감을 향상시킨다면 긍정 정서를, 약화시킨다면 부정 정서를 경험하게 된다.

열정적 사랑은 강박증과 자주 비교된다. 실제로 한 연구에서 열정적 사랑에 빠졌다고 보고하는 사람들의 뇌와 강박증 환자들의 뇌를 비교한 결과, 두 뇌의 활동과 반응은 매우 비슷하게 나타났다. 강박증 환자와 열정적 사랑에 빠진 사람 모두 대상에 대해 강박적 사고를 하는 것으로 나타났다. 단, 강박증 환자는 대상에 대한 강박적 사고가 부정적 정서를 불러일으키지만, 열정적 사랑에 빠진 사람들은 대상에 대한 강박적 사고를 기꺼이 기쁘고 흥분된 마음으로 한다는 차이가 있다(Acevedo, Aron, Fisher, & Brown, 2012; Menzies et al., 2008). 이와 같이 열정적 사랑은 삶의 활력과 기쁨을 제공하기도 하지만, 동시에 삶의 생산성 측면에서는 비효율적이고 신체적으로는 신진대사 비용이 높을 수 있다(Fisher, 2006). 이러한 이유로, 가정과 사회적으로 생산성이 강조되고 가족, 직장, 사회에 다양한 의무와 과업을 감당해야 하는 중년기에는 열정적 사랑보다는 동반자적 사랑이 더 효율적일 수 있다.

동반자적 사랑(companionate love)은 자신의 삶과 매우 밀접하게 관련되어 있는 상대를 향한 깊은 애정을 의미한다. 서로에게 신뢰, 애착과 친밀감을 느끼고 서로의 공통 관심사나 활동을 공유하며 강한 헌신을 나타내는 것이 특징이다. 매우 좋아함, 우애, 부부애로 불리기도 한다. 열정적 사랑과 동반자적 사랑의 가장 큰 차이는 동반자적 사랑은 반드시 성적 욕구나 매력을 포함하지는 않는다는 점이다. 이러한 차이로 뜨겁고 자극적인 열정적 사랑은 예측할 수 없는 방향으로 변하는 불꽃에 비유되며, 따뜻하고 안정적인 동반자적 사랑은 밤이 지나도 남아 있는 불씨로 비유된다. 이렇게 동반자적 사랑은 열정적 사랑보다 인지, 그리고 정서적으로 덜 강렬하지만, 흔히 말하는 사랑이라는 원형에 더 가깝고 안정적인 사랑을 의미한다.

일반적으로, 열정적 사랑은 시간이 지나면서 감소하는 반면(O'Leary, Acevedo, Aron, Huddy, & Mashek, 2012), 동반자적 사랑은 안정적이고 견고하며 자연스럽게 서서히 무르익기 때문에 오래 유지된다. Hatfield와 Walster(1978)는 열정적 사랑과 동반자적 사랑이 하나의 선형 경로에 있다고 보았는데, 초기의 열정적 사랑이 시간이 지나면서 동반자적 사랑으로 발전한다는 것이다. 즉, 열정적인 사랑은 서로가 서로에게 전념하고 헌신하게 되면서 점차 감소하고, 이때 동반자적 사랑이 증가하면서 이를 대체하게 된다. 하지만 열정적 사랑과 동반자적 사랑이 하나의 선형 경로에 있다고 제시한 Hatfield와 Walster(1978)의 주장을 반박하는 연구도 존재한다. 한 연구에서는 열정적 사랑과 동반자적 사랑 모두 연인 관계 초기부터 존재하며, 동반자적 사랑도 시간이 지남에 따라 감소함을 보였다(Hatfield, Pillemer, O'Brien, & Le, 2008). 구체적으로, 신혼 초기 부부의 동반자적 사랑이 결혼 직후, 그리고 1년 후에 열정적 사랑이 감소하는 정도와 비슷한 정도로 (남편과 아내 모두에게서) 감소했다. 또한 열정적 사랑이 장기간의 연애 관계를 지속해 온 커플 사이에서도 오래 지속됨을 보인 연구도 있다(O'Leary et al., 2012).

2) 사랑의 삼각형 이론

Sternberg(1986)는 사랑의 삼각형(triangular view of love)의 3가지 기본 요소로 친밀감 (intimacy), 열정(passion), 그리고 헌신(commitment)을 제안하였다. 각 요소는 자신이 상대방과 상호작용하고 상대방에 대해 느끼는 방식을 나타낸다. 친밀감은 관계 안의 상호 신뢰, 결합, 그리고 유대감을 발전시키는 정서다. 이러한 정서들은 관계에서의 편안함과 다정함, 친숙함을 포함하며, 서로를 향한 자기개방과 공유를 가능하게 한다. 열정은 연인 사이의 성적인 흥분, 신체적인 접근에 대한 필요성과 자존감, 소속감, 지배성 (dominance/submission), 그리고 자아실현을 위한 동기적인 욕구를 나타내며, 강렬한 정서 경험을 특징으로 한다. 헌신은 관계 이전에는 누구를 사랑할지에 대한 결정, 관계 형성 이후에는 현재 관계를 유지할지에 대한 결정 혹은 선택과 관련된다. 결과적으로, 친밀감은 정서적인 특성, 헌신은 인지적인 특성, 열정은 동기 혹은 추동으로 이해할 수 있다.

이 3요소의 조합을 통해 개인은 친밀감, 열정, 헌신의 강도(intensity)에 따라 다르게 형성되는 자신만의 사랑의 삼각형(love triangle)을 형성한다. 또한 3요소는 시간의 경과에 따라 달라지므로 사랑의 형태 역시 역동적으로 변할 수 있다. 일반적으로, 관계의 초기 단계에서는 주로 열정이 두드러지고, 이후에는 친밀감과 헌신이 증가한다. 구체적으로 친밀감은 초기에 꾸준히 증가하다가 점차 그 증가 속도가 느려지고 마지막에는 감소한다. 열정은 초기에 빠른 증가를 보이다가 이후 습관화로 인해 초기 수준 이하로 감소하게 된다. 하지만 점차 회복되는 양상을 보인다. 그리고 헌신은 초기에는 가장 느린 속도로 증가하지만 관계가 장기화될수록 그 속도가 빨라진다. 마지막에는 다소 감소하는 S 곡선을 보인다. 즉, 사랑의 구조적인 형태는 개인마다 다르게 나타나며, 개인 내에서도 시간의 흐름에 따라 변할 수 있다.

이처럼 사랑의 삼각형 이론은 대중에게 많은 인기가 있지만 과학적인 증거가 미비하다는 한계가 있다. 예를 들면, 사랑을 8가지 유형(비사랑, 우정, 열정적 사랑, 비어 있는 사랑, 낭만적 사랑, 불완전한 사랑, 동료적 사랑, 완전한 사랑)으로 확실히 나누기 위해서는 사랑의 3요인 간 특징이 분명해야 하는데, 3가지 요소 간 상관이 매우 크다는 한계가 있다. 특히 친밀감과 헌신의 상관이 높다.

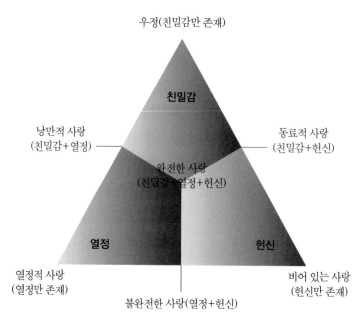

[그림 8-1] Sternberg의 사랑의 삼각형 이론

3) 사랑의 유형 이론

사랑의 유형 이론은 앞서 소개한 두 이론보다 가장 심리학적 기반이 부족하다. 사랑의 유형 이론은 Lee의 *Colours of Love*(1977)에서 출발했는데 경험적 연구가 아닌 문학을 기반으로 한 이론이다. 그러나 대중에게는 가장 친숙하고 인기 있는 이론이기도 하다.

Lee가 제시한 6가지 사랑의 유형은 다음과 같다.

① Eros(열정적 사랑): 낭만적인, 성적인 사랑. 강한 정서적 감정을 수반하는 것이 특징이다.
② Ludus(유희적 사랑): 게임 같은 사랑. 완전히 사랑에 빠지는 일이 없고, 사랑에 대한 헌신을 기피한다.
③ Storge(친구 같은 사랑): 오래 사귀면서 서서히 무르익는 우애적 사랑. 노골적인 감정 표현보다 서로 공유할 수 있는 관심사에 대한 이야기를 더 좋아한다.
④ Mania(소유적 사랑): 집착하는 사랑. 높은 의존성, 강한 질투가 특징이다. 자신이 사랑받고 있는 것을 확인받고 싶어 하며 상대의 애정과 헌신을 요구한다.
⑤ Pragma(실용적 사랑): 논리적, 실리적, 현실적 사랑. 상대가 자신의 기준에 적합한지 판단하여 적절한 상대를 추구한다.
⑥ Agape(헌신적 사랑): 충실한, 이타적 사랑. 조건 없이 좋아하고 돌봐 주며 베푸는 자기희생적인 사랑. 상대방의 사랑을 요구하지 않으며 사랑을 의지의 표현이자 의무로 여긴다.

6가지 유형 중에서 열정적 사랑, 유희적 사랑, 친구 같은 사랑은 사랑의 기본적인 1차 형태이고, 이러한 기본적 사랑 유형을 각각 두 종류씩 결합시켜 사랑의 2차적 형태인 소유적 사랑, 실용적 사랑, 그리고 헌신적 사랑을 구성했다. 소유적 사랑은 열정적 사랑과 유희적 사랑의 결합, 실용적 사랑은 유희적 사랑과 친구 같은 사랑의 결합, 헌신적 사랑은 열정적 사랑과 친구 같은 사랑의 결합으로 이루어졌다. 그러나 사랑의 유형 이론 역시 경험적 연구에 근거한 이론이 아닐뿐더러 유희적 사랑, 소유적 사랑과 같은 유형은 해당하는 사람이 많지 않고, 사람들은 대부분 한 유형 이상의 사랑의 형태를 경험하는 것으로 나타나는 한계가 존재한다.

2. 사랑의 지속

사랑에 관한 가장 흔한 질문은 사랑의 감정이 얼마나 오래 지속되는가다. 특히, 결혼과 함께 얼마나 오래 사랑의 감정이 남아 있을지 많은 사람이 궁금해한다.

그렇다면 오래된 관계에서도 사랑, 특히 열정적 사랑이 존재할까? Mitchell(2002)은 사랑이 오래 지속될 수 있지만, 그것은 확실한 관계의 안정성 보장에 대한 잠재적인 위험성을 최소화하려는 시도를 통해 오래 지속되는 것일 수 있으며, 낭만적 사랑(romantic love)은 시간이 흐르면서 약해진다고 주장했다. 또 다른 연구에서는 부부들은 평균적으로 결혼 후 2년이 지나면 신혼 시절에 비해 애정 표현을 절반 정도만 하고, 결혼 4년 내에 가장 많이 이혼한다고 밝혔다. 결과적으로, 사랑의 열정에 대한 환상, 새로움, 신체적 흥분을 특징으로 한 사랑을 향한 열정은 시간이 지남에 따라 점점 줄어드는 경향이 있기 때문에 낭만적 사랑은 시간이 지나면서 자연스럽게 감소한다(Walster & Walster, 1978).

하지만 낭만적인 사랑이 계속해서 유지된다고 이야기하는 연인 혹은 부부도 존재한다. 그러나 이는 앞서 설명했듯이 시간의 흐름에 따라 사랑의 감정 혹은 유형이 변하는 것일 수 있다. 여러 유형의 사랑 중에서 열정적 사랑은 일반적으로 시간이 지나면서 서서히 사라지고, 열정적 사랑이 동반자적 사랑으로 변한다. 유사하게, 열정은 시간이 지남에 따라 감소하는 반면, 친밀감과 헌신은 증가하며 특히 헌신은 증가하다가 이후 안정적인 상태를 유지하게 된다. 또한 열정적 사랑의 존속에 대해 설명한 한 연구는 장기간의 관계에서도 열정적 사랑이 존재하되, 그 특성이 초기의 열정적 사랑에서 진화(변화)된 것일 수 있다고 제안했다(Graham, 2011). Graham(2011)은 장기간의 열정적 사랑은 여전히 동일한 핵심 요소(강렬한 engagement, centrality to life, 그리고 sexual liveliness)를 포함하고 있지만, 초기 단계의 강박적이고 불안한 모습은 덜 포함하고 있다고 설명했다.

결과적으로, 초기의 열정적 사랑은 시간이 지나면서 감소한다는 주장이 널리 받아들여지고 있다. 하지만 오래된 관계에서도 열정적 사랑을 촉진할 수 있는 기제에 대한 설명을 통해 열정적 사랑의 존속 가능성에 대해 설명한 이론도 존재한다. 중단 모형(interruption model; Berscheid, 1983)에 따르면, 잠시 헤어져 있는 것이나 갈등과 같은 일시적 중단은 잠재된 열정적 사랑을 재점화할 수 있다. 자기확장 모형(self-expansion model; Aron & Aron, 1986) 역시 연인이나 부부가 새롭고 도전이 되는 활동에 함께 참여함으로써 열정적 사랑의 유지가 가능하다고 설명한다. 유사하게, 친밀감 모델(intimacy model)의 변화율(Baumeister & Bratslavsky, 1999)에 따르면, 연인이 급속도로 친밀감을 증가시킬 기회를 갖게 된다면 이는 열정 또한 증가시킬 수 있을 것이라고 설명한다.

오래된 관계에서 열정적 사랑의 존속에 관한 혼재된 결과들이 존재하는 가운데, Acevedo와 Aron(2009)은 오래된 관계와 낭만적 사랑의 관계에 대한 메타분석을 실시하여 과연 오래된 관계에서도 낭만적 사랑이 유지되는지 탐색하였다. 또한 한 걸음 더 나아가 오래된 관계에서의 낭만적 사랑이 과연 '바람직한' 긍정적 결과를 이끄는지에 대해서도 연구하였다. 우선, 그들은 사랑의 유형을 4가지로 구분하였다. ① 낭만적 사랑[1](romantic love: 강렬하고 헌신적이며, 성적 매력을 느끼지만 집착하지 않음), ② 동반자적 사랑(companionate love), ③ 열정적 사랑(passionate love: 집착의 특성을 띠는 낭만적인 사랑), ④ 집착적 사랑(obsession or mania)이다. 그리고 단기(4년 미만)와 장기(보통 10년 이상) 관계 간의 사랑 유형과 만족도를 비교하였다. 그 결과, 낭만적 사랑의 경우 단기 집단과 장기 집단 모두에서 만족도가 높게 나타났다. 동반자적 사랑의 경우 장기 관계에서 단기 관계보다 만족도가 더 높은 반면, 열정적 사랑의 경우 단기 관계에서 만족도가 조금 더 높았다. 흥미롭게도, 집착적 사랑의 경우 단기 관계에서는 관계 만족도와 정적 상관이, 장기 관계에서는 부적 상관이 나타났다.

결론적으로 낭만적 사랑은 단기 관계, 장기 관계 모두에서 관계 만족도와 강한 상관을 보였다. 이는 낭만적 사랑이 관계의 형성과 유지 단계 모두에서 중요한 역할을 함을 보여 준다. 동반자적 사랑은 단기 관계에서 관계 만족과 중간 정도의 정적 상관을 보였고 장기 관계에서 조금 더 큰 정적 상관을 보여, 많은 시간이 흐른 이후에도 성공적인 관계 유지를 위해서는 동반자적 사랑이 중요함을 알 수 있다. 열정적 사랑은 동반자적 사랑과 반대되는 패턴을 보여 주는데, 장기보다 단기 관계에서 관계 만족과 더 큰 정적인 관련성을 나타냈다. 이는 열정적 사랑이 모든 단계에서 관계 만족과 밀접하게 관련되어 있지만, 초기 단계에서 더 많이 관련되어 있음을 나타낸다. 마지막으로, 집착적 사랑은 새로운 관계에서는 관계 만족도와 정적인 상관을 갖지만, 장기 연애에서는 부적 상관을 갖는 것으로 나타났다. 이러한 결과를 통해 열정적 사랑이 장기간의 관계에서 관계 만족과 더 적은 관련성을 보인 이유는 열정적 사랑이 집착의 특성을 포함하기 때문임을

---

1) Berscheid(2010)는 낭만적 사랑(romantic love)이 열정적 사랑(passionate love), erotic love(Eros), 중독적 사랑(addictive love), 집착적 사랑(obsessive love) 등의 여러 명칭으로 사용된다고 설명하였다. 특히 낭만적 사랑과 열정적 사랑은 많은 학자가 혼용하고 있다. 하지만 Acevedo와 Aron(2009)은 그들의 연구에서 낭만적 사랑과 열정적 사랑을 구분해서 사용하였다.

알 수 있다.

또한 낭만적 사랑은 장기 관계와 단기 관계 모두에서 관계 만족과 강한 정적 상관을 보였을 뿐만 아니라 장기간의 낭만적 사랑은 정신 건강과 전반적인 심리적 안녕감과도 정적인 상관을 보여 개인의 삶의 질을 향상시키는 것으로 나타났다.

Acevedo와 Aron(2009)은 장기간의 관계에서도 낭만적 사랑이 존재하는지를 살펴본 연구와 문헌들이 혼재된 결과를 나타내는 이유에 대해 사랑의 정의와 관련하여 설명했다. 그것은 바로, 낭만적 사랑과 열정적 사랑을 정확히 구분하지 않고 혼용하여 사용했다는 것이다. 집착을 배제한 정서적 강렬함(intensity), 상호작용(engagement), 성애(sexuality)의 특성만을 띠는 낭만적 사랑과 달리, 열정적 사랑은 높은 집착, 불확실성, 그리고 불안의 특징도 포함한다. 그들은 요인분석을 통해 두 개념을 명확히 구분하였으며(게다가 집착적 사랑과도 구분), 집착의 특성을 갖지 않은 낭만적 사랑은 오래된 관계에서도 잘 유지된다는 것을 밝혀냈다.

3. 사랑의 개인차

사랑의 정의, 그리고 사랑의 방식은 개인마다 차이가 있을 수 있다. 그렇다면 나의 사랑과 다른 사람의 사랑을 다르게 하는 것에는 무엇이 있을까? 사랑의 정의와 사랑의 방식은 성별이나 문화와 같은 사회·문화적 요인에 의해서도 차이가 있을 수 있고, 연령에 따라 발달적 차이가 있을 수 있다. 또한 애착이론은 사랑이론의 발달심리학적 기초를 제공하는데, 개인의 애착 유형에 따라 사랑의 개인차가 나타날 수 있다.

1) 성별

남성은 여성보다 낭만적인 태도를 더 많이 가지고 있는 경향이 있다. 누군가를 사랑하게 된 경우, 남성은 여성보다 다른 것은 아무것도 중요하지 않다는 생각을 더 많이 한다(Sprecher & Metts, 1999). 또한 첫눈에 반하는 사랑의 경험에 대한 가능성을 더 믿으며 여성보다 더 빨리 사랑에 빠진다(Hatfield & Sprecher, 1986). 남성과 여성 모두 사랑은 애정이 있어야 하고, 헌신적이며 열정적이어야 한다는 데 동의하지만, 남성은 여성보다 더 열정적이어야 한다고 생각한다(Fehr & Broughton, 2001). 이러한 이유로 사랑의 3 요소

중 열정이 남성의 관계 만족과 가장 높은 상관을 보이는 반면, 여성의 만족과 높은 상관을 보이는 것은 헌신이다(Sternberg, 2006). 마지막으로, 남성은 여성에 비해 특별한 의미가 없는 사람과의 성 행위에 대해 더 쉽게 수락하는 편이다(Schmitt, 2005). 그에 비해, 여성은 사랑에 대해 남성보다 더 신중하고 조심스럽다. 조심스럽게 상대방을 선택하고, 자신의 배우자가 될 만한 가치가 있는 상대에게만 자신의 애정을 집중하고 제한시킨다(Kenrick, Sadalla, Groth, & Trost, 1990). 그리고 사랑에 대한 열정을 더 천천히 느낀다.

사랑의 유형에서 성차에 대해 탐색한 국외 연구들을 살펴보면, 남성은 여성보다 유희적 사랑 또는 헌신적 사랑이 높게 나타난 반면, 여성은 남성보다 친구 같은 사랑, 소유적 사랑 그리고 실용적 사랑이 더 높았다. 열정적 사랑에 대해서는 일관적이지 않은 결과를 보였다. 그중 Hendrick, Hendrick, Foote와 Slapion-Foote(1984)의 연구와 Hendrick과 Hendrick(1987)의 연구에서도 남성은 여성보다 유희적 사랑, 여성은 남성보다 실용적 사랑, 친구 같은 사랑, 그리고 소유적 사랑을 더 많이 하는 것으로 나타났다. Feeney와 Noller(1990)의 연구에서도 남성이 여성보다 헌신적 사랑이 더 높았고, 여성은 남성보다 친구 같은 사랑이 더 높았다 .

사랑 유형에서의 성차를 국내 대학생을 대상으로 연구한 논문에 따르면, 남학생이 여학생에 비해 열정적 사랑과 헌신적 사랑 모두에서 높은 점수를 보였다(강영자, 김윤희, 박현숙, 진형덕, 김희경, 2000). 또한 강진경과 정태연(2001)의 연구에서도 남성들은 열정적 사랑, 유희적 사랑 및 헌신적 사랑이 여성들보다 더 높게 나타난 반면, 여성들은 실용적 사랑이 상대적으로 높게 나타났다. 장휘숙(2002)의 연구에서는 남학생들이 헌신적 사랑에서 더 높은 점수를 나타낸 반면, 여학생들은 남학생보다 유희적 사랑과 실용적 사랑에서 더 높은 점수를 나타냈다. 그 외의 연구에서도 열정적 사랑과 헌신적 사랑에서 남학생이 여학생보다 더 높은 점수를 보였고, 실용적 사랑에서 여학생이 남학생보다 더 높은 점수를 보였다(함진선, 이장한, 2010; 홍성례, 2007).

사랑의 유형에서 나타나는 성차에 관한 국내외 연구를 종합해 보면, 공통적으로 남성은 헌신적 사랑을, 여성은 실용적 사랑을 더 많이 보이는 것으로 나타났다. 이를 통해, 남성은 자신이 가진 모든 것을 사랑하는 사람에게 주고자 하는 헌신적 사랑을 더 많이 하는 반면, 여성이 이성과의 사랑에서 논리적이고 덜 낭만적이며 더 현실적인 계산을 하는 실용적인 사랑을 더 많이 하는 것으로 생각할 수 있다. 이는 연애나 결혼 상대를 선택할 때 여성이 남성보다 미래에 자신과 태어날 자녀의 안위를 보장할 수 있는 상대를 더 까다롭게 선택한다는 진화심리학의 부모투자이론으로도 설명될 수 있다(Fletcher,

Kerr, Li, & Valentine, 2014).

2) 문화

낭만적 사랑은 전 세계 모든 사람에게서 나타나는 인간의 보편적인 경험이다 (Hatfield, Rapson, & Martel, 2007). 낭만적 사랑과 동반자적 사랑의 차이도 동서양의 두 문화에서 유사하게 나타난다(Shaver, Schwartz, Kirson, & O'Connor, 2001). 개인주의적 문화의 미국인과 집단주의적 문화의 한국인을 대상으로 열정적 사랑과 동반자적 사랑, 삶의 만족감, 그리고 긍정/부정 정서를 살펴본 연구에서 두 나라 모두 동반자적 사랑이 열정적 사랑보다 삶의 만족감을 더 강하게 예측하는 반면, 열정적 사랑이 동반자적 사랑보다 긍정 정서와 부정 정서를 더 잘 설명하는 것으로 나타났다(Kim & Hatfield, 2004). 이와 같이 사랑의 유형은 다양한 문화에서 유사하게 작동하는 것으로 보인다.

하지만 이러한 유사성에도 불구하고 사랑에 관한 정의와 관점, 결혼을 하는 이유에 문화적 차이가 존재한다. 우선, 사랑에 빠진 경험에 관한 정의에서 미국인은 중국인보다 자신과 상대방의 비슷한 점(닮은 점)과 상대방의 외모를 강조한다면, 중국인은 미국인보다 호감 가는 성격, 타인의 의견, 자신의 신체적인 흥분(physical arousal)을 강조한다 (Riela, Rodriguez, Aron, Xu, & Acevedo, 2010). 또한 사람들이 사랑에 빠져 있을 때, 미국과 중국의 부부는 모두 상대방을 향한 동정적인(compassionate) 보살핌과 성적인 욕구를 강하게 느낀다는 유사점이 있지만, 차이점도 존재한다. 로맨틱 판타지─계속해서 행복하게 살 것이라는 기대를 품는 동화 같은 사랑에 대한 환상─는 미국에서 더 두드러지게 나타난 반면, 내 배우자는 이해할 수 없고(baffling and incomprehensible) 사랑이라는 것은 좋기도 하고 나쁘기도 한 것이라는 사실에 대해 인정하는 것은 중국에서 더 일반적으로 나타난다(Jackson, Chen, Guo, & Gao, 2006). 마지막으로, 미국 같은 개인주의적 문화권 국가의 사람들은 결혼을 하는 이유로 연인 간 상호의존성을 더 강조한다. 반면에, 중국의 대학생은 미국의 대학생보다 결혼할 사람을 결정하는 데서 부모의 의견을 더 많이 따른다(Zhang & Kline, 2009). 이렇게, 배우자 선택과 결혼은 중국에서는 종종 가족의 결정으로 이루어지지만, 미국에서는 전적으로 자신의 결정에 달려 있다고 생각한다.

사랑에 관한 정의와 사랑 방식에서의 한국 문화의 특성은 다음의 결과를 통해 이해할 수 있다. 기혼자를 대상으로 한 한 연구에서는 사랑의 3요소 중 헌신의 평균 점수가 가장 높게 나타났고, 열정의 점수가 가장 낮게 나타났다. 연구자들은 이러한 결과를 통해 낭만적 사랑이 중심이 되는 서구 문화와 달리, 한국에서 부부는 결혼을 통한 제도적 관계로서의 의미와 중요성이 크고 낭만적 관계의 의미는 비교적 적다고 추론했다(최혜경, 강진경, 신수진, 1999). 하지만 이성교제와 달리 결혼은 부부의 서로에 대한 헌신이 결혼생활 만족 및 유지에 중요한 영향을 미치는 요소다. 따라서 이미 결혼한 부부를 대상으로 한국인의 사랑의 유형에 대한 차이를 결론짓는 것은 한계가 있다. 또한 사랑 유형에서 나타나는 성차에 관한 국내 연구를 종합해 보면, 공통적으로 남성은 열정적 사랑과 헌신적 사랑을, 여성은 실용적 사랑을 더 많이 보이는 것으로 나타났다. 그러나 이러한 결과는 국외 연구에서도 거의 유사하게 나타나 우리나라만의 특성은 아님을 확인했다. 게다가 이러한 결과는 우리 사회에 내재한 성 역할 고정관념(남성은 개인, 여성은 관계에 초점을 둔다는 설명)과 일치하지 않는 부분으로, 젊은 세대의 가치관 변화를 반영하거나 성인 초기에 속하는 미혼 대학생들의 세대 특성일 수 있다(홍성례, 2007).

3) 연령

청소년을 대상으로 사랑의 3요소에 대해 살펴본 정민아(2004)의 연구에 따르면, 친밀감이 가장 높고, 그다음으로 열정이 높으며 헌신이 가장 낮은 것으로 나타났다.

초기 성인기에 해당하는 대학생을 대상으로 Lee의 사랑 유형에 대해 조사한 연구에서는 연령이 높아질수록 실용적 사랑이 높게 나타났다. 구체적으로, 21세 이하 대학생보다 22세 이상의 대학생이 실용적 사랑에서 높은 점수를 보였다(강영자 외, 2000). 이러한 연구 결과에 대해 미혼의 초기 성인은 연령이 증가할수록 점차 이성교제 및 사랑에 대해 현실주의적이고 실용주의적 태도를 보이기 때문이라고 설명했다.

40대 배우자와 60대 배우자를 비교한 한 연구에서는 더 나이가 든 커플이 상호작용에서 긍정 정서를 더 많이 보고하는 반면, 신체적인 흥분이나 강렬한 정서 경험은 더 적게 보고하는 것으로 나타났다(Levenson, Carstensen, & Gottman, 1994). 이를 통해, 초기 성인기에 결혼으로 이끄는 사랑에 관한 정서적인 강렬함은 시간이 지남에 따라 점점 줄어들어 온화하고 성숙한 사랑으로 대체된다는 것을 알 수 있다.

18세에서 68세까지 거의 전 연령대를 대상으로 연구를 실시한 Acker와 Davis(1992)는 열정이 여성에 한해서 시간의 경과에 따라 연령이 증가할수록 감소한다고 보고했다. 이와 다르게 친밀감은 연령이 높을수록, 미혼자보다는 기혼자에게서 더 높은 반면, 미혼자들은 교제 기간이 길수록 친밀감 수준이 감소했다. 마지막으로, 헌신은 연령과 교제

기간이 길수록 높았으며, 미혼자보다는 기혼자에게서 더 높게 나타났다.

4) 애착과 사랑

애착(attachment)은 두 사람 간의 강렬한 정서적 유대로 정의된다. 초기 Bowlby의 연구에서는 주로 엄마와 자녀 간의 강한 정서적 유대를 일컫는 개념으로 사용되었으나, 점차 유아기나 아동기 이후 발달단계에서도 일어날 수 있는 다양한 관계를 일컫는 개념으로 확장되었다. 생애 초기에 주양육자와의 관계 및 경험을 통해 형성된 애착은 인생 전반에 걸쳐 영향을 미치는 대인관계적인 요인으로, 아동기와 청소년기를 거쳐 성인기까지 지속된다. 즉, 유아기의 부모-자녀 간 강한 정서적 유대는 이후 개인의 친밀한 관계에 관한 청사진을 제공하며, 이를 내적 작동 모델(internal working model)이라 일컫는다. 내적 작동 모델은 친밀한 관계에서의 행동과 그 관계에 관한 도식을 제공하여 주관적인 해석에 영향을 미친다.

성인기의 심리적 안정감에 영향을 미치는 안정적인 경향성을 성인 애착이라고 한다. 주양육자와의 초기 애착은 이후 성인 애착과 밀접한 관련이 있지만, 발달 초기에는 주로 양육자가 영유아에게 안정의 근원이 되는 일방적인 관계가 이루어지는 반면, 성인기의 이성 혹은 부부 관계에서는 부모의 영향력이 감소하고 애인이나 배우자가 서로에게 안정의 근원이 된다. 그러므로 성인기 애착을 이해하기 위해서는 초기 애착이 아닌 현재의 성인 애착을 이해하는 것이 적절하다.

성인 애착의 분포와 특징은 〈표 8-1〉과 같다.

안정애착의 사랑 방식에 관한 연구를 정리하면 다음과 같다. 안정애착 수준이 높은 개인은 타인을 향한 관심이 높으며, 타인을 믿고 신뢰할 수 있으며 친절하다고 보는 경향이 있다(Luke, Maio, & Carnelley, 2004). 또한 상대와 높은 친밀감을 나눈다(Mikulincer & Shaver, 2007). 상대와의 관계에 더 많이 헌신하고 전념하며(Mikulincer & Shaver, 2007) 연인과 더 친밀하고 긍정적이며 만족스러운 상호작용을 한다(Kafetsios & Nezlek, 2002). 연인이나 부부 간에 의미 있고 적절하게 자기개방을 하며 즐겁고 만족스러운 상호작용을 한다(Haddad, 2001; Mikulincer & Nachshon, 1991; Pistole, 1993). 또한 상대가 자신의 욕구에 더 반응적이라고 느끼며(Kafetsios & Nezlek, 2002) 배우자나 연인이 심리적 고통에 처했을 때 연민을 느끼고 반응적으로 지지해 준다(Li, Li, & Dai, 2008). 안정애착은 전반적인 관계 만족이 높을 뿐 아니라 전반적 관계 만족도를 예측하는 주요 변인인 성적만족감도

〈표 8-1〉 성인 애착의 분포와 특징

회피 (~25%)	• 타인과 가까워지는 것이 불편하게 느껴진다. • 타인을 완전히 믿을 수 없다고 생각하며 남에게 의지하려는 자신을 용납하기 힘들다. • 누군가가 너무 가까워지려 하면 불편해진다. • 종종 나의 연인은 내가 편하게 느끼는 정도보다 더 친밀해지기를 원한다.
불안 (~20%)	• 내 연인은 내가 원하는 만큼 나를 가까이 하고 싶어 하지 않는 것 같다. • 종종 내 연인이 나를 진정으로 사랑하지 않거나, 나와 함께 있고 싶어 하지 않을 것 같아 걱정된다. • 내가 너무 가까이 다가가고 싶어 해서 연인이 부담을 느끼고 멀어지기도 한다.
안정 (~55%)	• 다른 사람과 친해지기가 비교적 수월하고, 남에게 의지하는 것도 편하다. • 버림받을 것이라는 걱정을 하지 않고, 누군가가 나에게 매우 가까이 다가오려고 하는 것을 별로 두려워하지 않는다.

더 높다(Mikulincer & Shaver, 2007). 마지막으로, 안정애착이 높은 경우 사별 후에도 낮은 수준의 우울을 보고하는 등 관계에서 안정적인 모습을 보인다(Wayment & Vierthaler, 2002).

애착회피의 사랑 방식에 관한 연구를 정리하면 다음과 같다. 애착회피 수준이 높은 사람은 상대방이나 관계에 대한 흥미나 헌신의 수준이 낮으며 가까운 관계에 덜 마음을 쏟는 경향이 있다. 애착회피가 강한 경우 타인에게 의심을 품고, 그들을 정직하지 못하고 의지할 수 없다고 여긴다(Collins & Allard, 2001). 상대방과 거리를 두고 무심하며, 그들의 열정은 특정 개인과 상관이 없는 경우가 많다(Miller, Perlman, & Brehm, 2011). 자기개방(self-disclose)을 좋아하지 않고, 타인의 자기개방도 좋아하지 않는다(Li, Lin, & Hsiu, 2011). 상대에게 자신의 감정과 생각에 대해 말을 잘 하지 않는 경향이 있다(Feeney, Noller, & Roberts, 2000). 또한 자신의 원하지 않는(부정적) 특성을 타인에게 투사하고, 그들로부터 멀어질 구실을 찾기도 한다(Mikulincer & Horesh, 1999). 상대와의 거리감 유지가 중요한 애착회피의 경우, 상대가 불안해하고 지지를 원할 때 상대를 잘 돌보지 못하며 안심하게 하는 말이나 행동을 잘 제공하지 못하고, 상대로부터 멀어지기도 한다(Simpson & Rholes, 2002). 오히려 상대가 어려운 상황에 처해 있을 때 자신에게 안정감과 위로를 원한다면, 부정적으로 행동하거나 때때로 화를 내기도 한다(Campbell, Simpson, Kashy, & Rholes, 2001). 이성과의 상호작용에서 낮은 친밀감, 즐거움, 촉진적인 상호작용, 긍정 정서를 보이는 반면, 높은 수준의 부정 정서를 보인다(Tidwell, Reis, & Shaver, 1996).

애착불안의 사랑 방식에 관한 연구를 정리하면 다음과 같다. 애착불안 수준이 높을 경우 친밀한 상호작용 내에서 기쁨과 즐거움을 느끼기보다는 과민한 상태이며, 신경질적인 불안을 경험하는 경향이 있다(Davis, Shaver, & Vernon, 2004). 자주 질투를 느끼고 배우자/연인이 떠날까 봐 두려워하며 일상적인 관계에서 남이 자신을 거절하거나 못마땅하게 여길까 봐 걱정한다. 또한 과도하고 무분별하게 자기개방을 하고 빨리 친해지고 싶어 하며 관계에 깊게 관여하지만, 잦은 이별을 경험하기도 한다. 애착불안이 강한 사람들의 경우 '진정한 사랑'을 갈구하지만, 실제 관계에서는 상대가 주는 사랑을 항상 부족하게 느껴 더 많은 사랑과 관심을 구하게 된다. 상대가 어려움에 처해 있어 도움을 원할 때, 매우 많은 도움을 제공한다. 하지만 제공한 도움은 상대방의 인정을 얻기 위한 이기적인 이유에 기인한 것일 수 있다(Miller et al., 2011). 이별에 대한 두려움이 높은 애착불안의 경우 궁극적인 이별인 사별 뒤에 격하게 애통해하고, 이 상태에서 잘 벗어나지 못하며 높은 수준의 우울을 보고하고(Wayment & Vierthaler, 2002) 높은 수준의 신체적 · 정신적 건강상의 문제를 보고한다(Meier, Carr, Currier, & Neimeyer, 2013).

(1) 애착 유형, 사회교환이론, 그리고 관계 헌신

사회교환이론에 따르면, 관계 헌신은 관계의 지속성을 예측하는 중요한 변인이다. 그리고 사회교환의 파생이론인 투자이론에 따르면, 관계 헌신을 결정짓는 데 투자 수준이 중요한 역할을 한다. 이때, 위험조절이론(risk regulation theory)은 개인이 관계에서 어떻게 투자 수준을 결정하는지 설명한다. 위험조절이론에 따르면, 투자는 관계에서의 지각된 위협 및 보상 수준에 따라 그 수준이 결정된다. 여기서 사회적 위협은 상대의 부정적 평가나 거절을, 사회적 보상은 관계에서 느끼는 친밀감이나 유대감을 포함한다. 사회적 위협을 느끼게 될 경우, 신뢰감이 떨어지고 이는 개인의 정서적 투자를 낮추게 한다. 예를 들어, 연인이 자신을 부정적으로 보지 않을까 걱정하는 낮은 자존감을 가진 사람이 사회적 위협(실패에 대한 위협, 관계에서의 위협)에 노출된다면, 그들은 상대방이 자신을 긍정적으로 지각하지 않을 것이라는 의심을 높이고, 상대방으로부터 정서적인 거리를 두게 되며, 이러한 사회적인 접근을 포함한 전반적인 접근 동기를 낮추게 된다. 또한 사회적 위협과 투자의 관계는 해당 관계에 관한 지각과도 관련되어 있는데, 상대방의 거절을 걱정하는 사람은 낮은 신뢰를 야기하고, 이러한 낮은 신뢰는 관계를 덜 가치 있는 것(낮은 관계의 지표)으로 지각하게 함으로써 정서적인 투자를 억제시킨다. 결국, 관계에서의 지각된 위협과 보상은 정서적 투자가 얼마나 안전한지를 결정한다. 위험조절이론을 통해 관계에서 지각된 보상 수준이 높을수록 개인은 관계에 더욱 정서적 투자를 하고 싶어 하며, 관계에서의 위협이 지각될 때 상대에 대한 신뢰 및 정서적 보상 수준이 낮아져서 관계에 대한 만족감이 저하될 것이라고 예상할 수 있다. 그러나 관계에서 지각된 위협이 투자 수준을 낮출 것이라는 예상이 어려울 수도 있는데, 상대방이 떠날 것을 걱정하여 상대가 관계에 더 머무르도록 자신의 투자 수준을 더 높일 수 있기 때문이다. 관계에서의 헌신은 관계 만족 수준 및 투자 수준에 의해 결정되며, 이렇게 관계에서의 위협이 높을 경우 관계 만족은 낮아지는 데 반해 투자 수준이 높아져 결국 헌신 수준에 영향을 주지 못하는 상쇄 효과가 나타날 수 있다. 관계에서의 지각된 위협과 달리, 보상과 관계 헌신의 관계는 더 간단하게 정리될 수 있다. 지각된 보상 수준이 높을수록 관계 만족도가 높고, 보상을 많이 기대할수록 관계를 더욱 안정적으로 예측하여 투자 수준 역시 높아져 결국 높은 수준의 헌신을 보인다.

관계에서 위협과 보상을 지각하는 데 애착 유형이 영향을 줄 수 있다. 애착 유형에 따라 관계에서의 위협과 보상의 지각 수준 및 그 수준에 대처하는 방식에 차이가 난다. 애착불안의 경우 의존적이며, 관계에서 위로와 안심을 끊임없이 구하는 경향성이 있고, 결별에 대한 작은 단서에도 빠르고 과장되게 반응하는 경향이 있다. 따라서 관계에서의 위협을 더 많이 민감하게 지각할 것이다. 이와 달리, 애착회피는 관계에서 거리를 유지하고 독립을 추구하는 경향이 강하고 관계에서 친밀감을 별로 달가워하지 않음과 동시에 정서 경험이 둔화되어 있다. 따라서 관계에서의 긍정적인 자극을 덜 보상적으로 지각할 가능성이 있어, 애착회피는 관계에서의 보상 지각에 둔감하여 낮은 수준의 보상을 보고할 것이라고 예상할 수 있다. Gere, MacDonald, Joel, Spielmann과 Impett(2013)은 사회교환이론과 애착이론을 결합하여 애착 수준에 따라 위협 및 보상에 대한 지각 수준이 달라지고 그에 따른 관계 헌신 수준이 달라질 것이라 예측하였다. 구체적으로 미혼 혹은 기혼의 성인 남녀를 대상으로, 애착불안의 경우 위협을 더 많이 지각하게 되면서 관계 만족은 낮아지지만 높은 수준의 투자를 하게 되어 결국 관계 헌신 수준에는 영향을 주지 못할 것이라 예상하였다. 애착회피의 경우 보상을 더 적게 지각하면서 관계 만족도가 낮아지고 투자 수준도 낮아져 결국 헌신 수준이 낮을 것이라 예측하였다. 그 결과, 예상대로 애착회피는 보상 지각 수준이 낮았고 이는 곧 낮은 수준의 관계 만족과 투자로 이어졌으며, 결국에는 헌신 수준 역시 낮아졌다. 애착불안의 경우 높은 수준의 위협을 지각했고, 이는 곧 낮은 수준의 관계 만족과 (예상한 대로) 높은 수준의 투자로 이어졌다. 그러나 최종적으로 애착불안의 경우는 Gere의 다양한 연구에서 제시한 가설과는 달리 관계 헌신과 정적 상관이 있는 경우도 있었고, 가설대로 낮은 만족과 높은 투자의 상쇄 효과로 헌신과 상관이 없기도 하였다. 결과적으로 애착유형은 위협 및 보상에 대한 지각을 통해서 관계 헌신과 연관성을 갖는다. 즉, 애착불안은 위협에 민감하게, 그리고 애착회피는 보상에 둔감하게 반응하는 것으로 나타났다. 이렇게 애착 유형에 따른 위협과 보상 지각의 차이로 관계 만족과 헌신에 관해 각기 다른 결과를 나타냈다. 사회적 위협과 보상은 관계의 각기 다른 측면에서 차별화된 영향력을 갖는데, 관계에 대한 위협은 헌신보다 신뢰와 관계 만족에서 중요성이 더 컸다. 이를 통해, 지각된 위협은 서로 알아 가는 초기 단계에서 신뢰감을 형성하는 데 큰 역할을 하며, 친밀감과 유대의 지각된 보상은 이미 기초적인 신뢰가 형성된 상태에서 더 주요한 역할을 한다고 볼 수 있다. 결국, (앞서 언급한 애착불안과 높은 수준의 지각된 위협 사이의 관련성을 통해) 애착불안은 연인 사이의 신뢰감 형성과 관계에서의 만족감에 중요한 역할을 하며, (애착회피와 낮은 수준의 지각된 보상의 관련성을 통해) 애착회피는 관계 헌신의 발달을 저해하는 데 중요한 역할을 하는 것을 알 수 있다.

(2) 연애/결혼 관계에서의 애착의 변화 및 유지

Hadden, Smith와 Webster(2014)는 애착 유형에 따른 관계의 질이 연애 기간에 따라 달라지는지에 대해 메타분석 방법을 사용하여 연구하였다. 관계의 질은 우선 관계의 질 변인 중 가장 빈번하게 연구된 관계 만족과 관계 안정성의 핵심적인 척도이자 결별과 가장 상관이 높은 관계 헌신 변인을 사용하였다.

① 애착과 관계 만족, 그리고 안정도와의 관계

관계 만족의 경우, 애착불안과 애착회피는 서로 다른 이유로 낮은 수준의 만족을 경험하게 된다. 애착불안은 관계에 과잉투자하며 버림받을 것에 대한 두려움으로 파트너의 반응에 민감하게 된다. 애착회피의 경우 가까워지고 친밀해지는 것을 거부하며 관계에서도 거리 두기를 멈추지 않는다. 관계의 안정도를 예측하는 변인인 관계 헌신의 경우 애착회피는 관계에 헌신하는 것 자체에 반감을 느낄 수 있고, 관계에 대한 신뢰 수준이 낮아 관계에 잘 투자하지 않고 결과적으로 낮은 수준의 헌신을 보인다. 애착불안의 경우, Gere 등(2013)의 연구에서처럼 관계 헌신에 대한 예측이 더 복잡하다. 애착불안의 경우 더 빨리 관계에 깊이 빠지게 되고, 과잉투자를 할 가능성이 크다. 그러나 애착불안은 버림받을 것에 대한 과도한 걱정으로 관계에서 일어나는 일상적인 일을 부정적으로 지각하고, 부정적인 일은 재앙처럼 여기는 등 위협을 지각하는 수준이 높다. 이러한 경우 투자 수준이 낮을 수 있다. 애착불안이 높은 사람들은 흔히 "진정한 사랑(true love)을 찾는다."라는 말을 자주 하며 관계에 쉽게 빠지고 과잉투자를 하나, 실제로는 진정한 사랑을 하는 것이 어렵다고 의심하며 불안해하고 관계에 불만족하게 된다.

Hadden 등(2014)은 이러한 애착의 유형에 따른 사랑의 형태에 기인한 관계 만족과 안정성에 시간이 중요한 역할을 할 것이라고 제안하였다. 이들은 애착 유형에 따른 관계의 질을 경험적으로 연구한 논문 57편을 분석하여 연애나 결혼 기간이 애착 유형에 따른 관계의 질 변화, 그리고 성차에 따른 변화를 분석하였다. 그 결과, 예상한 대로 애착 유형에 따른 관계 만족과 안정성에서 차이가 나타났다. 구체적으로 애착불안과 관계 만족은 남성, 여성 모두에게 부적 상관이 있었고, 애착회피 역시 관계 만족과 성별에 상관없이 부적 상관이 있었다. 특히 애착회피와 관계 만족의 부적 상관이 애착불안과 관계 만족의 부적 상관보다 유의하게 더 크게 나타났다. 즉, 애착불안보다 애착회피 수준이 더 높은 사람은 연애나 결혼 생활에서의 만족도가 더 떨어질 가능성이 크다. 이와 달리, 안정애착과 관계 만족은 정적 상관을 보였다. 관계 헌신의 경우, 애착불안과 관계 헌신도 부적 상관이 있었는데, 여성에게서 부적 상관은 유의하였으나 남성은 유의하지 않았다. 애착회피와 관계 헌신은 남녀 모두에게서 부적 상관이 나타났고 관계 헌신 역시 애착회피의 부적 상관이 애착불안의 부적 상관보다 더 강했다. 즉, 애착회피의 경우 연애나 결혼에서의 만족감이 낮을 뿐 아니라 헌신 수준도 더 낮았다.

② 평균 관계 지속 기간에 의한 조절

애착불안과 관계 만족의 관계를 관계 기간이 조절하는지 분석한 결과, 남녀 모두의 애착불안과 관계만족 간 상관을 관계 기간이 유의하게 조절했다. 구체적으로 교제 기간이 길어질수록 애착불안과 관계 만족 사이의 관계가 유의한 부적 상관을 보였다. 애착회피와 관계 만족의 관계를 관계 기간이 조절하는지 분석한 결과, 남성의 애착회피와 관계 만족 간 상관을 관계 기간이 유의하게 조절했다. 즉, 남성은 관계 기간이 길어질수록 애착회피와 관계 만족 간 상관이 더 부적으로 나타났다. 그러나 관계 기간이 증가할수록 여성의 애착회피와 관계 만족 간 상관은 더 부적으로 나타났다.

결론적으로, 불안정애착 차원(불안 및 회피)과 관계 만족의 부적인 관련성은 관계 지속 기간이 길수록 더욱 부적으로 나타났고, 이러한 결과는 남성과 여성 모두에게 해당하였다. 또한 이러한 관련성은 애착불안에 비해 애착회피에서 보다 부적으로 강력했다.

이러한 결과를 통해 관계 만족에서의 불안정애착의 부정적인 특성이 시간이 지남에 따라 점진적으로 발전되고 축적되거나, 혹은 연애 초기의 흥분과 기쁨이 불안정애착이 강한 사람의 부정적인 측면을 가릴 수 있다고 해석할 수 있다. 또한 불안과 애착회피가 강한 경우 관계의 진전에서 시간이 지남에 따른 관계의 변화(질 감소)에 더 민감할 가능성이 크다. 그리고 기질적인 애착 유형이 건강하고 자연스러운 관계의 발달을 지연시킬 수 있다. 예를 들어, 가까워지고 친밀해지는 것을 억제하여 관계의 긍정적인 측면들을 지각하는 데 실패할 수 있고, 비합리적인 관계에 대한 신념(예: 연인 간 불일치는 나쁘다. 따라서 연인끼리는 서로의 마음을 읽어야 한다), 긍정적인 기억의 부족 등 관계에 대한 부적응적인 인지를 이끌 수 있다.

4. 문제가 되는 사랑: 사랑으로 인한 문제에는 어떤 것이 있을까

문제 상황이 되는 사랑에는 현재 관계의 파괴, 2명을 동시에 사랑하는 동시다발적인 사랑, 정서적 혹은 신체적으로 학대하는 사람들과 사랑에 빠진 학대적 관계, 그리고 스토킹 등이 있다. 스토킹은 피해자의 안전을 위협하는 반복적이고 악의적으로 피해자를 쫓는 행위다. 예를 들어, 피해자를 따라다니거나 피해자/자신/타인에게 신체적 해를 가하겠다고 협박하는 것, 납치나 가택 침입 등 피해자의 행동을 제한하는 것 등을 포함한다.

1) 짝사랑

짝사랑은 보답 없는 사랑(unrequited love)을 의미한다. 일반적으로 사랑하는 관계에서 사랑을 주고받는 것은 구분하기가 매우 어려운 반면, 짝사랑은 한 사람이 사랑을 주고 다른 한 사람이 사랑을 받기 때문에 사랑을 주고받는 두 현상이 명확히 구분된다. 짝사랑은 초기 성인기에 흔히 나타난다. 한 연구 결과에 따르면, 대학생의 60%가 최근 2년간 누군가를 헛되이 사랑한 적이 있다고 보고했다(Bringle, Winnick, & Rydell, 2013). 대개 여성보다 남성에게서 많이 나타나며(Hill, Blakemore, & Drumm, 1997), 불안정애착이 있는 사람들에게서 더 많이 나타난다(Aron, Aron, & Allen, 1998).

짝사랑이 발생하는 이유는 매력적인 사람들에게는 그들에게 관심을 가지는 잠재적 파트너의 범위가 넓기 때문이다(Baumeister, Wotman, & Stillwell, 1993). 하지만 이 매력적인 사람들은 결국 자신과 매력 수준이 맞는 한 사람과 짝을 이루게 되고, 선택되지 못한 사람은 이후 짝을 찾기 전까지 남게 된다. 선택되지 못한 덜 매력적인 사람은 실망감을 느끼게 되는데, 이러한 실망감이 짝사랑의 경험 중 하나다. 또한 짝사랑은 친구 관계에서 발전하기도 한다. 친구 중 한 사람은 낭만적인 연인 관계로 발전하기를 원하지만, 다른 한 사람은 육체적 관계를 갖지 않는 순수하고 정신적인 친밀한 관계로 남아 있기를 원하는 경우 짝사랑이 된다.

짝사랑을 하는 사람과 그 사랑을 거절한 사람이 느끼게 되는 감정은 각기 다르다. 짝사랑을 하거나 자신의 사랑을 거절당한 사람은 굴욕감(humiliation)을 느끼게 된다. 상대방의 거절이 자신은 충분히 호감 있는 사람이 아니라는 것을 의미하기 때문이다. 결국, 사랑에 대한 거절은 단순한 욕구(desire)의 좌절이 아닌 한 개인의 가치, 특히 부족한 부분에 대한 평가를 의미하게 되고, 자신의 부족한 부분에 대한 가치 평가는 낮은 자존감과 모욕감을 불러일으킬 수 있다. 거절한 사람은 상대방에게 정서적인 고통과 피해를 가했다고 느껴 죄책감을 느끼게 된다. 이렇게, 짝사랑하는 당사자에게는 낮은 자존감과 모욕감을, 거절하는 사람에게는 죄책감을 느끼게 하는 것이 짝사랑의 부정적인 측면이다.

2) 질투

질투란 중요하거나 가치 있는 관계를 향한 인지된 혹은 실제적인 위협에 대한 정서적 반응이다. 질투의 유형은 반동적 질투, 불안형 질투, 소유욕이 있는 질투로 나뉜다. 질투의 외적인 요인은 다른 사람을 향한 정서적이고 성적인 관심, 원래 파트너에 대한 정서적이고 성적인 관심의 감소 때문이라고 할 수 있다. 이렇게 질투를 유발하는 상황적 특성에는 성차가 존재하는데, 남성은 배우자가 다른 남성과 성적인 접촉을 하는 상황(성적 외도)에 대해 질투심을 보인다면, 여성은 배우자가 다른 여성에게 시간과 돈, 마음을 헌신적으로 바치는 상황(정서적 외도)에서 더 강한 질투심을 보인다. 이러한 질투의 성차는 여러 나라를 대상으로 실시된 연구에서 일관되게 입증되었으며, 한국의 연구에서도 남성이 여성보다 성적 부정에 대한 질투가 유의하게 높은 것으로 나타났다(함진선, 이장한, 2010). 또한 현재 관계에서 질투가 나타나는 이유 중 34%는 자신의 연인이 실제로 이전 파트너와 대화하는 것을 통해, 19%는 이전 파트너에 대해 이야기하는 것을 통해 질투가 발생한다고 나타났다. 이전 파트너에 대한 질투심은 여성보다 남성에게서 더 크게 나타난 반면, (현재) 다른 사람과 춤을 추는 것에 대한 질투심은 남성보다 여자가 더 컸다. 질투의 내적 요인으로는 불신, 낮은 자존감, 관계에 몰두하고 의존적인 성격, 지각된 대안의 부족, 그리고 불안감(insecurity) 등이 있다.

질투로 인한 바람직한 결과는 파트너가 관심을 받고 있다는 사실을 보여 준다는 것과, 다른 낭만적이고 성적인 관계를 발전시키는 것이 용납될 수 없음을 학습하게 된다는 것, 그리고 파트너의 헌신을 평가해 볼 수 있다는 것이다. 반면에, 바람직하지 않은 결과는 질투하는 자신을 비참하게 하고 관계 경험에 대한 부정적 평가를 유발할 수 있으며 스토킹이나 폭력으로 이어질 가능성이 있다는 것이다. 자칫 질투가 파트너에 대한 공격으로 이어지면 이로 인해 관계가 끝날 가능성도 크다.

3) 결별

Baxter(1982)가 설명한 연인과 헤어지는 4가지 방법에는 철수와 회피 전략, 조종하는 전략, 긍정적 분위기 전략, 마지막으로 헤어짐에 대한 개방이 있다. 각 전략의 예를 들어 설명해 보자면, ① 철수와 회피 전략은 연락을 피하거나 대화가 짧아지고 표면적인 이야기만을 하게 되는 것, 상대방의 부탁을 들어주지 않고 다른 사람이나 활동에 시간을 더 사용하는 것 등이 있다. ② 조종하는 전략은 제3자가 대신 통지해 주거나 자신이 상대방과 헤어지고 싶은 심정을 제3자에게 슬쩍 흘리거나 나와 애인을 모두 아는 지인에게 나의 헤어질 마음을 넌지시 전하는 것을 예로 들 수 있다. 또한 자신이 상대방과 헤어질 마음이 있다는 것을 전달하기 위해 다른 사람과 데이트를 하거나 상대방이 새로운 관계를 시작할 수 있도록 격려하는 것도 포함한다. ③ 긍정적 분위기 전략은 애인에게 최대한 나쁜 감정이 남지 않도록 하고 애인과 함께 보낸 시간을 후회하지 않으며 우리의 관계를 통해 성장이 있었음을 강조하는 등 어떠한 방법을 동원해서라도 상대방의 마음이 다치지 않도록 노력하는 것이다. 비록 상대방이 자신을 원망하더라도 자신이 상대방을 원망하는 것만큼은 하지 않으려 최선을 다한다. 또한 헤어짐은 둘을 위한 최선의 방법임을 확인시킨다. ④ 헤어짐에 대한 개방은 헤어지고 싶은 마음을 솔직하게 터놓고 표현하거나 우리가 헤어지는 이유를 설명해 주고 헤어짐에 대해 마주 보고 이야기할 시간과 장소를 찾는 것 등을 포함한다. 이 4가지 이별 방법은 관계의 친밀도에 따라 사용되는 정도가 다르다.

결혼 전 연애 관계에서 발생한 결별의 영향에 대해 살펴본 최근 연구에 따르면 (Rhoades, Kamp, Atkins, Stanley, & Markman, 2011), 결혼하지 않은 1,295명 중 473명(36.5%)이 20개월 내에 결별했으며, 이들의 결별 경험은 심리적인 고통 및 삶의 만족도 감소와 연관이 있었다. 특히, 동거하거나 결혼 계획을 세웠던 사람들의 삶의 만족도는 크게 감소한 반면, 새로운 데이트 상대를 만난 사람들의 삶의 만족도는 적게 감소했다. 또한 결별 이전에 높은 관계 만족도를 보인 사람들은 결별 후 삶의 만족도가 적게 감소하는 것으로 나타났다.

 이 장의 요약

이 장에서는 사랑의 정의를 제시하면서 인간의 심리·정서적 경험에서 사랑이 차지하는 막중한 비중에 비해 아직 심리학 내에서 사랑의 정의와 연구가 활발하지 못한 한계도 함께 논의했다. 사랑은 연령, 성, 문화와 같은 사회·문화적 변인에 의해서도 개인차가 나타난다는 점과, 무엇보다 사랑의 오랜 이론인 애착과 관련하여 나타날 수 있는 다양한 개인차에 대해 논의하였다. 끝으로 질투, 결별과 같은 문제가 될 수 있는 사랑의 형태에 대해 제시하였다.

참 | 고 | 문 | 헌

강영자, 김윤희, 박현숙, 진형덕, 김희경(2000). 대학생의 심리적 성장환경과 사랑유형. 한국생활과학회지, 9(1), 85-95.

강진경, 정태연(2001). 사랑에서 관계지위와 성별에 따른 개인적 및 관계적 특성에서의 차이: 남녀 대학생들을 중심으로. 한국심리학회지: 여성, 6(1), 1-21.

장휘숙(2002). 애착과 사랑양식 및 관련변인들의 관계. 한국심리학회지: 발달, 15(4), 93-111.

정민아(2004). 청소년기의 이성간 사랑 유형 분석: Sternberg의 사랑의 삼각이론을 중심으로. 한국교원대학교 대학원 석사학위 논문.

최혜경, 강진경, 신수진(1999). Sternberg의 사랑의 삼각이론의 한국 부부에의 적용. 한국가정관리학회지, 17(4), 47-59.

함진선, 이장한(2010). 성별에 따라 성격차원과 사랑유형이 성적 부정의 질투에 미치는 영향. 한국심리학회지: 사회 및 성격, 24(3), 109-124.

홍성례(2007). 낭만적 애착과 자아존중감 및 사랑유형의 관계. 한국가정관리학회지, 25(1), 169-182.

Acevedo, B. P., & Aron, A. (2009). Does a long-term relationship kill romantic love? *Review of General Psychology, 13*(1), 59–65.

Acevedo, B. P., Aron, A., Fisher, H. E., & Brown, L. L. (2012). Neural correlates of long-term intense romantic love. *Social Cognitive and Affective Neuroscience, 7*(2), 145–159.

Acker, M., & Davis, M. H. (1992). Intimacy, passion and commitment in adult romantic relationships: A test of the triangular theory of love. *Journal of Social and Personal Relationships, 9*(1), 21–50.

Aron, A., & Aron, E. N. (1986). *Love and the expansion of self: Understanding attraction and satisfaction.* New York: Hemisphere Publishing Corp/Harper & Row Publishers.

Aron, A., Aron, E. N., & Allen, J. (1998). Motivations for unreciprocated love. *Personality and Social Psychology Bulletin, 24*(8), 787–796.

Baumeister, R. F., & Bratslavsky, E. (1999). Passion, intimacy, and time: Passionate love as a function of change in intimacy. *Personality and Social Psychology Review, 3*(1), 49–67.

Baumeister, R. F., Wotman, S. R., & Stillwell, A. M. (1993). Unrequited love: On heartbreak, anger, guilt, scriptlessness, and humiliation. *Journal of Personality and Social Psycholoty, 64*(3), 377–394.

Baxter, L. A. (1982). Strategies for ending relationships: Two studies. *The western journal of speech communication, 46*, 223–241.

Berscheid, E. (1983). Emotion. In H. H. Kelley, E. Berscheid, A. Christensen, J. Harvey, T. L. Huston, G. Levinger, E. McClintock, A. Peplau, & D. R. Peterson (Eds.), *Close relationships* (pp. 110–68). San Francisco: Freeman.

Berscheid, E. (2010). Love in the fourth dimension. *Annual Review of Psychology, 61*, 1–25.

Berscheid, E., & Hatfield, E. (1969). *Interpersonal attraction.* Reading, MA: Addison-Wesley.

Bringle, R. G., Winnick, T., & Rydell, R. J. (2013). The Prevalence and Nature of Unrequited Love. *SAGE Open, 3*(2).

Campbell, L., Simpson, J. A., Kashy, D. A., & Rholes, W. S. (2001). Attachment orientations, dependence, and behavior in a stressful situation: An application of the actor–partner interdependence model. *Journal of Social and Personal Relationships, 18*(6), 821–843.

Collins, N. L., & Allard, L. M. (2001). Cognitive representations of attachment: The content and function of working models. In G. J. O. Fletcher, & M. S. Clark (Eds.), *Blackwell handbook of social psychology: Vol. 2. Interpersonal processes* (pp. 60–85). London: Blackwell.

Davis, D., Shaver, P. R., & Vernon, M. L. (2004). Attachment Style and Subjective Motivations for Sex. *Personality and Social Psychology Bulletin, 30*(8), 1076–1090.

Dion, K. K., & Dion, K. L. (1991). Psychological individualism and romantic love. *Journal of Social Behavior and Personality, 6*(1), 17-33.

Feeney, J. A., & Noller, P. (1990). Attachment style as a predictor of adult romantic relationships. *Journal of Personality and Social Psychology, 58*(2), 281-291.

Feeney, J. A., Noller, P., & Roberts, N. (2000). Attachment and close relationships. In C. Hendrick, & S. S. Hendrick (Eds.), *Close relationships: A sourcebook* (pp. 185-201). Thousand Oaks, CA: Sage Publications, Inc.

Fehr, B., & Broughton, R. (2001). Gender and personality differences in conceptions of love: An interpersonal theory analysis. *Personal Relationships, 8*(2), 115-136.

Fisher, H. (2006). The Drive to Love: The Neural Mechanism for Mate Selection. In R. J. Sternberg, & K. Weis (Eds.), *The new psychology of love* (pp. 87-115). New Haven, CT: Yale University Press.

Fletcher, G. J. O., Kerr, P. S. G., Li, N. P., & Valentine, K. A. (2014). Predicting romantic interest and decisions in the very early stages of mate selection: Standards, accuracy, and sex differences. *Personality and Social Psychology Bulletin, 40*(4), 540-550.

Gere, J., MacDonald, G., Joel, S., Spielmann, S. S., & Impett, E. A. (2013). The independent contributions of social reward and threat perceptions to romantic commitment. *Journal of Personality and Social Psychology, 105*(6), 961-977.

Graham, J. M. (2011). Measuring love in romantic relationships: A meta-analysis. *Journal of Social and Personal Relationships, 28*(6), 748-771.

Haddad, Y. (2001). 1 Attachment patterns and their relationships to daily social interaction and psychological adjustment in college students. *Dirasat: Educational Sciences, 28*(2), 456-479.

Hadden, B. W., Smith, C. V., & Webster, G. D. (2014). Relationship duration moderates associations between attachment and relationship quality: Meta-analytic support for the temporal adult romantic attachment model. *Personality and Social Psychology Review, 18*(1), 42-58.

Hatfield, E., Pillemer, J. T., O'Brien, M. U., & Le, Y. L. (2008). The endurance of love: Passionate and companionate love in newlywed and long-term marriages. *Interpersona, 2*(1), 35-64.

Hatfield, E., Rapson, R. L., Martel, L. D. (2007). Passionate love and sexual desire. In S. Kitayama & D. Cohen (Eds.), *Handbook of cultural psychology* (pp. 760-779). New York: Guilford Press.

Hatfield, E., & Sprecher, S. (1986) Measuring passionate love in intimate relationships. *Journal of Adolescence, 9*(4), 383-410.

Hatfield, E., & Walster, G. W. (1978). *A new look at love*. MA: Addison-Wesley.

Hendrick, C., Hendrick, S., Foote, F. H., & Slapion-Foote, M. J. (1984). Do Men and Women Love Differently? *Journal of Social and Personal Relationships, 1*(2), 177-195.

Hendrick, S. S., & Hendrick, C. (1987). Love and sex attitudes and religious beliefs. *Journal of Social and Clinical Psychology, 5*(3), 391-398.

Hill, C. A., Blakemore, J. E. O., & Drumm, P. (1997). Mutual and unrequited love in adolescence and adulthood. *Personal Relationships, 4*(1), 15-23.

Jackson, T., Chen, H., Guo, C., & Gao, X. (2006). Stories We Love by: Conceptions of Love Among Couples From the People's Republic of China and the United States. *Journal of Cross-Cultural Psychology, 37*(4), 446-464.

Kafetsios, K., & Nezlek, J. B. (2002). Attachment styles in everyday social interaction. *European Journal of Social Psychology, 32*(5), 719-735.

Kenrick, D. T., Sadalla, E. K., Groth, G., Trost, M. R. (1990). Evolution, traits, and the stages of human courtship: Qualifying the parental investment model. *Journal of Personality, 58*(1), 97-116.

Kim, J., & Hatfield, E. (2004). Love types and subjective well-being: A cross cultural study. *Social Behavior and Personality, 32*(2), 173-182.

Lee, J. A. (1973). *Colours of love: an exploration of the ways of loving*. Toronto: New Press.

Lee, J. A. (1977). A typology of styles of loving. *Personality and Social Psychology Bulletin, 3*(2), 173-182.

Levenson, R. W., Carstensen, L. L., & Gottman, J. M. (1994). Influence of age and gender on affect, physiology, and their interrelations: A study of long-term marriages. *Journal of Personality and Social Psychology, 67*(1), 56-68.

Li, C., Lin, P., & Hsiu, H. (2011). The relationships among adult attachment, social self-efficacy, distress self-disclosure, loneliness and depression of college students with romance. *Bulletin of Educational Psychology, 43*(1), 155-174.

Li, T., Li, J., & Dai, Q. (2008). Adult attachment, social support, and depression level of poststroke patients. *Social Behavior and Personality, 36*(10), 1341-1352.

Luke, M. A., Maio, G. R., & Carnelley, K. B. (2004). Attachment models of the self and others: Relations with self-esteem, humanity-esteem, and parental treatment. *Personal Relationships, 11*(3), 281-303.

Meier, A. M., Carr, D. R., Currier, J. M., & Neimeyer, R. A. (2013). Attachment anxiety and avoidance in coping with bereavement: Two studies. *Journal of Social and Clinical*

Psychology, 32(3), 315–334.

Menzies, L., Chamberlain, S. R., Laird, A. R., Thelen, S. M., Sahakian, B. J., & Bullmore, E. T. (2008). Integrating evidence from neuroimaging and neuropsychological studies of obsessive-compulsive disorder: The orbitofronto-striatal model revisited. *Neuroscience and Biobehavioral Reviews, 32*(3) 525–549.

Mikulincer, M., & Horesh, N. (1999). Adult attachment style and the perception of others: The role of projective mechanisms. *Journal of Personality and Social Psychology, 76*(6), 1022–1034.

Mikulincer, M., & Nachshon, O. (1991). Attachment styles and patterns of self-disclosure. *Journal of Personality and Social Psychology, 61*(2), 321–331.

Mikulincer, M., & Shaver, P. R. (2007). Attachment in adulthood: Structure, dynamics, and change. NY: Guilford Press.

Miller, R. S., Perlman, D., & Brehm, S. S. (2011). *Intimate relationships* (6th ed.). Boston, MA: McGraw-Hill Higher Education.

Mitchell, S. A. (2002). *Can love last?: The fate of romance over time.* New York: W. W. Norton & Co.

O'Leary, K. D., Acevedo, B. P., Aron, A., Huddy, L., & Mashek, D. (2012). Is Long-Term Love More Than A Rare Phenomenon? If So, What Are Its Correlates? *Social Psychological and Personality Science, 3*(2), 241–249.

Pistole, M. C. (1993). Attachment relationships: Self-disclosure and trust. *Journal of Mental Health Counseling, 15*(1), 94–106.

Rhoades, G. K., Kamp, D. C. M., Atkins, D. C., Stanley, S. M., & Markman, H. J. (2011). Breaking up is hard to do: The impact of unmarried relationship dissolution on mental health and life satisfaction. *Journal of Family Psychology, 25*(3), 366–374.

Riela, S., Rodriguez, G., Aron, A., Xu, X., & Acevedo, B. P. (2010). Experiences of falling in love: Investigating culture, ethnicity, gender, and speed. *Journal of Social and Personal Relationships, 27*(4), 473–493.

Schmitt, D. P. (2005). Sociosexuality from Argentina to Zimbabwe: A 48-nation study of sex, culture, and strategies of human mating. *Behavioral and Brain Sciences, 28*(2), 247–311.

Shaver, P., Schwartz, J., Kirson, D., O'Connor, C. (2001). Emotion knowledge: Further exploration of a prototype approach. In P. W. Gerrod (Ed.), *Emotions in social psychology: Essential readings* (pp. 26–56). New York: Psychology Press.

Simpson, J. A., Campbell, B., & Berscheid, E. (1986). The association between romantic love and marriage: Kephart twice revisited. *Personality and Social Psychology Bulletin, 12*(3), 363–372.

Simpson, J. A., & Rholes, W. S. (2002). Fearful-avoidance, disorganization, and multiple working models: Some directions for future theory and research. *Attachment & Human Development, 4*(2), 223-229.

Sprecher, S., & Metts, S. (1999). Romantic beliefs: Their influence on relationships and patterns of change over time. *Journal of Social and Personal Relationships, 16*(6), 834-851.

Sternberg, R. J. (1986). A triangular theory of love. *Psychological Review, 93*(2), 119-135.

Sternberg, R. J. (2006). *The new psychology of love.* In R. J. Sternberg, & K. Weis (Eds.). New Haven, CT: Yale University Press.

Tidwell, M. O., Reis, H. T., & Shaver, P. R. (1996). Attachment, attractiveness, and social interaction: A diary study. *Journal of Personality and Social Psychology, 71*(4), 729-745.

Walster, H. E., & Walster, G. W. (1978). *Love.* Reading, MA: Addison-Wesley.

Wayment, H. A., & Vierthaler, J. (2002). Attachment style and bereavement reactions. *Journal of Loss and Trauma, 7*(2), 129-149.

Zhang, S., & Kline, S. L. (2009). Can I make my own decision? A cross-cultural study of perceived social network influence in mate selection. *Journal of Cross-Cultural Psychology, 40*(1), 3-23.

제9장

여성의 성

윤가현

타고난 성적 본능을 이해하거나 발산하는 방식이나 정도는 사람마다 다르다. 그럼에도 전통사회에서는 여성의 성(female sexuality)을 남성의 관점에서 해석해 버렸다. 이 장에서는 전반부에서 여성의 성 태도와 행동이 어떤 면에서 남성의 것과 다른지, 그리고 왜 다른지를 살펴보았고, 중반부에서 어떠한 자극을 받았을 때 성적으로 흥분하는지에 대한 성차를, 그리고 성적인 자극을 받았을 때 흥분이나 쾌감의 경험 과정을 설명하는 성 반응주기의 모델들을 살펴보았다. 후반부에서는 여성이 이성과의 성적 상호작용에서 경험할 수 있는 성기능장애에 대한 최근의 관점을 소개하였다.

1. 성행동의 다양성

1) 성 태도와 행동에서의 성차

모든 인간은 성적 존재이지만, 타고난 성적 본능을 이해하고 발산하는 방식이나 정도 등은 사람마다 다르다. 성 태도나 행동 등에서 드러나는 개인차를 대표하는 가장 기본적인 영역이 바로 성차다. 즉, 여성의 성 태도와 행동은 여러 측면에서 남성과 다른 모습을 보인다. 왜 그와 같은 차이가 드러나는지에 대해 다음 절부터 소개할 것이며, 여기에서 성 태도와 행동의 차이를 보여 주는 몇 가지 예를 먼저 서술해 본다.

남성 중심의 전통사회에서는 여성의 성적 본능을 거의 무시해 버렸다. 성 파트너를 선택하는 행위나 성욕을 발산하는 행위 등이 모두 남성 위주로 이루어졌기 때문에 여성의 성적 권리는 전혀 없었다고 해도 과언이 아닐 정도였다. 근래까지도 이러한 면들을 보여 주는 연구 결과들이 지속적으로 보고되고 있다. 우선 데이트나 성행위, 또는 결혼 상대를 구하고 선택할 때에도 남성이 주도적인 역할을 한 반면, 여성은 남성의 선택이나 요구에 수동적으로 따르는 역할을 해 왔다(O'Sullivan & Byers, 1992).

성적 권리를 행사하는 것이 남성보다 어려웠고 역할도 수동적이다 보니 여성은 파트너 선택에서 남성과 다른 기준을 발달시켰는데, David Buss는 이를 보여 주는 증거를 찾아냈다. 그는 37개 다른 문화권의 남녀를 상대로 파트너를 선택할 때 중요하게 여기는 18가지 특성(예를 들면, 의존적, 정숙한, 지적, 신체적 매력 등)에 대해서 평가하도록 하였다. 그 결과, 남녀 모두 지능과 친절을 가장 높이 평가하는 등의 매우 유사한 내용도 있었지만 성차를 보인 내용도 적지 않았다. 여자는 남자의 특성으로 지위와 힘(power)의 소유를 중요하게 평가했지만, 남자는 여자의 특성으로 젊음과 신체적 매력을 중요하게 평가하였다(Buss, 1989).

그와 같은 기준의 차이 때문인지 파트너의 선택에서 남성의 요구를 우선적으로 고려하여 수동적 입장을 고수하는 여성도 적지 않다. 즉, 일부 여성은 지적인 발달이나 기술 습득 등보다 남성의 마음을 끌기 위해 머리 모양, 의복, 몸매 등 외관에 신경을 쓰며 살아가고 있는데, 자신의 외모를 가꾸는 노력 자체가 지위가 높은 남성을 얻기 위한 수단에 해당하는 것이다. 그렇기 때문에 외모에 자신이 없다고 생각하는 일부 여성은 우울 증상을 보이기도 한다(Maccoby, 1999; McClintocka, 2014).

혼전 성행위를 허용하는 젊은이들이 성행위 파트너를 선택할 경우에도 여성은 남성과 다른 동기를 지닌다. 가장 일반적인 예를 하나 들면, 남성은 잘 모르는 사이라도 일단 성행위를 통해서 육체적 만족을 얻으면 그녀와 가까운 사이로 발전할 수 있다고 믿기 때문에 여성 파트너를 만나면 여러 가지 전략을 구사하여 성행위를 하려고 하는 경향이 강한 반면, 여성은 잘 아는 사이라고 하더라도 정서적으로 가까운 관계를 형성하지 않은 상태에서는 성행위를 하게 될 때 심리적으로 불편함을 초래하므로 아무 남성과 성행위를 하려고 하지 않는다(Carroll, Volk, & Hyde, 1985; Hartfield, Luckhurst, & Rapson, 2012).

근래 우리 문화권을 비롯하여 대다수 선진 문화권에서는 남성만이 여성에게 데이트를 신청하는 것이 아니라 여성이 남성에게 신청하는 경우도 늘어나고 있다. 그러나 여성이 데이트를 신청하는 행위는 아직도 전통사회의 틀에서 벗어났다고 인식되고 있다. 그러한 이유로 대학생들은 남성에게 데이트를 신청하는 여성이 단순히 남성의 데이트 신청에 응해 주는 여성보다, 그리고 낯선 남성의 데이트 신청에 응해 주는 여성이 잘 아는 남성의 신청에 응해 주는 여성보다 성관계를 가질 의도가 더 높다고 지각하고 있다(Kim & Youn, 2014; Youn, 2001). 전통사회의 틀에서 벗어나 있는 여성은 성적인 욕구를 남성처럼 발산하고 싶어 하는 바람직하지 못한 사람 정도로 인식되고 있다는 의미다.

2) 성차의 요인

대다수 동물의 경우 성행위나 교미 행위는 생물학적 요인, 그중에서도 성 호르몬으로만 설명이 가능할 정도로 단순하며, 예측도 비교적 쉬운 편이다. 그 반면에 인간의 성행동은 다양한 요인의 영향을 받기 때문에 설명이나 예측이 매우 어렵다. 즉, 인간의 성행동은 생물학적 요인 이외에도 심리 · 사회 · 문화적 요인에 의해서 좌우되고 있으며, 또 개인의 경험을 비롯하여 지금까지 알려지지 않은 수많은 요인의 영향을 받고 있다. 인간의 성행동에 대하여 여전히 풀리지 않은 가장 기본적인 관심 또는 의문 사항은 생물학적 요인과 심리 · 사회 · 문화적 요인 간의 상대적 중요성이다. 어느 과학자도 그중 한 가지 요인에 의해서 사람의 성욕이 결정된다고 주장하지 못할 정도로 2가지 요소 모두 중요하다. 인간의 성행동을 체계적으로 살펴보기 시작한 지난 20세기 초 · 중반부터 최근에 이르기까지 수많은 연구자의 또 다른 관심사항은 성 태도나 행동에서 나타나는 성차를 설명하는 일이다. 성차를 보여 주는 연구 내용이 무엇이든지 상관없이 대다수 문화권에서 과거로부터 그와 같은 차이에 대한 믿음이 존재해 왔는데, 실제로 성욕을 비롯하여 성적 환상의 내용이나 빈도, 성적 자극에 대한 성적 흥분의 수준 등에서 성차가 보고되고 있다(Jones & Barlow, 1990; Koukounas & McCabe, 1997; Leitenberg & Henning, 1995; Schmitt et al., 2003; Youn, 2006).

성행동의 다양한 영역에서의 성차를 설명하는 이론들도 크게 생물학적 입장을 지지하는 것들과 사회 · 문화적 입장을 지지하는 것들로 이분된다. 전자에는 진화론적 이론이나 사회생물학(sociobiology) 이론 등이 속하는 반면, 후자에는 사회학습(social learning) 이론이나 사회역할(social role)이론, 각본(script)이론 등이 속한다.

(1) 생물학적 입장

생물학적 입장을 고수하는 이론가들은 성 태도 및 행동에서의 성차가 기본적으로 인간의 타고난 속성이라고 보기 때문에 사회생물학이나 진화론적 결정인자만을 강조하는 반면, 문화적 요소를 무시해 버린다(DeLamater & Hyde, 1998). 그들은 유전인자나 호르몬을 비롯한 다른 생물학적 과정들을 그 성차의 주요한 결정인자들이라고 본다. 근래 심리학에서도 Buss와 Schmitt(1993)의 진화론적 이론이 응용되면서 성차의 설명에서 상당한 영향력을 발휘하기도 하였다. 이러한 입장에서는 자연도태(natural selection)의 과정을 통해 인간의 성적 동기가 유전인자를 통해서 전달되고 있으며, 성욕의 성차는 바로 종족 보존의 책임이나 신중함의 차이와 연결된다. 예를 들면, 성적인 자극에 대하여 여성보다 남성이 더 쉽게 흥분하는 이유도 여성에 비하여 부모로서의 투자(investment)를 제대로 할 수 없는 상황에서 생존하기 위한 전략에 해당한다고 설명한다.

진화론이나 사회생물학자들은 성적 자극에 대한 반응의 성차가 최적의 종족 번식 전략이 서로 다르기 때문이라고 주장한다. 종족 번식 전략은 자연도태와 같은 원리에 따라서 진화 과정을 통해 유전되고 있으며, 이것이 다양한 영역의 성 태도 및 행동에 영향을 준다는 것이다. 진화론에서는 부모 역할을 하는 데 대한 남녀의 투자 정도가 다르다고 설명한다. 여성은 난자 수도 한정되어 있고, 9개월의 어려운 임신 기간, 아동기 초기 동안 수유나 양육, 보호에 대한 책임을 떠맡는 등 부모로서 투자를 하는 반면, 남자는 많은 정자를 생성해 내지만 부모로서의 투자는 별로 하지 않는다. Darwin의 자연도태이론에 의하면, 남성은 부모로서의 투자를 제대로 하지 못했기 때문에 여성과 비견되려고 노력하며, 그래서 여성보다 공격적이고 성욕도 더 강한 상태로 살아가게 된다. 반대로 여성은 남성이 부모로서의 투자를 많이 하도록 자녀에게 가장 훌륭한 유전인자를 전해 주고 자녀 등 가족을 보호할 능력 있는 남성을 찾게 된다. 이러한 성차는 여러 문화권을 비교한 연구에서 증명되었다(Buss & Schmitt, 1993).

남성이 여성보다 바람기가 더 심한 이유도 그와 같은 맥락에서 설명되고 있다. 부모로서의 투자를 여성만큼 할 수 없는 남성들에게는 가능한 한 많은 여성을 수태시키는 것이야말로 종의 생존을 보장하는 최적의 전략이 된다. 곧 남성은 이러한 목표를 달성하기 위하여 아주 쉽게 흥분해야 하고, 가리지 않고 흥분해야 한다. 그래서 시각적인 성적 자극이 남성에게 쉽게 흥분을 유발하며, 포르노도 남성의 시각적 흥분을 위해서 발달하였다. 그러나 부모로서 남성보다 투자를 많이 하는 여성은 아무런 상태에서 성적 흥분을 하는 것이 아니라 부모로서의 투자를 함께 할 수 있는 남성, 즉 사귀거나 결혼한 남성에게만 흥분하도록 진화되었다는 것이다(Murnen & Stockton, 1997).

성적 환상은 어떠한가? 일상생활에서의 성적인 환상은 여성보다 남성이 더 많이 하는 편이다. 외적 자극에 의한 환상의 빈도에서는 성차가 없지만, 외적 자극을 받지 않은 상태에서 성적인 환상을 경험하는 빈도는 남성이 여성보다 높다(Jones & Barlow, 1990). 또, 환상을 경험할 때의 내용도 다르다. 여성은 남성보다 친숙한 파트너에 대한 환상을 더 많이 할 뿐만 아니라 환상 속의 성행위에 대한 맥락이나 감정 등의 표현이 더 구체적이다. 그렇다면 왜 성적 환상에서 성차가 드러나는가? 진화론적 설명에 따르면, 당연히 타고난 특성 때문에 그렇다. 남성은 부모로서 별다른 투자를 하지 않기 때문에 사랑을 전제로 한 성행위에 별 관심이 없어 환상도 그러한 내용이 다반사이고, 여성은 투자를 많이 해야 하므로 환상이더라도 아무 남성이 아니라 사랑하는 남성하고의 성행위를 하는 것이 주된 내용이다(Ellis & Symons, 1990).

(2) 사회·문화적 입장

생물학적 결정이론들과는 달리 여러 이론이 성 태도와 행동에 대한 사회적 영향을 언급한다. 그 태도와 행동에서의 성차는 서로 다른 성 역할에 대한 각본(script), 성적 자극에 대한 개인의 사회화 경험, 사회적 구성 등이 다르기 때문임을 강조한다. 일반적으로 성적 자극을 받은 느낌에 대한 평가는 그 자극에 관계된 부적 및 정적 감정의 유발 강도에 달려 있다. 개인의 사회화 과정에서 처벌인가 보상인가에 따라 나중에 유사한 상황에서 부적 또는 정적으로 반응하게 된다. 예를 들면, 여아가 자주 바닥에 엎드려 있는 자세에서 좋은 느낌을 받고서 자주 그런 행동을 취하려고 하고, 이를 목격한 부모가 성적 관심의 표현이라고 생각하여 그녀를 호되게 나무랐다고 하자. 그 반면 남아는 그런 자세를 취하더라도 부모가 별다른 반응을 보이지 않았다고 하자. 이러한 예는 여아는 남아와 달리 성적 관심에 대해서도 용납되지 않는 문화적 환경 속에서 살아감을 의미한다. 결국, 남녀는 서로 다른 각본을 발달시키게 되며, 이런 맥락에서 여성은 성을 표현할 때 남성에 비하여 훨씬 불리하다.

사회적 영향을 강조한 사회구성주의(social constructionism)라는 용어는 Berger와 Luckmann(1967)의 『실제의 사회적 구성(The Social Construction of Reality)』이라는 저서가 발간된 이후 널리 사용되었다. 그들은 저서에서 실재(실체, reality)가 분자나 원자들로 구성되었다는 자연과학적 견해에 반대하면서 실체의 형태를 형성하는 사회적 과정을 강조하였다. 이를 성에 응용할 때, 행동이나 태도에서의 차이는 모두 문화, 사회화, 상황적인 영향 등에 의하여 학습된다고 설명된다. 즉, 사람들의 성행위, 성적 욕망은 주로 사회적 맥락에 달려 있다는 것이다. 예를 들면, 성기 부위에 손을 대거나 바닥에 엎드린 자세를 취했다가 여아가 부모로부터 혼났을 경우 그녀는 그러한 경험이 없었던 남아와는 다른 성적 기준 또는 각본을 구성하면서 살아가게 된다는 것이다.

사회영향이론에서는 성적 환상의 성차를 어떻게 해석하는가? 가장 기본적인 설명은 살아온 환경 탓이다. 청소년들이 성행위를 한 결과 임신이 되었을 때, 그 결과로 인한 비난이 남아보다도 여아에게 더 심하던 시절 또는 문화권에서는 부모들이 아들보다도 딸에 대한 제약을 더 많이 하는 편이었다. 그러나 동일한 문화권이라도 교육 수준이나 사회·경제적 수준이 더 높고 덜 보수적인 부모 밑에서 자라난 여아들은 그렇지 않은 자들에서 비해서 성 태도나 행동이 훨씬 자유분방한 편이며, 남자처럼 행동해도 제약을 덜 받는다.

그와 같은 환경의 차이 때문에 성적 환상도 달라진다. 곧 성 태도나 행동에 대한 기준이 남녀에게 다르게 설정되어 사회화되었기 때문에 성적 환상에서도 성차가 나타난다. 이를 구체적으로 표현하면, 여성은 성행위를 남성이 성적으로 요구해 올 때만 응해야 하며, 또한 남성이 요구하더라도 약혼이나 결혼 등 허용된 관계에서만 반응해야 한다고 배웠다. 또한 여성은 원하지 않는 임신을 피해야 하며, 좋지 않은 소문이 나지 않도록 조심해야 한다고 배웠다. 사회영향이론에서는 부계사회를 존속시키기 위하여 여성의 성을 결혼관계 이내로 제한하는데, 이는 남성이 자신의 자녀가 가계나 재산의 상속자가 되기를 바라기 때문이다. 이것뿐만 아니라 여성은 결혼 전에는 아예 성에 대한 관심을 보이지 않아야 착한 여자아이로 여겨졌다. 혹시라도 혼전부터 여러 남성을 성적으로 상대한다면 더러운 여성(sluts)처럼 취급되었는데, 남성은 그와 반대로 여성을 많이 상대할수록 종마(studs)처럼 우월한 존재로 부각되었다(Choi, Yang, & Youn, 2015).

(3) 기타 입장

성 태도나 행동의 차이를 순수하게 생물학적 이론이나 사회영향이론만으로 설명하는 차원에서 벗어난 새로운 개념이나 이론들도 있다. 이들의 골격은 결국 그 두 가지를 병합한 것이다. 이 중 하나는 20세기 중반 사회학자나 심리학자들에 의해 개발된 사회교환(social exchange)이론이다(Sprecher, 1998). 이는 인간행동이 손실(비용, cost)과 이득(보상, benefit)의 차이에 의해서 달라진다고 보는 이론인데, 성행동을 설명하는 이 이론의 기본 명제는 "성이란 여성이 남성에게 제공하는 재원(sex is a resource that women give to men)"이며, 남성은 그 성행위에 대한 강한 욕구를 지닌다는 것이다. 즉, 성은 여성이 지닌 재원임과 동시에 남성이 원하는 것이므로, 남성은 이를 얻기 위해서는 무언가(금전, 쾌락, 안전, 보호 등)를 제공해야 한다.

이런 전제조건 때문에 여성이 성을 얻고자 하는 남성을 조정할 수 있다고 설명하는데, 성행위 여부나 시기, 빈도 등은 남성이 아니라 여성에 의해서 조정된다는 것이다. 사회교환이론에서도 성욕의 성차 등을 설명하는데, 예를 들면, 여성의 성욕이 남성의 것보다 약하다고 할 수 없으나 문화적인 억압 때문에 성욕을 발산하지 못하는 환경에서 살아왔기 때문에 약하게 보이는 것이라고 설명한다. 또한 여성이 남성보다 성욕 발산을 제한하는 이유는 성을 자신에게 소중한 다른 재원과 교환하기 위해 억압하는 것이라고도 설명한다(Baumeister & Twenge, 2002).

또 다른 대표적인 이론은 Baumeister(2000)의 변별이론(differential theory)이다. 그는 여러 연구 결과를 종합한 후, 남녀의 성욕이 변별될 정도로 다르며, 상황에 따라서 성욕이 변화할 가능성은 남성보다 여성에서 더 크다고 주장하였다. 즉, 여성의 성 반응이나 행동은 남성에 비해 사회 · 문화적 및 상황적 요인들에 의해 더 쉽게 좌우된다. 그는 또 성적인 면에서 여성의 적응력이 더 높은 이유를 힘(power)에서의 성차라고 설명하였다. 남성들보다 사회 · 경제 · 정치적으로 힘이 더 약한 여성들이 힘이 센 남성들과의 결속을 위한 적응 수단으로 사회적으로 유연하게 대처한다는 것이다. 그렇기 때문에 남성에 비하여 여성이 일생의 성행동에서 변화의 폭이 더 큰 편이다. 예를 들면, 남성은 평생 일관성 있게 성행위에서 오르가슴을 갖는 경향을 보이지만, 여성은 오르가슴의 빈도가 일생에 걸쳐 매우 다르다. 남성은 일상적인 성관계를 가질 상황이 아닐 경우 자위행위나 성매매를 통하여 만족의 빈도를 유지하지만, 여성은 장기간 성욕을 표출하지 않고 살기도 하며, 그러다가도 기회가 생기면 매우 적극적인 자세를 보이기도 한다. 그러한 이유로 여성들이 보이는 성기능장애도 상황에 따라서 감소하거나 사라질 수 있는 문제로 해석된다.

2. 성적 흥분

여성이나 남성 모두 성적 자극을 받았을 때 흥분되기는 하지만, 어떤 형태의 자극에 더 민감하게 반응하는지는 오랫동안의 학습 과정에 의해 개인차가 심하다. 성적으로 흥분된다는 것 또는 그와 반대로 성적으로 위축된 반응을 보인다는 것은 오감을 통해서 받아들이는 자극이 지금까지 기억된 경험 내용을 자극한다는 것인데, 개인마다 받아들이는 자극이 같더라도 기억 내용이 서로 다르다. 자극이 기억 속의 긍정적인 내용을 건드릴 수도 있으며, 부정적인 경험을 건드릴 수도 있다. 경험이나 기억 내용은 개인차가 심한 만큼, 받아들이는 자극이 무엇인가에 대한 해석도 개인마다 다를 수 있다.

인간이 일상생활에서 직면하는 정보 중에서 시각 정보가 절대적인 양을 차지하고 있기 때문에 성적 흥분과 감각 자극의 관련성 연구도 대다수가 시각 정보다. 그 반면에 청각이나 촉각 정보와 성적 흥분의 관계를 직접 다루는 연구는 많지 않으며, 오히려 피부의 감각기관으로부터 얻을 수 있는 온도나 촉감에 관계된 부드러움, 따스함 등의 주관적인 또는 성격과 관련된 차원에서 연구되는 실정이다(윤가현, 2001, 2006). 역시 후각이나 미각과 성적 흥분 간의 관계는 고등동물에서는 매우 낮은 편이어서 연구에서도 거의 다루지 않는다. 이 장에서는 오감 중에서도 인간의 성적 흥분 유발에 결정적인 역할을 하는 감각 형태인 시각을 중심으로 그 역할을 다룬다.

1) 시각 자극

시각적인 성적 단서는 성적 흥분에 매우 중요한 역할을 한다. 개인에게 성적으로 흥분시키거나 흥미를 불러일으키거나 반응하도록 하는 시각 자극의 기능은 그 개인이 속한 문화와 사회의 성적인 풍습에 달려 있다. 그럼에도 인간은 성적인 단서에 시각적으로 주의집중을 하도록, 또 이에 따라서 생리적으로나 심리적으로 반응하도록 프로그램이 짜여 있을 정도로 시각이 성적 흥분에 우선적이다(Westheimer & Lopater, 2002). 그러나 1940년대에는 남성, 그리고 1950년대에는 여성의 성행동 관련 조사 내용을 보고한 킨제이 등에 따르면, 색정적인 자료에 대한 반응이나 흥분에서 성차가 심하게 드러났다. 그 내용의 일부를 소개하면, 여성은 남성보다 시각적인 성적 자극(예를 들면, 이성의 나체 사진을 보는 것)에서나 성 관련 자료를 읽는 것에서 훨씬 덜 흥분하는 편이었다(윤가현, 2006).

물론 이러한 성차의 보고는 흥분 강도를 실험으로 측정한 것이 아니라 경험 빈도의 자기보고식 응답을 토대로 한 것이었으며, 당시는 여성의 성을 억압하던 시절이었기 때문에 성차가 크게 나타났을 수도 있다. 근래에는 여성에 대한 억압이 과거보다 약해졌기 때문에 시각적 자극에 의한 성적 흥분의 유발에서 성차가 줄어들고 있다. 예를 들면, 포르노물을 10분 정도 보여 줄 때 3분 간격으로 1분, 4분, 7분, 10분째에 주관적 흥분을 보고하도록 한 연구에 의하면, 성차 및 여성의 사회 · 문화적 억압 효과가 나타났다. 포르노물에 노출시키기 전 실험대상자들을 두 집단으로 구분했는데, 구분 기준은 편하게 포르노를 감상하도록 성적 환상을 유도해 주었는지였다. 그 결과, 남녀 모두 시간이 7분 정도 지날 무렵까지 성적 흥분 지수가 지속적으로 높게 나타났지만, 여성의 지수가 상대적으로 더 낮은 편이었다. 그리고 남성은 성적 환상을 유도해 주는 것과 무관하게 두 조건에서 모두 성적 지수가 비슷했지만, 여성은 성적 환상을 유도해 주는 조건에서의 흥분이 그렇지 않은 조건에서보다 훨씬 높게 보고되었다. 남성이 여성보다 시각적 자극을 더 중요시하지만, 여성은 성적 억압을 풀어 주는 조건에서는 남성과의 차이가 좁혀짐을 의미한다(Youn, 2006).

과거보다 시각적 자극에 의한 성차가 감소되었지만, 시각적 자극에 대한 성적 흥분은 여성보다 남성에게서 더 쉽게, 더 강하게 나타난다. 그러나 시각적 자극에 대한 노출이 반복될 때 남성은 여성과 달리 쉽게 습관화(habituation)되는 경향을 보인다. 예를 들면, 남자 대학생들에게 포르노를 보여 줄 때 자신이 포르노에 등장한 주인공인 것처럼 상상하면서 보도록 하는 것과 단순히 관찰자 입장에서 포르노를 보도록 하는 것 간에 성적 흥분의 정도가 다르게 나타났다. 즉, 전자가 후자에 비하여 훨씬 강도가 높은 성적 흥분이 나타났다. 그렇지만 2가지 상황에서 모두 포르노를 반복해서 보도록 했을 때, 성적 흥분의 강도는 줄어들었다(Koukounas & Over, 2001).

2) 청각 자극

청각이나 촉각적인 자극도 시각 자극에 못지않게 성적 흥분을 유도하는 데 결정적이다. 예를 들면, 성행위에서 수반되는 신음을 들려 주었을 때에는 남녀를 막론하고 성적 흥분이 유발될 수 있다. 그러나 그와 같은 청각 자극을 시각 자극과 동시에 제시했을 경우에는 시각 자극의 효과가 훨씬 두드러질 뿐만 아니라 청각 자극의 효과는 거의 없다. 예를 들면, 포르노물에 노출된 남녀 대학생들에게 성행위 시 수반되는 신음 등을 모두 차단시켜서 시각적인 정보만 제공할 경우와 소리까지 제공할 경우를 비교했을 때 성적 흥분 지수의 평가에서는 전혀 차이가 없었다(Youn, 2006).

일반적으로 모든 사람은 칭찬이나 고마움의 표시에 관한 이야기를 들을 때 싫어하지 않는다. 성적인 상호작용을 하는 과정에서도 성적인 의미 또는 감각적인 쾌락의 의미가 담긴 교류를 위해서는 언어적인 정감의 표시가 필수적이다. 보통 성에 관련된 긍정적인 느낌을 상대방에게 전달하는 것은 서로에게 즐거움을 얻는 데 도움을 주지만, 사람들은 누구로부터 제공된 청각적인 자극인가, 그리고 그 내용의 긍정성 여부에 따라서 다르게 해석한다. 예를 들면, 특히 기혼자들은 친구나 배우자의 찬사보다도 낯선 사람의 찬사에 더 가치를 두는 반면, 낯선 사람으로부터 모욕이나 핀잔을 들을 때보다 친구나 배우자로부터 모욕이나 핀잔을 들을 때 더 심한 충격을 받는다(Westheimer & Lopater, 2002).

성행위 과정이 아니라 일상적인 상호작용에서 전달되는 청각 자극은 상대방과 자신의 관계의 질을 평가하고 해석하는 데 큰 도움이 되며, 그 질을 개선하거나 악화시킬 수 있다. 그러므로 커플이 원만한 관계를 유지하려면, 평소에 상대방에 대한 긍정적인 평가를 자주 하는 것도 중요하지만, 부정적인 평가를 삼가는 것이 더 중요하다. 아울러 두 사람이 원만한 관계를 유지하고 있을 경우에는 상대방에 대한 긍정적인 평가가 관계의 질을 향상시킬 수 있는데, 여성이 남성보다 사랑의 감정을 확인하는 등 긍정적 평가에 더 민감한 편이다. 즉, 여성은 파트너가 자신을 사랑한다고 확인했을 때에는 성적 상호작용의 준비나 과정, 결과 등을 더 쉽고, 더 만족스럽게 이해하게 된다(윤가현, 2006; Carroll et al., 1985).

3) 촉각 자극

피부 감각(skin sense)이라고도 부르는 촉감(touch)은 촉각적인(tactile) 자극과 온도의 변화에 대한 반응이다. 신체 부위에 따라서 촉각과 온도의 변화에 매우 민감한 부위도 있고, 둔감한 부위도 있다. 피부의 민감한 부위는 색정적인 자극과 성적 쾌락과 쉽게 연합이 되는데, 둔감한 부위도 성적 자극과 자주 연합을 시켜 주면 그와 같은 효과가 나타나면서 성감대로 발전할 수 있다. 촉감의 또 다른 특성은 정서적, 그리고 색정적인 욕구와 강하게 연관되어 있다는 점인데, 이를 토대로 사람은 촉각적인 자극을 원하고 있다고 간주되기도 한다. 실제로 불안장애나 우울증 환자(특히 여성)들을 촉감(진동 자극도 여기에 포함됨)을 통해서 치료했다는 보고서도 있다(Westheimer & Lopater, 2002).

촉감의 중요성은 성기 부위인지 아닌지에 따라서 차이가 있다. 이를 영문으로 구분할 때, 성기 부위를 자극할 때나 성행위 시에 얻는 감각은 성적(sexual)이라고 하는 반면, 성기 이외의 신체부위 및 다른 감각기관을 통해서 얻은 감각은 관능적(sensual)이라고 한다. 대학생을 상대로 '아는 사람이 자신의 성기를 만질 때 어떤 느낌이 들겠는가?'라는 가상적인 질문을 한 연구에 의하면, 성적인 감각에서의 성차가 드러났다. 즉, 남학생은 만지는 사람이 남자라면 무조건 싫지만 상대가 여성이라면 그녀가 점잖게 시도하든 그렇지 않든 괜찮다고 반응한 반면, 여성은 상대가 누구인지에 상관없이 본인이 원하지 않았을 때에는 싫다는 반응을 보였다(Westheimer & Lopater, 2002).

또한 관능적 자극은 보다 친밀한 신체적 접촉의 약속이 될 수도 있으며, 이 경우 쾌감과 연결되기도 한다. 실제 성교 행위를 하는 동안에는 서로 이야기하는 것을 어색하게 생각하는 사람이 많지만, 관능적 자극이 주어지는 동안에는 일반적으로 언어적인 의사 교환이 보다 쉽게 이루어진다. 그러므로 긍정적인 요소가 담긴 청각적인 자극과 함께 제시된 관능적 자극은 심리적 안정의 분위기 조성에 매우 중요한 기능을 하며, 이러한 기능은 남성보다 여성에게서 더 결정적인 역할을 한다(Westheimer & Lopater, 2002).

3. 성 반응주기

성적 자극을 받았을 때 또는 성적인 흥분을 초래하는 행위를 경험할 때 일련의 생리적 반응이나 정서적 변화가 나타나며, 이와 같은 반응이나 변화를 성 반응주기(sexual response cycle)라고 부른다. 성 반응주기를 설명하는 초창기의 모델은 순전히 남성 위주의 것이었는데, 여기에서는 여성의 반응이나 변화를 남성과 동일시하여 남성의 모델로 설명해 버렸다. 그러나 근래에는 여성이 남성과 다른 반응이나 변화를 보이고 있다는 점을 부각하면서 차별화한 모델을 소개하기 시작하였다.

1) 초창기 모델

Masters와 Johnson은 1966년 성적 자극에 의한 생리학적 변화가 흥분(arousal or excitement)에 이어 고조(plateau), 오르가슴(orgasm) 및 해소(resolution)라는 4단계를 따른다는 모델을 제안하였다(Masters, Johnson, & Kolodny, 1994). 그들의 4단계 모델에 불응기(refractory period)를 포함시킬 경우 5단계로 이해될 수 있지만, 여성에게 불응기를 적용시키는 것은 적절하지 못하므로 보통 4단계 모델로 이해되고 있다. 이 모델의 특성을 요약하면, 남녀에게서 보인 변화가 동일하다고 가정하고 적용했다는 점, 성 반응주기의 특정한 단계가 다음 단계의 앞에서 나타나듯이 순서가 정확하게 정해져서 선형 모델(linear model)이라고 부를 수 있다는 점, 그리고 성 반응을 자발적이고 능동적이고(active) 신체적으로 작동된다고(physically-driven) 보았다는 점 등이다(Masters et al., 1994).

한편, Kaplan은 Masters와 Johnson의 모델이 지극히 남성 중심적으로 성 반응을 해석했다는 점과 성적인 상호작용의 과정에서 심리적 측면을 전혀 고려하지 않았다는 점 등을 부각하면서 1979년 성 반응주기에서 성욕(sexual desire)을 추가해 모델을 단순하게 정비해서 발표하였다. 즉, 그녀는 성욕, 흥분(arousal) 및 오르가슴의 3단계 모델을 주장했는데, 여기에서 성욕은 심리적 단계, 그리고 흥분과 오르가슴은 생리적 단계를 의미한다. 또, 그녀가 언급한 성욕은 자신이 성행위를 추구하거나 타인의 성행위 추구에 반응하는 것 모두에 관계된다(Kaplan, 1979).

Masters와 Johnson의 모델에 비하여 Kaplan의 모델이 더 뛰어나다고 평가되는 것은 성욕이 없으면 흥분이나 오르가슴과 같은 생리적 기능이 수반되지 않음을 강조했기 때

문이다. 남녀가 성행위를 할 때, 남성의 성욕은 필수적이지만, 여성은 성욕이 없어도 수
동적인 입장에서 성행위에 임하는 것 자체는 가능하다. 이러한 맥락에서 Kaplan 모델은
여성이 성욕을 지닌 입장에서의 성 반응주기를 설명하려는 모델이라고 할 수 있으며,
대부분의 임상전문가는 성욕을 부각한 Kaplan 모델을 신개념을 도입한 모델로 받아들
였다(Leiblum, 2001).

역시 대다수 성 전문가는 1980년대까지만 하더라도 상기의 두 모델을 토대로 대다수
성 문제를 이해할 수 있다고 생각하면서 별다른 이견을 보이지 않았다. 그러나 상기의
두 모델은 성욕이 생기지 않는 이유를 진지하게 고려하지 못했고, 또 그 이유를 살펴보
았다고 하더라도 단순히 생리학적 측면에 치중했다는 한계를 지녔다. 특히, 여성의 성
반응을 설명할 때 그 한계가 드러났는데, 상기의 두 모델에 대해서 의문점이 제기되었
다. 먼저 많은 여성의 성 반응은 두 모델에 제시되는 바처럼 묘사된 단계의 순서대로 진
행되지 않는다는 점이었다. 예를 들면, 여성들의 반응을 Kaplan 모델에 적용해 볼 때,
성욕이 없더라도 나중에 흥분하여 오르가슴을 경험하는 여성도 있고, 성욕이나 흥분에
이어서 어느 정도의 성적 만족을 얻지만 오르가슴에 도달하지 못하는 여성 등 다양하다
는 것이다(Basson, 2001a, 2001b; Whipple, 2002).

2) 최근의 모델

기존에 실시된 성에 대한 연구는 대부분 남성의 성을 규준으로 삼아 왔다. 다시 말하
면, 1990년대 이전에는 성 반응주기를 설명할 때 여성이 남성과 다르다는 점에 큰 관심
을 기울이지 못하였다. 특히, 앞의 두 모델은 모두 생리적 반응을 토대로 제안된 것으로
『정신질환의 진단 및 통계 편람(Diagnostic and Statistical Manual of Mental Disorders: DSM)』
의 성기능장애를 설명하는 근간이 되었지만, 여성의 다양성을 무시하고 남녀를 모두 동
일한 모델로 설명하려고 했다는 문제점을 안고 있다(윤가현, 2014).

선형 모델들은 단계마다 생리적 변화를 상세히 기술하면서 이해하려고 했지만, 비
(非)생리적 경험을 신중하게 고려하지 못했기에 특히 여성의 성 이해에 의문이 제기되
고 있다. 성욕에 대한 생리적 영향을 설명할 때 가장 기본적인 이론의 틀은 호르몬
(testosterone이나 estrogen 등)의 영향인데, 페미니스트들은 호르몬을 성욕의 결정인자처
럼 보는 생물학적 환원주의(biological reductionism)를 수용하지 않는다(Tiefer, 1991; Wood,
Koch, & Mansfield, 2006).

Leiblum(2002)은 성욕이라는 불꽃에 호르몬이 연료의 역할을 하지만, 그 불꽃의 강도나 방향은 심리적인 요인에 의해 결정된다고 지적하였다. 물론 Masters와 Johnson이 여성의 성을 이해할 때 비(非)생리적 경험의 중요성을 전혀 고려하지 않은 것은 아니지만, 최소한 여성의 성 반응을 남성과 유사하게 해석하려는 것은 무리다. 즉, Masters와 Johnson의 언급처럼 여성의 성욕은 자발적으로 표현되는 것이 아니라 파트너의 성적 관심에 대한 반응이므로, 여성의 성 반응을 이해하고자 할 때는 상호작용의 관점을 충분히 고려해야 한다(Basson, 2001c, 2002).

(1) 신 모델의 등장 배경

기존의 Masters와 Johnson 모델은 여성의 성 반응이 마치 기계가 프로그램에 의해 작동되는 것처럼 묘사하였다. 여성의 성 반응을 몇 가지 유형으로 나누어 설명한 그 모델은 적어도 1980년대까지는 별다른 이견 없이 일반화되기도 하였다. 또, Masters와 Johnson의 연구에서 여성 실험대상자들은 모두 인위적으로 성적 흥분을 유도하는 실험 상황에 동의하였기 때문에, 그들의 성 반응도 그 모델로 설명하는 것이 적합했다. 그러나 시대의 변천과 함께 실험대상자가 아닌 일반 여성들이 임상 현장을 찾게 되었고, 그들의 성 문제를 Masters와 Johnson의 모델로 설명할 때 한계가 드러났다. 그 모델은 성교 행위 자체를 설명한 것에 불과하며, 왜 성교 행위에 대한 욕구가 없는가를 설명해 주지 못하였다.

이러한 상황에서 Kaplan은 성욕의 중요성을 간파하고 모델을 수정했기 때문에, 그녀의 모델은 그전의 모델보다 여성의 성 문제를 훨씬 확실하게 설명해 주는 것으로 평가되었다. 그렇지만 여성들의 성 문제 이해에서 왜 성적 관심이나 욕구가 생기지 않는가에 대한 검토는 좀 더 나중에 이루어졌다. 드디어 1990년대에 와서는 Masters와 Johnson의 모델과 Kaplan의 모델을 합병한 성격의 모델이 소개되었는데, 이는 생물학적 관점보다 심리적인 관점에 초점을 맞추었고, 또 반응이 단계별로 순서에 의해 진행되더라도 그전의 단계들로 돌아갈 수 있는 순환 모델(원형 모델, circular model)이다(Whipple & Brash-McGreer, 1997). 다시 말하면, 최근에 소개된 모델은 남성과 차별화된 여성의 심리적 · 정서적 변화에 초점을 맞춘 것이라고 할 수 있다.

발기부전 치료제가 개발 · 보급된 이후 남성들의 성기능장애에 대한 치료 효과가 대체적으로 성공적이라는 평가가 나올 무렵, 여성의 성기능장애를 이해하는 것에 대한 관심도 높아지기 시작하였다. 그러나 여성들이 경험한 성 문제에 대해 치료제 개발로 접근해 보려는 움직임은 생각보다 활발하지 못한 상태다. 이는 여성의 성 반응이 남성과 다르다는 점을 제대로 인식하지 못했기 때문이다(윤가현, 2014). 결국, 1980년대 후반부터 여성의 문제를 남성처럼 보는 것에 대해서 의문을 제기하는 부류가 나타났고, 그 예가 Tiefer에 의해 제기된 신개념 모델(new view model)이다(Wood et al., 2006). 바로 성에 의학적으로만 접근하려는 것에 대하여 경계하는 페미니스트 관점으로 여성의 성경험이 Masters와 Johnson 모델과 일치하지 않기 때문에 쾌락, 정서, 관능, 문화, 의사소통, 힘(power), 성 역할에 의한 기대 등 여러 가지 중요한 관점을 고려해서 이해되어야 한다는 주장이다(Tiefer, 1994; Tiefer, Hall, & Tavris, 2002).

신개념을 지지하는 세력이 커지면서 1990년대 중반 이후 여성 성기능장애의 진단에 대한 기준을 변경하려는 움직임이 본격적으로 일어났으며, 드디어 2000년 여름 페미니즘이나 사회과학적 입장도 중요시하면서 여성의 성 문제를 새로운 관점에서 다루는 집단이 등장하였다(Basson, 2005). 그 집단은 같은 해 10월 25일 Boston에서 「A New View of Women's Sexual Problems」이라는 문서를 발표했고, 또 여성의 성 문제를 '성 경험과 관련된 정서적ㆍ신체적 또는 관계적 관점에서의 불만족(discontent or dissatisfaction with any emotional, physical, or relational aspect of sexual experience)'이라고 정의함과 동시에 그 원인으로 ① 사회ㆍ문화적, 정치적, 또는 경제적 요인, ② 파트너 및 관계의 요인, ③ 심리적 요인, ④ 의학적 요인이라는 네 범주를 소개하였다. 또, 그 문서에 소개된 주요 내용은 Masters와 Johnson 모델 및 Kaplan 모델에 근거한 DSM의 진단 내용에서의 오류를 지적한 것들인데, 이들은 여성의 성을 남성의 성과 유사하게 이해하려는 오류, 관계의 맥락을 무시한 채로 여성의 성 문제를 다루려는 오류, 여성들 사이에서의 차이를 고려하지 못한 오류 등이었다(Tiefer et al., 2002).

(2) Basson 모델

그와 같은 움직임에 이어서 2001년 Basson 등은 여성의 성 반응에 대한 새로운 모델을 제안하였다(Basson, 2002, 2005; Basson, Brotto, Laan, Redmond, & Utian, 2005). 성욕이나 흥분 장애를 지닌 수많은 여성이 임상치료를 받았음에도, 그동안 여성들이 왜 성행위에 대한 욕구가 결핍되었는지를 진지하게 살펴보지 못했다면서 Basson 등은 기존의 틀과는 다른 모델을 소개하였다. Masters와 Johnson의 모델, 그리고 Kaplan의 모델이 여성의 성 반응을 주로 혈액 흐름에 따른 성기 변화, 윤활 작용, 오르가슴 경험 및 해소 등에 초점을 맞춘 생물학적 선형 모델이라면, Basson의 모델은 여러 임상 및 경험 연구에 의해 장기적인 관계를 유지하는 여성들의 성 반응에 관한 일종의 원형 모델(circular model)이면서 그 성 반응의 구성 요소나 그 요소의 순서가 고정되어 있지 않은 모델이라고 할 수 있다.

Basson에 따르면, 파트너와 장기적 관계를 유지하고 있는 여성들이 성행위를 하는 이유는 전통적인 모델에 의해서 남성의 성기능을 설명하는 것보다도 훨씬 더 복잡하고 다양하다. 성적 관심이나 욕구를 자발적으로 나타내는 여성도 있으며, 오랫동안 성욕을 발산시키지 못했다고 해서 쉽게 성행위의 의사를 표명하는 것도 아니다. 성욕이 별로 없는 상태라고 하더라도 상대방의 요구에 응해 주는 과정에서 성적 흥분이 생기기도 하며, 이와 반대로 성욕이 충분한 상태에서 시도된 성행위라도 상황에 따라서 주관적 흥분이 곧바로 감소되기도 한다. 또, 파트너에게 성관계를 먼저 제의하는 여성도 있으며, 파트너의 제의에 수동적으로만 따라 주는 여성도 있다. 이처럼 여성들이 성행위에 임하게 되는 이유는 다양하지만, 기본적으로 파트너와 정서적으로 친밀감을 유지한 상태일수록 여성이 성행위에 임할 가능성이 더 크다. 친밀감이 높은 상태에서는 욕구가 미미하더라도 대화나 음악, 성적 흥분을 유발하는 자극에의 노출, 혹은 신체 부위의 성적 자극 등을 통해서 신체적 흥분도 나타나게 된다. 이를 설명하는 Basson 등의 모델은 친밀감과 같은 정서 및 성적 자극 이외에도 여러 가지 심리 · 사회적인 요건(예를 들면, 상대방과의 만족스러운 관계 여부, 서로 마음에 들지 않은 상대방에 대한 관용 정도, 상호 존중이나 원만한 의사소통 여부, 부드러움이나 따뜻함의 지각 수준, 자신에 대한 성적 이미지, 신체적 접촉에서 느낀 만족 정도, 성기 삽입에만 초점을 맞춘 성 경험 여부 등)의 중요성을 전제로 하고 있다. 여성의 성욕이 처음부터 자발적으로 존재한 상태였다면, 그 요인들의 중요성에 의해 성적 상호작용의 효과가 더 증대될 수 있다(Basson, 2001a, 2001b; Leiblum, 2002; Tiefer et al., 2002).

Basson의 모델에서 여성이 성행위에 임하는 목적은 필히 오르가슴을 경험하려는 것이라기보다도 심리적 위안을 얻는 것인데, 그 위안은 다음의 2가지 중 최소한 하나를 의미한다. 하나는 오르가슴이라는 신체적 만족이며, 다른 하나는 파트너와의 친밀감 및 연결성을 얻게 해 주는 정서적 만족이다. 그렇기 때문에 여성 성기능장애의 원인들을 고려할 때, 의학적 및 생리적 요인들(질병, 약물, 수술, 호르몬 등)뿐만 아니라 대인관계 요인(파트너와 정서적으로 가까운 관계에서는 성기능장애 가능성이 낮음), 과거 및 현재의 맥락 요인(타인에 대한 노출, 임신이나 질병 감염 등과 같은 안전상의 걱정, 정서적 안정 및 신체적 안전), 개인의 심리적 요인(충분히 흥분되지 않거나 오르가슴에 도달하지 않으면 어떨지 등의 걱정, 남성 파트너의 사정 시기의 문제, 낮은 자기상, 기분 불안정) 등을 총체적으로 검토하면서 접근할 필요가 있다(Basson, 2005).

4. 성기능장애

성기능장애란 성적으로 반응하거나 성적 쾌감을 경험하는 능력에 어려움이 있다는 임상적인 진단 명칭인데, 한마디로 성적인 불만족과 관련된다는 표현이다. 성기능장애의 형태는 그런 증상이 나타난 시기에 따라 첫 경험부터 지속되는 경우와 별 문제가 없다가 나중에 그런 증상이 나타나는 경우로 이분되기도 하며, 또 어떤 특정한 형태의 자극이나 상황 또는 파트너에 대해서만 그 증상이 나타나는 경우와 일상적인 자극이나 상황, 파트너를 가리지 않고 나타나는 경우로 이분되기도 한다(APA, 2013).

성기능장애의 유형 중에서 여성 성기능장애(female sexual dysfunction: FSD)의 범주는 DSM IV-TR까지는 대체로 ① 성욕의 감소나 저하, ② 성적 각성(arousal)이나 흥분(excitement) 장애, ③ 오르가슴 장애, ④ 성행위 시 통증이 수반되는 장애(예를 들면, painful intercourse)의 4가지로 구분되었다(APA, 2000). 그러나 DSM-5(American Psychiatric Association, 2013)에 의하면, FSD는 크게 세 유형으로 바뀌었는데, 기본 골격은 DSM IV-TR에서의 ①과 ②를 하나로 통합한 것이다. 그 세 유형 중 첫째는 성적 관심이 없어서 성행위에 임하지 않거나 또는 관심이 없는 것은 아니어서 성행위에 임하려고 하더라도 성적으로 각성(흥분)이 잘 되지 않는 장애(female sexual interest/arousal disorder)이며, 둘째는 성적으로 각성(흥분)되어 성행위에 임하고 있어도 오르가슴을 경험하지 못하는 장애(female orgasmic disorder)이고, 셋째는 성행위를 할 때 골반이나 성기의 통증을 경험하는 장애(genito-pelvic pain/penetration disorder)다.

1) 성기능장애의 요인

어떠한 형태 또는 범주에 해당하든지 대다수의 여성 성기능장애(FSD)는 생물학적(biological, physical, or medical) 및 비생물학적(psychological, social, or cultural) 요인을 복합적으로 고려해야 하는 문제이지만, 연구자마다 그 요인의 상대적 중요성을 다르게 설명하고 있다. 여러 연구자의 보고사항을 종합적으로 살펴보면, FSD의 원인을 생물학적으로 설명하는 정도는 최소 30%에서 80%에 이르고 있다. 이를 역으로 표현하면, 생물학적 요인이 아닌 다른 요인들에 의해서 설명될 수 있는 비율이 20%에서 70%까지 해당한다고 말할 수 있다.

(1) 생물학적 요인

우선 FSD의 생물학적 요인 중에서도 건강상의 문제를 지적할 수 있다. 본인이나 파트너의 건강상의 문제가 있을 때에는 남녀를 불문하고 성기능이 원만하게 발휘되기가 어렵다. 또, 생물학적 요인 중에서 가장 중요하게 거론되는 분야는 성호르몬으로, 이는 노화나 폐경, 또는 자궁절제수술 등에 의한 호르몬 분비 감소에 의해 설명된다. 여성의 경우 임신 중이거나, 출산한 직후이거나, 수유 중이거나, 폐경을 경험했거나, 남성 호르몬이 결핍되었거나 등에 의한 호르몬의 불균형(imbalances)으로 성기능장애를 보일 수 있다(APA, 2013). 미국인 여성을 대상으로 한 조사에 의하면, 20~40대 여성 중에서 수술로 폐경을 경험한 여성을 폐경을 경험하지 않은 여성과 비교할 때 성욕저하장애의 비율에서 큰 차이가 있었다. 즉, 임신이 가능한 나이의 여성이 수술로 폐경을 경험할 때 자연폐경을 경험한 60~70대 여성들보다 성욕저하장애가 더 심했으며, 성행위를 하더라도 성적 만족 저하와 관계되었다(Leiblum, Koochaki, Rodenberg, Barton, & Rosen, 2006).

호르몬의 영향을 구체적으로 살펴보면, 일반적으로 에스트로겐(estrogen)의 수준 저하는 질 분비액 감소나 생식기 부위(예를 들면, 음핵)의 민감성 저하를 초래하며, 테스토스테론(testosterone)의 수준 감소도 성적 각성이나 흥분, 생식기의 감각, 오르가슴 등에 부적인 영향을 미치면서 FSD를 초래하게 된다. 그러나 그와 같은 호르몬 수준의 저하만으로 FSD를 설명하는 것은 충분하지 못하다. 남성 호르몬 투여 치료를 받은 많은 여성에게서 성욕이 증가했다는 보고가 있는데, 이는 부분적으로 그 호르몬의 효과 중 하나가 음핵을 민감하게 만들기 때문에 나타난 효과에 불과하다. 역시 여성의 성적 흥분은 단순히 남성 호르몬의 생성량에만 달려 있는 것이 아니다. 호르몬이 일정한 수준에 미치지 못했을 경우에만 성욕이 낮을 뿐 그 수준을 넘으면 성욕의 차이가 없어져 버린다. 또한 폐경이나 자궁절제수술에 의해 수반된 정서적 변화가 성적 관심이나 흥분 등을 부분적으로 감소시켰을 가능성도 있다. 게다가 일부 여성은 폐경 이후에 임신의 두려움이 감소됨과 동시에 자녀 양육에 대한 책임감이 감소하는 시기를 맞이하면서 오히려 성적 만족이 증가했다고 보고하였다. 아울러 여러 연구에서 호르몬이 성기능에 미치는 효과는 남성들의 경우 비교적 일관성이 높은 편으로 보고되는 반면, 여성의 성기능이나 성

행동에 대한 호르몬의 효과는 남성보다 덜 분명한 편이다(Anderson & Cyranowski, 1995; Bancroft, 2002; Guerrieri et al., 2014). 다시 말하면, 남녀의 성적 흥분은 성적 자극에 대한 본능적인 반응이더라도 생물학적 차원보다도 고등 정신 과정에 의해서 더 우선적으로 통제된다고 할 수 있다.

(2) 비생물학적 요인

생물학적 요인이 아닌 다른 요인으로 FSD를 설명할 수 있는데, 이들은 심리적, 사회적, 문화적 요인 등이다. 그 주요한 내용을 아래와 같이 정리해 본다.

첫째, 정확한 지식이나 정보 부족이 FSD를 초래할 수 있다(Masters et al., 1994). 예를 들면, 진정한 사랑은 원활한 의사소통과 친밀감의 관계가 아니라 성관계를 가지는 것이라고 여기거나 성행위를 전체적인 대인관계의 일부가 아니라 핵심으로 여기는 경우, 성행위로부터 항상 쾌락 등을 얻어야 한다고 믿는 경우, 심리적이고 시간적인 여유를 갖지 못한 남성 파트너와 단순히 성행위만을 시도하는 경우 등을 들 수 있다.

둘째, 아동기나 청소년기, 또는 성인기에 경험한 성 관련 상처에 기인하여 잠재적으로 성적인 억압을 할 경우 성적 흥분이나 오르가슴에 도달하는 능력이 크게 감소한다(Masters et al., 1994). 그와 같은 경험이 항상 FSD를 초래하는 것은 아니지만, 적절하게 치유되지 못했거나 스스로 이를 이겨 내지 못했다면 심리적 후유증이 만성적으로 나타나면서 FSD를 보이게 된다. 그러한 경험 때문에 여성이 성행위를 할 수 없는 것은 아니더라도 남성이나 성행위에 대한 불안이나 적개심, 혐오감 등 부정적인 정서로 인해 성욕의 감소, 성교 통증 등을 초래하게 된다. 또한 강간이나 근친상간 등과 같은 경험이 아닌 경우라도, 예를 들면, 첫 성교에서 고통스러운 느낌이 심했던 것처럼 별로 심각한 사항이 아니더라도 나중에 성적으로 반응하기를 주저하게 될 수 있으며, 그러한 경험은 타인이 아니라 현재의 파트너와의 관계에서도 얻어질 수 있다.

셋째, 성적 정체성 문제로 FSD를 겪을 수 있다(Masters et al., 1994). 물론 동성애 정체성을 어느 정도 이해해 주고 있는 요즈음에는 여기에 해당하는 여성이 많지 않겠지만, 결혼 전에 동성애 정체성을 숨기고 결혼했거나 아니면 결혼 후 동성애 정체성을 발견하여 파트너가 생겼을 경우 현재의 남성 파트너에 대한 성적 매력이나 욕구를 전혀 느끼지 못하게 된다. 그러나 양성애 정체성의 여성은 이와 같은 이유로 FSD를 경험할 가능성은 크지 않은 편이다.

넷째, 현재의 파트너와 원만한 관계를 이루지 못한 문제로 FSD를 보일 수 있다(APA,

2013). 이는 비생물학적 요인 중에서 가장 보편적이고 주요한 요인에 해당한다(Anderson & Cyranowski, 1995). 파트너가 폭력이나 학대를 일삼거나, 자신을 인격체로 대하지 않는 다고 지각할 경우, 또는 파트너가 외도와 같은 부정행위에 연루되었을 경우, 파트너에 대한 증오심, 분노, 원한 등으로 갈등 관계가 만성적으로 지속된다. 대부분의 상황에서 남성이 여성을 힘으로 조정하고 있기 때문에 여성은 파트너에 대해서 편안함을 지각하기 어렵거나 관계의 불안정을 느낀다. 그렇다고 해서 여성이 성행위 수행 능력을 상실한 것은 아니다. 그 대신 파트너와 성행위를 하게 되는 상황을 회피하거나 스스로 성욕을 억압하려고 노력하는데, 이는 증오의 대상인 파트너와 혹시라도 관계를 가져 가까워지게 되는 것에 대한 두려움 때문이다. 파트너와의 관계 문제로부터 성기능장애를 경험하는 현상은 남성보다도 여성에게서 더 일반적이다.

다섯째, 문화적 영향 때문에 FSD를 경험할 수 있다. 이는 남성 위주의 문화권의 산물로 여러 문화권에서 보이는 현상인데, 성욕의 성차를 기본적으로 가정하면서 초래된 산물이다. 정숙한 여성은 성욕을 함부로 발산하지 않아야 한다, 여성은 성행위에서 수동적이다, 여성은 남성이 원할 때 응해 줄 의무가 있다 등의 메시지를 어려서부터 가정이나 사회에서 전달받았기 때문에 여성이 남성보다 강한 성욕을 보이기가 어려웠고, 자위행위나 혼전 성행위 등도 시도하기가 어려웠다. 이러한 이유로 성적인 금기가 강한 가정이나 사회에서 자란 여성들은 FSD를 경험할 가능성이 더 큰 편이다(Baumester & Twenge, 2002).

여섯째, 자녀 양육을 비롯한 가사 또는 직무 등에 관련된 스트레스, 피로 수준, 또는 틀에 박힌 일상생활(성생활 포함)에 대한 권태, 체중 증가나 임신, 유방절제나 자궁절제술 등으로 만족스럽지 못한 신체 이미지, 임신이나 질병 감염에 대한 두려움 등의 개인적 요인에 의해서 FSD가 나타날 수 있다.

일곱째, 일반적인 불안이나 우울 증상, 강박 증상, 자긍심 저하, 자기조절 능력의 저하 등 개인의 성격 요인도 FSD를 초래할 수 있다(Anderson & Cyranowski, 1995; Hartmann, Heiser, Ruffer-Hesse, & Kloth, 2002). 성격 특성과 성욕 발산에 관한 연구는 1970년대 이후 활발하게 진행되고 있는데, 외향성이나 신경증적 경향은 특히 여성의 성을 이해하는 데 중요한 부분이 되고 있다. 그러나 과거와는 달리 근래에는 종교적 신념 수준이 여성의 성적 억압을 설명하는 주요한 요인이 되지 못하고 있다(Baumester & Twenge, 2002; Masters et al., 1944).

2) 성기능장애의 치료

FSD의 요인이 다양하기 때문에 이를 치료할 방안도 그런 차원에서 마련되어야 한다. 성욕, 흥분, 오르가슴, 아니면 성교 행위 시 수반되는 통증의 문제인가에 따라서 치료기법이나 내용이 달라질 수 있다. 그렇더라도 그 기본 배경은 다르지 않다(Long, Burnett, & Thomas, 2006). 우선, 성욕이 낮은 사람은 성행위에 대한 관심도 낮으며 평소에도 성적 환상이나 사고 등도 별로 없는 편이다. 그러한 태도 때문에 먼저 파트너에게 성적인 접근을 하지 않을 뿐만 아니라 파트너의 접근에도 거절하는 경향을 보인다. 그러므로 교육이나 상담에 의한 정보 제공이 치료의 기본이다(Anderson & Cyranowski, 1995).

성기능이나 해부, 노화에 따른 변화 등의 교육은 여성에게 자신의 성기능 등에 대한 불안을 극복시켜 주는 기본이다. 교육 내용 중에서도 남성과 여성의 성에 대한 관점의 차이를 어느 정도 이해해야 한다. 남녀의 성적 상호작용 과정에서 남성이 지니는 여성에 대한 가장 큰 불만은 여자들이 성에 대한 관심이 별로 없는 것 같다는 점인 반면, 여성이 지니는 남성에 대한 가장 큰 불만은 너무 서두르고, 너무 기계적이고, 너무 성기나 유방 부위 등에만 초점을 맞춘다는 것이다. 많은 여성은 포르노 영화에 나오는 스타일의 성행위를 선호하지 않지만, 남성들은 음경의 크기가 크고 발기 시간이 길수록 여성이 더 좋아할 것으로 오해하고 있다(Castleman, 2012). 이와 같은 남녀의 기대 및 관점의 차이를 제대로 이해하지 못하고 있기 때문에 남녀 모두 성적 상호작용에서 불만을 지닌다(Youn, 2009).

다음으로, 성적 흥분을 불러일으키는 자극(비디오, 책 등)을 이용하는 방법, 성에 대한 불안을 없애 주기 위해 음악이나 TV, 비디오 등을 이용하여 성적 여부에 관계없이 다른 생각을 유도하는 기분 전환 방법, 성행위가 아닌 다른 행동을 격려하면서 파트너와 편안한 관계로 의사소통을 하거나 성행위 시에도 성기 삽입이 아닌 행위 등으로 상호작용하는 기회를 제공하고 격려하는 방법, 성행위 시 통증이 수반된다면 윤활제 사용이나 성교 체위 변형 등으로 통증이 수반되지 않도록 하는 방법, 온욕으로 긴장을 풀고서 성행위를 시도하는 방법 등이 있다. 그러나 FSD의 원인이 파트너와의 관계에서 파생되었을 경우 커플 치료가 우선적으로 이루어져야 한다.

과거에는 여성에게 별로 적용하지는 않았지만, 근래에는 남녀 모두에게 성적 자극(주로 시각 자극)을 성기능장애 치료에 응용하고 있다. 이러한 자극은 성적 상상(환상)에 대한 단서로 이용되며, 또 그러한 상상에 의한 반응은 성적 흥분을 불러일으킬 수 있다. 실제로 많은 사람이 자위행위나 성교에서 환상을 떠올린다고 보고하는데, 실험에서도 단순히 성적인 자극을 제시해 주는 것보다도 성적인 장면을 상상하라고 요구하면서 자극을 제시한 집단에서 흥분의 정도가 더 높게 나타나고 있다. 즉, 성적 환상을 즐기는 사람일수록 더 적극적인 성생활을 하고 있는데, 이를 근거로 성욕이 낮은 사람들을 치료할 때 환상을 이용하여 욕구나 흥분을 불러일으키는 것이 가능하다(Fisher & Byrne, 1981). 그렇지만 성적 혐오장애나 성적 학대를 경험한 여성, 부정적인 신체상이 심한 여성들에게는 단순히 성적 자극을 토대로 환상을 불러일으키는 접근은 바람직하지 않으며(Striar & Bartlik, 1999), 그들에게는 인지행동치료 등이 응용되어야 한다.

요약하면, 여성의 성적 욕구나 흥분을 남성처럼 실데나필(sildenafil)이나 테스토스테론(testosterone)과 같은 약물로 해결 또는 촉진하려는 노력은 근래까지 성공하지 못하였다(Tiefer et al., 2002; Wood et al., 2006). 실제로 모든 여성이 평생 일정한 상태의 성욕을 유지하는 것도 아니고, 오히려 시기에 따라서, 상대방과의 관계 양상에 따라서 매우 다양하게 변한다. 따라서 여성의 성 이해에서는 적어도 3가지 요건을 명심해야 하는데, 이들은 ① 남성 모델을 규준으로 여성을 바라보지 말 것, ② 성행위 파트너와의 관계에서 파생된 정서 및 심리적 요인을 항상 고려할 것, 그리고 ③ 여성 간에도 가치관, 생활환경, 사회적 배경 등에 의해 개인차가 매우 심함을 고려할 것 등이다(Basson, 2005; Basson et al., 2005). 아울러 여성의 성기능장애 상태나 수준이 어느 정도인가에 대한 관심보다도 여성의 성기능장애는 최소한 부분적으로 남성과의 교류에서 영향을 받은 부분이라는 점도 명심해야 한다.

이 장의 요약

타고난 성적 본능을 이해하거나 발산하는 방식이나 정도는 사람마다 다름에도, 전통사회에서는 여성의 성을 남성의 관점에서 해석해 버렸다. 여성은 성 태도와 행동의 여러 측면에서 남성과 다른 모습을 보이고 있으며, 그와 같은 성차를 설명하는 입장은 크게 생물학적으로 결정되었다는 이론들과 사회·문화적으로 영향을 받았다는 이론으로 구분된다. 이 두 입장을 어느 정도 절충해 주는 이론들도 있는데, 그 대표적인 것으로 사회교환이론이나 변별이론이 있다. 또 성적인 자극을 받았을 때 기억 속에 보관된 내용과 결합하여 성적 흥분의 정도가 결정되며, 어떠한 정보인가에 따라서 성적 흥분이 나타나는 정도에서 성차를 보인다. 예를 들면, 남성은 여성보다 시각적인 정보에 의한 성적 흥분이 더 쉽게 이루어지는 반면, 여성은 남성보다 촉각이나 청각적 자극이 지닌 정서적 정보에 의한 성적 흥분이 더 쉽게 이루어진다. 그리고 성적인 자극을 받았을 때 흥분이나 쾌감의 경험 과정을 설명하는 성 반응주기의 모델들은 1990년대 이전까지는 생리적 변화에 초점을 맞추고 있었으며, 또 여성과 남성이 다르다는 점을 전혀 고려하지 않은 것들이었다. 1990년대 이후에는 여성의 성 반응이 기계나 프로그램처럼 작동되는 것이 아니라 사회·문화적, 심리적, 생리적 요인 등을 비롯하여 파트너와의 관계에 의해서 좌우된다는 입장에서 여성의 성 반응을 설명하는 모델들이 등장했는데, 그 대표적인 것이 Basson 모델이다. 마지막으로, 여성의 성적 상호작용을 전후로 경험할 수 있는 성기능장애는 크게 성욕이나 성적 흥분이 잘 이루어지지 않는 장애, 오르가슴을 경험하지 못하는 장애 및 성행위 시 통증을 경험하는 장애로 구분되며, 그와 같은 장애를 초래하는 요인들도 생물학적 요인 및 비생물학적 요인으로 구분되고 있다.

참 ㅣ 고 ㅣ 문 ㅣ 헌

윤가현(2001). 문화 속의 성. 서울: 학민사.

윤가현(2006). 성 문화와 심리. 서울: 학지사.

윤가현(2014). 성 반응주기 모델의 발달과 여성의 성. 대한성학회지, 1, 1-9.

American psychiatric Association (APA). (2000). *Diagnostic and statistical manual of mental disorders* (4th ed., text revision). Washington, DC: The Author.

American psychiatric Association (APA). (2013). *Diagnostic and statistical manual of mental disorders* (5th ed.). Washington, DC: The Author.

Andersen, B., & Cyranowski, J. (1995). Women's sexuality: behaviors, responses, and individual differences. *Journal of Consulting and Clinical Psychology, 63,* 891-906.

Bancroft, J. (2002). The medicalization of female sexual dysfunction: The need for caution. *Archives of Sexual Behavior, 31,* 451-455.

Basson, R. (2001a). Human sex-response cycles. *Journal of Sex & Marital Therapy, 27,* 33-43.

Basson, R. (2001b). Using a different model for female sexual response to address women's problematic low sexual desire. *Journal of Sex & Marital Therapy, 27,* 395-403.

Basson, R. (2001c). Female sexual response: The role of drugs in the management of sexual dysfunction [erratum Obstet Gynecol 2002; 98:522]. *Obstetrics & Gynecoloy, 98,* 350- 353.

Basson, R. (2002). A model of women's sexual arousal. *Journal of Sex & Marital Therapy, 28,* 1-10.

Basson, R. (2005). Women's sexual dysfunction: Revised and expanded definitions. *Canadian Medical Association Journal, 172,* 1327-1333.

Basson, R., Brotto, L., Laan, E., Redmond, G., & Utian, W. (2005). Assessment and management of women's sexual dysfunctions: Problematic desire and arousal. *Journal of Sexual Medicine, 2*, 291-300.

Baumeister, R. (2000). Gender differences in erotic plasticity: The female sex drive as socially flexible and responsive. *Psychological Bulletin, 126*, 347-374.

Baumeister, R., & Twenge, J. (2002). Cultural suppression of female sexuality. *Review of General Psychology, 6*, 166-203.

Berger, P., & Luckmann, T. (1967). *The social construction of reality: A treatise in the sociology of knowledge.* Garden City, NY: Doubleday.

Buss, D. (1989). Sex differences in human mate preferences: Evolutionary hypotheses tested in 37 culture. *Behavioral and Brain Sciences, 12*, 1-14.

Buss, D., & Schmitt, D. (1993). Sexual strategies theory: An evolutionary perspective on human mating. *Psychological Review, 100* (2), 204-232.

Carroll, J., Volk, K., & Hyde, J. (1985). Differences between males and females in motives for engaging in sexual intercourse. *Archives of Sexual Behavior, 14* (2), 131-139.

Castleman, M. (2012). When it comes to sex, women know best. *Psychology Today* (All about sex column; 2012, Feb. 29).

Choi, S., Yang, D., & Youn, G. (2015). Late adolescents' perception of their peers who report a large number of sex partners. *Psychology and Behavioral Sciences, 4*, 1-4.

DeLamater, J., & Hyde, J. (1998). Essentialism vs. social constructionism in the study of human sexuality. *Journal of Sex Research, 35*, 10-18.

Ellis, B., & Symons, D. (1990). Sex differences in sexual fantasy: An evolutionary psychological approach. *Journal of Sex Research, 27*, 527-555.

Fisher, W., & Byrne, D. (1981). Social background, attitudes, and sexual attraction. In M. Cook (Ed.), *The bases of human sexual attraction* (pp. 22-63). London: Academic Press.

Guerrieri, G., Martinez, P., Klug, S., Haq, N., Vanderhoof, V., Koziol, D., Popat, V., Kalantaridou, S., Calis, K., Rubinow, D., Schmidt, P., & Nelson, L. (2014). Effects of physiologic testosterone therapy on quality of life, self-esteem, and mood in women with primary ovarian insufficiency. *Menopause, 21* (9), 952-961.

Hartfield, E., Luckhurst, C., & Rapson, R. (2012). A brief history of attempts to measure sexual motives. *Interpersona, 6* (2), 138-154.

Hartmann, U., Heiser, K., Ruffer-Hesse, C., & Kloth, G. (2002). Female sexual desire disorders: Subtypes, classification, personality factors and new directions for treatment. *World Journal of Urology, 20*(2), 79–88.

Jones, J., & Barlow, D. (1990). Self-reported frequency of sexual urges, fantasies, and masturbatory fantasies in heterosexual males and females. *Archives of Sexual Behavior, 19*, 269–279.

Kaplan, H. (1979). *Disorders of sexual desire and other new concepts and techniques in sex therapy.* New York: Brunner/Hazel.

Kim, Y., & Youn, G. (2014). Implication of sexual intention of date initiation in the Korean college students. *Psychology and Behavioral Sciences, 3,* 6–11.

Koukounas, E., & McCabe, M. (1997). Sexual and emotional variables influencing sexual response to erotica. *Behavior Research & Therapy, 35,* 221–230.

Koukounas, E., & Over, R. (2001). Habituation of male sexual arousal: Effects of attentional focus. *Biological Psychology* (Special Issue), *58,* 49–64.

Leiblum, S. (2001). Critical overview of the new consensus-based definitions and classification of female sexual dysfunction. *Journal of Sex & Marital Therapy, 27,* 159–168.

Leiblum, S. (2002). Reconsidering gender differences in sexual desire: An update. *Sexual and Marital Therapy, 17,* 57–68.

Leiblum, S., Koochaki, P., Rodenberg, C., Barton, I., & Rosen, R. (2006). Hypoactive sexual desire disorder in postmenopausal women: US results from the Women's International Study of Health and Sexuality (WISHeS). *Menopause, 13,* 46–56.

Leitenberg, H., & Henning, K. (1995). Sexual fantasy. *Psychological Bulletin, 117,* 469–496.

Long, L., Burnett, J., & Thomas, R. (2006). *Sexuality counseling: An integrative approach.* Upper Saddle River, NJ: Pearson Education, Inc.

Maccoby, E. (1999). *The two sexes: Growing up apart, coming together.* Cambridge, MA: Harvard University Press.

McClintocka, E. (2014). Beauty and status: The illusion of exchange in partner selection? American Sociological Review. (June 9, 2014. doi: 10.1177/ 00031224536391)

Masters, W., Johnson, V., & Kolodny, R. (1994). *Heterosexuality.* New York: HarperCollins.

Murnen, S., & Stockton, M. (1997). Gender and self-reported sexual arousal in response to sexual stimuli: A Meta-analytic review. *Sex Roles, 37*(3/4), 135–153.

O'Sullivan, L., & Byers, E. (1992). College students' incorporation of initiator and restrictor roles in sexual dating interactions. *Journal of Sex Research, 29,* 435–446.

Schmitt, D., Alcalay, L., et al. including Youn, G. (2003). Are men universally more dismissing than women? Gender differences in romantic attachment across 62 cultural regions. *Personal*

Relationships, 10, 307–331.

Sprecher, S. (1998). Social exchange theories and sexuality. *Journal of Sex Research, 35,* 32–43.

Striar, S., & Bartlik, B. (1999). Stimulation of the libido: The use of erotica in sex therapy. *Psychiatric Annals, 29,* 60–62.

Tiefer, L. (1991). Historical, scientific, clinical, and feminist criticisms of the "Human sexual response cycle" model. *Annual Review of Sex Research, 2,* 1–23.

Tiefer, L. (1994). Three crises facing sexology. *Archives of Sexual Behavior, 23,* 363–374.

Tiefer, L., Hall, M., & Tavris, C. (2002). Beyond dysfunction: A new view of women's sexual problems. *Journal of Sex & Marital Therapy, 28* (Suppl), 225–232.

Westheimer, R., & Lopater, S. (2002). *Human sexuality: A psycho-social perspective.* New York: Lippincott Williams & Wilkins.

Whipple, B. (2002). Women's sexual pleasure and satisfaction: A new view of female sexual function. *Female Patient, 27,* 39–44.

Whipple, B., & Brash-McGreer, K. (1997). Management of female sexual dysfunction. In M. Sipski & C. Alexander (Eds.), *Sexual function in people with disability and chronic illness: A health professional's guide* (pp. 509–534). Gaithersburg, MD: Aspen Publishers.

Wood, J., Koch, P., & Mansfield, P. (2006). Women's sexual desire: A feminist critique. *Journal of Sex Research, 43,* 236–244.

Youn, G. (2001). Perceptions of peer sexual activities in Korean adolescents. *Journal of Sex Research, 38,* 352–360.

Youn, G. (2006). Subjective sexual arousal in response to pornography: Effects of gender, guided fantasy, erotic stimulus, and duration of exposure. *Archives of Sexual Behavior, 35,* 87–97.

Youn, G. (2009). Marital and sexual conflicts in elderly Korean people. *Journal of Sex & Marital Therapy, 35* (3), 230–238.

제10장

임신, 출산과 어머니 되기

강우선

자녀가 없는 기혼여성의 비율이 계속 증가하고 있으나, 더 많은 여성이 자녀를 가진다. 어머니가 되는 것은 삶의 모든 것을 변화시킨다. 출산과 수유는 여성이 자신의 몸을 새롭게 존중하도록 만든다. 자신의 아기를 돌보고 안으면서 여성은 사랑의 새로운 차원을 발견한다. 또한 자녀의 출생은 어머니로서의 여성뿐 아니라 남성의 정체성을 변화시키고 결혼생활의 변화를 야기한다. 그러나 어머니 되기는 또한 사회적 신념 체계와 이미지에 의해 정의, 형성되기에 여성들은 새로운 역할이 가져오는 변화를 다루는 데서 어려움을 경험한다. 이 장에서는 자녀를 가짐으로써 발생하는 주요한 변화를 신체 및 심리·사회적 측면에서 정의하고, 이러한 어려움을 감소시킬 방안에 대해 논의해 보고자 한다.

1. 자녀를 갖는 것

1) 왜 자녀를 갖는가

무엇이 여성으로 하여금 자녀를 갖거나 갖지 않거나를 동기화하는 것인가? 이에 대한 하나의 이론은 여성이 자녀를 소망하는 것은 "단지 자연적인 것"이라는 것이다 (Bernard, 1974; Shields, Steinke, & Koster, 1995). Freud와 Horney 같은 초기 정신분석 이론가들은 자녀에 대한 여성의 욕망은 본능이라고 믿었다. 예를 들어, Chodorow(1978)는 사회에서의 여성의 역할이 자녀의 일차적 양육자와 같이 구성되었고, 여성들은 자녀를 소망하고 기대하도록 사회화되었다고 주장했다.

왜 여성은 어머니가 되길 원하는가? 전 세계의 사회적 규범은 여성이 자녀를 낳기를 기대한다. 여성들이 신체적으로 일차적인 창조자이고 사회적 관습에 의해 인간 종의 일차적 양육자이기 때문에, 여성의 정신은 자녀 가지기를 수용하도록 조건화되어 있고 형성되어 있다(Hunter Collage Women's Studies Collective, 1995). 여성들은 일반적으로 어머니의 역할을 기대하고, 이에 반대하여 논쟁을 벌이지 않도록 양육되었다.

부분적으로 자녀에 대한 동기는 규범적인 인생 사건의 고수를 반영한다. 많은 성인이 자녀를 갖고, 많은 젊은 성인이 자녀를 갖길 기대한다고 말한다. 한국 남녀의 자녀의 필요성에 대한 태도를 살펴보면, 20~44세 기혼여성의 82.6%가 자녀가 필요하다고 응답하였고, 미혼남성 83.8%, 미혼여성 78.8%가 자녀의 필요성에 대해 긍정적으로 답하였다. 미혼 남녀의 향후 출산 의향을 살펴보면, 미혼남성은 91.0%가 자녀를 갖고 싶다고 응답한 반면, 미혼여성은 6.8%포인트 낮은 84.2%가 출산 의향이 있다고 답하였다. 그러나 교육 수준이 높을수록 자녀의 필요도가 낮아지는 경향을 보였는데, 대학원 이상의 교육 수준을 가진 여성 중 69.3%만이 자녀의 필요성에 대해 긍정적으로 답하여 전체 평균과 큰 차이를 보였다(김승권 외, 2012).

20~44세의 기혼여성을 대상으로 하는 연구에서 자녀를 갖길 원하는 이유를 탐색했는데, '심리적인 만족'을 위해 자녀가 필요하다는 응답이 55.2%로 절대적으로 많았고, 자식으로부터의 도움(13.9%)과 전통적 가계 계승 측면(9.5%)에서의 자녀의 필요성은 적었다. 구체적으로 살펴보면, '가정의 행복과 조화'를 위해 자녀가 필요하다는 의견이 93.0%로 많았고, 다음은 '심리적인 만족을 위해서'가 55.2%이었다. 그 외에 '노후생활을 위해'가 9.8%, '가문(대)을 잇기 위해'가 7.3%, '경제적인 도움을 받을 수 있으므로'가 4.1%, '제사를 지내야 하므로'가 2.2% 등이 있었다(김승권 외, 2012).

이처럼 어머니가 되고자 하는 이유에는 임신과 출산을 경험하고자 하는 욕구, 또 다른 인간 존재의 성장을 고대하는 욕구, 남편을 기쁘게 하려는 욕구, 관계를 강화하려는 욕구, 어른으로서의 자신을 증명하고자 하는 욕구, 필요하고 사랑받고자 하는 욕구와 가족의 이름이나 자신의 유전자나 가치를 전달하고자 하는 욕구들이 있다.

점차 많은 여성이 직업 등으로 30대 후반이나 40대 초반까지 자녀를 갖길 미루고 있다. 이러한 나이 든 여성들에게 어머니됨은 20대에 자녀를 가진 여성들과 상대적으로 다른 경험인가? 이 주제에 대한 연구는 소수이나, 나이 든 여성들이 매우 좋은 어머니가 된다는 일부 시사점이 있다(Parke & Buriel, 1998). 그들은 자신을 알게 되는 많은 기회를 얻었고, 하길 원하는 많은 것을 하였다. 그들은 자주 어린 여성들보다 교육 수준, 자존감과 자신감이 높고, 자신의 삶에 자녀를 가지는 것의 장점과 단점에 대해 의식적으로 생각해 왔다. 연구들은 나이 든 어머니들이 어린 어머니들보다 양육에 더 만족함을 발견했다(Ragozin, Bashman, Crnic, Greenberg, & Robinson, 1982).

2) 어머니됨의 선택

어머니됨에 대한 여성의 선택은 과거 60년 동안 엄청나게 확장되었다. 과거 세대에서는 엄격한 사회적 기대와 더불어, 효과적인 산아제한의 부족으로 거의 모든 가임기 여성은 자녀를 가지는 것을 당연시하였다. 그러나 오늘날 산아제한의 접근, 합법적 낙태,

생식기술과 입양은 더 많은 여성이 아이를 가질지, 언제 가질지 조절하는 것을 가능하게 한다. 더불어 사회적 관행의 변화는 독신여성뿐 아니라 자녀를 가지지 않기로 결정한 여성, 아이를 입양하기를 추구하는 비전통적인 가족들을 더 많이 수용하도록 이끌었다(The Boston Women's Health Book Collective, 2011).

Russo(1976)에 따르면, '어머니됨의 당위성(motherhood mandate)'은 강력하고 여성으로 하여금 자녀를 갖고 그들을 기르는 일차적인 책임을 가정하도록 여성에게 압박을 가한다. 부모들은 성인 자녀들에게 자녀를 갖도록 압박한다("너는 언제 나를 할머니로 만들어 줄 거니?"). 자녀를 가진 친구들 또한 어머니됨의 선택을 밀어붙인다("넌 우리 오랜 친구 중에서 아이가 없는 유일한 애야. 그러니까 아이를 가져!"). 자녀를 갖지 않은 여성들에 대한 부정적인 사회적 지각 또한 자녀를 갖지 않는 것을 매력적이지 않은 선택으로 만들어 버린다. 자녀에 대한 욕망 부족은 이기적이고 일 중심이라는 사고, 자연스럽지 못한 것으로 간주된다.

많은 다른 선택처럼 아이를 가질지의 결정은 가족, 지역사회, 문화와 우리가 사는 사회의 영향을 받는다. 자녀를 낳고 싶지 않다고 응답한 한국 미혼 남녀를 대상으로 무자녀 희망 이유를 조사하였을 때, 남성은 '보다 많은 여가를 즐기기 위해서' '부부만의 생활이 즐거울 것 같아서' 등 자신의 가치관을 희망 이유로 답한 비율이 47.2%로 가장 높았다. 이와 다르게 여성은 '출산으로 인한 직장에서의 차별(불이익) 때문에' '출산 및 양육으로 인하여 본인의 사회활동에 지장이 있을까 봐' 등 직업상 이유가 가장 높은 33.3%를 차지하였다(김승권 외, 2012). 어머니가 되는 것에 대한 진정한 감정을 자녀를 가지도록 요구하는 외적 압력으로부터 분리하는 것은 어려울 수 있다. 우리의 문화는 아이를 가지는 것을 여성이 되는 것의 본질적인 부분으로 보고, 여성이 아이를 가지지 않는다면 진정으로 의무를 완료하지 못한 것으로 가정한다(The Boston Women's Health Book Collective, 2011).

어머니됨에 대한 관념은 자녀가 있는 여성과 없는 여성 모두에게 영향을 미친다. 어머니됨을 정상적이고 자연스러운 것으로 강조하는 것은 자녀가 없는 여성을 '비정상'이고 '이상한(비자연스러운)' 것으로 여기고, 그들에게 자주 침묵하도록 요구한다. 자녀가 없는 여성에 대한 연구는 어머니됨이 당연하기 때문에 자녀가 없는 여성을 '기타', 즉 자녀 부재나 '정상적' 패턴으로부터 '이탈'한 형태로 정의하고 조사한다. 어머니됨의 당연성은 여성의 기타 성취의 가치를 최소화하거나 이것들을 '단지 어머니됨의 현실적 경험을 놓친 것에 대한 보상'으로 지적함으로써 강화된다.

자녀 없는 여성들과 그들의 경험은 그들을 '결핍'으로 만들고 정서적 충만이 부족한 것으로 하찮은 존재로 여기게 한다. 이는 자녀 없는 여성의 문제에 초점을 두는 연구에 의해 강화된다(Morell, 2000; Stanton & Dunkel-Schetter, 1991; Stanworth, 1987). 유사하게 성장하여 집을 떠난 자녀가 있는 여성들—이른바 빈 둥지 증후군—에 대한 접근은 어머니로서의 여성의 기본적인 기능을 놓쳐 버린 상실이나 공허함을 내포한다(Arber & Ginn, 1991). 자녀 없는 여성의 결핍과 삶에서 놓쳐 버린 것에 집중하는 것은 여성의 기타 활동, 관계와 정체성을 자기 자신에게서 의미와 가치를 가지는 것보다는 자녀의 부재에 대한 '단순한 보상'으로 일축시킨다.

자녀 없는 여성에 대한 반응은 자녀 없음의 원인과 관련된다. 즉, 불임여성들이 자주 '절망'이나 동정의 대상으로 고려되는 반면, 선택에 의해 자녀가 없는 여성들은 비록 그들의 생각과 선택이 복잡하고 유연하다 해도, 이기적이고 자연스럽지 못한 것으로 더 많은 비난을 받는 것 같다(Gerson, 1985; Ireland, 1993; Stanworth, 1987). 그러나 그들의 차이에도, 자녀 없는 여성들은 모두 긍정적인 자기감을 유지하고 자신의 인생을 가치 있고 충만한 것으로 경험하는 데서 어려움에 직면하기도 한다(Ireland, 1993; Woollett, 1991).

2. 임신

많은 여성이 인생의 특정 시점에서 임신을 선택한다. 어머니가 되는 것은 아이를 가지고 임신을 이행해 나가고 출산하는 신체적 과정과 생물학적 사건이며 중요한 심리 · 사회적 변화를 초래하는 일생일대의 인생 사건이기도 하다.

1) 임신의 생물학

전형적인 임신에서 정자와 난자는 난자가 나팔관으로 이동하는 동안 접합된다. 수정란은 나팔관을 따라 계속 이동하고, 약 6일이 되었을 때 자궁을 채우고 있는 두꺼운 섬유에 착상할 수 있다. 수정란이 착상된 직후 태반이 발달하기 시작한다. 성장하는 배아와 연결되는 태반은 어머니로부터 배아에게 산소와 영양소가 전달되도록 하는 기관이다. 태반은 또한 배아의 노폐물을 어머니의 체계로 돌려보내 준다. 임신 말기까지 여성의 에스트로겐과 프로게스테론의 수준은 임신 전보다 훨씬 높아진다(Alexander, LaRosa,

Bader, & Gerfield, 2004).

2) 임신 동안의 변화

임신은 여성의 신체 모든 기관에 영향을 미친다. 가장 확실한 변화는 체중 증가와 체형 변화, 특히 불러오는 배다. 많은 여성이 이러한 변화에 대해 극단적으로 양가감정을 느낀다(Ussher, 1989). 반응은 날씬해야 한다는 문화적 요구로부터 일시적으로 해방되는 느낌, 경외감과 신비로움, 사이즈 증대로 인한 두려움과 혐오감, 소외감과 통제불능감을 포함한다. 임신 기간 동안 많은 여성은 또한 유방 압통, 빈번한 배뇨와 피로감을 보고한다. 메스꺼움과 구토 또한 첫 사분기 동안 보편적인 증상이다.

임신한 여성의 프로게스테론과 에스트로겐 수준은 비임신 여성보다 몇 배 더 높고, 초기 임신의 많은 신체적 경험이 호르몬의 빠른 증가와 관련될 수 있다. 이는 유방 압통, 피로와 입덧을 포함한다. 더불어, 다른 생리적 변화들은 중추 신경계의 기능을 변화시킬 수 있다. 신경전달물질인 노르에피네프린의 수준은 임신 동안 떨어지지만, 스트레스 관련 호르몬의 수준은 올라간다(Treadway, Kane, Jarrahi-Zadeh, & Lipton, 1969). 노르에피네프린과 프로게스테론은 모두 우울증과 관련된다.

이러한 변화는 자신이 무엇을 하든 상관없이 일어나기에 임신한 여성들은 자신의 신체에 대해 일부 통제감을 상실한 것처럼 느낀다(Crawford & Unger, 2004). 또한 사회는 여성을 대부분 외모와 몸의 형태로 정의하기에 임신 여성들이 호르몬의 원인과 상관없이 여자답지 않음, 심한 기분 변화, 불안전감을 느끼는 것은 절대 놀라운 일이 아니다.

임신에 대한 여성의 느낌은 임신이 원하고 계획된 것인지에 의존하고, 즐거움에서 무관심, 혐오의 감정까지 걸쳐 있을 것이다(Genevie & Margolies, 1987). 당연히 임신하길 원하지 않는 여성들은 임신을 계획한 여성들보다 자신의 임신에 대해 더 부정적인 태도를 지닌다. 이처럼 여성이 임신을 접하는 방식은 부분적으로 원하는 임신인지 그렇지 않은지에 의존할 것이다. 또한 여성이 가진 사회적 지지 체계, 어머니됨에 대한 여성의 지각, 부모와의 관계, 배우자와의 관계가 이에 영향을 미칠 것이다.

그러나 임신한 여성의 대부분은 임신 기간에 정상적인 정서의 범위에 남아 있다. 사실, 임신한 여성은 상대적으로 정신의학적 장애의 발생률이 낮다(Russo & Tartaro, 2008). 많은 여성이 잘 적응하고, 스트레스의 수준은 태아의 발달을 해치지 않는다(Dipietro, 2004; Johnston-Robledo & Barnack, 2004; Lobel, Hamilton, Cannella, 2008).

많은 여성에게 임신은 성인기로의 전환을 대표한다. 그들은 임신한 것에 대해 목표의
식과 성취감을 묘사한다(Leifer, 1980). 또 다른 긍정적 정서는 임신한 여성이 자라나는 아
기를 향해 느끼는 애착 감정의 증가다(Bergum, 1997; Condon & Corkindale, 1997). 많은 여
성은 자신의 신체 내에 새로운, 자라나고 있는 생명체를 가지고 있다는 생각에 놀라움
과 경외심을 느낀다. 부부 연구에서 많은 남편 또한 새로운 생명의 창조에 대해 놀라움
의 감정을 공유했다(Feeney, Hohaus, Noller, & Alexander, 2001).

한편으로, 임신한 여성은 전형적으로 출산 시 고통에 대한 근심과 같은 일부 부정적
느낌들, 공포와 불안을 표현한다. 일부 여성은 자신의 정서가 불안정하고 계속 변한다
고 보고한다. 일부 여성은 신체가 더 거대해짐에 따라 자기상이 낮아진다고 보고한다
(Philipp & Carr, 2001). 일부 여성은 문화가 날씬함을 가치 있게 여기기 때문에 임신 동안
뚱뚱하고 흉함을 느낀다고 보고한다. 임신에 대한 여성의 부정적 반응의 중요 부분은
'임신부(pregnant women)', 즉 자라나는 아이에 대한 책임감 외에는 어떠한 정체감도 가
지지 못하는 여성으로 이들을 범주화하고 이들에게 다르게 반응하기 시작하는 타인들
로부터 야기된다(Philipp & Carr, 2001).

3) 임신한 여성을 향한 태도

고정관념은 임신한 여성이 정서적으로 약하고 쉽게 고통받는다고 제안한다. 이를 검
증하기 위해 Streigel-Moore, Goldman, Garvin과 Rodin(1996)은 건강한 여성을 임신 전
과 임신 동안 연구하였고 이들을 임신하지 않은 여성들과 비교했다. 그들은 고정관념과
대조적으로 임신이 '정서적 혼란이나 유의미한 심리적 고통의 시기'가 아님을 발견했
다. 특히, 임신한 여성들은 불안과 우울의 측정치에서 비임신 여성들과 점수가 다르지
않았다.

임신, 출산의 과업이 가정에서 병원 등의 의료 시설로 이관되면서, 임신은 '치료되는
것, 환자'로 받아들여졌다. 즉, 별다른 간섭(개입) 없이 자체의 과정을 밟게 되는 자연스
러운 사건으로 보는 것이 아닌, 유사 질병으로 의학적 중재가 필요한 것이라는 인식이
증가하였고, 따라서 많은 사람이 임신한 여성들이 신체적·심리적으로 더 취약하다고
믿어 왔다. 비록 이러한 믿음이 실제와 일치하지 않는다 해도(Streigel-Moore et al., 1996),
사람들이 임신한 여성들을 다르게 다루도록 이끄는 결과를 낳는다. 긍정적 측면에서,
사람들은 임신한 여성을 향해 더 친절하고 더 많은 도움을 주는 경향이 있고, 임신부들

에게는 사람들이 붐비는 버스에서 자리를 양보받는 것과 같은 이점이 주어진다. 한국에서도 2013년부터 서울 지하철 1~8호선 차량 1대당 2자리씩 임신부 배려석을 추가로 배치하고 있다. 그러나 우리는 이것이 긍정적인 단계인지 또는 이러한 것이 임신을 우리가 보상해야 하는 장해처럼 만드는지에 대해 자문해야 할 필요가 있다.

부정적인 측면에서, 임신한 여성은 자주 임신이 그들을 유능하지 못하고 미성숙한 상태로 만든 것처럼 다루어진다(Seegmiller, 1993). 사람들은 임신한 여성에게 청하지도 않은 충고를 하고 그들의 의사결정 능력을 의문시한다. 임신한 여성들은 비임신 여성들보다 덜 성취지향적인 것으로 인식되는데, 임신한 여성이 아기와 자녀 출산 준비에 에너지의 상당 부분을 쏟기 때문으로 가정된다(Blasko, O'Brien, Huester, & O'Brien, 1989). 그 결과, 동업자들은 임신한 여성이 임신하지 않은 여성들만큼 직장에서 직무를 훌륭히 해내지 못한다고 믿는다. 합법적으로 고용주들은 임신을 기반으로 여성을 차별할 수 없지만, 임신한 여성에게 핵심 프로젝트를 제공하지 않거나 많은 직장에서 발생하는 비공식적 네트워킹 활동에 포함시키지 않는 것과 같은 모호한 형태의 차별이 발생하고 있다(Seegmiller, 1993).

3. 자녀 출산

1) 출산의 생물학

출산 과정은 자궁경부의 숙화와 확장부터 아기의 하강과 탄생, 태반 배출로 진행된다. 출산을 위한 진통은 자궁이 강하게 수축될 때 시작된다. 진통기는 3단계로 나뉜다. 1단계 동안 자궁은 약 5분마다 수축한다. 또한 자궁경부의 확장이 약 10cm로 증가되는데, 몇 시간부터 하루까지 지속되기도 한다(Alexander et al., 2004; Feeney et al., 2001). 진통의 두 번째 단계는 몇 분부터 몇 시간까지 지속된다. 수축이 아기를 질 아래쪽으로 밀어내린다. 이 단계는 아기가 태어날 때 끝난다. 진통의 세 번째 단계는 보통 20분 미만으로 지속된다. 자궁은 계속 수축되어 자궁벽으로부터 태반을 분리시킨다. 그러고 나서 태반이 태아를 둘러싸고 있던 다른 섬유들을 따라 배출된다. 세 번째 단계 동안 에스트로겐과 프로게스테론의 수준은 하락하여 몇 시간 전보다 극적으로 낮아진다. 여성은 정상적으로 40주의 임신기 후에 출산한다. 조산은 임신 기간이 37주보다 적은 것으로 정의된다.

2) 출산 후의 변화

자녀 출산에 대한 여성의 정서적 반응은 임신에 대한 반응만큼이나 다양할 수 있다. 다중적이고, 모순된 정서를 동시에 모두 느끼는 것이 보편적이다. 산후 기간은 대부분의 여성에게 신체적 · 심리적으로 스트레스가 많은 시기다. 그들은 분만으로 지쳐 있고 아프다. 그리고 제왕절개를 했거나 모유 수유를 하는 여성들은 부가적인 불편감을 경험할 수 있다. 신생아는 24시간 내내 지속되는 주의가 필요하고 이는 피로를 가중시킨다. 게다가 호르몬 수준은 분만 후에 극적으로 변화해 프로게스테론 수준도 분만 후 몇 시간 안에 극적으로 떨어지고 에스트로겐 수준은 분만 후 첫 주 동안 낮아진다.

산후 기간의 이러한 변화들은 50~75%의 출산 여성을 우울감과 정서성 증가로 이끈다(O'Hara, Zekoski, Phillipps, & Wright, 1990; Stanton & Danoff-Burg, 1995). 산후 우울감(baby blues)은 자녀 출산 후 첫 10일 동안 보편적으로 발생하는 단기간의 기분 변화로, 많은 다양한 문화에서 발생한다. 보편적인 증상으로 혼란스러운 느낌들과 울음, 슬픔, 불면, 초조함, 불안과 자신감 부족을 포함한다(O'Hara & Stuart, 1999). 산후 우울감은 자녀 출산의 흥분에 따르는 정서적 감퇴(허탈감)와 불면, 새로운 아기가 가져다주는 기타 생활의 변화가 혼합된 결과로 볼 수 있다. 이러한 느낌들은 분만 후 1주일쯤에 보통 절정에 다다르고, 보통 여러 차례의 울음이 따르기도 한다(Stanton & Danoff-Burg, 1995). 그러나 대부분의 여성은 1~2일 정도면 산후 우울이 끝나며, 심한 경우라 하더라도 10일 이내에 이러한 증상이 끝난다. 이와 같이 산후 우울감은 단기간에 끝난다는 점에서 산후우울증과는 차이를 보인다.

자신이 자녀 출산으로 소진된 새로운 어머니이고 더불어 나의 아기는 아직 너무 어려 기쁘게 웃어 주지 않는다고 가정해 보자. 이러한 스트레스 상황에서 우리는 어머니가 정서적 문제들을 어떻게 경험할지 쉽게 상상할 수 있다(Mauthner, 2002). 초기 몇 주와 여러 달 동안의 사고와 정서는 이외에도 임신과 출산으로부터의 신체적 회복, 출산에 대한 느낌, 아기의 건강과 기질, 어머니가 되기 위해 얼마나 준비되었다고 느끼는가, 재정상태, 직면하는 다른 요구, 주변의 사람들로부터 얻는 지원의 양과 종류에 의해 영향을 받을 수 있다. 이 기간에 부정적인 메시지를 많이 받고 친정어머니, 사이좋은 남편 같은 개인적인 자원이 별로 없는 여성들은 더 우울해질 가능성이 있다.

3) 산후 우울증

대부분의 여성은 출산 후 6~12주 내에 '정상'으로 되돌아간다. 그러나 소수 여성은 가벼운 산후 우울감에서 벗어난 기간에도 어려움을 경험한다. 산후 우울증(postpartum depression)은 더 극심하고 심각한 장애로, 전형적으로 극단적인 슬픔, 탈진, 수면과 섭식 장애, 절망, 흥미로운 활동에의 흥미 부족, 아기에 대한 관심 상실, 무기력, 죄의식, 자살 사고 등을 포함한다(The Boston Women's Health Book Collective, 2011; Kendall-Tackett, 2005; Simkin, Whalley, Keppler, Durham, & Bolding, 2008). 산후 우울증은 보통 자녀 출산 후 6개월~1년 이내에 발전되기 시작하여 수개월 동안 지속될 수 있다(Robinson & Stewart, 2001; The Boston Women's Health Book Collective, 2011). 산후 우울증은 또한 피로, 메스꺼움과 동통 같은 신체 문제들과 연관된다(Webb et al., 2008). 부가적인 문제는 우울한 어머니들이 자신의 아기와 덜 효과적으로 상호작용하는 경향이 있어서 아기들을 건강과 심리적인 면에서 위험에 처하게 하는 것이다(Bartlett et al., 2004; Kaplan, Bachorowsky, Smosky, & Hudenko, 2002; Kendall-Tackett, 2005).

산후 우울증은 출산한 여성 약 10~15%에게 영향을 미친다(Kaplan et al., 2002; Kendall-Tackett, 2005; Miller, 2002). 한국 산모의 산후 우울증 유병률은 9.9%에서 22.7%까지 다양하게 나타나며, 경도의 산후 우울증을 포함하는 경우 37.0%까지 높아졌다(박우영, 2008). 특히 한국의 경우 자신의 부정적 감정을 표현하지 않고 내면화하는 성향이 우울증상을 더 심화시킬 수 있는 요인으로 작용하며, 산후 우울증상을 경험하더라도 적절한 조치를 받지 못하고 있다고 유추할 수 있다(강민철, 김수임, 김동민, 2010).

임신과 출산 동안 발생하는 호르몬의 변화가 이러한 문제들의 발전에 강한 역할을 하는 것으로 보인다. 프로게스테론과 에스트로겐의 수준은 자녀 출산의 마지막 단계 동안 급격히 하강한다. 그러나 호르몬 수준과 산후 장애들의 관계는 미약하고 비일관적이다(Mauthner, 2002; Robinson & Stewart, 2001). 대조적으로 개인·사회적 요인들이 산후 장애들에서 중요 역할을 한다. 심하거나 지속적인 산후 통증, 산모나 아기의 건강문제, 까다로운 아기, 관계, 재정이나 기타 주요 스트레스, 고립, 사회적 지원 부족, 지속적인 수면결핍도 포함하며, 이 또한 위기 요인이다(The Boston Women's Health Book Collective, 2011). 흥미롭게도, 아이를 출산한 후에 직장으로 돌아가기로 계획되어 있는 여성들은 집에 있기로 계획한 여성들보다 우울의 증상들을 더 적게 경험한다(Pfost, Lum, & Stevens, 1989). 한국 산모의 산후 우울에 영향을 미치는 요인을 분석한 결과, 수입이 낮을수록,

자연유산을 한 경우일수록, 우울 과거력이 있는 경우일수록, 아기가 건강하지 못할수록, 스트레스가 많을수록, 자존감이 낮을수록 산후 우울이 높은 것으로 나타났다(한양대학교 건강증진사업지원단, 2010).

아기 돌봄은 어려운 일이고, 초보 엄마들은 실제적 도움, 정서적 지지, 재정적 지원, 양육과 지도 등의 다양한 종류의 도움이 필요하다. 만약 산후에 정서적 문제를 경험한다면 배우자, 그리고 가능하면 다른 가족원들에게 아기와 어머니 자신을 돌보는 지원과 실제적 도움을 요청해야 한다. 우리의 문화는 끊임없이 자기희생적인 어머니를 이상화한다. 그러나 여성이 자기 자신을 적절히 돌볼 수 없다면 아기를 적절히 돌볼 수 없다. 도움과 지원은 중요하고, 여성 자신의 욕구에 귀 기울이는 것은 아이의 욕구를 충족하는 여성의 능력을 신장시킨다. 또한 고립은 우울과 불안에 기여할 수 있기에 어머니됨의 느낌과 경험을 솔직하게 공유할 수 있는 한 명 이상의 가족이나 친구를 찾도록 노력한다. 다른 초보 엄마 집단과 만나는 것도 동일한 어려움을 직면한 다른 여성들과 연계되는 좋은 방법이 될 수 있다(The Boston Women's Health Book Collective, 2011).

종합하면, 많은 여성이 아기 출산 후에 우울감이나 우울증을 경험하지 않는다. 즉, 여성들은 서로 많이 다르다. 여성의 재생산에서의 다양한 단계가 필연적으로 정서적 또는 신체적 문제를 가져오지는 않는다.

4. 어머니로서의 여성

어머니가 되는 것은 다른 어떤 삶의 전환 이상으로 여성의 삶을 변화시킨다. 임신, 출산과 어머니로의 전환은 생물학적, 사회적 사건을 모두 포함한다. 이러한 사건들은 삶의 상황, 생활양식, 직업뿐 아니라 배우자, 부모와 기타 타인들과의 관계에서의 변화를 양산한다. 일단 여성이 어머니가 되면, 남성들이 아버지로서의 역할을 통해 정의되는 것보다 훨씬 많이 '어머니'라는 역할로 대부분 정의될 것이다. 이처럼 어머니됨은 여성의 자기감에 깊이 영향을 미친다(Ussher, 1989). 대부분의 사회에서 어머니됨은 여성의 정체성과 성취에서 중심으로 간주된다.

대부분의 사회에서 여성은 어머니가 되길 기대되고, 어머니됨은 '정상(normal)'과 '자연스러운(natural)' 것으로 이해된다. Gerson(1985), Currie(1988)와 Woollett(1996)이 주장한 것처럼, 어머니됨의 당연한 성질은 여성의 선택과 결정이 어머니가 되거나 되지 않는 것에 대한 것이 절대 아니며, 언제 어떤 상황에서 어머니가 되고 얼마나 많은 아이를 가질 것인지에 대한 것임을 의미한다. 이처럼 어머니됨의 의미는 많은 관습, 신념, 태도, 규칙과 법률 등을 포함하면서 생산(생식)의 생물학적 과정을 넘어선다(Crawford & Unger, 2004). 그러나 어머니가 되는 여성들은 또한 한 개인이다. "어머니는 역할이다. 여성은 인간이다."(Bernard, 1974)

1) 어머니됨의 이미지와 고정관념

대부분의 사람에게 어머니라는 단어는 따뜻함, 보호, 양육, 헌신과 자기희생 같은 많은 즐거운 정서를 발생시킨다(Ganong & Coleman, 1995; Johnston & Swanson, 2003, 2008; Swanson & Johnston, 2003). 또한 어머니됨에 대한 고정관념은 어머니는 자신의 신생아를 보자마자 완벽히 유능함을 느낄 것이고, '자연적인' 모성 기술이 전수될 것이라고 명시하고 있다(Johnston & Swanson, 2003; Johnston-Robledo, 2000). 어머니는 또한 가족에게 완전히 헌신하고 자신의 개인적 욕구에 관심을 보이지 않는다(Douglas & Michaels, 2004; Ex & Janssens, 2000; Johnston & Swanson, 2003). 게다가 어머니의 고정관념은 여성의 궁극적인 실현이 어머니가 됨에 의해 성취된다고 가정한다(Caplan, 2000, 2001; Caplan & Caplan, 2009; Johnston & Swanson, 2003). 그렇기에 많은 여성은 완벽한 어머니의 기준에 따라 살아 나갈 수 없을 때 죄책감을 느낀다(Caplan, 2001; Douglas & Michaels, 2004; Warner, 2005).

어머니됨과 돌봄에 대한 이러한 관념들은 어머니와 다른 이들이 어머니가 되는 것의 의미를 이해하고 그들의 보살핌을 평가하는 맥락을 제공한다. 돌봄은 '본질적'인 것, 어머니가 되고 자녀를 기르게 되는 상황에 관계없이 모든 여성에게 적용될 수 있는 것으로 제시된다(Coll, Surrey, & Weingarten, 1998; Glenn, Chang, & Forcey, 1994; Sparks, 1996).

그러나 대리모, 인공수정, 입양, 자녀 있는 남성과의 결혼과 같은 어머니됨으로의 일부 경로는 이 또한 어머니됨을 의미하는지, 이러한 경로들의 도덕성과 수용 가능성, 누가 어머니가 되기에 '적합'한 것으로 고려할 수 있는지에 대해 도덕적이고 실제적인 의문을 불러일으킨다(Baylies, 1996; Rowland, 1987; Stanworth, 1990).

디지털 미디어, 책, 블로그와 여성잡지를 통해 오늘날의 어머니들은 어머니됨에 대한 다른 사람의 이야기와 관념에 이전 세대 어머니들보다 많이 접촉하고 있다. 지속적으로 행복하고 전지전능하고 자기희생적인 슈퍼맘의 신화는 계속 존재하고, 이를 부정하기는 어렵다. 우리―개인들과 사회로서의 모두―는 어머니가 된다는 것이 무엇을 의미하는지에 대해 여전히 특정한 기대를 가지고 있다.

슈퍼맘이 되어야 하는 압박감에 더불어, 많은 어머니는 일과 가족의 균형을 잡는 데서 갈등 상태다. 가정 밖에서 일하는 여성들은 자녀 돌봄을 위한 대리인을 마련해야 하는 스트레스와 자주 씨름하고, 자신의 선택에 대해 죄의식을 느끼곤 한다. 자녀를 돌보기 위해 일을 그만둔 여성들은 직장을 떠남으로써 오는 정체감과 성장의 기회 상실에 좌절한다. 공적 토론은 자주 일하는 어머니들에 대해 (동시에 여러 일을 하는) 다중 작업 능력을 칭송하거나 자녀를 방임한다고 규탄한다. 유사하게, 전업 주부인 어머니는 자녀에게 헌신하는 것에 대해서는 칭송받고 자신의 정체성과 직무 잠재력을 포기한 데 대해서는 비난받는다. 모든 어머니가 심판받는다고 느끼는 것은 이상하지 않다.

어머니됨은 자연스럽게 여성에게 온다는 고정관념적 시각은 사실상 생물학적 근거가 없다. 그러나 사회에 의한 이러한 관점의 수용은 여성의 느낌과 태도에 영향을 미친다(Hunter College Women's Studies Collective, 1995). 많은 문화가 어머니됨을 여성의 성취와 만족의 주요 근원으로 여기고 양육에 대한 기대와 기준을 너무 높게 설정하였기에 여성들은 자주 부적절감과 심지어 분개심을 발전시킨다.

어머니들은 자녀에게 실패하지 않는 사랑과 최고 질의 시간을 제공하면서, 빛나고 성스러운 '성모마리아'와 가정, 자녀, 남편과 직업의 요구들을 넘나드는 '슈퍼우먼'과 같은 이상적인 어머니의 이미지와 대조해 자신을 평가하도록 고무된다(Ussher, 1989). 따라서 여성들은 부정적이고 양가적인 감정에 대해 준비되어 있지 않기에, 이것이 발생했을 때 실패처럼 느낄 수 있다(Crawford & Unger, 2004).

어머니됨의 이념은 모성신화(motherhood mystique)로 불린다. 이는 다음의 신화들을 포함한다(Hays, 1996; Hoffnung, 1989; Johnston-Robledo, 2000; Oakley, 1974).

① 어머니됨은 여성의 궁극적인 성취다. 이는 모든 여성에게 자연스럽고 필요한 경험이다. 어머니가 되길 원하지 않는 이들은 심리적으로 장애가 있고, 되길 원하나 될 수 없는 이들은 기본적으로 결핍되었다.
② 여성들은 본능적으로 양육 능력이 우수하므로 유아, 아동, 노부모, 가정, 남편 등에 대해 책임져야 한다. 훌륭한 어머니들은 이러한 종류의 일을 즐긴다. 그렇지 않은 여성은 부적응적이거나 빈약하게 조직화되어 있다.
③ 어머니는 무한한 인내심을 지니고 자녀들에게 자신을 기꺼이 희생한다. 만약 자신의 욕구를 마지막 순위에 놓지 않는다면 그녀는 부적합한 어머니다.

④ 어머니됨에 대한 여성의 대단한, 풀타임의 헌신이 자녀에게 최선이다. 일하는 여성은 열등한 어머니다.

모성신화를 통해 여성들은 어머니됨을 위해 인생의 다른 부분을 희생하도록 고무되며, 아버지보다 어머니에게 장기간의 자녀 양육의 책임을 지우는 것은 그럼으로써 남성에게 경제적으로 의존하도록 만들며, 일에서의 여성의 낮은 지위와 급여를 정당화하는 데 이용되기도 한다.

그러나 더 복잡한 종들, 특히 인간과 같은 영장류를 고려할 때 '본능'이라는 개념의 적용 가능성에 의문을 품기 시작하였다(Hrdy, 1999). 우리는 성별에 의해 분화된 부모 역할이 단순히 생물학적으로 '주어진 것'은 아니라는 점을 발견하였다. 예를 들어, 암컷 레서스 원숭이를 대상으로 한 실험연구에서 그들이 레서스 원숭이의 모성 행동을 관찰하거나 경험할 기회가 없이 격리되어 길러졌을 때, 자신의 어린 새끼를 향해 모성 행동을 본능적으로 보여 주지 않았다. 연구들은 원숭이 같은 복잡한 유기체에게도 모성 행동은 학습되어야 하고, 경험과 사회적 조건에 의존하는 것임을 보여 주었다.

그러나 어떠한 지식인이든 학습과 환경이 모성 행동을 형성하는 데 역할을 한다는 것을 부정하지 않는 반면에, 자기 자녀를 향한 인간 어머니의 행동은 어쨌든 '자연적'이거나 본능적이고, 여성들은 남성들보다 이러한 행동을 수행하는 데 더 생물학적 성향이 있다고 가정한다. 예를 들어, 모유 수유를 하는 여성들은 아기의 빨기 감각에 반응하여 '사유반사(let-down reflex)'(불수의적인 젖 분비)를 경험한다. 그러나 이러한 단순한 반사 형태가 사람들이 보편적으로 일컫는 '모성 본능'은 아니다. 그렇기에 여성들만이 수유를 할 수 있다 하더라도 여성과 남성 모두가 아이를 돌볼 수 있고, 친밀한 유대를 형성하는 것이 가능하다.

인간은 복잡하고 다양한 종류의 행동들에 대해 선천적 성향을 보인다. 그러나 유전적 유산은 이러한 행동의 세부 사항이 아닌 일반적 패턴을 제공한다.

2) 어머니됨의 현실

어머니됨은 실제로 어떠한가? TV에 따르면, 어머니됨은 쉽게 여성의 다른 역할(아내, 직장여성, 친구, 딸 등)들에 더해진다. TV에서의 아기들은 사랑스럽고, 좀처럼 울지 않고, 토하거나 침 흘리지 않으며, 기저귀를 갈아줄 필요가 없고, 어머니가 자신의 시간을 가질 수 있도록 긴 낮잠을 취하고, 빠르고 깨끗하게 먹는다. 물론, 현실은 매우 다르다. 특히, 첫 3개월은 보상이 거의 없는 매우 힘든 일들로 가득 차 있다. 수유하기, 기저귀 갈기, 아기를 진정시키기 위해 업고 돌아다니기, 수면 부족 다루기, 세탁하기, 한 들통의 냅킨을 빨래하기 등은 어머니의 신체적 · 정서적 에너지를 고갈시킨다. 모유 수유를 하는 여성들에게 각 수유는 20~45분이 걸릴 수 있으며, 그 시간 동안 어머니는 그 밖의 많은 것을 할 수 없고, 1~2시간 후에는 다시 수유를 해야 한다. 일부 아기는 수유에 어려움이 있고, 먹이기는 TV 광고에서 이상화된 것처럼 재미있는 공유 경험이기보다는 시련이다. 또 어떤 아기들은 잘 이해할 수 없는 이유 때문에 몇 시간 동안이나 고통스러워하고 운다.

다음은 자녀 출생 후 첫 주 동안 여성들이 자주 언급하는 부정적 요소들이다(Matlin, 2012).

① 자녀 돌보기는 신체를 소진시키며, 수면 부족 또한 보편적이다.

② 아버지는 보편적으로 어머니가 기대한 것보다 아기 돌보기를 훨씬 덜 도와준다.

③ 자녀 출생 후 여러 주 동안, 여성들은 출산 후 분비물 유출에 대해 더러움을 느낀다고 보고한다. 그들은 또한 질 부위와 자궁, 유방의 고통을 느끼기도 한다.

④ 초보 엄마들은 어머니됨의 과제를 위한 훈련을 거의 받지 못하였다. 그들은 자주 무능함을 느낀다고 보고한다.

⑤ 임신한 여성들은 자주 자신이 고대한 빛나는 아기가 품에 안겨 있는 장면을 그렸지만, 현실에서 아기들은 부모의 기대보다 훨씬 많이 울고, 2세 무렵이 될 때까지 미소를 짓지 않는다.

⑥ 돌봄은 가정에서 행해지기 때문에 신생아의 어머니들은 다른 성인들과 접촉을 거의 하지 못한다(Johnston & Swanson, 2008).

⑦ 여성의 관심이 신생아에게 옮겨지기 때문에 아기 아버지는 자신에게 소홀하다고 느낄 수 있다. 많은 어머니가 남편이 자신이 부적절감을 느끼도록 만든다고 말한다.

⑧ 여성들은 자신이 이상적인 어머니의 표준, 완벽하게 이타적이고 완전한 여성에 들어맞지 않기 때문에 자기 자신에게 실망감을 느낀다(Caplan & Caplan, 2009; Quindlen, 2005).

⑨ 사람들은 공격적인 행동과 학교 공포증 같은 유아와 아동에게 발생하는 대부분의

문제에 대해 빈번히 아버지보다 어머니를 책망한다(Caplan & Caplan, 2009).

많은 어머니에게 자녀를 가진다는 것은 새로운 생활 형태에 적응해야 함을 의미한다. 아이를 낳기 전에 그들은 매일 집을 나가 일하고 친구를 만나고 쇼핑하고 점심을 먹었다. 아기를 출산한 후에는 여성들은 많은 시간을 가정에서 보내고, 이전에 자신의 행복감의 중심이던 사람과 활동들로부터 고립되었음을 발견한다(Stern & Bruschweiler-Stern, 1998).

그러나 어머니가 된다는 것은 제한점뿐 아니라 이점도 가져다준다. 아이들은 부모에게 개인적 성장을 이끌고, 어린 시절 갈등의 해결을 시도할 수 있게 하고, 유연성과 공감을 확립하고, 친밀감을 제공하고, 대인관계를 소중히 여기는 방식으로 영향을 미친다. 대부분의 어머니에게 이것은 자신의 인생에서 가장 의미 있는 경험 중의 하나다(Hoffnung, 1995).

3) 정체성의 변화

어머니됨은 자주 여성의 성인 정체성의 주요 측면으로 간주된다. 어머니됨은 인생 과정의 결정적 요소이고 어머니를 '진정한' 여성으로 만드는 것으로 고려된다(Gerson, Berman, & Morris, 1991; Nicolson, 1998; Rich, 1977; Russo, 1979). 비록 어머니됨과 아버지됨이 모두 강렬한 정서적 만족감의 원천이긴 하나, 남성들은 성인 남성의 정체성 중 단지 한 측면으로서 아버지됨을 고려하도록 기대된다(Gerson, 1986; Gilbert, 1994; Larson, Richards, & Perry-Jenkins, 1994; Thompson & Walker, 1989; Woollett & Nicolson, 1998).

신혼부부를 3년 동안 추적한 연구에서, 자녀의 출생은 부모 양자의 정체성을 변화시켰다. 남성은 더 남성적이 되고 여성은 더 여성적이 되었다고 자기보고를 하였다. 즉, 자녀 출생 후의 부부의 역할과 활동에서의 변화는 여성적인 여성과 남성적인 남성으로 그들의 자기감에 영향을 미쳤다(Burke & Cast, 1997).

어머니로의 전환은 얻는 것만큼 상실을 포함한다. 임신한 여성은 자율적인 개인으로 보이는 것을 포기하고 대신 '예비 어머니'로, 출산 후에는 '어머니'로 보이게 된다. 여성들은 첫 자녀의 출산 후 병원에서 간호사가 병실 내의 모든 여성을 이름 대신 '어머니'라고 지칭할 때("어머니, 점심식사 준비는 되셨어요?"), 이전에 해 온 모든 것이 마치 이제는 어머니라는 정체감과 일에 밀려나 버린 것처럼 느낄 수 있다.

4) 결혼생활의 변화

20개 이상의 종단연구는 자녀 출생이 남녀 모두에게서 심리적 안녕과 부부 만족도를 감소시키며 가족 관계에 부정적으로 영향을 미칠 수 있다는 것을 보여 주었다(Walzer, 1998). 여기에는 성차가 있는데, 대규모의 전국적 표본을 사용한 연구들은 여성이 더 많은 자녀 양육과 가사를 떠맡는 것처럼 부모됨은 남성보다 여성의 삶에 더 큰 변화를 가져온다는 것을 보여 준다(Sanchez & Thomson, 1997).

자녀의 탄생은 일반적으로 특히 여성에게 부부 만족도를 감소시킨다(Belsky, Lang, & Rovine, 1985). 대부분의 국내 연구는 첫아이 출산 이후 결혼만족도가 유의미하게 감소했다고 보고했다(고선주, 옥선화, 1994; 양명숙, 1993; 이강호, 2006). 이인기(2002)는 첫아이 출산 이후 여성들의 결혼만족도가 감소하는 것은 가중된 역할로 경험하게 되는 긴장감이 육체적인 피로와 육아로 인한 가사일의 증가, 그리고 부모로서의 책임감과 개인 생활의 제약 등으로 나타나기 때문이라고 지적하였다. 이주희(2010)는 임신기의 부부 관계, 우울감, 남편의 자녀 양육 참여에 의해 첫아이 출산 후 여성의 결혼만족도를 예측할 수 있다고 하였다. 즉, 임신기의 부부 관계가 좋을수록, 그리고 우울감이 낮을수록, 남편의 자녀 양육 참여가 많을수록 첫아이 출산 후 여성의 결혼만족도가 높을 것이라는 것이다.

이처럼 부부 갈등의 주요 출처는 출산 후 배우자의 참여에 대한 기대와 남성의 실제 행동 간의 괴리다. 비록 많은 남성이 아버지됨에 대해 긍정적으로 생각하지만 일의 공정한 분배를 철저히 따르지는 않는다(Nicolson, 1990). 한국의 연구에서 남성들이 육아나 집안일로 보내는 시간은 일주일에 114분으로 두 시간이 안 되며 여성은 921분으로 약 15시간이다(김미령, 2009). 통계청이 실시하고 있는 생활시간조사에 따르면, 기혼 남성이 가정관리 및 육아 등에 사용하는 시간이 점점 증가하고 있는 것으로 보고되고 있으나, 가사와 육아에 대한 일차적인 책임은 여전히 여성의 몫으로 강조되고 있는 상황이다. 실제 2014년 통계청의 사회조사 결과에 따르면, 가사를 '공평하게 분담'해야 한다고 생각하는 비율은 47.5%로 2008년 32.4%에 비해 15.1%포인트 증가하였다. 한편, 부부가 함께 살고 있는 가구에서 평소 '공평'하게 가사를 분담하고 있다고 응답한 경우가 남편은 16.4%, 부인은 16.0%로 견해와 실태 간에 큰 차이가 있는 것으로 나타났다(통계청 사회통계국 사회통계기획과, 2014). 최근 통계청의 '한국의 사회동향 2014' 보고서에서도 한국 부부의 가사분담률은 조사대상 12개국 중 11위를 차지했다. 종합적으로 일본 남편들이 집안일에 가장 소홀한 것으로 나타났고, 한국이 그다음을 차지했다(통계청 통계개

〈표 10-1〉 가사 분담에 대한 견해   (단위 : %)

	계	부인이 주도	부인이 전적으로 책임	부인이 주로 하지만 남편도 분담	공평하게 분담	남편이 주도	남편이 주로 하지만 부인도 분담	남편이 전적으로 책임
2012년	100.0	52.0	5.3	46.7	45.3	2.7	2.2	0.4
2014년	100.0	50.2	5.3	44.9	47.5	2.3	1.9	0.4
남자	100.0	54.6	7.0	47.6	42.7	2.7	2.1	0.5
여자	100.0	45.9	3.7	42.2	52.2	1.9	1.6	0.3

출처: 통계청 사회통계국 사회통계기획과(2014).

〈표 10-2〉 가사 분담 실태(함께 살고 있는 부부)   (단위 : %)

	계	부인이 주도	부인이 전적으로 책임	부인이 주로 하지만 남편도 분담	공평하게 분담	남편이 주도	남편이 주로 하지만 부인도 분담	남편이 전적으로 책임
2014년	100.0							
남 편	100.0	80.5	25.0	55.5	16.4	3.1	2.3	0.8
부 인	100.0	81.5	29.6	51.9	16.0	2.5	2.0	0.5

출처: 통계청 사회통계국 사회통계기획과(2014).

발원 동향분석실, 2014).

　여성과 남성은 자주 자녀를 가지기 전에는 가족 역할과 가사를 나누는 데 몰입한다. 그러나 일단 부모가 되면, 여성이 자녀 돌봄과 가사 모두에 주요 책임을 지면서, 역할들은 더 성별에 따라 구분된다(Backett, 1987; Croghan, 1991; Oakley, 1979; Thompson & Walker, 1989). 문화적 이미지와 사회적 구조가 가정과 자녀는 '여성의 영역'이고 '남자는 여자의 일을 하지 않는다'라고 가르치면서 계속적으로 아버지가 아닌 어머니가 자녀에 대해 일차적인 책임을 가진다는 관념을 강화시킨다(Walzer, 1998). 또한 여성과 남성 모두 남성이 더 많이 벌기 때문에 여성이 자녀 양육과 가사일에 책임을 지고 남성이 계속해서 고용되는 것이 이치에 맞다고 주장하면서, 이러한 변화를 합리적인 의사결정의 형태로 설명하기도 한다(Croghan, 1991; Wearing, 1984). 이러한 '상식적인' 주장에도 불구하고, 여성들은 자주 전통적인 방식으로 성별 분화된 가족역할과 자신(그리고 배우자)의 평등성에 대한 기대와 양육 현실 간의 부조화에 불만을 표현한다.

　이처럼 자녀 출산 후 부부 만족도의 일부 감소는 여성이 배우자에게 바라는 수준의 지원을 얻지 못하기 때문에 발생한다(Levy-Shiff, 1994). 실제로, 적극적으로 가사 분담에 참여하는 남편에 비해 상대적으로 적극성이 떨어지는 남편의 경우, 부부간의 갈등이 더 빈번한 경향을 보였으며 더불어 부부 관계에 불만족을 표현하는 경우가 더 많았다(오제은, 2011). 가사 노동 분담에서의 남편의 적극성과 자발성에 따라서 부부 관계가 현격하게 변화하는 이유는 출산 후 스트레스 상황에 노출된 아내가 남편으로부터 정서적 돌봄을 받고 있다는 심리적 안도감과 관련이 있을 것이라는 추론을 가능하게 한다. 즉, 인생 주기에서 출산과 같은 가장 중요한 사건을 겪으면서 감당해야 하는 스트레스 상황에서 부부간의 심리·정서적 배려와 지원이 부부 관계에 매우 중요한 의미가 있음을 시사하는 결과다(오제은, 2011).

5) 부모 역할의 시작

(1) 부모행동에서의 성차와 유사성

부모 모두는 돌봄/애정, 수유, 자극과 같이, 생존과 자신들의 문화적 환경에서 유능한 참여자가 되기 위해 어린 자녀들에게 필요한 기본적인 양육과 가르침/지도를 제공할 수 있다. 이러한 기본적 유사성은 진화적으로 적응적이어서, 어느 성이든 한 부모가 적합한 돌봄의 지원을 제공할 수 없다 하더라도 유아와 아동들이 잘 자랄 수 있도록 보장한다. 신생아 자녀와 상호작용하는 아버지와 어머니를 관찰한 연구들에서 어머니와 아버지들이 명백히 유사한 형태를 보임을 발견했다. 그들은 자신의 아기를 동일하게 만지고, 보고, 소리 내고, 흔들어 주고, 뽀뽀했다(Parke & O'Leary, 1976). 단지 미소 짓기에서만 어머니가 아버지를 앞섰다. 양육자로서의 유능성은 부모가 수유 상황에서 유아의 신호를 얼마나 잘 따라가 적절히 반응하는지를 검토함으로써 평가될 수 있는데, 아버지는 신생아의 행동 변화에 민감하게 반응하는 능력에서 어머니만큼 유능했다(Parke & Sawin, 1980). 고통의 청각적인 신호—재채기, 구토, 기침—에 반응하여 아버지들은 어머니들처럼 수유 활동을 순간적으로 멈추고, 유아의 상태를 체크하기 위해 더 가까이에서 보고, 유아를 말로 어름으로써 자신의 행동을 적용시켰다.

부모가 자신의 아이와 말할 때는 더 느리게 말하고, 더 많은 반복을 사용하며, 더 짧은 문장과 더 높은 톤을 사용한다. 이러한 언어를 '엄마말(motherese, 아동 지향어, 모성어)'이라고 보편적으로 지칭하지만, 어머니만큼 아버지들도 신생아나 3개월 된 아기에게 말할 때 말의 형태에서 유사하게 특징적인 변용을 보인다(Parke, 1981). 다른 연구자들도 이와 유사한 형태의 어머니와 아버지의 유아 지향 언어를 보고하였다(Dalton-

Hummel, 1982; Golinkoff & Ames, 1979).

　　마찬가지로 유아가 어머니와 아버지 모두와 유사한 결정적 사회적 관계를 발달시킨 다는 충분한 증거가 있다. 예를 들어, 유아들은 어머니뿐 아니라 아버지와도 애착을 형성한다. Schaffer와 Emerson(1964)은 이미 수십 년 전, 유아가 어머니와 마찬가지로 아버지와 정서적 애착을 형성함을 보여 주었다. 사회적 참조에 대한 연구들은 낯선 인물에 접근하는 것과 같은 애매모호한 상황에서 정서적 재보장의 대상으로서 어머니와 마찬가지로 아버지들이 사용됨을 보여 주었다(Dickstein & Parke, 1988).

　　이러한 유사성에도 불구하고, 각 성의 부모가 전형적으로 책임지는 육아 과제, 육아의 책임을 수행할 때 부모들이 채택하는 상호작용의 스타일과 어머니와 아버지의 육아가 문화적으로 스크립트화되어 있는 정도에서, 명백한 성차가 있다. 미국뿐 아니라 영국, 호주, 프랑스, 일본과 같은 대부분의 나라에서 아버지들은 어머니들보다 자신의 아이들과 시간을 덜 보낸다(ZuZanek, 2000). 2014년 한국 인구보건복지협회 조사에 따르면, 아이와 함께하는 평균 시간을 묻는 질문에 아버지의 67.5%가 한 시간 이상이라고 답했고, 맞벌이 가정의 아버지가 외벌이 가정보다 아이와 함께한 시간이 상대적으로 길었다. 또한 아버지들은 가장 자신 있어 하는 것으로 '아이와 놀기'(51.1%), 아이를 돌볼 때 가장 힘든 점으로 '육체적으로 힘들 때'(43.0%)를 꼽았다.

　　아버지에 비해 어머니의 더 큰 관여에 대한 설명의 일부는 우리의 문화에 의해 어머니의 양육 역할이 더 의무적이고 더 명확히 스크립트화되어 있다는 것이다. 반면에 아버지의 육아는 아직 더 자유재량이고 문화에 의해 덜 명확히 스크립트되어 있고 금지되

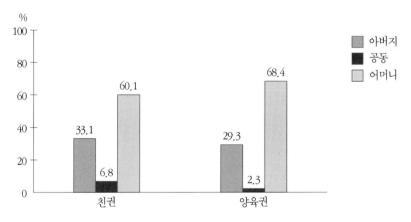

[**그림 10-1**] 이혼가정 친권자 · 양육권자 분석(서울 지역 2008년 기준, 전체 133쌍)
출처: 중앙일보(2009. 11. 30.).

어 있다. 문화적으로 어머니됨의 의무적인 성질의 큰 실례는 이혼 시 어머니에게 양육권이 조정되는 특징에 있다. 이는 법정이 어머니를 '자연의(natural)' 부모로 보는 생물학적 성향의 가정과 부분적으로는 유아와 어린 아동들은 어머니가 길러야 한다는 미성숙 연령 원칙(tender years doctrine)의 계승 때문이다(Clarke-Stewart & Brentano, 2006).

그러나 중요한 부모상으로의 인식 증가의 결과로 단독 친권을 가진 아버지의 수는 전세계적으로 지난 몇십 년 동안 증가하고 있다. 그럼에도 어머니들은 아버지들보다 이혼 후에 자녀의 삶에 개입할 더 많은 기회를 (의문이 제기됨에도) 지속적으로 가진다. 이는 어머니가 아버지보다 아이들에게 더 중심적인 사회화의 대리인이라는 문화적 가정의 광범위한 증거다.

아버지들은 유아기 때의 수유와 기저귀 갈기 같은 돌봄에, 또한 아동이 발달해 감에 따라 식사, 도시락과 옷을 제공하는 데 어머니보다 덜 참여한다. 대신, 그들은 어머니보다 자녀들과 상호작용하기 위해 이용 가능한 시간의 더 큰 비율을 놀이활동으로 소요한다(Yeung, Sandberg, Davis-Kean, & Hofferth, 2001). 어머니와 아버지 간의 놀이의 질 또한 다르다. 영아와 걸음마기 유아들에서, 아버지들의 상호작용의 특징적 형태는 각성, 흥분과 상호작용 속도의 측면에서 예측불가능한 신체 놀이다. 대조적으로, 어머니들의 상호작용적 놀이 스타일은 더 조절되어 있고 덜 각성시키는 속도다. 더구나 어머니들은 관습적인 운동 게임이나 놀잇감을 매개로 하는 활동으로 더 많이 놀아 주고 더 말을 많이 하며 교훈적이다(Clarke-Stewart, 1980; Hossain & Roopnarine, 1994; Parke, 1996, 2002). 예를 들어, 8개월 영아의 연구에서 아버지들은 놀잇감을 이용할 수 있을 때조차 더 많이 아기를 들어올렸다가 받는 시합에 참여했다(Power & Parke, 1982). 대조적으로, 어머니들은 놀잇감을 보여 주고 유아를 위해 그것을 움직이고 흔들어 줌으로써 관심을 갖게 하지만, 그것을 갑자기 쑥 내밀거나 신체적으로 자극하기 위해 사용하지는 않는다(Power & Parke, 1982). 그리고 어머니들은 놀잇감의 색깔과 형태를 명명해 줌으로써 아버지들보다 더 많은 가르치기 활동(Power & Parke, 1982)을 하는 것과 마찬가지로 더 많은 가상 놀이와 역할 놀이에 참여한다(Crawley & Sherrod, 1984). 아버지들은 딸보다 아들과 더 많은 신체 놀이에 참여하고(Jacklin, Dipietro, & Maccoby, 1984; Power & Parke, 1982), 반면에 어머니들은 아들보다 딸에게 가상 놀이를 더 많이 촉진한다(Tamis-LeMonda & Bornstein, 1991).

왜 어머니와 아버지는 다르게 놀이를 하는가? 아마도 생물학적 요인과 환경이 관련 요인인 것 같다. 유아와의 경험, 유아와 보내는 시간의 양, 그리고 한 부모가 가정하는 보편적인 책임감의 종류가 부모의 놀이 스타일에 영향을 미치는 요인이다. 예를 들어,

어머니보다 자녀와 덜 시간을 보내는 결과로서, 아버지는 더 제한된 상호작용 시간을 보상하고 자신의 특출함을 증가시키기 위한 방식으로 자녀를 각성시키는 독특한 스타일을 사용할 수 있다.

(2) 부모행동의 생물학적 결정 요인

육아 행동은 명백하게 진화와 생물학적 과정에 의해 영향받는다. 진화이론가들은 여성의 양육 활동에서의 더 큰 투자가 부분적으로 남성에 비해 여성의 생식 주기가 더 짧고 그렇기에 더 적은 수의 아이들을 가지는 사실 때문이라고 주장한다(Bjorklund & Pelligrini, 2000). 더구나 여성들은 임신, 출산과 이후의 육아 경험 동안 호르몬 형태에서 모성 행동을 '발화시키는' 다양한 생물학적 변화를 겪는다. 예를 들어, 코르티솔, 에스트라디올과 프로게스테론은 임신 기간에 증가하고 출생 시 감소하며, 옥시토신과 프로락틴의 수준은 아기의 출산을 전후해 증가한다. 상당한 증거들이 이러한 변화하는 호르몬 형태들이 유아에 대한 어머니의 반응과 관련된다고 제안한다(Corter & Fleming, 2002). 이러한 호르몬 효과의 예시로, 모유 수유를 하는 어머니는 인공 수유를 하는 어머니들보다 유아의 울음에 반응하여 옥시토신 수준에서 증가를 보였고 유아를 향해 더 긍정적인 행동을 보였다(Carter & Altemus, 1997). 유사하게, 더 높은 코르티솔 수준의 어머니들은 더 낮은 수준의 어머니들보다 유아를 향해 더 애정적이고 자극하는 행동을 나타냈고 유아의 체취를 인식하는 데 우월했으며 유아의 울음에 더 감정이입적으로 반응했다(Fleming, Ruble, Krieger, & Wong, 1997; Stallings, Fleming, Corter, Worthman, & Steiner, 2001). 명확히 이러한 생물학적 준비는 유아와 아동들에 대한 더 높은 수준의 어머니의 개입을 설명하는 하나의 이유가 될 수 있다(Corter & Fleming, 2002).

반면, 아버지의 행동을 형성하는 생물학적 요인들에 대한 인식은 최근까지 소홀했다. 초기의 증거는 호르몬이 쥐나 인간 중 어디에서도 부성 행동에 필요한 역할을 하지 않는다고 제안하였다(Lamb, 1976). 그러나 더 최근의 증거들은 쥐 이외의 다른 포유동물 종에서 이 논제를 검토함으로써 호르몬 수준이 부성 행동에서 중요하지 않다는 가정에 도전하였다. 연구자들은 갯과 동물 같은 선천적 부성 종에서 수컷이 부성 행동의 시작 이전과 새끼와 접촉하는 동안 프로락틴의 증가와 테스토스테론의 감소를 포함한 호르몬 변화를 경험함을 발견했다(Fleming & Li, 2002; Rosenblatt, 2002). 또한 인간 종의 아버지들도 임신과 출산 동안 호르몬 변화를 겪는다. Storey, Walsh, Quinton과 Wynne-Edwards(2000)는 남성이 3가지 호르몬, 즉 프로락틴, 코르티솔과 테스토스테론 각각에서 출산

전, 출산 당시와 출산 후 의미 있는 변화를 경험함을 발견했는데, 이는 그들의 연구에서 발견한 여성들의 결과와 유사한 형태였다.

Fleming, Corter, Stallings와 Steiner(2002)는 테스토스테론의 기저선 수준이 더 낮은 아버지들이 기저선 수준이 더 높은 남성들보다 유아의 울음을 들을 때 더 많이 감정이입을 하고 반응하려는 더 큰 욕구를 보임을 발견했다. 더구나 프로락틴 수준이 더 높은 아버지들은 유아의 울음에 대한 반응이 더 긍정적이고 민감하다. 또한 테스토스테론 수준의 더 큰 하락을 보고한 남성들이 더 많은 임신, 또는 쿠바드 증후군(couvade symptoms: 아내가 임신 중에 그 남편이 구역질 등, 이른바 입덧과 같은 증상을 나타내는 것을 말하고 일종의 심신증으로 간주되는 상태)을 보고하였다(Parke, 2013). 또한 Storey 등(2000)은 "임신 후기와 분만 동안의 코르티솔의 증가는 신입 아버지들이 신생아들에게 초점을 두고 애착하도록 도울 수 있다."라고 주장하였다.

남성의 호르몬 수준의 변화는 배우자의 호르몬 수준과도 관련된다. 여성의 호르몬 수준은 분만까지 남아 있는 시간과 밀접히 연관되나, 남성들의 호르몬 수준은 배우자의 호르몬 수준과 관련된다(Parke, 2013). 이는 부부 관계의 질이 영아기 자녀에 대한 아버지의 관여와 관련되는 것처럼 임신한 배우자와의 접촉이 아버지의 반응에 영향을 미칠 수 있음을 보여 준다. 이에 대해 임신 동안 배우자 간의 친밀감이 호르몬 변화를 자극하고, 결과적으로 아기를 향한 더 많은 양육성과 연관되는 것으로 관련성을 가정할 수 있다. 따라서 생물학적 효과의 작용을 이해하는 데 사회적 변인들을 고려할 필요가 있다.

경험 또한 역할을 한다. 아기에 대해 더 많은 경험이 있는 아버지들은 신입 아버지들보다 낮은 테스토스테론과 더 높은 프로락틴 수준을 보인다(Corter & Fleming, 2002). 이러한 관점은 행동 변화가 호르몬 변화를 이끌 수 있고, 역으로도 가능한, 호르몬과 행동 간의 연관성의 역동적이거나 상호교류적인 성질을 인식시킨다.

(3) 부모행동의 심리 · 사회적 결정 요인

개인적 수준에서 아버지와 어머니 측면에서의 부모 역할에 대한 태도, 역할정체성과 지각된 유능감이 부모의 관여 행동의 양과 질을 예측한다(Beitel & Parke, 1998; Rane & McBride, 2000). 예를 들어, 더 자유로운 성 역할 개념을 가진 남성(Bonney, Kelley, & Levant, 1999), 아버지 역할을 중히 여기는 남성(Beitel & Parke, 1998)과 양육 역할을 자신의 자기정체성의 핵심으로 여기는 남성(Rane & McBride, 2000)들이 육아에 더 많이 개입하였다. 유사하게, 어머니의 역할을 가치 있게 여기고 자신의 자기개념의 중요 부분으로 이를 보는 여성이 더 많이 관여하는 어머니였다(Barnard & Solchany, 2002). 지각된 육아 유능성에서의 개인차 또한 마찬가지로 부모 관여와 관련되었다(Parke, 2013).

아버지의 육아 개입에는 어머니의 태도와 부부 관계를 포함한 가족 수준의 변인들이 또한 관련될 수 있다. 특히 어머니의 태도는 아버지의 육아 참여를 결정하는 요인으로 고려될 필요가 있다. 여성의 직장 참여 증가에도 불구하고 많은 어머니가 아직 집안 문제에서 아버지의 관여에 대해 양가적 감정을 느낀다. 어머니의 양육 행동 관리(gatekeeping)에 대한 연구 작업은 아버지의 개입을 향한 어머니의 태도가 아버지의 관여의 수준을 억제할 수 있다고 제안한다(Allen & Mulligan, 1999; Beitel & Parke, 1998). 어머니의 양육 행동 관리란 아버지의 양육 행동이나 참여를 조절하는 어머니의 양육 신념과 행동으로서, Schoppe-Sullivan, Brown, Cannon, Mangelsdorf와 Sokolowsky(2006)는 어머니의 격려가 많을수록 아버지의 양육 참여가 증가하고 질 높은 양육 행동을 한다고 하였다.

가족체계 관점에서 부부 관계 또한 고려될 필요가 있다. 미국(Dickie & Matheson, 1984)과 일본(Durrett, Otaki, & Richards, 1984) 문화에서의 여러 연구는 아버지가 어머니에게 제공하는 정서적·사회적 지원이 어머니의 양육 유능감과, 유아-부모 애착의 질 측정 모두의 지표에 관련된다는 결론을 지지한다. 다른 증거들 또한 부부 관계의 질이 아버지의 육아 관여와 관련된다고 제안한다(Booth & Amato, 1994; Coley & Chase-Lansdale, 1999; Cummings, Goeke-Morey, & Raymond, 2004). 결혼만족도가 높은 아버지들은 불행한 부부 관계의 아버지들보다 육아 활동에 더 많이 관여한다(Cummings et al., 2004). 더구나 증거들은 아버지-아동의 관계가 결혼의 질에 의해 어머니-아동의 관계보다 더 많이 변화된다고 제시한다(Belsky, 1984). 특히 아버지의 경우, 어머니보다 더 결혼생활과 자녀 양육 행동 간의 밀접한 관련성이 보고되었다(Belsky, Youngblade, Rovine, & Volling, 1991).

많은 요인이 이러한 관련성을 설명하는 데 도움을 줄 수 있다. 첫째, 아버지의 참여 수준이 부분적으로 어머니가 참여를 허락하는 정도에 의해 결정된다는 증거가 있다(Allen & Mulligan, 1999; Beitel & Parke, 1998). 둘째, 아버지의 역할은 어머니의 역할보다 모호하게 정의되기 때문에, 여성 배우자의 지지는 적합한 역할 행동의 경계를 확고히 하는 것을 돕는 데 기여한다. 셋째, 남성들은 아동기의 사회화 동안 돌봄 활동의 중심적인 기술을 습득하고 연습할 기회를 더 적게 가지므로, 어머니들로부터의 정보 지원에서 더 많은 이득을 얻기도 한다(Parke & Brott, 1999). 채진영(2011) 또한 아버지의 역할이 성공적인 결혼생활과 관련되어 있는데, 원만한 부부 관계에서는 자녀 양육에 대한 대화를 많이 하고 자녀 양육에 대한 정보 교환이나 정서적 지지를 많이 하기 때문이라고 보았다.

부모 간의 많은 유사성이 진화적으로 실용적이고, 한 명의 부모를 상실할 경우 아이를 위해 실제적이고 보호적인 이득을 제공하는 것은 분명하다. 동시에, 어머니와 아버지의 부모 상호작용 형태에는 차이점이 있다. 증거들은 어머니와 아버지의 다른 상호작용 형태가 자녀의 인지와 사회적 능력에 중요한 다른 종류의 인지-언어적 기술과(또는) 정서적 조절 기술을 학습할 독특한 기회를 제공할 수 있음을 제안한다.

 이 장의 요약

비록 자녀가 없는 기혼여성의 비율이 계속 증가하고 있으나, 더 많은 여성이 자녀를 가진다. 이는 어머니가 되는 것이 깊은 즐거움, 친밀감과 통찰을 가져온다는 것을 발견하기 때문이다. 자신의 아기를 돌보고 안으면서 여성은 사랑의 새로운 차원을 발견한다. 동시에 모든 여성은 새로운 어머니됨이 가져오는 어려움을 경험한다. 어머니가 되는 것은 삶의 모든 것을 변화시키면서 소진감, 과중한 역할, 고립감, 죄책감, '이상적인 어머니'가 되는 것에 실패함으로써 얻는 실망감과 같은 부정적인 측면을 가질 수 있다. 또한 결혼한 여성들과 남성들은 자녀를 가지기 전에는 가족 역할과 가사를 나누는 데 몰입하나, 일단 부모가 되면 여성이 자녀 돌봄과 가사 모두에 주요 책임을 지면서, 역할들이 성별에 따라 구분된다. 그러므로 자녀의 탄생은 일반적으로 남성보다 여성에게서 부부 만족도를 감소시킨다.

그러나 아버지와 어머니 모두 생존과 자신들의 환경에서 유능한 참여자가 되기 위해 자녀들이 필요한 기본적인 양육과 가르침/지도를 제공할 수 있다. 동시에, 어머니와 아버지의 부모-아동 상호작용 형태에는 차이점이 있다. 아버지들은 어머니보다 자녀들과 상호작용하기 위해 이용 가능한 시간의 더 큰 비율을 놀이 활동으로 소요하고, 놀이의 질 또한 다르다. 이러한 차이점과 유사성 패턴들은 고정된 것이 아닌 다양한 생물학적·사회적·문화적·역사적 요인들의 함수로 변화를 겪을 수 있다.

참 ┊ 고 ┊ 문 ┊ 헌

강민철, 김수임, 김동민(2010). 산후우울증 유병률 및 관련요인에 대한 메타연구: 사회적 지지와 양육스트레스를 중심으로. 상담학연구, 13(1), 149-168.

고선주, 옥선화(1994). 부모기로의 전이에 관한 연구 III: 부모기 전이후의 긴장감, 만족감과 자녀양육분담. 대한가정학회지, 32(5), 83-96.

김미령(2009). 연령대에 따른 결혼만족도 차이 및 영향요인 비교. 한국가족복지학, 26, 35-62.

김승권, 박종서, 김유경, 김연우, 최영준, 손창균, 윤아름(2012). 2012년 전국 결혼 및 출산 동향 조사. 보건복지부 한국보건사회연구원 정책보고서 2012-88. 세종: 한국보건사회연구원.

박우영(2008). 산후우울장애의 유병률 및 예측인자. 전남대학교 대학원 석사학위 논문.

양명숙(1993). 부모전환기에서의 역할연구(1): 부모역할관에 대하여 첫째자녀와 둘째 자녀를 출산하는 한국의 부모를 중심으로. 대한가정학회지, 31(4), 53-66.

오제은(2011). 첫 아이 출산 후 남편이 경험한 가족관계 변화에 대한 현상학적 연구. 대한가정학회지, 49(8), 73-83.

이강호(2006). 가족생활주기별 결혼만족도 영향요인에 관한 연구. 목원대학교 대학원 석사학위논문.

이인기(2002). 부모 전이기 어머니의 어려움 관련 변인. 연세대학교 대학원 석사학위 논문.

이주희(2010). 첫 자녀 출산 후 기혼여성의 결혼만족도에 영향을 미치는 변인들. 부산대학교 대학원 석사학위 논문.

채진영(2011). 아버지의 양육행동에 영향을 미치는 변인에 관한 연구. 한국가정관리학회지, 29(5), 75-83.

통계청 사회통계국 사회통계기획과(2014). 2014년 사회조사 결과(가족·교육·보건·안전·환경). 대전: 통계청.

통계청 통계개발원 동향분석실(2014). 한국의 사회동향 2014. 대전: 통계청.

한양대학교 건강증진사업지원단(2010). 산전, 산후 우울증 실태조사 및 발생률 감소 등 정책방안 모색. 건강증진연구사업(정책 10-39).

Alexander, L. L., LaRosa, J. H., Bader, H., & Garfield, S. (2004). *New dimensions in women's health* (3rd ed.). Sudbury, MA: Jones and Bartlett.

Allen, J., & Mulligan, G. (1999). Maternal gatekeeping: Mothers' beliefs and behaviors that inhibit greater father involvement in family work. *Journal of Marriage and Family, 61*, 199-212.

Arber, S., & Ginn, J. (1991). *Gender and later life: A sociological analysis of resources and constraints.* London: Sage.

Backett, K. (1987). The negotiation of fatherhood. In C. Lewis & M. O'Brien (Eds.), *Reassessing fatherhood: New observation on fathers and the modern family* (pp. 74-90). London: Sage.

Barnard, K., & Solchany, J. (2002). Mothering. In M. Bornstein (Ed.), *Handbook of Parenting* (Vol. 2, 2nd ed., pp. 3-26). Mahwah, NJ: Lawrence Erlbaum.

Bartlett, S. J., Krishnan, J. A., Riekert, K. A., Butz, A. M., Malveaux, F. J., & Rand, C. S. (2004). Maternal depressive symptoms and adherence to therapy in inner-city children with asthma. *Pediatrics, 113*, 229-237.

Baylies, C. (1996). Diversity in patterns of parenting and household formation. In E. B. Silvia (Ed.), *Good enough mothering? Feminist perspectives on lone motherhood* (pp. 76-96). London: Routledge.

Beitel, A., & Parke, R. (1998). Paternal involvement in infancy: The role of maternal and paternal attitudes. *Journal of Family Psychology, 12*, 266-268.

Belsky, J. (1984). The determinants of parenting: A process model. *Child Development, 55*, 83-96.

Belsky, J. Lang, M. E., & Rovine, M. (1985). Stability and change in marriage across the transition to parenthood: A second study. *Journal of Marriage and Family, 47*, 855-865.

Belsky, J., Youngblade, L., Rovine, M., & Volling, B. (1991). Patterns of marital change and parent child interaction. *Journal of Marriage and Family, 53*(2), 487-498.

Bergum, V. (1997). *A child on her mind: The experience of becoming a mother.* Westport, CT: Bergin & Garvey.

Bernard, J. (1974). *The future of motherhood.* New York: Penguin.

Betz, N. (1993). Women's career development. In F. I. Denmark & M. A. Paludi (Eds.), *Psychology of women: A handbook of issues and theories* (pp. 627-684). Westport, CT: Greenwood Press.

Bjorklund, D. F., & Pellegrini, A. D. (2000). Child development and evolutionary psychology. *Child Development, 71*, 1687-1708.

Blasko, D. G., O'Brien, E. J., Huester, M. T., & O'Brien, J. P. (1989). Sex differences in the effects of pregnancy status on perceptions of personality and business success. Paper presented at the meeting of the American Psychological Association, New Orleans, LA.

Bonney, J., Kelly, M., & Levant, R. (1999). A model of father's involvement in child care in dual-earner families. *Journal of Family Psychology, 13*, 401-415.

Booth, A., & Amato, P. (1994). Parental marital quality, divorce and relations with offspring in young adulthood. *Journal of Marriage and Family, 56*, 21-34.

Burke, P. J., & Cast, A. D. (1997). Stability and change in the gender identities of newly married couples, *Social Psychology Quartely, 60*(4), 227-290.

Caplan, P. J. (2000). *The new don't blame mother: Mending the mother-daughter relationship.* New York: Routledge.

Caplan, P. J. (2001). Motherhood: Its changing face. In J. Worell (Ed.), *Encyclopedia of women and gender* (pp. 783-794). San Diego: Academic Press.

Caplan, P. J., & Caplan, J. B. (2009). *Thinking critically about research on sex and gender* (3rd ed.). Boston, MA: Pearson.

Carter, C., & Altemus, M. (1997). Integrative functions of lactational hormones in social behavior and stress management. *Annals of the New York Academy of Sciences, Integrative Neurobiology of Affiliation, 807*, 164-174.

Chodorow, N. (1978). *The reproduction of mothering*. Berkeley, CA: University of California Press.

Clarke-Stewart, K. (1980). The father's contribution to children's cognitive and social development in early childhood. In F. Pedersen (Ed.), *The father-infant relationship* (pp. 111-146). New York: Praeger.

Clarke-Stewart, K., & Brentano, C. (2006). *Divorce: Causes and consequences*. New Heaven, CT: Yale University Press.

Coley, R., & Chase-Lansdale, P. (1999). Stability and change in paternal involvement among urban African-American fathers. *Journal of Family Psychology, 13*, 416-435.

Coll, C. G., Surrey, J. L., & Weingarten, K. (Eds.). (1998). *Mothering against the odds: Diverse voices of contemporary mothers*. New York: Guilford Press.

Condon, J. T., & Corkindale, C. (1997). The correlates of antenatal attachment in pregnant women. *British Journal of Medical Psychology, 70*, 359-372.

Corter, C., & Fleming, A. (2002). Psychobiology of maternal behavior in human beings. In M. Bornstein (Ed.), *Handbook of Parenting* (Vol. 2, 2nd ed., pp. 141-182). Mahwah, NJ: Lawrence Erlbaum.

Crawford, M., & Unger, R. (2004). *Women and gender: A feminist psychology* (4th ed.). Boston, MA: McGraw-Hill.

Crawley, S., & Sherrod, K. (1984). Parent-infant play during the first year of life. *Infant Behavior and Development, 7*, 65-75.

Croghan, R. (1991). First-time mothers' accounts of inequality in the division of labour. *Feminism & Psychology, 1*, 221-246.

Cummings, E., Goeke-Morey, M., & Raymond, J. (2004). Fathers in family context: Effects of marital quality on child adjustment. In M. Lamb (Ed.), *The Role of the Father in Child Development* (4th ed.). New York: John Wiley.

Currie, D. (1988). Re-thinking what we do and how we do it: A study of reproductive decisions. *Canadian Revue of Sociology and Anthropology, 25*, 231-253.

Cutrona, C. E. (1982). Nonpsychotic postpartum depression: A review of recent research. *Clinical Psychology Review, 2*, 487-503.

Dickie, J., & Matheson, P. (1984). Mother-father-infant: Who needs support? Paper presented at the meeting of the American Psychological Association, August 1984, Toronto, Ontario.

Dickstein, S., & Parke, R. (1988). Social referencing: A chance at fathers and marriage. *Child Development, 59*, 506-511.

DiPietro, J. A. (2004). The role of prenatal maternal stress in child development. *Current Directions in Psychological Science, 13*, 77-74.

Douglas, S. J., & Michaels, M. W. (2004). *The mommy myth: The idealization of motherhood and how it has undermined women.* New York: Free Press.

Durrett, M., Otaki, M., & Richards, P. (1984). Attachment and the mother's perception of support from the father. *International Journal of Behavioral Development, 7*, 167-176.

Ex, C. T. G. M., & Janssens, J. M. A. M. (2000). Young females' images of motherhood. *Sex Roles, 43*, 855-890.

Feeney, J. A., Hohaus, L., Noller, P., & Alexander, R. P. (2001). *Becoming parents: Exploring the bonds between mothers, fathers, and their infants.* New York: Cambridge University Press.

Fleming, A., & Li, M. (2002). Psyhobiology of maternal behaviors and its early determinants in nonhuman mammals. In M. Bornstein (Ed.), *Handbook of Parenting* (Vol. 2, 2nd ed., pp. 61-98). Mahwah, NJ: Lawrence Erlbaum.

Fleming, A., Corter, C., Stallings, J., & Steiner, M. (2002). Testosterone and prolactin are associated with emotional responses to infant cues in new fathers. *Hormones and Behavior, 42*, 399-413.

Fleming, A., Ruble, D., Krieger, H., & Wong, P. (1997). Hormonal and experimental correlates of maternal responsiveness during pregnancy and the puerperium in human mothers. *Hormones and Behavior, 31*, 145-158.

Galinsky, E., & Bond, J. (1996). Work and family. The experiences of mothers and fathers in the U.S. labor force. In C. Costello & B. K. Krimgold (Eds.), *The American Woman 1996-1997. Where We Stand: Women and Work* (pp. 79-103). New York: Norton.

Ganong, L. H., &. Coleman, M. (1995). The content of mother stereotypes. *Sex Roles, 32*, 495-572.

Genevie, L. E., & Margolies, E. (1987). *The motherhood report.* New York: Macmillan.

Gerson, K. (1985). *Hard choices: How women decide about work, careers and motherhood.* Berkeley, CA: University of California Press.

Gerson, M-J. (1986). The prospect of parenthood for women and men. *Psychology of Women Quarterly, 10*, 49-62.

Gerson, M-J., Berman, L. S., & Morris, A. M. (1991). The value of having children as an aspect of adult development. *Journal of Genetic Psychology, 152*, 327-339.

Gilbert, L. A. (1994). Reclaiming and returning gender to context: Examples from studies of heterosexual dual-earner families. *Psychology of Women Quarterly, 18*, 539-558.

Glenn, E. M., Chang, G., & Forcey, L. R. (Eds.). (1994). *Motherhood: Ideology, experience and agency*. New York: Routledge.

Golinkoff, R., & Ames, C. (1979). A comparison of fathers' and mothers' speech to their young children. *Child Development, 50*, 28–32.

Hays, S. (1996). *The cultural contradictions of motherhood*. New Haven, CT: Yale University Press.

Hoffnung, M. (1989). Motherhood: Contemporary conflict for women. In J. Freeman (Ed.), *Women: A feminist perspective* (4th ed., pp. 157–175). Mountain View, CA: Mayfield.

Hoffnung, M. (1995). Motherhood: Contemporary conflict for women. In J. Freeman (Ed.), *Women: A feminist perspective* (5th ed., pp. 162–181). Mountain View, CA: Mayfield.

Hossain, Z., & Roopnarine, L. (1994). African–American father involvement with infants: Relationship to their functional style, support, education and income. *Infant Behavior and Development, 17*, 175–184.

Hrdy, S. (1999). *Mother nature: A history of natural selection, mothers, and infants*. New York: Pantheon.

Hunter College Women's Studies Collective. (1993). *Women's Choices* (2nd ed.). New York: Oxford University Press.

Hunter College Women's Studies Collective. (1995). *Women's realities, women's choices* (2nd ed.). New York: Oxford University Press.

Ireland, M. S. (1993). *Reconceiving motherhood: Separating motherhood from female identity*. New York: Guilford Press.

Jacklin, C., DiPietro, J., & Maccoby, E. (1984). Sex typing behavior and sex typing pressure in child/parent interaction. *Archives of Sexual Behavior, 13*, 413–425.

Johnston, D. D., & Swanson, D. H. (2003). Undermining mothers: A content analysis of the representation of mothers in magazines. *Mass Communication & Society, 6*, 243–265.

Johnston, D. D., & Swanson. D. H. (2008). Where are the mommies? A content analysis of women's magazines. In L. B. Arnold (Ed.), *Family communication: Theory and research* (pp. 395–403). Boston, MA: Pearson.

Johnston–Robledo, I. (2000). From postpartum depression to the empty nest syndrome: The motherhood mystique revisited. In J. C. Chrisler., C. Golden, & P. D. Rozee (Eds.), *Lectures on the psychology of women* (pp. 129–148). Boston, MA: McGraw-Hill.

Johnston–Robledo, I., & Barnack, J. (2004). Psychological issues in childbirth: Potential roles for psychotherapists. *Women & Therapy, 27*, 133–150.

Kaplan, P. S., Bachorowski, J., Smoski, M. J., & Hudenko, W. J. (2002). Infants of depressed mothers, although competent learners, fail to learn in response to their own mothers' infant-directed speech. *Psychological Science, 13*, 268–271.

Kendall-Tackett, K. A. (2005). *Depression in new mothers: Causes, consequences, depression.* Cambridge, MA: Harvard University Press.

Lamb, M. (1976). Effects of stress and cohort on mother and father–infant interaction. *Developmental Psychology, 12*, 435–443.

Larson, R. W., Richards, M. H., & Perry-Jenkins, M. (1994). Divergent worlds: The daily emotional experience of mothers and fathers in domestic and public spheres. *Journal of Personality and Social Psychology, 67* (6), 1034–1046.

Leifer, M. (1980). *Psychological effects of motherhood.* New York: Praeger.

Levy-Shiff, R. (1994). Individual and contextual correlates of marital change across the transition to parenthood. *Developmental Psychology, 30*, 591–601.

Lobel, M., Hamilton, J. G., & Cannella, D. T. (2008). Psychosocial perspectives on pregnancy: Prenatal maternal stress and coping. *Social and Personality Psychology Compass, 2*, 1–24.

Matlin, M. (2012). *The psychology of women* (7th ed.). Belmont, CA : Wadsworth.

Mauthner, N. S. (2002). *The darkest days of my life: Stories of postpartum depression.* Cambridge, Mass: Harvard University Press.

Miller, L. J. (2002). Postpartum depression. *JAMA, 287*, 762–765.

Morell, C. (2000). Saying no: Women's experiences with reproductive refusal. *Feminism and Psychology, 10*, 313–322.

Nicolson, P. (1990). Understanding postnatal depression: A mother-centred approach. *Journal of Advances Nursing, 15* (6), 689–695.

Nicolson, P. (1998). *Post natal depression: Psychology, science and the transition to motherhood.* London: Routledge.

O'Hara, M. W., & Stuart, S. (1999). Pregnancy and postpartum. In R. G. Robinson & W. R. Yates (Eds.), *Psychiatric treatment of the medically ill* (pp. 253–277). New York: Marcel Dekker.

O'Hara, M. W., Zekoski, E. M., Philipps, L. H., & Wright, E. J. (1990). Controlled prospective study of postpartum mood disorders: Comparison of childbearing and nonchildbearing women. *Journal of Abnormal Psychology, 99*, 3–15.

Oakley, A. (1974). *The sociology of housework.* London: Robertson.

Oakley, A. (1979). *Becoming a mother* (also called *From here to maternity*). Harmondsworth, Harmondsworth: Penguin.

Parke, D. B., & Sawin, R. D. (1979). Fathers' affectionate stimulation and caregiving behavior with newborn infants. *Family Coordinator, 28*(4), 509-514.

Parke, R. (1981). *Fathers.* Cambridge, MA: Harvard University Press.

Parke, R. (1996). *Fatherhood.* Cambridge, MA: Harvardm University Press.

Parke, R. (2002). Fathers and families. In M. Bornstein (Ed.), *Handbook of Parenting* (Vol. 3, 2nd ed., pp. 27-73). Mahwah, NJ: Lawrence Erlbaum.

Parke, R. (2013). Gender differences and similarities in parental behavior. In W. Wilcox & K. Kline (Eds.), *Gender and parenthood* (pp. 120-163). New York: Columbia University Press.

Parke, R. D., & Buriel, R. (1998). Socialization in the family: Ethnic and ecological perspectives. In W. Damon (Editor-in chief), & I. Sigel, & K. A. Renninger (Vol. Eds), Handbook of child psychology: vol. 4, *Child Psychology in Practice* (5th ed., pp. 463-552). New York: Wiley.

Parke, R., & Brott, A. (1999). *Throwaway Dads.* Boston, MA: Houghton-Mifflin.

Parke, R., & O'Leary, S. (1976). Family interaction in the newborn period: Some findings, some observations, and some unresolved issues. In K. Riegel & J. Meacham (Eds.), *The developing individual in a changing world: Social and environmental issues* (Vol. 2, pp. 633-663). The Hague: Mouton.

Parke, R., & Sawin, D. (1980). The family in early infancy: Social, interactional, and attitudinal analyses. In F. Pedersen (Ed.), *The father-infant relationship: Observational studies in a family context* (pp. 44-70). New York: Prager.

Pfost, K. S., Lum, C. U., & Stevens, M. J. (1989). Feminity and work plans protect women against postpartum dysphoria. *Sex Roles, 21*, 423-431.

Philipp, D. A., & Carr, M. L. (2001). Normal and medically complicated pregnancies. In N. L. Stotland & D. E. Stewart (Eds.), *Psychological aspects of women's health care: The interface between psychiatry and obstetrics and gynecology* (2nd ed., pp. 13-32). Washington, DC: American Psychiatric Publishing.

Phillips, S. D., & Imhoff, A. R. (1997). Women and career development: A decade of research. *Annual Review of Psychology, 48*, 31-59.

Power, T., & Parke, R. (1982). Play as a context for early learning: Lav and home analyses. In L. Laosa & I. Siegel (Eds.), *The family as a learning environment* (pp. 147-178). New York: Plenum.

Quindlen, A. (2005). The good enough mother. *Newsweek, 145*(8), 50-51.

Ragozin, A. S., Bashman, R. B., Crnic, K. A., Greenberg, M. T., & Robinson, N. M. (1982). Effects of maternal age on parenting role. *Developmental Psychology, 18*, 627-634.

Rane, T., & McBride, B. (2000). Identity theory as a guide to understanding fathers' involvement with their children. *Journal of Family Issues, 21,* 347–366.

Reskin, B., & Pakavic, I. (1982). *Women and men at work.* London: Pine Forge Press.

Rider, E. A. (2000). *Our voices: Psychology of women.* Belmont, CA: Wadsworth.

Robinson, G. E., & Stewart, D. S. (2001). Postpartum disorders. In N. L. Stotland & D. E. Stewart (Eds.), *Psychological aspects of women's health care* (2nd ed., pp. 117–139). Washington, DC: American Psychiatric Press.

Rosenblatt, J. (2002). Hormonal basis of parenting in mammals. In M. Bornstein (Ed.), *Handbook of Parenting* (Vol. 2, pp. 3–25). Mahwah, MJ: Lawrence Erlbaum.

Rowland, R. (1987). Technology and motherhood: Reproductive choice reconsidered. *Signs: Journal of Women in Culture and Society, 12,* 512–528.

Russo, N. F. (1976). The motherhood mandate. *Journal of Social Issues, 32,* 143–153.

Russo, N. F. (1979). Overview: Sex roles, fertility, and the motherhood mandate. *Psychology of Women Quarterly, 4,* 7–15.

Russo, N. F., & Tartaro, J. (2008). Women and mental health. In F. L. Denmark & M. A. Paludi (Eds.), *Psychology of women: A handbook of issues and theories* (2nd ed., pp. 440–483). Westport, CT: Praeger.

Sanchez, L., & Thomson, E. (1997). Becoming mothers and fathers: Parenthood, fender, and the division of labor. *Gender & Society, 11*(6), 747–772.

Schaffer, H., & Emerson, P. (1964). The development of social attachment in infancy. *Monographs of the Society for Research in Child Development, 29*(3, Serial No. 94).

Schoppe-Sullivan, S. J., Brown, G. L., Cannon, E. A., Mangelsdorf, S. C., & Sokolowsky, M. S. (2006). Maternal gatekeeping coparenting quality, and fathering behavior in families with infants. *Journal of Family Psychology, 22*(3), 389–398.

Seegmiller, B. (1993). Pregnancy. In F. Denmark & N. Paludi (Eds.), *Psychology of women: A handbook of issues and theories* (pp. 437–474). Westport, CT: Greenwood.

Shields, S. A., Steinke, P., & Koster, B. A. (1995). The double bind of caregiving: Representation of gendered emotion in American advice literature. *Sex Roles, 33,* 467–488.

Simkin, P., Whalley, J., Keppler, A., Durham, J., & Bolding, A. (2008). *Pregnancy, child birth and the newborn: The complete guide.* New York: Simon & Schuster.

Sparks, E. E. (1996). Overcoming stereotypes of mothers in the African–American context. In K. F. Wyche & F. F. Crosby (Eds.), *Women's ethnicities: Journeys through psychology* (pp. 67–85). Boulder CO: Westview Press.

Stallings, J., Fleming, A., Corter, C., Worthman, C., & Steiner, M. (2001). The effects of infant cries and odors on sympathy, cortisol, and autonomic responses in new mothers and nonpostpartum women. *Parenting: Science and Practice, 1,* 71–100.

Stanton, A. L., & Danoff-Burg, S. (1995). Selected issues in women's reproductive health: Psychological perspectives. In A. L. Stanton & S. J. Gallant (Eds.). *The psychology of women's health: Progress and challenges in research and application* (pp. 261–305). Washington, DC: APA.

Stanton, A. L., & Dunkel-Schetter, C. (1991). Psychological adjustment to infertility: An overview of conceptual approaches. In A. L. Stanton & C. Dundel-Schetter (Eds.), *Infertility: Perspectives from stress and coping research* (pp. 3–16). New York: Plenum.

Stanworth, M. (1987). *Reproductive technologies: Gender, motherhood and medicine.* Cambridge: Polity.

Stanworth, M. (1990). Birth pangs: Conceptive technologies and the threat to motherhood. In M. Hirsch & E. F. Keller (Eds.), *Conflicts in feminism* (pp. 288–304). New York: Routledge.

Stern, D., & Bruschweiler-Stern, N. (1998). *The birth of an mother.* New York: Basic Books.

Storey, A., Walsh, C., Quinton, R., & Wynne-Edwards, K. (2000). Hormonal correlates of paternal responsiveness in new and expectant fathers. *Evolution and Human Behavior, 21,* 79–95.

Streigel-Moore, R. H., Goldman, S. L., Garvin, V., & Rodin, J. (1996). Within-subjects design: Pregnancy changes both body and mind. In F. E. Donelson (Ed.), *Women's experiences: A psychological perspective* (pp. 430–437). Mountain View, CA: Mayfield.

Swanson, D. H., & Johnston, D. D. (2003). Mothering in the ivy tower: Interviews with academic mothers. *Journal of the Association for Research on Mothering, 5,* 63–75.

Tamis-Lemonda, C. S., & Bornstein, M. H. (1991). Language, play, and attention at one year. *PsycSCAN: Developmental Psychology, 12,* 34–46.

The Boston Women's Health Book Collective. (2011). *Our bodies, ourselves.* New York: A Touchstone Book.

Thompsonm, L., & Walker, A. J. (1989). Gender in families: Women and men in marriage, work and parenthood. *Journal of Marriage and the Family, 51,* 845–871.

Treadway, C. R., Kane, F. J., Jarrahi-Zadeh, A., & Lipton, M. A. (1969). A psycho-endocrine study of pregnancy and puerperiun. *American Journal of Psychiatry, 125,* 1380–1386.

Ussher, J. (1989). *The psychology of the female body.* London: Routledge.

Walzer, S. (1998). *Thinking about the baby: Gender and transitions into parenthood.* Philadelphia, PA: Temple University.

Warner, J. (2005). The myth of the perfect mother. *Newsweek, 145*(1), 42–47.

Wearing, B. (1984). *The ideology of motherhood.* Sydney: Allen & Urwin.

Webb, D. A., Bloch, J. R., Coyne, J. C., Chung, E. K., Bennett, I. M., & Culhane, J. F. (2008). Postpartum physical symptoms in new mothers: Their relationship to functional limitations and emotional wellbeing. *Birth, 35*, 779–787.

White, L., & Edwards, J. N. (1990). Emptying the nest and parental well-being: An analysis of national panel data. *American Sociological Review, 55*, 235–242.

Woollett, A. (1991). Having children: Accounts of childless women and women with reproductive problems. In A. Phoenix, A. Woollett, & E. Lloyd (Eds.), *Motherhood: Meanings, practices and ideologies* (pp. 47–65). London: Sage.

Woollett, A. (1996). Reproductive decisions. In A. Walker & K. Niven (Eds.), *Psychology of reproduction: Conception, pregnancy and birth* (Vol. 2, pp. 1–13). Oxford: Butterworth-Heinemann.

Woollett, A., & Nicolson, P. (1998). The social construction of motherhood and fatherhood. In A. Walker & C. Niven (Eds.), *Psychology of reproduction: Infancy and parenthood* (Vol. 3, pp. 1–14). Oxford: Butterworth-Heinemann.

Yeung, W., Sandberg, J., Davis-Kean, P., & Hofferth, S. (2001). Children's time with fathers in intact families. *Journal of Marriage and Family, 63*, 136–154.

Zuzanek, J. (2000). *The effects of time use and time preassure on child parent relationships.* Waterloo, Ontario: Otium.

중앙일보(2009. 11. 30.). 양육권 요구 아빠 느는데 이혼 부부 양육 문제 좋은 해결책 없을까요. http://article.joins.com/news/article/article.asp?total_id=3898617&ctg=

제11장

여성과
신체적 건강

박효정, 강숙정

이 장에서는 여성의 신체적 건강문제를 집중적으로 다룰 예정이다. 여성들만이 가진 질병 또는 성차에 따른 질병의 종류와 이행의 차이 등을 이해함으로써 여성의 다른 문제에는 어떻게 접근해야 할지를 고려해 볼 수 있어야 할 것이다. 첫 번째 절에서는 여성의 건강상태와 건강관리에 대하여 다룰 것이다. 두 번째 절에서는 여성에게 최근 증가하고 있는 암에 대하여 여성의 특수성을 강조하며 다루고, 다음 두 절에서는 월경 관련 질환과 성 매개 감염에 대하여 이야기한다. 마지막 장에서는 건강 위험행동의 대표적 예인 음주와 흡연에 대하여 다룰 예정이다.

1. 여성의 신체적 건강

1) 성차에 따른 남녀의 기대수명

일반적으로 여성은 남성보다 기대수명이 5년 더 길며, 이런 성 차이는 거의 모든 나라에서 일어난다. 왜 여성이 더 오래 살까? 정답은 생물학적, 사회적, 그리고 환경적 요소에 있다(Etaugh, 2008; Klein, 2008; Lee, 2010). 생물학적으로 여성의 두 번째 X 유전자 때문에 특정 질병에 덜 걸리는 경우도 있다(Landrine & Klonoff, 2001). 또 다른 설명으로는 남성들이 고위험행동을 더 많이 하기 때문이기도 하다. 예를 들어, 남성은 자살, 타살, 그리고 자동차 사고의 위험성이 높기 때문에 수명에 영향을 끼친다고 볼 수 있다. 또한 많은 남성이 여성보다 직장에서 위험한 상황에 더 많이 노출되어 있다. 광부나 공장에서 일하는 사람들이 그러하다. 여성의 기대수명에 영향을 미치는 요인 중 또 다른 하나는 여성이 남성보다 의료인을 더 자주 찾는다는 것이다(Lee, 2010). 여성은 남성보다 건강문제의 전조가 되는 내적인 신호에 더욱 예민하여 더 자주, 더 일찍 의료인을 찾게 된다. 반면, 남성은 사회적으로 강해 보여야 한다는 개념이 있어서 비교적 가벼운 증상에 대해서는 표현하지 않고 의료인을 찾지 않는 경향이 있다.

2) 성차에 따른 여성의 건강의 차이

전 세계적으로 여성은 남성보다 기대수명이 더 길어서 더 건강하다고 생각하기 쉽다.

하지만 질병발생률 측면에서 봤을 때는 반드시 남성보다 건강하다고 볼 수 없다. 연구에 따르면, 여성은 남성보다 비만, 빈혈, 호흡기 질환 등에 더 문제가 많은 것으로 나타나며, 만성질환, 두통, 일반적인 피로감에서도 남성보다 많은 고통을 받고 있다(Bird & Reiker, 2008; Etaugh, 2008; Statistics Canada, 2006).

이와 같은 성에 따른 건강의 차이는 다음과 같이 설명될 수 있다. 여성이 남성보다 기대수명이 길기 때문에 만성질환의 발병률이 높다고 볼 수도 있다. 또 다른 설명으로는 어떤 질병들은 자가보고 형식인데(Brannon & Feist, 2004; Skevington, 2004) 여성들이 본인의 건강문제에 대하여 남성들보다 더 불편감을 느끼고 더 많이 의료인을 찾기 때문일 수도 있다.

그 외에 성차에 따른 질병발생률의 차이에 대한 설명으로는 다음과 같은 것들이 있다. 여성은 성폭행의 피해자인 경우가 많은데, 성폭행을 당한 여성은 그 후에 장기적인 후유증으로 또 다른 건강문제를 겪을 가능성이 크다(Bird & Rieker, 2008; Johnson, 2004). 다양한 예가 있지만 그중 몇 가지만 다루어 보도록 하겠다.

(1) 골다공증

골다공증이란 나이가 들어 감에 따라 골밀도가 낮아져 뼈가 연약해지는 질환이다. 여성이 남성보다 발병률이 4배 높고 노년층 여성에게 발병률이 더 높다(Alexander, LaRosa, Bader, & Gardield, 2004; Fausto-Sterling, 2005). 정상적으로 40대 중반이 지나면 남성의 경우 연 0.3%씩, 여성의 경우 연 0.5%씩 골밀도가 낮아진다. 하지만 여성은 폐경 후 6~10년 동안 연 2~3%씩 골밀도가 낮아진다(Springfield, 1997). 그렇기 때문에 여성은 남성보다 더 열심히 골다공증의 예방과 관리를 위하여 걷기나 조깅 같은 체중 부하 운동을 해야 한다. 갱년기 여성뿐 아니라 젊은 여성도 장기적인 관점에서 적절한 양의 칼슘과 비타민D를 섭취해서 튼튼한 뼈를 만들어 놓아야 한다.

(2) 수면

일반적으로 수면의 질, 기간, 잠재기(latency), 구조 등에서 성별 차이가 있다. 예를 들면, 수면 잠재기란 실제 잠에 들기까지 걸리는 시간을 말하는데, 여성이 남성에 비해 이 시간이 평균적으로 더 길다(Mallampalli & Carter, 2014). 이러한 차이로 인하여 수면관련 질환의 발병률에도 차이가 있는데, 이 중에서도 성호르몬의 변화와 관련이 깊은 시기인 사춘기, 임신기, 갱년기에는 수면과 관련된 질병, 예를 들면, 불면증, 하지 불안 증후군,

수면 무호흡 등의 발병률이 더 높은 것으로 보고되고 있다(Lee & Kryger, 2008).

2. 여성과 암

1) 유방암

유방암은 여성암 중 가장 발병률이 높고, 또한 발병률이 꾸준히 증가하고 있다. 그 원인은 기대수명이 길어지고 생활방식이 변화(첫 출산의 지연, 적은 수의 자녀 출산, 호르몬 치료의 증가 등)하는 것과 관련이 있다고 보고 있다. 유방암과 관련된 위험요인으로는 연령, 암의 가족력, 지연폐경, 호르몬 요인, 노산, 출산한 적이 없거나 치밀 유방인 경우 등을 들 수 있다(American Cancer Society, 2007).

한국 여성의 유방암은 다른 나라와 비교했을 때 약간 다른 양상을 보인다. 첫째, 우리나라의 유방암 발생 빈도는 증가하고는 있으나 아직은 구미 지역보다 1/2~1/3 정도 낮은 발생률을 보인다. 둘째, 구미의 경우 나이와 발생 빈도가 비례하지만, 우리나라의 경우 50대 중반까지는 증가하나 그 후로는 감소하는 경향이 있다. 마지막으로, 우리나라는 젊은층의 유방암 발생 빈도가 확연히 높고, 그중에서도 40세 이하의 환자는 서구에 비해 3배 정도 높은 수치다(한국유방암학회, 2014).

규칙적이고 정확한 유방자가검진은 암을 조기 진단하는 데 중요하다. 유방암의 조기 발견은 완치율의 향상과 관련이 있기 때문에 조기진단을 위하여 정기적인 임상검사도 중요하지만 자가검진도 중요하다. 일반적으로 20세 이상부터 한 달에 한 번 유방자가검진을 하기를 권고한다. 그 시기는 생리주기 첫날의 1주일 후다. 월경 동안에는 정상 혹으로 간주될 수 있기 때문이다.

유방암은 임상검사를 통하여도 발견할 수 있다. 예를 들면, 유방 조영술(mammogram)은 유방 조직을 엑스레이로 촬영하는 것이다. 우리나라 유방암학회에서는 30세부터 매달 유방자가검진을 하기를 권고하고, 35세부터는 2년에 한 번 정기적으로 의사의 진찰을 받기를 권고하며, 40세 이후에는 1년 혹은 2년마다 임상진찰과 유방촬영술을 하기를 권고한다(한국유방암학회, 2014).

일반적으로 유방암의 치료는 수술, 항암치료, 그리고 방사선 치료다. 다행히, 조기 발견, 의료기술의 발달과 항암제의 개선으로 이전 세대보다 유방암으로 인한 사망률은 낮

유방자가검진(Breast Self-Exam: BSE) 방법 및 순서

① 거울 앞에 서서 다음 그림과 같은 2가지 자세를 취한 후, 유방의 대칭성, 변형 유무, 종창, 피부색의 변화, 함몰된 부위 등과 함께 전체적인 윤곽을 눈으로 확인한다.

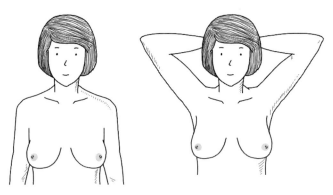

② 다음에는 양손을 허리에 고정한 후, 상체를 약간 앞으로 숙여 유방의 모양이 한쪽으로 치우치지 않는지 관찰한다.

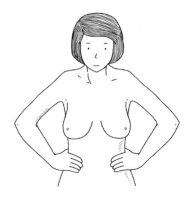

③ 다음 그림과 같이 팔을 머리 뒤로 대고 똑바로 눕는다(선 자세보다 유방 조직이 더 퍼짐). 가슴 아래에 베개 혹은 타월을 받치면 유방 조직이 더 골고루 퍼지는 데 도움이 된다.

④ 둘째, 셋째, 넷째 손가락 끝마디 부분의 바닥을 이용해 유방을 일정한 방향으로 골고루 촉진한다. 이때 중간에 손을 떼지 않도록 주의하며, 마지막에 겨드랑이 부분도 빼놓지 않고 촉진하도록 한다.

⑤ 마지막으로 엄지와 검지를 이용하여 부드럽게 유두를 짜 내어 분비물이 나오는지 확인한다. 양쪽 유방 모두 이렇게 검진한다.

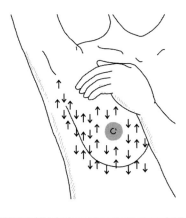

출처: 김문실 외(2007); Matlin (2011).

아졌다. 유방암의 진단과 치료는 두려움, 불안, 슬픔, 우울, 화를 유발한다. 치료 동안 환자는 신체적으로 고통스럽고, 그로 인하여 사회적으로 고독감을 느끼게 되며 고립되기도 한다(Peltason, 2008; Spira & Reed, 2003). 하지만 지지적인 친구나 가족이 있는 사람은 비교적 그 과정을 잘 극복하는 편이다.

2) 자궁경부암

자궁경부암은 여성암 중 유방암 다음으로 발병률이 높다. 최근 규칙적인 검진과 자궁경부 세포진 검사(Papanicolaou test 혹은 pap smear)의 확산으로 조기발견율이 높아지고 있고 그에 따라 예후도 좋아지고 있으나, 여전히 여성암 중에서 유방암, 난소암 다음으로 높은 사망률을 보이고 있다(국가암정보센터, 2013).

자궁경부암 발생과 가장 관련이 있는 것은 인유두종바이러스(Human Papilloma Virus: HPV)다. 이 바이러스는 성관계를 통해 매개되는 것으로, 어린 나이일 때의 다수의 파트너와의 성 경험과 관련이 있으며 이외에 만성질환, 자궁 경부의 미란, 흡연 등과도 관련이 있다.

자궁경부암도 조기진단이 중요한데, pap smear는 암이 의심되는 부위의 세포를 생검하여 현미경을 통하여 검사하는 것이다. 이 검사는 비교적 간단하고 불편감이 많이 없고 효과적이기 때문에 증상이 있기 전에 조기에 발견하는 데 도움이 된다. 나라마다, 또 기관마다 권고사항이 다르지만, 일반적으로 성경험을 시작한 후 3년 후부터, 혹은 20세 이상부터 이 검사를 하기를 권고한다.

3. 월경 관련 질환

월경장애는 월경의 주기나 양에 변화를 초래하거나 통증을 동반하는 경우를 말하며, 무월경, 비정상 자궁출혈, 월경전후기 불편감 등이 있다. 이러한 월경장애는 여성의 생식기능과 일상생활에 영향을 미치므로 무관심하거나 방치하지 않고 증상들을 관리하고 치료하여 삶의 질을 향상시켜야 한다.

1) 무월경

무월경은 원발성(primary amenorrhea)과 속발성(secondary amenorrhea)으로 나뉜다. 원발성 무월경은 이차 성징의 발현이 없으면서 14세까지 초경이 없거나 이차 성징의 발현과 관계없이 16세까지 초경이 없는 경우를 말한다. 속발성 무월경은 정상 월경주기의 3배 이상 주기에서 월경이 없거나 월경이 있던 여성이 6개월 이상 월경이 없는 경우로 정의된다.

(1) 원인

생리적 장애에 따라 원발성 무월경을 일으키는 원인 요인으로는 해부학적 기형, 성선 발생부전, 터너증후군, 난소부전증, 그리고 만성 무배란 증후군 등이 있다.

속발성 무월경의 원인 요인으로는 조기 폐경과 만성 무배란 증후군, 중추신경계와 시상하부 상호관계의 장애, 그 외에 내분비 또는 대사장애 등이 있다. 외상에 의한 자궁경부의 협착, 골반 장기의 절제 수술, 기후와 활동의 변화 및 신경성 충격(nervous shock) 등도 원인이 된다.

(2) 치료

① 배란유도법

배란유도법은 환자가 임신을 원하거나 또는 무월경이 정신과적 문제를 유발할 정도로 심각한 경우에 적용된다. 무월경 환자가 임신을 원하는 경우에는 다른 불임 검사를 모두 시행하여 이상이 없음을 확인한 후에 배란 유도를 시행한다.

② 호르몬대체법

호르몬대체요법이 필요한 경우는 저에스트로겐증이며, 성선부전증, 난소부전증인 터너증후군, 조기폐경 및 불감성 난소증후군, 성선제거술을 받은 환자 등이 대상자에 포함된다.

③ 특이적 치료

염색체 검사상 Y염색체가 있는 환자 중 약 25%가 악성 종양으로 이행되므로, 원인을 확인하고 성선절제술을 시행한다.

2) 비정상 자궁출혈

정상적인 월경의 양상을 벗어난 경우를 일괄하여 말하며, 비정상 자궁출혈의 유형은 다음과 같다.

(1) 월경과다

월경 기간이 7~8일 이상 지속되고, 80~100ml 이상 다량 실혈하는 월경을 말하며, 건강한 여성의 15~20%에서 발생된다.

① 원인

가장 흔한 원인은 경구피임약 복용과 자궁 내 장치(intrauterine device: IUD), 자궁경관염, 자궁내막염, 골반감염, 자궁근종, 폴립이며, 그 외에 전신적인 질환으로 혈액질환, 간과 신장질환으로도 과다월경이 드물게 발생한다. 비만은 일차적으로 무배란을 초래하고, 후에는 과다월경을 초래한다. 항암 화학요법제나 항응고제, 스테로이드 제제, 신경이완제, 대부분의 신경안정제 복용 시 정상 월경주기를 방해하여 과다월경을 초래한다.

② 치료

젊은 여성의 경우 지나친 혈액 손실이 없으면 치료할 필요가 없으나, 갱년기의 출혈은 암이나 다른 병적 상태를 의미하기 때문에 빨리 치료해야 한다. 단백질, 칼슘, 비타민 및 철분을 충분히 섭취하고 음식물로는 우유, 치즈 등이 좋다. 만약 자궁 내 장치가 원인인 경우에는 자궁 내 장치를 제거하고 경구피임약으로 변경한다.

(2) 과소월경

과소월경은 월경주기는 규칙적인 간격이나 기간이 1~2일로 짧고 양이 적은 월경을 말한다. 월경주기가 17~20일로 짧으면 무배란을 암시한다. 30세보다 젊은 여성에게 무배란성 월경주기가 지속되면 불임과 자궁내막암의 위험이 증가한다.

① 원인

내분비기능장애가 원인이며, 그 외에는 경구피임약 복용, 자궁경부협착, 심한 체중감소, 단백질결핍, 약물복용 등이다.

② 치료

골반검사와 배란검사로 원인 규명을 하여 치료한다. 만약 경구피임약 복용의 결과라면 약의 복용을 중단한다. 경관협착인 경우에는 원인에 따라 경관 확대를 한다. 체중 감소가 원인인 경우에는 영양 개선을 하면 상태가 좋아진다.

(3) 부정 자궁출혈

부정 자궁 출혈이란 월경 기간이 아닌 때의 점상 또는 다량의 비정상적인 자궁출혈을 말하며, 생리적으로 모든 여성의 약 25%는 배란 시기에 약간의 출혈이 있다.

① 원인

혈중 에스트로겐 농도 저하, 생식기의 기질적 병소, 즉 만성 경관염에 기인한 자궁경부의 미란,[1] 자궁외 임신과 분만 후의 잔여 태반 조각 등이다.

② 치료

점상출혈[2]은 혈중 에스트로겐 저하로 일어나므로 배란 전 처음 며칠과 배란 후 며칠 동안 에스트로겐을 계속해서 투여함으로써 예방할 수 있다.

(4) 기능성 자궁출혈

기능성 자궁출혈은 자궁의 기질적인 병변과 관계없이 주로 내분비장애에 의한 자궁내막 주기의 변화로 발생하는 비정상 자궁출혈을 말한다. 기능성 자궁출혈은 무배란성 자궁출혈의 90% 이상을 차지하며, 초경 직후나 폐경 전기에 흔히 발생하지만 그 외의 연령층에서도 일어날 수 있다. 출혈의 양상에는 과다월경, 과소월경, 부정 자궁출혈 등이 있다.

① 원인

기능성 자궁출혈은 시상하부-뇌하수체-난소축의 장애나 내인성 또는 외인성 스테로이드 호르몬의 영향으로 발생한다. 자궁내막 위축성 출혈, 호르몬대체요법에 의한 의인성 출혈, 생식기의 병소, 갑상선 기능 이상, 간기능장애, 각종 만성질환 및 대사성 질환, 영양장애, 스트레스, 불안 등의 정신적 요인, 향정신성 약물요인, 약물중독 등이 있다.

---

1) 미란(erosion): 피부, 점막의 가장 바깥 층이 박리되어 진피나 점막하조직이 노출된 것.
2) 점상출혈(petechia): 모세혈관 파열 등의 원인으로 인해 피부나 점막 등에서 검붉은 반점을 나타내는 미세한 출혈.

② 치료

비정상 자궁출혈은 원인에 따른 개별화된 치료를 원칙으로 한다. 배란성 비정상 자궁출혈은 임신의 합병증, 자궁외 임신, 종양성, 염증성 질환과 기타 골반 장기 질환을 동반하는 경우가 많으므로 원인별 치료를 한다. 사춘기의 기능성 자궁출혈은 보통 일정 기간 관찰한 후 호르몬 치료부터 하는데, 주기적인 황체 호르몬 투여를 하거나 에스트로겐-황체 호르몬 복합제(경구피임제)를 사용한다. 심한 급성 무배란성 자궁출혈의 치료는 급성자궁출혈을 조절하고 재발성 자궁출혈을 예방한다. 심한 자궁출혈의 조절은 환자를 안정시키며 저혈량성 쇼크를 예방하기 위한 처치를 하면서 임신 합병증, 생식기계의 종양, 혈액 질환 등의 원인이 없을 때는 수술적 요법으로 지혈을 한다.

3) 월경전 증후군

월경전 증후군은 월경과 관련된 정서장애로, 일상생활에 지장을 줄 정도의 신체적, 정서적 또는 행동적으로 복합된 증후군이 월경 전 약 2~10일(배란 후 황체기)에 나타났다가 월경 시작 직전이나 월경 직후에 소실되는 증후군으로 정의한다. 이것은 반복적이고 주기적으로 나타나며 월경이 가까워짐에 따라 심한 긴장증을 초래한다고 하여 월경전 긴장증(premenstral tension: PMT) 또는 월경전 긴장 증후군(premenstral tension syndrome: PTS)이라고도 한다. 증상은 대개 배란성 월경주기에서 일어나지만 무배란성 주기에서도 일어난다.

월경전 증후군은 대체적으로 성인 여성의 30~50%가 경미하거나 중등도의 불편감을 경험하고 있고 10~20%는 증상이 아주 심하여 일상적인 활동을 하지 못한다.

연령대별로는 20대가 가장 불편감을 경험하고 있었고, 그다음이 30대, 40대순이었는데, 이는 젊은 나이일수록 월경기에 신체적 통증을 더 많이 경험하기 때문이다. 그 외에 다산부나 임신중독증, 알코올중독증, 그리고 직장을 가진 여성에게서 빈도가 높고 결혼생활이나 교육 정도, 인종이나 문화적 배경과는 관련이 없다고 알려져 있다.

(1) 증상

월경전 증후군의 증상은 현재 150여 가지가 알려져 있으며, 크게 신체적인 것과 정서적인 증상으로 구분한다. 신체적인 증상으로 가스팽만, 유방의 팽만감과 통증, 골반통, 체중 증가, 배변장애 등이 있다. 정서적인 증상으로는 집중력장애, 정서적 불안정, 불안, 우울증, 기면(lethargy), 식욕의 변화, 성욕 감퇴 등이 흔하고, 심하면 공격적, 파괴적 충동, 자살기도 등도 있을 수 있다.

(2) 치료

- 가장 중요한 것은 월경전 증후군은 월경주기에 따른 일시적인 증상이며, 적절한 치료를 하면 극복될 수 있다는 것을 인지하도록 하는 것이다.
- 스트레스가 월경전 증후군의 유발에 영향을 주므로 월경 전에 스트레스를 줄이고 조절하여야 한다.
- 부종과 체중 증가를 예방하고 관리하기 위해 짠 음식이나 농축된 단 음식, 육류나 튀김 음식의 섭취 등을 줄인다. 비타민B 복합군을 섭취하도록 돼지고기, 곡류 등의 식품을 권장하고, 신선한 녹황색 채소나 과일 등의 섭취를 늘린다. 또한 신경 홍분을 초래하는 커피, 차, 탄산음료 및 초콜릿 등의 카페인 식품 섭취를 줄인다.
- 적절하고 규칙적인 운동은 엔도르핀 분비를 촉진하여 신경성 긴장, 특별히 월경 전 긴장성 두통을 예방하는 데 도움이 된다. 옥외에서 맑고 신선한 공기를 마시면서 빠른 걸음으로 걷는 운동이 권장된다.
- 중등도 이상의 증상에 대한 대증요법으로 비타민B6 복용 외에 저염식 및 고단백식이와 이뇨제 투여 등이 있다. 그러나 이뇨제 투여는 의사의 처방에 따라야 한다.

4) 월경곤란증

월경곤란증이란 통증을 동반한 월경을 말한다. 골반의 기질적인 병변이 없는 경우를 원발성 월경곤란증, 기질적인 병변과 동반된 경우를 속발성 월경곤란증이라고 한다. 원발성 월경곤란증은 거의 언제나 배란주기에 일어나므로, 초경 시작 후 6~12개월 이내에 나타난다. 동통은 보통 월경이 시작되기 몇 시간 전에 발생하며 기간은 1~2일간 지속되고 72시간을 경과하는 일은 거의 없다. 무배란성 월경주기를 가진 여성이나 초경 2년 후의 여성에게 나타나는 월경곤란증은 속발성 월경곤란증으로 본다. 발병 빈도는 사춘기 이후 여성의 52%에게 월경곤란증 증상이 있고, 그중 10%는 매달 1~3일 동안 아무런 일도 할 수 없을 정도로 무력하게 된다.

통증은 경련성, 발작적이며, 때로는 하복부에 중압감이 있고, 하복부에서 등 또는 다리로 방사되기도 하고, 오심(50%), 구토(25%), 설사(35%), 식욕부진, 두통, 현기증, 신경과민, 피로감이 동반된다.

원발성 월경곤란증에는 월경생리에 대한 이해와 식사 개선과 적당한 운동을 권장하며, 증상에 따른 대증요법을 적용한다. 진통제나 진정제를 월경 시작 전일과 월경일에 투여할 수도 있다. 안정과 따뜻한 찜질요법을 병행하면 효과가 좋다. 속발성 월경곤란증은 원인 질환에 따라 치료한다.

4. 여성과 성 매개 감염

1) 요도염

(1) 비임균성 요도염

비임균성 요도염이란 임균 이외의 원인으로 생긴 요도염을 총망라하는 것으로, 요즘은 임균성 요도염보다 훨씬 많다. 성 접촉 후 1~3주간의 잠복기를 거쳐 나타난다.

① 원인

클라미디아, 유레아플라스마, 마이코플라스마, 포도상구균, 연쇄상구균, 대장균, 디프테리아, 폐렴구균결핵균 같은 세균이나 기생충(트리코모나스), 곰팡이(칸디다)에 의해 발생한다. 성관계 시 감염자와 점막이 직접 접촉하면 전염되지만, 음경이나 혀가 직접 질, 입, 직장에 삽입되지 않아도 전염될 수 있다. 심지어 체액이 교환되지 않아도 전염될 수 있다. 요로감염, 세균성 전립선염, 요도협착, 진성포경과 같은 비성적인 경로로도 감염될 수 있다.

② 증상

하얀 점액성 요도분비물, 배뇨 시 통증이나 불쾌감, 요도의 소양감이 있거나 소변에 실타래 같은 물질이 섞여 나온다.

③ 치료

비임균성 요도염이나 질염이 있는 사람과 성행위를 했다면 검사 결과에 관계없이 이 질환으로 감염된 것으로 간주하여 치료를 받는 것이 좋다. 아지드로마이신을 복용하거

〈표 11-1〉 비임균성 요도염의 합병증

남자	여자
부고환염(불임의 원인이 될 수 있음) 라이터 증후군(Reiter's syndrome) 결막염 피부질환 염증성 분비물(농)	골반염(PID) 자궁외 임신 불임 만성 골반통 요도염, 질염 화농성 자궁경부염 자연유산

나 독시사이클린을 복용하는 것이 미국 의사협회에서 권장하는 치료 방법이다. 치료 후 6주 이내 재발률이 3~40%이므로 재발을 방지하기 위해 성 파트너도 함께 치료를 받도록 한다.

(2) 임균성 요도염

① 원인

임균성 요도염(임질, gonorrhea)은 임균(Neisseria gonorrhoeae)이라는 세균에 의해 생긴 질환을 총칭하는 말이다. 일반적으로 가장 흔한 감염 부위가 남성의 요도이기 때문에 요도염만 일으키는 것으로 오인될 수 있지만, 실제로는 그 외 여러 기관에 감염을 일으킬 수 있다.

임질은 보균한 사람에게서 다른 사람에게 구강성교나 항문성교, 질내성교 등을 통해 전염된다. 이러한 전염은 증상이 없는 무증상보균자를 통해서도 일어날 수 있으며, 사정을 하지 않아도 일어날 수 있다. 또한 타액이나 다른 분비물의 교환 없이도 일어날 수 있고, 분비물의 교환이 있으면 감염률은 더 높아진다.

② 증상

환자의 50%가 무증상이고 증상이 나타나도 뚜렷하지 않기 때문에 진단이 어렵다. 가장 흔한 증상으로는 자궁경부와 요도 감염에 의한 작열통, 빈뇨와 배뇨곤란, 질과 요도 분비물의 증가, 화농성의 대하다. 그러나 임균은 생식기를 따라 상승하면서 바르톨린선염, 스캔선염, 경관염을 일으키고 난관염까지 확대된다.

〈표 11-2〉 임질의 합병증

남성	여성
요도협착 요도 주위염 부고환염 전립선염 불임	임균성 자궁경부염 질주위염 방광염 난관염 골반염 불임

임산부에게는 임질이 조산, 조기파막[3], 융모양막염[4] 등을 일으키며, 분만 시 모체의 산도에서 임균이 신생아의 눈에 감염되면 임균성 신생아안염을 일으키므로 산전 관리를 통해 임부의 임질 여부를 확인해야 한다.

③ 치료

임질 환자는 보건소에 등록되어야 하며, 환자와 접촉한 성 파트너는 환자와 함께 진단과 치료를 받아야 한다. 또한 비임균에 의한 복합감염이 30% 정도이므로 치료는 임균과 비임균성 요도염 치료를 같이 진행해야 하며, 근육주사와 약물치료가 병용된다.

2) 매독

(1) 원인

매독(syphilis)은 성행위 시 매독균이 침입하여 성기에 단단한 궤양과 몽우리가 생기는 병이다. 다른 성병과는 달리 혈액으로도 침투되어 1기, 2기, 3기로 진행해 사망에까지 이를 수 있는 무서운 질환이다.

(2) 증상

감염 기간에 따라 1기, 2기, 조기 잠복 매독, 만기 잠복 매독 및 3기 매독으로 구분한다. 1기, 2기 매독은 전염성이 강하여 1회 접촉 시 약 50~60%가 매독에 걸릴 수 있다.

---

3) 조기파막: 분만이 시작되기 전에 양수가 파막되는 것.
4) 융모양막염: 임산부의 융모와 양막에 염증이 생긴 것.

① 제1기

성적 접촉 후 10~90일경으로 1차적으로 매독균이 침투한 곳에 피부가 허는 궤양이 생기며 통증은 없다. 궤양은 얼마 후에 저절로 소실된다.

② 제2기

매독균이 혈액을 타고 전신으로 퍼지는 단계다. 감염 6~8주 후 감기 증세, 전신적인 림프선염, 아프거나 가렵지 않은 붉은 반점이 몸통, 손바닥, 발바닥에 나타나며 그 후 빨간 작은 덩어리가 나타나거나 편평한 모양의 사마귀, 좀이 먹은 것 같은 탈모증이 생긴다. 외음부의 난형, 가장자리 경화가 나타나거나 표면이 습하고 회색의 괴사성 삼출물로 덮이게 되며 전신권태, 식욕 부진, 미열, 관절통, 두통, 인후통, 쉰 목소리, 임파선염과 같은 증상이 나타난다. 발진을 통해 전염될 수 있다.

③ 잠복기

피부 발진이 사라진 후 수개월~수년 이상 될 수 있다. 잠복기에는 증상 없이 진행된 매독 때문에 사망할 수도 있다.

④ 제3기(신경매독)

환자의 30% 정도가 감염된 지 3~12년 후에 주로 신경계가 침범되는 제3기로 진행된다. 주변에 경화와 부종, 질-직장 사이의 구멍에 괴사성 궤양이 나타나며, 신경 및 심맥관계 합병증으로 성격, 감정, 눈, 감각중추, 지능, 언어 등의 장애가 나타날 수 있다. 다른 증상으로 두통과 뒷목의 뻣뻣함, 발열, 경련이 있다.

(3) 치료

치료는 다양하고 무서운 증상에 비하여 간단하다. 치료제로 페니실린이 있으며, 추적 관찰이 필요하다.

3) 질염

(1) 세균성 질염

① 원인

질염(vaginitis)의 한 종류인 세균성 질염은 여성 냉대하의 가장 흔한 원인이다. 새로운 성 파트너가 생긴 경우, 여러 성 파트너가 있는 경우, 자궁 내 피임 장치를 사용하는 경우는 질염이 잘 생기게 하는 원인이 된다.

② 증상

약간의 소양증이 있거나 불쾌한 냄새가 나고 백색 또는 회백색의 분비물이 있다. 불쾌한 냄새는 비누나 정액 같은 알칼리성 물질과 접촉할 때 더 강해지기 때문에, 샤워나 성관계 후에 명백하게 나타날 수 있고 월경 중에 악취가 난다. 냉, 대하증과 함께 생선 비린내가 나는 것이 특징이다.

③ 치료

일반적으로 Gardnerella 단독감염으로는 염증이 생기지 않기 때문에 먼저 다른 특이한 질염이 없는지를 확인한 후에 치료한다. 최근 테트라사이클린, 메트로니다졸, 암피실린을 투여하여 치료하기도 한다.

(2) 트리코모나스 질염

① 원인

질편모충(Trichomonas vaginalis)이라는 원충에 의해 감염되어 생기는 질환이다. 가장 흔히 감염을 일으키는 부위가 여성의 질이며, 증상도 여성에게서 더 흔하다. 여성의 경우는 일반적으로 감염된 남성이나 다른 여성에게서 감염될 수 있으나, 남성의 경우는 대부분 여성을 통해서만 감염될 수 있다. 다른 성병균과는 달리 트리코모나스 균은 젖은 수건이나, 행주, 목욕가운 등 체외에서 몇 시간 동안 생존 가능하여 이러한 것들에 접촉한 사람에게 감염될 수 있다.

② 증상

약 40%는 무증상이다. 대하증의 주된 증상으로는 녹색 혹은 진황색이고 거품이 있으며 냄새가 고약한 대하가 분비될 수 있으나 비교적 자극 증상은 경미하다. 간혹 배뇨통, 빈뇨, 성교통 및 하복부 둔통을 호소한다. 월경 중이나 직후에는 감염이 자주 발생하며 월경에 의해 악화되기도 한다.

③ 치료

트리코모나스 질염은 성 접촉으로 전파되나, 경부암 발생과 관련성은 없고 임신에 영향을 주지 않는다. 기본적인 치료는 트리코모나스 원충이 살지 못하는 정상 질내 산성도를 유지해 주는 것이다. 트리코모나스 질염의 치료약으로 메트로니다졸이 많이 쓰인다. 배우자와 동시에 치료해야 하며, 재발하는 경우가 많으므로 완치가 필요하다.

(3) 칸디다증

① 원인

곰팡이 종류의 하나인 칸디다라는 곰팡이에 의한 질 감염을 의미한다. 정상적으로 우리의 신체에는 적은 수의 칸디다가 항상 존재한다. 정상적인 우리 몸은 이러한 세균의 균형을 잘 조절하여 병을 일으키지 않지만, 스트레스, 임신, 여러 질병(당뇨병 등), 피임약, 스테로이드제, 항생제와 같은 약물, 인공섬유로 만들어진 속옷 등과 같은 요인에 의해 이 곰팡이균이 과성장하면 병을 일으킬 수 있다. 곰팡이는 우리 신체 중 덥고 습한 곳, 즉 구강이나 사타구니, 질 내부, 발가락 사이 등에 감염을 잘 일으킨다.

② 증상

흰 우유 같이 짙은 백색의 분비물인 대하와 국소 소양증이 주된 증상이며, 더 심해지면 외생식기의 찰과상, 작열감, 성교 통증, 부종, 외음부 통증, 배뇨 시 통증이 있다. 자궁경부와 질벽에 독특한 치즈와 같은 하얀 반점이 달라붙어 있고, 이것을 제거하면 출혈이 있을 수 있다.

③ 치료

항진균제를 장기간 사용한다. 증상이 좋아져도 완치될 때까지 충분히 치료해야 한다.

국소적 치료제로는 겐티아나 바이올렛(gentian violet)이 사용되어 왔다. 질정, 질크림을 10~14일간 하루 2회 투여한다. 진균 감염에는 적어도 3개월 이상 치료하여야 하며, 재발이 되는 경우가 많기 때문에 철저한 추후 관리가 필요하다.

4) 성 매개 감염의 예방법

성병은 성행위를 통해 다른 사람에게 전염되므로 개인뿐만 아니라 사회적 차원에서도 예방이 매우 중요하다. 무분별한 성생활을 자제하고, 부득이한 경우에는 반드시 콘돔을 사용해야 한다. 성병의 감염이 의심스러우면 즉시 병원이나 보건소에 가서 진단과 치료를 받아야 한다.

(1) 성병 예방을 위한 생활수칙

성병은 거의 성관계에 의해 전염되므로, 한 사람과 성관계를 하는 것이 좋다. 여러 명과 성관계를 할 경우 정기적으로 성병 검사를 받는 것이 좋다. 유흥가의 접대부나 접객업소의 종사자 등 감염의 위험성이 있는 사람과의 성관계를 피하고, 성관계 시 성병 검사를 받는다.

외음부의 청결을 유지하는 것 또한 성병 예방의 가장 좋은 방법이다. 세척제를 이용하여 세척을 하는 것은 정상 상주균 또한 제거하므로 1주일에 한 번 정도면 좋고, 특별한 여건이 있을 때는 바로 세척한다. 자극성이 있는 비누나 세척제, 여성용 위생 분무기, 향기 나는 화장지 등의 사용은 금지한다. 생리 기간 내내 삽입물 사용을 피하며, 피임용 기구를 깨끗하게 사용하도록 한다. 꽉 죄는 바지, 면이 아닌 내의, 습기를 방축하지 못하는 의복 등은 금하는 것이 좋다.

성병은 자각 증상만으로 자가 투약을 하면 오히려 병이 더 심각해질 수 있으므로, 병원에서 원인균이나 요인을 찾아 올바른 치료를 받는 것이 중요하다. 성행위 전후 예방을 위해 임의로 항생제를 투여하는 것은 항생제 내성을 일으킬 위험이 있으므로 바람직하지 않다. 감염된 환자와 성 파트너의 조기 치료는 성병의 확산을 막는 효과적인 방법이다. 또한 치료가 완전히 끝날 때까지 성행위를 하지 말아야 한다.

(2) 콘돔의 사용

성관계를 할 경우 성병을 예방하는 정확하고 간편한 방법은 남성이 콘돔을 사용하는 것이다. 콘돔은 천연 고무 제품인 라텍스로 만든 주머니로 일반적으로 길이 170mm 이상, 폭 44~56mm으로 제작된다. 탈락 방지를 위해 적당한 사이즈를 선택해야 하며, 연령과 상황에 따라 젤리, 웨트 타입을 선택한다면 불쾌감을 최소화할 수 있다.

공기가 유입되지 않도록 콘돔의 입구를 귀두 부분에 밀착하여 착용하며, 주름지지 않도록 성기가 완전히 발기된 후에 사용해야 한다. 성관계 중 콘돔이 음경에서 빠지면, 성교를 즉시 중단하고 새로운 콘돔으로 교체한다. 성행위를 끝내고 음경에서 빼낼 때는 질 내에 떨어뜨리지 않도록 해야 한다. 드물기는 하지만 콘돔 착용 시 반지나 손톱에 의해 찢어지는 경우가 있으므로 주의하며, 사용한 콘돔의 뒤처리를 잘 하는 것이 바람직하다.

5. 여성의 음주와 흡연

1) 음주

알코올은 여성의 건강에 직접적인 영향을 미친다. 간 손상, 위궤양, 뇌 손상, 고혈압, 심장마비, 뇌졸중, 인지장애, 그리고 다양한 암을 유발한다. 알코올중독 산모에게서 태어난 태아는 얼굴기형, 신체발달지체, 정신지체, 심리장애를 유발하는 태아알코올증후군을 가질 확률이 있다.

또한 알코올은 여성의 건강에 간접적으로도 영향을 미친다. 알코올은 자동차 사고의 원인이 되며, 남성이 음주를 심하게 했을 때 여성을 성폭행하거나 신체적으로 학대하는 경향이 있다는 보고가 있다(Steptoe & Wardle, 2004). 알코올 남용은 손상, 익사, 화재, 폭력, 자살로 인한 사망을 증가시킨다(Jersild, 2002; Walters & Baer, 2006).

연구에 따르면, 같은 몸무게인 여성과 남성이 같은 양의 알코올을 섭취했을 때 여성이 남성보다 혈중알코올 농도가 높다(Alexander et al., 2004; Sarafino, 2008). 그러므로 여성이 남성보다 알코올 섭취를 더 주의 깊게 제한해야 한다. 대학생들을 대상으로 한 연구에 따르면, 남학생이 여학생보다 알코올 남용을 더 많이 한다(Harrell & Karim, 2008). 또한 대학생들은 알코올 섭취 후 계획하지 않은 성생활 혹은 피임을 하지 않은 성관계를 더 많이 하는 경향이 있다(Beatty, Wetherington, Jones, & Roman, 2006; Walters & Baer, 2006).

알코올 관련 문제를 치료할 때 또한 성차를 고려해야 한다. 가족들은 여성 가족구성원에게 알코올 문제가 있다는 것을 부정하는 경향이 있으며, 의사들도 여성의 음주 문제를 남성보다 덜 눈여겨보는 경향이 있다. 이런 영향으로 여성들은 본인의 알코올 관련 문제를 인정하기 꺼리는 경향이 있다(Beatty et al., 2006; Springen & Kantrowitz, 2004).

한국 여성의 음주율의 특징을 보면, 젊은 여성의 고위험 음주율(여성의 경우 연간음주자 중 1회 평균 음주량이 5잔 이상이며 주 2회 이상 음주하는 분율)이 나이 든 여성보다 높고, 서비스 및 판매 종사자, 육체적 직업 종사자의 고위험 음주율이 다른 직업군보다 높다(김남순 외, 2014).

2) 흡연

흡연은 여러 가지 건강 위험행태 중 예방이 가능한 건강 행태 중 하나다. 폐암은 가장 잘 알려진 흡연의 결과다. 그 기전이 명확히 밝혀지지는 않았으나, 흡연으로 인하여 남성보다 여성이 폐암에 더 잘 걸린다고 보고되고 있다(Cowley & Kalb, 2005; Harrell, Frederickson, Pmerlau, & Nolen-Hoeksema, 2006).

흡연 여성은 비흡연 여성보다 폐암, 다른 종류의 암, 폐기종, 다른 폐질환, 심장질환, 뇌졸중으로 인한 사망률이 더 높다. 흡연은 부인과 문제도 야기하는데, 흡연 여성은 자궁경부암, 불임, 유산, 조산, 조기폐경의 위험이 더 높다. 게다가 흡연 여성에게서 태어난 아기는 체중이 덜 나갈 수 있다고 한다(Dodgen, 2005; Steptoe & Wardle, 2004). 흡연하는 노년층 여성은 골다공증과 대퇴골절의 위험이 증가한다(Dodgen, 2005; Steptoe & Wardle, 2004).

많은 비흡연 여성은 배우자 혹은 파트너의 흡연 습관으로 고통받는다. 흡연가와 결혼한 비흡연 여성은 비흡연가와 결혼한 비흡연 여성보다 폐암이나 심장질환을 갖는 경향이 있다(Brannon & Feist, 2004; Dodgen, 2005; Sarafino, 2008).

한국 여성의 흡연을 살펴보면, 전통적으로 한국 등 아시아 국가에서의 여성 흡연율은 남성에 비해 낮은 것으로 평가되고 있으나, 한국에서는 2001년 이후에 남성의 흡연율은 감소, 여성의 흡연율은 증가하는 추세다(김남순 외, 2014). 그중에서도 한국의 20대 젊은 여성의 흡연율 증가가 특징적인데, 이는 시간이 지나면 전반적인 여성 흡연율의 상승으로 이어질 가능성이 크다.

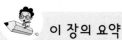 **이 장의 요약**

성차에 따라 남녀의 기대수명이 다르고 건강문제에서도 차이가 있기 때문에 여성의 신체적 건강은 다음과 같은 이유로 중요하다. ① 남성과는 다른 종류의 질병으로 고통받고 있다. ② 성차로 인하여 같은 질병도 다른 접근 방법으로 치료해야 한다. ③ 여성의 삶에서 신체적 건강은 인생 전반에 영향을 미친다. 그러므로 여성들은 건강 관리에서 다음과 같은 점들에 유념하여야 한다. 여성들에게만 있는 여성암(유방암, 자궁경부암, 자궁암, 난소암 등)도 다른 암과 마찬가지로 규칙적이고 정확한 검진을 통한 조기발견이 중요하다. 또한 월경 관련 질환은 여성의 전 생애주기를 통하여 일어날 수 있고, 여성 자신이 민감하게 반응하고 의료진을 찾아간다면 증상의 완화와 치료를 더 효과적으로 할 수 있다. 요도염, 임질, 매독, 질염, 칸디다증 등의 성 매개 감염은 치료 후에도 여성의 건강에 영향을 미칠 수 있으므로 예방과 건강한 성생활이 중요하다. 마지막으로, 건강 위험행위인 음주와 흡연은 남성보다 여성의 건강을 더 위협할 수 있으므로, 건강한 생활습관의 유지뿐 아니라 건강 위험행위의 자각과 조절에 유의하여야 한다.

참 | 고 | 문 | 헌

김남순, 박은자, 전진아, 최지희, 김명희, 김소운, 김영애, 김유미, 박정희 장숙량, 정진주, 정최경희, 천희란(2014). 한국여성의 건강통계, 한국보건사회연구원 정책보고서.

김문실, 이경혜, 이자형, 이광자, 변영순, 신경림, 김옥수, 양숙자, 강윤희(2007). 가족건강관리. 서울: 이화여자대학교 출판부.

한국유방암학회(2014). 유방암백서 2014. 한국유방암학회.

국가암정보센터(2013). 사망률. http://www.cancer.go.kr/mbs/cancer/subview.jsp?id=cancer_040202000000(2015. 3. 4. 인출).

Alexander, L. L., LaRosa, J. H., Bader, H., & Gardield, S. (2004). *New dimensions in women's health* (3rd ed.). Sudbury, MA: Jones and Bartlett.

American Cancer Society. (2007). *Cancer facts and figures 2006.*

Beatty, L. A., Wetherington, C. L., Jones, D. J., & Roman, A. B. (2006). Substance use and abuse by girls and women. In J. Worell & C. D. Goodheart (Eds.), *Handbook of girls' and women's psychological health: Gender and well-being across the life span* (pp. 113–121). New York: Oxford University Press.

Bird, C. E., & Reiker, P. P. (2008). *Gender and health: The effect of constrained choices and social policies.* New York: Cambridge University Press.

Brannon, L., & Feist, J. (2004). *Health psychology: An introduction to behavior and health* (5th ed.). Belmont, CA: Thomson Wadsworth.

Cowley, G., & Kalb, C. (2005). The deadliest cancer. *Newsweek*, 42-49.

Dodgen, C. E. (2005). *Nicotine dependence*. Washington, DC: American Psychological Association.

Etaugh, C. A. (2008). Women in the middle and later years. In F. L. Denmark & M A. Paludi (Eds.), *Psychology of women: A handbook of issues and theories* (2nd ed., pp. 271-302). Wesport, CT: Praeger.

Fausto-Sterling, A. (2005). The bare bones of sex: Part 1-sex and gender. *Signs, 30*, 1492-1517.

Harrell, Z. A., Frederickson, B. L., Pmerleau, C. S., & Nolen-Hoeksema, S. (2006). The role of trait self-objectification in smoking among college women. *Sex Roles, 54*, 735-743.

Harrell, Z. A. T., & Karim, N. M. (2008). Is gender relevant only for problem alcohol behaviors? An examination of correlates of alcohol use among college students. *Addictive Behaviors, 33*, 359-365.

Jersild, D. (2002). Alcohol in the vulnerable lives of college women. *Chronicle of Higher Education*, B10-B11.

Johnson, N. G. (2004). Introduction: Psychology and health—taking the initiative to bring it together. In R. H. Rozensky, N. G. Johnson, C. D. Goodheart, & W. R. Hammond (Eds.), *Psychology builds a healthy world* (pp. 3-31). Washington, DC: APA.

Klein, S. L. (Ed.). (2008). Sex differences infectious and autoimmune diseases. In J. R. Becker et al. (Eds.), *Sex differences in the brain from genes to behavior* (pp. 329-353). New York: Oxford.

Landrine, H., & Klonoff, E. A. (2001). Health and health care: How gender makes women sick. In J. Worell (Ed.), *Encyclopedia of women and gender* (pp. 577-592). San Diego: Academic Press.

Lee, C. (2010). Gender, health, and health behaviors. In J. C. Chrisler & D. R. McCreary (Eds.), *Handbook of gender research in psychology* (pp. 471-493). New York: Springer.

Lee, K. A., & Kryger, M. H. (2008). Women and sleep. *Journal of Women's Health, 17*, 1189-1190.

Mallampalli, M. P. & Carter, C. L. (2014). Exploring sex and gender differences in sleep health: a society for women's health research report. *Journal of Women's Health, 23(7)*, 553-562.

Matlin, M. W. (2011). *Psychology of Women* (7th ed.). Cengage Learning, 362-363.

Peltason, R. (2008). *I am not my breast cancer*. New York: Harper Collins.

Sarafino, E. P. (2008). *Health psychology: Biopsychosocial interactions* (6th ed.). Hoboken, NJ: Wiley.

Skevington, S. M. (2004). Pain and symptom perception. In A. Kaptein & J. Weinman (Eds.), *Health Psychology* (pp. 182-206). Malden, MA: Blackwell.

Spira, J. L., & Reed, G. M. (2003). *Group psychotherapy for women with breast cancer.* Washington, DC: APA.

Springen, K., & Kantrowitz, B. (2004). Alcohol's deadly triple threat. *Newsweek*, 90-92.

Springfield, D. S. (1997). *Instructional Course Lectures* (Vol. 46). Rosemont: IL. American Academy of Orthopaedic Surgeons.

Statistics Canada. (2006) *Women in Canada: A gender-based statistical report* (5th ed.). Ottawa: Author.

Steptoe, A., & Wardle, J. (2004). Health-related behaviour: Prevalence and links with disease. In A. Paptein & J. Weinman (Eds.), *Health psychology* (pp. 22-51). Malden, MA: Blackwell.

Walters, S. T., & Baer, J. S. (2006). *Talking with college students about alcohol.* New York: Guilford.

제12장

여성과
심리장애

이우경

이 장에서는 여성과 심리장애에 대해 살펴볼 것이다. 이를 위해 우선 심리장애의 전반적인 특성을 알아보고, 여성과 남성의 성차가 두드러지는 대표적 심리장애인 우울증, 섭식장애, 경계선 성격장애와 연극성 성격장애의 발생 원인에 대해 살펴볼 것이다. 또한 중년기 이후 여성에서 많이 나타나는 화병과 노인 여성에서 많이 나타나는 불안장애, 신체증상장애, 신경인지장애를 살펴볼 것이다. 아울러 이러한 심리장애의 회복을 위한 심리치료 방법으로 인지행동치료, 정신분석, 변증법적 행동치료, 여성주의치료 등에 대해 구체적으로 알아볼 것이다.

미수 씨는 20대 후반의 여성으로, 우등으로 대학을 졸업하였으나 취업 면접에서 번번이 실패하였다. 졸업 후 첫 1년은 도서관에서 공부하면서 언젠가 취업이 되겠지 하면서 낙관적으로 생각하였지만, 시간이 갈수록 잠도 안 오고 식욕도 떨어지고 공부를 해도 집중이 되지 않고 멍하니 먼 산만 바라보고 앉아 있을 때가 많아졌다. 최근 기대한 회사의 면접에서도 떨어지면서 죽고 싶다는 생각이 자주 들고, 사람들을 만나는 것도 귀찮고 힘들어 집 밖으로 나가지 않으려고 하고 있다.

정현 씨는 현재 대학 2학년에 재학 중인 여학생으로, 최근 들어 부모님의 간섭이 힘들게 느껴지고, 특히 자식이나 부인을 마음대로 휘두르려고 하는 아버지에 대한 반감이 많아졌다. 중·고등학교 때까지는 부모의 말이라면 아무런 반항 없이 잘 듣던 정현 씨는 집에 늦게 온다고 잔소리를 하는 아버지에게 심하게 대들기도 하고, 최근 6개월 전부터는 저녁 늦게 폭식을 하고 하제를 사용하는 섭식장애 문제가 나타나기 시작하였다. 아버지에 대한 억압된 분노, 우울감 등 정서적 고통이 심해지면서 학교에도 잘 안 나가고 밤에는 스마트폰 게임을 하고 낮에는 자는 등 밤낮이 바뀐 삶을 살고 있다.

1. 심리장애란 무엇인가

요즘 심리학에 대한 일반인의 관심이 높아지면서 이상심리, 심리장애에 대해서도 사회적 관심이 늘고 있다. 누구나 인생의 어느 시기에 마음의 갈등이나 고통을 경험할 수 있다. 그러나 어떤 사람은 삶의 고통이나 스트레스를 쉽게 극복하고 넘어가지만 또 다른 사람은 심각한 심리장애, 혹은 정신질환을 겪는다. 흔히 '저 사람이 이상한 것 같다'라고 말하려면 어떤 기준으로 판단해야 하는지 궁금해하는 사람이 많다. 따라서 어떤 한 사람이 부적응을 겪거나 비정상적인 행동을 보인다면, 이런 사람들을 도와주기 위해서는 우선 심리장애의 판단 기준을 이해할 필요가 있다.

심리장애를 평가하고 진단하는 기준은 다양하다. 정상적인 행동과 이상행동, 즉 심리장애는 어떤 기준으로 구분할 수 있을까? 여기에 대한 답은 다양할 수 있지만 이상행동을 연구하는 학자들과 임상가들은 다음의 기준으로 심리장애를 판단한다.

첫째, 자신이 속한 환경에서 얼마나 적응을 잘하고 있느냐를 통해 정상행동과 이상행동을 구분할 수 있다. 한 개인이 환경의 요구에 스스로를 맞추어 가거나, 혹은 환경을 변화시켜 가면서 각자 순응과 동화를 해 나갈 때 가장 중요한 것이 적응적 기능이다. 적응적 기능은 대체로 사회적, 직업적 기능을 말한다. 학생이라면 학업적 기능이 중요할 것이고, 직장에 다닌다면 직장에서의 기능이 이상과 정상을 판가름하는 중요한 기준이 될 수 있다. 적응적 기능 관점에서 본다면, 앞서 언급된 정현 씨는 현재 부모와 마찰을 겪고 있고 학교에 잘 나가지 않는 등 가족과의 문제, 학교 적응의 문제를 보이고 있다.

둘째, 주관적 불편감이다. 불안, 우울, 분노, 절망과 같은 주관적 불편감은 심리장애를 판별하는 중요한 기준이다. 앞에 언급된 미현 씨처럼 취업이 되지 않아 죽고 싶을 정도로 괴로워하고 자살 사고도 일어난다면 주관적 불편감이 심각한 상태라고 볼 수 있다.

셋째, 통계적 기준에 따라 심리장애와 정상행동을 구분할 수 있다. 예컨대 사람들은 하루에 보통 10번 이내로 손을 씻는다. 어떤 사람이 하루에 100번 이상 손을 씻는다면 통계적인 정상성에서 벗어났다고 볼 수 있다.

이 밖에 사회적, 문화적 규준에 따라 정상행동과 이상행동을 구분할 수 있다. 그러나 사회적 규범은 문화권마다 달라서 한 문화권에서는 정상으로 보지만 다른 문화권에서는 이상행동으로 볼 수 있다. 같은 문화권 내에서도 시간에 따라 정상과 이상을 판단하는 기준이 바뀔 수 있다. 예를 들어, 서구에서는 1800년대에는 여성이 자위행위를 하는 것을 비정상적인 행동으로 보았으나 오늘날에는 더 이상 이상행동으로 간주하지 않는다. 동성애 역시 1973년까지는 정신과적 진단으로 여겼으나 오늘날은 아랍 문화권을 제외하고는 대부분의 나라에서 정신장애로 여기지 않고 성적 취향으로 보고 있다.

현재 『정신질환의 진단 및 통계 편람 5판(Diagnostic and Statistical Manual of Mental Disorders-5: DSM-5)』(American Psychiatric Association, 2013)에는 300개가 넘는 심리장애가 진단으로 분류되어 있다. IT 기술의 급속한 발달로 예전에는 없던 진단이 새로운 진단

명으로 부상하고 있으며, 인터넷 중독, 스마트폰 중독 같은 것이 그 예에 속한다. 정신적으로 건강하다는 것은 자신이 속한 사회, 문화 안에서 주관적으로 편안함을 느끼며 상황에 맞게 잘 적응하는 능력을 말하는데, 많은 사람이 적응의 문제, 고통, 불행감을 느끼며 살아가기도 한다.

　수백 가지가 되는 심리장애는 대체로 남성과 여성 모두에게 동일하게 적용되지만 어떤 심리장애는 유난히 여성에게서 많이 나타나 성차가 뚜렷한 모습을 보인다. 예를 들어, 남성들은 여성보다 반사회성 성격장애 비율이 3배 이상 높고 알코올중독이나 약물중독 비율도 훨씬 높다. 반면, 여성의 경우 우울증, 섭식장애, 불안장애, 경계성 성격장애, 연극성 성격장애, 신체증상장애 등이 월등히 높게 나타난다.

2. 우울증과 여성

　누구나 살면서 슬픈 기분을 경험할 수 있다. 크고 작은 스트레스를 겪다 보면 감기에 걸리듯이 우울증에 빠질 수 있다. 특히 가족이나 친한 친구, 애인 등 사랑하는 사람을 상실할 경우 우울 증상에 취약해진다. 감기 증상이 어느 순간 없어지듯 대부분의 사람은 스트레스 사건이나 상실 경험을 금방 딛고 일어선다. 그러나 우울 증상을 심하게 겪는 사람들은 지속적으로 우울감에 빠져 힘들어한다. 특히 여성의 경우 남성에 비해 우울 증상에 취약하다고 알려져 있다. 우울증을 겪고 있는 사람들은 우울 증상 외에도 약물남용이나 불안장애, 알코올 장애, 섭식장애, 성격장애와 같은 장애를 동반하기도 한다. 우울증은 매우 이질적인 질병이어서 동반 장애가 있는 경우 치료가 더 어렵고, 우울 증상이 만성화되기도 한다. 우울증은 성격 특성과도 상관이 높은 것으로 알려져 있다. 예를 들어, 우울한 여성들은 자존감이 낮고 전통적인 여성상을 지향하고 자신의 삶에 대해 통제감을 덜 가지고 있는 사람일 가능성이 크다.

1) 우울증의 구체적인 특징

　우울증은 매우 흔한 심리장애로 주요 증상은 정서 · 인지 · 행동 · 신체 증상으로 나누어 구분해 볼 수 있다. 정서 증상으로는 슬픈 기분, 암울한 기분, 무감동, 짜증, 자주 눈물을 흘리는 등 즐거운 기분을 느낄 수 없는 상태가 일정 기간 지속된다. 인지 증상으로는 스스로 부적절하다는 생각, 무가치감, 무력감, 자기비난, 미래에 대한 비관적 사고가 주로 나타난다. 이러한 부정적인 생각은 정상적인 일상 기능을 방해하기 때문에 우울한 사람들은 어떤 일의 결정을 내리거나 집중하는 것이 어려워진다. 또한 이들은 긍정적인 정보보다 부정적인 정보를 더 정확하게 기억하고 이에 몰두하고 반추(rumination)하기 때문에 자기패배적인 사고에 쉽게 빠진다. 우울증의 신체 증상으로는 두통, 어지럼증, 피로감, 소화불량, 통증 등의 증상이 자주 동반된다. 우울증을 경험하는 어떤 사람들은 체중이 늘기도 하고, 또 다른 사람들은 체중이 줄기도 한다. 우울증의 행동 증상으로는 일상적인 과제를 하기 힘들어하고 업무를 해도 생산성이 줄어든다. 또한 개인 용모도 잘 꾸미지 않고 사회적 상호작용도 줄어들며 수면 문제도 생긴다. 우울한 많은 사람은 자살을 시도한다. 남성에 비해 여성이 자살 시도를 더 많이 한다고 보고되고 있는데 자살 성공률은 남자들이 더 높다.

2) 우울증의 종류

우울증의 가장 심각한 형태는 주요 우울증(Major Depressive Disorder: MDD)이다. 주요 우울증은 말 그대로 우울 증상이 매우 심각한 것으로 2주 이상 우울 증상이 지속되면서 직업적 · 사회적 기능이 저하되는 질병이다. 우울증에 빠진 사람들은 하루의 대부분과 거의 매일 우울 기분을 느끼며, 이러한 기분 증상은 주관적인 보고나 객관적인 관찰에서도 드러난다. 또한 거의 모든 일상 활동에 대한 흥미나 즐거움이 저하되고, 체중 조절을 하지 않는 상태에서도 체중이 감소하거나 증가하기도 한다. 거의 매일 식욕이 감소하거나 증가하고, 거의 매일 불면증이나 과다 수면을 보이며, 자주 정신 운동성 초조나 지체, 피로나 활력 상실, 무가치감 또는 과도하거나 부적절한 죄책감을 느낀다. 사고력이나 집중력의 감소, 우유부단함, 죽음에 대한 반복되는 생각, 특정한 계획 없이 반복되는 자살 생각 또는 자살 기도나 자살 수행에 대한 특정 계획을 세우는 것이 포함된다.

주요 우울증 외에 여성들에게서 많이 나타나는 월경전 불쾌 장애(Premenstrual Dysphoric Disorder: PDD)는 대부분의 생리주기에서 황체기에 증상이 나타나서 생리 시작 후 며칠 이내에 사라지고, 생리가 끝난 다음에는 증상이 완전히 없어진다. 월경전 불쾌장애의 증상에는 매우 불안정한 기분, 지속적이고 뚜렷한 분노, 대인관계 갈등, 분명한 우울감, 절망감, 자기비난 사고, 불안, 긴장, 신경이 곤두서고 벼랑 끝에 선 느낌, 일상 활동에서의 흥미 감소, 집중하기가 곤란하다는 주관적 느낌, 피곤함, 에너지 저하가 포함된다. 또한 식욕의 뚜렷한 변화, 과식이나 특정 음식에 대한 탐닉, 과도한 수면이나 불면, 뭔가에 압도되거나 통제력을 잃을 것 같은 주관적인 느낌, 유방의 압통이나 부종, 근육통, 관절통, 부풀어 오르거나 체중이 증가된 느낌과 같은 신체 증상이 동반되어 나타난다.

여성이 많이 겪는 또 다른 우울증으로는 출산한 여성에게서 많이 나타나는 산후 우울증(postpartum depression)이 있다. 산후 우울증은 '베이비 블루(baby blues)'라고 하는데 여성의 80% 이상이 출산 후 경험한다고 알려져 있다. 산후 우울증의 증상으로는 슬픈 기분, 정서의 동요, 피곤함, 불안, 불면을 경험하지만 대부분의 여성은 증상이 나타난 뒤 며칠 혹은 몇 주 내에 사라진다(Kendall-Tackett, 2010). 그러나 산후 우울증 증상이 지속되어 1년씩 진행되는 경우도 있다. 증상이 만성화되면 극도의 슬픔, 절망감, 불면, 침투적 사고, 강박 행동, 공황발작, 자살 사고 등이 나타난다. 산후 우울증에 걸리게 되면 엄마-영아의 관계와 영아의 신체적·정서적 건강이 심하게 위협을 받을 수 있다(Kendall-Tackett, 2010). 산후 우울증은 출산후 여성 호르몬의 변화, 유전적 소인, 심리·사회적 요인이 복합적으로 작용한다.

3) 여성 우울증이 많은 이유

미국과 캐나다에서 이루어진 연구에 따르면 여성은 우울증 평생 유병률이 남성의 3배에 달한다고 보고되고 있다(Ali, Wink, & Ardelt, 2010; Hatzenbuehler, Hilt, & Nolen-Hoeksema, 2010). 아동기에는 우울 증상의 성차가 발견되지 않으나, 사춘기 무렵부터 여자 청소년이 남자 청소년에 비해 우울증 발생 비율이 점점 높아지는 것으로 보고되고 있다. 이러한 차이는 성인기에도 지속된다(Hatzenbuehler et al., 2010). 여성이 남성보다 우울한 이유에는 생물학적 원인 등 여러 가지 요인이 복합적으로 작용한다. 우울의 생리적 작용을 연구하는 학자들은 생화학적인 요인, 호르몬 변화, 2개의 X염색체와 관련된 유전적 요인 등이 남성보다 여자가 우울증에 더 취약하게 한다고 보고 있다.

인간의 행동은 하나의 요인으로 설명하기 어려운 복합적인 원인에 의해 발생한다고 볼 수 있다. 그러므로 우울증의 성차 역시 단일한 요인으로 설명하기가 쉽지 않다. 우울증의 성차를 연구하는 일부 임상가들은 여성 우울증이 많은 원인을 여성이 의학적 도움을 더 잘 찾기 때문인 것으로 보고 있다(Addis & Mahalik, 2003). 일반 인구 집단에서는 여성과 남성이 비슷하게 우울하지만, 남성보다 여성이 병원이나 정신건강센터를 더 많이 찾기 때문에 이런 성차가 발생한다는 것이다. 정신과 의사나 심리학자가 혹시 있을지 모르는 우울 증상에 대해 탐색하면, 남성은 우울 증상을 여성에 비해 더 적게 보고한다는 연구도 있다(Sigmon et al., 2005).

우울증이 여성에게서 더 많이 나타나는 이유에 대한 또 다른 설명으로는 치료자들의 진단적 편견에서 찾아볼 수 있다. 치료자들마다 진단적 선호도가 있는 데다가 여성일 경우 우울증으로 과잉 진단을 내리는 경향이 있다(Sprock & Yoder, 1997). 이 연구자들에 따르면, 치료자들은 비슷한 심리 증상을 보여도 남성에 비해 여성에게 우울증 진단을 더 많이 내린다. 이와 동시에, 치료자들은 남성의 경우 우울증 진단을 더 적게 내린다(Nydegger, 2008). 진단을 내리는 치료자들은 일반적으로 남성이 '강하다'는 선입견을 갖고 있어서 남성에게는 우울증 진단을 잘 안 내리는 경향이 있기 때문에 여성 우울증이 더 많다는 입장이다.

남자들은 우울 증상이 있어도 감정적으로 우울감을 호소하기보다는 술을 마시거나 불법 약물을 남용하면서 내면의 우울증에 대처한다. 그 결과, 치료자는 이 같은 문제로 정신건강센터나 병원을 찾을 경우 남자들에게는 우울증보다는 알코올 의존이나 약물 남용 진단을 더 많이 내리게 된다(Bird & Rieker, 2008). 실제로 임상에서 알코올중독이나 약물중독으로 입원한 환자들을 분석해 보면, 우울감에 대처하기 위해 자가치유 목적으로 술이나 약물에 몰두하는 경향이 매우 강하다.

여성들이 우울증 진단을 더 많이 받게 되는 또 다른 이유는 여성에 대한 전반적 차별을 들 수 있다. 요즘은 여성들의 지위가 예전보다 좋아지기는 했지만, 여전히 여성에 대한 성차별은 어느 사회에나 존재한다. 학창 시절에는 학업 성적이 좋고 사회에 나와서도 능력 면에서 우수한 여성이 많지만, 여전히 기업이나 직무 현장에서는 여자보다는 남자를 선호하는 사회적 분위기가 강하다. 취업이 된다 하더라도 여성의 경우 승진 기회가 남성에 비해 적고, 여성이 하는 일은 보수가 낮은 경우가 많고 가치 있게 평가받지 못하는 경우도 비일비재하다. 그 때문에 경력 부문에서 유리 천장 효과를 극복하지 못하고 사회적 장벽에 부딪혀 성취를 못 하게 되면, 사회적 인정과 같은 긍정적인 강화의 부족으로 우울감에 빠지는 여성이 많다. 이처럼 일상생활과 직장에서 일어나는 여성에 대한 차별이 여성들로 하여금 자신의 삶에 대해 통제감을 느끼지 못하게 하다 보니 여성들이 우울증에 더 취약해질 수밖에 없다(Sue, 2010).

또한 많은 여성이 양육 과정에서, 혹은 남자친구나 배우자와의 관계에서 폭력의 희생자가 된다. 어떤 여성은 아동기에 성적으로 학대받기도 하고, 학교나 직장에서 성적으로 괴롭힘을 당하기도 한다. 남자친구나 남편이 여성을 신체적으로 학대하기도 한다. 많은 수의 여성이 잘 아는 사람이나 낯선 사람에 의해 강간을 당한다. 이렇게 아동기부터 성인에 이르기까지 남성으로부터 당하는 대인 폭력도 우울 증상에 분명히 기여하는 요소라고 볼 수 있다(Hatzenbuehler et al., 2010). 신체 학대나 심리적 학대를 경험한 여성들은 대부분 우울 증상과 불안 증상을 경험한다고 알려져 있다(Russon & Tartaro, 2008).

물질적 궁핍과 가난 같은 경제적 요인 역시 여성들을 우울하게 하는 중요한 요인이다. 인구사회학적 변인 중에서 경제적 문제는 특히 우울증에 중요한 변수다. 전 연령층을 통틀어 경제적 문제를 경험하는 사람들이 심리적 우울 증상을 경험할 가능성이 훨씬 크다(Nolen-Hoeksema, 2006). 낮은 수입을 받는 여성은 경제적 여유가 있는 여성들에 비해 훨씬 적은 삶의 선택과 기회가 주어진다. 특히 이혼을 하거나 미혼모 상태로 아이를 혼자 키우는 싱글맘(single mom)들은 우울증에 매우 취약한 계층이다. 우리나라도 이혼율이 높은 상태라 이혼을 하고 혼자 아이를 키우는 싱글맘들의 양육 스트레스와 경제적 스트레스는 이 여성들이 우울증에 많이 걸리게 하는 원인 중의 하나다.

가사 역시 여성들을 우울하게 하는 한 요인이다. 예전에 비해 가사가 많이 줄어들었다고는 하지만, 아이를 키우는 전업주부들은 보상이 별로 없는 잡다한 집안일을 하며 육아 등에 지쳐 우울증을 호소하기도 한다. 집안일과 바깥 일을 동시에 하면서 두 마리 토끼를 잡는 직장 여성들도 힘들기는 마찬가지다. 여성이 직업을 가질 경우 성장 경험도 하지만, 집안일, 육아 등과 함께 하면서 남편이나 주변 가족들로부터 지지가 없는 경우 우울증으로 발전할 수 있다(Nolen-Hoeksema, 2001).

외모와 매력을 여성의 중요한 가치로 인정하고 부추기는 사회적 분위기도 여성의 우울증에 한몫하고 있다. 특히 여자 청소년의 경우 신체적 외모에 과도하게 몰두하면서 성형에 관심을 보이기도 한다. 자존감이 낮은 경우에는 신체적 외모에 더욱 집착해 다른 학업적 기능이나 대인관계 기능이 떨어지면서 우울 증상에 빠지기도 한다.

한편, 진화심리학적 관점에서 여성의 우울증을 설명할 수 있다. 오랜 진화 과정에서 남성들은 성취나 노력을 통해 자기 존재를 입증해 왔다면 여자들은 남자친구나 배우자, 혹은 자녀들과의 관계를 통해 자기 존재를 보장받으려는 경향이 강해 관계에 과도하게 몰두하였다. 여성은 대인관계가 잘 되어 가고 있는지 늘 확신을 얻고 싶어 하고, 관계가 좋지 않으면 과도하게 책임감을 느끼는 경향이 강하다(Nolen-Hoeksema, 2003; Nolen-Hoeksema & Hilt, 2009). 특히 전통적인 여성상에 동일시하는 수동적인 여성들은 자기 개인의 욕구를 희생하고 주변 사람들의 욕구에 맞추고 따르다 보니 우울할 수밖에 없다.

여자들은 친구나 가족 문제에도 너무 지나치게 정서적으로 개입하기 때문에 우울증에 더 취약할 수 있다.

여성이 남성에 비해 우울을 더 많이 느끼는 또 다른 이유는 양육 과정에서 여아가 남아에 비해 정서적인 영향을 더 많이 받는다는 점이다. 많은 부모가 여아에게는 왜 우울하고 슬픈지 말을 하게 하여 아이 스스로 자기 감정에 민감하게 만들지만, 남아에게는 남자답게 자라기 위해서는 울지 말아야 하고 슬퍼하지 않는 것이 좋다는 것을 간접적으로 교육시킨다. 여아는 남아와 달리 울어도 괜찮고 왜 슬픈지 그 이유를 설명하게 하지만, 남아와는 감정에 대한 대화 자체를 꺼리고 감정을 잘 표현하지 않게 하다 보니, 부정적인 감정을 표현해도 무방하다는 것을 어려서부터 경험한 여성들이 우울 증상을 더 많이 경험한다(Hatzenbuehler et al., 2010). 특히 우리나라와 같은 동양 문화권에서는 감정을 인식하고 표현하는 데 남아와 여아가 성장 과정에서부터 다르게 교육받다 보니 여자들이 우울한 감정을 더 잘 표현하는 경향이 있다.

Nolen-Hoeksema는 우울 반응을 연구한 대표적인 연구자로, 남성에 비해 우울한 여성은 내부로 주의를 돌리고 우울 증상에 더 초점을 맞춘다고 주장한다. 여성은 자신이 느끼는 감정의 가능한 원인과 결과를 곰곰이 생각하는 이런 반응 양식을 반추적인 반응 양식(ruminative style)이라고 하였다. 여자들은 삶에서 무엇이 잘못되었는지, 무엇이 문제인지 남자들에 비해 더 깊게 생각하고 걱정한다는 것이다. 여자들은 우울할 때 남자들에 비해 반추 전략을 더 많이 사용한다. 연구에 따르면, 흑인 여성, 중국 여성, 아시아 출신 여성들이 백인 여성에 비해 더 반추적인 반응 양식을 보인다고 한다(Conway, Alfonsi, Pushkar, & Giannopoulos, 2008). 같은 인종 내에서도 여자들은 남자들에 비해 더 반추적이라고 보고되고 있다. 문제는 반추적인 반응 양식이 안 좋은 기분을 더 강화한다는 것이다. 반추는 그 사람의 사고 중에서 부정적으로 편향된 사고를 부추기고 그 결과 비관적이 되고 비효율적인 생각들이 머릿속에 쉽게 떠오르게 한다. 반추적인 사고를 하게 되면 당면한 문제의 해결이 더 어려워지고 무기력감을 느끼게 되며 장기적으로는 심각한 우울증 상태로 빠질 수 있다.

[상자 12-1]에서 첫 번째 그룹의 문항에 표시한 사람들은 반추적인 반응 양식을 가진 사람들이고, 두 번째 그룹의 문항에 체크한 사람들은 주의전환형이다. 그럼 반추적인 양식을 가지고 있다면 어떻게 해야 할까? Nolen은 다음과 같이 제안한다. 우울할 때 문제에 대해 너무 곰곰이 생각하고 부정적인 정서에 몰두하는 대신 재미있는 활동을 해 보는 것이 우울감의 해소에 도움이 된다는 것이다. 이렇게 주의 전환을 통해 우울 기분

┃상자 12-1┃ 우울증에 대한 반응

만일 당신이 최근 예기치 않은 개인적 사건으로, 예를 들어 학교 성적이 떨어졌거나 애인과 헤어졌거나 친한 친구 혹은 가족과 싸워서 우울하다고 가정해 보시오. 다음 활동 중에서 우울할 때 당신이 몰두하는 활동은 어느 것인지 표시해 보시오.

___ 1. 집중할 수 있는 취미활동에 몰두한다.
___ 2. 지금 어떤 기분을 느끼고 있는지 일기를 써 본다.
___ 3. 기분이 어떤지 알아내기 위해 주변 사람들과 떨어져 지낸다.
___ 4. 친구들과 어떤 것을 한다.
___ 5. 술을 마신다.
___ 6. 얼마나 우울한지 친구들에게 이야기한다.
___ 7. 뭔가를 때린다.
___ 8. 운동을 하거나 좋아하는 스포츠를 해 본다.
___ 9. 감정을 드러내면서 누군가에게 편지를 쓴다.
___ 10. 무모한 행동에 몰두한다(예: 제한 속도를 넘어서서 10마일 정도 운전한다)
___ 11. 음악을 듣는다.
___ 12. 왜 슬프고 우울한지 이유를 적어본다.

모두 표시한 다음 2, 3, 6, 9, 11, 12번을 묶어 보고 1, 4, 5, 7, 8, 10번을 한 집단으로 묶어 보라.

출처: Nolen-Hoeksema (1990).

이 다소 가라앉을 때까지 기다린 다음, 우울감에 빠지게 한 문제에 대해 더 효과적으로 분석하는 것이 좋다고 한다. Nolen의 이런 연구를 기반으로 하여 많은 치료자가 여성의 우울감을 없애기 위해 반추적인 반응 양식을 스스로 관찰하고 조절하도록 도와주고 있다.

경제적 궁핍, 폭력, 직장이나 집안일 등 우울증의 성차를 설명하는 여러 요인은 해결하기 어려운 문제들이다. 반추 양식과 같은 개인의 인지 스타일은 비교적 개인의 노력으로 해결할 수 있지만, 사회적으로 은밀하게, 때로는 노골적으로 일어나고 있는 여성에 대한 편견은 조직적으로 대응하거나 불평등을 해소하기 위한 사회적 노력을 기울이지 않는다면 해결하기 어려운 문제다. 그래서 여성주의 관점을 가진 심리학자들은 우울증과 같은 심리적 문제를 해결하기 위해 사회적 맥락에서 일어나는 문제들을 인식해야 한다고 주장한다. 사실 사회적 문제는 성불평등의 문제와 서로 맞물려 있다는 것이 여성주의 심리학자들의 입장이다.

3. 섭식장애와 여성

섭식장애는 음식을 먹는 섭식행동과 관련해 심각한 부적응 상태를 나타내는 이상행동이다. 이 장애는 크게 2가지 유형으로 분류되는데 신경성 식욕부진증과 신경성 폭식증이다. 우리나라 여학생의 대다수가 몸매에 신경을 쓰며 체중 조절을 하고 있다. 한 연구에 따르면, 정상 체중 여학생의 60% 이상이 체중 조절을 한 경험이 있고, 43% 이상이 스스로를 뚱뚱하다고 판단하며, 저체중에 해당하는 여학생의 약 30%가 체중 조절의 경험이 있고, 40% 정도가 자신을 보통이거나 뚱뚱한 체형이라고 생각하고 있다.

섭식장애는 마른 것을 이상화하는 문화권에서 발생하는 경향이 있다. 북미를 비롯해서 이른바 선진국에서 많이 볼 수 있는 현상이 섭식장애다. 여아는 자라면서 날씬해지는 것에 대해 관심이 많아진다. 요즘은 초등학교 고학년쯤 되면 부쩍 외모에 관심을 가지면서 다른 친구들과 자신의 몸매나 외모를 비교하게 된다. 마른 것을 선호하는 문화와 사회적 분위기는 일부 여성이 신체적 외모에 대해 극단적으로 관심을 보이는 원인이 되기도 한다.

극단적으로 마른 이미지는 패션 잡지나 미디어 등에서 걸러지지 않고 보도되고 있다. 미디어가 이렇게 몸무게, 마른 것, 다이어트를 지나치게 강조한다는 것이 많은 연구에서도 드러나고 있다(Calogero & Thomson, 2010; Smith, 2008). 대중매체가 여성의 체중을 강조하고 다이어트를 강조하는 분위기는 여자아이를 비롯해서 성인 여성이 자신의 몸매에 대한 이미지를 어떻게 보는지에 지대한 영향을 미친다. 대중매체에 오르내리는 날씬하고 매력적인 여성 이미지를 지닌 여성을 자주 접하다 보면, 스스로의 신체상에 대한 자존감이 떨어지고 불만족감이 증폭될 수밖에 없다.

대상화된 몸에 대한 의식과 신체 불만족이 이런 섭식장애를 부추긴다. 여아가 청소년기에서 성인기에 들어설 때 신체적 매력이 점점 강조되다 보니 대상화된 신체 의식을 경험하기 쉽다. 여자들은 자신의 몸을 대상으로 보고 다른 사람들이 보고 판단할 것으로 예상한다. 여성의 대상화된 신체 의식은 미디어에서 마른 여성의 이미지를 보게 되면 더 증폭된다(Calogero & Thomson, 2010). 남자들에 비해 여자들은 자신의 몸을 더 대상화해서 보기 때문에 몸에 대해 더 불만족스러워한다.

몸무게나 신체적 외모와 같은 피상적인 특성에 더 몰두하게 될 때, 다른 사람과 의미있는 상호작용을 덜 하게 되며 섭식장애와 같은 문제에 취약해진다. 섭식장애는 크게 신경성 식욕부진증과 신경성 폭식증으로 구분할 수 있다.

1) 신경성 식욕부진증

신경성 식욕부진증(anorexia nervosa), 일명 거식증은 체중 증가와 비만에 대한 극심한 두려움을 지니고 있어서 음식 섭취를 극도로 감소시키거나 거부함으로써 비정상적인 체중을 가져오는 심각한 심리장애다. 90% 이상이 여성에게서 발생하며, 여자 청소년과 20대 초반 여성에게서 흔히 발생한다. 날씬함에도 자신의 몸이 뚱뚱하다고 왜곡되게 생각하는 경향이 있고, 연령과 신장에 의해 기대되는 체중보다 적어도 15% 이상의 체중 감소가 지속될 경우에 진단을 받는다. 신경성 식욕부진증은 음식 거부로 영양부족 상태가 심각할 경우 죽음에 이르기도 하는 치명적인 질환이다.

신경성 식욕부진증 진단 준거로는 연령과 신장에 비하여 체중을 최소한의 정상 수준이나 그 이상으로 유지하기를 거부하고 몸무게가 많이 나가지 않음에도 체중 증가와 비만에 대해 극심한 두려움을 느끼는 것이 포함된다. 신경성 식욕부진증을 겪는 여성들은 저체중과 체형에 대한 생각이 매우 왜곡되어 있어서 현재 낮은 체중의 심각함을 인정하려 들지 않는다.

신경성 식욕부진증의 유형에는 제한형과 폭식 및 하제 사용형이 있다. 제한형은 신경성 식욕부진증의 증상 기간에 규칙적으로 폭식하거나 하제를 사용하지 않는 것을 말하고, 폭식 및 하제 사용형은 신경성 식욕부진증의 증상 기간에 규칙적으로 폭식하거나 하제를 사용하여 스스로 구토를 유도하거나 하제, 이뇨제, 관장제를 남용하는 것을 말한다.

신경성 식욕부진증은 청소년 후기와 성인기 초기 여성에게 많이 나타난다. 최근 들어 증가하는 추세에 있고, 대학에 가기 위해 집을 떠나는 것과 같은 스트레스 생활사건과 관련이 있다. 신경성 식욕부진증이 심해지면 수분과 전해질 불균형으로 사망률이 10% 이상이며, 굶어 죽거나 자살하는 경우도 많다. 빈혈, 탈수 상태, 저마그네슘증, 저아연증, 저칼륨증 등의 합병증도 나타난다.

신경성 식욕부진증에 대해 정신분석이론에서는 여성들이 어머니로부터 심리적 독립을 하지 못해 어머니에 대한 독립과 의존 간의 갈등이 심하고 자기 몸에 대해서도 확고한 주체 의식이 없기 때문이라고 보고 있다. 특히 청소년 시기에 어머니로부터 많은 간섭을 받게 되다 보니 어머니에 대한 억압된 분노감 때문에 음식을 거부하게 되고, 이로써 적대적이고 간섭하는 어머니의 표상이 몸 안에 자라지 못하게 하려는 무의식적인 시도에서 이런 증상들이 발생한다는 것이다.

행동주의 입장에서는 이 여성들이 살이 찌는 것에 대해 과도하게 두려움을 느껴서 음식 섭취를 하지 않는다고 본다. 체중 증가에 대한 공포와 두려움이 음식에 대한 회피 반응을 불러일으키고 이 행동이 지속적으로 강화된다는 것이다. 인지적 입장에서는 신경성 식욕부진증을 보이는 여성들은 자기 몸에 대한 지각과 신체상이 왜곡되어 있다고 본다.

신경성 식욕부진증의 치료는 음식 섭취를 과도하게 제한하다 보니 영양 실조와 여러 가지 신체적 합병증이 생겨 입원치료를 요하는 경우가 많다. 입원 기간에 정신과 의사, 임상심리전문가, 영양사 등으로부터 통합적인 치료를 받게 되는데, 심리 전문가들은 주로 인지치료를 사용하여 몸에 대한 인지적 왜곡에 도전하게 하고 신체상에 대해 예민한 시각을 바꿔 준다. 신경성 식욕부진증인 경우 어머니와의 관계에서 양가적인 감정이 많고 심리적으로 밀착되어 있어서 세대 간, 개인 간에 심리적 경계가 모호한 경우가 많다. 따라서 가족치료를 병행하여 실시하는 것이 바람직하다. 심한 우울증을 동반하는 경우에는 약물치료가 필요하다.

2) 신경성 폭식증

신경성 폭식증(bulimia nervosa)은 매우 짧은 시간 안에 많은 양의 음식을 먹는 폭식행동을 하고 난 뒤 체중 증가를 피하기 위해 토하거나 이뇨제, 관장약 등을 사용하는 보상행동이 반복되는 질환이다. 신경성 식욕부진증과 달리 신경성 폭식증에 걸린 여성들은 대개 정상 체중을 유지하는 경우가 많으며, 신경성 식욕부진증보다 흔하게 나타난다. 남자들도 신경성 폭식증에 걸릴 수 있지만 약 90% 정도가 여성에게서 나타나며, 미국이나 우리나라와 같이 고도로 산업화된 나라에서 발생하기 때문에 선진국병이라는 인식이 있다. 주로 청소년 후기 또는 성인기 초기에 증상이 나타나며, 만성적인 경과를 밟기도 하고 간헐적으로 증상이 나타날 수도 있다.

신경성 폭식증의 반복적인 삽화 혹은 폭식 삽화는 일정한 시간(예: 2시간 이내) 내에 보통 사람들이 같은 시간 동안 먹는 양보다 훨씬 많은 양의 음식을 먹으며, 폭식 동안에 먹는 것을 조절하는 능력이 상실된다는 특징이 있다. 따라서 이들은 먹는 것을 멈출 수 없으며, 어떤 음식을, 혹은 얼마나 많이 먹어야 할지를 통제할 수 없다는 느낌에 사로잡한다.

　신경성 폭식증 유형은 신경성 식욕부진증과 마찬가지로 하제를 사용하는 유형과 하제를 사용하지 않는 유형으로 구분할 수 있다. 하제 사용형은 신경성 폭식증 삽화 동안 정기적으로 구토를 유도하거나 하제, 이뇨제, 관장약을 남용한다. 하제를 사용하지 않는 유형은 신경성 폭식증 삽화 동안 금식 또는 과도한 운동과 같은 부적절한 보상행동을 하지만, 정기적으로 구토를 유도하거나 하제, 이뇨제, 관장제를 사용하는 행동은 하지 않는다. 신경성 식욕부진증과 동전의 양면과 같아서 신경성 식욕부진증에 걸린 여성의 약 40~50%가 폭식증 증세를 같이 보인다.

　정신분석 접근에서는 부모에 대한 무의식적 공격성이 폭식증으로 표출되는 것으로 보고 있다. 즉, 부모에 대한 무의식적인 분노가 음식으로 대치되어 폭식행동 문제로 표현되는 것이다. 또한 대상관계이론에서는 내재해 있는 좋지 못한 부모상을 상징적으로 파괴하고 자기 속에 통합시키려는 욕구가 폭식 증상을 일으키며, 부모로부터의 심리적

|상자 12-2|　신체 사이즈에 대한 태도 분석하기

다음 질문 문항을 읽고 1번부터 5번에 걸쳐 해당되는 번호를 적으시오.

1_____3_____5
결코 아니다　　　　　　　　　　　　　　　　　　　　　　　　자주 그렇다

___1. 나는 다른 사람들에게 내 몸무게를 말한다.

___2. 나는 누군가가 살이 빠진 것 같으면 칭찬을 해 준다.

___3. 누군가가 살이 찌면 그 사실을 말하지 않으려고 한다.

___4. 나는 누군가 살이 찐 사람이 있다면 농담을 한다.

___5. 나는 주변에 있는 사람들이 날씬함에 대한 문화적 규준을 충족하지 않는다 해도 그들이 자신의 몸에 대해 좋게 느끼도록 해 준다.

___6. 패션 잡지를 볼 때마다 거기에 나오는 모델들이 너무 말랐다고 걱정한다.

___7. 누군가가 뚱뚱한 사람들에 대해 농담을 하면 나는 그들과 다른 입장을 표현한다.

___8. 나는 평균보다 더 마르기 위해 상대적으로 적은 음식을 먹는다.

___9. 나는 식습관을 스스로 통제하려는 사람들을 보면 칭찬해 준다.

___10. 잡지를 볼 때마다 거기에 나온 모델 사진들이 섭식장애를 부추기는 것 같아 걱정이 된다.

　1, 2, 4, 8, 9번 문항의 답을 더한 다음, 3 5, 6, 7, 10번 문항의 합을 뺀다. 점수가 낮으면 신체 사이즈의 다양성에 대해 긍정적인 태도를 가지고 있는 것이다.

출처: Van den Berg, Wertheim, Thompson, & Paxton. (2001).

인 독립과 분리가 어려운 경우에 많이 나타난다고 보고 있다. 음식을 마구 먹는 행위는 엄마와 합일되고 싶은 소망을 나타내며, 먹은 음식을 일부러 토해 내는 것은 엄마로부터 분리하려는 노력에서 비롯된다는 것이다. 행동주의 입장에서는 신경성 식욕부진증과 마찬가지로 체중 증가에 대한 두려움으로 음식에 대한 접근 행동과 회피 행동을 반복하며 과도하게 음식을 섭취하고, 살이 찐 몸매에 대한 불만으로 체중을 조절하기 위해 음식 섭취를 줄였다가, 그에 대한 반동으로 다시 식욕이 생겨 폭식행동이 유발된다고 본다.

4. 성격장애와 여성

누구에게나 하나의 독특한 성격 패턴이 있다. 성격이란 타고난 기질과 환경적 자극을 토대로 어린 시절부터 서서히 발전하여 성인기에 굳어진다. 건강한 성격을 가진 사람은 상황에서 예측 가능하고 일관적인 방식으로 행동하는 경향이 있다. 이들은 주변 환경에 반응하면서 상황에 따라 유연하게 대처하며 경험을 통해 배울 줄 안다. 그러나 성격 패턴으로 굳어진 개인의 성격이 심각하게 부적응적인 양상을 띠면서 주변 사람들을 힘들게 한다면 성격장애가 있다고 볼 수 있다. 일관성이 있으면서도 상황에 맞게 유연하게 행동하는 건강한 성격의 사람들과 달리, 극단적이고 역기능적 성격장애(personality disorder)를 지닌 사람들은 성격 패턴이 완고하고 부적응적이어서 개인의 사회적·직업적 기능에 유의한 장애가 생기는 경우가 많다. 이들은 흔히 인지, 정서, 대인관계 기능, 충동 조절의 문제를 겪는다.

현재 미국정신의학회의 『정신질환의 진단 및 통계 편람(DSM)』에서는 10개의 성격장애를 규정하고 있는데 이는 크게 3가지 군집으로 나뉜다. A군의 성격장애는 성격이 이상한 사람들이 주로 속하고, 편집형·분열성·분열형 성격장애가 포함된다. B군의 성격장애에는 정서적으로 불안정하고 극적인 성격장애인 경계선·연극성·자기애성·반사회성 성격장애가 포함된다. C군의 성격장애에는 회피성·의존성·강박성 성격장애가 포함되며, 주로 걱정을 많이 하고 불안해하는 유형이 포함된다. 성격장애에서의 성차를 살펴보면 대개 비슷하게 발병하지만, 남성들은 반사회성 성격이 우세하고 여성은 경계선 성격장애나 연극성 성격장애가 더 많이 나타난다.

1) 경계선 성격장애

경계선 성격장애(borderline personality disorder)는 대인관계, 자기 이미지, 정동의 불안정성 및 현저한 충동성을 보이는 장애다. 또한 대인관계에서 실제적 또는 가상의 유기를 피하기 위한 노력을 하고 사람에 대한 이상화와 평가절하의 양극단을 오락가락한다. 정서가 불안정하고 강렬한 대인관계 패턴을 보이고 불안정한 자기 이미지, 정체성 혼란을 경험한다. 자신을 손상할 수 있는 2가지 이상의 충동성을 보이고 반복적인 자살행동, 자살 제스처, 자해행동, 정서 불안정, 만성적인 공허감, 부적절하고 강렬한 분노, 또는 분노조절의 곤란, 일시적 편집적 사고, 또는 심한 해리증상을 보인다.

인지적 입장에서는 "나는 원래부터 환영받지 못할 존재다."라는 핵심 신념이 있어서 기본 정체성에 혼란을 느끼고 불안정한 정서, 대상관계를 보인다고 해석하고 있다. 경계선 성격장애를 치료하려면 장기간의 정신분석 치료가 도움이 될 수 있으나, 환자가 치료에 잘 참여하지 않으려 하기 때문에 부가적으로 약물치료를 하는 것이 도움이 된다. 경계선 성격을 보이는 여성들은 충동적이고 분노 폭발이 잦아서 심리치료에 잘 반응하지 않는다. 흔히 우울 증상, 약물중독이 동반되어 정신과적 치료가 필요하다. 특히 자살 시도를 많이 하기 때문에 치료 과정 중에 항상 주의하여야 한다.

2) 연극성 성격장애

여성에게서 많이 나타나는 연극성 성격장애(histrionic personality disorder)는 광범위하고 지나친 감정 표현 및 관심 끌기의 행동 양상이 성인기 초기에 시작하여 여러 상황에서 광범위하게 나타난다. 이들은 자신이 관심의 초점이 되지 못하는 상황에서 매우 불편해한다. 다른 사람과의 관계에서 흔히 상황에 부적절하게 성적으로 유혹적이거나, 도발적으로 행동하는 모습을 보인다. 감정의 변화가 급격하고 감정 표현이 피상적이다. 타인의 관심을 끌기 위해 항상 자신의 외모를 이용하고, 지나치게 인상적으로 말하기 때문에 내용은 없는 의사소통 방식을 가지고 있다. 자기 연극화, 과장된 감정 표현을 주로 한다. 피암시성이 높아서 타인이나 상황에 의하여 쉽게 영향을 받는다.

정신분석 관점에서는 연극성 성격장애가 어린 시절의 오이디푸스 갈등에서 비롯된다고 보고 있다. 엄마의 애정 부족에 실망을 느끼고 아버지의 주의를 얻기 위해 애를 쓰며 유혹적이고 과장된 감정 표현 양식을 습득하게 된다. "모든 사람으로부터 사랑을 받아야 한다."라는 핵심 신념을 가지고 있어 주변 사람들의 관심을 끌려는 행동이 특징적이다. 자신의 진정한 감정을 의식하지 못하기 때문에 내적 감정을 명료화하여 표현하게 하는 것이 중요한 치료 과정이다. 또한 함께 나타나는 증상에 따라 항우울제나 항정신병 약물이 사용될 수 있다.

5. 생애주기별 여성의 심리장애

생애주기별로 여성의 정신건강을 살펴보는 것은 의미가 있다. 특히 평균 수명이 길어지면서 중년기 이후 여성의 정신건강에 대한 관심이 높아지고 있다. 청소년기와 성인기 초기에는 섭식장애 같은 심리장애가 더 쉽게 발병하지만, 이는 앞서 기술하였기 때문에 이 부분에서는 중년기 이후 여성의 정신건강에 초점을 맞추려고 한다.

1) 중년기 여성과 심리장애

중년기에 접어든 여성은 생물학적 · 심리적 · 사회적으로 변화가 많은 시기이기 때문에 정신건강을 위협하는 요인들에 많이 노출된다. 일반적으로 중년기 여성이 경험하는 심리 증상으로 가장 많이 연구된 것이 갱년기 우울증이다. 갱년기 우울증은 호르몬의 변화로 생겨나며, 특히 폐경을 전후해서 불쾌 기분과 우울 증상이 많이 나타난다. 그럼에도, 장기 종단적 연구들을 살펴보면, 폐경기로의 전환이 정신건강에 그다지 해로운 영향을 미치지 않는 것으로 드러나고 있고, 오히려 가족구성원들과 관련된 스트레스가 폐경보다 심리적 증상을 더 많이 불러일으킨다고 보고되고 있다(최윤정, 2004).

우울감이 중년기에 많은 이유로는 폐경을 전후해서 일어나는 호르몬의 변화, 신체적 증상들에 대한 반응, 스트레스 사건, 역할 변화 등에서 비롯된다고 간주되고 있다. 이와 같은 우울은 중년기 여성의 삶에 다양한 측면에서 부정적인 영향을 미친다. 즉, 정서적으로 슬픈 감정이 심해지고, 생활에 대한 흥미와 관심, 활동 수준이 저하되고, 비관적인 사고가 팽배하며 자신이 처한 현재와 미래의 상황에 대해 부정적이고 비관적인 조망을 하게 된다. 특히 우리나라 중년 여성의 자기존중감과 자아개념은 가정에서 배우자, 자녀들과의 관계나 역할 기능과 관련이 있다. 배우자와의 관계 문제, 자녀 문제, 자신의 문제 등이 복합적으로 작용할 경우, 여성 자신의 역할 기능 탓으로 돌려 우울감, 죄책감 등의 심리적 문제에 봉착하기도 한다.

중년기 우울증은 방치했을 경우 자살로 이어지는 사례도 많고 우울 증상이 심한 주부가 자녀와 함께 동반 자살을 하기도 하는 등 우울증은 중년 여성의 정신건강을 위협하는 가장 중요한 질병이다. 중년 여성의 우울은 본인 자신뿐만 아니라 가족 모두에게 중요한 영향을 미치고, 가정 문제를 넘어 사회문제로까지 대두하고 있다.

더구나 우리나라 중년 이상의 여성의 경우 우울증이 신체적으로 발현되는 빈도가 높고, 따라서 우울증의 변형된 표현으로 신체 증상을 호소하는 여성들이 연령대가 높아질수록 증가한다. 특히 전통적으로 감정 인식과 표현이 과도하게 억압된 가부장적인 문화로 중년 세대의 여성들은 우울감이나 불안, 화 등의 부정적인 감정에 대한 표현 능력이 제한되어, 감정적인 고통을 신체적인 채널을 통해 표출하는 경우가 많다. 불쾌한 감정으로 유발되는 스트레스는 뇌의 시상하부를 활성화시켜 정신생리 증상을 일으키게 되는데, 이것이 해소되지 않은 채로 오랜 기간이 지나면 정신신체(psychosomatic) 증상을 일으킨다. 유기체가 장기적인 스트레스에 노출되면 면역 기능이 떨어지고, 그 결과 신체적 불균형이 생겨 질병이 생긴다. 특히 우리나라의 중년 여성 세대는 많은 내적·외적 스트레스에 노출되어 있고, 그 스트레스가 충분히 해소되지 않을 때 억압된 분노가 자기 내부로 향하게 되어 갑작스럽게 신체적인 증상을 경험하기도 한다.

우울증과 신체 증상 외에 우리나라 중년 여성들이 많이 호소하고 있는 정서적 고통은 화, 분노다. 화병은 한국의 우울증 환자들이 그들의 심리적 고통을 신체적 증상으로 표현하는 독특한 문화적 양상이라고 볼 수 있다. 『정신질환의 진단 및 통계 편람』(APA, 1994)에서는 화병을 한국 문화 특유의 분노 증후군으로 설명하면서, 이 질환은 분노의 억제로 발생하며 증상으로는 불면, 피로감, 우울, 소화불량, 식욕 부진 및 상복부에 덩어리가 있는 느낌이 있는 증후군으로 소개하고 있다. 이러한 화병은 우울감과 신체 증상 호소의 기저에 깔려 있는 전통적인 한국인의 뿌리 깊은 정서와 관련이 있는 것으로 간주되며, 특히 개인보다는 집단이 중요하고 감정 표현이 억압되는 문화, 환경의 영향으로 우울감과 외로움, 분노감, 화 등의 복합적인 정서가 중년 여성의 심리적 고통을 가중시키고 있다(최윤정, 2004).

한편, 사춘기에 접어든 청소년이 자신의 정체성을 찾게 위해 안간힘을 쓰는 것처럼 중년기 여성은 자신의 지나온 삶을 되돌아보고 자신의 존재에 대한 통합적인 정체성을 갖고자 한다. 그러나 이 시기에 자신이 직면하고 있는 심리적 갈등이나 변화를 해결하지 못할 때 정체감의 위기(identity crisis)가 나타날 수 있다. Freud는 심리적 갈등은 자아에 불안을 초래하고 이러한 불안을 조절하기 위해 자아가 방어기제를 사용하게 된다고 보았다. 이러한 방어 기제가 효율적이지 못하고 부정(denial)이나 퇴행(regression), 투사(projection)와 같은 미성숙한 방어기제를 동원하게 되면, 중년기에 심리적 갈등이나 증상이 심화될 수 있다.

중년기 위기라는 개념이 서구의 문화에서 나온 허구이며 대다수의 여성은 중년기의 신체적·심리적 변화에 잘 적응한다고 알려져 있으나 우리나라 중년 세대의 여성은 급작스러운 사회적 변화와 가족 체계의 변화 등으로 그 어느 때보다도 정서적 위기감이 큰 시기를 보내고 있다. 가부장적 의식과 제도가 잔존하는 우리나라와 같은 문화에서 중년기는 샌드위치 세대라고 불리듯이, 부모 세대인 윗세대와 자녀 세대인 아랫세대의 중간에 낀 채로 자기 정체감이 분명치 않은 삶을 살아온 중년 여성들은 이 시기에 삶의 목적이나 의미를 재점검하게 되면서 상실감과 지나온 자신의 삶에 대한 후회, 억압된 분노감, 화 등이 여러 가지 신체적, 심리적 증상을 유발할 수 있다.

2) 노년기 여성과 심리장애

여성 노인에게서 가장 많이 나타나는 심리장애는 불안장애, 신체증상장애, 신경인지장애다. 불안장애는 심리장애 중에서 우울증 다음으로 매우 흔한 장애다. 또한 여성이 남성에 비해 훨씬 많은 것으로 보고된다(Angst & Dobler-Mikola, 1985; Bruce et al., 2005). DSM(APA, 1994, 2013)에 따르면, 불안장애의 평생 유병률은 여성이 남성보다 더 높다. 또한 불안장애의 하위 유형에서도 여성과 남성의 비율이 공황장애(5.0% 대 2.0%), 광장공포증(7.0% 대 3.5%), 특정공포증(15.7% 대 6.7%), 사회불안장애(15.5% 대 11.1%), 범불안장애(6.6% 대 3.6%)에 걸쳐 대부분 여성에게서 더 많이 나타나는 것으로 보고된다. 이 중에서 범불안장애는 전 연령대에 걸쳐 매우 흔한 질병인데, 특히 연령이 높은 노인들의 경우 나이가 들어 갈수록 발병 비율이 높아진다. 건강의 쇠퇴, 경제적 어려움, 죽음에 대한 두려움 등이 범불안장애를 일으키는 원인으로 예상되지만, 우리나라에서는 여성 노인들에 대한 체계적 연구가 부족한 상황이다. 앞으로 초고령화 사회가 도래함에 따라 남성 노인에 비해 홀로 남겨진 여성 노인들의 경우 신체적 질병, 노화에 따른 일상 기능의 저하, 부양 가족의 부재 등 여러 복합적인 요인이 작용하여 불안장애 여성이 늘어날 전망이므로 이에 대한 구체적인 연구 노력이 필요하다.

여성 노인들은 또한 신체 문제를 자주 호소한다. 노화와 더불어 신체적인 문제가 나타나기도 하지만, 심리적인 원인에 의해 신체적 문제가 나타나기도 한다. 신체 증상을 보이는 여성 노인들의 주요 초점은 신체적인 관심사(somatic concerns)다. 이들은 주로 정신건강의학과보다는 신체 관련 진료를 찾기 때문에 실제 노출된 것보다 훨씬 많은 여성 노인들이 신체증상장애를 겪고 있을 것으로 추정된다.

신체증상장애를 보이는 여성들의 위험 요인으로는 우선 기질을 꼽을 수 있다. 이들은 성향적으로 부정 정서성(신경증)이 높아 신체증상장애에 취약하며, 불안감과 우울감을 같이 느끼는 경우가 많다. 교육 수준이 낮고 사회 · 경제적 수준이 낮으며 스트레스와 생활사건을 많이 경험한 사람들에게서 발병빈도가 높다. 경과에 영향을 미치는 요인으로는 여성 노인, 교육수준이 낮은 경우, 사회 · 경제적 스트레스가 많은 경우이다. 기질적으로 신체 감각에 예민하고 신체 증상을 의학적 질병에 귀인하기 때문에 여성 노인들은 심리치료에 잘 반응하지 않는 특성이 있다.

노년기 여성이 많이 걸리는 장애는 흔히 치매(dementia)로 알려진 노인성 질환이다. 치매는 『정신질환의 진단 및 통계 편람』 최신판인 *DSM-5*에서는 주요 신경인지장애 (Major Neurocognitive Disorder)라고 바뀌었다. 신경인지장애는 뇌의 질환 또는 손상과 관련하여 의식장애는 없지만 기억장애를 포함하는 다양한 인지기능의 장애가 지속적으로 나타나는 경우를 말한다. 인지기능의 장애로는 기억력, 지남력, 시공간 인지력, 판단력, 추상적 사고력, 실행능력 및 언어능력의 장애 등이 있고 다양한 인지기능의 손상으로 인해 일상생활 및 사회적 또는 직업적 기능의 저하를 겪는다. 신경인지장애는 뇌의 만성 또는 진행성 질환으로 생긴 증후군이라고 볼 수 있다. 신경인지장애는 신경세포군에 손상을 초래할 수 있는 여러 가지 원인 질환으로 후천적으로 기억, 언어, 판단력 등 여러 영역의 인지기능이 떨어져서 일상생활을 제대로 수행하지 못하는 임상증후군이다.

주요 신경인지장애는 기억력을 포함한 인지 결함이 심해서 일상적인 기능이 저하되고, 경도 신경인지장애는 주요 신경인지장애에 비해 증상 정도가 더 약한 경우를 말한다. 신경인지 기능이 과거의 수행에 비해 저하되어 있으나 일상생활은 어느 정도 유지할 수 있을 때 경도 인지장애로 진단을 내린다. 본인이나 잘 아는 주변 사람 혹은 임상가에 의해 증상이 감지되며, 표준화된 신경심리 검사 등으로 검진을 받을 수 있다.

신경인지장애의 위험요인은 60세 이후 급격히 증가한다. 여성 노인에게서 더 많이 나타난다고 하여 성차가 많은 질환으로 간주되어 왔으나, 여성 노인의 평균수명이 남성 노인보다 훨씬 길고 연령에 따라 발병 빈도가 증가함을 고려하면 성차보다는 연령

변인이 더 중요한 영향을 미친다는 해석도 있다. 현재 우리나라도 고령화 사회로 진입하면서 노인, 특히 여성 노인들의 신경인지장애 문제에 대한 사회적 관심이 높은 상태다. 현재의 치료법으로는 약물이 우선이지만, 증상을 완화시키기보다는 증상이 악화하는 것을 조금 지연시키고 있을 뿐이다. 신경인지장애를 예방할 수 있는 획기적인 치료법이 나오기 전까지는 신경인지장애로 인한 사회적 부담이나 가족 부담은 계속 늘 수밖에 없다.

6. 여성 심리장애의 치료에 관한 몇 가지 문제

지금까지 우울증, 섭식장애, 불안장애, 성격장애, 신체증상장애 등 여성이 가장 많이 걸리는 심리장애를 알아보았다. 심리장애에 대한 치료는 약물치료와 심리치료를 병합하는 것이 효과적이라고 알려져 있다. 심리치료는 치료자가 심리적 문제를 치료하고 고통을 감소시키기 위해 언어적인 의사소통을 통해 이루어지기 때문에 심각한 정신병적 상태에 있다면 말로 하는 심리치료보다는 약물치료를 먼저 하는 것이 필요하다. 약물치료를 받지 않아도 될 정도로 가벼운 정도라면 개인 클리닉이나 상담센터에서 심리 상담을 받거나 정신건강의학과에서 외래로 치료를 받는 것이 좋다.

여성 심리장애를 치료할 때 몇 가지 고려해야 할 요소가 있다.

1) 성차별적인 요소

심리치료를 할 때 대체로 여성과 남성에게 비슷하게 접근할 수 있으나 여성일 경우 다음의 문제를 고려할 필요가 있다. 우선, 심리치료 장면에서 성차별적인 요소가 있다. 치료자의 전문 훈련과 배경에 따라 여성에 대한 편견에 매우 민감한 사람도 있다. 심리치료를 하는 임상가들과 상담자들은 심리치료 과정에서 여성에 대한 편견을 가지고 대할 수 있다. 앞서 언급하였듯이 여성에 대한 편견이 여성에게 우울증 진단을 더 많이 내리게 하는 등 진단 오류를 불러올 수 있고, 치료 과정에서도 부적합한 치료를 하게 할 수 있다. 예를 들어 치료자들은 내담자 또는 환자들이 여성 혹은 남성으로서 성 역할과 성 고정관념에 맞게 행동을 잘 하고 있는지 평가하는 경향이 있다(Ali et al., 2010). 또한 연구에 따르면, 많은 심리치료자는 우울증을 일으키는 요인 중에서 가난, 성차별, 문화적 문제를 간과하는 경향이 있다(McSweeney, 2004).

성폭력이나 성학대를 경험한 여성을 대상으로 치료할 때에도 남성 치료자들은 해당 여성이 성적인 학대나 공격을 부추겼다고 보는 경향도 있다. 이런 선입견과 성 편견에 근거한 차별 행동과 치료 행동이 치료자들에게 영향을 줄 수 있다.

2) 직업윤리

심리학자와 정신과의사 등 정신보건 전문가의 윤리적인 행동 원칙 중의 하나는 환자나 내담자와 성적인 관계를 맺지 않아야 한다는 것이다. 이런 원칙이 있음에도 불구하고, 간혹 남성 치료자와 여성 치료자가 자신의 내담자와 성적인 관계를 갖는 경우가 있다. 미국심리학회는 치료자와 내담자 간의 부적절한 성적 행위는 성 편견과 남용의 가장 비윤리적인 형태라고 보고 있다. 우리나라에서는 이와 관련된 정확한 통계는 보고된 바 없으나, 심리치료자와 내담자 간의 부적절한 관계를 금지하는 조항이 대부분 관련 학회의 윤리나 직업윤리로 강력하게 규정되고 있다.

심리치료자로부터 성적으로 착취를 당한 내담자들은 죄책감, 분노, 정서적으로 취약한 느낌을 갖는다. 자살 위험도 높다. 내담자의 이익과 정신건강을 위해 일해야 하는 정신건강 전문가가 내담자와 부적절한 성적인 관계를 맺는 것은 매우 부도덕한 행위이며, 치료자와 내담자 간의 신뢰를 심각하게 위반하는 일이다. 또한 힘을 가진 사람인 치료자가 상대적으로 힘이 없고 취약한 사람인 내담자를 이용하고 착취하는 행위다.

7. 여성 심리장애에 대한 심리치료

심리치료자들은 다양한 이론적 관점을 가지고 심리치료 작업을 한다. 치료자의 관점은 그가 치료에서 사용하는 기법이나 치료 목표와 마찬가지로 여성에 대한 그의 태도에 영향을 미친다.

1) 정신분석

정신분석은 1900년도 초에 Freud의 정신분석이론에서 출발하였다. 치료 동안 정신분석가들은 환자에게 자유연상을 통해 머릿속에 떠오르는 모든 생각과 감정을 이야기하게 한다. 그리고 치료자들은 내담자나 환자들이 털어놓는 이야기를 통해 그들의 생각을 해석한다. Freud의 정신분석과 마찬가지로 현대의 정신역동 치료는 아동기로부터 유래된 무의식적인, 미해결된 갈등에 초점을 두지만, Freud보다는 사회적 관계에 더 초점을 둔다(Andreasen & Black, 2001).

Freud의 정신분석적 접근은 여성의 정신건강에 관심을 가지는 사람들에게 논쟁거리를 주고 있다(Caplan & Caplan, 2009). 여성주의 시각을 가진 치료자들은 Freud 이론이 남자를 인간의 규준으로 규정하고 여자는 규준에 못 미치는 사람으로 보고 있다고 주장한다. 특히 초창기의 정신분석적 접근이 심리적 문제의 근원에 대해 아동을 잘못 양육한 어머니를 비난한 것이라든지 '조현병과 같은 심각한 장애를 유발하는 엄마(schizophrenic mother)'라는 개념에 대해서는 비판적인 시각이 많다. 비난을 받아 마땅한 어머니도 있지만, 대부분의 어머니는 아이와 상호작용하며 긍정적인 역할을 하고 있는데 이런 어머니들까지도 부정적인 시각으로 보게 한다는 비판도 제기되었다. 그러나 현대의 많은 정신분석이론은 고전적인 정신분석이론 일부를 수정하고 과거를 되짚어보면서 질병의 원인을 파악하는 쪽에서 현재의 기능을 강조하는 접근으로 변화해 가고 있다.

2) 약물치료

심리장애를 치료할 때 우선적으로 약물을 사용하는 치료법이다. 그러나 몇 가지 약물치료는 부적절하게 처방되기도 한다(Ali et al., 2010; Caplan, 2008). 약물치료는 심각한 심리장애를 치료하는 데 중요한 요소다. 예를 들면, 정신증과 같이 심각하게 혼란스러운 환자들의 경우, 말로 하는 심리치료에 잘 반응하지 않아 약물치료로 증상을 가라앉힌 다음에 심리치료를 할 때 더 잘 반응한다. 약물을 처방하는 의사들은 약물 선택에 신중해야 하며, 환자와 이야기를 나누고 약의 사용 용량과 부작용에 대해 환자와 이야기를 해야 한다. 약을 쓸 정도로 심각한 환자라도 심리치료와 병행해서 치료를 받을 경우 훨씬 효과적이다.

3) 인지행동치료

인지행동 접근(Beck, Rush, Shaw, & Emery, 1979)에 따르면, 우울증을 보이는 사람들은 현실을 지나치게 부정적으로 지각하거나 왜곡하는 자동적 사고를 보인다. 이들은 일상적으로 경험하는 생활사건의 의미를 역기능적인 사고 과정에 의해 부정적인 요소에 지나치게 초점을 두다 보니 다양한 유형의 인지적 오류를 보인다. 예를 들면, 우울한 사람들은 흑백논리적 오류(all or nothing thinking)를 보여 '모 아니면 도' 식의 이분법적인 사고에 몰두하며 모든 문제와 상황을 양극단으로 보는 경향이 있다. 또한 한 가지 특수한 사건을 경험한 뒤 일반화해 모든 문제에 적용하는 과잉일반화(overgeneralization)를 보이기도 하는데, 예를 들어, 남자와 헤어진 후 "난 모든 사람으로부터 사랑받을 자격이 없다."라는 식으로 과잉해석하는 경우가 이에 해당한다. 또한 사람의 특성이나 행동을 과장하거나 부적절한 명칭을 사용하여 기술하는 잘못된 명명(mislabelling) 오류도 많이 보인다. 자신의 몸이 뚱뚱한 것에 대해서 '나는 뚱뚱하니 인간 쓰레기다' '나는 루저다' 등의 잘못된 라벨을 붙인다.

따라서 인지행동치료 접근에서는 내담자가 자신에 대해 갖고 있는 인지 오류를 교정하고 새로운 생각과 행동을 하도록 도와준다. 예를 들어 우울하고 외로운 여성에게 다음 치료 회기에 올 때까지 몇 가지 긍정적인 상호작용과 대처 기술을 연습해 보도록 숙제를 내줄 수 있다(Andreasen & Black, 2001). 인지행동치료는 부적응적이고 역기능적인 생각을 좀 더 자신에게 도움이 되는 생각으로 교정시켜 줄 수 있다. 인지행동치료는 폭식증이나 거식증에도 매우 효과적인 것으로 알려져 있다. 인지행동치료자는 섭식장애를 보이는 사람들에게 강박적인 음식 섭취를 줄이기 위한 행동 전략을 개발하도록 하고 신체 이미지에 대한 자동적 사고를 바꾸도록 시킬 수 있다. 예를 들어, 신체에 대한 부정적인 이미지에 대해 보다 긍정적이거나 중립적인 이미지로 바꾸도록 도와줄 수 있다.

4) 변증법적 행동치료

변증법적 행동치료(Dialectical Behavior Therapy: DBT)는 Marsha Linehan이 1993년에 개발한 치료 방법으로 여성들에게서 많이 나타나는 경계선 성격장애와 불안장애 등에 적용할 수 있는 치료법이다. 변증법적 행동치료에서는 현실은 내재적으로 양립하는 2개의 힘, 즉 정(thesis), 반(antithesis)의 힘으로 구성되고, 이 두 힘이 통합되면 또 다른 대립되는 힘으로 발전한다고 보고 있다. 변증법적 개념의 핵심은 모든 진술은 그 안에 반대되는 속성을 내포하고 있다는 것이다(Linehan, 1993). 변증법적으로 생각하고 행동하면 갈등을 알아차릴 수 있고, 습관적, 혹은 자동적으로 반응하기보다는 더 의식적으로 행동을 선택하고 결정할 수 있다. 또한 갈등 상황에서 원하는 것을 얻기 위해 무엇을 포기하고 선택해야 하는지를 명확하게 알게 해 주어 더 효과적으로 타협할 수 있다. 변증법적으로 사고하고 행동하면 항상 연속선상의 극단에서 행동하지 않게끔 해 준다는 장점이 있다. DBT에서는 정서의 강도는 개인과 환경 간의 변증법적 갈등에 의해 야기된다고 보고 있다. 이런 관점에서 본다면, 정서의 강도는 경쟁적인 여러 욕구와 필요 사이의 부적절한 타협으로 정의할 수 있다. 따라서 치료적 전략으로는 경험에 대한 수용, 즉 정서적 고통과 괴로움을 받아들이는 것뿐 아니라 새로운 대처 전략들을 습득하는 것에 초점을 둔다. 삶의 의미와 본질에 대한 재초점화, 이전에는 감내할 수 없었던 감정에 대한 노출과 직면, 정서적 도피의 방지, 행동적 초점의 제시 등이 있다.

DBT가 이전의 심리치료적 접근과 다른 점은 내담자 혹은 환자가 경험하는 정서적 고통을 없애려고 하기보다는 인정해 줌으로써 환자 스스로 자신의 경험에 대한 자각을 할 수 있도록 도와주고, 나아가 고통을 적극적으로 수용하고 궁극적으로는 변화시킬 수 있게 해 준다는 것이다. 고통을 수용하게 되면, 그동안 회피해 온 경험을 직면하고 정서 조절 기술을 향상시켜 내담자 스스로 자신의 정서적 각성 문제와 정서 조절 곤란을 극복할 수 있다.

5) 여성주의치료

여성주의 심리치료적 입장이 여성 심리장애에 도움을 줄 수 있다. 기존의 전통적인 정신분석치료나 인지행동치료, 그리고 약물치료는 심리장애를 치료할 때 성 문제를 다루지 않는다. 반면, 여성주의치료는 성 문제(gender issue)에 매우 민감한 치료자들이 주로 사용해 왔다(Silverstein & Brooks, 2010). 여성주의 상담 및 심리치료는 1960년대 서구에서 활발하게 일어난 여성운동의 영향 속에서 성장해 온 치료 방법이다. 정신분석이나 인지행동치료와 같은 전통적인 치료가 천부적인 재능을 가진 창시자에 의해 주창되고 성장해 온 것과는 달리, 여성주의 심리 상담은 치료자 자신이 스스로 의식 변화 집단에 참여하면서 심리 상담과 치료에 변화를 이끌어 내고 있다(Silverstein & Brooks, 2010). 여성주의 심리치료는 기존의 전통적인 심리치료가 여성들에게 삶의 변화를 촉진하기보다는 세상과 환경에 순응하도록 만들고 있다는 문제의식에서 출발하였다. 여성주의 심리치료자들은 여성 내담자들이 성차별 사회에서 억압당해 온 존재라는 새로운 조명과 함께 치료자 자신의 신념, 가치, 태도를 통해 새로운 조망을 갖도록 의식화시켜야 여성 내담자 혹은 환자들을 제대로 치료할 수 있다고 믿는다.

여성주의치료에서는 다음의 3가지 요소를 중요하게 생각한다. 첫째, 내담자들은 비(非)성차별적으로 다루어져야 한다. 둘째, 치료자는 여성의 힘을 강조한다. 특히 여성은 가부장적이고 남성 중심적인 문화에서 평가절하되어 왔기 때문에 여성이 가지고 있는 내면의 힘을 강조할 필요가 있다. 여성주의치료자는 우리 문화에서 여성이 남성에 비해 파워를 덜 가지고 있고 그로 인해 열등한 위치에 있다고 믿는다. 여성주의 심리치료에서는 여성은 많은 힘을 가지고 있고 개인적 결함에 의해 문제가 생기기보다는 사회에 존재하는 많은 문제, 즉 성차별, 인종주의, 사회계층 등 사회적인 것에서 기인한다고 보고 있다. 셋째, 내담자와 치료자 간의 힘의 분배는 가능한 한 동등해야 한다. 전통적 심리치료에서는 치료자가 내담자보다 많은 힘을 갖는다. 그러나 여성주의치료에서는 내담자와 치료자가 동등한 힘을 가지고 상호작용을 한다.

여성주의치료자들의 기본 가정은 여성과 남성은 가정, 그리고 다른 여타의 관계에서 동등한 힘을 가지고 있고 치료자는 내담자가 더 큰 힘을 가질 수 있도록 도와야 한다는 것이다. 이를 위해 내담자의 역량 강화(empowerment)를 강조하는데, 여성 내담자들이 자신에게 도움이 되지 않는 현재 상황이나 관계에 적응하기보다는 변화를 지향하도록 돕는다. 사회 권력 구조를 분석하고, 여성들이 개인적·관계적·제도적 영역에서 어떻게 힘을 성취하는지에 대해 인식할 수 있게끔 도와주고, 여성 스스로 자신의 이익을 옹호하고 보호할 수 있는 기술을 사용하게 도와주는 것이 중요하다. 개인의 변화 못지않게 사회 역시 여성을 덜 차별하는 것으로 바뀌어야 하고, 치료자들은 여성이 조용히, 그리고 복종적으로 성차별적 사회에 적응하도록 격려해서는 안 된다(Silverstein & Brooks, 2010). 여성주의 치료자는 개인적 변화뿐만 아니라 사회적 변화에 관심이 많다. 또한 여성을 평가절하하는 정부 조직, 사법 체계, 교육 체계, 가정 구조 등 제도를 변화시키고 향상시키기 위해 노력해야 한다. 인종, 연령, 성적 지향, 사회 계급, 불이익 등 요인에 기초한 중요한 다른 불평등 문제도 다루어야 한다.

여성주의치료자가 치료자와 내담자 사이에서 힘의 균형을 맞출 수 있는 몇 가지 전략이 있다. 우선, 치료자는 치료적 관계 안에서 내담자의 힘을 향상시켜야 한다. 결국, 치료적 상황에서 여성 내담자가 열등한 위치에 놓인다면, 상황은 그 여성의 열등한 지위를 더 강화할 뿐이다. 치료자는 내담자가 더 자신감을 갖도록 하고 더 독립적이 되어 자신을 도울 수 있는 적절한 기술을 개발하도록 한다. 치료자는 내담자가 그들 자신의 문제에서는 스스로 전문가라는 것을 믿고 보여 준다. 여성주의치료자는 적절한 선에서 그들 자신의 생활 경험을 내담자와 나누고 힘의 불일치를 줄인다. 그러나 치료자의 주요 과제는 듣고 생각하는 것이고, 말하는 것은 아니다.

여성주의치료는 내담자의 심리적 문제를 분석하고 개인적 역량과 힘을 가질 수 있도록 격려하는 강력한 도구가 된다. 치료자는 인간의 심리적 안녕감을 증진시키는 것을 목표로 한다. 더 많은 심리학자와 치료자가 여성주의 정치인, 성차별이 없는 입법, 성 평등을 지지하는 일을 해야 한다(Nolen-Hoeksema, 2003).

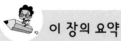 이 장의 요약

성차가 강한 심리장애로는 우울증, 섭식장애, 불안장애, 경계선 성격장애, 연극성 성격장애, 신체증상장애 등이 있다. 여성들이 우울증을 더 많이 겪는 이유로는 남자들에 비해 치료 장면에 더 잘 찾아온다는 점, 진단적인 편향, 전반적인 성 차별, 폭력, 가난, 가사, 신체적 용모를 강조하는 사회·문화적 분위기, 대인관계, 반추 양식 등을 꼽을 수 있다. 마른 것을 미적 기준으로 강조하는 문화권의 여성들은 체중 증가에 대한 강렬한 두려움이 있어서 여러 가지 건강 및 심리 문제를 보이며, 특히 신경성 식욕부진증을 겪는 일부 여성의 경우 치명적인 결과가 초래되기도 한다. 생애주기별로 여성의 심리장애를 살펴보면, 중년 여성의 경우 샌드위치 세대로 여러 가지 역할 스트레스에 노출되어 심리 건강이 위협받는 경우가 많으며 특히 화병에 취약하다. 여성 노인은 경제적 문제, 가족관계 등으로 불안장애에 취약하며 65세 이상 노인들의 경우 신경인지장애에 걸릴 확률이 높아진다.

여성 심리장애에 대한 치료는 전통적인 정신분석이나 인지행동치료 외에도 경계선 성격장애 환자를 위한 변증법적 행동치료, 여성주의 심리치료 등이 사용될 수 있다. 이 중 여성주의 심리치료에서는 성차별적인 요소를 배제하고 편견 없는 방식으로 여성 내담자를 다루어야 한다는 것과 이들의 역량 강화를 강조하고 있다.

참|고|문|헌

최윤정(2004). 중년 여성의 화병 경험 과정 연구. 이화여자대학교 대학원 박사학위 논문.

Addis, M. E., & Mahalik, J. R. (2003). Men, masculinity, and the contexts of help seeking. *American Psychologist, 58,* 5-14.

Ali, A. L., Wink, P., & Ardelt, M. (2010). Spiritualigy and aging: A journey for meaning through deep interconnections in humanity. In. J. C. Cavanaugh & C. K. Cavanaugh (Eds.), *Aging in America* (Vol. 3). Santa Barbara, CA: ABC-CLIO.

American Psychiatric Association (APA). (1994). *Diagnostic and statistical manual of mental disorders* (4th ed., text revision). Washington, DC: The author.

American Psychiatric Association (APA). (2013). *Diagnostic and Statistical Manual of Mental Disorders* (5th ed.). Arlington, VA: American Psychiatric Publishing.

Andreasen, N. C., & Black, D. W. (2001). *Introductory textbook of psychiatry* (3rd ed.). Washington, DC: American Psychiatric Publishing.

Angst, J., & Dobler-Mikola, A. (1985). The Zurich study: V. anxiety and phobia in young adults. *European Archives of Psychiatry and Neurological Sciences, 235*(3), 171-178.

Beck, A. T., Rush, A. J., Shaw, B. F., & Emery, G. (1979). *Cognitive therapy of depression.* New York: Guilford Press.

Bird, C. E., & Rieker, P. P. (2008). *Gender and health: The effect of constrained choices and social polices.* New York: Cambridge University Press.

Bruce, S. E., Yonkers, K. A., Otto, M. W., Eisen, J. L., Weisberg, R. B., Pagano, M., Shea, M. T., & Keller, M. B. (2005). Influence of psychiatric comorbidity on recovery and recurrence in generalized anxiety disorder, social phobia, and panic disorder: a 12-year prospective study. *American Journal of Psychiatry, 162*, 1179-1187.

Calogero, R. M., & Thompson, J. K. (2010). Gender and body image. In J. C. Chrisler & D. R. McCreary (Eds.), *Handbook of gender research in psychology* (Vol. 2, pp. 153-184). New York: Springer.

Caplan, P. J. (2008). Pathologizing your period. *MS. Magazine*, 63-64.

Caplan, P. J., & Caplan, J. B. (2009). *Thinking critically about research on sex and gender* (3rd ed.). Boston, MA: Pearson.

Conway, M., Alfonsi, G., Pushkar, D., & Giannopoulos, C. (2008). Rumination on sadness and dimensions of communality and agency: Comparing White and visible minority individuals in a Canadian context. *Sex Roles, 58*, 738-749.

Enns, C. Z. (2004). *Feminist theories and feminist psychotherapies* (2nd ed.). New York: Haworth.

Hartzenbuehler, M. L., Hilt, L. M., & Nolen-Hoeksema, S. (2010). Gender, sexual orientaion, and vulnerability to depression. In J. C. Chrisler & D. R. McCreay (Eds.), *Handbook of sexuality in close relationships* (pp. 411-435). New York: Springer.

Kendall-Tackett, K. (2010). Long-chain Omega-3 fatty acids and women's mental health in the perinatal period and beyond. *Journal of Midwifery & Women's Health, 55*(6), 2561-2567.

Kessler, R. C., Chiu, W. T., Demler, O., & Walters, E. E. (2005). Prevalence, severity, and comorbidity of 12-month DSM-IV disorders in the national comorbidity survey replication.

Archives of General Psychiatry, 2005; 62, 617-627.

Keyes, K., Hatzenbuehler, M., Alberti, P. N., Grant, B., & Hasin, D. (2008). Service utilization differences for Axis I psychiatric and substance use disorders between white and black adults. *Psychiatric Services, 59*(8), 893-901.

Linehan, M. (1993). *Skills training manual for treating borderline personality disorder.* New York: Guilford Press.

Markey, C. N. (2004). Culture and the development of eating disorders: a tripartite model. *Eating Disorder, 12*, 139-156.

Martell, C. R., Safren, S. A., & Prince, S. E. (2004). *Cognitive-behavioral therpies with lesbian, gay, and bisexual clients.* New York: Guilford.

McSweeney, S. (2004). Depression in women. In P. J. Caplan & L. Cosgrove (Eds.), *Bias in psychiatric diagnosis* (pp.183-188). Lanham, MD: Jason Aronson.

Nolen-Hoeksema, S. (1990). *Sex differences in depression.* Stanford, CA: Standford University Press.

Nolen-Hoeksema, S. (2001). Gender differences in depression. *Current Directions in Psychological Science, 10*, 173-176.

Nolen-Hoeksema, S. (2003). *Women who think too much: how to break free of overthinking and reclaim your life.* New York: Holt.

Nolen-Hoeksema, S. (2006). The etiology of gender differences in depression. In C. M. Mazure & G. P. Keita (Eds.), *Understanding depression* (pp. 9–43). Washington, DC: APA.

Nolen-Hoeksema, S., & Hilt, L. M. (2009). Gender differences in depression. In. I. H. Gotlib & C. L. Hammen (Eds.), *Handbook of depression* (2nd ed., pp. 386–404). New York: Guilford.

Nydegger, R. (2008). *Understanding and treating depression: ways to find hop and help.* Westport, CT: Praeger.

Russom, N. F., & Tartaro, J. (2008). Women and mental health. In F. L. Denmark & M. A. Paludi (Eds.), *Psychology of women: A handbook of issues and theories* (2nd ed., pp. 440-483). Westport, CT: Praeger.

Sigmon, S. T., Pells, J. J., Boulard, N. E., Whitcomb-Smith, S., Edenfield, T. M., Hermann, B. A., LaMattina, S. M., Schartel, J. G., & Kubik, E. (2005). Gender differences in self-reports of depression: The response bias hypothesis revisited. *Sex Roles, 53*, 401-411.

Silverstein, L. B., & Brooks, G. R. (2010). Gender issues in family therapy and couples counseling. In J. C. Chrisler & D. R. McCreary (Eds.), *Handbook of gender research in psychology* (Vol.2, pp. 253-277). New York: Springer.

Smith, C. A. (2008). Women, weight and body image. In J. C. Chrisler, C. Golden, & P. D. Rozee (Eds.), *Lectures on the psychology of women* (4th ed., pp. 116–135). Boston: McGraw-Hill.

Sprock, J., & Yoder, C. Y. (1997). Women and depression: An update on the report of the APA task force. *Sex Roles, 36,* 269–303.

Sue, D. W. (2010). *Microaggressions in everyday life: Race, gender, and sexual orientation.* Hoboken, NJ: Wiley.

Van den Berg, P., Wertheim, E. H., Thompson, J. K., & Paxton, S. J. (2001). Development of body image, eating disturbance, and general psychological functioning in adolescent females: A replication using covariance structure modeling in an australian sample. *International Journal of Eating Disorders, 32,* 446–451.

제13장

여성과 폭력

이수정, 박수현

범죄에서의 피해자로서의 여성 그리고 가해자로서의 여성이 갖는 심리·사회적 특성은 여러 연구자의 관심 주제다. 이 장에서는 범죄에 따른 영향을 개인적·사회적 수준에서 다루고, 특히 범죄 피해자 및 범죄행위의 주체로서 여성과 관련된 현상과 원인론, 범죄의 종류, 성폭력 및 가정폭력과 같은 대인관계적 폭력에 따른 여성 피해자의 심리적 특성을 살펴본다.

1. 서론

범죄는 그 행위의 주체나 피해 대상, 그리고 사회의 안녕과 질서를 위협하는 것 중에서 가장 강력하다고 말할 수 있다. 범죄 가해자의 경우 자신이 저지른 범죄로 인한 죄책감이나 정신적 충격, 박탈된 자유, 사회로부터의 낙인으로 안정적인 삶을 유지할 수 없으며, 범죄의 피해자인 경우에는 가해자보다 더 큰 신체적·심리적 피해와 경제적 피해 등 상상치 못할 어려움을 겪어 가며 살게 된다. 이러한 범죄의 영향들이 결국에는 사회의 안녕과 질서 또한 위협할 수 있다. 그렇기에 범죄의 영향을 연구하고 궁극적으로는 예방하기 위해 오래전부터 많은 학자가 범죄에 대해 많은 시간과 노력을 할애하며 연구에 집중하였다.

주로 남성은 범죄행위의 주체, 여성은 범죄의 피해 대상이 되어 연구가 이루어져 왔고, 실제로 그러한 경우가 많다. 하지만 대다수 범죄행위의 주체가 남성이라 하여 남성 위주의 연구만이 이루어진다면 여성이 가해자인 경우에 그에 따른 형집행이나 처우를 결정하는 데 어려움이 생길 수밖에 없다. 그러므로 이 장에서는 크게 여성이 범죄의 행위 주체가 되는 경우와 피해 대상이 되는 경우로 나누어 현황이나 원인론, 범죄의 종류, 그리고 대책에 대해서 살펴보도록 하겠다.

2. 여성범죄의 추세와 특성

1) 여성범죄의 추세

〈표 13-1〉은 지난 10년간의 전체 및 성별에 따른 범죄자수 현황을 나타낸 것이다. 이 표에서 여성범죄의 추세를 알아보기 위해 전체 여성범죄자의 수와 여성비를 확인하였다. 지난 10년 동안 여성이 저지른 범죄의 건수는 오르락내리락 변동이 존재하였으나 전체 범죄자 중 여성이 차지하는 비율은 2004년도에 16.4%이던 것에 비하여 2013년에도 16.3%로 큰 변동이 없다는 사실을 확인할 수 있다. 이를 그림으로 재구성한 것이 [그림 13-1]과 [그림 13-2]다.

전체 여성범죄자 수를 그래프로 나타낸 [그림 13-1]을 보면, 2004년 37만 3,883명이던 여성범죄자 수는 2013년에는 34만 9,846명으로 다소 감소하였음을 보이고 있다. 그간의 증감 추세를 살펴보면, 2005년에는 30만 8,443명으로 전년에 비해 크게 감소하고 2006년까지 감소하다가 2007년부터 다시 증가하는 모습을 보이며 2009년에는 40만 8,111명으로 지난 10년간 가장 많은 여성범죄자 수가 발생하였다. 그 후 감소했다가 다시 증가하는 모습을 보이며 2013년에는 34만 9,846명으로 전년대비 5,008명 감소하였다.

〈표 13-1〉 전체 및 성별에 따른 범죄자 수 현황(2004~2013년)

연도	계	남성	여성		미상
			인원	여성비(%)	
2004	2,284,095	1,792,583	373,883	16.4	117,629
2005	1,965,571	1,552,538	308,443	15.7	104,590
2006	1,932,729	1,522,248	301,366	15.6	109,115
2007	1,989,862	1,577,252	305,325	15.3	107,285
2008	2,472,897	1,939,106	381,241	15.4	152,550
2009	2,519,237	1,948,650	408,111	16.0	162,476
2010	1,954,331	1,514,396	314,755	16.1	125,180
2011	1,907,641	1,462,914	314,865	16.5	129,862
2012	2,117,737	1,628,843	354,854	16.8	134,040
2013	2,147,250	1,646,783	349,846	16.3	150,621

※ 주: 여성비는 여성 인원/계×100
출처: 대검찰청(2014).

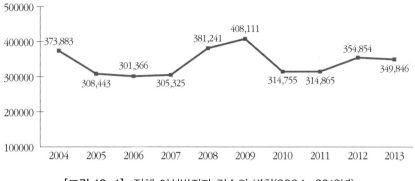

[그림 13-1] 전체 여성범죄자 건수의 변화(2004~2013년)

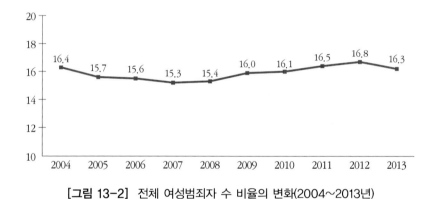

[그림 13-2] 전체 여성범죄자 수 비율의 변화(2004~2013년)

또한 전체범죄자에서 여성이 차지하는 비중을 나타낸 여성비를 살펴보면, [그림 13-2]에서 볼 수 있다시피 우리나라는 지난 10년간 약 15~16%의 범죄가 여성에 의한 것으로 발표되고 있다. 비록 이는 남성에 의해 발생한 범죄에 비하면 낮은 비율이기는 하지만, 1990년도에 10%에도 못 미치던 여성비가 급격하게 증가하였고, 전체범죄에서 5~7%를 차지하는 소년범죄에 비하여는 여성범죄의 비율이 높기 때문에 여성범죄에 대한 심도 있는 연구와 지속적인 관심이 필요한 이유라 할 수 있다.

2) 여성범죄의 통계적 특성

앞서 여성범죄의 전체적인 추세를 알아보았다면, 이 절에서는 2014년에 대검찰청에서 발행한 『범죄분석』을 토대로 하여 여성범죄자의 다양한 특성을 통계치를 통해 살펴보도록 하겠다.

(1) 연령별 특성

2013년 여성범죄자의 연령별 분포를 보면, 18세 이하 여성소년범의 수는 14만 886명 (4.3%)으로 나타났고 성인범죄자의 수는 33만 1,650명(94.8%)이었다. 성인의 경우 41세 이상 50세 이하가 10만 817명(28.8%)으로 가장 많은 인원을 차지하고 있으며 그다음으로 51세 이상 60세 이하가 79만 244명(22.7%), 36세 이상 40세 이하가 37만 402명(10.7%) 이었다. 이는 전년도인 2012년과 비교하여 보더라도 순위나 비율에서는 큰 차이가 없는 결과라고 할 수 있다.

(2) 죄명별 특성

2013년 여성범죄자의 주요 죄명별 현황을 살펴보면 형법범이 18만 6,056명, 특별법 범이 16만 3,790명으로 거의 절반씩을 차지하고 있었다. 형법범 중에서는 사기가 6만 2,247명(33%)으로 가장 많았고, 폭행(2만 5,278명, 14%), 절도(2만 1,349명, 11%), 「폭력행위 등처벌에관한법률」 위반(1만 5,640명, 8%), 상해(1만 1,758명, 6%)순으로 많았다. 그리고 특별법범 중에서는 「교통사고처리특례법」 위반이 3만 5,200명(21%)으로 가장 많았으며 「도로교통법」 위반(음주운전)이 2만 3,897명(15%)으로 그다음으로 많았다. 이 역시 전년 도와 비교하여 보았을 때 큰 차이가 없는 결과였다.

(3) 범행동기별 특성

여성범죄자의 범행동기는 우발적이 12%, 부주의 10%, 이욕 9%, 사행심 1%, 호기심 과 유혹이 각각 0.5%, 가정불화와 현실불만이 각각 0.4%순으로 나타났다. 여기서 이욕 은 생활비 마련, 유흥비 마련, 도박비 마련, 허영과 사치심, 치부를 위한 것, 기타가 포함 된 것으로, 이 중에서 생활비 마련이 가장 큰 원인이었고 유흥비 마련, 치부를 위한 것, 허영과 사치심이 그다음이었다. 그러나 대검찰청의 『범죄분석』에서 나타난 범행동기의 40%가 미상이고 27%가 기타이기 때문에 여성범죄의 범행동기를 확실히 이해하는 데 에는 부족함이 있다.

(4) 전과 유무 및 재범기간별 특성

2013년 범죄를 저지른 여성의 전과를 살펴보면, 35.1%는 이전에 전과가 없는 초범인 것으로 나타났다. 1범은 11.1%, 2범은 5.7%, 3범은 3.3%였으며 전과 9범 이상은 2.0%였 다. 또한 여성의 재범기간별 특성을 보면, 9만 9,844명이 재범을 저질렀으며 동종재범의 경우가 3만 7,334명(37.4%), 이종재범의 경우가 6만 2,510명(62.6%)으로 나타났다. 여성범죄자의 재범기간은 3년 이후에 이종재범을 저지른 경우가 36.0%로 가장 많았으며, 3년 이후에 동종재범을 저지른 경우가 12.6%로 그다음으로 나타났다.

3. 여성범죄의 이론적 논의

1) 여성범죄에 대한 범죄원인론적 접근

범죄에 대한 연구의 가장 큰 목적 중 하나는 범죄예방이며, 이를 위한 대책을 위해서는 범죄의 원인에 대한 탐구가 우선되어야 한다. 이전부터 범죄의 원인에 대한 연구는 계속되어 왔고 다양한 이론이 제시되었다. 이론의 대부분은 성별을 떠나 남녀에게 공통으로 적용할 수 있는 것들이겠지만, 어떠한 것들은 여성범죄에 그대로 적용하기에는 한계가 있는 것도 있고, 반대로 여성에게만 적용할 수 있는 이론도 있다. 그러므로 이 절에서는 여성이 저지른 범죄의 원인에 대해 생물학적·사회학적·심리학적 접근을 살펴보도록 하겠다.

(1) 생물학적 원인론

초기의 생물학적 범죄원인론의 대표적인 학자로는 Lombrose와 Ferrero(1893)가 있는데, 그들은 격세유전론에 따라 범죄인은 신체적으로 불완전하여 다른 사람들과 신체적으로 다른 점이 있다고 주장하였다. 하지만 오늘날 이 연구는 방법론상의 문제 등을 이유로 과학적 사실로 인정되고 있지 않다. 이에 따라 현대의 생물학적 범죄원인론의 연구들은 범죄와 염색체 간의 연관이나 뇌파를 이용한 신경생리학적 연구 또는 호르몬이나 신경전달물질 등에 대한 연구가 이뤄지고 있다.

여성의 범죄와 호르몬의 관계를 보면, 남성의 경우 호르몬 체계가 자동온도조절장치처럼 일정한 수준을 유지하는 반면, 여성의 경우는 월경 주기에 따라 높고 낮음을 반복한다(Butler-Bowdon, 2008). 그래서 월경 직전에 에스트로겐이 과다해지는 데 비해 프로게스테론은 상대적으로 부족해진다. 에스트로겐이 과다해지는 경우에 엔도르핀 수치가 떨어지고 무엇보다 세로토닌의 생산과 기능 역시 저하된다. 많은 연구에서 세로토닌이 폭력을 유발하는 인간의 기분과 정서에 관여한다고 언급하는데, Linnoila와

Virkkunen(1992)이 살인범죄자를 대상으로 연구한 결과 혈중 낮은 세로토닌이 충동적 공격성을 유발한다고 보고하였다. 이는 비록 여성범죄자를 대상으로 한 연구는 아니지만, 여성호르몬인 에스트로겐의 과잉으로 인한 세로토닌의 저하가 여성에게 충동적인 공격성을 유발할 수도 있다는 것을 시사한다.

(2) 사회학적 원인론

여성범죄의 원인에 대해 사회학적 접근을 시도한 학자들은 사회 발전과 여성 지위의 변화를 여성범죄와 연관시키며, '성평등 가설(gender equality hypothesis)'을 주장한다. 전반적인 사회 발전과 여성운동은 여성의 지위를 향상시켜 점차 남성과 평등해지고 이 향상된 지위가 합법적인 영역뿐만 아니라 비합법적인 영역, 즉 범죄의 영역에서도 남녀가 범죄의 양과 질에서 유사해진다고 본다.

이와 반대로 증가하는 여성의 범죄 원인을 여성의 역할 변화나 지위 향상에서 찾는 것이 아닌, 전통적인 성 역할의 수행과 악화된 그들의 지위 때문이라고 보는 '주변화 가설(marginalization hypothesis)'이 있다. 이 주장은 경제적 기회의 확대가 아닌 경제적 주변화가 여성범죄의 증가를 설명하는 데 더 적합하다는 것이다. 다시 말하자면, 여성범죄는 여성의 지위 상승에 기인하기보다는 전통적인 성 역할의 연장선상에서 그 원인을 이해해야 한다고 본다. 즉, 여성범죄는 자녀 양육이나 가사와 같이 주로 소비자 역할을 담당하는 여성 고유의 역할과 깊은 관련이 있으며, 이혼이나 미혼모 또는 편모가정의 증가는 여성의 사회·경제적 조건을 악화시키고 이로 인한 경제적 압력으로 범죄를 저지르게 된다고 본다(윤옥경, 2001).

(3) 심리학적 원인론

사회와 상황이 변하고 시간이 흐름에도 어떠한 현상에는 변하지 않는 나름의 정신적·심리적 특성이 있다. 이러한 특성을 중심으로 범죄의 원인에 대해 탐구하는 것이 심리학적 원인론이라고 할 수 있다. 먼저 Freud로 대표되는 정신분석학적 입장에서 여성범죄의 원인에 대해 살펴보면, 그는 심리성적 발달단계이론 중 남근기(phallic stage)에서의 경험과 심리 상태가 범죄와 관련될 수 있다고 말한다. 남근기에 있는 아동들은 남성으로서의 역할을 상상하기 시작하며, 공격적이고 영웅적인 자신의 모습을 상상하며 이를 실험해 보려고 한다(Crain, 1992). 이 시기의 남아들은 보통 오이디푸스 콤플렉스를 겪는데 거세의 불안 때문에 아버지에 대한 적대심을 억압하거나 자신을 아버지와 동일시하는 등 다양한 방어기제를 통해서 콤플렉스를 극복하며 점차 초자아(superego)를 형성해 간다. 그리고 여아들은 이 단계에서 남근에 대한 열등감과 남근 선망(penis envy)의 경향을 느끼게 되는데, 어떤 방식으로든 이런 경향을 극복해야 정상적으로 성장할 수 있다고 한다. 대부분의 여성은 보통 어머니와 동일시하고 역할을 수용함으로써 이를 극복하게 되지만, 극복에 실패하는 경우에는 남성이 되고자 하는 시도로서 공격적인 성향을 가지게 되는데 이것이 범죄의 원인이 된다고 설명한다(최인섭, 1993). 또한 여아들의 경우 남아와는 달리 거세의 불안을 느끼지 않기 때문에 콤플렉스를 극복하고자 하는 동기가 약하고, 결국 여성들은 보다 약한 초자아를 형성하게 되며 도덕 문제에 대해서 남성보다 덜 엄격한 편(Freud, 1925)이라고 주장한다.

그리고 질투심이나 원한, 배신감 등의 심리적인 요인이 여성범죄의 원인 중 하나라고 보는 입장도 존재한다(전영실, 2004a). 여성들은 일반적으로 남성에 비해 풍부한 감정을 가지고 있고 배우자나 애인과의 관계에서도 다양한 감정을 느낀다. 예컨대, 여성은 상대방의 정서적·신체적 외도를 알았을 때나 다툼이 있을 때에 분노나 질투심과 같은 강한 감정을 느낄 수 있으며, 이런 감정이 지속되고 격해지다 보면 결국에는 범죄의 원인이 될 수 있다는 것이다. 원한의 경우, 일시적인 분노와 달리 원한을 가져다준 사람에 대한 파멸, 사회적 매장 획책, 욕설뿐만 아니라 폭행이나 방화, 살인과 같은 범죄행동으로 나타날 가능성도 배제할 수 없다.

또한 망상이나 히스테리 역시 공격적인 범죄로 이어질 수 있다. 겁이 많고 긴장이 심하고 자기중심적이기 쉬운 사람에게 발생하는 망상증은 피해망상과 과대망상을 반복하다 급기야 공격적이 되게 할 수도 있고, 히스테리는 정신병적인 현상과 의식의 혼탁 상태에 빠지게 되는 만큼 심한 욕설이나 기물파괴, 폭력적인 행동 등의 범죄를 자행하게 할 수도 있다(신진규, 1993). 이처럼 여성의 심리학적 범죄원인론에는 정신병리적인 설명이 주를 이루는데, 그 원인 중 하나는 범죄를 저지르는 여성의 비율이 소수이기에 여성범죄자들은 남성범죄자들보다 일반적으로 더 '비정상'이라고 취급받기 쉽다는 것이다. 그래서 여성들이 범죄를 저지를 경우 어떤 환경적인 이유보다는 그 사람이 정신적으로 병이 들었기 때문이라고 생각할 수 있다(전영실, 2004b).

2) 여성범죄의 심리적 특징

(1) 여성의 살인범죄

보통 뉴스를 떠들썩하게 하는 살인범죄의 경우 대부분이 남성에 의해 저질러지고, 살인자를 상상하게 될 때 많은 사람이 남성범죄자를 생각하게 될 것이다. 그리고 일반적으로 여성살인자에 대해 사람들이 가지고 있는 이미지는 정신적으로 이상하거나 아주 사악하고 나쁜 여성, 즉 악녀로 나뉜다.

Arrigo와 Griffin(2004)의 연구에서 정신질환은 여성범죄를 설명하는 데 아주 작은 일부만을 차지한다고 하지만, 일부 범죄가 정신질환과 어느 정도 관련이 있는 것은 확실하다. 살인범죄의 경우에는 특히 반사회적 성격장애(antisocial personality disorder: ASPD)와 같은 성격장애와 관련이 있는 것으로 나타난다. ASPD 외에도 경계선 성격장애와 관련된 범죄자들에 대한 연구들(Jordan, Schlenger, Fairbank, & Caddell, 1996; Warren et al., 2002)이 수행되고 있다. 경계선 성격장애(borderline personality disorder: BPD)는 B군 성격장애의 하위유형으로 강렬한 애정과 분노가 교차하는 불안정한 대인관계를 특징적으로 나타내는 성격장애를 말한다. 극단적인 심리적 불안정성과 분노를 조절하기 어렵다는 등의 특징이 있으며, 이에 해당되는 사람의 75% 정도가 여성으로 알려져 있다(권석만, 2008). ASPD가 남성에게 많이 나타나는 것과 반대로, BPD는 여성에게서 많이 발견되며 상대방으로부터 버림을 받거나 애정 표현의 요구를 거절당하면 강렬한 증오나 경멸을 나타낸다. 그리고 이러한 극단적인 감정을 가지고 충동적인 행동을 할 수 있는데 자신을 해치는 것을 넘어 상대방의 목숨까지 위협하는 경우가 발생할 수 있다. Warren 등(2002)이 174명의 여성흉악범을 대상으로 연구한 결과, 24%의 여성이 BPD인 것으로 나타났고, Jordan 등(1996)은 805명의 여성흉악범을 대상으로 연구하였는데 28%의 여성이 BPD의 기준을 충족하며, 일반 여성에 비해서 기분장애, 알코올과 약물 의존, 그리고 BPD와 ASPD를 동시에 지니고 있는 것으로 보고하였다.

그리고 많은 학자가 여성살인범을 유형화할 때에 항상 속해 있는 유형 중 하나로는 악녀, 즉 사이코패스 여성살인범이 있다. 이들은 무자비하고 냉혹하고 동정심이 없으며 사악한 특징이 있다고 간주된다. 예를 들어, Bell과 Fox(1996)의 여성살인범 유형론 중 '레이디 맥베스(Lady Macbeth) 모델'이 이에 해당하는데, 이 유형은 여성살인범죄자들은 매우 악마적이기 때문에 남성살인범죄자들보다 사악하고, 그 악마성이 이들로 하여금 도덕적 혹은 법규범만을 위반하게 한 것이 아니라 양육적이라는 전통적인 여성성의 자연원칙 역시 위반하게 하였다고 주장한다. 이들은 보통 피해자에 대해 기만적이고 성적으로 도발적이고 자신의 목적을 이루기 위해 성(性)을 이용하기도 한다. 이 밖에도 이들은 매우 자기중심적이고 동정심이 없으며 피해자의 고통을 이해하지 못한다(강은영, 박형민, 2008). 이러한 유형의 여성살인범죄자는 범죄가 발각되고 벌을 받을 때에도 다른 특징이 있다. 이들의 범죄는 순종적이고 온순하다는 전통적인 여성의 성 역할 기준에서 어긋난다고 생각되기 때문에 여타 여성범죄(특히 성 역할 기준의 연장선에서 이해가 되는 범죄)에서 기사도나 온정적 태도에서 얻을 수 있는 호의적 대우를 받을 수 없게 된다. 그래서 이들은 같은 범죄를 저지른 남성보다 심각한 범죄자로 인식되어 남성보다 엄중한 처벌을 받을 수 있다는 것을 의미하며, 이를 '악녀가설(evil women hypothesis)'이라고 한다. 국내의 한 연구에서 배우자 간 살해에서 '외도'가 양형 판단에 미치는 영향을 조사하였는데, 남편이 자신의 외도로 부인을 살해한 경우에 양형은 120.00개월이고 부인의 외도로 부인을 살해한 경우 79.50개월이었다. 반면에, 여성이 자신의 외도로 남편을 살해한 경우 양형은 225.00개월이고 남편의 외도로 남편을 살해한 경우 162.00개월이었다(손지선, 이수정, 2007). 이로 보아 남편 살해는 가정을 지키고 유지해야 하는 부인 또는 엄마라는 여성의 성 역할에 부합하지 못하기에 남편을 살해한 부인이 부인을 살해한 남편보다 전체적으로 더 큰 양형을 받은 것을 알 수 있다. 또한 외도한 부인은 형사 사법체계 내에서 악녀로 낙인찍혀 부인의 경우 더 가중된 처벌을, 남편의 경우 더 경감된 처벌을 받도록 한다고 추정할 수 있다.

여성살인에 대한 사람들의 두 관점을 보았지만 실제로 대부분 여성살인의 경우는 남성에 의한 오랜 학대 경험을 가진 여성에 의해 저질러진다(윤옥경, 2001). 그리고 이를 설명하는 대표적인 이론으로 Walker(1979, 1984, 2006)의 '피학대여성 증후군(battered women syndrome: BWS)'이 있는데 이는 외상후스트레스장애(posttraumatic stress disorder: PTSD)의 하위유형에 해당한다. BWS에 대한 논의는 피해자로서의 여성에 대한 부분에서 하도록 하겠다.

(2) 여성의 폭력범죄

보통 폭력범죄라고 하면 남성이 저지르는 범죄에 해당한다는 생각을 많이 할 것이다. 물론 폭력범죄의 절대적인 다수가 남성에 의해 발생하긴 하지만, 전체 폭력범죄 중 여성에 의해 저질러지는 폭력범죄의 비율도 낮지는 않다. 2013년 우리나라의 전체폭력범죄자 수는 34만 9,305명인데 그중 5만 4,332명, 즉 15.6%의 폭력범죄가 여성에 의해 발생했다.

현재 이루어진 여성의 폭력범죄에 대한 논의는 보통 남성의 폭력범죄와 비교해서 어떠한 특성이 있는지에 초점이 맞추어져 있다. 먼저 Kruttschnitt(1993)의 연구에서 그는 여성의 대인폭력범죄를 중심으로 살펴보았는데, 그 결과 사망에 이르지 않는 대인폭력범죄를 행하는 여성에는 젊은 여성이 많으며 폭력의 유형과는 상관없이 남성의 폭력범죄보다 피해자와의 관계가 친밀한 관계이던 경우가 많았다. 이처럼 아는 사이의 경우, 우발적인 폭력보다는 가해자-피해자 관계에서 일어난 문제로 발생하는 폭력이 더 많을 것이라고 추정해 볼 수 있다. 그리고 Agnew(1992)는 남성에 비해 여성의 폭력범죄율이 낮은 이유를 설명하는데 보통 여성은 분노를 표현하도록 사회화되지 않기 때문에 폭력범죄율이 낮다고 말한다. 보통 여성은 분노를 표현하기보다는 부정적 영향에 대해 실망하거나 우울한 정서를 갖게 되는 등 내적으로 받아들이는 경향이 있고, 이러한 경향은 스트레스를 증가시키는 반면 일탈적 반응을 감소시키게 된다. 하지만 분노와 스트레스가 계속되고 극단적인 상황이 되면, 간헐적이긴 하지만 극단적인 폭력을 행할 수 있다는 것이다(전영실, 2004a). 국내의 한 연구에서 범죄 후 가해자의 후회 정도에 대해서 알아보았다. 일반적으로 성별에 관계없이 후회한 사람이 많았지만, 후회한 비율은 남성이 더 많은 반면, 후회를 하지 않은 비율은 여성이 더 많은 것으로 나타났다. 그리고 사건 전 피해자에게 좋은 감정이 있던 경우 75.0%가 매우 후회한 것으로 나타난 반면, 피해자에 대한 감정이 보통이거나 나쁘던 경우에는 매우 후회한 비율이 각각 43.9%, 25.3%였다. 즉, 폭력범죄 이전에 피해자에게 좋지 못한 감정이 있던 가해자일수록 자신의 폭력에 대해 후회하지 않는 경향을 보여 주었는데(전영실, 2004b), 이는 사건의 원인이 피해자에게 있다고 피해자 탓으로 귀인하거나 자신의 폭력을 정당화하는 것으로 볼 수 있다.

여성이 저지르는 폭력범죄의 유형은 다양하겠지만 사회적으로 특히 문제가 되는 폭력범죄 중 하나는 자녀학대일 것이다. 김재엽과 김희수(2001)의 연구에서 어머니에 의한 자녀폭력의 발생률을 살펴보면 경미한 폭력 또는 심한 폭력을 포함한 전체 폭력의 발생률은 42.0%로 나타났다. 이는 아버지에 의한 자녀폭력 발생률인 37.5%보다 약간 높은 수치라 할 수 있겠다. 또한 연구자들은 부부의 일상생활에 불만족할수록 의사소통이 잘 안 될수록 어머니가 느끼는 스트레스의 정도는 높으며, 스트레스의 정도는 어머니의 자녀폭력에 유의미한 영향을 미친다고 주장했다. 이 밖에도 자녀학대에 영향을 주는 요인으로 많이 연구되는 것이 가정폭력 피해 경험이다. Levendosky와 Graham-

Bermann (2001)은 가정폭력의 피해로 쉼터에 거주 중인 여성 120명을 대상으로 폭력 피해 경험으로 인한 우울과 같은 부정적 정서가 자녀학대에 미치는 영향을 분석한 결과, 우울증상이 양육 행동을 매개로 자녀학대의 가능성을 증가시킨다고 보고하였다. 그리고 우울뿐만 아니라 가정폭력 피해여성이 경험하는 분노감이 자녀에 대한 학대의 가능성을 높일 수 있다. 한국여성개발원(1993)의 연구에서 가정폭력 피해여성의 46.9%가 자녀에게 폭력을 행하였고, 그 이유는 '화를 참을 수 없어서' '남편에 대한 분노 때문에' 등으로 남편에 대한 분노와 공격심리가 자녀에게 투사되어 학대가 발생한다고 추정해 볼 수 있다.

(3) 여성의 재산범죄

2013년 여성의 전체 형법범죄 중 재산범죄가 차지하는 비율은 약 52%가 될 정도로 사기와 절도 같은 많은 재산범죄가 여성에 의해 저질러지고 있다. 재산범죄의 여성비는 17.4%로 전체범죄에서의 여성비보다 약간 높은 수준이며, 특히 절도의 경우 여성비는 19.5%로 나타났다. 무엇보다 재산범죄의 문제점은 범죄가 단 한 번에서 끝나기보다 동종재범을 저지르는 경우가 많다는 것이다. 2013년 『범죄분석』(대검찰청, 2014)에 따르면, 여성이 저지른 재산범죄의 동종재범 비율은 약 41%인 것으로 나타났고 절도는 43%, 사기는 45%였다.

상습적으로 절도를 저지르는 사람 중 돈이 필요하거나 물건이 꼭 필요해서 훔치는 행위를 하는 것이 아니라 남의 물건을 훔치고 싶은 충동을 참지 못해 반복적으로 절도를 저지르는 경우가 있는데, 이럴 경우에 도벽증이 있을 가능성이 크다. 도벽증은 청소년기부터 시작되며 점차 만성화되는 경향이 있고, 남성보다는 여성에게 더 흔한 것으로 알려져 있다(권석만, 2008). 도벽증은 충동통제장애의 하위유형으로 몇 가지 특성이 있다. 먼저, 도벽을 하려는 충동, 욕구, 유혹에 저항하지 못하며 충동적 행동을 하기 전까지 긴장감이나 각성상태가 고조된다. 마지막으로, 일단 충동을 행동으로 옮기고 나면 쾌감, 만족감, 안도감을 경험하게 된다. 2013년에 발생한 여성 절도범죄의 동기를 살펴보면, '우발적'이 33.5%로 다른 동기들보다 높은 비율을 차지하였다. 이는 범행을 미리 계획하고 어떠한 다른 목적을 위해 범행을 저지른 것이 아니라 우발적으로 충동을 통제하지 못해 절도를 저지른 여성범죄자가 적지 않다는 것을 보여 준다.

사기 역시 여성에 의해 비교적 많이 발생하는 것으로, 많은 사기 유형이 있지만 최근 들어 주목받고 있는 것 중 하나가 보험사기다. 김상균(2008)의 연구에서 보험사기범의 특성을 성별로 나누어 살펴보았는데 남성이 78.0%, 여성이 22.0%였다. 이는 다른 범죄와 마찬가지로 보험사기 역시 남성에 의해 많이 발생하지만 22%라는 여성비는 전체범죄의 여성비나 다른 범죄의 여성비와 비교해 보았을 때 높은 수치라는 것을 알 수 있다. 보험사기의 특징은 몇 가지 있는데, 먼저 보험금을 노리는 보험범죄자들은 죄의식을 느끼지 못하는 등 정서적 문제가 있을 수 있다. 보험금의 사취 행위는 선의의 보험계약자와 같은 불특정다수의 보험계약자가 피해를 보게 됨에도 특정피해자가 없다고 생각하는 등 죄의식이 결여되어 있는 경우가 많다. 다음으로 보험범죄는 일반적으로 사전에 치밀한 계획이 필요하고, 이에 따라 고도로 지능적인 방법으로 범행을 저지른다. 특히 보험범죄자와 피해자 간에는 가족, 친족, 내연, 친구 등의 일정한 관계를 유지하는 경우가 많은데, 이럴 경우 교통사고나 화재 등 사고로 위장하여 피보험자인 피해자의 신체적 안전이나 생명에 위협을 가하여 보험금을 수령하는 등의 범죄가 발생할 수 있다.

4. 여성범죄에 대한 처우와 대책

1) 여성범죄자의 처분 결과상 특징

대검찰청의 『범죄분석』에 나타난 2013년 여성범죄자의 처분 결과를 살펴보면, 기소율은 33.7%로 총범죄자 기소율인 60.0%보다 26.3%포인트 낮고, 불기소율은 58.8%로 총범죄자 불기소율인 35.5%보다 23.3%포인트 높게 나타났다. 이러한 결과로 형사사법 절차상 처분에서 여성범죄자에게 관대하다는 주장이 제시되고 있다. Steffensmeier와 Allan(1996)은 여자는 남자들보다 약하고 수동적이므로 구속에 적합하지 않고 범죄를 통제하지 못하고 의존적이기 때문에 범죄에 대해서 책임이 약하고 법관은 여성이 남성보다 더 교정적이라고 생각하기 때문에 여성범죄는 관대한 처분을 받는다고 한다(손지선, 이수정, 2007; 홍성열, 2000).

반대로 형사사법기관이 여성범죄자에 대해 관대하지 않다고 주장하는 학자들도 존재한다. 약한 처분을 받는 것에 대해서 여성이 저지른 범죄 자체가 경미한 경우라든지 전과가 없다든지와 같은 관대하게 처분받을 만한 다른 요인이 있기 때문에 그런 것이지 결코 여성범죄에 대해 관대한 것이 아니라고 한다. 또한 어떤 경우에는 여성범죄자가 더 높은 양형을 받기도 하고, 기소율 역시 여성이 남성보다 높은 범죄도 있다고 근거를 제시한다(장중식, 2004).

2) 여성수형자의 현황과 처우 특성

이 절에서는 2013년 법무연수원에서 발행한 『범죄백서』를 통해 여성수형자의 현재 상황과 여성수형자에 대한 처우가 어떠한 특성이 있는지 살펴보고, 그에 따른 문제점 역시 살펴보도록 하겠다.

여성수형자는 전체 수형자의 약 5% 이내를 차지하고 있다. 2008년부터 2012년까지 매년 말 청주여자교도소 및 전국의 교정시설에 수용 중인 여성수형자의 인원 현황을 살펴본 결과, 2008년에는 1,474명, 2009년에는 1,538명, 2010년에는 1,447명, 2011년에는 1,504명으로 증감을 반복하다가 2012년에는 1,571명으로 전년대비 4.45% 증가하였다. 죄명별로 살펴보면, 2012년에는 41.3%의 수형자가 사기·횡령으로 수용되었고 그다음이 살인 15%, 절도 9.9%순이었다.

현재 청주여자교도소에서는 여성수형자에게 초등기초반, 초등과, 중등과, 고등과 4개 과정의 학교 교육을 실시하고 있으며, 수형자의 출소 후 생활 안정과 사회 복귀 및 재범 방지를 위한 프로그램의 일환으로 직업훈련을 실시하고 있다. 여자교도소이기에 여성의 특성에 맞는 양장, 한복, 미용, 조리, 제과제빵, 기계자수 등의 직업훈련과 함께 컴퓨터 교육 역시 실시하고 있다. 하지만 여성수형자의 처우에 대한 문제점 역시 존재하는데, 우선 여성전용교정시설의 부족이다. 여성수형자의 수가 남성에 비해 적다는 이유로 여성전용교정시설은 청주의 단 한 곳이며, 나머지 시설에서는 남녀 분산 수용되어 있다. 그러나 여성수형자의 처우에 관한 전문성의 요구에 부응하기 위해서는 여성전용교정시설의 확충과 증설이 요구된다. 교정시설의 부족은 곧 전문성 고취를 위한 노력의 부족을 의미할 수 있기 때문이고(최준, 2010), 결국에는 교정의 궁극적인 목적인 재범 방지와 교화(敎化)에도 영향을 미칠 수 있다. 다음으로 현재 청주여자교도소는 전통적인 성 역할에 충실한 미용, 양장, 조리, 기계자수 등을 중심으로 직업훈련을 실시하고 있는데 이는 사회 복귀라는 직업훈련의 목표에 즉응하지 못한다고 볼 수 있다. 이러한 직종은 여성수형자가 출소 후 가정에 돌아갈 것이라는 고정관념이 배경에 있다고(장중식, 2004) 할 수 있다. 그러나 출소 후 가정이 붕괴되어 가정으로 돌아가지 못하는 여성도 있을 뿐만 아니라 오늘날 여성의 사회 진출이 확대되어 전통적인 성 역할에 충실한 직업훈련이 아니라 좀 더 사회 복귀의 가능성이 크고 유망직종인 직업에 대한 교육과정을 개설하여 훈련시키는 것이 필요해 보인다.

3) 여성범죄자에 대한 대책

앞에서 논의한 대로 남성범죄와는 다른 여성범죄만의 특징이 있고, 여성범죄자의 수도 꾸준하게 유지되거나 증가하는 점을 미루어 볼 때, 그 대책도 여성범죄자의 특징에 맞게 수립되어야 한다. 우선, 교정 처우상의 대책으로는 위에 말한 것처럼 여성 전용 교정시설의 확충과 안정적인 사회 복귀를 위한 실용적이고 실질적으로 도움이 되는 직업훈련이 이루어져야 할 것이다. 또한 어머니라는 여성의 역할상 자녀의 양육과 교육이 여성수형자의 교정에 상당 부분 중요할 것이므로 여성수형자의 가족과의 유대를 유지시킬 수 있는 방안 또한 필요할 것으로 보인다. 이는 여성수형자의 정서적 안정 이외에도 여성수형자의 자녀가 어머니와의 단절, 가정의 붕괴를 원인으로 비행이나 범죄에 빠질 가능성을 낮출 수 있을 것으로 예상된다.

다음으로 심리학적인 개입을 통한 대책이 있을 수 있다. 여성의 범죄에 영향을 주는 다양한 정신장애가 있는데, 이러한 정신장애에 대한 적절한 개입과 치료가 여성범죄의 발생을 줄일 수도 있을 것이다. 그 밖에 피학대여성이 다시 자녀학대나 배우자 살해로 이어지는 경우가 있으므로, 여성학대의 가해자에 대한 제도적인 개입뿐만 아니라 피학대여성에 대한 심리치료나 상담과 같은 개입 역시 필요한 것으로 생각되며, 결국에는 이러한 개입이 범죄를 예방하는 데 큰 역할을 할 것이라고 생각된다.

지금까지 여성이 저지른 범죄의 추세와 원인, 그리고 대책에 대해 알아보았다. 여성에 의해 저질러지는 범죄의 수는 남성범죄에 비해 상대적으로 적은 수일지는 모르지만, 증가 추세에 있다는 점과 범죄의 결과가 남성범죄 못지않게, 또는 그 이상으로 영향력이 있다는 점에서 여성범죄에 대한 연구가 중요하다고 말할 수 있다. 그리고 범죄행위라는 것은 사회의 안전과 질서에 위험이 되는 행위로 그 주체가 여성이든 남성이든 연구의 대상이 되어야 하고 그에 따른 예방책이 연구되어야 한다. 하지만 지금까지의 범죄 관련 연구 대상은 주로 남성이었고 그에 따른 범죄예방책 역시 남성 위주로 이루어졌다. 그러나 여성범죄에는 남성과는 다른 생물학적 · 사회학적 · 심리학적 원인이 있으며 남성범죄와는 다른 특성이 존재하므로 그에 따른 대책 역시 남성가해자와는 다르게 이뤄져야 할 필요가 있다. 하지만 앞서 보았다시피 아직 여성범죄에 대한 연구가 미비할 뿐만 아니라 실제적인 제도나 처우 역시 여성범죄자의 교화나 사회 복귀에 큰 도움이 되지 않는 경우도 있다.

그러므로 지금까지의 연구 결과를 토대로 우선 남성과는 다른 여성범죄만의 특성에는 무엇이 있는지 원인론이나 범죄 종류 등을 연구하고, 이에 따른 효율적이고 실질적으로 도움이 되는 대책 역시 모색해야 할 것이다.

5. 여성의 범죄 피해

가해자 위주의 범죄 분석이 아닌 피해자에 대한 관심은 1960년대부터 '피해자학의 아버지'로 불리는 프랑스 학자 Mendelsohn이 가해자와 피해자 사이에 일어나는 역동성에 관심을 가지면서부터 강조되기 시작했다. 국내에서는 1970년대에 피해자학에 관한 최초의 문헌이 등장하고, 1992년 4월 한국피해자학회가 창립되면서 피해자에 대한 학문적 관심이 고조되었다.

2014년도 대검찰청의 『범죄분석』에 따르면 2013년도 총 범죄피해자는 133만 7,563명으로 이 중 남성은 88만 5,176명(66.2%), 여성은 44만 6,173(33.4%)명으로 나타났다. 재산범죄, 위조범죄, 공무원범죄, 풍속범죄 등 다양한 범죄를 포함하여 4대 범죄 중 강간을 제외한 살인, 강도, 방화에서는 모두 남녀 피해율이 비슷하든지 혹은 남성의 피해가 더 높게 나타났다. 그러나 강간의 경우 총피해자 수 2만 5,471명 중 남성 1,060명(4.2%), 여성 2만 3,532명(92.4%)으로 여성의 피해율이 월등히 높았다. 2009년도에 법무부에서 발표한 『강력범죄 피해자와 피해자 가족의 피해실태 사례연구』에 따르면, 4대 강력범죄 중 강간과 같은 성범죄의 경우 신체적 피해뿐만이 아닌 심리적 피해가 가장 큰 것으로 조사되었다.

범죄피해 중 남성에 비해 여성의 비율이 상대적으로 높은 성범죄의 경우, 신체적인 상해와 함께 장기적으로 치유되기 어려운 정신적·심리적 고통을 수반하기 때문에 그 위험성이 더 크다. 강간과 같은 성과 관련한 범죄 피해를 경험하는 여성들은 이러한 심리적 상해로 인한 사회생활 능력의 감소 및 행동장애를 수반하고 그 자녀들 또한 이러한 위험에 직면할 수 있기에 반드시 근절되어야 할 우리 사회의 우선과제다. 그러므로 이 장에서는 이러한 여성 피해 범죄 중 여성의 피해율이 남성에 비해 상대적으로 높은 성범죄와 이와 관련한 피해자의 심리적 특성에 초점을 맞추어 여성 폭력을 근절하기 위한 해결책을 모색하는 데 그 의의를 두었다.

6. 여성의 성범죄 피해의 특성

우리나라는 1994년 「성폭력범죄의 처벌 및 피해자 보호 등에 관한 법률」이 제정된 이래 지금까지 꾸준히 성폭력 방지 및 피해자 보호를 위해 제도적 발전을 모색해 왔다. 그러나 이러한 노력에도 불구하고 제3차 여성정책기본계획(2008~2012)의 성과를 분석한 결과에 따르면, 성폭력범죄의 경우 여성의 피해율이 남성에 비해 월등히 높고, 여성에 대한 폭력 방지를 위한 제도가 미흡하다고 지적된다. 매년 새롭게 등장하는 다양한 범죄 형태에 노출된 여성피해자를 보호하기 위해서는 체계적이며 실효성 있는 제도의 마련이 시급하다. 이러한 시대적 요구에 맞추어 정부는 제4차 여성정책기본계획(2013~2017)을 수립하여 여성에 대한 폭력을 근절하고 성폭력 피해여성에 대한 지원을 확대함은 물론 성폭력 가해자의 처벌 강화로 2차 피해를 방지하기 위한 정책 과제들을 추진하고 있다. 성희롱, 스토킹 등을 포함한 포괄적 의미에서 성폭행 피해여성들은 장ㆍ단기적으로 신체적ㆍ심리적 후유증을 동반하기 때문에 이들을 보호하고 성폭력을 예방 및 방지하기 위해서 정확한 피해실태조사가 선행되어야 한다. 이를 위해 여성가족부는 3년마다 '성폭력 실태조사'를 발표하고 성폭력 근절을 위한 제도 및 정책적 제언을 제시하고 있다. 다음은 그 내용을 일부 요약한 것이다.

1) 피해유형별 현황

지난해 전국 만 19세 이상 64세 미만 남녀 3,500명을 대상으로 조사하여 여성가족부가 발표한 『2013 성폭력 실태조사』에 따르면, 지난 1년간 성폭력 피해율은 가벼운 성추행 1.4%, 심한 성추행 0.2%, 강간 0.1%, 성희롱 0.9%, 스토킹 0.2% 등으로 나타났다. 조사 대상자들의 피해성별을 비교해 볼 때 여성이 19.5%였으며 남성은 1.3% 수준에 그쳐 여성의 피해율이 남성에 비해 현저히 높은 것으로 나타났다. 피해여성들의 연령은 대부분의 성폭력 유형에서 19세 이상 35세 미만의 연령이 가장 피해 경험이 많은 것으로 나타났고, 교육 수준은 대학 중퇴 및 졸업 이상인 여성이 고등학교 졸업 이하인 여성들에 비해 피해율이 더 높았다. 또한 미혼 여성이 기혼 여성에 비해 더 높은 피해율을 기록했다.

강간의 경우 가해자의 60.1%가 낯선 이가 아닌 평소 알고 지내던 사람으로, 38.9%는 범행 몇 시간 전에 만나 알게 된 사람으로 보고되었다. 또한 피해여성이 처음 강간을 당한 연령은 19세 이상이 60.7%로 나타났다. 스토킹의 경우도 강간과 마찬가지로 가해자가 평소 알고 지내던 학교 선·후배나 헤어진 애인인 경우가 60%로 조사되었다. 전혀 모르는 사람으로부터의 피해는 41%로 나타났다. 피해를 당한 연령의 경우는 19세 이상 35세 미만이 80.1%로 보고되었다. 또한 스토킹은 2차 피해를 경험했다고 보고한 비율이 66.7%였다. 성희롱 역시 가해자의 57.1%가 직장 상사 및 직장 동료로 평상시 알고 지내던 이로부터 이루어졌고, 전혀 모르는 사람이 46.8%, 범행 몇 시간 전에 알게 된 사람이 6.2%로 조사되었다. 피해 연령 역시 스토킹과 유사하게 19세 이상 35세 미만이 68.2%로 가장 높았다. 19세 미만인 경우는 24.1%, 35세 이상인 경우는 7.7%로 조사되었다. 성희롱을 경험한 장소로는 상업지역이 28.7%, 직장이 27.4%, 대중교통시설이 23.4%, 학교가 14.6% 등으로 보고되었다(여성가족부, 2013).

2) 피해유형별 신체적 및 심리적 특성 현황

강간이나 스토킹, 성희롱과 같은 성폭력 피해 경험으로 신체적 상해 혹은 심리적 고통을 경험했는지에 대한 설문 응답을 분석한 결과, 여성의 경우 강간의 피해를 입은 59.9%가 신체적 및 정신적 이상증세를 경험한 것으로 나타났다(여성가족부, 2013). 또한 강간을 포함한 스토킹, 성희롱 등의 성폭력 피해 경험으로 심리적 고통을 겪었는지를 조사한 결과 여성의 23.3%가 그렇다고 응답했다. 심리적 고통을 호소한 여성피해자의 경우 '자괴감, 무력감, 자아상실감을 느꼈다'고 보고한 여성이 35%, 불안과 우울감을 호소한 여성이 33.2%, 성폭력을 다시 당할 것 같은 두려움을 지속적으로 느끼는 여성이 45.7%, 가해자에 대한 분노와 적개심을 느끼는 여성이 43.4%, 자살하고 싶다는 생각을 느끼는 여성이 8.8%로 조사되었다.

대부분의 여성이 이러한 피해를 경험한 이후 일상생활에도 변화가 생겼다고 보고했는데, 구체적인 예로 '타인에 대한 혐오와 불신'이 60.6%로 가장 높았고, 신변 안전에 대한 두려움 41.6%, 혼자 외출을 못 함 7%, 직장을 옮기거나 그만둠 5.4%, 타 지역으로 이사 0.9% 등의 순으로 나타났다.

성폭행 피해 현황은 2010년도에 비해 2013년도에는 감소율을 보이지만 이는 성범죄 피해자들의 심리적 특성과 연관 지었을 때 신중히 고려해 보아야 한다. 『2013 성폭력실태조사』에 따르면, 성폭력 피해를 경험한 여성의 경우 누군가에게 말한 적이 있는지에 대한 설문에 약 35.3%만이 그렇다고 응답했다. 또한 강간, 스토킹, 성희롱 등 하나 이상의 성폭력 피해를 경험한 조사대상자 중 1.1%만이 성폭력 피해에 대해 경찰의 도움을 받았다고 나타났다. 여성피해자가 도움을 요청하지 않는 이유에 대해서는 '피해가 심각하지 않아서' 50.2%, '신고해도 소용없을 것 같아서' 15.1%, '증거가 없어서' 14.5%, '남에게 알려지는 것이 두려워서' 13.4%, '보복이 두려워서' 2.3% 등의 순으로 보고되었다. 이와 같은 조사 결과는 성범죄 사실이 타인에게 알려졌을 때 오히려 비난받을까 봐 염려하는 심리적 특성과 내·외재적으로 발생하는 그릇된 사회적 편견의 결과로, 성범죄 피해 현황의 암수율[1]이 높을 수 있다는 것을 나타낸다고 볼 수 있다(여성가족부, 2013).

범죄 피해에 따른 영향에 적응하는 과정에는 여러 요인이 작용하는 것으로 보고되고 있다(National Institute of Mental Health, 2002). 예를 들어, 과거의 피해 경험은 최근의 범죄사건에 따른 외상적 증상을 증가시키며 과거의 정신병력, 특히 과거 외상후스트레스장애 또는 주요우울장애 진단 여부는 최근의 범죄사건에 따른 외상 정도를 증가시킨다. 특히 신체적 손상이나 목숨에 위협을 더 많이 느낄수록 적응상의 어려움이 증폭되며, 비슷한 맥락에서 폭력적인 범죄에 노출될수록 적응이 어려워지는 것으로 보고되고 있다.

7. 여성의 범죄 피해의 종류

1) 성폭력과 강간

(1) 개념적 정의

성폭력(sexual assault)은 포괄적 의미에서 상호 간의 합의되지 않은 성적 접촉을 일컫는데, 이는 주로 심리적 혹은 신체적 위협을 동반한다(Barnett, Miller-Perrin, & Perrin, 2005). 강간(rape)은 성폭행의 한 종류로 국가마다 저마다의 개념과 규정 체계를 두고 여러 해에 걸쳐 이에 관한 법적 용어를 다양한 방식으로 변경해 왔다. 미국의 경우 1970년대까지는 강간을 '아내가 아닌 여성에게 물리적 힘을 이용하고 여성의 의지에 반하여 이루어지는 남성의 불법적인 성교'(Garner, 2004)로 정의함으로써 피해자의 신분을 여자

---

1) 암수율: 범죄가 실제로 발생하였으나 수사기관에 인지되지 않거나, 인지되어도 용의자 신원 미파악 등 해결이 되지 않아 공식적 범죄통계에 집계되지 않은 범죄의 비율.

로 제한하였다. 그러나 최근에는 강간을 '개인의 성적 자기결정권 침해'로 정의하여 그 대상을 확대하였다. 이는 여성과 마찬가지로 남성 역시 성폭행의 피해자가 될 수 있음을 시사한다. 우리나라는 1995년 성폭력에 관한 「형법」 제32조의 '정조에 관한 죄'를 '강간과 추행의 죄'로 개정함으로써 여성만이 피해자가 될 수 있다는 기존 관습법적 관점에서의 성별 편견을 제거하려 했다. 2009년 성 전환자를 대상으로 한 강간죄를 인정한 첫 판결은 1996년에 발생한 유사한 사건의 대법원 판례를 뒤집은 것으로(연합뉴스, 2009) 성폭력에 대한 우리 사회의 인식 변화를 보여 주는 예라고 할 수 있다. 그러나 앞서 살펴본 성범죄 피해 통계치를 미루어 볼 때, 여전히 성폭력 피해자의 대다수가 여성임은 부인할 수 없는 사실이다.

대부분 성폭력이 전혀 모르는 가해자에 의해 발생한다고 생각하지만, 수많은 통계와 연구의 결과는 이를 반증한다(White & Frabutt, 2006). Ferro, Cermele과 Saltzman(2008)은 "강간범은 어두운 골목길이나 수풀 뒤에 숨어서 피해자를 기다리는 낯선 사람이 아니며, 오히려 강간사건의 대부분은 강간이 발생하기 이전부터 관계를 지속적으로 유지해 온 사람들 사이에서 발생한다."라고 설명한다. 그중 배우자에 의한 성폭력은 과거나 현재의 파트너가 성인 여성 또는 청소년의 동의 없이 성적 · 심리적 · 신체적인 강압 행동에 의한 성행위를 실시하는 것을 포함한다(Osattin & Short, 1998). 배우자가 아닌 사람에 의한 성폭력 역시 다양한 배경에서 발생하는데, 여기서 배우자가 아닌 사람에 의한 성폭력이란 친척, 지인, 또는 낯선 사람을 포괄적으로 지칭한다(UN, 2014). 그러나 일부 연구는 지인강간의 경우 낯선 사람이 아니므로 일정 부분의 동의가 있었다고 믿는 경향이 있으며 이를 성폭행의 범주에 포함시키는 것을 반대한다(Doerner & Lab, 2012).

(2) 성폭력 피해의 심리 특성: 강간 외상 증후군

성폭력의 유형 중 가장 전형적인 강간은 피해자들에게 심리적 · 신체적 · 사회적 측면에서 극심한 고통을 주고 강간 외상 증후군(rape trauma syndrome)을 겪게 한다. 강간 외상 증후군이라는 용어는 미국의 간호학과 교수인 Burgess와 사회학과 교수인 Holmstrom의 1974년도 연구를 통해 처음 소개되었다. 이후 Burgess(1983)에 의해 강간 외상 증후군이 외상후스트레스장애의 한 종류로 보다 자세히 연구되었다.[2]

---

2) 강간 외상 증후군(rape trauma syndrome: RTS)은 강간 피해자에게서 발생하는 부정적인 정신적 · 정서적 · 신체적 증상의 복합체로 현재 외상후스트레스장애의 한 유형으로 임상현장에서 간주되고 있으며 실제 외상후스

강간 외상 증후군이란 강간이라는 사건을 겪은 이후 피해자가 심리적 · 정서적 · 인지적 · 신체적 형태의 후유증을 보이는 현상을 말한다(Andrews, Brewin, Rose, & Kirk, 2000). 대부분의 강간 피해자는 우울, 불안, 수치심, 분노, 적개심, 낮은 자존감과 같은 정서적 특징을 보이고, 성폭행 피해의 원인을 자신의 책임으로 인식하기도 하며 스스로에 대한 자책과 함께 심한 죄책감을 경험하기도 한다(Brown, 2008; Kahn & Mathie, 2000). 이러한 죄책감은 자신을 사랑받을 가치가 없는 무가치한 존재로 인식하는 낮은 자존감을 동반하게 된다. 또한 피해자들은 분노와 적개심의 감정을 경험하는데, 만약 가해자가 낯선 이가 아닌 어린 시절의 근친상간 성폭행일 경우는 자신을 보호해 주지 못한 어머니에 대한 배신감을 느껴 이후 여성을 혐오하기도 한다(Finkelhor & Browne, 1985). 그러나 이러한 경우 어머니에 대한 분노를 느끼면서도 잘 표현하지 못하는데, 이는 낮은 자존감으로 어머니에게까지 버림받을까 하는 무의식 중 두려움의 결과다(Hunter, 1995).

미국정신의학회(American Psychiatric Association)의 『정신질환의 진단 및 통계 편람(DSM)』 최신판인 DSM-5(American Psychiatric Association, 2013)에서 강간 외상 증후군보다 큰 개념인 외상후스트레스장애는 과거 불안장애 범주에서 '외상및스트레스관련장애'라는 별도의 장애 범주로 분류되었다. 그만큼 성폭행이나 범죄에 따른 정신적 영향력이 불안장애로만 설명되지 않음을 시사하며, 외상에 따른 심리적 장애가 별도로 연구되고 접근될 필요가 있음을 시사한다. 외상후스트레스장애의 경우 충격적인 사건을 경험한 후 기억의 손상, 생리적 각성, 외상사건을 떠올리는 상황이나 생각을 회피하는 등의 반응을 보인다. 가정폭력이나 성폭력 피해를 입은 여성이 외상후스트레스장애 증상을 보이는 사람들의 상당수를 차지하고 있으며(Foa, Olasov, & Steketee, 1987) 강간 피해여성의 11%는 외상후스트레스장애 진단을 받는다(Kilpatrick et al., 2003). 이와 같은 현상이 나타나는 이유는 인간 체내의 도피 또는 도주 반응의 일환으로 위협 상황에 직면하게 될 경우 자동으로 유발되는 생존 반응이라 할 수 있다. 따라서 외상사건 이후 첫 며칠 또는 몇 주 또는 몇 달간 높은 수준의 두려움, 불안감 그리고 일반화된 고통을 경험할 수 있으며 이와 같은 고통이 주의력을 요구하는 단순 정신적 활동을 방해할 수도 있다. 단, 이런 증상이 지속된다면 장기적 외상 반응이 초래될 수 있다. 이럴 경우 주요우울장애, 자살사고 및 자살시도, 알코올 · 약물 사용 및 남용, 관계상의 지속적인 문제, 불안장애 등이 발

___

트레스장애와 유사한 증상을 보인다(Clegg, McCoy, & Fremouw, 2009). 현재 RTS는 미국정신의학회의 『정신질환의 진단 및 통계 편람(DSM)』에 기재되어 있지 않아 법정에서 공식적인 진단명으로 분류되지 않으며 외상후스트레스장애 진단이 대체하고 있다.

생할 수 있다.

또한 피해자들은 해리증상, 감정 억압, 환각과 같은 인지장애 및 왜곡을 경험하기도 한다. Briere(1986)는 연구를 통해 피해자의 약 42%가 해리현상을 보인다고 보고했다. 해리현상은 성폭행을 겪은 피해자들이 고통스러운 현실의 기억과 의식을 분리시킴으로써 나타나는 일종의 방어기제로 해석할 수 있다. 그러나 장기적으로 이는 현실과의 유리를 경험하게 해 해리의 또 다른 형태인 다중인격과 같은 정신질환을 불러온다. 감정의 억압 역시 피해자들이 종종 경험하는 방어적인 정서 현상으로, 이들은 고통스러운 감정을 억압함으로써 심리적 외상을 잊어버리려고 한다. 그러나 이는 부정적 감정과 함께 긍정적 감정도 억압함으로써 행복감과 같은 즐거운 감정을 느끼지 못함은 물론, 행복한 순간 이후 경험한 성폭행이라는 기억하고 싶지 않은 불행을 함께 떠올려 즐거운 순간에도 불안감을 경험하곤 한다(Hunter, 1995).

대부분의 피해자는 강간을 겪은 직후 육체적 고통을 호소한다. 순결을 상실했다는 절망감, 무력감 등과 함께 섭식장애와 성기능장애를 나타내기도 한다(Ullman & Brecklin, 2003). 이들은 이러한 심리적 · 정서적 고통을 잊고 신체적 장애를 이겨 내기 위한 방법으로 약물을 사용함으로써 알코올중독이나 마약과 같은 약물중독에 이르기도 한다(Convington, 2007). 불면증과 함께 섭식장애는 성폭행 피해자들에게서 자주 보이는 증상인데, 음식을 거부하는 거식증과 반대로 음식을 절제하지 못하는 폭식증을 들 수 있다. 이러한 행동적 특성은 신체적 변화를 일으켜 우울증 또는 자기혐오와 같은 정서적 혼란의 순환적 피해를 가져온다. 피해자들의 기억은 개인적인 차이는 존재하지만 대부분 3개월 이내에 어느 정도 심리적 안정의 상태에 들어선다. 그러나 어떤 경우는 몇 년에 걸쳐 혹은 전 생애에 걸쳐 고통을 겪으며(Frieze, 2005; Ozer & Weiss, 2004), 최악의 경우 자살시도로 이어지기도 한다(Ullman, 2004).

2) 가정폭력 피해여성

(1) 개념적 정의

전 세계적으로 여성이 가장 빈번하게 경험하는 폭력 중 하나가 배우자에 의한 가정폭력이다. 피학대(battering)라는 단어는 신체적 · 성적 · 심리적 학대의 영역으로 정의할 수 있다(Cling, 2004). 이는 다양한 형태의 가정폭력 및 배우자 학대를 일컫는데, 욕설과 같은 언어폭력부터 구타와 같은 물리적인 상해를 가하는 신체적 폭력 등을 광범위하게 포함한다. 피학대여성(battered women)이라는 용어는 폭력의 피해대상자가 여성에 제한 된다는 점을 들어 배우자 학대(spouse abuse) 또는 친밀파트너 폭력(intimate partner violence)과 같은 더 확장된 개념의 용어를 선호하여 사용하기도 한다(Kuehnle & Sullivan, 2003; Younglove, Kerr, & Vitello, 2002). 그러나 Catalano(2007)의 연구에 따르면, 2001년에 서 2005년간 여성이 경험한 폭력사건 중 22%가 배우자와의 관계에서 비롯되었는데, 이 중 남성 피해자는 약 4%로 보고되어 여전히 배우자 학대에서의 피해자 대부분이 여성 임을 알 수 있다.

(2) 가정폭력 피해의 심리 특성: 피학대여성 증후군

피학대여성 증후군(battered woman syndrome)이라는 용어는 Lenore Walker에 의해 처 음으로 제시되었다. Walker(1979)는 피학대여성들이 반복적으로 경험하는 학대의 악순 환적 과정을 3단계의 심리적 특성으로 구분하여 설명한다. 그는 피학대여성들이 지속 적으로 학대를 당하는 것이 아니라, 폭력의 순환 과정을 통해 무기력감을 느끼고 스스 로의 고난을 변화시킬 수 없게 된다고 주장한다.

제1단계는 긴장 형성(tension-building) 단계로 명명된다. 이 단계에서 피학대여성들은 가해자의 욕설 등을 통해 곧 일어날 폭력행위를 지각하게 된다. 이 기간에 여성들의 목 표는 폭력행위를 방지하는 것이 아니라 피하는 것이다. 또한 예상한 것보다 심각하지 않은 학대행위에 대해 고마움을 느끼기조차 하며, 자신이 처한 상황을 합리화하려 한다 (Doerner & Lab, 2012).

제2단계는 실질적으로 폭력이 이루어지는 시기로, 순환단계 중 가장 짧은 기간에 속 하지만 매우 치명적인 단계다. Walker의 지적에 의하면 이 단계에서 가해자는 홧김에 행동하며 통제 불능 상태가 된다.

제3단계는 화해(reconciliation)의 기간으로, 가해자가 폭력행위를 중지한 이후 자신의 행동에 대해 미안해하며 용서를 구한다. 또한 가해자는 이 기간에 꽃다발을 주고 사랑 한다는 표현을 지속적으로 하며 부드럽고 다정한 성격의 면모를 보인다. 이러한 가해자 의 태도에 여성들은 분노와 두려움을 누그러뜨리며 남성이 변할 것이라는 기대를 가지 고 그 관계를 지속하게 된다(Walker, 1979, 1984). 최근 Walker(2006)의 연구에 의하면 일 부 가해자는 용서와 같은 뉘우침 없이 폭력행위의 감소를 통해 화해의 단계를 대신하기 도 한다고 보고하였다.

피학대여성이 가해자의 폭력행위에 대한 처벌이나 단호한 결정을 미루다 보면 이러한 악순환이 지속되어 폭행의 굴레에서 벗어날 수 없게 된다. 피학대여성들은 이러한 순환과정을 거치며 우울감, 낮은 자존감과 함께, 가해자의 학대행위를 감수하는 법을 배우며 학습된 무기력(learned helplessness)을 경험한다. 즉, 상습적인 가정폭력에 시달리는 여성들은 자신에게 무슨 일이 일어날지에 대해 자신이 영향을 미치거나 통제할 수 없다고 믿게 된다. 이런 생각은 시간이 경과할수록 강해져서, 스스로 자신의 환경을 바꿀 능력이 없다고 믿게 되어 결과적으로 폭력에 무기력해지고 어떤 시점에서는 무감각한 것처럼 보이게 되는 학습된 무기력을 보일 수 있다. 특히 가정폭력이 반복적이고 지속적으로 일어나는 외상사건일 경우 다음 폭행이 언제 일어날지를 계속 걱정하는 추가 외상경험을 하게 된다. 이러한 과정을 통해 피학대여성들은 학대남성을 떠날 수 있는 상황에서도 떠나지 못하는 심리적으로 무능력한 상태가 된다. 또한, 피학대여성들은 경찰이나 법정증언에서 두려움 때문에 학대 사실을 부정(denial)하기도 하며, 이는 심리학적 방어기제의 일종으로 외상후스트레스장애 중 "회피(avoidance)" 증상의 하나로 설명될 수 있다(Cling, 2004). 이들은 불안감을 극복하기 위해 알코올이나 약물에 의존하기도 하는데, Walker(1984)의 연구에 따르면, 피학대여성의 약 20%가 알코올에 의존하여 불안감을 극복하고자 하고 약 7%가 약물을 사용한다고 보고되었다. 또한 자신이 학대받은 상황에 대해 기억하지 못하는 심인성 기억상실을 보이기도 하며 수면장애, 섭식장애, 외부자극에 대한 지나친 경계반응, 과도하게 놀라는 반응, 분노 반응 등이 나타날 수 있다.

3) 스토킹

(1) 개념적 정의

일반적으로 스토킹(stalking)이란 타인의 의사에 반하여 다양한 방법으로 타인에게 공포와 불안을 반복적으로 주는 행위를 말한다. 다시 말해, 상대방의 의사와 관계없이 상대방에게 정신적 혹은 신체적 피해를 입히는 망상적 행위라고 정의할 수 있다(김학태, 2011). 스토킹은 상대방을 일방적으로 쫓아다니면서 공포를 느낄 만한 감시, 미행, 폭력행위 등과 같은 직접적 행동부터 전화, 편지, 선물 등의 간접적 행동으로 상대방에게 정신적, 혹은 육체적 피해를 입히는 행동을 포괄적으로 의미한다. 스토킹을 하는 이유 또한 상대방이 나를 좋아할 것이라는 환상이 있는 경우부터 복수심으로 인한 고의적이며 계획적인 경우 등 다양하다(Cling, 2004). Meloy와 Gothard(1995)는 스토킹을 정의할 때 3가지 요소의 중요성을 언급하였다. 첫째, 상대방에게 일방적 행동을 강요하는 형태, 둘째, 직접적이며 노골적인 협박 혹은 무언의 간접적 협박, 셋째, 스토킹 피해자가 경험하는 두려움의 정도다. 우리나라 역시 최근 스토킹의 심각성을 인식하고 2009년 국회에 상정된 「스토킹처벌 및 방지에 관한 법률안」을 통해 스토킹을 '당사자의 의사에 반하여 정당한 이유 없이 지속적이고 반복적으로 접근하거나 미행하는 행위'로 정의하고 있다. 그러나 이 법률안은 아직 법사위를 통과하지 못하였다. 스토킹을 경험하는 피해자의 남녀 비율은 지역 및 연구마다 약간은 상이하나 일반적으로 미국에서는 약 3:1 혹은 4:1로 여성 피해자가 더 높은 것으로 보고된다(Cling, 2004). Spitzberg와 Cupach(2003)는 4건의 스토킹 피해자 중 3명이 여성으로 나타난다고 주장하였고, Tjaden과 Theonnes(1998)는 미국에서 연간 약 37만 명의 남성이 스토킹을 경험하는 반면, 여성은 이보다 훨씬 많은 약 100만 명으로 보고된다는 연구결과를 내놓았다.

(2) 스토킹 피해의 심리 특성: 스토킹 피해 증후군

스토킹에 관한 여러 연구는 스토킹 피해를 입을 경우 심리적 기능에 이상을 경험한다고 일관적으로 보고한다(Mechanic, Uhlmansiek, Weaver, & Resick, 2000; Spitzberg & Cupach, 2003). 신체적 폭력의 유무를 떠나 협박과 같은 간접적 행위가 지속적으로 이루어질 경우에도 피해자의 심리적·사회적·직업적 영역에서의 장애를 유발한다는 연구도 있다(Mullen, Pathe, & Prucell, 2000). 또한 스토킹 피해자의 약 70%가 사회적 활동을 중단하였고, 약 50% 이상이 근로시간이 감소하거나 직장을 그만둔 것으로 보고되었다. Kamphius와 Emmelkamp(2001)는 반스토킹기구(anti-stalking organization)를 통해 스토킹 피해자 201명의 심리적 상태를 연구했는데, 약 97%에 해당하는 195명이 스토킹 경험으로 심리적 두려움을 느꼈으며 전화번호를 변경하거나 기존의 생활양식에 변화를 주는 양상을 보였다고 보고했다. 스토킹으로 인한 심리적 특성에 관한 연구에서는 주로 피해자들이 불안, 불면증, 우울감 등을 공통적으로 경험한다고 주장한다(Blaauw, Winkel, Arensman, Sheridan, & Freeve, 2001). 이와 같은 피해자들의 특성이 외상후스트레스장애와 크게 다르지는 않지만, 일부 연구진은 이를 '스토킹 피해 증후군(stalking victimization syndrome)'으로 특정하여 구별하기도 한다(Collins & Wilkas, 2001).

4) 성희롱

(1) 개념적 정의

성희롱(sexual harassment)의 개념적 정의를 내리기는 매우 어렵다. 성희롱에 대한 기준이 개인마다 다르기 때문이다. 성희롱에 대한 개념 자체가 모호하고 불명확하기 때문에 정의를 내리기가 쉽지 않다고 지적된다(Fitzgerald, 1996). 성희롱이 법적으로 옳지 못한 행위라는 측면에서의 개념적 정의는 1979년 Catherine MacKinnon(1979)에 의해 처음 소개되었다. 그녀는 성희롱을 불평등한 관계에서의 원치 않는 성적 요구로 지칭하며, 이는 주로 남성의 권력 위주로 이루어진 직장 내의 불평등한 환경에서 나타나는 현상이라고 말했다. Fitzgerald, Swan과 Magley(1997)는 피해자의 심리학적 측면에 중점을 두고 성희롱을 직장 내에서의 원치 않는 성적 관련 행동이 상대에게 위화감 또는 심신의 괴로움을 주는 행위로 정의 내렸다.

성희롱은 크게 2가지 영역으로 구분할 수 있는 행동들로 구성되어 있다. 첫 번째는 'quid pro que[3] 성희롱'으로 이는 가해자가 직장 내에서 고용이나 직업 환경, 또는 학교에서의 학점 등을 조건으로 성적 접촉을 요구하는 것이다. 두 번째는 적대적 환경(hostile environment)을 조성하는 것이다. 다시 말해, 노골적인 성적 농담 또는 신체적인 접촉을 시도하는 행위를 통해 상대방에게 불쾌감을 주는 것을 말한다(Doerner & Lab, 2012). 성희롱은 남녀 성별 관계없이 발생하지만, 일반적으로 여성이 남성에 의해 성희롱을 당하는 비율이 월등하다(Foote & Goodman-Delahunty, 2005; Magley, Waldo, Drasgow, & Fitzgerald, 1999; Shute, Owens, & Slee, 2008).

(2) 성희롱 피해의 심리 특성

성희롱 피해여성들은 성폭행 피해자와 비슷한 유형의 심리적 혹은 신체적 이상증상을 경험하곤 한다. 피해여성들은 우울, 불안, 과민한 분노, 피곤, 두통, 체중 감량, 소화불량, 수치심, 고립감 등을 호소한다고 보고된다. Dansky와 Kilpatrick(1997)의 연구에 따르면, 성희롱을 경험한 여성들은 그렇지 않은 여성들에 비해 더 심한 우울증과 외상후 스트레스장애를 보일 수 있으며, 이들의 정신적 피해는 상당 기간 지속된다. 성희롱 피

---

3) 라티어로 quid pro que는 '어떤 일에 상응하는 보상'을 뜻하는 법률용어, 즉 어떤 것에 대한 대가나 조건으로서 성적인 괴롭힘을 하는 행위.

해자의 약 10%가 외상장애를 경험하고 약 5% 정도는 성희롱을 겪은 직후부터 평균 11년 동안 우울감이 지속된다는 보고가 있다. 또한 이들의 심리적 이상증상은 우울증과 함께 업무의 생산성을 저하시켜 스스로를 사회적 고립으로 이끈다. 이러한 외상장애를 경험하는 피해여성들은 성희롱 피해 사실을 밝히기를 두려워하며, 성희롱과 관련한 사건에 대해 이야기하기를 거부하고 회피하는 증상을 보이기도 한다. 이는 결국 성폭행과 같은 직접적인 신체적 위협의 2차 피해 같은 또 다른 위험을 초래하게 되는 것이다(American Psychiatric Association, 1994).

8. 여성의 범죄 피해에 대한 처우와 대책

1) 여성범죄피해자에 대한 처우

우리나라는 1980년대 말까지도 범죄피해자 구제를 위한 사회적 중요성을 고려하지 않다가 1987년 「헌법」 개정을 통해 '범죄피해자구조청구권' '형사절차에서의 피해자 의견진술권'을 명시하는 등 범죄피해자 보호를 위한 법적 토대를 마련하였다(김재민, 2006). 이후 여러 차례의 법제 개편을 통해 피해자 보호를 강화하고 있는데, 특히 성범죄와 관련한 「가정폭력방지 및 피해자보호 등에 관한 법률(1997. 8.)」 「가정폭력범죄의 처벌 등에 관한 특례법(1997. 12.)」 「성폭력범죄처벌 및 피해자보호 등에 관한 법률(1997. 8.)」 「여성발전기본법(1998. 2.)」 등은 여성범죄피해자들을 구제하기 위한 매우 중요한 법률이다. 「성폭력범죄처벌 및 피해자보호 등에 관한 법률」 제33조를 근거로 여성가족부에서는 성폭력 피해자에 대한 의료비를 지원하는 제도를 운영하고 있으며, 또한 치료 지원을 활성화하기 위한 '성폭력 피해자 의료지원체계 개선을 위한 시행지침'을 마련하여 치료비 지급 절차를 간소화하였다. 이러한 신체적·물리적 피해를 보상하기 위한 법제뿐만 아니라 최근 들어서는 심리적 피해를 위한 노력도 기울이고 있다. 2005년 경찰청은 경찰병원 내에 있는 성폭력 의료지원센터를 '여성 및 학교폭력 지원센터'로 개편하였다. 이를 통해 성폭력 피해자뿐만 아니라 학교나 가정폭력의 피해여성에게 무료로 산부인과 및 정신과 진료를 제공하는 피해자 통합지원센터 운영 방안을 마련하였다(김재민, 2006). 2012년 9월 성폭력 근절 대책을 마련하였고, 2013년 6월에는 성인 대상 강간죄에 적용되던 친고죄(피해자의 고소가 있어야만 처벌이 가능한 법)를 폐지하는 등 여성피해자에 대한 처우를 개선하기 위해 끊임없이 노력하고 있다. 또한 정부는 제4차 여성정책기본계획(2013~2017)을 수립하여 성폭력 가해자의 처벌 강화와 성폭력 피해여성에 대한 지원을 확대함으로써 2차 피해를 방지하기 위한 여러 가지 정책 과제를 추진하고 있다. 이러한 과업을 통해 성폭력 피해자에 대한 보호 및 지원 확대, 폭력 피해여성 지원기관의 역량 강화, 통합적 성인지 인권교육 운영 확대, 지역사회 안전망 강화 및 여성 인권 인식 제고, 성희롱 등의 예방을 위한 교육 및 홍보 강화, 성폭력 범죄 처벌의 실효성 확보 및 2차 피해 방지, 성폭력 가해자 재범 방지 강화 등의 문제를 해결하려는 계획이다. 또한 법무부 인권국(2014)은 『2014년도 범죄피해자 보호·지원에 관한 기본계획』을 통해 범죄피해자의 심리치유 및 임시주거를 위해 운용 중인 '스마일센터'를 확대 설치하고 전문 심리치료 지원을 강화할 계획임을 밝혔다. 현재 성범죄 관련 피해여성들을 위한 공공서비스로는 한국성폭력상담소, 여성긴급전화 1366, 성폭력지원시설, 원스탑(one-stop)지원센터, 해바라기여성센터 등이 운영되고 있다.

2) 처우의 한계 및 심리적 관점에서의 대책

성폭력과 관련한 범죄는 피해여성 중 적지 않은 숫자가 사회적 편견으로 피해 사실을 신고하지 않아 암수율이 높다는 데 큰 문제가 있다. 또한 외상후스트레스장애를 겪으며 우울증과 같은 제2차 피해를 지속적으로 경험하기 때문에 단시간에 피해를 극복하고 일상으로 돌아오는 것이 쉽지 않다. 그러므로 이와 같은 현실적 제약과 문제를 고려한 여성범죄피해자를 위한 대책 마련이 요망된다.

첫째, 성폭력에 대한 명확한 개념의 확립과 이에 대한 사회 인식의 개선이 우선되어야 한다. 배우자에 의한 피학대여성의 경우 학대가 가정 내에서 이루어지기 때문에 피해여성 스스로 외부의 간섭을 원치 않는 경우가 많다. 이들은 가정의 평화와 부부간의 조화를 유지하기 위해 경찰을 비롯한 성폭력상담소의 개입을 꺼리기 때문에 그 문제점이 더 크다. 여성 스스로 폭력에 대한 개념을 확립하고, 또한 이들에 대한 사회적 시선이 변화될 때 비로소 근원적 문제를 해결할 수 있다. 실제로 24시간 상담이 이루어지는 성폭력위기센터에서는 피해자(victim)라는 용어 대신 생존자(survivor)라는 표현을 사용한다. 이는 피해자라는 용어 자체를 통해 여성을 약취하는 것이 남성의 권리처럼 간주될 수 있기 때문이다(이윤호, 2007). 대신에 생존자라는 표현을 통해 여성들 스스로 성폭력에 대처할 수 있는 다양한 방법을 강구하고 이를 극복하기 위한 적극적인 개입을 유도

할 수 있다(Kelly & Radford, 1987). 이를 위해 공익광고와 같은 매체를 통해 우리 사회의 인식을 고양시키는 것 역시 좋은 방법이다.

둘째, 여성피해자의 신체적 피해는 물론 심리적 피해를 구제하기 위한 법제의 마련이 필요하다. Weed(1995)는 범죄로 인한 심리적 피해를 보상하기 위한 사회적 제도의 필요성을 언급하였고, 이를 정서적 재산권(emotional property right)이라는 용어로 표현하였다. 그에 따르면, 심리적 피해를 경험한 이들은 재산권의 보장처럼 '정서적 재산권'을 행사할 수 있으며, 국가는 이를 지원하고 보상해야 할 의무가 있다고 주장하였다. 외국의 경우 범죄피해자에게 물질적 · 신체적 보상은 물론 정신적 피해로 인한 상담비용까지 지원하는 등의 법적 제도 개선을 위한 노력을 기울이고 있다. 우리나라 역시 우리 실정에 맞는 심리적 차원의 법제 마련이 시급하다.

다양한 형태로 우리 사회에 만연해 있는 여성폭력범죄피해는 신체적 학대나 정신적 · 심리적 후유증을 가져오므로 장 · 단기적으로 여성들의 삶을 무너뜨리는 치명적 결과를 초래한다. 여성폭력범죄를 예방하고 방지하기 위해서는 가부장적 권력의 불평등 속에 깊숙이 자리매김하고 있는 사회 · 문화적 규범 및 관례들을 살펴보며 여성 스스로 종속되었을지도 모를 불평등의 울타리 안에서 바라보는 폭력에 대한 시각 자체를 변화시켜야 한다. 여성 스스로 관습적 불평등의 인식에서 벗어나 성폭력에 대한 명확한 개념을 확립하고 이에 대한 사회 인식의 개선이 함께 이루어질 때, 비로소 여성폭력범죄피해를 근절할 수 있다. 또한 여성폭력범죄가 단순한 신체적 폭력의 고통만이 아닌 심리적 · 정신적인 2차 피해를 가져오지만 심리적 측면을 고려한 제도적 장치는 미비한 실정임을 고려해 볼 때, 이와 관련해서 더욱 강력한 가해자 처벌과 함께 심리적 피해를 입은 여성범죄피해자를 구제하기 위한 법제의 마련이 시급하다. 지금까지 알아본 것처럼 여성에 대한 폭력을 예방하기 위해서는 단일 부분 혹은 일시적인 노력을 넘어 사회적 인식을 개선하고 피해자의 심리적인 부분까지 고려한 포괄적이며 지속적인 제도적 장치의 구제책이 제시되어야 한다. 그러므로 이 장은 이러한 현실적인 대책 마련을 위해 여성범죄피해의 현황 및 주요 피해와 관련된 심리적 특성에 초점을 맞추어 기술하였다. 타 범죄와 달리 범죄 발생 후 외상장애의 피해로 인한 2차 피해의 더 심각한 위험성을 인지하고, 그 대책을 마련하고 현 제도의 한계를 극복하는 개선 방안을 모색해야 할 것이다.

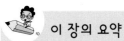 **이 장의 요약**

이 장에서는 여성과 폭력을 주제로 하여 여성이 범죄의 가해자가 되는 경우 고려해야 할 것들과 여성이 범죄피해자가 되는 경우 살펴보아야 할 것들을 검토하였다. 그 결과, 특이한 점으로는 전체 범죄자 중 여성이 차지하는 비율이 지난 십 년 동안 일정하게 15%대에서 16%대를 유지하여 왔다는 사실이었다. 최근 언론 보도를 통해 여성 살인 사건이 많이 보도되어 여성이 저지르는 흉악범죄 자체가 늘어나고 있을 것이라는 인상은 입증되지 않았다. 대신 여성들이 저지르는 범죄 중 가장 많은 부분을 차지하는 것이 사기죄라는 점이 특이하다. 여성 폭력범죄의 원인론은 특히 정신장애적 · 심리적 요소를 중시하는 것으로 보인다. 특히 여성의 살인 사건에 대한 원인으로는 정신질환이 주요 비중을 차지하는 것으로 나타났다.

죄명별 범죄피해 중 여성이 유달리 많은 비율을 차지하는 범죄는 성범죄다. 여성가족부의 2013년도 『2013년 성폭력 실태조사』에 따르면, 여성 중 지난 1년간 성범죄 피해를 당한 여성은 19.5%인 데 반해 성 피해 경험이 있는 남성은 1.3% 수준에 그치는 것으로 나타났다. 여성이 자주 노출되는 범죄피해로는 성범죄, 가정폭력, 스토킹, 성희롱 등이 있는데, 특히 이 범죄들에 심각하게 노출되는 피해여성은 외상후 스트레스장애(posttraumatic stress disorder)에 해당하는 증세를 호소하는 경우가 많은 것으로 보인다. 범죄로 인한 신체적인 상해의 정도는 빠른 시일 안에 회복될 수 있어도, 만성적인 폭력 피해의 경험은 심각한 정신질환이 되어 장기간 삶에 악영향을 미치는 것으로 확인된다. 따라서 국내의 경우, 이 같은 범죄 피해에 대한 회복 과정을 국가 재정으로 지원하기 시작하였으며 현재는 『범죄피해자구조기금법』을 제정하여 피해자구조기금을 조성해 범죄피해자들의 정신적 외상 회복을 지원하고 있다.

참ㅣ고ㅣ문ㅣ헌

강은영, 박형민(2008). 살인범죄의 실태와 유형별 특성: 연쇄살인, 존속살인 및 여성살인범죄자
　　　를 중심으로. 연구총서, 2008(11), 1-560.

권석만(2008). 현대 이상심리학. 서울: 학지사.

김상균(2008). 보험범죄에 대한 사법적 대응방안. 한국범죄심리연구, 4(2), 25-53.

김재민(2006). 범죄피해자대책론. 서울: 진리탐구.

김재엽, 김희수(2001). 부부생활이 자녀폭력에 미치는 영향에 관한 연구: 일상생활만족도, 의사
　　　소통, 스트레스 정도를 중심으로. 한국사회복지학, 45, 101-125.

김학태(2011). 독일과 한국에서의 스토킹 규제에 관한 비교법적 고찰. EU연구, 28, 181-206.

대검찰청(2014). 범죄분석. 서울: 대검찰청.

법무부 인권국(2009). 강력범죄 피해자와 피해자 가족의 피해실태 사례연구(2009년도 법무부 연구

용역). 과천: 법무부 인권국.

법무부 인권국(2014). 범죄피해자 보호ㆍ지원에 관한 제2차 기본계획(2012-2016). 과천: 법무부
      인권국.

법무연수원(2013). 범죄백서. 충북: 법무연수원.

손지선, 이수정(2007). 가족살해 가해자의 특성과 양형요인에 대한 연구. 한국심리학회지: 사회
      및 성격, 21(1), 1-17.

신진규(1993). 범죄학 겸 형사정책. 파주: 법문사.

여성가족부(2013). 2013 성폭력 실태조사. 서울: 한학문화.

윤옥경(2001). 여성과 범죄: 연구영역과 과제. 여성논총, 4, 135-148.

이윤호(2007). 피해자학 연구. 파주: 집문당.

장중식(2004). 여성범죄의 원인과 대책. 교정연구, 25, 133-160.

전영실(2004a). 여성 폭력범죄의 특성 및 대책. 교정연구, 22, 141-168.

전영실(2004b). 여성의 폭력범죄 실태에 관한 연구. 형사정책연구, 81(단일호), 32-37.

최인섭(1993). 여성범죄의 실태에 관한 연구. 형사정책연구, 13(단일호), 45-108.

최준(2010). 여성범죄와 여성수형자 처우. 법학연구, 18(1), 385-414.

한국여성개발원(1993). 가정폭력의 예방과 대책에 관한 연구.

홍성열(2000). 범죄심리학. 서울: 학지사.

Agnew, R. (1992). Foundation for a general strain theory of crime and delinquency. *Criminology,*
      30, 47-88.

American Psychiatric Association. (1994). *Diagnostic and statistical manual of mental disorders* (4th
      ed.). Washington, DC: The Author.

American Psychiatric Association. (2013). *Diagnostic and statistical manual of mental disorders* (5th
      ed.). Washington, DC: The Author.

Andrews, B., Brewin, C. R., Rose, S., & Kirk, M. (2000). Predicting PTSD symptoms in victims of
      violent crime: The role of shame, anger, and child abuse. *Journal of Abnormal Psychology,*
      109(1), 69-73.

Arrigo, B. A., & Griffin, A. (2004). Serial murder and the case of Aileen Wuornos: Attachment theory,
      psychopathy, and predatory aggression. *Behavioral sciences & the law, 22*(3), 375-393.

Barnett, O., Miller-Perrin, C. L., & Perrin, R. D. (2005). *Family violence across the lifespan.*
      California: Sage.

Bell, C., & Fox, M. (1996). Telling stories of women who kill. *Social & Legal Studies, 5*(4), 471-494.

Blaauw, E., Winkel, F. S., Arensman, E., Sheridan, L., & Freeve, A. (2001). The toll of stalking:

The relationship between features of stalking and psychopathology of victims. *Journal of Interpersonal Violence, 17,* 50-62.

Briere, J. (1986). Suicidal thoughts and behaviors in former sexual abuse victims. *Canadian Journal of Behavioral Science, 18*(4), 413-423.

Brown, L. S. (2008). Feminist therapy. In J. L. Lebow (Ed.), *Twenty-first century psychotherapies: Contemporary approaches to theory and practice.* New Jersey: John Wiley & Sons.

Burgess, A. (1983). Rape trauma syndrome. *Behavioral Sciences and the Law, 1*(3), 97-113.

Burgess, A., & Holmstrom, L. (1974). Rape trauma syndrome. *American Journal of Psychiatry, 131,* 981-986.

Butler-Bowdon, T. (2008). *50 prosperity classics.* Nicholas Brealey Pub.

Catalano, S. (2007). Intimate partner violence in the United States. Washington, DC: Bureau of Justice Statistics. Retrieved on February 2, 2015, from http://www.bjs.gov/content/pub/pdf/ipvus.pdf

Clegg, C., McCoy, K., & Fremouw, W. J. (2009). Rape trauma syndrome. Wiley Encyclopedia of Forensic Science.

Cling, B. J. (2004). *Sexualized violence against women and children.* New York: The Guilford Press.

Collins, M. J., & Wilkas, M. B. (2001). Stalking trauma syndrome and the traumatized victim. In J. A. Davis (Ed.), *Stalking crimes and victim protection: Prevention, intervention, threat assessment, and case management.* Florida: CRC Press.

Convington, S. S. (2007). Working with substance abusing mothers: A trauma-informed, gender-responsive approach. The National Abandoned Infants Assistance Resources Center. *The Source, 16,* 1-6.

Crain, W. (1992). *Theories of Development* (5th ed.). Pearson Education.

Dansky, B. S., & Kilpatrick, D. G. (1997). Effects of sexual harassment. In W. O'Donohue (Ed.), *Sexual Harassment: Theory, Research, and Treatment* (pp. 213-224). Boston, MA: Allyn & Bacon.

Doerner, W. G., & Lab, S. P. (2012). *Victimology.* Massachusettes: Anderson Publishing.

Ferro, C., Cermele, J., & Saltzman, A. (2008). Current perceptions of marital rape: Some good and not-so-good News. *Journal of Interpersonal Violence, 23,* 764-779.

Finkelhor, D., & Browne, A. (1985). The traumatic impact of child sexual abuse. *American Journal of Orthopsychiatry, 55*(4), 530-541.

Fitzgerald, L. F. (1996). Sexual Harassment: The Definition and Measurement of a Construct. In M. A. Paludi (Ed.), *Sexual Harassment on College Campus: Abusing Ivory Power.* New York:

State University of New York Press.

Fitzgerald, L. F., Swan, S., & Magley, V. J. (1997). But was it really sexual harassment? Legal, behavioral, and psychological definitions of the workplace victimization of women. In W. O'Donohue (Ed.), *Sexual harassment: Theory, research, and practice* (pp. 152-174). Boston, MA: Allyn & Bacon.

Foa, E. B., Olasov, B., & Steketee, G. S. (1987). Treatment of rape victims. Paper presented at the conference State of the Art in Sexual Assault, Charleston, SC.

Foote, W. E., & Goodman-Delahunty, J. (2005). *Evaluating sexual harassment: Psychological, social, and legal considerations in forensic examinations.* Washington, DC: American Psychological Association.

Freud, S. (1925). *Some psychical consequences of the anatomical distinction between the sexes Vol. 19.* SE.

Frieze, I. H. (2005). Female violence against intimate partners: An introduction. *Psychology of Women Quarterly, 29*(3), 229-242.

Garner, B. A. (2004). *Black's Law Dictionary* (8th ed.). Minnesota: West Publishing Company.

Hunter, M. (1995). *Adult survivors of sexual abuse.* California: Sage.

Jordan, B. K., Schlenger, W. E., Fairbank, J. A., & Caddell, J. M. (1996). Prevalence of psychiatric disorders among incarcerated women: II. Convicted felons entering prison. *Archives of General Psychiatry, 53*(6), 513-519.

Kahn, A., & Mathie, A. (2000). Understanding the unacknowledged rape victim. In C. Travis & J. White (Eds.), *Sexuality, Society, and Feminism.* Washington, DC: APA.

Kamphius, J. H., & Emmelkamp, P. M. G. (2001). Traumatic distress among support-seeking female victims of stalking. *American Journal of Psychiatry, 158,* 795-798.

Karmen, A. (2010). *Crime victims.* Belmont, CA: Wadsworth Cengage Learning.

Keating, B. (2015). Violence against women: A disciplinary debate and challenge. *The Sociological Quarterly, 56,* 108-124.

Kelly, L., & Radford, J. (1987). The Problem of men feminist perspectives in sexual violence. In P. Scraton (Ed.), *Law, Order, and the Authoritarian State.* Milton Keynes: Open University Press.

Kilpatrick, D. G., Ruggiero, K. J., Acierno, R., Saunders, B. E., Resnick, H. S., & Best, C. L. (2003). Violence and risk of PTSD, major depression, substance abuse/dependence, and comorbidity: Results from the National Survey of Adolescents. *Journal of Consulting and Clinical Psychology, 71,* 692-700.

Kruttschnitt, C. (1993). Violence by and against women: A comparative and cross-national analysis. *Violence and victims, 8*(3), 253–270.

Kuehnle, K., & Sullivan, A. (2003). Gay and lesbian victimization: Reporting factors in domestic and bias incidents. *Criminal Justice and Behavior, 30,* 85–96.

Levendosky, A. A., & Graham-Bermann, S. A. (2001). Parenting in battered women: The effects of domestic violence on women and their children. *Journal of Family Violence, 16*(2), 171–192.

Linnoila, V. M., & Virkkunen, M. (1992). Aggression, suicidality, and serotonin. *Journal of Clinical Psychiatry, 53,* 46–51.

Lombrose, C., & Ferrero, W. (1893). 『*The Female Offender*』, with an introduction by Morrison, W. D., Fisher, T.

MacKinnon, C. A. (1979). *Sexual Harassment of Working Women.* Connecticut: Yale University Press.

Magley, V. J., Waldo, C. R., Drasgow, F., & Fitzgerald, L. F. (1999). The impact of sexual harassment on military personnel: is it the same for men and women. *Military Psychology, 11,* 283–302.

Mechanic, M. B., Uhlmansiek, M. H., Weaver, T. L., & Resick, P. A. (2000). The impact of severe stalking experienced by acutely battered women: An examination of violence, psychological symptoms, and strategic responding. *Violence and Victims, 15,* 443–458.

Meloy, J. R., & Gothard, S. (1995). A demographic and clinical comparison of obsessional followers and offenders with mental disorders. *American Journal of Psychiatry, 166,* 529–536.

Mullen, P., Pathe, M., & Purcell, P. (2000). *Stalkers and Their Victims.* London: Cambridge University Press.

National Institute of Mental Health. (2002). *Facts about posttraumatic stress disorder.* Bethesada, MD: National Institute of Health.

Osattin, A., & Short, L. (1998). *Intimate partner violence and sexual assault: A guide to training materials and programs for health care providers.* Atlanta: Centers for Disease Control National Center for Injury Prevention and Control.

Ozer, E. J., & Weiss, D. S. (2004). Who develops postraumatic stress disorder. *Current Directions in Psychological Science, 13,* 169–172.

Salazar, L. F., & Cook, S. L. (2002). Violence against women: Is psychology part of the problem or the solution? A content analysis of psychological research from 1990 through 1999. *Journal of Community & Applied Social Psychology, 12,* 410–421.

Shute, R., Owens, L., & Slee, P. (2008). Everyday victimization of adolescent girls by boys: Sexual harassment, bullying or aggression. *Sex Roles, 58,* 477–489.

Spitzberg, B. H. & Cupach, W. R. (2003). What mad pursuit? Obsessive relational intrusion and stalking related phenomena. *Aggression and Violent Behavior, 8*, 345-375.

Steffensmeier, D., & Allan, E. (1996). "Gender and Crime: Toward a Gendered Theory of Female Offending." *Annual Review of Sociology, 22*, 459-487.

Tjaden, P., & Theonnes, N. (1998). *Stalking in America: Findings from the National Violence Against Women Survey*. Washington, DC: National Institute of Justice Centers for Disease Control and Prevention.

Ullman, M. T. (2004). Contributions of memory circuits to language: The declarative/procedural model. *Cognition, 92*(1-2), 231-270.

Ullman, S. E., & Brecklin, L. R. (2003). Sexual assault history and health-related outcomes in a national sample of women. *Psychology of Women's Quarterly, 27*, 46-57.

United Nations (UN). (2014). *Ending Violence Against Women*. http://www.un.org/womenwatch/daw/vaw/index.htm

Walker, L. E. (1979). *The battered women*. New York: Harper & Row.

Walker, L. E. (1984). *The battered woman syndrome*. New York: Springer.

Walker, L. E. (2006). Battered woman syndrome: empirical findings. *Annals of the New York Academy of Sciences, 1087*, 142-157.

Warren, J. I., Burnette, M., South, S. C., Chauhan, P., Bale, R., & Friend, R. (2002). Personality disorders and violence among female prison inmates. *Journal of the American Academy of Psychiatry and the Law Online, 30*(4), 502-509.

Weed, F. (1995). *Certainty of justice: Reform in the crime victim movement*. New York: Aldine.

White, J. W., & Frabutt, M. (2006). Violence against girls and women: An integrative developmenala perspective. In J. Worell & C. D. Goodheart, *Handbook of girls' and women's psychological health: gender and well-being across the lifespan*. New York: Oxford University Press.

Younglove, J. A., Kerr, M. G., & Vitello, C. J. (2002). Law enforcement officers' perceptions of same sex domestic violence: reason for cautious optimism. *Criminal Justice and Behavior, 17*, 760-772.

연합뉴스(2009). 부산지검, 성전환자 강간사건 항소. http://news.naver.com/main/read.nhn?mode=LSD&mid=sec&sid1=102&oid=001&aid=0002545663

제14장

여성과 노년기

유경

　심리학 연구 분야에서 노인과 여성은 주요 연구 대상으로 다루어진 집단이 아니다. 특히 노인 연구에서도 남성에 비해 여성 비율이 높음에도 불구하고 대부분 남성 노인을 대상으로 하는 연구가 실시되었다. 이 장에서는 여성 노인들의 노화와 적응에 대한 국내외 연구 결과들을 통해 여성 노인의 심리적 삶에 대해 생각해 볼 기회를 마련하고자 하였다. 노년기 여성의 신체적·심리적 특성들을 살펴보고 노년기에 더욱 건강하고 행복하게 살 수 있으려면 어떠한 부분들을 더 많이 고려해야 하는지를 다루어 보고자 하였다. 특히 노년기 여성들의 재정이나 은퇴 후 적응 등에 관한 분야와 노년기의 정서적 삶의 중요성을 강조함으로써 여성들이 자신의 노년기 삶을 준비하고 즐길 수 있도록 준비하는 데 도움이 되고자 하였다.

1. 여성과 노화

　우리나라의 65세 이상 인구는 2010년 현재 545만 명이고, 전체 인구의 11%에 해당한다. 고령 인구 성비는 연령이 증가할수록 불균형이 심각한데, 65세 이상 74세 이하는 여성 100명당 남성 81.1명이고, 75세 이상 84세 이하는 56.6명, 85세 이상은 34.9명이다. 또한 이와 같은 성비의 불균형은 앞으로 더 심각해질 것으로 예상된다(〈표 14-1〉 참조). 평균 수명을 비교해 보면, 남성의 평균 수명은 77.20세이고 여성은 84.07세로 여성이 남성에 비해 약 7년 더 오래 산다(통계청, 2011). 이처럼 여성의 수명이 길고 노년기에는 여성

〈표 14-1〉 성별 고령인구 구성비 추이　　　　　　　(단위 : 천 명, %, 여자 100명당)

	1990	1997	2000	2006	2007	2010	2020	2030
65세 이상	2,195	2,929	3,395	4,586	4,810	5,357	7,701	11,811
구성비	5.1	6.4	7.2	9.5	9.9	11.0	15.6	24.3
성 비	59.8	59.7	62.0	66.7	67.5	69.2	75.1	79.1
〈남자〉	822	1,095	1,300	1,835	1,939	2,190	3,303	5,218
구성비	3.8	4.7	5.5	7.6	8.0	8.9	13.4	21.6
〈여자〉	1,373	1,835	2,095	2,751	2,872	3,167	4,398	6,593
구성비	6.4	8.0	9.0	11.4	11.9	13.0	17.8	27.0

출처: 통계청(2010).

의 비율이 더 높기 때문에 노년기에 대한 연구는 여성 노인에 대해 중점적으로 이루어져야 함에도 불구하고 그동안 여성 노인은 심리학 연구에서도 노인 연구에서도 배제되어 왔다(Takamura, 2007).

1) 여성 노인에 대한 태도

연령차별주의(ageism)는 노화나 노인에 대한 편향된 시각을 의미하는데, 전형적으로 서구 문화에서 두드러지는 특성으로 간주되어 왔다. 젊은이들은 노인들과 상호작용하기를 꺼리며(Bytheway, 2005; Bugental & Hehman, 2007), 노인들에게 이야기할 때 마치 어린아이들에게 하듯 느리게 말하고 아주 단순한 문장으로 말한다(Cruikshank, 2009). 그리고 많은 의사는 노인들이 상대적으로 매우 사소한 의학적 문제에 대해 너무 불평을 많이 한다고 믿으며, 젊은 환자들과 비교해 덜 존중하고 홀대하는 경향이 있다고 한다(Brown, 2008; Bugental & Hehman, 2007).

대중 매체에도 여성 노인에 대한 차별이 존재한다. TV 프로그램이나 광고에서 여성 노인들을 찾아보기가 어렵고(Cruikshank, 2009; Kaid & Garner, 2004), TV 프로그램에 나온다고 해도 대부분의 여성 노인은 쿠키 레시피나 사소한 불평들에 대한 대화에 집중할 뿐, 더 중요하고 의미 있는 주제에 대해 이야기하는 경우는 매우 드물다(Whitley & Kite, 2010).

여성 노인들이 패션 잡지에 등장하기도 하는데, 이는 나이의 흔적을 감추는 데 유용한 상품들을 광고하는 경우가 대부분이다. 노화현상이 드러날까 봐 머리카락을 염색하고 성형수술을 받는 것이 노년기 여성이 해야 할 당연한 과정이라는 듯 대중매체에 드러나는 여성 노인의 특성은 전체 여성 노인들이 갖춰야 할 조건이라고 보기 어렵다(Matlin, 2012).

2) 노화에 대한 이중 기준

사람들은 노화과정에 대해 전형적으로 부정적인 태도를 갖는다. 일부 이론은 사람들이 남성 노인에 비해 여성 노인에 대해서만 더 부정적인 태도를 갖는다고 설명하면서 이러한 특성을 '노화에 대한 이중 기준(double standard of aging)'이라고 말한다(Andreoletti, 2010; Whitley & Kite, 2010). 주름살을 예로 들면, 남성의 얼굴에 나타나는 주름은 성숙함의 상징으로 해석되지만 여성의 얼굴에 나타나는 주름은 부정적인 메시지로 간주된다. 결국, 이상적인 여성의 얼굴은 살아온 경험이나 감정을 보여 주지 않는 깨끗하고 젊은 얼굴이라는 것이다!

경험적인 연구를 통해 노화의 이중 기준을 확인하였는데, Hummert, Garstka, O'Brien, Greenwald와 Mellott(2002)은 다양한 연령대의 남성과 여성의 중립적인 표정의 사진을 제시한 후 참가자들이 사진에 대해 긍정적인 고정관념(예: 활기 있다, 사교적이다, 재미있다)과 부정적인 고정관념(예: 우울하다, 걱정한다, 외롭다)을 평정하도록 했다. 그 결과, 젊은 연령에서는 성차가 없지만 나이가 들수록 여성에 비해 남성을 더 긍정적으로 평가하는 것으로 나타났다. 대단위의 메타분석을 통해 성차의 이중 기준을 연구한 Kite, Stockdale, Whitley와 Johnson(2005)의 연구에서도 평정 대상(노인 사진)에 대해 마음이 넓다거나 친근함과 같은 성격 특성을 평가하고 그 사람과 상호작용을 하고 싶은지를 평가한 결과, 사람들은 젊은 여성에 비해 노인 여성을 더 부정적으로 평가하고, 젊은 남성에 비해 노인 남성을 더 부정적으로 평가했다. 하지만 연령에 따른 차이는 여성보다 남성이 적었다. 즉, 남성 노인에 비해 여성 노인을 더 부정적으로 평가하였다.

여성 노인들은 남성 노인에 비해 자신의 신체적 노화에 대해 더 비판적인 시각을 갖는 것으로 나타났으며(Halliwell & Dittmar, 2003), 미국 영화에서 40대 이상 남성이 주연급으로 출연하는 영화는 54% 정도이지만 40대 이상의 여성이 주연급으로 출연하는 영화는 그 비율이 34% 정도일 뿐이었다(Lauzen & Dozier, 2005). 나이 든 배우보다는 젊은 배우를 선호하는 현상은 남성보다는 여성에게서 더 나타나, 나이 든 여배우들을 영화의 주연으로 보는 일은 어렵게 된다.

2. 노년기의 신체적 변화와 적응

1) 갱년기와 폐경

중년기는 인생에서 가장 왕성하고 활동적인 시기인 동시에, 갱년기 증상으로 신체적·심리적 혼란과 위기와 상실을 겪는 시기이기도 하다. 이 중에서도 중년기 여성이 경험하는 갱년기 증상 중 폐경은 호르몬의 불균형으로 발생하는 생리적인 현상으로, 개인 또는 문화에 따라 다르게 경험된다(김순안, 2012; 김영주, 2004).

우리나라 중년 여성은 38~98% 이상이 갱년기 증상을 경험하고 있으며(김영주, 2004), 요통, 팔다리 통증, 관절통, 신경과민, 건망증, 피로, 두통 등의 증상을 호소하기도 한다. 이와 같은 신체적 고통뿐만 아니라 다양한 정신적 불안정도 경험할 수 있다. 갱년기 여성들이 경험하게 되는 폐경, 신체적 노화 및 역할 상실 등은 우울감을 경험하게 하기도 하며, 이러한 우울은 삶의 의미를 상실하게 한다. 하지만 이러한 과정에서 자신의 존재의 이유를 발견하고 자신을 찾고자 노력하면 삶의 의미를 찾고 편안하게 노년기로 진입할 수도 있다.

일반적으로 여성의 갱년기를 바라보는 관점으로는 2가지 견해가 있다. 긍정적인 견해는 갱년기를 인생의 성숙기와 인생의 절정기로 보는 관점(Chiriboga, 1989)이고, 이와 상반되는 견해는 갱년기를 보편적인 인간발달단계에서 오는 노화, 가족관계의 변화, 실직의 불안 및 죽음의 불안 등에 의한 상실의 시기로 보는 것이다(Tamir, 1989). 즉, 갱년기는 갱년기를 겪는 개인이 어떻게 신체적 노화를 받아들이는가에 따라 적응이 달라질 수 있다.

월경과 임신 능력이 소실되는 폐경은 여성의 매력과 젊음, 존재 가치의 상실을 의미하는 것으로 이해될 수 있다. 폐경은 여성이 경험하는 신체적 변화 중 가장 스트레스를 주는 변화이며, 여성의 매력을 상실하고 노년기로 진입했다는 것과 동일하게 이해될 수 있다(Kaluger & Kaluger, 1979). 하지만 최근 연구에서는 여성들이 폐경을 맞이하여 일시적으로는 시원섭섭함을 느끼지만 대부분은 당연히 일어나는 현상으로 받아들이는 것으로 나타났다(이미라, 1994).

폐경 증상은 내분비계의 변화로 폐경을 전후하여 발생하는 신체적, 심리적, 사회 · 문화적 요인이 복합적으로 작용하여 나타나는 일련의 증후군을 의미한다. 전체 여성의 25%는 폐경 증상을 경험하지 않으며, 50% 정도는 가벼운 증상을 경험하고, 나머지 25%에게서는 의학적 치료가 요구되는 극심한 증상이 발현되기도 한다(김순안, 2012). 개인마다 증상의 양상이 다양하고 개인차가 매우 크게 나타난다.

폐경으로 인한 신체적 변화와 증상은 다음과 같다. 난소의 크기와 무게가 감소하면서 난포의 수가 감소하고 에스트로겐 분비가 저하된다. 또한 난포의 성선자극 호르몬 수용체가 감소하고 난포자극 호르몬 생성이 억제되지 않아서 난포자극 호르몬 분비가 증가한다. 이와 같은 변화로 안면 홍조, 야간 발한, 불면증, 심계항진, 두통 등이 발생하기도 한다(Caplan & Caplan, 2009). 안면 홍조의 경우 85%가 경험하는 증상이며, 나이가 들어갈수록 발현 빈도가 줄어드는 경향이고 완전 폐경이 되면 사라진다(이영숙, 박재순, 이혜경, 박영주, 2014). 폐경 후 에스트로겐 손실은 총 콜레스테롤과 저밀도 저단백, 중성지방을 증가시키며, 고밀도 저단백은 점차 감소하게 된다. 이러한 변화는 심혈관 질환의 위험성을 증가시킨다(이종화 외, 2000).

폐경은 여성다움, 젊음, 생식력, 힘, 기능과 역할의 상실을 의미하며 이로 인해 우울과 슬픔, 절망감, 죽음에 대한 양가감정, 심한 불면증을 경험하기도 한다. 이러한 증상은 자녀들의 결혼이나 부모의 죽음과 같은 사건과 연관되면 더욱 악화될 수 있다. 하지만 폐경을 긍정적으로 생각하면 임신의 공포가 사라지고 월경으로부터 해방되어 자유로움을 느낄 수도 있다(Rich & Mervyn, 1999; Zerbe, 1999). 따라서 폐경은 이 과정을 어떻게 받아들이느냐에 따라 자신의 삶을 새롭게 찾아 나갈 수 있는 전환점이 될 수도 있다(김순안, 2012; 한숙희, 2004).

폐경기 여성의 적응을 경험적으로 연구한 결과들을 살펴보면, 서구에서 행해진 많은 연구에서는 여성들이 폐경으로 신체적인 변화를 경험하지만 그로 인해 우울하거나 부정적인 심리적 경험을 한다는 경험적인 증거는 없다고 한다(Avis, 2003; Caplan & Caplan, 2009; Robinson, 2002). 하지만 우리나라에서 실시된 김순안(2012)의 연구에 의하면, 우리나라 갱년기 여성들은 갱년기 증상에 대해 긍정적인 태도를 보이지 않았고, 폐경 증상은 가끔 심하게 경험하는 것으로 나타났다. 하지만 이는 여성들의 연령과 학력, 직업유무, 생활수준, 건강상태, 삶의 만족도에 따라 차이가 있었다. 학력이 높을수록, 건강상태가 좋을수록, 삶의 만족도가 높을수록, 노화현상과 자녀의 독립에 대한 태도가 긍정적일수록 폐경기 후에도 잘 적응하는 것으로 나타났다.

2) 노년기 신체질환

노년기가 길어지고 남성에 비해 여성이 평균적으로 7년 정도 더 오래 사는 것으로 알려져 있지만, 여성 노인들은 건강하게 사는 기간이 짧고 만성질환에 걸릴 가능성이 크기 때문에 여성의 신체적 건강에 대한 관심과 대비는 매우 중요하다. 한국 여성 노인은 남성 노인보다 가부장적인 사회구조 속에서 평생 생활하면서 노화로 인한 만성질환과 가족 내에서의 소외 집단으로 힘든 노후를 보내는 경우가 많다. 여성 노인은 남성 노인에 비해 홀로 살아가야 하는 기간이 길고, 연령이 증가함에 따라 만성질환 유병률이 증가하며, 더 의존적인 삶을 살아가게 된다. 여성 노인은 남성 노인에 비해 자신의 건강이 더 좋지 않다고 주관적인 평가를 하며, 연령이 높아질수록 그 격차가 심해져서 75세 이상 노인 중 거동에 장애가 있는 비율은 남성 노인에 비해 여성 노인이 훨씬 많은 것으로 나타났다. 관절염, 신경통, 당뇨병 등의 만성질환 유병률이나 연간 활동제한일수도 여성이 더 많고, 부정적인 생활사건을 더 많이 경험하고 생활사건 스트레스에 더 민감하여 적응의 어려움도 더 많이 호소하는 것으로 나타났다(정영미, 2007).

노년기 여성에게서 흔히 나타나는 만성질환은 관절염, 요통, 좌골통, 골혈압인데, 그중 퇴행성 질환인 골관절염은 남성보다 여성에게서 더 많고, 나이가 많을수록 증상이 더욱 심해진다. 또한 65세 이상 여성 노인의 만성질환 유병률과 활동제한 원인 중 1위를 차지하는 질환으로(보건복지가족부, 2006), 노년기 여성의 건강문제에서 주의를 기울여야 한다(이윤정, 2011). 골관절염은 관절 연골이 상실되면서 양단의 뼈가 단단히 융합되어 근육이 강직되고 이로 인해 심한 통증이 생긴다. 이러한 통증은 수면을 방해하는 주요 원인이 되며, 노인의 수면 부족은 피로감, 불안을 유발하고 낙상이나 골절 등의 사고 가능성을 높여 삶의 질을 저하시키는 원인이 될 수 있다(서문자, 김금순, 김인자, 정성희, 김은만, 2002).

노인에게 신체 기능의 쇠퇴는 활동성을 저하시키고 흥미의 범위를 협소화시키며 감각기관의 퇴화로 타인과의 대인관계나 상호작용이 어려워져 심리적인 위축을 초래할 수 있다. 이러한 위축은 노년기의 우울 유발 요인이 될 수 있으며, 특히 신체장애가 있을 때 우울은 가장 일어나기 쉬운 부정적 감정 반응으로 신체 기능 상태에도 영향을 미친다. 따라서 노년기의 건강관리를 위한 지속적인 노력은 심리적 건강 유지에도 영향을 미칠 수 있으므로 지속적인 관리가 필요하다.

3) 노년기 신체만족도

노화로 인한 신체의 변화를 받아들이는 것은 쉬운 일이 아니다. 특히 아름다움의 가치를 젊음에 두는 세대에서는 노화로 나타나는 변화들이 나이가 들면서 자연스럽게 일어나는 것으로 쉽게 받아들일 수 있는 일이 아니다. 김주덕(2007)의 연구에 따르면, 최근 4년 동안 50대 이상의 성인이 피부과에 피부 미용을 위해 내원한 횟수가 2002년에 비해 최고 74% 증가한 것으로 나타났다. 또한 실버세대의 88.5%가 화장품을 사용하고 있으며, 메이크업을 항상 한다는 응답자도 48.3%에 이르는 것으로 보고했다. 이미 중·노년 계층을 겨냥한 제품들이 전 세계에서 쏟아져 나오고 있고, 노인의 아름다움에 대한 관심이 나날이 증가하고 있다. 하지만 이러한 현상은 노년기의 자연스러운 아름다움을 유지하는 것에 대한 관심이라기보다는 젊고 날씬하고 성적으로 매력 있는 여성이어야 한다는 사회적 미적 기준에 맞춘 것이라, 노화가 시작된 여성들이 자신의 변화를 받아들이는 것이 쉽지 않게 되는 결과를 낳는다.

노년기 여성의 신체만족도와 자아 존중감은 중요한 관련성이 있는데, 젊음을 중시하고 노화를 평가절하하는 것, 또는 나이가 들어 가는 사람들은 아름답지 않고 외모에 관심을 두지 않는다는 편견과 고정관념은 정체감 형성에 부정적인 영향을 미친다. 즉, 여성에 대한 이상적인 미의 기준이 나이가 들어도 젊음을 유지하고 탄력적이고 날씬한 몸매를 지니는 것이 되다 보니, 나이가 들어 가는 과정에서 여성들은 미적 상실감을 느끼게 되고, 이는 사회적 유능성이나 자존감, 정체성에 부정적 영향을 줄 수 있다(이신숙, 2001). 나이가 들어 가는 노화의 흔적을 거부하지 않고 자연스러운 결과로 받아들이는 마음의 여유가 노년기의 적응에 긍정적인 영향을 줄 것으로 생각된다. 이를 위해서는 사회적으로 '젊음'만을 미덕으로 강조하는 풍토가 자제되어야 할 것이다.

3. 노년기의 사회적 관계와 적응

1) 가족관계

(1) 여성 노인의 딸 역할

흔히 중년 이후의 역할에 대해서는 어머니, 할머니로서의 역할에만 중점을 두어 왔지만 수명이 증가하면서 나이가 들어도 부모님의 자녀 역할을 해야 하는 시기가 점점 늘어나고 있다. 성인 자녀로서의 딸의 역할에 대한 연구 결과를 살펴보면, 많은 사람이 자신의 자녀를 돌보는 시간보다 부모님을 돌봐야 하는 시간이 더 많다고 보고하고 있다 (Crose, 2003).

샌드위치 세대라는 용어가 있듯이, 중년에는 자녀와 부모를 돌보는 2가지 역할을 수행해야 한다(Whitbourne, 2008). 서구에서는 부모가 경제적으로 어려움을 겪고 신체적인 질병으로 고통받을 때 이를 돌보는 역할은 아들보다는 딸이 더 많이 수행한다 (Cruikshank, 2009; Etaugh, 2008). 많은 경우, 여성들은 이를 위해 직장을 그만두기도 하고 은퇴 자금을 일부 찾아 부모를 지원하기도 한다(Cleveland, 2008). 남성에 비해 여성(딸, 또는 며느리)들이 대부분 부모를 돌보는 일에 많은 시간을 할애하므로 나이 든 부모를 모시는 일은 전적으로 여성의 일이라고 해도 과언이 아니다.

많은 사람이 나이 든 중년의 딸이 부모를 모시는 것이 당연하다는 듯 그 역할을 규정 짓게 되면, 그 짐으로 많은 스트레스를 받게 된다. 노인을 돌보는 일은 많은 시간이 들고 힘든 노동이 수반되므로 이는 돌보미 역할을 하는 개인의 신체적·정신적 건강에 부정적인 영향을 줄 수 있다(Bouldin & Anderson, 2010). 하지만 실제로 미국에서 실시된 연구에 의하면, 많은 딸이 부모님을 모셔야 하는 의무를 기꺼이 받아들이고, 특히 부모님이 자신을 사랑과 관대함으로 키웠다고 생각하는 경우 더 기쁘게 받아들이는 것으로 나타났다(Musil, Warner, Stoller, & Anderson, 2005; Whitbourne, 2008). 우리나라의 경우 전통적으로 자녀가 부모를 모셔야 한다는 의무가 당연시되어 왔으나 이러한 의무를 이행하는 자녀는 점점 줄어들고 있다. 또한 단순히 나이가 많은 부모를 모시는 일보다 만성질환으로 고통받는 부모를 모셔야 할 경우, 자녀 또는 보호자가 경험하는 물리적·심리적 스트레스는 매우 크므로 이에 대해서는 사회적·국가적 차원의 지원도 매우 필요하다.

(2) 여성 노인의 어머니 역할

중년에 대한 연구가 시작되던 초기에는 '빈 둥지(empty nest)'라는 표현으로 자녀를 독립시킨 어머니들의 허전함과 상실감을 표현하기도 하였다. 하지만 '빈 둥지'라는 표현은 중년 여성의 역할을 오로지 어머니 역할에만 제한을 두었기 때문에 나온 것이다.

많은 연구자는 여성의 삶에서 경험할 수 있는 역할이 매우 다양하다고 설명하며, 최근 연구 결과를 살펴보면, 중년 여성들이 빈 둥지로 우울감을 경험하는 것은 아니라는 점을 알 수 있다. 실제 미국에서 실시된 경험적인 연구에서, 중년에 자녀를 모두 독립시킨 어머니는 한 명이라도 독립하지 않은 자녀를 데리고 있는 어머니에 비해 훨씬 행복한 것으로 나타났다(Canetto, 2003; Gergen, 2008; Stewart & Newton, 2010). 그리고 자녀가 집을 떠나 독립해도 자녀들과 돈독한 관계를 유지하고(Pruchino & Rosenbaum, 2003), 자녀가 독립한 후 자신의 새로운 흥미를 찾고 활동을 하는 어머니들이 매우 적응적인 것으로 나타났다(Stewart & Newton, 2010).

(3) 여성 노인의 할머니 역할

전통적인 고정관념에 의하면, 할머니들은 항상 백발의 즐거운 모습으로 아이들에게 쿠키와 사랑을 듬뿍 주는 것으로 묘사된다. 또 다른 고정관념에서는 할머니들은 정신없고, 힘없고, 무기력한 것으로 묘사되기도 한다(Cruikshank, 2009). 하지만 그 어느 것도 요즘 할머니들의 특징은 아니다.

대부분의 여성은 할머니로서 자신의 삶의 1/3을 보내게 된다고 한다(Smith & Drew, 2002). 할아버지들과 비교해 할머니들은 손자녀를 돌보는 데 더 깊게 관여하게 된다. 특히 할머니들은 손자녀들에게 도덕적 가치와 사회적 책임감을 강조한다(Belgrave & Allison, 2010). 할머니 역할을 하는 데에는 개인차가 크게 나타나지만, 손자녀들을 사랑으로 대하는 것은 분명하다.

여러 연구에서 할머니들은 자신이 부모 역할을 할 때보다 조부모 역할을 하는 것이 훨씬 재미있고 좋다고 보고했다(Brott, 2006; Whitbourne, 2008). 할머니들은 손자녀를 책임지고 키우는 것이 아니기 때문에 부담이 적고 사랑으로 돌보기만 하기 때문에 즐길 수 있는 것이다. 전적으로 손자녀를 책임지고 돌봐야 하는 조손가정의 경우에는 할머니 역할이 버겁고 힘들 수 있다.

2) 부부 관계

(1) 함께하는 동반자로서의 부부

안정적인 결혼생활을 유지할 수 있게 해주는 특성은 어떤 것인가? 여타의 대인관계들과 마찬가지로 상대에 따라 다르겠지만, 성공적인 결혼생활을 예견해 주는 요건들을 찾는 연구들이 실시되었다. 첫 번째 요소는 연령이다. 결혼 시기와 재정적 상태, 첫아이 임신 연령 등 연령과 관련된 요소들이 중요하다. 두 번째 요소는 동질성이다. 배우자와의 가치나 흥미에서의 유사성은 안정된 결혼생활을 예견해 준다. 인생의 목표나 자녀교육의 목표, 사회 · 경제적 지위, 식습관, 음주 습관 등이 유사할 경우 관계가 성공적으로 유지될 가능성이 크다. 마지막으로 교환이론이 적용되는데, 결혼한 두 사람이 서로에게 기여하는 바가 유사하여 공평하고 동등한 관계가 유지되고 있다고 인식할 때 건강하고 행복한 결혼생활이 유지될 가능성이 크다(Kippen, Chapman, & Yu, 2009).

결혼생활의 만족도는 세월이 흐르면서 조금씩 변화한다. 신혼에는 가장 만족도가 높지만 첫아이가 태어나면서 만족도가 저하되기 시작한다. 자녀가 사춘기에 접어들면 만족도가 가장 낮아지지만 자녀가 독립하면서 점점 만족도가 상승하여 노년기에도 부부가 행복하고 만족스러운 결혼생활을 할 수 있다(Kail & Cavanaugh, 2010). 결혼생활이 지속되면서 여러 가지 어려운 일을 경험하게 되는데, 서로 믿음이 있는 부부일수록 문제해결을 위해 서로 더 몰입하고 노력하면서 더 돈독해질 수 있다(Givertz, Segrin, & Hanzal,

2009).

40년 이상을 함께하면서 잘 사는 노부부들은 배우자에 대해 긍정적인 기억을 더 많이 갖고 있었고, 결혼생활을 하면서 겪는 갈등이나 문제의 가능성은 평가절하하고 즐겁고 기쁜 일들이 더 많이 일어난다고 보고했다. 나이 든 부부들은 결혼생활을 통해 갈등을 피하는 적응적인 방법들을 터득하여 서로 만족스러운 생활을 하고 있으며, 건강상의 심각한 문제가 발생하기 전까지는 결혼만족도가 매우 높은 것으로 나타났다(Connidis, 2001).

(2) 황혼 이혼

최근 결혼생활 20년이 넘은 부부들의 이혼이 증가하고 있다. 그중에서도 만 65세 이상 노인들의 이혼, 이른바 '황혼이혼'이 증가하고 있다. 이혼 통계에 의하면, 전체 이혼은 5년째 감소를 보이고 있으나, 동거 기간이 20년 이상 된 황혼 이혼은 1997년 23.1%에서 이후 지속적인 증가를 하고 있다. 2006년에 3,071건, 2008년에 4,409건이었으나 2014년에는 3만 2,443건으로 1990년대 수치에 비해 5배 이상 증가했다(통계청, 2014). 혼인은 양 당사자 간의 자유로운 계약에 의한 것으로 개인의 문제로 국한할 수도 있으나, 황혼이혼이 급증하는 것은 사회적인 배경과 무관하다고 보기 어렵다. 노년기의 이혼은 남녀를 불문하고 여러 가지 부정적인 결과를 가져오기도 하는데, 여성 노인들의 경우는 그 문제가 더 심각할 수도 있다(김소진, 2009).

한국결혼문화연구소의 2006년 보고에 의하면, 황혼이혼을 자신의 삶에 대한 경제적 보상심리로 해석한다. 고령의 이혼자 100명을 대상으로 실시한 연구에서는 이혼을 한 여성 당사자들이 자녀들 때문에 참고 살다가 자신의 억눌린 감정을 분출하여 이혼을 결정하였고, 특히 경제적 문제로 이혼을 주저하던 여성 노인들은 1999년 분할 연금제도가 도입되자 경제적 보상을 받을 수 있는 길이 열려 이혼을 선택하는 경우가 많다고 보고하였다.

황혼이혼을 결정한 개인적 원인은 다양하게 제시되고 있는데, 배우자의 폭력이나 외도는 동서고금을 막론하고 주된 이혼 사유로 거론되고 있으며, 특히 서구의 경우에는 정서적 불일치, 또는 공감대 형성의 실패가 주된 원인으로 거론되기도 한다(Matlin, 2012). 하지만 경제적 보상 심리를 이혼 결정 요인으로 제시한 연구는 찾아보기 어렵다. 이는 서구의 경우 가정 내 여성의 경제적 지위가 동양에 비해 상대적으로 우월하기 때문인 것으로 사료된다(김소진, 2009).

3) 사별 후 적응 과정

노년기에 가장 널리 경험하게 되는 생활사건은 배우자 사별이다. 사별이란 관계를 맺어 오던 사람과 죽음으로 이별하는 것을 의미하는 것이며, 남은 사람에게는 홀로 되는 외로움과 슬픔을 경험하게 되는 '남아 있는 자의 사건'이라고 볼 수 있다(Parkes, 1998). 수명의 차이로 여성이 남성보다 오래 살기 때문에 사별을 경험할 가능성도 훨씬 크다. 사별은 노인의 삶에서는 자연스러운 현상 중 하나다. 노년기의 배우자 사별은 가장 오랫동안 곁에서 함께하던 사랑하는 사람의 죽음이기에 노인에게 심각한 스트레스로 작용하며 이에 따라 상당한 충격을 경험하게 되지만, 또한 새로운 삶을 준비해야 하므로 새로운 도전이 되기도 한다. 오랫동안 배우자 역할을 하던 것에서 벗어나 독신 생활에도 적응해야 하기 때문에 배우자와 사별한 노인들은 상실감, 외로움, 경제적 문제, 역할 수행의 문제, 대인관계 문제 등의 어려움을 경험한다(김승연, 고선규, 권정혜, 2007). 특히 남성은 배우자를 상실한 경우 사별을 '분리'로 받아들이는 경향이 강하지만, 여성은 '자포자기'의 느낌을 경험하는 경향이 있으므로 자신의 감정을 추스르는 데 더 많은 도움을 필요로 하게 된다(Stoebe, Stoebe, & Hansson, 1987).

사별을 경험한 이 중 상당수가 사별 후 오랜 기간이 지나도 슬픔에서 벗어나지 못한다. Lindemann(1994)은 예측된 정상적인 슬픔의 기간을 6~8주에서 2년 또는 그 이상이 될 수 있다고 하였으며, Riches와 Dawson(2000)은 사별한 지 1년 이내 되는 기간에 사별가족은 큰 충격과 슬픔에 휩싸여 적응이 어려울 수 있다고 했다.

배우자를 잃은 것에 대한 반응에는 개인차가 상당히 있다. 일부는 꽤 짧은 시간 내에 적응하지만 다른 노인들은 배우자 사별로 심각한 신체적·심리적 외상을 경험하게 되고 그 충격으로 슬픔이 장기화되어 오랜 기간에 걸쳐 고통스러운 시간을 보낼 수도 있다. 사별은 대부분의 노인에게 예상된 것이든 예상하지 못한 것이든 간에 정신적으로나 신체적으로 어려움을 겪게 한다(장희선, 김윤정, 2011).

사별 후 비정상적으로 오랜 기간 고통을 호소하는 경우에는 사별 중재를 받는 것이 좋다. 사별 중재로 상실을 겪은 이들의 슬픔을 완화시키거나 회복 과정을 단축시킬 수 있으며, 사별의 부정적인 신체적 증상을 감소시킬 수 있다(Kato & Mann, 1999). 또한 사별 이후 가장 잘 적응하는 노인은 바쁘게 살면서 새로운 역할을 갖고 친구들을 만나는 삶을 사는 것으로 밝혀지기도 했다(Lund, 1993). 사별 후 남성 노인에 비해 여성 노인들이 재정적 어려움을 더 많이 호소하게 되는데, 재정적 자원이 결핍된 사별 여성 노인들이 삶의 불만족과 불행을 가장 많이 경험하는 것으로 나타났다. 우리나라에서 실시된 연구에서도 여성 노인들은 남편의 사망 후 경제적인 문제가 가장 힘들다고 보고했으며(구자순, 1982), 물리적·심리적·사회적 지지가 사별 과정을 극복하는 데 매우 중요한 역할을 하는 것으로 밝혀졌다(두현정, 2008; 임연옥, 박재연, 윤현숙, 2010; 전길양, 김정옥, 2000).

4. 노년기의 은퇴와 재정 문제

1) 은퇴 계획

노인 문제와 관련하여 많은 주제에서 여성 노인들이 배제되어 왔다는 것은 앞에서도 언급했는데, 실제로 여성 노인들의 은퇴, 은퇴 후 적응 또는 노년기 재정과 관련된 문제들을 다룬 연구들은 매우 적다(Sugar, 2007).

여성들은 정년을 채우기보다는 다양한 이유로 은퇴를 일찍 하게 되는 경우가 많다. 많은 경우 건강문제가 있는 가족을 돌보기 위해 은퇴하거나 자신의 삶을 찾거나 자유로운 생활을 위해 은퇴하기도 한다. 하지만 가장 큰 이유 중 하나는 인원 감축 시 회사에서 남성보다는 여성을 해고하는 경우가 더 흔하기 때문에 정년퇴직을 하는 것이 쉽지 않다는 것이다(Matlin, 2012).

은퇴 전후로 은퇴 후의 계획을 위해 정보를 찾고 준비하는 여성은 남성에 비해 훨씬 적다(Kim & Moen, 2011). 많은 경우, 결혼한 여성은 재정적인 책임과 계획은 남편의 몫이라고 생각하기 때문이다(Onyx & Benton, 1999). 하지만 실제로 은퇴 후 받는 혜택은 남성에 비해 여성이 매우 적기 때문에 자신의 은퇴 이후의 재정적인 문제에 대한 방관적 자세는 향후 문제가 될 수 있다(Matlin, 2012).

2) 은퇴에 적응하기

은퇴에 대한 개인의 반응은 매우 다양하게 나타난다. 많은 여성이 은퇴를 휴식의 계기로 삼으며 자원봉사를 하거나 자신이 흥미를 갖고 있던 일들에 참여할 수 있다는 점에 즐거워한다. 일부 연구에서는 여성의 은퇴 후 반응이 남성과 차이가 없다고 하지만,

실제로 많은 연구에서 여성들은 은퇴 후 적응에 어려움을 경험했고 남성에 비해 은퇴 후 문제를 해결하는 데 더 많은 시간이 걸리는 것으로 나타났다(Etaugh, 2008; Price & Joo, 2005). 죄책감이나 이기적이 아닐까 하는 걱정에서 벗어나서 편안하게 은퇴를 즐길 수 있으려면 많은 시간이 걸리고, 여성 노인들은 이러한 양가감정을 인생의 전환기에 많이 경험한다고 한다(Sweet & Moen, 2007).

은퇴 후 적응에서 성차가 나타나는 주된 이유 중 하나는 남성과 여성의 임금 격차다(Calasanti & Slevin, 2001). 또 다른 이유는 은퇴 후 여성이 남성에 비해 집안일의 책임을 더 많이 갖는 것이다. 이는 마치 은퇴 후 '집안일'이라는 새로운 직업에 종사하게 되는 것과 같다고 느껴진다는 것이다(Bernard & Phillipson, 2004; Cleveland, 2008). 전문직에 종사하던 여성들은 은퇴 후 자신의 전문가로서의 정체감을 상실한 것 같다고 보고하기도 한다. 은퇴 후 적응을 잘 하려면, 은퇴의 의미를 스스로 잘 생각하고 준비해야 한다. 만약, 더 많은 개인적인 시간과 여유를 위해 은퇴했다면 은퇴 후 시간을 즐겁게 잘 쓸 수 있을 것이지만, 아픈 가족을 돌보기 위해 은퇴해야만 했다면 은퇴 후 적응은 쉽지 않을 것이다.

준비하지 않은 노후는 재앙이다. 여성은 남성보다 수명이 길기 때문에 오랜 기간을 혼자 살 가능성이 크다. 재정적인 문제를 준비하지 않으면 빈곤에 처할 수 있게 되며 노인의 빈곤은 벗어나기 어렵고 더 심각해지기 때문에, 이에 대한 대비와 계획은 매우 중요하다. 여성의 은퇴 후 적응을 돕기 위해 앞으로 해결해야 할 문제들을 지속적인 연구를 통해 밝혀야겠지만 여성 자신들의 노력도 필요하다. 여성들이 자신의 노후를 위해 스스로 재정 계획을 세우고 은퇴 후 시간을 어떻게 보낼지 준비하는 일들이 앞으로 자연스러워지길 바란다.

3) 여성 노인의 재정 문제

노인 소득과 관련된 연구들의 공통적인 결과는 여성 노인이 남성 노인에 비해 경제적 지위가 낮다는 것이다. 노동 시장에서 여성은 남성에 비해 높은 소득을 갖는 데 여러 장애를 겪게 되고, 이것이 은퇴 후 소득으로까지 이어지는 것이 문제가 된다. 또한 남성가장 생계부양자와 여성 피부양자로서의 가치가 내재된 공적 지원 체계의 틀이 마련됨으로써 여성 노인의 안정적 노후 생활이 보장되는 데 심각한 한계가 있다. 노인 문제에서 사회적 성(gender)이 고려되는 것은 남성 노인에 비해 여성 노인의 수가 훨씬 많다는 점과 여성이 남성들에 비해 사회생활의 여러 영역에서 취약한 위치에 있으며 이러한 취약성이 전 생애주기를 통해 지속되어 왔다는 점을 인식해야 하기 때문이다(석재은, 임정기, 2007). Calasanti와 Slevin(2001)은 여성에게 유급 노동은 덜 중요하게 간주되었기 때문에 전형적으로 은퇴 연구에서도 배제되어 왔다고 주장하면서, 노화와 노인을 이해하는 데 성은 중요하게 고려되어야 하며 성이 일생에 걸쳐 사회적 상호작용의 원리를 구조화하므로 여성과 남성은 노화 과정을 다르게 경험한다고 설명한다. 불평등한 성별 노동 분리와 사회가 '일'을 어떻게 정의하고 분배하고 보상하는지에 따라 여성의 노화 경험이 달라지기 때문에 여성 노인의 빈곤은 개인의 선택이라기보다는 사회적 · 경제적 · 정치적 관점에서 이해되어야 한다.

Pierson(2001)은 '빈곤의 여성화(feminization of poverty)'라는 용어를 사용하여 급속히 퍼져 나가는 여성 빈곤의 심각성을 표현했다. 여성은 노동시장에서 배제되고, 여성의 경제적 지위는 소득 활동을 하는 남편이 부재한 경우 다양한 사회적 문제에 노출된다. 복지국가의 사회보장제도에서는 부양의무자인 남성이 없을 경우 여성은 사회보험급여의 제한을 받게 된다. 우리나라의 경우, 최연수와 류연규(2003)의 분석에 의하면, 여성 노인이 남성 노인에 비해 5~6%포인트 정도 빈곤율이 높은 것으로 나타났다. 석재은과 임정기(2007)의 연구에서도 여성 노인은 남성 노인에 비해 절대적 빈곤에 놓여 있는 비율이 10%포인트 높았고, 여성 노인은 절대 소득 수준이 남성 노인에 비해 열악하여 상대적으로 빈곤에 더 많이 노출되어 있다는 것을 확인하였다.

여성 노인의 빈곤화를 줄이기 위해서는 여성들이 사회적으로 일하고 적절한 소득을 받을 수 있어야 하고, 은퇴 후에도 자신의 권리에 맞는 대우를 받을 수 있도록 사회적 제도들이 개선되어야 할 것이다.

5. 노년기의 삶의 질과 행복

1) 여성 노인의 정서적 삶

노년기의 삶에서 정서적 삶의 질은 매우 중요하다. 여성은 일반적으로 남성에 비해 더 정서적인 것으로 알려져 있으므로, 여성 노인에게는 정서적 삶의 질은 더욱 강조되어야 한다. 사회정서적 선택 이론(socioemotional selectivity theory)은 노년기에 접어들수록 사람들이 자신에게 중요한 사람들과의 사회적 상호작용을 선택함으로써 정서를 조절한다는 것을 밝힌 이론이다(Carstensen, 1992, 1999). 즉, 삶의 정서적 질에 최우선순위를 두고 정서적으로 즐겁고 행복한 경험을 줄 수 있는 긍정적인 관계를 추구하며, 자신에게 가장 편안함을 주는 최적의 정서 상태를 유지하려 한다. 이 이론에 의하면, 삶에서 가장 중요한 일차적 사회적 동기에는 정서 조절, 자기개념의 발달과 유지, 정보 추구 등이 있는데, 나이가 들수록 정보 추구의 목표는 중요성이 감소하고, 정서 조절 목표가 중요해진다. 대인관계에서 정서적 만족감을 얻고, 정서적 삶에서 정적 정서성(positivity)을 유지하고, 정서적 조절을 통해 정서적 만족을 얻는 것이 노인들의 삶의 목표가 된다. 개인의 경험과 지식 수준도 노인의 적응에 중요하지만, 나이가 들수록 새로운 정보를 제공해 주는 사람의 수가 현저히 줄고 새로운 지식에 대한 필요성도 감소하고 무엇보다도 자신의 여생이 얼마 남지 않았다는 인식으로 남은 시간을 낭비하고 싶지 않다는 생각을 하게 되면, 정서 조절이나 대인관계에서 변화가 일어나게 된다. 이러한 정서 조절의 동기는 성인기 전반에 걸쳐 모든 연령에서 나타나지만, 특히 심리적 · 신체적 · 물리적 제한이 나타나는 노년기에는 정서적 목표가 중요한 역할을 하게 된다. 사회정서적 선택 이론은 이론이 제안된 이후에도 꾸준히 수많은 연구를 통해 이론의 타당성을 입증했으며, 노인들이 부정적인 단서보다는 긍정적인 단서에 주의를 더 많이 기울이고 더 잘 반응한다는 긍정성 효과를 확인하기 위한 경험적인 연구들이 다양한 주제에 걸쳐 실시되었다. 이 같은 연구 결과는 노년기에도 스스로 행복을 유지하기 위해 노인들이 노력하고 있고 나이가 들수록 불행한 것이 아니라 스스로의 선택과 노력으로 삶의 질을 유지한다는 노화에 대한 긍정적인 입장이 강조되는 계기가 되었다(유경, 유경호, 강연욱, 이주일, 김지현, 2014).

(1) 정서 경험

정서 경험에서의 성차를 살펴보면, 대체로 남성에 비해 여성이 부적 정서를 더 많이 경험하는 것으로 나타나며, 주관적 안녕감도 상대적으로 더 낮은 것으로 나타난다(Adelman, Antonucci, Crohan, & Coleman, 1989). 중년 이후에는 여성이 남성에 비해 정적 정서를 덜 경험하는 것으로 나타나는데, 여성 내에서는 교육 수준이 높거나 결혼을 해서 배우자가 생존한 경우, 신경증 성향이 낮고 외향성이 높은 사람이 정적 정서를 더 자주 경험하는 것으로 나타났다. 부적 정서는 남성의 경우에는 연령 증가에 따라 감소하지만 여성의 경우에는 유의미한 차이가 없었다(유경, 민경환, 2005).

우리나라 노인의 정서 경험에서의 성차를 종단 연구한 자료를 분석한 유경, 이주일, 강연욱, 박군석(2009)의 연구에 따르면, 정적 정서의 경우에는 유의미한 성차가 나타나지 않았고, 부적 정서의 경우에는 유의미한 성차가 나타났다. 여성 노인이 남성 노인에 비해 일관적으로 부적 정서를 더 많이 경험하는 것으로 나타났다. 정적 정서의 경우에는 연령 증가에 따른 성차가 나타나지 않았으나 부적 정서의 경우에는 3차에 걸친 연구 모두에서 여성 노인이 남성 노인에 비해 높은 수준의 부적 정서를 경험하는 것으로 나타났다. 이와 같은 결과는 일상생활에서 부적 정서가 유발되는 상황을 여성이 더 많이 경험하고 있다는 것을 보여 주는 것으로 이와 관련된 선행 연구(유경, 민경환, 2005; Adelmann et al., 1989; Barrett, Lane, Sechrest, & Schwartz, 1999)와 일치하는 결과다. 여성 노인의 문제는 나라마다 다르지만, 대체로 남성 노인에 비해 여성 노인들이 경제적·사회적·건강상의 측면에서 불리한 조건에 놓여 있는 우리나라 여성 노인의 경우에는 수명은 길지만 건강상태의 악화, 배우자의 사망, 낮은 교육 수준으로 인해 노후에 부적응이 더 심각할 수 있다. 부적 정서에 적응적으로 대처하기 위한 건설적인 대처 양식을 사용할 수 있도록 돕는 개입 프로그램은 남성 노인이나 여성 노인 모두에게 필요하지만, 특히 부적 정서를 더 자주 경험하는 여성 노인들에게 적합하도록 개발하여 적용할 필요가 있다.

(2) 정서 대처

노인들은 갈등을 피하거나 직접적인 표현을 하지 않는 것을 선호하고, 대처와 방어 전략을 적절히 사용하여 갈등 상황을 긍정적으로 평가하려는 경향이 두드러지며, 충동 통제를 비교적 잘한다. 따라서 노년기에 정서적 통제 능력은 오히려 좋아지고, 기분의 안정성이 커지며, 감정 조절을 더 잘하게 되고, 감각 추구를 덜 하게 된다(Diehl, Coley, & Labouvie-Vief, 1996; Gross et al., 1997).

Schulz와 Heckhausen(1996)은 자기통제에 대해 외부세계를 자신이 원하는 방식으로 변화시켜 목표를 달성하도록 하는 일차 통제(primary control)와 이러한 방식을 적용하기 어려울 경우 통제감을 유지하기 위해서 내적으로 목표를 수정하는 이차 통제(secondary control)로 구분하고, 노년기에 접어들수록 일차 통제는 감소하고 이차 통제의 사용은 증가된다고 밝혔다. 즉, 노화로 환경을 일차적으로 통제할 수 없을 때, 감정을 다스리거나 우선순위나 목표를 조절함으로써 통제감을 유지한다는 설명이다. McConatha와 Huba(1999)의 연구에 의하면, 노년기에 접어들수록 일차 통제는 감소하고 이차 통제는 증가

하며, 공격성, 충동 통제 능력이 증가하고, 정서적으로 동요되는 사건에 대한 반추가 줄
어드는 것으로 나타났다. 연령 증가에 따라 정서 조절 능력이 향상되어 노인들은 부적
정서를 적절히 회피할 수 있게 된다. 그리고 불편한 상황에서 에너지를 들여 일차적으
로 환경 자체를 변화시키려는 노력을 하기보다는 자신의 내적인 생각과 태도를 바꾸는
내적 전략을 통해 부적 정서 유발을 줄이고 동요하지 않으려 한다.

동화(assimilative)와 조절(accommodative) 대처의 이중처리 과정 모델(dual-process
model; Brandtstädter, 1989; Brandtstädter & Rothermund, 2002)은 노년기에 경험하게 되는 한
계와 제약에도 불구하고 노인들이 어떻게 심리적 적응을 유지해 나가는지를 통합적으
로 설명해 준다. 이 모델에 따르면, 도구적·자기교정적·보상적 행동을 통해 손실을
줄이려는 직접적인 시도를 하는 것을 동화적 대처(assimilative mode of coping)라고 하고,
실제 상황과 바라는 상황의 불일치 정도를 줄이기 위해 주어진 상황의 제약에 자신의
목표와 기준을 낮추어 맞춤으로써 적응하는 방식을 조절적 대처(accommodative mode of
coping)라고 구분한다. 조절적 대처는 이루지 못한 목표를 평가절하하거나 자신과 관련
없는 것으로 간주하는 방식으로 개인의 수행 기준이나 열망을 낮추는 것이다. 이 2가지
대처 방식을 상황별로 적절하게 적용하면서 우리는 삶에 적응하게 된다. 동화적 노력은
개인이 상황을 능동적으로 변화시킬 수 있을 경우, 또는 효과적인 보상 또는 자기조절
개입이 가능한 경우에 많이 사용되며, 조절적 대처 과정은 행위와 그 결과에 대한 기대
가 반복적인 실패로 좌절되는 경우에 많이 사용된다. 노년기에는 연령 증가로 인한 수
행 수준의 급격한 감소로 이전의 수행 수준을 유지하려면 더 많은 자원을 투자하고 노
력을 해야 하므로, 개인은 목표를 더 낮은 수준으로 조절하는 것이 적응에 유리하다. 이
중처리 과정 모델에서는 이러한 조절적 변화가 노년기의 효율성과 통제감 유지에 핵심
적인 역할을 하는 것으로 보며, 노화로 인한 회복 불가능한 퇴행이나 손실 때문에 유발
되는 정서적 동요를 완충시키는 역할을 하는 것으로 설명한다(Brandtstädter, Wentura, &
Greve, 1993; Heckhausen, 1997). 위와 같은 가정을 지지하는 경험적 증거들이 확인되고
있는데, 노인들은 노화가 진행될수록 삶이 점점 통제하기 어렵다는 것을 경험하게 되
고, 능동적인 동화적 대처가 점점 어려워진다는 것을 인정하면서 내적 재해석을 통한
조절적 대처 행동을 점점 많이 사용하게 된다(유경, 민경환, 2005; Blanchard-Fields, 1989;
Carstensen, 1995; Folkman, Lazarus, Pimley, & Novacek, 1987; Labouvie-Vief, Hakim-Larson, &
Hobart, 1987; Lang & Carstensen, 2002; Quayhagen & Quayhagen, 1982). 이러한 결과는 노인
들이 노화로 상황을 스스로 통제하거나 변화시키기 어려워지므로 어쩔 수 없이 상황에

대한 생각을 바꾸는 내적 재해석 또는 조절적 대처 방식만을 사용한다는 의미는 아니다. 노인들도 상황에 따라서는 동화적 대처 또는 적극적인 대처 방식을 사용할 수 있으며, 오히려 상황에 적절한 대처 방식을 다양하게 사용함으로써 정서 대처의 효율성은 청년보다 높을 수 있다.

(3) 정서 표현

정서 자각, 정서 표현, 그리고 정서 표현 양가성과 같은 정서 관련 변인들은 성별에 따라 차이가 나타난다(Barret et al., 1999; Gross & Levenson, 1993; Gross & John, 1995; King & Emmons, 1991). 정서 표현에서는 여성이 남성에 비해 더 표현적인 반면, 남성은 여성에 비해 정서 표현을 더 억제하는 것으로 나타났다(Gross & John, 2003; Gross & Levenson, 1993). 정서 표현의 강도에서도 여성이 남성에 비해 더 강하게 표현을 하며, 친밀한 관계에서 정적 정서를 더 많이 표현하고 더 공감적이며, 타인의 정서 표현을 더 잘 해석하는 것으로 나타났다. 또한 남성에 비해 부적 정서도 잘 표현하는 것으로 나타났다(Brody, 1999; Kring & Gordon, 1998; Lennon & Eisenberg, 1987).

노년기의 정서적 특성에서의 성차와 관련하여 일련의 연구들이 진행되었다. 정서 표현과 관련해서 노인 부부 대상으로 실시한 Monin, Martire, Schulz와 Clark(2009)의 연구에 의하면, 부부간 상호작용에서 여성 노인은 남성 노인에 비해 애정, 기쁨, 슬픔 등의 대인 관계적 정서를 더 많이 표현한다. 여성은 남성에 비해 친애 욕구가 높기 때문에 타인에게 정서를 표현하고자 하는 욕구가 남성에 비해 높으며(LaFrance & Banaji, 1992), 부적 정서 중 특히 관계의 안정성을 위협하는 분노, 불안, 공포와 같은 부적 정서의 표현을 꺼리고, 심리적 지지를 받을 수 있는 슬픔과 같은 정서를 표현하려는 특성이 남성에 비해 높다. 이와 같이, 노년기에는 여러 정서적 특성에서 유의한 성차가 확인되는데, 여성 노인은 남성 노인에 비해 부적 정서를 더 많이 경험하면서도 비효율적인 정서 대처 양식을 사용하는 경우가 많고 주관적 안녕감도 낮게 나타난다. 정서 표현은 남성보다 여성이 더 많이 하지만, 남성에 비해 높은 수준의 친애 욕구를 갖는 특성이 높은 수준의 정서 표현 양가성을 유지하게 할 수도 있다.

노년기에는 인생의 다른 시기보다 친밀한 대인관계를 통한 정서적 안정성을 유지하는 것이 중요해지는 시기다. 대인관계에서 정서 표현은 매우 중요한 역할을 하며, 적절하게 자신의 정서를 표현하고 다른 사람과의 관계를 조율하는 능력의 영향력은 더욱 커지게 된다. 앞에서 살펴본 바와 같이 노년기에는 직접적인 정서 표현이 줄어드는데, 이러한 특성이 실제로 노년기 적응에 어떠한 영향을 주는지 확인할 필요가 있다. 노년기에는 다른 연령 시기보다 정서 표현을 덜 하게 된다지만, 노년기에도 적절한 정서 표현은 대인관계의 안정성을 유지해 주고 주관적 안녕감에 긍정적 영향을 줄 수 있을 것이다. 노년기의 정서 표현과 정서 표현 양가성이 노년기의 주관적 안녕감에 미치는 영향을 성별로 구분하여 살펴본 유경(2010)의 연구 결과를 살펴보면, 남성 노인의 경우 부적 표현을 정적 표현과 친밀 표현보다 유의하게 더 많이 사용하는 것으로 나타났으나 여성 노인은 표현 양식에 따른 차이는 나타나지 않았다. 정서 표현에 대한 양가성을 살펴보면, 남성 노인에 비해 여성 노인이 정서 표현에 대한 양가성을 더 많이 경험하는 것으로 나타났다. 연구의 결과를 노년기의 특성으로 가정하고 그 결과에 대한 의미를 생각해 본다면, 가부장적이고 남성 위주의 시대를 살아온 우리나라 남성 노인들의 경우에는 정서를 표현하고자 하는 욕구를 억제할 필요가 없었으나, 여성 노인의 경우에는 사회적 약자로서 자신의 느낌이나 생각을 표현하기 어려운 문화 속에서 이를 억압했을 가능성이 크다. 또한 남성 노인에 비해 여성 노인은 친밀한 대인관계에 대한 욕구가 강하기 때문에 정서 표현으로 관계가 침해당하는 것에 대한 두려움과 걱정 때문에 정서 표현에 대한 양가성을 더 많이 경험할 것으로 예상해 볼 수 있다.

(4) 주관적 안녕감

앞서 언급한 선행 연구들을 살펴보면, 최고령 집단을 제외하면 정적 정서 경험이 연령 증가에 따라 감소하는 것은 아니며 부적 정서 경험은 연령 증가에 따라 변화가 없거나 점진적인 감소가 나타난다고 설명한다. 이러한 결과는 정서 최적화 이론(affective optimization theory; Lawton, 1989; Lawton, Kleban, Rajagopal, & Dean, 1992; Lawton, van Haitsma, & Klapper, 1996)과 사회정서적 선택이론(socioemotional selectivity theory; Carstensen, 1992, 1995; Lang & Carstensen, 2002)을 지지하는 것이다. 이 이론들은 노년기에 접어들수록 삶에서 정적 정서를 자주 경험하고 적정 수준의 정서 조절을 통해 정서적 만족을 얻는 것이 삶의 목표가 된다고 설명한다. 대인관계에서도 노인들은 가까운 친구들과의 관계를 더욱 소중하게 생각하며 부정적이고 스트레스를 받는 관계를 최소화하려 한다. 대인관계에서 일어나는 이러한 특성은 노년기 전반에 걸친 정서 경험과 정서 조절에서 나타나는 변화의 기반을 형성한다.

연령 증가에 따른 신체적 쇠퇴와 노화에도 불구하고 노년기에도 주관적 안녕감을 유지할 수 있다는 연구들이 있는데, 이러한 연구들은 정서적 지표(affective index)를 통해 정서 최적화를 이루기 위한 노력을 기울이고 주관적 안녕감을 유지할 수 있다는 점을 강조한다. 즉, 사회적 지표의 감소가 반드시 주관적 안녕감의 저하를 의미하는 것은 아니며, 노년기에도 정서적으로 충분히 만족스러운 삶을 살 수 있다면 주관적 안녕감은 유지될 수 있다는 의미다(유경, 민경환, 2005).

한림노년종단연구 자료를 바탕으로 우리나라 노인들의 정서 경험이 주관적 안녕감에 미치는 영향을 분석한 유경 등(2009)의 연구에 의하면, 학력이나 건강, 경제 수준과 같은 인구통계학적 변인은 주관적 안녕감의 27.8%를 설명하는 것으로 나타났으나 이에 정적 정서 경험과 부적 정서 경험이 포함되면 노년기 주관적 안녕감의 64.8%를 설명하는 것으로 나타났다. 즉, 노년기에는 정적 정서 경험을 많이 하고 부적 정서 경험을 줄이는 것이 주관적 안녕감 유지에 긍정적인 영향을 준다는 것을 확인하였다. 정적 정서와 부적 정서는 학력이나 경제적 수준 등의 인구통계학적 요인에 비해 상대적으로 더 큰 영향을 미치는 것으로 나타났다. 일반적으로 경제적으로 부유하거나, 학력이 높은 사람, 그리고 몸이 건강한 사람이 노년에 행복할 것이라고 예상하지만 노년기에는 정적 정서를 더 많이 경험하고 부적 정서를 덜 경험하는 사람이 더 행복할 것이라는 점을 예측할 수 있다. 즐거운 생활을 하기 위해서는 자신이 하고 싶은 일들을 찾아 적극적으로 하면서 정적 정서를 더 많이 경험하려고 노력하는 것도 좋지만, 노년기에는 신체적·심리적 에너지 보존을 위해 심리적 동요를 줄이는 것이 중요하므로 부적 정서를 덜 경험하기 위한 대처 양식을 다양하게 갖고 있는 것이 매우 중요하다.

2) 행복한 노년

Erikson(1980)은 인생을 8단계로 구분하고, 마지막 단계인 노년기의 가장 중요한 발달 과업을 자아 통합으로 보았다. 자아 통합이란 인생의 마무리 단계에서 자신이 지나온 삶을 돌아보고 잘못된 일이나 이루지 못한 일로 한탄하기보다는 이루어 놓은 일이나 인생에서 겪은 행복한 일들에 감사하는 자세를 갖고 자신의 삶을 긍정적으로 정리하는 것이다. 대부분의 사람은 자신의 인생에서 삶의 의미를 발견하고자 하는 욕구를 갖는데, 인생의 마무리를 준비해야 하는 노년기에 그 욕구가 커진다(Wong, 2010). 자신의 삶을 돌아보면서 자신이 살아온 삶이 의미 있고 만족스러웠다고 여기게 되면 자신과 자신의 과거의 삶을 가치 있게 여기고 현재의 자신의 삶에도 만족하게 되고, 다가오는 죽음에 대해서도 두려움 없이 대처하고 수용할 수 있게 된다(한성열, 1990; Drolet, 1990).

노년기 삶의 재평가 및 통합을 위해서는 회고 과정이 필요하다. 이 과정은 논리적이고 질서정연하지 않을 수 있고, 생생한 기억도 있지만 희미한 기억도 있을 것이다. 회고 내용은 개인에 따라 차이가 있지만 주로 자신에게 중요한 인물인 가족, 친구들이 포함되며, 사회적 활동, 성공, 수치나 죄책감을 느낀 일, 비극, 중요한 결정 등에 관한 것들이 포함된다. 한국 노인들의 회고 대상은 배우자, 자녀, 부모가 가장 많으며, 회상의 본질적인 주제는 삶의 회한, 한의 삭임, 힘의 확인, 그리고 삶의 보람으로 나타났다(이은정, 1997). 노인들은 재평가를 통해 자신의 현재 삶에 대한 만족도를 높이는데, 좋은 기억에 초점을 두거나 현재 상황의 긍정적인 측면에 초점을 두는 긍정적 재평가를 통해 자신의 삶의 만족도를 유지하고 미래의 삶을 수용하는 것으로 나타났다(엄명용, 2000).

우리나라 여성 노인을 대상으로 삶의 재평가와 자아 통합에 관해 다룬 전경숙, 장민희, 정태연(2013)의 연구에 의하면, 우리나라 노인 여성들이 살아온 심리·사회적 환경은 매우 열악했다. 가난과 시대적 가치관에 지배를 받아 여성으로서의 교육 기회를 박탈당하고 조기결혼을 해야만 했으며, 결혼 후에는 남편과 시댁에 순종해야 했고, 친정에 기대기도 쉽지 않은 외롭고 억압된 삶을 살아야 했다. 그리고 결혼 전에는 일제 강점과 6·25 전쟁으로 여성으로서의 정조를 위협받는 상황에서 이를 지켜야 한다는 의무감이 있었고, 가난과 전쟁으로 배고픔과 생존의 위협감을 안고 살았다. 그럼에도 불구하고 현재 시점에서는 가장 행복했던 시기로 아동·청소년기를 재구성하는 모습을 보였다. 성인기 이후 여성으로서의 삶이 매우 힘들었음을 간접적으로 시사하는 것이라고 연구자들은 해석하였다. 우리나라 여성 노인들은 자신의 삶을 포기한 대가를 자녀들과의 관계를 통해 보상받는 것으로 나타났는데(전경숙 외, 2013), 한국 노인들은 자신의 삶과 죽음, 성공적 노화를 무엇보다도 가족 특히 자녀와의 연계 속에서 인식하는 경향이 크다(이주일 외, 2008).

최근 행복 연구에서 '영성'의 중요성이 강조되고 있는데, 종교가 있는 경우 영성이 높을수록 행복감이 높은 것으로 나타났고 그 영향력은 연령이 증가할수록 더 커지는 것으로 나타났다. 영성이 높을수록 상황에 적극적으로 대처하고, 현상을 긍정적으로 해석하며, 타인과의 비교에서 긍정적인 측면을 추구하고 타인으로부터 정서적 지원을 더 많이 추구하며 정서 조절을 잘 하는 것으로 나타났다(서경현, 전겸구, 2004).

노년기에 삶의 만족도가 급격히 저하되는 것이 아니라 노년기에도 행복하고 즐겁게 살아갈 수 있다는 연구 결과들이 축적되면서 노년기의 삶을 바라보는 시각들이 변화하고 있다. 외국 연구에서는 점점 많은 여성이 중년기 이후에 자신의 삶을 재평가하고 인생의 새로운 목표를 두어 더 적극적인 삶을 살려는 사례들이 증가하고 있다. 하지만 우리나라 여성 노인들은 사회적 위치, 재정적 문제 등의 여러 가지 조건에서 불리한 위치에 있어 행복한 노년기를 보내기 위해서는 외부적으로나 내부적으로 많은 노력이 필요할 것으로 보인다.

여성심리학 연구자들은 그동안 성공적 노화에서 정의된 기존의 요소들과 달리, 새로운 성공적인 노화의 조건이 필요하다고 제안하였다. 그것은 나이가 들면서 실망스럽고 어려운 일을 겪더라도 손실을 최소화하고 획득을 최대화하며 이겨 내려고 하는 것이다 (Dark-Freudman, 2010; Whitbourne, 2008, 2010). 이들이 제안하는 성공적인 노년기를 보내는 여성의 특징은 다음과 같다.

① 가족과 친구 관계를 포함해서 삶의 다양한 측면에서 만족한다.
② 낙천적이고, 개인적인 목표를 성취할 수 있다고 믿는다.
③ 건강하고 인지적으로 유능하다.
④ 경제적 측면이나 살고 있는 환경에 만족한다.
⑤ 타인을 위해 무엇인가 일을 하고 있고, 그것이 삶의 목표가 될 수 있다.

하지만 우리가 알고 있듯이 행복이라는 것이 어떤 기준에 의해서만 정해질 수 있는 것은 아니며 개인마다 추구하는 행복의 의미가 다를 수 있다. 따라서 자신의 삶에서 중요한 것이 무엇인지 찾아 그것을 추구하는 것이 노년기를 준비하는 데 가장 중요한 과제가 될 것이며, 이를 통해 노년기를 더 행복하고 즐거운 시기로 만들 수 있도록 미리 준비하는 과정이 필요할 것이다. 여성의 삶은 예전에 비해 더욱 다양해지고 있고, 아직 제한적이라고 하지만 여성이 능력을 발휘할 기회들이 증가한 것은 사실이다. 따라서 앞으로 노년기에 진입하는 여성들은 이전 세대와는 다르게 자신의 노년기를 대비하고 즐길 수 있도록 미리 계획을 세우고 준비를 해야 할 것이다. 이러한 개인적 노력을 뒷받침할 수 있는 사회적·제도적 장치도 마련되어 점점 길어지고 있는 노년기를 많은 여성이 보다 행복하고 편안하게 보낼 수 있게 되기를 바란다.

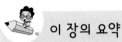 이 장의 요약

이 장에서 우리는 여성 노인들의 심리적 삶에 대해 살펴보았다. 노화에 대한 이중 기준으로 여성 노인에 대한 부정적인 태도를 갖고 여성은 젊음을 유지할 때만 아름다운 것으로 평가받는다는 다소 실망스러운 결과들을 보았다. 나이가 들면서 자연스럽게 변화하는 노화의 흔적들을 다양한 삶의 경험과 지혜의 축적으로 받아들일 수 있는 개인적·사회적 변화가 매우 필요하다. 노화 과정에서 여성이 겪게 되는 폐경 증상은 신체적으로는 힘든 과정이지만 심리적으로 반드시 고통과 갈등과 관련되는 것은 아니라는 점을 확인하였고, 노년기의 신체적 불편함은 심리적 건강 유지에도 영향을 줄 수 있으므로 건강 유지를 위한 노력과 관심이 필요하다는 점을 강조하였다. 사회적 관계와 적응에서 딸로서, 엄마로서, 할머니로서의 역할의 중요성과 황혼 이혼과 사별에 대해서도 알아보았다. 은퇴 후 적응과 은퇴 계획, 재정 문제에 대해 여성 노인과 관련된 연구들을 살펴봄으로써 노년기에 진입하는 세대들은 자신의 은퇴 계획과 재정적 문제에 대한 대비 등을 통해 보다 여유롭고 행복한 노년기를 보낼 수 있도록 준비해야 한다는 점을 강조하였다. 노년기에는 정서적 삶의 질이 매우 중요한데, 일생 동안 남성에 비해 정서적으로 더 민감한 여성들에게는 더욱 중요하다. 정적 정서를 자주 경험하고, 에너지 소모가 적도록 적절하게 정서 경험에 대처하고, 자신이 경험한 바를 잘 표현하는 것이 노년기의 행복을 위해 좋고, 친밀한 대인관계를 유지함으로써 정서적 지지를 주고받는 것이 좋다. 노년기의 행복은 따로 존재하는 것이 아니다. 현재를 행복하고 즐겁게 사는 당신이 미래에도 행복하고 즐겁게 살아갈 가능성이 크다. 노년기를 먼 미래라고 생각하거나 두려워하지 말고, 오늘과 이어진 가까운 미래라고 생각하며 조금씩 준비하며 나아갔으면 한다.

참┃고┃문┃헌

구자순(1982). 한국여자 미망인. 여성연구, 1(1), 109–144.

김소진(2009). 황혼 이혼 여성노인들에 대한 생애사 연구. 한국노년학, 29(3), 1087–1105.

김순안(2012). 갱년기 여성의 발달현상에 대한 태도와 폐경증상이 삶의 의미에 미치는 영향. 한국노년학, 32(2), 631–647.

김승연, 고선규, 권정혜(2007). 노인집단에서 배우자의 사별 스트레스와 우울의 관계: 사회적 지지와 대처행동의 조절효과. 한국심리학회지: 임상, 26, 573–596.

김영주(2004). 갱년기 증상과 고통 경험에 관한 연구. 충남대학교 대학원 석사학위 논문.

김주덕(2007). 실버세대의 화장품 사용 동향. 대한화장품학회 추계 심포지움.

두현정(2008). 사별가족의 슬픔적응경험: 지역사회 호스피스 간호를 받은 가족을 중심으로. 한양대학교 대학원 박사학위 논문.

보건복지가족부(2006). 국민영양조사(KNHANESS Ⅲ) 제3기, 2005년 성인병자료. 보건복지가족부.

서경현, 전겸구(2004). 영적 안녕, 생활 스트레스 및 대처. 한국심리학회지: 건강, 9(2), 333-350.

서문자, 김금순, 김인자, 정성희, 김은만(2002). 일 농촌지역 거주 관절염 환자의 생활 스트레스, 사회적 지지, 우울. 류마티스건강학회지, 9(1), 68-81.

석재은, 임정기(2007). 여성노인과 남성노인의 소득수준 격차 및 소득원 차이와 결정요인. 한국 노년학, 27(1), 1-22.

엄명용(2000). 뇌졸중 노인을 위한 회상그룹 운영과 평가: 노인복지관을 중심으로. 한국노년학, 20(1), 21-35.

유경(2010). 노년기 정서 표현과 정서 표현에 대한 양가성이 주관적 안녕감에 미치는 영향. 한국 심리학회지: 사회 및 성격, 24(1), 95-109.

유경, 민경환(2005). 정서대처양식과 정서 인식이 장노년기 주관적 안녕감에 미치는 영향. 한국 심리학회지: 사회 및 성격, 19(4), 1-18.

유경, 유경호, 강연욱, 이주일, 김지현(2014). 노화와 심리. 서울: 학지사.

유경, 이주일, 강연욱, 박군석(2009). 노년기 정서 경험의 변화와 주관적 안녕감: 종단 연구 분석. 한국노년학, 29(2), 729-742.

이미라(1994). 폐경에 대한 적응 과정. 대한간호학회지, 24(4), 623-634.

이신숙(2001). 남녀 노인의 경제상태, 건강상태, 성 역할 정체감에 따른 자아존중감. 한국가정과 학회지, 4(1), 1-10.

이영숙, 박재순, 이혜경, 박영주(2014). 여성건강 간호학 1. 서울: 현문사.

이윤정(2011). 골관절염 여성노인의 통증, 수면양상, 생활만족도가 우울에 미치는 영향. 한국노 년학, 31(2), 211-222.

이은정(1997). 한국 노인의 회상의 본질에 관한 연구. 대한간호, 36(4), 58-60.

이종화, 정연강, 염순교, 박형무, 박재순, 유미코 하야마(2000). 중년 여성이 호소하는 갱년기 증 상에 관한 연구. 대한폐경학회지, 6(2), 141-156.

이주일, 박군석, 유경, 김영범, 장숙랑, 윤현숙, 유희정, 김동현(2008). 성공적인 한국 노인의 삶: 다학제간 심층 인터뷰 사례. 서울: 박학사.

임연옥, 박재연, 윤현숙(2010). 배우자 사별노인이 지각한 사회적 지지의 변화와 그 예측 요인. 노인복지연구, 50, 123-144.

장희선, 김윤정(2011). 농촌여성노인의 배우자 사별 적응 과정. 한국노년학, 31(4), 939-967.

전경숙, 장민희, 정태연(2013). 한국사회 노년 후기 여성의 삶의 재평가와 통합. 한국노년학, 33(2), 275-292.

전길양, 김정옥(2000). 배우자 사별노인의 자기효능감, 사회적 지지 및 심리적 적응에 관한 연구. 대한가정학회지, 38(1), 155-170.

정영미(2007). 여성노인의 우울에 따른 건강상태 및 우울관련 요인. 한국노년학, 27(1), 71-86.

최연수, 류연규(2003). 우리나라 노인빈곤 동향 및 빈곤구성에 대한 연구. 한국노년학, 23(3), 143-160.

통계청(2010). 장래인구추계. 대전: 통계청.

통계청(2011). 장래인구추계. 대전: 통계청.

통계청(2014). 한국 사회의 지표. 대전: 통계청.

한국결혼문화연구소(2006). 황혼이혼의 사유와 대책. 한국결혼문화연구소.

한성열(1990). 노년기 회상에 관한 성차 연구. 고려대 교육논총, 20, 57-76.

한숙희(2004). 중년여성의 폐경증상과 폐경관리 및 삶의 질. 이화여자대학교 대학원 석사학위 논문.

Adelman, P. K., Antonucci, T. C., Crohan, S. E., & Coleman, I. M. (1989). Empty nest, cohort, and unemployment in the well-being of midlife women. *Sex Roles, 20,* 173-189.

Andreoletti, C. (2010). The content and consequences of age stereotypes. In J. C. Cavanaugh, & C. K. Cavanaugh (Eds.), *Aging in America* (Vol. 1. pp. 135-155). Santa Barbara, CA: ABC-CLIO.

Avis, N. E. (2003). Depression during the menopausal transition. *Psychology of Women Quarterly, 27,* 91-100.

Barrett, L. F., Lane, R. D., Sechrest, L., & Schwartz, G. E. (1999). Sex difference in emotional awareness. *Personality and Social Psychology Bulletin, 26,* 1027-1035.

Belgrave, F. Z., & Allison, K. W. (2010). *African American psychology: From Africa to America* (2nd ed.). Thousand Oaks, CA: Sage.

Bernard, M., & Phillipson, C. (2004). Retirement and leisure. In J. F. Nussbaum & J. Coupland (Eds.), *Handbook of communication and aging research* (2nd ed., pp. 353-381). Mahwah, NJ: Erlbaum.

Blanchard-Fields, F. (1989). Controllability and adaptive coping in the elderly: An adult developmental perspective. In P. S. Fry (Eds.), *Advances in psychology* (Vol. 57). *Psychological perspectives of helplessness and control in the elderly* (pp. 43-61). Amsterdam: North-Holland.

Bouldin, E. D., & Anderson, E. (2010). Caregiving and health. In J. C. Cavanaugh & C. K. Cavanaugh (Eds.), *Aging in America* (Vol. 2. pp. 81-99). Santa Barbara, CA: ABC-CLIO.

Brandtstädter, J. (1989). Personal regulation of development: Cross-sequential analyses of development-related control beliefs and emotions. *Developmental Psychology, 25,* 96-108.

Brandtstädter, J., & Rothermund, K. (2002). The life-course dynamics of goal adjustment: A twoprocess framework. *Developmental Review, 22*, 117-150.

Brandtstädter, J., Wentura, D., & Greve, W. (1993). Adaptive resources of the aging self: Outlines of an emergent perspective. *International Journal of Behavioral Development, 16*, 323-349.

Brody, L. R. (1999). *Gender, emotion, and the family.* Cambridge, MA: Harvard University Press.

Brott, J. S. (2006). New grandmother. In J. A. Weinberg (Ed.), *Still going strong* (pp. 221-223). New York: Hayworth.

Brown, L. S. (2008). *Cultural competence in trauma therapy: Beyond the flashback.* Washington, DC: Americal Psychology Association.

Bugental, D. B., & Hehman, J. A. (2007). Ageism: A review of research and policy implications. *Social Issues and Policy Review, 1*, 172-216.

Bytheway, B. (2005). Agism and age categorization. *Journal of Social Issues, 61*, 361-374.

Calasanti, T. M., & Slevin, K. F. (2001). *Gender, social inequalities, and aging.* Walnut Creek, CA: Alta Mira Press.

Canetto, S. S. (2003). Older adulthood. In L. Slater, J. H. Daniel, & A. E. Banks (Eds.), *The complete guide to mental health for women* (pp. 56-64). Boston: Beacon Press.

Caplan, P. J., & Caplan, J. B. (2009). *Thinking critically about research on sex and gender* (3rd ed.). Boston, MA: Pearson.

Carstensen, L. L. (1992). Social and emotional patterns in adulthood: Support for socioemotional selectivity theory. *Psychology and Aging, 7*, 331-338.

Carstensen, L. L. (1995). Evidence for a life span theory of socioemotional selectivity. *Current Directions in Psychological Science, 4*, 151-156.

Carstensen, L. L. (1999). A life-span approach to social motivation. In J. Heckhausen & C. Dweck (Eds.), *Motivation and self regulation across the life-span* (pp. 341-364). Cambridge, England: Cambridge University Press.

Chiriboga, D. A. (1989). Mental health at the mid point: crisis, challenge, or relief. In S. Hunter & M. Sundel (Eds.), *Midlife myths: Issues, findings, and practical implications.* Newburry Park, CA: Sage.

Cleveland, J. N. (2008). Age, work, and family: Balacing unique challenges for the twenty-first century. In A. Marcus-Newhall, D. F. Halpern, & S. J. Tan (Eds.), *The changing realities of work and family* (pp. 108-139). Mahwah, NJ: Eelbaum.

Connidis, I. (2001). *Family ties and aging.* Thousand Oaks, CA: Pine Gorge Press.

Crose, R. (2003). Teaching the psychology of later life. In P. Bronstein & K. Quinta (Eds.), *Teaching gender and multicultural awareness* (pp. 271-283). Washington, DC: APA.

Cruikshank, M. (2009). *Learning to be old* (2nd ed.). Lanham, MD: Rowman & Littlefiled.

Dark-Freudman, A. (2010). Successful aging. In J. C. Cavanaugh & C. K. Cavanaugh (Eds.), *Aging in America* (Vol. 1. pp. 232-254). Santa Barbara, CA: ABC-CLIO.

Diehl, M., Coley, N., & Labouvie-Vief, G. (1996). Age and sex differences in strategies of coping and defense across the life span, *Psychology and Aging, 11*, 127-139.

Drolet, J. (1990). Transcending dath during early adulthood: Symbolic immortality, death, anxiety, and purpose in life. *Journal of Clinical Psychology, 46*(2), 148-160.

Erikson, E. H. (1980). *Identity and the life cycle* (Vol. 1). New York: Norton & Company.

Etaugh, C. A. (2008). Women in the middle and later years. In F. L. Denmark & M. A. Paludi (Eds.), *Psychology of women: A handbook of issues and theories* (2nd ed., pp. 271-302). Westprort, CT: Praeger.

Folkman, S., Lazarus, R., S., Pimley, S., & Novacek, J. (1987). Age differences in stress and coping process. *Psychology and Aging, 2*, 171-184.

Gergen, M. (2008). Positive aging for women. In J. C. Chrisler, C. Golden, & P. D. Rozee (Eds.), *Lectures on the psychology of women* (3rd ed., pp. 377-401). Boston: McGrow-Hill.

Givertz, M., Segrin, C., & Hanzal, A. (2009). The association between satisfaction and commitment differs across marital couple types. *Communication Research, 36*, 561-584.

Gross, J. J., & John, O. P. (1995). Faces of emotional expressity: three self-report factors and their correlates. *Personality and Individual Differences, 19*, 555-568.

Gross, J. J., & John, O. P. (2003). Individual differences in two emotion regulation processes: Implications for affect, relationships, and well-being. *Journal of Personality and Social Psychology, 85*(2), 348-362.

Gross, J. J., & Levenson, R. W. (1993). Emotional suppression: Physiology, self-report, and expressive behavior. *Journal of Personality and Social Psychology, 64*(6), 976-986.

Gross, J. J., Carstensen, L. L. Pasupathi, M., Tsai, J., Skorpen, C. G., & Hsu, A. Y. C. (1997). Emotion and aging: Experience, expression, and control. *Psychology and Aging, 12*(4), 590-599.

Halliwell, E., & Dittmar, H. (2003). A qualitative investigation of women's and men's body image concerns and their attitudes toward aging. *Sex Roles, 9*, 675-684.

Heckhausen, J. (1997), Developmental regulation across adulthood: Primary and secondary control of age-related challenges. *Developmental Psychology, 33*, 176-187.

Hummert, M. L., Garstka, T. A., O'Brien, L. T., Greenwald, A. G., & Mellott, D. S. (2002). Using the implicit association test to measure age differences in implicit social cognitions.

Psychology and Aging, 17, 482–495.

Kaid, L. L., & Garner, J. (2004). The portrayal of older adults in political advertising. Media usage patterns and portrayals of seniors. In J. F. Nussbaum & J. Coupland (Eds.), *Handbook of communication and aging research* (2nd ed., pp. 407–421). Mahwah, NJ: Erlbaum.

Kail, R. V., & Cavanaugh, J. C. (2010). *Human development: A life-span view* (6th ed.). Belmont, CA: Wadsworth.

Kaluger, G., & Kaluger, M. F. (1979). *Human Development: The Span of Life.* London: The C. V. Mosby Company.

Kato, P. M., & Mann, T. (1999). A synthesis of psychological intervention for the bereaved. *Clinical Psychological Review, 19*(3), 275–296.

Kim, J. E., & Moen, P. (2011). Is retirement good or bad for subjective well-being. *Currents Directions in Psychological Science, 10*, 83–86.

King, A. M., & Emmons, R. A. (1991). Psychological, physical, and interpersonal correlation of emotional expressiveness, conflict, and control. *European Journal of Personality, 5*, 131–150.

Kippen, R., Chapman, B., & Yu, P. (2009). What's love got to do with it? Homogamy and dyadic approaches to understanding marital unstablity.

Kite, M., Stockdale, G. D., Whitley, B. E. Jr., & Johnson, B. T. (2005). Attitudes toward younger and older adults: An updated meta-analytic review. *Journal of Social Issues, 61*, 241–266.

Kring, A. M., & Gordon, A. H. (1998). Sex differences in emotion: expression, experience, and physiology. *Journal of Personality and Social Psychology, 74*(3), 686–703.

Labouvie-Vief, G., Hakim-Larson, J., & Hobart, C. J. (1987). Age, ego, level, and the life-span development of coping and defense processes. *Psychology and Aging, 2*, 286–293.

LaFrance, M., & Banaji, M. (1992). Toward a consideration of the gender-emotion relationship. In M. S. Clark (Ed.), *Emotion and social behavior* (pp. 178–201). Newburry Park: Sage.

Lang, F. R., & Carstensen, L. L. (2002). Time counts: Future time perspective, goals and social relationships. *Psychology and Aging, 17*, 125–139.

Lauzen, M. M., & Dozier, D. M. (2005). Maintaining the double standard: Portrayals of age and gender in popular film. *Sex Roles, 52*, 437–446.

Lawton, M. P. (1989). Environmental proactivity and affect in older people. In S. Spacapan & S. Oskamp (Eds.), *The Social Psychology of Aging* (pp. 135–163). Newbury Park: Sage.

Lawton, M P., Kleban, M. H., Rajagopal, D., & Dean, J. (1992). The dimensions of affective experience in three age groups. *Psychology and Aging, 7*, 171–184.

Lawton, M P., van Haitsma, K., & Klapper, J. (1996). Observed affect in nursing home residents with Alzheimer's disease. *Journal of Gerontology, Psychological Sciences, 51B*, 3–14.

Lennon, R., & Eisenberg, N. (1987). Gender and age difference in empathy and sympathy. In E. Eisenberg & J. Strayer (Eds.), *Empathy and its development* (pp. 195–217). Cambridge, England: Cambridge University Press.

Lindemann, E. (1994). Symptomatology and management of acute grief. *American Journal of Psychiatry, 101*, 141–148.

Lund, D. A. (1993). *Widowhood: The coping resource. Encyclopedia of adult development.* Phoenix: SAGE.

Matlin, W. M. (2012). *The psychology of women* (7th ed.), Belmont, CA: Wadsworth.

McConatha, J. T., & Huba, H. M. (1999). Primary, secondary, and emotional control across adulthood. *Current Psychology: Developmental, Learning, Personality, Social, 18*, 164–170.

Monin, J. K., Martire, L. M., Schulz, R., & Clark, M. (2009). Willingness to express emotions to care giving spouses. *Emotion, 9*(1), 101–106.

Musil, C. M., Warner, C. B., Stoller, E. P., & Anderson, T. E. (2005). Women and intergenerational care giving in families: Structure, ethnicity, and building family ties. In M. L. Wykle, P. J. Whitehouse, & D. I. Morris (Eds.), *Successful aging through the lifespan* (pp. 143–158). New York: Springer.

Onyx, J., & Benton, P. (1999). What does retirement mean for women. In J. Onyx, R. Leonard, & T. Reed (Eds.), *Revisioning aging: Empowering of older women* (pp. 93–108). New York: Peter Lang.

Parkes, C. M. (1998). Loss and recovery. *Journal of Social Issues, 44*(3), 54–65.

Pierson, C. (2001). *The welfare state.* Polity Press.

Price, C. A., & Joo, E. (2005). Exploring the relationship between marital status and women's retirement satisfaction. *International Journal of Aging and Human Development, 61*, 37–55.

Pruchino, R., & Rosenbaum, J. (2003). Social relationships in adulthood and old age. In R. M. Learner, M. Ann Easterbrooks, & J. Mistry (Eds.), *Handbook of Psychology* (Vol. 6. pp. 487–508). New York: Wiley.

Quayhagen, M., & Quayhagen, M. (1982). Coping with conflict: measurement of age–related patterns. *Research on Aging, 4,* 346–377.

Rich, P., & Mervyn, F. (1999). *The healing journey through menopause.* New York: Wiley.

Riches, G., & Dawson, P. (2000). *An intimate loneliness–supporting bereaved parents and siblings.* Buchingham: Open University Press.

Robinson, G. (2002). Cross–cultural perspectives on menopause. In A. E. Hunter & C. Forden

(Eds.), *Reading in the psychology of gender* (pp.140–149). Boston: Allyn & Bacon.

Schulz, R., & Heckhausen, J. (1996). A life-span model of successful aging. *American Psychologist, 51,* 702–714.

Smith, P. K., & Drew, L. M. (2002). Grandparenthood. In M. H. Bornstein (Eds.), *Handbook of parenting* (Vol. 3, 2nd ed., pp. 141–172). Mahwah, NJ: Earbaum.

Stewart, A. J., & Newton, N. J. (2010). Gender, adult development, and aging. In J. C. Chrisler & D. R. McCreary (Eds.), *Handbook of genderr esearch in psychology* (Vol. 1. pp. 559–580), NY: Springer.

Stoebe, M., Stoebe, W., & Hansson, R. (1987). The society for the psychological study of social issue. Bereavement on mental health in the elderly. *Psychology and Aging, 6*(1), 51–63.

Sugar, J. A. (2007). Work and retirement: Challenges and opportunities for women over 50. Body image issues of women over 50. In V. Munhlbauer & C. J. Chrisler (Eds.), *Women over 50: Psychological perspectives* (pp.164–181). New York: Springer.

Sweet, S., & Moen, P. (2007). Intergrating educational careers in work and family: Women's return to school and family life quality. *Community, Work, and Family, 10,* 231–250.

Takamura, J. C. (2007). Global challenges for an aging population. In J. A. Blackburn & C. N. Dulmus (Eds.), *Handbook of gerontology: Evidence-based approaches to theory, practice, and policy* (pp. 545–564). Hoboken, NJ: Wiley.

Tamir, L. M. (1989). Modern myths about men at midlife: An assessment. In S. Hunter & M. Sundel, *Midlife myths: Issues, findings, and practice implications* (pp. 157–180). Newbury Patk, CA: Sage.

Whitbourne, S. K. (2008). *Adult development and aging: Biosocial perspectives* (3rd ed.). Hoboken, NJ: Wiley.

Whitbourne, S. K. (2010). *The search for fulfillment.* New York: Ballantine.

Whitley, B. E., & Kite, M. E. (2010). *The psychology of prejudice and discrimination* (2nd ed.). Belmont, CA: Wadsworth Cengage.

Wong, P. T. P. (2010). Meaning Therapy: An integrative and positive existential psychotherapy. *Journal of Contemporary Psychotherapy, 40*(2), 85–93.

Zerbe, K. J. (1999). *Women's mental health in primary care.* Philadelphia: W. B. Saunders.

찾아보기

인 명

내 용

저자소개

곽금주(Kwak, Keum Joo)_1장
연세대학교 심리학 박사
현 서울대학교 심리학과 교수

안상수(Ahn, Sang Su)_2장
경북대학교 심리학 박사
현 한국여성정책연구원 연구위원

박영신(Park, Young Shin)_3장
미국 Purdue University 심리학 박사
현 경북대학교 명예교수

박나영(Park, Na Young)_3장
경북대학교 심리학 석사
현 경북대학교 심리학과 박사과정

이승연(Lee, Seung Yeon)_4장
미국 University of Iowa 심리학 박사
현 이화여자대학교 심리학과 교수

송경희(Song, Keng Hie)_4장
이화여자대학교 심리학 석사
현 이화여자대학교 심리학과 박사과정

정윤경(Jeong, Yoon Kyung)_5장
미국 University of Chicago 심리학 박사
현 가톨릭대학교 사회과학부 심리학전공 교수

용정순(Ryong, Joung Soon)_6장
성균관대학교 심리학 박사
현 성균관대학교 교육개발센터 선임연구원

최훈석(Choi, Hoon Seok)_6장
미국 University of Oittsburgh 심리학 박사
현 성균관대학교 심리학과 교수

유성경(Yoo, Sung Kyung)_7장
미국 Minnesota State University 심리학 박사
현 이화여자대학교 심리학과 교수

김은석(Kim, Eun Seok)_7장
이화여자대학교 심리학 석사
현 이화여자대학교 심리학과 박사과정

설경옥(Seol, Kyoung Ok)_8장
미국 Minnesota State University 심리학 박사
현 이화여자대학교 심리학과 교수

윤가현(Youn, Ga Hyun)_9장
미국 University of Georgia 심리학 박사
현 전남대학교 심리학과 교수

강우선(Kang, Woo Sun)_10장
이화여자대학교 심리학 박사
현 이루다아동발달연구소 부소장

박효정(Park, Hyo Jung)_11장
미국 University of Washington 간호학 박사
현 이화여자대학교 건강과학대학 간호학부 교수

강숙정(Kang, Sook Jung)_11장
미국 University of Texas at Austin 간호학 박사
현 이화여자대학교 건강과학대학 간호학부 교수

이우경(Lee, Woo Kyeong)_12장
이화여자대학교 심리학 박사
현 서울사이버대학교 상담심리학과 교수

이수정(Lee, Soo Jung)_13장
연세대학교 심리학 박사
현 경기대학교 범죄심리학과 교수

박수현(Park, Soo Hyun)_13장
미국 Boston University 심리학 박사
현 연세대학교 심리학과 교수

유 경(Ryu, Kyung)_14장
서울대학교 심리학 박사
현 한림대학교 고령사회연구소 연구원

(집필순)

여성심리학
Psychology of Women

2015년 8월 25일 1판 1쇄 발행
2021년 8월 20일 1판 3쇄 발행

엮은이 • 한국여성심리학회
펴낸이 • 김 진 환
펴낸곳 • (주) **학지사**

04031 서울특별시 마포구 양화로 15길 20 마인드월드빌딩 5층
대표전화 • 02) 330-5114   팩스 • 02) 324-2345
등록번호 • 제313-2006-000265호

홈페이지 • http://www.hakjisa.co.kr
페이스북 • https://www.facebook.com/hakjisabook

ISBN 978-89-997-0733-9   93180

정가 **20,000원**

저자와의 협약으로 인지는 생략합니다.
파본은 구입처에서 교환하여 드립니다.

이 책을 무단으로 전재하거나 복제할 경우 저작권법에 따라 처벌을 받게 됩니다.

이 도서의 국립중앙도서관 출판시도서목록(CIP)은 서지정보유통지원시스템
홈페이지(http://seoji.nl.go.kr)와 국가자료공동목록시스템(http://www.nl.go.kr/kolisnet)
에서 이용하실 수 있습니다.
(CIP제어번호: CIP2015022149)

출판 · 교육 · 미디어기업 학지사

간호보건의학출판 **학지사메디컬** www.hakjisamd.co.kr
심리검사연구소 **인싸이트** www.inpsyt.co.kr
학술논문서비스 **뉴논문** www.newnonmun.com
원격교육연수원 **카운피아** www.counpia.com